Entscheidungen

des

Reichsgerichts.

Herausgegeben

von

den Mitgliedern des Gerichtshofes und
der Reichsanwaltschaft.

Entscheidungen in Civilsachen.

Zweiunddreißigster Band.

Leipzig,
Verlag von Veit & Comp.
1894.

Entscheidungen

des

Reichsgerichts

in

Civilsachen.

Zweiunddreißigster Band.

Leipzig,
Verlag von Veit & Comp.
1894.

Druck von Metzger & Wittig in Leipzig.

Inhalt.

I. Reichsrecht.

Nr. Seite

1. Voraussetzung der Begründung einer Masseschuld. Zulässige Ergänzung der Klage 1
2. Anspruch des Rheders eines Schiffes, durch das ein anderes Schiff desselben Rheders aus Seenot gerettet ist, auf Hilfslohn 4
3. Kann die Trennung des Ehebandes auf Grund eines ausländischen Urteiles, das die beständige Trennung von Tisch und Bett ausspricht, gefordert werden? 17
4. Voraussetzungen des Verfolgungsrechtes des Absenders der Ware gegen den Dritten, der ein Pfandrecht an der Ware erlangt hat 19
5. Anfechtung eines Pfändungspfandrechtes gegen den Cessionar des Gläubigers 22
6. Rechtsstellung des Inhabers eines Ladescheines über abgeladene Ware gegenüber dem dritten Besitzer der Ware 26
7. Anspruch gegen eine offene Handelsgesellschaft aus Geschäften, die keine Handelsgeschäfte sind. Haftung der Gesellschaft aus unerlaubten Handlungen der Gesellschafter 32
8. Haftung der Wechselverpflichteten bei nachträglicher Domizilierung des Wechsels 36
9. Anfechtung aus dem Gesetze vom 21. Juli 1879 39
110. Kann gegen den Anspruch des Kommittenten aus dem vom Kommissionär abgeschlossenen Geschäfte der Schuldner mit einer ihm von einem Gläubiger des Kommissionärs abgetretenen Forderung aufrechnen? 39

Nr. Seite

11. Erfüllungsort der Verbindlichkeiten der Mitglieder einer offenen Handelsgesellschaft aus Verträgen der Gesellschaft 44
12. Rechtsstellung des Mitgliedes einer offenen Handelsgesellschaft nach deren Umwandelung in eine Kommanditgesellschaft 46
13. Rechtliche Beziehungen zwischen einer in Liquidation getretenen eingetragenen Genossenschaft und einem ausgeschiedenen Genossenschafter . . 48
14. Kann eine Patentverletzung in der Herstellung und dem Vertriebe einer Sache liegen, die zur Anwendung des Patentes erforderlich, aber nicht selbst Gegenstand des Patentes ist? 52
15. Ausnahmen von der Arrestfreiheit segelfertiger Schiffe. Neuer selbständiger Beschwerdegrund 56
16. Gehört der Antrag auf Ernennung von Revisoren zur Prüfung der Geschäftsführung einer Aktiengesellschaft zur streitigen Gerichtsbarkeit? 60
17. Selbsthilfeverkauf bei längerem Zeitablaufe seit dem Erfüllungstermine und bei erheblichem Sinken des Marktpreises der Ware 61
18. Ist ein vollstreckbares Urteil ein Pfandtitel? 65
19. Teilweise Ausfüllung eines Blankoacceptes durch den zweiten Wechselnehmer 69
20. Kann ein gegen den Konkursverwalter wegen einer Masseschuld angestellter Prozeß nach Ausschüttung der Masse fortgesetzt werden? . . . 72
21. Steht der Legitimation des Wechselinhabers zur Protestierung des Wechsels ein nicht durchstrichenes Prokuraindossement auf einen Dritten entgegen? 75
22. Rechtliche Natur eines kaufmännischen Verpflichtungsscheines. Einreden gegen die Klage aus einem nicht an Order ausgestellten Verpflichtungsscheine 81
23. Anspruch des Trassanten, der dem Acceptanten Deckung eingesandt hatte, im Konkurse des Acceptanten bei gleichzeitiger Inanspruchnahme der Konkursmasse durch die Inhaber der Wechsel 84
24. Auseinandersetzung der Genossenschaft mit ausgeschiedenen Mitgliedern 91
25. Klage gegen eine Aktiengesellschaft aus einem vor Eintragung ihrer Errichtung im Gesellschaftsregister abgeschlossenen Vertrage 97
26. Ist die im Art. 310 H.G.B. angeordnete gerichtliche Bewilligung des Pfandverkaufes eine Sache der streitigen Gerichtsbarkeit? 99
27. Anfechtung der von dem Schuldner vorgenommenen Veräußerung einer Forderung nach vorgängiger Pfändung der Forderung gegen den Schuldner 101
28. Sind Fischdampfer Schiffe im Sinne der Artt. 432. 450 H.G.B.? . . 104

Nr. Seite

29. Ort der Präsentation eines Wechsels zur Zahlung und der Protesterhebung 110
30. Bestimmen sich die Erfordernisse eines Wechsels nach dem auf der Urkunde angegebenen oder nach dem wirklichen Orte der Ausstellung? . 115
31. Kondiktion gezahlter Militärpensionsbeträge gegen die Erben des Empfängers 118
32. Liquidation von Wechselbeträgen im Konkurse des Acceptanten durch den, der die Wechsel im Auftrage des Ausstellers von dem Inhaber gekauft hat 125

II. Gemeines Recht.

33. Vertragserfüllungsklage bei subjektiver Unmöglichkeit der Erfüllung . 131
34. Vertragsklage gegen die Eisenbahnverwaltung auf Anhalten bestimmter Eisenbahnzüge an bestimmter Stelle 133
35. Voraussetzungen des Anspruches auf Rückgabe der Amtskaution nach Beendigung des Amtsverhältnisses 136
36. Steht der Verjährungseinrede die Replik entgegen, daß die Verjährung infolge eines Verschuldens des Beklagten eingetreten sei? 141
37. Haftet der Schiffseigentümer für den Schaden, der durch einen vom Schiffsführer verschuldeten Schiffszusammenstoß entstanden ist? . . . 144
38. Ist die Ehe eines Herrn von hohem Adel mit einer Frau von niederem Adel nach Reichsherkommen eine Mißheirat? 147
39. Legitimation des Testamentsvollstreckers zur Prozeßführung 152
40. Voraussetzungen der Entstehung eines selbständigen Forderungsrechtes des Gläubigers gegen den Schuldübernehmer 156
41. Bedeutung des Eides des beschwerten Erben für die Klarstellung des Oralfideikommisses 159
42. Lebensversicherung zu Gunsten „der Erben" des Versicherten 162
43. Voraussetzungen des Anspruches auf Vorweisung einer Urkunde außerhalb des Prozesses 166
44. Klage der Mutter eines unehelichen Mündels gegen den Vormund auf Herausgabe des Mündels 169

Nr. Seite

45. Wiederholung der Intercession einer Frau nach Ablauf von zwei Jahren 170

III. Preußisches Recht.

46. Nach welchem Rechte bestimmt sich die Frage der Parteifähigkeit einer russischen Nonne? 173

47. Stempelansatz für Prozeßvollmachten 178

48. Verjährung des Anspruches auf Vergütung für häusliche Dienste . . 182

49. Welchen Formvorschriften ist ein wechselseitiger Erbentsagungsvertrag unter Eheleuten unterworfen? 184

50. Untergang einer Grundgerechtigkeit durch stillschweigende Einwilligung. Recht auf Lichtschutz 188

51. Entschädigung für öffentlich-rechtliche Baubeschränkungen 202

52. Gebühr des Gerichtsvollziehers und Stempelansatz für Wechselproteste . 212

53. Einrede gegen eine cedierte Hypothekenforderung, daß der Cedent nur Pfandgläubiger gewesen sei. 216

54. Frage der Konvaleszenz einer wegen fehlender Hauptschuld ungültigen Hypothek 221

55. Form eines Vermächtnisses über den zwanzigsten Teil des Nachlasses 227

56. Anfechtung einer Rechtshandlung wegen Simulation des Erwerbsaktes. Vollstreckbarer Schuldtitel nach dem Gesetze vom 21. Juli 1879 . . . 230

57. Rechtsstellung des gutgläubigen Pfandbesitzers gegenüber dem Eigentümer der Pfandsache 234

58. Anspruch des Fiskus auf Vergütung für Gestattung der Entnahme von Eis aus öffentlichen Flüssen 237

59. Entsteht durch ein vollstreckbares Urteil ein Anspruch auf hypothekarische Eintragung? 240

60. Rechtsstellung des Grundeigentümers zum Bergwerksbesitzer, der die Oberfläche des Grundstückes zu Bruche baut 241

61. Gehört der Agiogewinn einer Aktiengesellschaft zu ihrem steuerpflichtigen Einkommen? 244

62. Rechtfertigung des Rücktrittes von einem Vertrage durch Gründe, die erst nach der Rücktrittserklärung eingetreten sind 249

63. Stempelpflichtigkeit einer Auflassungserklärung 253

Nr. Seite

64. Bedeutung des Verbotes der Winkelverträge bei öffentlichen Versteigerungen . . . 258
65. Entschädigungsanspruch wegen Zuwiderhandlung gegen das Verbot der Winkelverträge bei öffentlichen Versteigerungen . . . 261
66. Umfang der Befugnisse der Vorsteher der einzelnen Provinzialanstalten 267
67. Haftung des Lehnsfolgers für die Allodialschulden seines Vaters und Lehnsvorbesitzers. Lehnskompetenz . . . 270
68. Geht die Minderwertseinrede durch Versäumung der Fristen der §§ 343. 344 A.L.R. I. 9 verloren? . . . 279
69. Beginn des Laufes der Frist zur Anmeldung der Entschädigungsansprüche nach § 9 des Schlachthausgesetzes vom 18. März 1868 . . 281
70. Anspruch der Anlieger auf Ersatz des durch die Eisenbahnanlage entstehenden Schadens . . . 283
71. Anerkennung kreditierter Eisenbahnfrachtverträge als stempelpflichtige Schuldverschreibung . . . 287
72. Anfechtung der von einem Gläubiger der Ehefrau am eingebrachten Vermögen durch Zwangsvollstreckung erworbenen Rechte durch den Ehemann . . . 290
73. Berücksichtigung des individuellen Wertes des Grundstückes, der Umzugskosten und ähnlicher Kosten bei Festsetzung der Enteignungsentschädigung . . . 298
74. Sind schriftliche, von dem Versicherer ausgestellte Veränderungsgenehmigungen dem Stempel für Assekuranzpolicen unterworfen? 305
75. Umfang der Vollmacht des Testamentsvollstreckers . . . 308
76. Rechtliche Natur der Hypothek des Eigentümers . . . 308
77. Kann der Gläubiger bei der Gesamtschuld das Gläubigerrecht an den einen Schuldner einem Dritten abtreten und das Gläubigerrecht an den anderen Schuldner sich selbst vorbehalten? . . . 314
78. Umfang des Anspruches aus dem wegen Handlungsunfähigkeit des einen Kontrahenten nichtigen Geschäfte . . . 319
79. Haftung mehrerer Mündel für Vormundschaftskosten. Subsidiarität der Haftung eines Beamten für Schadensersatz . . . 322
80. Erbschaftsstempel für Zuwendungen an eine Stadtgemeinde für Wohlthätigkeits- und Kunstzwecke . . . 326
81. Unmittelbarer Schade bei Körperverletzungen . . . 328
82. Haftung eines Miterben, der namens aller Erben handelt, bei Überschreitung der Vollmacht . . . 330
83. Stempelsteuer beim Verkaufe eines Bergwerkes durch dessen alleinigen Eigentümer . . . 333

Nr. Seite

84. Anspruch auf Schadensersatz gegen den Eisenbahnunternehmer wegen Beschädigung einer beweglichen Sache durch Lokomotivfunken . . . 337
85. Teilurteil bei teilweisem Anerkenntnisse des Brandschadens durch die Feuerversicherungsgesellschaft 342
86. Anspruch auf Rückzahlung eines von der Stadtgemeinde zu den Straßeneinrichtungskosten erforderlichen Beitrages 345
87. Einfluß des Mehrwertes des Trennstückes und des Minderwertes des Restgrundstückes auf die Festsetzung der Entschädigung bei der Teilenteignung 350
88. Einfluß des Ruhenlassens des Prozesses auf die durch Klaganstellung eingetretene Unterbrechung der Verjährung 354
89. Erbschaftssteuer bei Bestimmung der Nacherben und ihrer Erbteile durch den Vorerben 359

IV. Rheinisches Recht.

90. Abtretung von Ansprüchen aus darlehnsrechtlichen Verhältnissen . . 364
91. Verjährung der Lohnansprüche der Arbeiter und Tagelöhner . . . 367

V. Prozeßrecht.

92. Klagänderung oder Berichtigung der Klage 370
93. Restitutionsklage der Partei, die in den Stand gesetzt ist, eine erst neuerdings ihr überlassene erhebliche Urkunde zu benutzen 370
94. Zuständiges Gericht für die Klage gegen einen Gerichtsvollzieher außer Dienst auf Herausgabe eines ihm zur Protestierung übergebenen Wechsels 372
95. Nomination des Auktors durch den auf Herausgabe der Sache belangten Verwahrer 374
96. Zeugenbeweis über sog. innere Thatsachen 375
97. Berechnung des Streitwertes, wenn rückständige Zinsen zum Kapitale geschlagen sind 377
98. Rechtsmittel gegen eine in Urteilsform erlassene Entscheidung über einen auf § 773 C.P.O. gestützten Antrag 379

Nr. Seite

99. Vermögensrechtlicher Schade im Sinne des § 349 Ziff. 1 C.P.O. . . 381
100. Gerichtsstand des Erfüllungsortes 383
101. Gerichtsstand der Gewerkschaften 384
102. Neuer selbständiger Beschwerdegrund 387
103. Kann die Erstattung von Kosten gefordert werden, die von der Partei aus Vorsicht wegen Zweifelhaftigkeit einer Rechtsfrage aufgewendet sind? 387
104. Haftung eines Gerichtsvorsitzenden für die Folgen unrichtig gewählter Maßregeln zur Aufrechterhaltung der Ordnung in der Sitzung . . 390
105. Wesentlicher Inhalt eines Aufgebotes 392
106. Findet Beschwerde gegen Ablehnung des Antrages statt, auf Grund des § 48 G.K.G. die Erhebung einer besonderen Gebühr zu beschließen? 392
107. Ist auf Grund der §§ 647. 657 C.P.O. die einstweilige Einstellung einer noch nicht begonnenen Zwangsvollstreckung zulässig? 393
108. Gerichtszuständigkeit für eine Anfechtungsklage aus § 104 des Reichsgesetzes vom 1. Mai 1889 395
109. Berücksichtigung von Protestkosten, Provision und Porto bei Berechnung des Streitwertes 398
110. Ist der Kommanditist ein zulässiger Zeuge im Prozesse der Kommanditgesellschaft? 398
111. Ablehnung sachlicher Entscheidung auf Grund der Annahme nicht ordnungsmäßiger öffentlicher Zustellung der Ladung 400
112. Gerichtszuständigkeit für die Klage auf Abnahme gekaufter, übersandter und vom Käufer zurückgesandter Ware 405
113. Widerruf eines Anerkenntnisses 407
114. Voraussetzungen des Anspruches eines Rechtsanwaltes auf Beweisgebühr und erhöhte Verhandlungsgebühr 410
115. Gerichtsstand für die konfessorische Klage, wenn das dienende Grundstück im Auslande liegt, und der Eigentümer im Inlande wohnt . . 414
116. Zustellung eines bedingten Endurteiles, durch das sowohl bei Leistung des einer Partei auferlegten Eides als auch bei Nichtleistung auf Ehescheidung erkannt ist 417
117. Enthält die Versteigerung in der Zwangsvollstreckung gleichzeitig eine Pfändung? 420
118. In welchem Zeitpunkte tritt das Urteil in Kraft, durch das eine einstweilige Verfügung aufgehoben wird? 421
119. Gerichtszuständigkeit für die Klage auf Rückzahlung von Pension gegen die Erben eines Militärinvaliden? 425
120. Anderweite Entscheidung, wenn zweien Streitgenossen ein Eid auferlegt

Nr.		Seite
	ist, der eine Streitgenosse den Eid geleistet hat, der andere aber gestorben ist	426
121.	Unzureichende Feststellung des Sachverhältnisses Fragepflicht . . .	427
122.	Beschwerde gegen den Beschluß, durch den die Aufnahme eines unterbrochenen Verfahrens durch den Gemeinschuldner abgelehnt wird . .	428
123.	Gerichtszuständigkeit für die Klage auf Zahlung einer für den Fall des Rücktrittes vom Vertrage bedungenen Abfindung	430

Sachregister 436
Gesetzesregister 452
Chronologische Zusammenstellung 461
Zusammenstellung nach Oberlandesgerichtsbezirken 467
Berichtigungen 468

I. Reichsrecht.

1. 1. Klagänderung. § 240 C.P.O.

2. Ist der Schadensersatzanspruch des Ankäufers wegen Eviktion eines Grundstückes, welches derselbe vor der Konkurseröffnung von dem Gemeinschuldner gekauft hatte, eine Masseschuld im Sinne des § 52 Ziff. 2 K.O. oder lediglich eine Konkursforderung?

II. Civilsenat. Urt. v. 23. Juni 1893 i. S. R. (Kl.) w. Konkursmasse K. (Bekl.) Rep. II. 94/93.

I. Landgericht Aachen.
II. Oberlandesgericht Köln.

Der Kläger kaufte von dem bald darauf in Konkurs geratenen K. ein Hausgrundstück, dessen Hypothekenfreiheit der Verkäufer versicherte, zum Preise von 15450 ℳ, welche nicht bezahlt worden sind, und trat den Besitz sogleich an. Dasselbe war jedoch zum Vorteile der Witwe B. mit 15000 ℳ belastet. In dem von letzterer eingeleiteten Zwangsversteigerungsverfahren wurde das Anwesen einem Dritten zu 15000 ℳ zugeschlagen. Kläger erhob Klage gegen die Konkursmasse auf Zahlung eines Schadensersatzes von etwas mehr als 15500 ℳ als Masseschuld wegen der erlittenen Eviktion und beantragte eventuell Feststellung, daß ihm eine Konkursforderung gegen die K.'sche Masse in gleicher Höhe zustehe. Der Hauptanspruch wurde auf ein Verschulden des Konkursverwalters gestützt. Das Landgericht wies die Klage ab. In der Berufungsinstanz machte der Kläger ferner geltend, sein Gewährleistungsanspruch sei nach § 52 Ziff. 2 K.O. als Masseschuld anzusehen. Das Oberlandesgericht erkannte auf Zurückweisung der Berufung. In den Gründen des

Oberlandesgerichtes ist erörtert: Soweit Kläger seine Ersatzforderung auf § 52 Ziff. 2 K.O. stütze und Gewährleistung auf Grund des mit dem Gemeinschuldner abgeschlossenen Vertrages verlange, liege eine nach § 489 C.P.O. unzulässige Klagänderung vor; in der ersten Instanz sei die Schadensersatzforderung lediglich auf ein Verschulden des Konkursverwalters gegründet worden; dies sei aber ein ganz anderer Klagegrund als der mit dem Gemeinschuldner abgeschlossene Vertrag. Es heißt in dem Urteile weiter:

„Will man hiernach die Möglichkeit nicht ausschließen, es habe Kläger bereits in erster Instanz — ohne gehörige Scheidung der beiden verschiedenen Klagegründe — Schadensersatz verlangt wegen Eviktion auf Grund des mit dem Gemeinschuldner eingegangenen Kaufvertrages, so bildet doch dieser Schadensersatzanspruch keine Masseschuld im Sinne des § 52 Ziff. 2 K.O., sondern lediglich eine Konkursforderung. Masseschulden nach § 52 Ziff. 2 a. a. O. sind die Ansprüche der rückständigen Leistungen, welche der Gemeinschuldner zur Zeit der Konkurseröffnung aus solchen zweiseitigen Verträgen noch zu leisten hatte, deren Erfüllung der Konkursverwalter verlangt; der Schadensersatz wegen Eviktion ist aber — wie dies auch die Motive zur Konkursordnung (S. 245) ausdrücklich hervorheben — keine solche rückständige Leistung; dieser Schadensersatzanspruch entsteht erst mit der Eviktion,

vgl. Entsch. des R.G.'s in Civils. Bd. 18 S. 336,

hier mit der während des Konkurses stattgehabten Subhastation. Es handelt sich dabei auch nicht etwa um eine zur vollständigen Vertragserfüllung erforderliche Verbesserung oder Vervollständigung einer mangelhaften oder teilweisen Erfüllung,

vgl. Petersen und Kleinfeller, Konkursordnung Anm. 3 zu § 52 (3. Aufl.) S. 264 und die daselbst Anm. 1 angeführten Schriftsteller,

sondern es handelt sich um Schadensersatz wegen Nichterfüllung oder (nach dem Sprachgebrauche der Motive zur Konkursordnung am angeführten Orte) um einen Anspruch wegen Eviktion einer vom Gemeinschuldner schon gemachten selbständigen Leistung."

Die Revision des Klägers ist zurückgewiesen worden aus folgenden

Gründen:

„Soweit die Klage Anerkennung des erhobenen Anspruches als

einer Masseschuld auf Grund des § 52 Ziff. 1 K.O. verlangt, weil dem Konkursverwalter bezüglich der gegen den Kläger erhobenen Anfechtungsklage der Vorwurf schuldhafter Prozeßführung zu machen sei, ist in den Erwägungen des Oberlandesgerichtes, welche diesen Vorwurf als unbegründet hinstellen und mit der ständigen Rechtsprechung des Reichsgerichtes, insbesondere auch des erkennenden Senates,

vgl. dessen Urteil vom 17. März 1865, Entsch. des R.G.'s in Civils. Bd. 13 Nr. 72 S. 298. 301,

übereinstimmen, ein Rechtsirrtum nicht zu finden. Weiter ist die Abweisung des eventuellen Antrages, welche Abweisung auf richtiger Auslegung des § 10 K.O. und des § 231 C.P.O. beruht, nicht zu beanstanden. In diesen beiden Beziehungen ist denn auch ein Angriff nicht erhoben.

Dagegen kann der Auffassung des angefochtenen Urteiles, welches in der klägerischen Bezugnahme auf den § 52 Ziff. 2 K.O. eine in der Berufungsinstanz unzulässige Klagänderung sieht, nicht beigepflichtet werden. Nach § 240 C.P.O., welcher auch für die Berufungsinstanz gilt, ist es als eine Änderung der Klage nicht anzusehen, wenn ohne Änderung des Klagegrundes 1. die rechtlichen Anführungen ergänzt werden, 2. der Klagantrag erweitert wird. Da das Gesetz keine Unterscheidung macht, muß die Ergänzung der rechtlichen Anführungen und die Erweiterung des Klagantrages auch für ein eventuelles Klagepetitum als statthaft angesehen werden. Der Kläger hatte nun den Gewährleistungsanspruch bereits in der ersten Instanz (in der eventuellen Klagebitte) erhoben, freilich nur als Konkursforderung; er versuchte in der Berufungsinstanz daraus eine Masseschuld zu machen, indem er behauptete, der Konkursverwalter habe die Erfüllung des Vertrages zur Konkursmasse verlangt. Er erweiterte also lediglich den Klagantrag unter einem anderen rechtlichen Gesichtspunkte, indem er, statt der durch die Lage des Konkurses bedingten Prozente, nunmehr den vollen Ersatz seiner Forderung aus der Masse verlangte. Darin lag keine Änderung des Klagegrundes.

Aber zur Sache ist den eventuellen Ausführungen der Vorinstanz, mit welchen dieselbe zur Verneinung der Annahme einer Masseschuld gelangt, im wesentlichen beizupflichten. Vorbedingung einer Masseschuld ist jedenfalls nach dem Wortlaute des § 52 Ziff. 2 K.O., daß der Konkursverwalter die Erfüllung des Bilateralvertrages zur Konkursmasse verlangt. Daß dies im vorliegenden Falle geschehen sei, ist von der Vorinstanz nicht festgestellt....

Hiernach ist die erwähnte Voraussetzung für die Anwendung des § 52 Ziff. 2 K.O. nicht dargethan. Es bedarf aber auch keiner Erörterung, ob etwa für das Berufungsgericht Anlaß vorhanden gewesen wäre, von § 130 C.P.O. Gebrauch zu machen, da die Entscheidung jedenfalls durch die Gründe des Oberlandesgerichtes gerechtfertigt ist. Die Vorschrift des § 52 Ziff. 2 K.O. steht in engem Zusammenhange mit § 15 daselbst, betrifft also Fälle zweiseitiger Verträge, welche beiderseits noch nicht oder nicht vollständig erfüllt sind. Verlangt der Konkursverwalter Erfüllung, so kann der andere Kontrahent die noch rückständige Gegenleistung als Masseschuld geltend machen. Um einen solchen Anspruch des Klägers handelt es sich aber nicht; vielmehr begehrt derselbe, welcher sich bereits im Besitze des gekauften Grundstückes befand, wegen Entwährung desselben gemäß Art. 1630 B.G.B. Schadloshaltung. Auf Gewährleistungsansprüche findet aber, wie auch in den Motiven zur Konkursordnung S. 245 ausdrücklich hervorgehoben ist, § 52 Ziff. 2 keine Anwendung."

---

2. 1. Steht auch dem Rheder eines Schiffes, durch dessen Hilfe ein in Seenot geratenes anderes Schiff desselben Rheders gerettet ist, ein Anspruch auf Hilfslohn zu?

2. Kann der Rheder des geretteten Schiffes für den ihm als Rheder des rettenden Schiffes gebührenden Hilfslohn von dem Versicherer des geretteten Schiffes Ersatz verlangen?

H.G.B. Artt. 742. 744. 745. 746. 751. 753. 755. 757 Ziff. 5. 758. 765. 770 flg. 779. 823. 838. 839.

Allgemeine Seeversicherungsbedingungen von 1867 §§ 66. 84 flg. 88. K.O. §§ 40. 41.

L. 3 Cod. de neg. gestis 2, 19; l. 21 pr. l. 31 § 7 und l. 32 pr. Dig. de neg. gestis 3, 5; l. 19 § 2 Dig. comm. divid. 10, 3.

I. Civilsenat. Urt. v. 6. Juli 1892 i. S. Hamburg-Amerikan. Paketfahrt-Aktiengesellschaft (Kl.) w. Norddeutsche Versicherungs-Gesellschaft (Bekl.). Rep. I. 91/92.

I. Landgericht Hamburg.
II. Oberlandesgericht daselbst.

Der Dampfer der Klägerin „Italia" war im Oktober 1889 auf der Fahrt von Hamburg nach New-York durch Bruch des Schraubenschaftes in Seenot geraten und durch den ebenfalls der Klägerin gehörigen Dampfer „Gellert" nach viertägiger Arbeit gerettet worden. Durch Urteil des zuständigen Gerichtes in New-York ist der Hilfslohn (salvage) für die Klägerin als Eigentümerin des „Gellert" und für Schiffer und Besatzung desselben festgestellt, und bei der infolge des Seeunfalles ordnungsmäßig aufgemachten Dispache von dem Hilfslohne einschließlich der Nebenkosten auf das Kasko der „Italia" der Betrag von etwa 15 891 Dollar verteilt worden. Das Kasko der „Italia" war bei der Beklagten zu einem Sechstel versichert. Die Klägerin forderte deshalb von der Beklagten Ersetzung des entsprechenden Teiles des auf sie verteilten Beitrages zur großen Havarie. Die Beklagte zahlte auch den Anteil von dem der Schiffsbesatzung des „Gellert" zugesprochenen Hilfslohnbetrage und von denjenigen Nebenkosten, welche durch die vermöge der Hilfeleistung herbeigeführte Verlängerung der Reise des „Gellert" verursacht waren, weigerte aber die Zahlung desjenigen Betrages, der aus dem Ansatze von Hilfslohn für die Klägerin als Eigentümerin des „Gellert" resultierte. Die Klage auf diesen Mehrbetrag ist in beiden Instanzen abgewiesen, auf die Revision der Klägerin das Berufungsurteil aber aufgehoben, und die Sache in die Instanz zurückverwiesen worden aus folgenden

Gründen:

... „Richtig ist es allerdings, wenn das Berufungsgericht auf den Klaganspruch das deutsche Recht in Verbindung mit den Allgemeinen Seeversicherungsbedingungen, denen die in Hamburg domizilierten Parteien sich unterworfen haben, anwendet. Richtig ist es sodann auch, wenn das Berufungsgericht davon ausgeht, daß durch die Aufwendungen, welche in einem Havariegrossefalle im Interesse der

Schiffs- und Ladungsinteressenten gemacht werden mußten, der Versicherte entweder dadurch in Verlust geraten kann, daß ihm gehörige Gegenstände zum allgemeinen Besten geopfert werden mußten, für welche er von den übrigen Havarieinteressenten nicht vollen Ersatz erhält, oder dadurch, daß er seinerseits zur Ersatzleistung für die Opfer anderer genötigt wird, daß aber der Versicherte für diese Einbußen oder Leistungen (Beiträge) nach § 84 Ziff. 1 der Allgemeinen Seeversicherungsbedingungen von dem Versicherer schadlos gehalten werden soll. Irrig dagegen ist die Schlußfolgerung des Berufungsgerichtes aus der ausweise der Protokolle S. 3529 bei der Beratung des Seerechtes gemachten Bemerkung, „der Assekuradeur müsse dem Versicherten jeden Havariebeitrag zahlen, den der Versicherte zu leisten gezwungen gewesen sei". Denn zunächst bezieht dieselbe sich nicht (wie das Berufungsgericht meint) auf den dem § 84 der Allgemeinen Seeversicherungsbedingungen entsprechenden Art. 838 H.G.B., sondern vielmehr auf den dem § 86 daselbst entsprechenden Art. 839, und mithin nicht auf die Definition der „Beiträge", welche dem Versicherer zur Last fallen, sondern auf die Frage, inwieweit die Verpflichtungen des Versicherers sich nach der am gehörigen Orte im Inlande oder Auslande aufgemachten Dispache bestimmen. In dieser Beziehung stellt der § 86 der Allgemeinen Seeversicherungsbedingungen in Übereinstimmung mit Art. 839 H.G.B. den Grundsatz auf, daß die Dispache, wenn sie im Einklange mit dem am Orte der Aufmachung geltenden Rechte aufgemacht ist, auch dem Versicherer gegenüber maßgebend sein soll, der Versicherte insbesondere nicht berechtigt ist, von dem Versicherer mehr als den Betrag zu fordern, zu welchem der ihm erwachsene Schade in der Dispache berechnet ist, der Versicherer aber andererseits für diesen ganzen Betrag haftet, während der Versicherte, wenn der Schade nach dem am Orte der Aufmachung geltenden Rechte als große Havarie nicht anzusehen ist, den Ersatz des Schadens von dem Versicherer nicht aus dem Grunde fordern kann, weil der Schade nach einem anderen Rechte, insbesondere nach dem Rechte des Versicherungsortes, große Havarie sei. Hiernach kommt es aber für die Anwendbarkeit des § 84 Ziff. 1 und des § 86 der Allgemeinen Seeversicherungsbedingungen sowie der Artt. 838. 839 H.G.B. lediglich darauf an, ob nach dem am Orte der Aufmachung der Dispache geltenden Rechte die in der Dispache dem Versicherten zur Last gelegten Beträge zur großen Havarie gehören. Wie jeder Havariegrosseinteressent verpflichtet und berechtigt ist, das daraus für ihn sich ergebende Rechtsverhältnis zu seinen Mitinteressenten nach Vorschrift des am Orte der Dispache geltenden Rechtes geordnet werden zu lassen, so soll auch bei der Ordnung des Rechtsverhältnisses zwischen den Interessenten und ihren Versicherern den Entschädigungsansprüchen der ersteren das Ergebnis der Anwendung jenes Rechtes zum Grunde gelegt werden.

Vgl. Voigt, Seeversicherungsrecht S. 538.

Nur diesen Sinn hat auch offenbar die oben gedachte Bemerkung in den Protokollen zum Handelsgesetzbuche, daß der Assekuradeur den Beitrag zahlen müsse, welchen der Versicherte zu leisten gezwungen gewesen sei, wie sich dies auch klar daraus ergiebt, daß im unmittelbaren Anschlusse daran weiter gesagt ist:

„Gezwungen sei der Versicherte aber zu jedem Beitrage, der ihm in einer nach den Gesetzen des Dispachierungsortes gerechtfertigten Dispache auferlegt worden, . . . weil sich Schiff und Ladung an diesem Orte befänden, und die Verfügung darüber ohne Entrichtung der Beiträge nicht erlangt werden konnte."

Ein solcher Zwang wird aber durch die Dispache für den versicherten Havariegrosseinteressenten nicht nur dann herbeigeführt, wenn er nach derselben den ihm gegenüberstehenden Interessenten seinerseits etwas zu leisten hat, sondern auch insofern, als er nach der Dispache für von ihm zum allgemeinen Besten gemachte Aufwendungen von den übrigen Interessenten keinen Ersatz erhält, die Aufwendungen also aus eigenen Mitteln von ihm getragen werden müssen. In diesem letzteren Falle kann aber von einem Zahlungszwange den ihm gegenüberstehenden dritten Havarieinteressenten gegenüber keine Rede sein, und die Annahme des Berufungsgerichtes, daß in den oben gedachten Gesetzes- und Vertragsbestimmungen unter den dem Versicherer zur Last fallenden Beiträgen nur solche zu verstehen seien, welche der Versicherte diesen dritten Personen zu leisten habe, zu deren Zahlung er von ihnen gezwungen werden könne, erscheint daher als hinfällig, wodurch zugleich die weitere Schlußfolgerung beseitigt wird, daß ein rechtlicher Zwang, an sich selbst etwas zu zahlen, nicht wohl denkbar sei, und daß mithin, da hinsichtlich des hier fraglichen Betrages der der Klägerin als Eigentümerin der „Italia" in der Dispache zur Last gelegten Beiträge der Klägerin ein Dritter nicht gegenüberstehe, welcher sie zur Leistung zwingen könnte, der erhobene Anspruch auf den § 84 Ziff. 1 und den § 86 der Allgemeinen Seeversicherungsbedingungen nicht gegründet werden könne. Dies letztere ist vielmehr allerdings der Fall, und da im vorliegenden Falle zugleich unstreitig die Voraussetzung des § 88 der Allgemeinen Seeversicherungsbedingungen (Art. 841 H.G.B.) vorliegt, so ist der Klaganspruch nicht bloß scheinbar, sondern in der That schon auf Grund der Dispache an sich berechtigt, falls nicht die Klägerin durch mangelhafte Wahrnehmung ihrer Rechte eine durch die Nichtübereinstimmung der Dispache mit dem am Orte der Aufmachung geltenden Rechte u. s. w. bewirkte Benachteiligung der Klägerin verschuldet haben sollte.

Aber auch die weiteren Gründe, aus welchen das Berufungsgericht annimmt, daß der Klaganspruch aus dem Versicherungsvertrage nicht hergeleitet werden könne, enthalten eine Verkennung der rechtlichen Natur des Anspruches auf Hilfslohn und der Schiffsschuld sowie seeassekuranzlicher Normen.

Wie unter den Parteien unstreitig ist, handelt es sich bei den von dem „Gellert" der „Italia" geleisteten Diensten, deren Vergütung den wesentlichen Bestandteil der dispachierten Havariegrosse bildet, nicht etwa um ein einfaches Bugsieren, sondern um die Rettung der „Italia" aus einer Seenot, in welche sie durch den Bruch ihres Schraubenschaftes geraten war. Der hiernach maßgebende Art. 742 H.G.B. bestimmt nun aber im ersten Absatze, daß, wenn in einer Seenot ein Schiff oder dessen Ladung ganz oder teilweise, nachdem sie der Verfügung der Schiffsbesatzung entzogen oder von derselben verlassen waren, von dritten Personen an sich genommen und in Sicherheit gebracht wird, diese Personen Anspruch auf Bergelohn haben, und fügt im zweiten Absatze hinzu, daß, wenn außer dem vorstehenden Falle ein Schiff oder dessen Ladung durch Hilfe dritter Personen aus einer Seenot gerettet wird, dieselben Anspruch auf Hilfslohn haben. Hieraus ergiebt sich, 1. daß der Anspruch auf Berge- und Hilfslohn lediglich durch die Thatsache der Dienstleistung begründet wird, ohne daß auch ein Vertragsverhältnis vorzuliegen braucht, durch welches nur noch ein neues Moment hinzutreten würde.

Vgl. Kierulff, Sammlung Bd. 2 S. 514 flg. und Entsch. des R.G.'s in Civils. Bd. 3 S. 140.

Sodann aber ist hiernach 2. anzunehmen, daß der Ausdruck „dritte Personen" in beiden Absätzen in demselben Sinne gebraucht ist, sodaß dieselben — wie dies im ersten Absatze klar vorliegt — auch im zweiten Absatze lediglich den Gegensatz zu der Besatzung des notleidenden Schiffes bilden, und daher auch weder der Rheder dieses Schiffes noch die Eigentümer seiner Ladung von dem Anspruche auf Berge- oder Hilfslohn prinzipiell ausgeschlossen sind. Bestätigt wird diese Auffassung durch den dritten Absatz des Art. 742, nach welchem der Schiffsbesatzung des verunglückten oder gefährdeten Schiffes ein Anspruch auf Berge- oder Hilfslohn nicht zusteht. Der Grund dieser Bestimmung besteht aber darin, daß die Schiffsbesatzung kraft ihres Dienstvertrages als zu solchen Leistungen verpflichtet angesehen wird und die Vergütung dafür in der ihr gebührenden Heuer empfängt, während für den Rheder des gefährdeten Schiffes — wenn man zunächst von seinem Verhältnisse zu dem etwaigen Versicherer des Schiffes absieht — eine solche rechtliche Verpflichtung an sich nicht existiert, dieser also auch der Schiffsbesatzung und den Ladungsinteressenten seines Schiffes gegenüber sich für den ihnen durch die Unterlassung der Bergung oder Hilfsleistung entstehenden Schaden nicht verantwortlich macht und sich nur der Gefahr aussetzt, seine eigenen Wertobjekte zu verlieren.

Auch der Gesichtspunkt, daß die Erwerbung eines Bergungs- oder Hilfslohnanspruches des Rheders, insofern es sich dabei um das Schiff handelt, rechtlich undenkbar sei, weil der Rheder nach allgemeinen Rechtsgrundsätzen sich nicht selbst als dritte Person gegenüberstehen, nicht sein eigener Gläubiger und Schuldner sein könne, erscheint nicht als zutreffend. Eine persönliche Verpflichtung zur Entrichtung der Berge- oder Hilfslohnkosten wird durch die Bergung oder Rettung nach Art. 755 H.G.B. an sich nicht begründet. Wegen dieser Kosten, wozu auch der Berge- oder Hilfslohn gehört, steht vielmehr (Art. 753 H.G.B.) dem Gläubiger nur ein Pfandrecht an den geborgenen oder geretteten Gegenständen zu, und es sind ihm in Ansehung des geborgenen oder geretteten Schiffes nach

Art. 757 Ziff. 5 H.G.B. die Rechte eines Schiffsgläubigers gewährt, welche nach Art. 758 auch gegen dritte Besitzer des Schiffes verfolgbar sind, und auf welche es keinen Einfluß hat, ob der Rheder für die betreffende Forderung entweder von vornherein auch persönlich verpflichtet ist oder dies später wird (Art. 765 H.G.B.). Für diese Forderungen der Schiffsgläubiger besteht unter ihnen ein bestimmtes Rangverhältnis (Artt. 770 flg. H.G.B.), und sie haben im Falle der Konkurrenz mit anderen Pfandgläubigern oder sonstigen Gläubigern den unbedingten Vorzug (Art. 779 H.G.B.). Bei den Forderungen der Schiffsgläubiger, zu welchen auch der Anspruch auf Berge- oder Hilfslohn, soweit er das Schiff selbst betrifft, gehört, handelt es sich hiernach um einen unmittelbar gegen das Schiff gerichteten Anspruch, wobei das Schiffsvermögen als ein aus dem übrigen Vermögen des Rheders ausgeschiedenes Sondergut (peculium) erscheint, welches als solches in selbständigen, rechtlichen Beziehungen stehen kann, und es kann daher nicht für unzulässig erachtet werden, daß auch der Rheder selbst — mit Rücksicht auf sein sonstiges Vermögen — diesem Sondergute gegenüber die Rechte eines Schiffsgläubigers erwirbt, indem er ja als Vertreter verschiedener gesonderter Vermögensmassen erscheint. Wie schon nach älteren deutschen Konkursgesetzen aus Seeschiffen (analog den Immobilien) eine besondere Masse (Partikularkonkurs) gebildet und ganz unabhängig von der allgemeinen Masse verteilt wurde, so gewährt auch die jetzt geltende Konkursordnung nach §§ 40. 41 Ziff. 8 den Schiffsgläubigern ein sie von den Konkursgläubigern unterscheidendes Absonderungsrecht. Wenn angenommen wird, daß auch der Rheder selbst seinem Schiffe als Schiffsgläubiger gegenüberstehen kann, so entspricht dies nur der Anschauung des modernen Rechtes, auf welcher die Eigentümerhypothek des Grundstückseigentümers beruht. Aus der Natur des Schiffsvermögens als eines Sondergutes folgt auch ohne weiteres die Möglichkeit, daß dasselbe auf Kosten des Privatvermögens des Rheders oder eines anderen von ihm verwalteten Schiffsvermögens bereichert oder zu deren Gunsten verringert werden kann, was aber rechtlich nur dadurch ausgeglichen werden kann, daß man den Rheder im letzteren Falle als Schuldner und im ersteren Falle als Gläubiger des Schiffsvermögens ansieht und behandelt. Deshalb ist auch unbedenklich anzunehmen, daß der Rheder, welcher einen

Bodmereibrief einlöst, diesen (ohne daß die Bodmereiforderung durch Konfusion erlischt) nicht nur (wenn derselbe an Order lautet) weiter indossieren kann, sondern daß er statt dessen auch berechtigt ist, die Bodmereischuld selbst geltend zu machen, indem er den nachstehenden Schiffsgläubigern gegenüber den Betrag dieser seiner Verwendung von dem Werte des Schiffsvermögens in Abzug bringt.

Vgl. Entsch. des Oberappellationsgerichtes Lübeck in hamburgischen Rechtssachen Bd. 2 S. 171 flg. und Ehrenberg, Beschränkte Haftung S. 124. 131. 132. 200. 278 flg.

Die Doppelstellung des Rheders als Vertreters des in dem betreffenden Schiffsvermögen bestehenden Sondergutes und als Vertreters seines sonstigen Vermögens (sowie eventuell — wie es hier der Fall ist — auch noch eines anderen Schiffsvermögens) tritt nun freilich in der Regel dritten Personen gegenüber nicht in die Erscheinung, indem die Rechtsfolgen in den meisten Fällen durch eine vom Rheder vorgenommene Berechnung ihre Erledigung finden. Sie muß aber rechtlich in allen Fällen anerkannt werden und, sobald ein praktisches Interesse daran vorliegt, auch dritten Personen gegenüber zur Geltung gelangen. Ein Fall, in welchem dies zutrifft, würde z. B., wie die Revision mit Recht hervorhebt, klar vorliegen, wenn ein Rheder sein, schon anderen Schiffsgläubigern zum vollen Werte verhaftetes Schiff in Seenot antrifft. Denn da er seinerseits unter diesen Umständen an der Erhaltung des Schiffes keinerlei Interesse hat, so wird er (und kann er vernünftigerweise) die erforderliche Hilfeleistung, durch welche vielleicht ein anderes Schiff des Rheders schwer gefährdet wird, und ihm bedeutende Nachteile im Verhältnisse zu den Ladungsinteressenten und Versicherern dieses anderen Schiffes entstehen können, die erforderliche Hilfe nur leisten, wenn er Aussicht zu haben meint, dadurch einen mit der gesetzlichen Priorität versehenen Anspruch auf Hilfslohn gegen das notleidende Schiff vor dessen älteren Schiffsgläubigern zu erwerben. Dieses Recht ihm zu versagen, liegt umsoweniger ein Grund vor, als auch die älteren Schiffsgläubiger dadurch keineswegs benachteiligt werden, indem ihnen vielmehr durch die Dienste und Aufwendungen des Rheders der vollständig gefährdete Gegenstand ihrer Pfandrechte wenigstens für einen Teil des Wertes gerettet wird. Man würde anderenfalls auch zu sehr bedenklichen Resultaten gelangen, wenn man dem Rheder des rettenden Schiffes einen Anspruch auf Hilfslohn gegen das gerettete Schiff nur deshalb versagen wollte, weil er zugleich der Rheder des letzteren ist. Wie soll sich z. B. dann der Kapitän eines zur Hälfte dem A. und zur anderen Hälfte dem B. gehörigen Schiffes verhalten, wenn das von ihm angetroffene notleidende Schiff im alleinigen Eigentume des A. steht? Und wie soll, wenn er sich zur Hilfeleistung entschließt, und diese von Erfolg gewesen ist, der nach Artt. 744. 746 H.G.B. angemessene Hilfslohn berechnet werden, soweit er nach Art. 751 H.G.B. dem Rheder des rettenden Schiffes gebührt?

Ist hiernach die rechtliche Möglichkeit einer Hilfslohnschuld des geretteten Schiffes gegenüber einem rettenden Schiffe desselben Rheders oder dem gemeinsamen Rheder beider Schiffe selbst anzuerkennen, so wird dadurch zugleich auch das fernere Argument des Berufungsgerichtes hinfällig, daß dies für die Haftung der Beklagten aus dem Versicherungsvertrage unerheblich sei, weil es für den hier fraglichen Anteil von dem Betrage des dispachierten Hilfslohnes an einem durch den Seeunfall eingetretenen Vermögensverluste der Klägerin fehle, welchen die Beklagte auszugleichen hätte, da die durch den Seeunfall der „Italia" für diese notwendig gewordene Hilfeleistung seitens des „Gellert" zu dem hier in Frage kommenden Anteile an der Salvage das Vermögen der Klägerin nicht verringert habe, indem das Vermögen der Klägerin als Eigentümerin des „Gellert" sich genau um denselben Betrag vermehrt habe, um welchen sich ihr Vermögen als Eigentümerin der „Italia" vermindert haben würde. Hierdurch wird zunächst verkannt, daß sich hier zwei verschiedene, von der Klägerin vertretene Sondervermögen gegenüberstehen, und daß es deshalb nur darauf ankommt, ob für das versicherte Sondervermögen — die „Italia" — ein Verlust eingetreten ist, wobei die Folgen, welche der Unfall zugleich für ein anderes Sondervermögen der Klägerin — den „Gellert" — gehabt hat, ebenso gleichgültig sind, als wenn die „Italia" den Hilfslohn dem fremden Rheder eines dritten Schiffes zu zahlen gehabt hätte. Sodann aber liegt in der obigen Argumentation auch eine Verwechselung des thatsächlichen mit dem rechtlichen Kausalzusammenhange. Denn der dem „Gellert" zuerkannte Hilfslohn charakterisiert sich rechtlich nicht als ein Äquivalent für die Folgen des der „Italia" zugestoßenen Unfalles, sondern vielmehr als der Gewinn aus einem aleatorischen, aber mit Erfolg gekrönten freiwilligen Unternehmen, zu welchem die Seenot der „Italia" zwar die Veranlassung bot, welcher aber nicht als ein Ausgleich des für die „Italia" infolge ihrer Seenot durch den ihr zur Last fallenden Anteil an dem zu zahlenden Hilfslohne entstandenen Vermögensverlustes aufgefaßt werden kann.

Die Ansicht des Berufungsgerichtes, unter den „dritten" Personen, welchen nach Art. 742 H.G.B. für ihre Thätigkeit gegen den Rheder eines Schiffes ein Anspruch auf Bergelohn oder Hilfslohn erwächst, sei wohl die Schiffsbesatzung des rettenden Schiffes, wenn letzteres demselben Rheder gehört, niemals aber auch der Rheder selbst inbegriffen, weil dieser sich nicht selbst als dritte Person gegenüberstehen könne, ist schon oben widerlegt. Ob die Annahme des Berufungsgerichtes, daß mit dieser Ansicht auch das englische Recht übereinstimme, zutreffend ist, kann hier dahingestellt bleiben, da das englische Recht im vorliegenden Falle nicht zur Anwendung kommt.

Unzutreffend und rechtsirrtümlich ist aber auch die vom Berufungsgerichte aus den §§ 66. 84 Ziff. 3 der Allgemeinen Seeversicherungsbedingungen (Artt. 823. 838 Ziff. 3 H.G.B.) hergeleitete Folgerung, daß der Versicherte wegen einer von ihm selbst vollzogenen Hilfeleistung oder Bergung vom Versicherer nicht einen Hilfs- oder Bergelohn, sondern nur die wirklichen Unkosten und Verwendungen aus seinem Vermögen ersetzt verlangen könne, welche hier nur in den der Klägerin von der Beklagten bereits anteilsweise erstatteten Kosten der verlängerten Reise und des der Besatzung des „Gellert" zugesprochenen Teiles der Salvage beständen. Denn die dem Versicherten in § 66 a. a. O. auferlegte, aus Art. 823 H.G.B. herübergenommene Verpflichtung, wenn ein Unfall sich zuträgt, sowohl für die Rettung der versicherten Sachen als für die Abwendung größerer Nachteile thunlichst zu sorgen, folgt nicht etwa aus dem Wesen des Versicherungsvertrages, sondern bildet eine positive Vorschrift, durch welche der Versicherte gezwungen werden soll, negotiorum gestor des Versicherers zu sein.

Vgl. Protokolle S. 4422 flg. und Lewis, Seerecht (2. Aufl.) Anm. 1 zu Art. 822 H.G.B.

Der Versicherte soll dadurch auch nur verpflichtet werden, „so zu handeln, wie ein sorgsamer Kaufmann, bezw. wie er im eigenen Interesse gehandelt haben würde, wenn er nicht versichert wäre".

Der Rheder handelt mithin, wenn er in dieser Richtung thätig wird, in Ansehung der versicherten Quote des Schiffes lediglich im Interesse (als Geschäftsführer) seines Versicherers, ist aber zu Aufwendungen für denselben aus seinem eigenen Vermögen in keiner Weise verpflichtet, wie sich auch aus der Bestimmung unter 3 des § 84 der Allgemeinen Seeversicherungsbedingungen bezw. des Art. 838 H.G.B. ergiebt, nach welcher unter Bezugnahme auf § 66 bezw. Art. 823 a. a. O. dem Versicherer auch die sonstigen (unter 1 und 2 nicht erwähnten) zur Rettung sowie zur Abwendung größerer Nachteile notwendig oder zweckmäßig aufgewendeten Kosten, selbst wenn die ergriffenen Maßregeln erfolglos geblieben sind, zur Last fallen. Dies erkennt nun zwar auch das Berufungsgericht an, aber es irrt, indem es mit Rücksicht auf den hier gebrauchten Ausdruck „aufgewendete Kosten" den Versicherten im Falle einer von diesem selbst unternommenen Hilfeleistung in Seenot nicht für berechtigt erachtet, von dem Versicherer Ersatz für den ganzen, die Vergütung seiner Aufwendungen nach Art. 745 H.G.B. mitumfassenden Hilfslohn zu verlangen. Denn nach der Natur des Anspruches auf Berge- oder Hilfslohn erscheint eine Zerlegung desselben in der Weise, daß man zwischen dem Gesamtbetrage und den sich aus dem thatsächlichen Verlaufe der Sache in dem Berge- oder Hilfslohne zugleich mitvergüteten wirklichen Kosten unterscheidet, als ganz willkürlich und unzulässig. Der Hilfslohn bildet ein Ganzes, dessen Betrag mit Rücksicht einerseits auf die Gefahren, welchen der Hilfeleistende bei seiner Thätigkeit sich und sein Eigentum aussetzt, und andererseits auf die Gefahr, im Falle der Erfolglosigkeit des Unternehmens für alle Aufwendungen und Bemühungen nichts zu erhalten, ein angemessenes Äquivalent für die Gesamtleistung im Falle ihres Erfolges repräsentiert. Ganz ebenso wie der von der Klägerin an den Rheder eines fremden Schiffes gezahlte Hilfslohn in seinem vollen Betrage eine von der Beklagten, soweit sie die „Italia" versichert hat, zu ersetzende Vermögensaufwendung gewesen sein würde, kann daher auch die durch ein anderes, der Klägerin gehöriges Schiff geleistete Hilfe nur als eine Vermögensaufwendung angesehen werden, für welche die Klägerin in dem Hilfslohne nur den Ersatz des Wertes ihrer Leistungen uud der mit denselben verbundenen Gefahren und Aufwendungen erhält, welcher sonst einem Dritten zu zahlen gewesen wäre.

Überdies sind die §§ 66. 84 Ziff. 3 der Allgemeinen Seeversicherungsbedingungen auf den Fall einer von dem Versicherten selbst unternommenen Bergung oder Hilfeleistung in Seenot gar nicht anwendbar. In betreff des § 84 Ziff. 3 hat dies auch schon das Berufungsgericht empfunden, wie seine Bemerkung ergiebt, daß man, wenn man unter dem hier gebrauchten Ausdrucke „aufgewendete Kosten" auch eine Belohnung für die Thätigkeit des Versicherten verstehen dürfte, zu dem Resultate kommen müßte, daß, da diese Kosten auch dann bezahlt werden sollen, wenn die ergriffenen Maßregeln erfolglos geblieben sind, die Beklagte die Klägerin für eine von dem „Gellert" der „Italia" geleistete Hilfe auch dann belohnen müßte, wenn die „Italia" *nicht* glücklich in New-York eingebracht, sondern vorher *gesunken* wäre. Dieses Argument ist nun freilich dafür, daß nur die wirklichen Kosten und Verwendungen gemeint sein könnten, nicht zutreffend, da es ganz ebenso in Bezug *auf diese* passen würde. Zutreffend ist es aber allerdings insofern, als der, zugleich die Vergütung für die zum Zwecke des Rettens gemachten *Aufwendungen* umfassende Hilfslohn gesetzlich überhaupt nur im Falle des *Erfolges* verlangt werden, und als daher nicht angenommen werden kann, daß von diesem Grundsatze im Verhältnisse des Versicherten zum Versicherer in § 84 Ziff. 3 der Allgemeinen Seeversicherungsbedingungen bezw. Art. 838 Ziff. 3 H.G.B. zu Gunsten des ersteren habe abgegangen werden sollen. Ist aber schon hieraus zu entnehmen, daß auch die korrespondierende Bestimmung des § 66 der Allgemeinen Seeversicherungsbedingungen bezw. des Art. 823 H.G.B. sich auf eine *von dem Versicherten* unternommene *Hilfeleistung* oder *Bergung* nicht bezieht, so spricht dafür auch der Wortlaut der letzteren Bestimmung, nach welchem der Versicherte nur verpflichtet ist, für die Rettung und für die Abwendung größerer Nachteile „thunlichst Sorge zu tragen", worunter unmöglich verstanden sein kann, daß der Versicherte sich *seinerseits* auf *gewagte*, auch sein *übriges* Vermögen gefährdende und ihm im Falle des Nichterfolges *überall keinen Ersatz* gewährende Unternehmungen, wie es das Bergen und die Hilfeleistung in Seenot sind, einzulassen habe. Wenn daher das Berufungsgericht meint, die seitens des „Gellert" als eines Schiffes der Klägerin der „Italia" als der versicherten Sache durch die Hilfeleistung zugewendete Sorge müsse mangels besonderer entgegenstehender Umstände, von welchen nichts ersichtlich sei, für das Verhältnis der Klägerin und der Beklagten zu einander als in Erfüllung der nach § 66 a. a. O. der Klägerin obliegenden Pflicht aufgewendet angenommen werden, und die Klägerin könne daher von der Beklagten nur den Ersatz der von ihr thatsächlich aufgewendeten Kosten verlangen, so erscheint dies nicht als gerechtfertigt. Es ist dabei auch übersehen, daß die Bergung und Hilfeleistung in Seenot ein Geschäft mit egoistischer Grundlage ist, und daß auch ein Mandatar oder der negotiorum gestor, welcher bei seiner Geschäftsführung eine Dienstleistung vornimmt, die in sein Gewerbe fällt, oder die regelmäßig nur gegen Entgelt vorgenommen wird, hierfür von dem Geschäftsherrn nicht nur den Ersatz seiner Auslagen, sondern eine dem Geschäfte angemessene Vergütung fordern kann (vgl. Art. 290 H.G.B.). Hiernach ist vielmehr anzunehmen, daß der Führer des „Gellert" ebenfalls in diesem Sinne die Rettung der „Italia" unternommen hat, mochte er von dem Umstande, ob und wie weit das Kasko derselben versichert war, Kenntnis haben oder nicht. Im letzteren Falle handelte er eben für Rechnung, wen es angeht. Wußte er aber, daß die „Italia" zur Hälfte versichert, zur anderen Hälfte aber die Klägerin Selbstversichererin war, so führte er freiwillig zugleich die Geschäfte der Versicherer und unter diesen also die Geschäfte der Beklagten, und zwar notwendig in der Absicht, auch für seinen Rheder (die Klägerin) einen Anspruch auf anteilige Erstattung des Hilfslohnes seitens der Versicherer zu begründen. Durch diese negotiorum gestio allein konnte freilich ein solcher Anspruch nicht begründet werden, wenn ein solcher durch den Versicherungsvertrag — die demselben zu Grunde liegenden Allgemeinen Seeversicherungsbedingungen — ausgeschlossen war. Allein dies ist, wie oben ausgeführt worden, nicht der Fall, indem insbesondere auch die angezogenen §§ 66. 84 Ziff. 3 hierfür nichts ergeben. Es ist daher auch unerheblich, ob die Berufung der Klägerin in zweiter Instanz darauf, daß der Klaganspruch schon von dem Gesichtspunkte der negotiorum gestio aus als begründet erscheine, eine unzulässige Klagänderung enthält oder nicht.

Daß es an den Voraussetzungen eines Ersatzanspruches gegen die Beklagte fehle, weil die Klägerin bei einer Taxe der „Italia" von 900000 ℳ zur Hälfte Selbstversichererin war, hat die Beklagte mit

Recht nicht geltend gemacht. Denn die Klägerin konnte sich unter den obwaltenden Umständen auf die Rettung ihres eigenen Interesses nicht beschränken, und der gedachte Umstand steht daher ihrem Anspruche nach den in betreff der negotiorum gestio geltenden Grundsätzen nicht entgegen.

Vgl. l. 3 Cod. de neg. gest. 2, 19; l. 21 pr. l. 31 § 7. l. 32 pr. Dig. de neg. gest. 3, 5, Dig. l. 19 § 2 de comm. div. 10, 3 und Windscheid, Pandekten § 431 Anm. 12.

War hiernach die Revision für begründet zu erachten, und das angefochtene Urteil aufzuheben, so kommt nur noch die Anfechtung der Dispache in Gemäßheit des § 88 Abs. 1 der Allgemeinen Seeversicherungsbedingungen in Frage, da die Beklagte geltend gemacht hat, nach dem in New-York geltenden amerikanischen Rechte habe die „Italia" an die Rhederei des „Gellert" eine Salvage nicht zu zahlen brauchen, und die Klägerin habe ihre Benachteiligung durch die Dispache selbst verschuldet, indem sie es unterlassen habe, dem Richter des Distrikt-Court, auf dessen Urteile die Dispache beruhe, vorzutragen, daß die „Italia" und der „Gellert" demselben Rheder gehörten, wogegen die Klägerin behauptet und unter Beweis gestellt hat, daß auch nach amerikanischem Rechte der Eigentümer zweier Schiffe, von denen das eine das andere aus Seenot rettet, für die Rettung des notleidenden Schiffes einen Anspruch auf Salvage habe. Auch hat die Klägerin behauptet, daß dem betreffenden Richter der gedachte Umstand bekannt gewesen sei oder doch als ihm bekannt angesehen werden müsse. Das Berufungsgericht hat diesen Punkt dahingestellt gelassen, und es war daher die Sache zur anderweiten Verhandlung und Entscheidung darüber in die Instanz zurückzuverweisen."

---

3. Kann auf Grund ausländischer Urteile, welche die beständige Trennung einer Ehe von Tisch und Bett anordnen, die Auflösung des Bandes der Ehe beantragt werden?

Reichsgesetz vom 6. Februar 1875 § 77 Abs. 2.

VI. Civilsenat. Urt. v. 9. Oktober 1893 i. S. v. Z. (Kl.) w. v. Z. (Bekl.) Rep. VI. 153/93.

I. Landgericht Plauen.
II. Oberlandesgericht Dresden.

Vor dem Inkrafttreten des Reichsgesetzes vom 6. Februar 1875 hatte ein k. k. österreichisches Gericht auf beständige Trennung einer Ehe von Tisch und Bett erkannt. Der Ehemann war damals Österreicher, erwarb aber im Jahre 1892 die deutsche Reichsangehörigkeit und beantragte bei dem Landgerichte Plauen mit Bezug auf § 77 Abs. 2 jenes Reichsgesetzes die Auflösung des Bandes der Ehe. Die Vorinstanzen wiesen die Klage ab. Die Revision wurde zurückgewiesen.

Aus den Gründen:

... „Der § 77 Abs. 2 des Reichsgesetzes vom 6. Februar 1875 giebt eine mit dem ersten Absatze zusammenhängende Übergangsvorschrift. Dem vor dem Inkrafttreten des Gesetzes erlassenen Urteile auf beständige Trennung von Tisch und Bett wird die Kraft eines Scheidungsurteiles verschafft, demnach den rechtskräftig von Tisch und Bett getrennten Ehegatten die Möglichkeit der Wiederverheiratung eröffnet.

Vgl. die Begründung zu § 76 des Gesetzentwurfes Abs. 4 S. 37; Stenographischer Bericht über die Sitzung des Reichstages vom 23. Januar 1875 S. 1252 flg.

Schon die Stellung und der Zweck des § 77 Abs. 2 sprechen somit gegen die von dem Kläger verteidigte Auslegung. Außerdem handelt es sich bei dem Abs. 2 des § 77 um ein Ausnahmegesetz; von der Regel, daß rechtskräftige Urteile den darin geordneten Rechtszustand unabänderlich feststellen, gestattet das Gesetz eine Abweichung. Diese Abweichung gilt von den inländischen Urteilen, darum aber nicht ohne weiteres auch von den im Auslande ergangenen. Letztere beruhen auf einer anderen, mit den inländischen Vorschriften nicht übereinstimmenden Gesetzgebung. Jedenfalls aber geht aus dem Gesetze selbst klar hervor, daß es sich nur auf Urteile deutscher Gerichte bezieht. Bei den Worten: „Ist vor dem Tage, an welchem dieses Gesetz in Kraft tritt, auf beständige Trennung von Tisch und Bett erkannt worden," kann nur an das deutsche Rechtsgebiet gedacht worden sein, in welchem eine beständige Trennung von Tisch und Bett bisher möglich war, fortan jedoch durch § 77 Abs. 1 des Reichsgesetzes ausgeschlossen ist. Sollte § 77 Abs. 2 auch auf Erkenntnisse aus anderen

Rechtsgebieten Anwendung finden, in denen, wie in Österreich, auch jetzt noch die beständige Trennung von Tisch und Bett verfügt werden kann', so würde die Beschränkung des § 77 Abs. 2 auf Erkenntnisse, welche vor dem Inkrafttreten des Gesetzes gesprochen sind, keinen Sinn geben. Denn für diese Beschränkung fehlte, wenn Urteile außerdeutscher Gerichte dem Gesetze mit unterstellt werden, jeder Grund. Warum dem Ausländer die Umwandelung eines nach dem Inkrafttreten des Gesetzes erlassenen Trennungsurteiles versagt sein sollte, ließe sich schlechthin nicht erkennen. Daraus allein schon ergiebt sich, daß der Gesetzgeber die ausländischen Urteile überhaupt nicht im Sinne gehabt hat. Demzufolge bietet dem Kläger auch die vor dem Inkrafttreten des Gesetzes im Auslande erkannte immerwährende Trennung seiner Ehe keinen Grund, bei deutschen Gerichten die Scheidung der Ehe vom Bande zu beantragen." ...

---

4. Voraussetzung des Verfolgungsrechtes nach § 36 K.O. gegen einen Dritten, der an der Ware ein Pfandrecht erworben hat. Wird der redliche Erwerb eines Pfandrechtes dadurch gehindert, daß der Pfanderwerber wußte, daß die Ware nicht bar bezahlt, sondern auf Kredit verkauft sei?

I. Civilsenat. Urt. v. 18. Oktober 1893 i. S. Fr. & Co. (Kl.) w. M. (Bekl.) Rep. I. 200/93.

I. Landgericht Duisburg.
II. Oberlandesgericht Hamm.

Die Klägerin hat im Dezember 1890 an St. Roggen cif Duisburg verkauft und über den Kaufpreis das Accept des St. gegen Aushändigung des girierten Orderkonnossements über die in Rotterdamm abgeladene Ware erhalten. St. hat die schwimmende Ware dem Beklagten mündlich und schriftlich unter Übergabe des auf ihn girierten Konnossements verpfändet. Der Roggen ist erst nach Eröffnung des Konkurses über das Vermögen des St. in Duisburg angekommen, vom Konkursverwalter das Verfolgungsrecht der Klägerin anerkannt, die Ladung aber vom Beklagten auf Grund seines Pfandrechtes in Anspruch genommen worden. Nachdem die Ladung mit Einwilligung beider Parteien verkauft, und der Erlös hinterlegt war, ist die Klägerin mit dem Anspruche auf Auszahlung des Erlöses an sie klagbar geworden, während der Beklagte widerklagend ihre Einwilligung in die Auszahlung des Erlöses, welcher unter dem Betrage seiner Pfandforderungen geblieben ist, verlangt hat.

In beiden Instanzen ist die Klage abgewiesen, und nach der Widerklage erkannt. Die Revision der Klägerin ist zurückgewiesen aus folgenden

Gründen:

„Das Berufungsurteil beruht auf der Feststellung, daß die streitige Roggenladung der Beklagten wegen ihres Guthabens in laufender Rechnung rechtswirksam durch Übergabe des an sie girierten Orderkonnossements verpfändet ist, daß sie darauf sofort 12000 ℳ bar an St. gegeben, zur Zeit der Konkurseröffnung aber mehr als den streitigen Erlös zu fordern gehabt hat, und auf der Ausführung, daß die Beklagte dies Pfandrecht, dessen redlichen Erwerb vorausgesetzt, auch gegenüber dem unstreitigen Rechte der Klägerin aus § 36 K.O. geltend zu machen befugt sei. Alles das ist nicht angegriffen und auch rechtlich unbedenklich.

Vgl. Entsch. des R.G.'s in Civils. Bd. 8 S. 80.

Die Revision rügt nur, daß der Berufungsrichter unter Verkennung des Begriffes des redlichen Pfanderwerbes die Unredlichkeit der Beklagten verneint und die Beweisaufnahme darüber, daß sie gewußt, der Roggen sei noch nicht bezahlt, abgelehnt habe.

Diese Rüge ist nicht begründet. Der § 36 K.O. knüpft das Recht des Verkäufers, die Eigentums- und Besitzübertragung an der abgesendeten Ware im Falle des Konkurses des Käufers rückgängig zu machen, nicht einfach an die Thatsache, daß der Verkäufer den Kaufpreis kreditiert hat. Es muß hinzutreten, daß der Konkurs über das Vermögen des Käufers eröffnet, und die abgesendete Ware am Bestimmungsorte weder angekommen noch in den Gewahrsam des Käufers oder einer anderen Person für ihn gelangt ist. Der § 36 K.O. gewährt deshalb keinerlei Anhalt dafür, daß das Gesetz beim Distanzkaufe die Verfügungsbefugnis des Käufers, dem der Kaufpreis kreditiert ist, über die gekaufte Ware bis zur Befriedigung des Verkäufers hat beschränken oder dem Verkäufer ein Anfechtungsrecht gegen Verfügungen des Käufers schon um deswillen hat einräumen wollen, weil er noch Gläubiger des Kaufpreises ist, wenn vor seiner Befriedigung der Konkurs über das Vermögen des Käufers eröffnet wird. Noch weniger entspricht dem Gesetze die von der Revision in der mündlichen Verhandlung vertretene Auffassung, daß der § 36 K.O. für den Verkäufer mit dem Augenblicke des Verkaufes ein durch die Konkurseröffnung und die übrigen thatsächen Voraussetzungen des § 36 bedingtes persönliches Recht im Sinne des § 25 A.L.R. I. 10 begründe, mit welchem jeder Dritte, welcher sich mit dem Käufer in Verhandlungen über die Sache einläßt, zu rechnen habe, wenn er weiß, daß der Kaufpreis kreditiert ist. Der Rechtssatz des § 36 K.O. macht den Verkauf weder zu einem suspensiv noch zu einem resolutiv bedingten Verkauf und läßt das Verfolgungsrecht des Verkäufers erst mit dem Augenblicke der Konkurseröffnung entstehen, wenn zugleich die Ware im Sinne des Gesetzes noch unterwegs ist. Darauf beruht gerade der von der Revision nicht in Zweifel gezogene Rechtssatz, daß der Verkäufer sein Verfolgungsrecht nur unter Respektierung der von dem Käufer aus der ihm durch den Verkäufer selbst eingeräumten Dispositionsbefugnis über die Ware für Dritte an derselben begründeten Rechte geltend machen kann, falls dieselben in gutem Glauben erworben sind. Der gute Glaube des Eigentums- oder Pfanderwerbers, das heißt sein guter Glaube, daß sein Auktor Eigentümer und zur Verpfändung befugt sei, kann deshalb aber auch dadurch allein nicht in Frage gestellt werden, daß er zur Zeit seines Erwerbes gewußt hat, der Kaufpreis sei noch nicht bezahlt, sondern kreditiert. Es leuchtet ein, in welchem Maße bei solcher Annahme die Sicherheit des Handelsverkehres beeinträchtigt werden würde, der beim Verkaufe abgeladener und schwimmender Ware auf Orderkonnossement gerade voraussetzt, daß der Käufer durch das Orderkonnossement zur sofortigen Verfügung über die Ware in den Stand gesetzt ist.

Die Sache würde sich anders gestalten, und die Redlichkeit der Beklagten zu verneinen sein, wenn sie zur Zeit des Pfanderwerbes Thatsachen gekannt hätte, aus denen sie entnehmen konnte oder mußte, daß St. in einer Lage sei, welche die Konkurseröffnung vor dem Eintreffen der Ladung erwarten und annehmen ließ, daß er die

Ladung ohne die Absicht, sie zu bezahlen, nur gekauft habe, um sich durch ihre Verpfändung Geld zu verschaffen. In dieser Richtung ist von der Klägerin aber nur behauptet, daß der Beklagten bekannt gewesen sei, St. leide an Geldmangel und halte sich nur durch Wechselreiten, daß ihr Prokurist W. sie Ende September 1890 vor weiterer Geschäftsverbindung mit St. gewarnt, und daß sie dem St. nur gegen Sicherheit Kredit gewährt habe. Durch die eidlichen Aussagen der Zeugen ist nur festgestellt, daß der Beklagten die finanzielle Solidität des St. bedenklich war. Aber dadurch wird der erforderliche Beweis nicht hergestellt, und nicht dargethan, daß die Beklagte gegen Treue und Glauben und unredlich handelte, wenn sie sich für die Hingabe von 12000 *M* bar und für weitere Vorschüsse, die sie unstreitig im Betrage von mehr als 9000 *M* geleistet hat, Sicherheit geben ließ. Die Ausführung der Revision, die Beklagte habe, wenn ihr bekannt war, daß der Roggen nicht bar bezahlt, sondern nur durch Accept gedeckt sei, mit der Möglichkeit der künftigen Ausübung des Verfolgungsrechtes rechnen müssen, ist unhaltbar."

---

5. 1. Ist bei der Anfechtung eines Pfändungspfandrechtes als Rechtsnachfolger im Sinne des § 33 Abs. 2 K.O. derjenige anzusehen, welchem der ursprüngliche Erwerber mit der gegen den Gemeinschuldner erstrittenen Forderung das dafür erlangte Pfändungspfandrecht abgetreten hat?

2. Unter welchen Voraussetzungen findet die Anfechtung auf Grund des § 33 Abs. 2 Ziff. 1 K.O. statt?

VI. Civilsenat. Urt. v. 19. Oktober 1893 i. S. Konkursmasse B. (Kl.) w. M. (Bekl.) Rep. VI. 177/93.

I. Landgericht I Berlin.
II. Kammergericht daselbst.

Der Sachverhalt ergiebt sich aus den folgenden

Gründen:

„Der Kaufmann K. trat, nachdem er am 23. März 1892 wegen einer ihm gegen den Bauunternehmer B. zustehenden vollstreckbaren

Wechselforderung von 3033,25 ℳ nebst Zinsen Bauhölzer des B. hatte pfänden lassen, mittels notarieller Urkunde vom 26. März 1892 die gedachte Forderung mit dem durch die Pfändung erworbenen Pfandrechte an den jetzigen Beklagten ab. Letzterer ließ am Vormittage des 12. Mai 1892 die gepfändeten Bauhölzer versteigern und erhielt aus dem Erlöse die Summe von 3110,40 ℳ ausgezahlt. Am Nachmittage des 12. Mai 1892 wurde der Konkurs über das Vermögen des Bauunternehmers B. eröffnet. Im gegenwärtigen Prozesse hat nun der Konkursverwalter sowohl die Pfändung der Bauhölzer als die Befriedigung des Beklagten auf Grund des § 23 K.O. angefochten und auf Verurteilung des Beklagten zur Zahlung von 3110,40 ℳ nebst Zinsen an die Konkursmasse angetragen. Während das Landgericht dem Klagantrage entsprach, indem es annahm, daß B. seine Zahlungen bereits am 15. Januar 1892 eingestellt habe, daß dies dem K. zur Zeit der Pfändung bekannt gewesen sei, und daß der Beklagte bei der Cession von der Anfechtbarkeit der Pfändung und des dadurch begründeten Pfandrechtes Kenntnis gehabt habe, hat das Berufungsgericht abändernd auf Abweisung der Klage erkannt, weil die infolge der Pfändung geschehene Befriedigung des Beklagten einer selbständigen Anfechtung nicht unterworfen sei, für die Anfechtung der Pfändung selbst aber die Voraussetzungen des § 33 K.O. gegenüber dem Beklagten nicht vorlägen. Die nunmehr von der Klägerin eingelegte Revision konnte einen Erfolg nicht erzielen.

Bei der Beurteilung der Sache muß davon ausgegangen werden, daß das von K. durch die Pfändung der Bauhölzer erworbene Pfandrecht infolge der Cession vom 26. März 1892 auf den Beklagten übergegangen ist. Auf diesen Standpunkt hat sich die Klägerin selbst bei der Erhebung und Begründung ihres Anfechtungsanspruches gestellt. Damit setzt sich die Revision in Widerspruch, wenn sie auszuführen sucht, es habe ein Übergang des Pfandrechtes ohne eine körperliche Übergabe der gepfändeten Bauhölzer an den Beklagten nicht stattfinden können. Sie läßt aber auch unbeachtet, daß es hier sich nicht um ein Faustpfand (§§ 7. 104. 105 A.L.R. I. 20), sondern um ein Pfändungspfandrecht handelt, bei welchem nach Lage der Sache eine Übertragung durch körperliche Übergabe ausgeschlossen war.

Unbedenklich und von der Revision nicht angefochten ist sodann die Annahme des Vorderrichters, daß eine selbständige Anfechtung der durch die Versteigerung der Pfandsachen herbeigeführten Befriedigung des Beklagten nach § 23 K.O. nicht stattfinden kann, wenn die vorausgegangene Pfändung sich dem Beklagten gegenüber als unanfechtbar erweist.

Vgl. Entsch. des R.G.'s in Civils. Bd. 17 S. 26—28.

Was aber diese Pfändung anlangt, so läßt sich ihre Anfechtung mit dem von der Revision aufgestellten Satze, daß der Beklagte bezüglich der Wechselforderung und des dafür erlangten Pfändungspfandrechtes nicht mehr Rechte erworben habe, als in beiden Beziehungen dem K. zustanden, nicht rechtfertigen. Nach den Vorschriften der §§ 22 flg. 30. 33 K.O. sind anfechtbare Handlungen weder nichtig noch dergestalt ungültig, daß der aus ihnen hervorgegangene Erwerb mit dem Mangel der Anfechtbarkeit dinglich belastet wäre.

Vgl. Entsch. des R.G.'s in Civils. Bd. 13 S. 5.

Vielmehr verleiht das Anfechtungsrecht dem Verwalter einen rein persönlichen Anspruch auf Rückgewähr des durch die angefochtene Handlung Veräußerten zur Konkursmasse gegen bestimmt bezeichnete Erwerber, und zwar zunächst gegen denjenigen, welchem gegenüber die anfechtbare Handlung vorgenommen ist, sowie gegen dessen Erben, ausnahmsweise und nur unter den in § 33 Abs. 2 angegebenen Voraussetzungen auch gegen dessen Singularsuccessoren.

Vgl. auch die Begründung des Entwurfes zur Konkursordnung S. 111 flg. 147. 151. 152.

Wäre also, wie die Revision meint, der § 33 Abs. 2 Ziff. 1 im vorliegenden Falle deshalb unanwendbar, weil der Beklagte nicht als Rechtsnachfolger des K. angesehen werden könnte, oder weil hier eine vom Gemeinschuldner vorgenommene Rechtshandlung nicht vorläge, so könnte daraus nur der Schluß gezogen werden, daß dem Verwalter ein Anfechtungsrecht gegenüber dem Beklagten überhaupt nicht zustehe. Der Umstand, daß der Beklagte durch die Cession vom 26. März 1892 nicht die gepfändeten Bauhölzer selbst, sondern nur das Pfändungspfandrecht des K. an denselben erworben hat, würde übrigens der Annahme einer Rechtsnachfolge im Sinne des § 33 Abs. 2 nicht entgegenstehen, da hier als „Rechtsnachfolger“ unbedenklich auch diejenigen gelten müssen, die ein vom ersten Erwerber durch die anfechtbare Handlung erlangtes Recht erworben haben. Ob aber in der Vorschrift Ziff. 1 des § 33 Abs. 2 unter den vom Gemeinschuldner „vorgenommenen“

Rechtshandlungen auch die durch Zwangsvollstreckung gegen den Gemeinschuldner erwirkten Rechtshandlungen zu verstehen sind, kann dahingestellt bleiben, weil für den Fall der Verneinung dieser Frage jeder gesetzliche Grund für die gegen den Beklagten erhobene Anfechtungsklage fehlen würde, und danach die Revision ohne weiteres zurückzuweisen wäre.

Es kann sich danach nur noch fragen, ob die Vorschrift Ziff. 1 des § 33 Abs. 2, falls sie überhaupt hier Anwendung fände, in der Vorentscheidung richtig ausgelegt worden ist, und diese Frage war zu bejahen. Von der Revisionsklägerin wird freilich die Ansicht vertreten, es komme nach dem Gesetze nur darauf an, ob dem Rechtsnachfolger zur Zeit seines Erwerbes die Anfechtbarkeit der vorausgegangenen Rechtshandlung bekannt war, und es hätte deshalb der von ihr angetretene Beweis darüber erhoben werden müssen, daß K. dem Beklagten bei der Cession von der Nichtbezahlung zahlreicher Wechsel seitens des B. seit Januar 1892 sowie von den gegen B. ergangenen Versäumnisurteilen und erfolgten Pfändungen Mitteilung gemacht habe. Allein diese Ansicht ist mit dem Wortlaute des Gesetzes nicht zu vereinen, und ihre Unrichtigkeit tritt bei einem Blicke auf die Verschiedenheit der Fassung der Bestimmungen Ziff. 1 und 2 a. a. O. klar zu Tage. In beiden Bestimmungen wird eine Kenntnis des Rechtsnachfolgers zur Bedingung der Anfechtbarkeit gemacht. Während aber nach Ziff. 2 gegen die in § 24 Ziff. 2 genannten Personen als Rechtsnachfolger die Anfechtung schon dann stattfindet, wenn sie zur Zeit ihres Erwerbes von den Umständen, welche die Anfechtung gegen den Rechtsvorgänger begründen, Kenntnis hatten (was überdies bis zur Führung des Gegenbeweises vermutet wird), erfordert Ziff. 1 für die Anfechtung gegen einen anderen Rechtsnachfolger dessen Kenntnis, „daß der Gemeinschuldner die Rechtshandlung in der Absicht vorgenommen hatte, seine Gläubiger zu benachteiligen". In der Begründung zum Entwurfe ist denn auch auf diesen Unterschied ausdrücklich hingewiesen, und der Grund für die Anfechtbarkeit nach Ziff. 1 darin gefunden, daß der Nachfolger an dem Betruge des Gemeinschuldners gegen seine Gläubiger durch Kenntnis vom Betruge bei dem Erwerbe teilgenommen habe (Begründung S. 152. 153). Einzelne Schriftsteller sind hiernach zu der Auffassung gelangt, daß in Fällen, in welchen zur Anfechtung gegen den ursprünglichen Erwerber eine betrügliche Absicht des Gemeinschuldners nicht erforderlich ist, wie in dem hier vorliegenden Falle des § 23 (vgl. auch § 25 K.O.), jede Anfechtung gegen den Rechtsnachfolger auf Grund der Vorschrift Ziff. 1 des § 33 Abs. 2 fortfalle. Wenn aber auch dieser Auffassung nicht beizupflichten sein mag, so muß doch jedenfalls in solchen Fällen nicht bloß die Anfechtbarkeit der Rechtshandlung gegenüber dem ersten Erwerber, sondern nach der Vorschrift Ziff. 1 a. a. O. noch außerdem nachgewiesen werden, daß der Gemeinschuldner die Rechtshandlung in der Absicht vorgenommen hatte, seine Gläubiger zu benachteiligen, und daß dem in Anspruch genommenen Rechtsnachfolger diese Absicht zur Zeit seines Erwerbes bekannt war.[1] Da die Klägerin einen solchen Nachweis weder erbracht noch auch angetreten hat, war die Abweisung ihrer Klage auch nach der ihr günstigsten Auslegung des Gesetzes geboten.

Ob die in Ziff. 1 a. a. O. enthaltene Begünstigung der Rechtsnachfolger vom Standpunkte des Gesetzgebers aus gerechtfertigt erscheinen, und ob den Interessen der Konkursgläubiger durch die Möglichkeit der Anfechtung der Rechtshandlung gegen den ursprünglichen Erwerber in ausreichender Weise Rechnung getragen sein möchte, ist hier nicht zu erörtern.[2]" . . .

---

6. 1. Hat der Inhaber des Ladescheines über abgeladene Ware für die Klage auf Herausgabe der Ware gegen einen dritten Besitzer den Beweis seines Eigentumes an der Ware zu führen?

2. Rechtliche Bedeutung der Nomination seitens des auf Herausgabe beklagten Verwahrers an denjenigen, von dem er die Sache in Verwahrung erhalten hat, wenn letzterer den Prozeß nicht übernimmt.

C.P.O. §§ 69. 73.

I. Civilsenat. Urt. v. 21. Oktober 1893 i. S. St (Kl.) w. N. u. F. (Bekl.) Rep. I. 227/93.

I. Landgericht Magdeburg.
II. Oberlandesgericht Naumburg.

---

[1] Vgl. Petersen und Kleinfeller, Konkursordnung Nr. 4 zu § 33 und die dortigen Citate in Anm. 1. 2. D. E.

[2] Vgl. Cosack, Anfechtungsrecht S. 306 flg. D. E.

Der Kläger hatte durch A. Z. in Hamburg Roggen auf einem Kahne der Dampfschleppschiffahrtsgesellschaft vereinigter Schiffer in Dresden nach Aken verladen lassen und die Ladescheine in Händen. Die Ladung wurde in Aken nicht abgenommen und, nachdem der Kahn deshalb längere Zeit hatte liegen müssen, auf Anweisung der Gesellschaft in Dresden von der Beklagten in Aken auf Lager genommen, weil der Kahn noch andere Ladung enthielt, die weiter zu transportieren war. Der davon unterrichtete Kläger ersuchte die Beklagte, für die Bearbeitung des Roggens Sorge zu tragen, und erhielt von ihr ebenso wie vorher die Gesellschaft einen Lagerschein. Die Beklagte hat sodann nach Übersendung der Ladescheine durch den Kläger an sie nach Order des Klägers über den Roggen bis auf 700 Centner disponiert, welche die Gesellschaft wegen ihrer Ansprüche aus der verzögerten Fahrt des Kahnes im Betrage von etwa 4500 ℳ zurückzubehalten sie angewiesen hatte. Da die Beklagte die Auslieferung dieser 700 Centner auf Order des Klägers verweigerte, klagte der Kläger auf Herausgabe derselben. Im Laufe des Rechtsstreites ist der Roggen gegen Hinterlegung von 5000 ℳ seitens des Klägers zur Sicherheit der Beklagten nach der Anweisung des Klägers ausgeliefert, und die Klage auf Einwilligung in die Auszahlung der hinterlegten Summe gerichtet, zugleich mit der Behauptung, daß die Beklagte den Roggen für den Kläger in Verwahrung genommen habe. Die Beklagte hat der Gesellschaft in Dresden auf Grund der §§ 69. 73 C.P.O. den Streit verkündet, die Gesellschaft ist ihr beigetreten, und beide haben unter Berufung auf den Schadensanspruch, welcher der Gesellschaft als Frachtführerin gegen den Kläger zustehe, die Abweisung der Klage beantragt.

Die Klage ist in beiden Instanzen abgewiesen, auf die Revision des Klägers aber das Berufungsurteil aufgehoben, und die Sache an das Berufungsgericht zurückverwiesen aus folgenden

Gründen:

„Der Berufungsrichter weist die Klage ab, weil sie 1. als Eigentumsklage, auch wenn die Beklagte den Roggen von der Gesellschaft in Dresden in Verwahrung erhalten, zwar zulässig, aber unbegründet sei, da der Nachweis des Eigentumes an dem Roggen nicht erbracht sei; 2. als Klage aus dem Verwahrungsvertrage aber unbegründet sei, da die Beklagte den Roggen im Auftrage der Gesellschaft in Dresden auf Lager genommen und sich dem Kläger gegenüber zur Herausgabe des Roggens ohne Einwilligung der Gesellschaft nicht verpflichtet habe.

Der Begründung zu 2 ist beizutreten. Denn aus der vorgetragenen Korrespondenz erhellt unzweideutig, daß die Beklagte den Roggen im Auftrage der Gesellschaft in Dresden als Frachtführerin am 25. April 1892 auf Lager genommen hat, nachdem der Empfänger des Gutes sich nicht gemeldet und die Annahme schließlich verweigert hatte. Wäre dies im Namen und für Rechnung des Klägers als Absenders oder Befrachters geschehen, so würde in Verbindung mit dem weiteren Verhalten des Klägers dadurch ein Verwahrungsvertrag zwischen der Beklagten und dem Kläger zustande gekommen sein. Aber die festgestellte Sachlage schließt diese Annahme aus. Die Beklagte hat dem Kläger auf dessen Anfrage vom 26. April sofort mitgeteilt, daß sie den Roggen im Auftrage der Gesellschaft auf Lager genommen und dieser ihre Spesen aufgegeben habe, am 2. Mai diese Mitteilung mit dem Zusatze wiederholt, daß sie bei der Gesellschaft angefragt habe, ob sie den Roggen nach Begleichung der Rechnung zur Verfügung des Klägers halten könne, am 10. Mai dem Kläger mitgeteilt, daß die Direktion der Gesellschaft sie angewiesen habe, 700 Centner zur Deckung der Gesellschaft zurückzuhalten, und am 13. und 15. Mai dem Kläger erklärt, sie könne nur auf Order der Gesellschaft handeln. Aus der Korrespondenz ergiebt sich, daß die Gesellschaft die Beklagte angewiesen hat, 700 Centner zu ihrer, der Gesellschaft, Deckung zurückzuhalten, und daß die Gesellschaft am 14. Mai dem Kläger selbst ihre Forderung, für die sie Deckung zurückbehalten, angezeigt hat. Dafür, daß zwischen dem Kläger und der Beklagten ein Vertrag zustande gekommen, durch den die Beklagte dem Kläger gegenüber die Verpflichtung übernommen, die Ladung aufzubehalten und künftig an ihn zurückzugeben (§ 9 A.L.R. I. 14), liegt nichts vor. Ein solcher Vertragsschluß folgt bei der konkreten Sachlage weder aus der am 1. Mai erfolgten Übersendung eines Lagerscheines an den Kläger, welche die Beklagte durch ein Versehen ihres Lagerpersonals erklärt, noch daraus, daß die Beklagte den Dispositionen des Klägers bis auf den Rest von 700 Centnern Folge geleistet hat, da dies ersichtlich mit Genehmigung ihrer Auftraggeberin, der Gesellschaft in Dresden, geschehen ist.

Insoweit ist die Beschwerde der Revision unbegründet. Dagegen beruht die Begründung der Abweisung der Eigentumsklage, wie die Revision mit Recht rügt, auf Verletzung des Gesetzes.

Unter den Parteien ist unstreitig, daß der Kläger den Roggen durch Vermittelung des A. Z. in Hamburg hat verladen lassen. Die Beklagte hat dies zugestanden, und die Nebenintervenientin hat sich dem angeschlossen. Aus der vorgetragenen Korrespondenz geht auch hervor, daß der Kläger im Besitze des an seine Order girierten Ladescheines gewesen ist. Denn nachdem der Kläger der Beklagten mitgeteilt hatte, daß er den Roggen an C. in L. frei Aken verkauft habe, und die Beklagte ersucht hatte, nach dessen Dispositionen zu verladen, die Beklagte am 6. Mai um Übersendung des Ladescheines gebeten, und der Kläger mit Schreiben am 10. Mai den Ladeschein übersendet hat, bestätigt die Beklagte auf Ersuchen des Klägers vom 12. Mai am 13. Mai den Empfang des Ladescheines. Die Beklagte hat dann auch nach Übersendung des Ladescheines auf Order des Klägers oder des C. den Roggen bis auf die 700 Centner verladen, die sie auf Order der Gesellschaft in Dresden zu deren Deckung zurückbehalten hat. Inzwischen sind auch diese 700 Centner, wie sich aus dem Schreiben der Beklagten vom 24. September ergiebt, auf Order des Klägers verladen, nachdem der Kläger die 5000 *M*, um die es sich jetzt handelt, hinterlegt hat.

Daraus ergiebt sich, daß der Kläger im Besitze des ihn legitimierenden Ladescheines gewesen ist. Im ganzen Laufe der dem Prozesse vorangegangenen Verhandlungen zwischen dem Kläger, der Beklagten und der Direktion der Gesellschaft in Dresden ist die Legitimation des Klägers zur Verfügung über die Ladung auf Grund des von ihm der Beklagten eingesandten Ladescheines auch nie in Zweifel gezogen worden; vielmehr hat die Beklagte auf Grund des Ladescheines auf Order des Klägers mit Genehmigung der Gesellschaft in Dresden mit der Ladung verfahren, und die Direktion der Gesellschaft in Dresden hat gerade den Kläger als den Befrachter und Besitzer der Ladung wegen ihrer Ansprüche auf Deckung durch die Ladung haftbar gemacht.

Das Bedenken, welches der Berufungsrichter gegen die Legitimation des Klägers daraus ableitet, daß er sein Eigentum nicht dargethan habe, ist bei dieser Sachlage ebenso rechtsirrig wie seine

Ausführung, daß es auch an einem Nachweise des Rechtes des Klägers zum Besitze fehle, welches gegen die Beklagte geltend gemacht werden könne.

Nach dem auch auf Ladescheine anwendbaren Art. 649 H.G.B. galt der Kläger durch die Übernahme des auf ihn indossierten Ladescheines als Besitzer des Gutes,

vgl. Entsch. des R.G.'s in Civils. Bd. 5 S. 79,

und nach Art. 417 H.G.B. dem Frachtführer gegenüber als zum Empfange des Gutes legitimiert. Nach Artt. 303—305 H.G.B. und Art. 74 W.O., der nach Art. 305 H.G.B. für den indossierten Ladeschein gilt, macht der Inhaber des Ladescheines alle Rechte aus dem indossierten Ladescheine auf das Gut sowohl gegen den für ihn detinierenden Frachtführer wie gegen den Dritten geltend, gegen letzteren mindestens da, wo derselbe, wie hier die Beklagte, nur für den Frachtführer detiniert. Er gilt dem Detentor gegenüber bis zum Nachweise seines bösen Glaubens oder mangelnden Rechtes als Eigentümer oder doch als der insoweit sowohl nach gemeinem Rechte wie nach den §§ 101. 102. 163 flg. 175. 176 A.L.R. I. 7, § 2 I. 15 dem Eigentümer gleich behandelte redliche Besitzer, ohne daß es eines Nachweises seines Eigentumes oder sonstigen besseren Rechtes bedarf. Einen solchen besonderen Nachweis fordert der Berufungsrichter im vorliegenden Falle umsomehr ohne jeden Grund, als weder die Beklagte noch die Nebenintervenientin je das Dispositionsrecht des Klägers über die Ladung bestritten, es vielmehr thatsächlich anerkannt haben, indem sie über dieselbe auf seine Disposition verfügt haben.

Darauf, daß der Kläger den indossierten Ladeschein jetzt nicht mehr hat, kommt nichts an. Nachdem die ganze Ladung auf Order des Klägers verladen und ausgehändigt ist, kann er den nach Art. 417 H.G.B. dem Frachtführer ausgehändigten Ladeschein nicht mehr besitzen. In Streit befangen ist auch nicht mehr das Gut, sondern sind die an Stelle der letzten 700 Centner vom Kläger hinterlegten 5000 *M*. Selbst wenn Kläger nicht Eigentümer der Ladung oder der allein streitigen, zurückbehalten gewesenen und inzwischen dem legitimierten Empfänger ausgehändigten 700 Centner war, ist er durch die Hinterlegung der 5000 *M* an Stelle der 700 Centner jedenfalls in die Stelle des Eigentümers getreten und, abgesehen von allem anderen, zur Rückforderung legitimiert.

Das Berufungsurteil mußte deshalb aufgehoben werden. Zur Endentscheidung ist die Sache noch nicht reif. Es handelt sich noch um Entscheidung über den in Wahrheit einzigen Streitpunkt zwischen den Parteien, ob nämlich die Zurückbehaltung der 700 Centner wegen des für die Gesellschaft als Frachtführerin darauf ruhenden Pfandrechtes gerechtfertigt war.

Die von dem Berufungsrichter in den Gründen seines Urteiles aufgestellte Ansicht, daß es auf dies Pfandrecht nicht ankomme, weil die Beklagte nicht befugt sei, es aus eigenem Rechte geltend zu machen, und die Litisdenunziatin als Nebenintervenientin nur Rechte der Beklagten geltend machen könne, ist irrig.

Die Beklagte hat der Gesellschaft den Streit verkündet, weil diese ihr, der Beklagten, als Aufbewahrerin bei eigener Verantwortung die Herausgabe der 700 Centner untersagt hat, und weil sie deshalb, wenn sie dem Klageverlangen stattgäbe, den Anspruch der Gesellschaft fürchtet (§ 69 C.P.O.). Die Beklagte hat demnächst aber die Litisdenunziation erweitert und ausdrücklich auf den § 73 C.P.O. gestützt. Die Litisdenunziatin ist der Beklagten beigetreten. Daß in diesem Falle der Nebenintervenient alle seine Rechte geltend zu machen befugt sein muß, versteht sich von selbst. Die Nomination bezweckt gerade, die dem Auktor vielleicht allein mögliche bessere Verteidigung in seinem und des Detentors Interesse nicht abzuschneiden. Wenn der Berufungsrichter vermißt, daß die Litisdenunziatin den Prozeß übernommen hat, so ist das schon um deswillen nicht durchgreifend, weil die Übernahme ohne die nicht erklärte Zustimmung des Klägers unstatthaft war (§ 73 Abs. 3 C.P.O.). Denn der Kläger hat die Beklagte nicht nur mit der Eigentumsklage, sondern auch aus dem angeblich mit ihr selbst geschlossenen Verwahrungsvertrage in Anspruch genommen.

Die Sache ist deshalb zur anderweiten Verhandlung und Entscheidung an das Berufungsgericht zurückverwiesen."

7. 1. Kann eine Gesellschaft, welche außer Handelsgeschäften auch Nichthandelsgeschäfte betreibt, nur im Bereiche der ersteren, nicht auch der letzteren als offene Handelsgesellschaft angesehen werden? 2. Haftung der Gesellschafter für die unerlaubten Handlungen des vertretungsberechtigten Gesellschafters.

VI. Civilsenat. Urt. v. 2. November 1893 i. S. Br. (Kl.) w. B. u. Gen. (Bekl.) Rep. VI. 165/93.

I. Landgericht Münster.
II. Oberlandesgericht Hamm.

Die unter der Firma „Gebrüder B." zu Münster bestehende Gesellschaft übernahm im Jahre 1884 die Ausführung eines Umbaues des M.'schen Hauses daselbst. Während des Baues, der von dem Gesellschafter A. J. B. beaufsichtigt wurde, stürzte der neu aufgemauerte Giebel herab und verletzte den Kläger, beschädigte auch dessen Haus. Kläger nahm neben dem A. J. B. auch die beiden anderen Gesellschafter J. C. B. und H. wegen Schadensersatzes in Anspruch und verlangte solidarische Verurteilung derselben. Die Klage ist vom Berufungsgerichte gegenüber den letztgedachten Gesellschaftern abgewiesen worden, A. J. B. wurde dagegen verurteilt. Das Reichsgericht aber hat die solidarische Verpflichtung der Gesellschafter zum Ersatze des Schadens anerkannt.

Aus den Gründen:

... „Das Berufungsgericht weist die Klage gegen die Mitinhaber der Firma „Gebrüder B.", J. C. B. und H., aus zwei Gründen ab. Erstens seien nach Art. 275 H.G.B. Verträge über unbewegliche Sachen, insbesondere auch Verträge über Errichtung von Gebäuden, keine Handelsgeschäfte, und es fänden daher die handelsrechtlichen Grundsätze über die Haftung der offenen Handelsgesellschaft für die unerlaubten Handlungen eines Gesellschafters keine Anwendung; nach den landrechtlichen Vorschriften in Teil I Tit. 17 aber liege hier ein Fall der Haftung der Gesellschaft und der nicht handelnden Gesellschafter nicht vor. Zweitens führe auch die Anwendung der handelsrechtlichen Grundsätze zu keinem andern Ergebnisse. Das Berufungsgericht geht hierbei von den im Urteile des Reichsgerichtes vom 5. Februar 1886,

vgl. Entsch. des R.G.'s in Civils. Bd. 15 S. 121,
aufgestellten Sätzen aus und meint, daß danach die offene Handelsgesellschaft verhaftet sei, wenn der handelnde Gesellschafter nicht etwa „kraft der ihm persönlich zustehenden Machtmittel allein als der Handelnde erscheint", sondern „die Gesellschaft selbst vermöge der Benutzung ihrer Machtmittel durch ihr Mitglied derart als handelnde Person auftritt, daß sie unmittelbar als Ursache des Schadens angesehen werden kann". So liege aber hier die Sache nicht. Bei den dem A. J. B. zur Last fallenden Handlungen spielten die Machtmittel der Gesellschaft keine Rolle, sie seien nicht im Zusammenhange mit dem inneren Geschäftsbetriebe der Gesellschaft vorgenommen, ihr Ziel liege nicht im Interesse der Gesellschaft, die aus ihnen keinen Vorteil habe ziehen können; für sie sei daher die Gesellschaft nicht kausal und habe mit ihnen nichts weiter zu thun, als daß A. J. B. durch die Gesellschaft an den Platz gekommen sei, der ihm seine Handlungen ermöglichte. Dies teile er aber mit jedem Angestellten der Gesellschaft, und diese könne, falls ihr nicht eine culpa in eligendo zur Last falle, nicht ohne weiteres für jede seiner Handlungen verantwortlich gemacht werden.

Keiner dieser beiden Gründe erscheint stichhaltig.

1. Daß eine offene Handelsgesellschaft auch Nichthandelsgeschäfte, wie den Erwerb, die Veräußerung und Belastung von Grundstücken, vornehmen könne, bestimmen die Artt. 111. 114 H.G.B. Das Berufungsgericht scheint dies auch nicht zu verkennen, ist aber der Meinung, daß, soweit Nichthandelsgeschäfte in Frage stehen, die handelsrechtlichen Grundsätze über die Haftung der Gesellschaft für die Handlungen der vertretenden Gesellschafter nicht anzuwenden seien. Dies ist rechtsirrtümlich. Die Gesellschaft, wenn sie unter ihrer Firma Grundstücke erwirbt oder veräußert oder sonstige Verträge über unbewegliche Sachen schließt, hört auch im Bereiche dieser Geschäfte nicht auf, Handelsgesellschaft zu sein. Dergleichen Geschäfte können freilich nach Art. 275 H.G.B. dadurch, daß sie von einer offenen Handelsgesellschaft vorgenommen werden, trotz der Vorschrift des Art. 273 Abs. 1 daselbst nicht zu Handelsgeschäften werden. Dies hindert aber die Anwendung der Grundsätze über die inneren und äußeren Verhältnisse der offenen Handelsgesellschaft nicht, weil diese Grundsätze nur das Bestehen einer solchen Gesellschaft, nicht aber eine be-

stimmte Art von Geschäften zur Voraussetzung haben (vgl. Art. 114 H.G.B.).

Die in Rede stehende offene Handelsgesellschaft „Gebrüder B." war nach der Angabe im Thatbestande des Berufungsurteiles eine Engrosfirma „für Lieferung von Baumaterialien und Errichtung von Gebäuden". Danach hatte der Geschäftsbetrieb der Gesellschaft auch Nichthandelsgeschäfte, nämlich die Übernahme von Bauten, zum Gegenstande. Eine offene Handelsgesellschaft ist aber nach Art. 85 H.G.B. nur dann vorhanden, wenn zwei oder mehrere Personen unter gemeinschaftlicher Firma ein Handelsgewerbe, das heißt gewerbsmäßig Handelsgeschäfte betreiben. Man könnte, da die fraglichen Geschäfte, wie bemerkt, auch dadurch keine Handelsgeschäfte wurden, daß eine Handelsgesellschaft sie betrieb, der Meinung sein, daß sie, wenn sie auch gelegentlich des Handelsbetriebes vorgenommen werden konnten, doch nicht zu einem Gegenstande des gewerbsmäßigen Geschäftsbetriebes selbst gemacht werden durften, und daß eine Gesellschaft mit solchem Endzwecke insoweit nicht Handelsgesellschaft sei. Dies müßte zur Annahme mehrerer Gesellschaften mit verschiedenem rechtlichen Charakter führen. Wenn indessen auch die Errichtung mehrerer Gesellschaften, insbesondere mehrerer Handelsgesellschaften, zwischen denselben Personen rechtlich statthaft ist,

vgl. Entsch. des R.G.'s in Civils. Bd. 16 S. 16,

und wenn es daher auch den Mitgliedern einer offenen Handelsgesellschaft nicht verwehrt ist, daneben eine zweite andersartige Gesellschaft zu anderen Zwecken zu bilden, so verbietet sich im vorliegenden Falle doch die Annahme einer solchen zwiefachen Gesellschaft. Von einer Trennung der Gesellschaftsfonds oder der Geschäftsführung ist nichts zur Sprache gekommen; die Gesellschaft hatte sich als eine einheitliche zu den angegebenen Zwecken gebildet, und ihre Einheitlichkeit ist von den Parteien nicht in Zweifel gezogen, wie sie auch vom Berufungsgerichte nicht bezweifelt wird. Ist danach von der Einheitlichkeit der Gesellschaft auszugehen, so kann diese nur als eine offene Handelsgesellschaft in allen ihren Beziehungen angesehen werden. Der Art. 85 H.G.B. trifft insofern zu, als die Gesellschaft Handelsgeschäfte, nämlich den Handel mit Baumaterialien, betreibt, und die Artt. 111. 114 daselbst ermöglichen der Handelsgesellschaft als solcher im weitesten Umfange die Vornahme auch anderer als Handelsgeschäfte.

2. Es liegt kein Anlaß vor, von den bisher vom Reichsgerichte angenommenen Grundsätzen über die Haftung der offenen Handelsgesellschaft für die unerlaubten Handlungen der vertretungsberechtigten Gesellschafter abzugehen.

Vgl. darüber Entsch. des R.G.'s in Civils. Bd. 15 S. 121 flg., Bd. 17 S. 93, Bd. 20 S. 190; ferner das Urteil des VI. Civilsenates vom 8. Oktober 1891, Rep. VI.154/91, woselbst ausgesprochen ist, daß die offene Handesgesellschaft für alle solche Delikte der vertretungsberechtigten Gesellschafter hafte, die in innerem Zusammenhange mit dem Geschäftsbetriebe der Gesellschaft begangen werden.

Dem Berufungsgerichte kann aber darin nicht beigetreten werden, daß diese Grundsätze im vorliegenden Falle nicht zu der Annahme einer Haftung der Gesellschaft führten.

Hierbei kommt in Betracht, daß die in der Ausführung des M.'schen Baues bestehende Thätigkeit des A. J. B. ganz und gar ein Geschäft der Gesellschaft war, zu deren Geschäftsbetriebe sie gehörte; daß dieselbe von A. J. B. nicht als Angestelltem der Gesellschaft, sondern in seiner Eigenschaft als vertretungsberechtigten Gesellschafters ausgeübt wurde; daß endlich die unerlaubten Handlungen von ihm nicht bloß anläßlich oder gelegentlich dieser Thätigkeit, sondern in Ausübung derselben begangen wurden und lediglich in der Art und Weise dieser Ausübung bestanden.

Das Berufungsgericht legt darauf Gewicht, daß die unerlaubten Handlungen des A. J. B. keine Benutzung der Machtmittel der Gesellschaft enthielten, daß sie auch nicht im Interesse der Gesellschaft gelegen hätten, die aus ihnen keinen Vorteil hätte ziehen können. Die Verwendung von Mitteln der Gesellschaft ist aber nicht das Entscheidende, wenngleich da, wo sie vorkommt, um so deutlicher hervortreten wird, daß es sich um ein Gesellschaftsgeschäft handelt. Abgesehen davon erklärt sich die Erwägung des Berufungsgerichtes nur dadurch, daß es die unerlaubten Handlungen des A. J. B. völlig losgelöst von seiner Bauthätigkeit, in deren Ausübung sie begangen wurden, betrachtet. Daß diese Bauthätigkeit mit den Mitteln der Gesellschaft geführt wurde, daß sie auch im Interesse der Gesellschaft lag, und daß die Gesellschaft davon Vorteil ziehen konnte, ist nach Lage der Sache nicht zu bezweifeln. Gerade in der unlösbaren Beziehung der unerlaubten Handlungen zu der geschäftsführenden Thätigkeit des

A. J. B. liegt aber der Grund für die Haftung der Gesellschaft. Diese kann die Geschäftsführung des vertretungsberechtigten Gesellschafters nicht deshalb, weil sie in gesetzwidriger Weise ausgeübt wurde, ablehnen; noch weniger kann sie sich die Früchte der Geschäftsführung aneignen, ohne zugleich die Verantwortlichkeit für dieselbe im ganzen Umfange zu übernehmen.

Abwegig ist auch die Erwägung des Berufungsgerichtes, daß die unerlaubten Handlungen in keinem Zusammenhange mit dem „inneren" Geschäftsbetriebe der Gesellschaft gestanden hätten. Es handelt sich um die Vertretung der Gesellschaft nach außen und um die Haftung der Gesellschaft für die Handlungen ihres Vertreters. Der innere Geschäftsbetrieb der Gesellschaft kommt dabei nur insofern in Frage, als dazu auch die Regelung der Vertretungsbefugnisse der einzelnen Gesellschafter gehört (Artt. 99—103 H.G.B.). Die Vertretungsbefugnis des A. J. B. ist jedoch unbestritten.

Daß derselbe dabei sich zur Gesellschaft in keinem anderen Verhältnisse befunden habe, als ein Angestellter, also als ein gewählter Vertreter, ist nicht zuzugeben. In der für die Gesellschaft innerhalb ihres Geschäftskreises geübten Thätigkeit des vertretungsberechtigten Gesellschafters kommt der Wille der Gesellschaft zum Ausdrucke; sie kann nur durch ihre Mitglieder handeln und bethätigt sich in deren Geschäftsführung.

Vgl. Staub, Kommentar zum Handelsgesetzbuche § 5 zu Art. 114 S. 168.

Aus der hiernach anzunehmenden Haftung der Gesellschaft ergiebt sich nach Art. 112 H.G.B. die solidarische Verpflichtung der Gesellschafter zum Schadensersatze." . . .

---

8. Voraussetzungen der Haftung der einzelnen Wechselverpflichteten im Falle der nachträglichen Hinzufügung eines Domizilvermerkes während des Umlaufes des Wechsels.

VI. Civilsenat. Urt. v. 2. November 1893 i. S. B. (Bekl.) w. Sch. (Kl.) Rep. VI. 232/93.

I. Landgericht Dresden, Kammer für Handelssachen.
II. Oberlandesgericht daselbst.

Aus den Gründen:

„Die Revisionsangriffe haben sich nur gegen die Beurteilung gerichtet, die von seiten des Berufungsgerichtes derjenigen Einrede zu teil geworden ist, welche der Revisionskläger an die nachträgliche Domizilierung der drei von ihm indossierten Tratten geknüpft hatte. Es steht fest, daß diese Wechsel, gezogen von L. in Dresden auf W. in R. und von dem letzteren acceptiert, zu der Zeit, als der Revisionskläger sein Indossament darauf setzte, noch keinen Domizilvermerk trugen und von ihm selbst später mit dem Vermerke: „Zahlbar bei der Sächs. Spar- und Kreditbank zu Dresden", versehen worden sind. Die Präsentation zur Zahlung und die Erhebung des Protestes mangels Zahlung sind zur Verfallzeit von dem legitimierten Inhaber T. nicht bei dem Acceptanten in R., sondern bei der Domiziliatin in Dresden bewirkt worden.

Wenn nun das Oberlandesgericht auf Grund dieser Sachlage den Regreß mangels Zahlung gegen den Revisionskläger als an sich begründet angesehen hat, so konnte das keinem Bedenken unterliegen. Zwar kann sich die Frage, an welchem Orte, bezw. gegen wen der Protest mangels Zahlung zu erheben ist, nicht schlechtweg allen Wechselverpflichteten gegenüber nach der Beschaffenheit des Wechsels zur Zeit der Protesterhebung bestimmen.

Vgl. Lehmann, Wechselrecht § 108 Anm. 25 S. 412 flg. und Rehbein, Wechselordnung (Aufl. 4), Bem. 4 zu den Artt. 75. 76 S. 92.

Jeder sonst Regreßpflichtige darf seine Haftung ablehnen, wenn nicht wenigstens auch ein Protest dort rechtzeitig erhoben worden ist, wo dieser nach dem Inhalte, den der Wechsel zu der Zeit hatte, als seine Wechselunterschrift gegeben wurde, bezw. die derselbe nachträglich mit seiner Zustimmung erhalten hat, zu erheben war; eine etwaige nachträgliche Verfälschung des Inhaltes könnte die Bedingungen seiner Haftung natürlich nicht zu seinem Nachteile ändern. Dagegen würde man andererseits zu weit gehen, falls man die wechselrechtliche Haftung aller Regreßpflichtigen dann schlechtweg an die Erhebung eines Protestes beim Acceptanten an dessen Wohnort knüpfen wollte, wenn der etwa auf dem Wechsel befindliche Domizilvermerk nicht vom Aussteller herrührt, sondern später von einem anderen Wechselverpflichteten hinzugefügt ist. Wenn einzelne Schriftsteller, z. B. Renaud, Wechselrecht (Aufl. 3) § 42 S. 146 (vgl. auch § 18 S. 76), und Rehbein, Wechselordnung (Aufl. 4) Bem. 12 zu den Artt. 21—24 S. 47, sich dahin ausdrücken, daß nur ein solcher Wechsel, in welchem durch den Aussteller oder mit dessen Willen ein vom Orte der Adresse verschiedener Zahlungsort angegeben sei, als Domizilwechsel zu gelten habe, so würde hieraus dem Wortlaute nach allerdings die soeben mißbilligte Meinung zu entnehmen sein; aber man darf bezweifeln, ob diese wirklich damit hat ausgedrückt sein sollen; bei Rehbein deuten auch Äußerungen in Bem. 14 zu den Artt. 41—55 S. 68 und Bem. 4 zu den Artt. 75. 76 S. 92 auf das Gegenteil hin. Die Folgen einer nachträglichen einseitigen Veränderung des Wechselinhaltes sind in der deutschen Wechselordnung nirgends ausdrücklich geregelt; aber die Rücksicht auf die größtmögliche praktische Brauchbarkeit des Rechtes, wie auch die Analogie der in den Artt. 75. 76 enthaltenen Bestimmungen über falsche und verfälschte Wechselunterschriften muß dahin führen und hat die herrschende Lehre dahin geführt, jeden einzelnen Unterzeichner einer Wechselerklärung nach Maßgabe desjenigen Inhaltes haften zu lassen, den der Wechsel zur Zeit der Abgabe seiner Unterschrift hatte oder nachher zu seinem Nachteile unter seiner Zustimmung erhalten hat.

Vgl. Liebe, Wechselordnung S. 205; Thöl, Handelsrecht Bd. 2 (Aufl. 4) § 173 S. 696 flg.; Renaud, Wechselrecht (Aufl. 3) § 17 S. 74; Kuntze, Wechselrecht § 48 S. 112; Lehmann, Wechselrecht § 109 S. 420; so auch Art. 802 Abs. 1 des Schweizer Obligationenrechtes.

Dieser allgemeine Grundsatz muß auch in dem Falle angewandt werden, wo die nachträgliche Veränderung des Wechsels nicht in der Abänderung eines wesentlichen Bestandteiles, sondern in der Hinzufügung des an sich beim Wechsel nicht wesentlichen Domizilvermerkes besteht (so auch Thöl, a. a. O. S. 696 flg., vgl. mit S. 695). Eine gewisse Analogie bietet für einen solchen Vermerk die Notadresse dar, von welcher nach Art. 62 W.O. außer Zweifel steht, daß sie stets zu Gunsten des Adressanten und seiner Nachmänner wirkt, auch wenn ersterer nicht der Aussteller, sondern ein Indossant ist; freilich bleibt der Unterschied, daß der Domizilvermerk ebenso sehr zum Nachteile wie zu Gunsten des Regreßpflichtigen wirkt, indem er die Bedingungen des Regresses formell nicht sowohl, wie die Notadresse, erschwert, als vielmehr nur verändert." . . .

---

9. Anfechtung aus dem Gesetze vom 21. Juli 1879.

1. Kann nach § 152 Abs. 2 K.O. ein im Urkundenprozesse unter Vorbehalt der Rechte ergangenes Urteil, durch welches die Forderung des Konkursgläubigers gegenüber dem Konkursverwalter festgestellt ist, als gegen den Schuldner vollstreckbar angesehen werden?

2. Ist der Arrestbefehl ein vollstreckbarer Schuldtitel im Sinne des § 2 des Gesetzes vom 21. Juli 1879?

VI. Civilsenat. Urt. v. 9. November 1893 i. S. R. (Kl.) w. K. (Bekl.) Rep. VI. 168/93.

I. Landgericht I Berlin.
II. Kammergericht daselbst.

Die Entscheidung ist unten unter „Preußisches Recht" Nr. 56 S. 230 abgedruckt.

---

10. Zur Auslegung des Art. 368 Abs. 2 H.G.B. Steht diese Vorschrift der Kompensation einer Forderung, welche der Schuldner aus dem von dem Kommissionär mit ihm abgeschlossenen Geschäfte nachher von einem Gläubiger des Kommissionärs durch Cession erworben hat, gegenüber der von dem Kommittenten auf Grund der späteren Cession des Kommissionärs erhobenen Forderung aus dem von dem Kommissionär abgeschlossenen Geschäfte entgegen?

I. Civilsenat. Urt. v. 11. November 1893 i. S. L. (Bekl.) w. Br. (Kl.) Rep. I. 245/93.

I. Landgericht I Berlin.
II. Kammergericht daselbst.

R. hatte am 27. Dezember 1890 als Kommissionär der Klägerin in eigenem Namen an die Beklagte Roggen verkauft, der am 29. Dezember 1890 bezahlt werden sollte. Am 29. Dezember cedierte die Handlung B. & R. der Beklagten eine Forderung gegen R., und die Beklagte verweigerte die Zahlung an R. Am 1. Januar 1891 cedierte R. die Forderung aus dem Geschäfte mit der Beklagten ihrem Kommittenten, der Klägerin, und die Cession wurde der Beklagten am 2. Januar bekannt gemacht. Als die Klägerin darauf gegen die Beklagte auf Zahlung des Kaufpreises für den Roggen klagte, wurde die Beklagte in beiden Instanzen unter Verwerfung der Einrede der Kompensation mit der gegen R. erworbenen Forderung zur Zahlung verurteilt, weil die Beklagte nach dem 2. Januar 1891 mit der gegen R. erworbenen Forderung nicht kompensieren könne. Nachdem das Berufungsurteil durch Urteil des Reichsgerichtes vom 10. Februar 1892 auf die Revision der Beklagten wegen Verletzung der §§ 300. 313 I. 16, § 407 A.L.R. I. 11 aufgehoben und die Sache zur anderweiten Verhandlung und Entscheidung an das Berufungsgericht zurückverwiesen worden war, hat das Berufungsgericht wiederum auf Verurteilung nach der Klage erkannt. Auf die Revision der Beklagten ist auch dies Urteil aufgehoben, und die Sache an das Berufungsgericht zurückverwiesen worden aus folgenden

Gründen:

„Der Berufungsrichter stellt unangegriffen fest, daß R. als Kommissionär der Klägerin im eigenen Namen den Roggen der Beklagten verkauft hat, und daß die Forderung von 5500 *M*, welche B. & R. der Beklagten am 29. Dezember 1890 cediert haben, der Beklagten nicht zum Scheine und ohne Valuta, sondern ernstlich gegen Valuta cediert ist.

Nach Art. 360 Abs. 2 H.G.B. wird der Kommissionär durch das Geschäft, welches er mit dem Dritten abschließt, allein berechtigt und verpflichtet. Zwischen dem Kommittenten und dem Dritten entstehen daraus keine Rechte und Pflichten. Nach Art. 368 Abs. 1 das. kann der Kommittent Forderungen aus dem Geschäfte mit dem Dritten gegen diesen erst nach der Abtretung geltend machen. Danach würde, wie in dem früheren Revisionsurteile ausgesprochen ist, die Beklagte der Klägerin gegenüber mit der ihr am 29. Dezember 1890 cedierten, damals unstreitig fälligen Forderung wirksam kompensieren können, da die Cession der eingeklagten Kaufgelderforderung an die Klägerin erst am 1. Januar 1891 erfolgt und der Beklagten erst am 2 Januar bekannt gemacht ist (§§ 300. 313. I. 16, § 407 A.L.R. I. 11). Aus Artt. 360 Abs. 2. 368 Abs. 1 H.G.B. ergiebt sich der mit den allgemeinen Grundsätzen des bürgerlichen gemeinen und preußischen Rechtes übereinstimmende Rechtssatz, daß der Kommissionär Gläubiger aus dem Geschäfte mit dem Dritten, der Dritte sein Schuldner ist, und daß er dem Kommittenten nur mit der actio mandati auf die Cession der Forderung haftet. Dafür ist es grundsätzlich auch unerheblich, ob der Dritte, mit dem der Kommissionär im eigenen Namen verhandelte, wußte, daß sein Kontrahent für Rechnung des Mandanten, Kommittenten, handelte. Der Dritte, der sich vielleicht nicht mit dem Mandanten, Kommittenten, sondern nur mit dem Kommissionär einlassen wollte, ist dies Mandatsverhältnis zu ignorieren berechtigt.

Vgl. Entsch. des Obertribunales Bd. 69 S. 226; Striethorst, Archiv Bd. 90 S. 157; Entsch. des R.O.H.G.'s Bd. 4 S. 173. 174.

Ohne die Vorschrift in Art. 368 Abs. 2 H.G.B. würde die Wirksamkeit der geltend gemachten Kompensation deshalb rechtlich völlig unbedenklich sein. Der Berufungsrichter folgert die Unwirksamkeit der Kompensation aus Art. 368 Abs. 2, indem er ausführt: daß B. & R. als Gläubiger des Kommissionärs R. nicht berechtigt gewesen seien, sich durch Kompensation gegenüber der Klägerin als Kommittenten aus der Kaufpreisforderung gegen die Beklagte zu befriedigen, da diese Forderung auch vor der Abtretung ihnen gegenüber als Forderung der Klägerin gelte, und daß durch die Cession der Forderung an die Beklagte diese nicht mehr Rechte habe erwerben können, als ihre Cedentin gehabt habe. Dabei ist auf § 101 Einl. z. A.L.R. Bezug genommen, wonach niemand mehr Recht übertragen kann, als er selbst besitzt. Aber dies Allegat ist unzutreffend. Die Kompensationsfähigkeit und die Kompensationsbefugnis ist keine den Umfang des Rechtes betreffende und bestimmende Eigenschaft der Forderung, nicht ein Teil des Inhaltes der Forderung, der als solcher Gegenstand der Cession sein könnte, sowenig wie es an sich ein Mangel einer Forderung ist, daß ihr eine Forderung kompensabel gegenübersteht. Der Cessionar leitet sein Recht, zu kompensieren, nicht aus der Cession her, sondern aus seiner Gläubigereigenschaft, die zwar auf der Cession beruht, aber die Kompensationsbefugnis nicht herstellt, wenn er nicht zugleich Schuldner des debitor cessus ist. B. & R. waren Gläubiger des R., aber nicht Schuldner desselben und können deshalb ein Kompensationsrecht nicht cediert haben. Noch weniger kann deshalb die Rede davon sein, daß sie ein Kompensationsrecht cediert haben, das sie nicht hätten cedieren können. Ob eine Forderung zur Kompensation sich eignet, ist lediglich nach ihrer materiellen Natur und nach den Vorschriften in §§ 387 flg. I. 11, §§ 302 flg. 313 flg. 342 flg. 363 flg. A.L.R. I. 16 zu beurteilen.

Es kann sich deshalb nur fragen, ob die Kompensation nach Art. 368 Abs. 2 H.G.B. ausgeschlossen ist, weil die Beklagte die Kaufpreisforderung, obwohl sie dieselbe vor der Cession dem R. schuldete, als ausstehende Forderung der Klägerin gelten lassen muß. Nur dann darf sie nach § 302 A.L.R. I. 16 mit der gegen R. erworbenen Forderung nicht kompensieren.

Nach dem richtigen Verständnisse des Art. 368 Abs. 2 H.G.B. ist dies zu verneinen. Diese Vorschrift will verhindern, daß die anderen Gläubiger des Kommissionärs, der selbst Schuldner des Kommittenten aus dem Mandate ist, sich aus der ausstehenden Forderung des Kommissionärs, die materiell nicht zu dessen Vermögen gehört, zum Nachteile des Kommittenten Befriedigung verschaffen. Davon kann überhaupt nur die Rede sein bei dem Kommissionär, der zahlungsunfähig ist und dies dadurch dokumentiert, daß er es zum Konkurse oder zur Zwangsvollstreckung kommen läßt. Gedacht ist die Vorschrift des Art. 368 Abs. 2 hauptsächlich für den Fall des Konkurses. In den Protokollen der Kommission zur Beratung eines deutschen Handelsgesetzbuches (S. 704. 729) ist sie nur im Hinblicke auf diesen Fall gerechtfertigt. Sie giebt dem Kommittenten den anderen Gläubigern gegenüber ein Aussonderungs- oder Separationsrecht. Er kondiziert auf Grund seines persönlichen Rechtes aus dem Mandate auch ohne Cession die ihm gehörige Forderung, soweit sie noch aussteht.

Vgl. Entsch. des R.O.H.G.'s Bd. 7 S. 16. 23; v. Hahn, Kommentar Bd. 2 S. 464; Dernburg, Preuß. Privatrecht Bd. 2 § 185; Laband in Goldschmidt, Zeitschrift Bd. 9 S. 454. 457 flg.; Grünhut in Endemann, Handbuch des Handelsrechtes Bd. 3 S. 227.

Auf den Schuldner des Kommissionärs aus dem Geschäfte, aus welchem die Forderung entstanden ist, paßt die Vorschrift überhaupt nicht. Nach Artt. 360 Abs. 2. 368 Abs. 1 H.G.B. ist er nicht bloß befugt, den Kommissionär als seinen Gläubiger anzusehen, sondern in Wahrheit ist nur der Kommissionär sein Gläubiger aus dem Geschäfte. Bis zur Bekanntmachung der Cession an den Kommittenten ist er deshalb befugt, seine Schuld an den Kommissionär zu tilgen, sei es durch Zahlung, sei es durch Aufrechnung, die zwar nicht Zahlung ist, aber wie die Zahlung wirkt und kein Akt der Zwangsvollstreckung, sondern ein Tilgungsakt ist. Die so getilgte Forderung steht nicht mehr aus und ist nicht Gegenstand der Kondiktion des Kommittenten.

Das Berufungsurteil beruht hiernach auf Verletzung des Art. 368 Abs. 2 H.G.B. und hat deshalb aufgehoben werden müssen. Zur Endentscheidung ist die Sache aber noch nicht reif. Die Klägerin hat schon in der Klage der Kompensationseinrede eventuell die Replik der Arglist entgegengesetzt und zur Begründung derselben in erster Instanz namentlich behauptet und unter Beweis gestellt, daß die Beklagte gewußt, R. habe nur als Kommissionär an sie verkauft, und daß zwischen ihr und B. & R. verabredet sei, letztere müßten die erhaltene Cessionsvaluta zurückzahlen, wenn die Beklagte die Streitsumme zahlen müsse. Dies ist erheblich.

Nach dem festgestellten Sachverhalte haben B. & R. ihre Forderung gegen R. im Dezember 1890 eingeklagt. Am 2. Januar 1891 haben sie ein demnächst rechtskräftig gewordenes verurteilendes Erkenntnis erstritten. Am 27. Dezember 1890 haben sie der Beklagten durch Gerichtsvollzieherakt mitgeteilt, daß wegen ihrer Forderung die Pfändung der jetzt streitigen Forderung des R. an die Beklagte bevorstehe. Nach § 744 C.P.O. hatte dies zwar keine rechtliche Bedeutung, weil noch kein vollstreckbarer Schuldtitel vorlag, aber die Beklagte wußte nun, daß B. & R. die Forderung des R. in der Zwangsvollstreckung zum Gegenstande ihrer Befriedigung machen wollten. Wußte sie, daß R. nur als Kommissionär verkauft hatte, so ist klar, daß die Cession der Forderung der Handlung B. & R. gegen R. an die Beklagte erfolgte, um der Handlung B. & R. auf einem Umwege Befriedigung aus der materiell der Klägerin gehörigen Forderung des R. an die Beklagte zu verschaffen, welche sie nach Art. 368 Abs. 2 H.G.B. in der Zwangsvollstreckung nicht erlangt haben würde. Wußte die Beklagte, daß R. nur als Kommissionär verkauft hatte, so handelte sie arglistig zum Nachteile der Klägerin, wenn sie sich ein Kompensationsrecht zu dem Zwecke verschaffte, das Separationsrecht, welches die Klägerin hätte geltend machen können, wenn es zu der angekündigten Zwangsvollstreckung kam, zu vereiteln. Denn darüber besteht, soweit ersichtlich, unter den Parteien kein Streit, daß der nach der Behauptung der Klägerin mittellose R. die der Klägerin, wenn die Kompensation durchgreift, entzogene Forderung der Klägerin zu bezahlen nicht imstande ist.

Zur anderweiten Verhandlung und Entscheidung hierüber ist die Sache an das Berufungsgericht zurückverwiesen."

---

11. 1. Ist der Erfüllungsort der Verbindlichkeit einer offenen Handelsgesellschaft als solcher zugleich auch Erfüllungsort für die in Art. 112 H.G.B. vorgesehenen Verbindlichkeiten der einzelnen Gesellschafter?

2. Ist die Haftung der einzelnen Gesellschafter für die vertragsmäßigen Verbindlichkeiten einer offenen Handelsgesellschaft eine vertragsmäßige im Sinne des § 29 C.P.O., und daher der Gerichtsstand des Erfüllungsortes für sie begründet?

VI. Civilsenat. Urt. v. 13. November 1893 i. S. B. (Bekl.) w. M. (Kl.) Rep. VI. 208/93.

I. Landgericht Dresden.
II. Oberlandesgericht daselbst.

Die obigen Fragen sind vom Reichsgerichte bejaht worden aus folgenden

Gründen:

..."In Frage steht, ob für diejenigen Ansprüche, welche aus von einer offenen Handelsgesellschaft geschlossenen Verträgen gemäß des Art. 112 H.G.B. gegen einen einzelnen Gesellschafter auf Leistung des Geschuldeten erhoben werden, der in § 29 C.P.O. geregelte Gerichtsstand des Vertrages an demjenigen Orte begründet ist, welcher für die entsprechende Verbindlichkeit der Gesellschaft der Erfüllungsort ist. Diese Frage zerlegt sich in die zwei besonderen Fragen, ob der letztere Ort immer ohne weiteres auch Erfüllungsort für die Verbindlichkeit des einzelnen Gesellschafters ist, und ob die gegen den letzteren gerichtete Klage die Erfüllung eines Vertrages zum Gegenstande hat. Sie ist bisher in der Litteratur wenig zur Sprache gekommen; bejaht ist sie z. B. von Staub, Handelsgesetzbuch, zu Art. 112 § 2 S. 159 flg.

Was zunächst die erstere Unterfrage anlangt, so kann an und für sich aus der objektiven Identität zweier Verbindlichkeiten nicht ohne weiteres auf die Identität des Erfüllungsortes geschlossen werden. Es giebt viele Gesetzgebungen — zu welchen z. B. das deutsche Handelsgesetzbuch gehört —, welche unter Umständen den Erfüllungsort an eine gewisse subjektive Beziehung des Schuldners zu einer Örtlichkeit knüpfen, und nach jeder solchen Gesetzgebung wird unter Umständen z. B. bei einer gewöhnlichen Korrealverbindlichkeit der Erfüllungsort für den einen Korrealschuldner ein anderer sein können als für den anderen. In einem Urteile des II. Civilsenates des Reichsgerichtes ist dasselbe, zunächst auf dem Boden des badischen Landrechtes, für den selbstschuldnerischen Bürgen im Verhälltnisse zum Hauptschuldner ausgeführt worden.

Vgl. Entsch. des R.G.'s in Civils. Bd. 10 S. 283 flg.

Nichtsdestoweniger war dem Berufungsgerichte darin beizutreten, daß nach dem Sinne des Art. 112 H.G.B. die Verbindlichkeiten der Gesellschaft genau mit demselben Inhalte und unter denselben Modalitäten zugleich auch Verbindlichkeiten der einzelnen Gesellschafter sein sollen, sodaß also in diesem besonderen Verhältnisse mit dem Erfüllungsorte für die Gesellschaft allemal zugleich der Erfüllungsort für alle einzelnen Gesellschafter bestimmt ist.

Was sodann die rechtliche Natur der Haftung der einzelnen Gesellschafter betrifft, so lassen sich aus der Fassung des Art. 112 Abs. 1 H.G.B., wonach die Gesellschafter für alle Verbindlichkeiten der Gesellschaft solidarisch und mit ihrem ganzen Vermögen haften, wohl Bedenken gegen die Auffassung herleiten, als seien die Verträge der Gesellschaft ohne weiteres zugleich auch Verträge aller einzelnen Gesellschafter: es könnte etwa näher zu liegen scheinen, in Art. 112 H.G.B. einfach eine besondere gesetzliche Bestimmung zu erblicken, durch welche an die vertragsmäßige, wie auch an jede anderweitige Verbindlichkeit der Gesellschaft als weitere Folge die Haftung der Gesellschafter geknüpft wäre.

Vgl. z. B. Behrend, Handelsrecht, Bd. 1 § 73 S. 518, besonders Anm. 11.

Indessen lassen sich, gerade weil nun einmal diese gesetzliche Bestimmung besteht und als bekannt vorauszusetzen ist, die für die Gesellschaft ohne entgegenstehende Nebenberedung erfolgenden verpflichtenden Vertragsabschlüsse jedenfalls dahin auffassen, daß die Gesellschafter persönlich in der Art mitverpflichtet sein sollen, wie es eben bei der offenen Handelsgesellschaft rechtens ist, also insbesondere auch mit der aus Art. 122 H.G.B. für den Fall eines Konkurses der Gesellschaft sich ergebenden Beschränkung, und daß die vertretungsberechtigten Gesellschafter insoweit auch für alle einzelnen Gesellschafter Vertretungsbefugnis haben. Freilich würde sich das Anwendungsgebiet des Art. 113 H.G.B., wonach auch ein neu eintretender Gesellschafter für die schon kontrahierten Gesellschaftsschulden haftet, dieser Auffassung versagen. Jedoch möchte es für die Frage der Anwendbarkeit des § 29 C.P.O. nicht einmal darauf ankommen, ob man die Haftung der einzelnen Gesellschafter selbst als eine vertragsmäßige anzusehen hat. Im Sinne des § 29 wird man jedenfalls die gegen den Gesellschafter auf Leistung des Geschuldeten gerichtete Klage als eine Klage auf Erfüllung eines Vertrages, sei es auch eines Vertrages nicht des Beklagten selbst, sondern der Gesellschaft, welcher er angehört, bezeichnen dürfen." . . .

---

12. Kann derjenige, welcher früher Teilhaber einer offenen Handelsgesellschaft war und sodann bei Umwandelung derselben in eine Kommanditgesellschaft gleicher Firma Kommanditist geworden ist, wenn er aus einer von der offenen Handelsgesellschaft eingegangenen Verbindlichkeit belangt wird, sich durch die Einrede schützen, daß die Kommanditgesellschaft in einen noch schwebenden Konkurs verfallen sei?

Artt. 122. 169 H.G.B.

VI. Civilsenat. Urt. v. 13. November 1893 i. S. B. (Bekl.) w. U. (Kl.) Rep. VI. 209/93.

I. Landgericht Dresden, Kammer für Handelssachen.
II. Oberlandesgericht daselbst.

Der Beklagte ward aus einem von der offenen Handelsgesellschaft P. & Co. ausgestellten Wechsel in Anspruch genommen, deren Teilhaber er zur Zeit der Ausstellung gewesen war. Inzwischen war zum Handelsregister die Umwandelung der Gesellschaft P. & Co. in eine Kommanditgesellschaft gleicher Firma angemeldet worden, welche auch in die laufenden Verbindlichkeiten der offenen Gesellschaft P. & Co. eingetreten, und bei welcher der Beklagte nur noch als Kommanditist beteiligt war; sodann war über das Vermögen der Kommanditgesellschaft P. & Co. der Konkurs eröffnet worden, und hieraus leitete der Beklagte eine Einrede her. Diese wurde in beiden vorderen Instanzen verworfen, und diese Entscheidung vom Reichsgerichte gebilligt aus folgenden

Gründen:

..."Der Beklagte hat sich noch über die Verwerfung der Einrede beschwert, welche er unter Berufung auf die Artt. 122. 169 H.G.B. aus dem inzwischen über das Vermögen der Firma P. & Co. eröffneten Konkurse hergenommen hatte. Das Oberlandesgericht hat das Durchgreifen derselben deshalb verneint, weil der Beklagte hier als Gesellschafter der früheren offenen Handelsgesellschaft P. & Co. in Anspruch genommen ist, während der fragliche Konkurs nicht das Vermögen dieser Gesellschaft, sondern dasjenige der Kommanditgesellschaft P. & Co., in welche jene sich umgewandelt hatte, betrifft. Allerdings schreibt Art. 169 H.G.B. für den Konkurs der Kommanditgesellschaft das gleiche vor, wie Art. 122 für denjenigen der offenen Handelsgesellschaft; aber im Sinne des Gesetzes kann die spätere Kommanditgesellschaft nicht für identisch gelten mit der offenen Gesellschaft, aus der sie im wirtschaftlichen Sinne entstanden sein mag; das Handelsgesetzbuch kennt nicht den Begriff der Umwandelung der einen Art von Gesellschaft in die andere. Im Rechtssinne war hier die offene Gesellschaft P. & Co. aufgelöst, die Kommanditgesellschaft gleicher Firma neu entstanden." ...

13. 1. Nach welchem Gesetze ist das Rechtsverhältnis zwischen einer eingetragenen Genossenschaft und einem vor dem 1. Oktober 1889 ausgeschiedenen Genossenschafter zu beurteilen, wenn die Genossenschaft erst unter der Herrschaft des Gesetzes vom 1. Mai 1889 die Liquidation beschließt?

Gesetz vom 1. Mai 1889 § 154.

2. Hat der ausgeschiedene Genossenschafter nach dem Stande des Vermögens der Genossenschaft, wie er sich für die Zeit seines Ausscheidens aus den Büchern ergiebt, auch dann zu den Schulden beizutragen, wenn die Liquidation erst nach drei Monaten seit dem Ausscheiden beschlossen worden ist?

Gesetz vom 4. Juli 1868 § 39.

3. Inwieweit ist ein Genossenschafter zur Beanstandung einer von der Generalversammlung genehmigten Bilanz befugt?

I. Civilsenat. Urt. v. 15. November 1893 i. S. G. N. (Bekl.) w. R. Genossenschaftsmolkerei (Kl.). Rep. I. 269/93.

I. Landgericht Stettin.
II. Oberlandesgericht daselbst.

Der Beklagte ist am 30. September 1889 aus der klagenden Genossenschaft ausgeschieden. Diese hat in den Generalversammlungen vom 12. und 26. März 1890 ihre Auflösung beschlossen und befindet sich in Liquidation. Eine Auseinandersetzung mit dem Beklagten hat nicht stattgefunden. Die Klägerin behauptet, daß das Geschäftsjahr vom 1. Oktober 1888 bis 30. September 1889 mit einer von der Generalversammlung genehmigten Unterbilanz von 99719,33 ℳ abgeschlossen habe; hiervon seien durch die Geschäftsanteile der Mitglieder 15200 ℳ gedeckt, vom Reste mit 84519,33 ℳ treffe den Beklagten ein Kopfteil ($^1/_{24}$) mit 3521,63 ℳ, wovon eine Forderung desselben für gelieferte Milch mit 1656,24 ℳ abgehe, der Rest in Höhe von 1865,29 ℳ nebst Zinsen seit 1. Januar 1890 ist Gegenstand der Klage. Wie jetzt unbestritten ist, haben die nach dem 1. Oktober 1889 in der Genossenschaft verbliebenen Mitglieder neue Einlagen gemacht; damit sind sämtliche Schulden bezahlt worden. Der Beklagte hat Abweisung der Klage beantragt; er bestreitet die

Richtigkeit der Bilanz und macht unter Berufung auf § 39 des Gesetzes vom 4. Juli 1868 geltend, daß er von jeder Haftung frei sei, weil die Genossenschaft erst sechs Monate nach seinem Austritte die Auflösung und Liquidation beschlossen habe, er könnte nur noch von den Gläubigern in Anspruch genommen werden.

Das Landgericht hat die Klage abgewiesen. Auf die Berufung der Klägerin aber hat das Berufungsgericht über die Richtigkeit der Bilanz ein Gutachten erhoben und über die Erinnerungen des Beklagten verhandelt. Als allein streitige Fragen sind folgende übrig geblieben:

1. Nach der Bilanz ist von den Utensilien mit 16407,71 ℳ der Betrag von 9757,21 ℳ abgeschrieben, weil sie in der seitherigen Mietswohnung verbraucht und wertlos geworden seien; der Rest von 6650,50 ℳ ist zum Baukonto mit 59914,35 ℳ geschlagen, und von der Gesamtsumme von 66564,85 ℳ sind 10 % = 6656,48 ℳ abgeschrieben. Der Beklagte bestreitet, daß von den alten Utensilien nur noch solche im Werte von 6650,50 ℳ übrig geblieben seien.

2. Die Hypothekschuld der Genossenschaft ist mit 247471,87 ℳ in die Passiva eingetragen, sie betrug aber infolge Amortisation nur noch 246832,82 ℳ, also 639,05 ℳ weniger.

3. Als Hypothekenamortisationskonto ist unter die Passiva die Summe von 2528,13 ℳ aufgenommen. Der Beklagte behauptet, daß dieser Betrag nicht zu den Passiven gehöre; die Klägerin betrachtet ihn als Reservefonds.

Das Oberlandesgericht hat die erstinstanzliche Entscheidung abgeändert und den Beklagten zur Bezahlung von 1733,33 ℳ nebst Zinsen verurteilt. Die Entscheidung beruht auf der Auslegung der §§ 9. 39 des Gesetzes vom 4. Juli 1868 dahin, daß, auch wenn der Auflösungsbeschluß erst nach Ablauf der drei Monate seit dem Ausscheiden eines Genossenschafters gefaßt wird, dieser dennoch zur Deckung des Verlustes mit den übrigen Genossenschaftern verpflichtet ist. Es stehe fest, daß der Beklagte nicht von Gläubigern in Anspruch genommen werden könne; den Genossenschaftern, welche zum Zwecke der Schuldentilgung größere Beiträge geleistet hätten, stehe nach § 9 Abs. 3 des Gesetzes ein Rückgriff gegen den Beklagten nicht zu. Seine Befugnis, die von der Generalversammlung genehmigte Bilanz zu bemängeln, müsse im Hinblicke auf die §§ 10. 26. 28 des Gesetzes verneint werden; daher könne er keine Änderung der Abschreibung verlangen; dagegen stehe das Gesetz der Berichtigung der Zusammenstellung der einzelnen Posten nicht entgegen. Es wird sodann ausgeführt, daß die Beanstandungen des Beklagten oben unter 2 und 3 begründet seien, daher 639,05 ℳ + 2528,13 ℳ = 3167,18 ℳ von den Passiven und $^1/_{24}$ hiervon = 131,36 ℳ an der Schuld des Beklagten abzuziehen seien. Die Revision des Beklagten und die Anschließung der Klägerin an dieselbe sind zurückgewiesen worden aus folgenden

Gründen:

„Die Auseinandersetzung zwischen den Parteien hat nach Maßgabe des Gesetzes vom 4. Juli 1868 und nicht nach dem Gesetze vom 1. Mai 1889 zu erfolgen, obgleich dieses nach der Bestimmung in § 154 auch auf die in Gemäßheit des Gesetzes vom 4. Juli 1868 eingetragenen Genossenschaften Anwendung findet. Diese Rückwirkung kann nämlich nach allgemeinen Rechtsgrundsätzen, von denen durch § 154 nicht abgewichen werden sollte, nur insofern eintreten, als nicht unter dem früheren Gesetze die eine oder andere der Parteien ein Recht erworben hatte. Es handelt sich nun aber im gegebenen Falle darum, ob die Klägerin bereits am 30. September 1889, dem Tage des Ausscheidens des Beklagten, einen Anspruch darauf erlangt hatte, daß der Beklagte seinen Anteil an der für diesen Tag aus den Büchern der Genossenschaft sich ergebenden Überschuldung der letzteren bezahle. Dieser Anspruch wäre nach § 71 des neuen Gesetzes unzweifelhaft begründet; denn daselbst ist ausgesprochen, daß, wenn das Vermögen einschließlich des Reservefonds und aller Geschäftsguthaben zur Deckung der Schulden nicht ausreicht, der Ausgeschiedene von dem Fehlbetrage den ihn betreffenden Anteil, nach dem Kopfteile der Mitglieder berechnet, an die Genossenschaft zu bezahlen habe. Dieser bestimmte Ausspruch findet sich nun zwar im § 39 des Gesetzes vom 4. Juli 1868 nicht, sondern es ist darin zunächst nur das Recht des ausgeschiedenen Genossenschafters erwähnt, binnen drei Monaten nach dem Ausscheiden die Bezahlung des Genossenschaftsanteiles, wie er sich aus den Büchern ergiebt, zu verlangen. Allein dieser Satz ist nur die *eine* Folgerung aus dem Prinzipe, auf welchem der § 39 beruht, und welches im neuen Gesetze nach dessen Motiven nicht erst eingeführt, sondern beibehalten wurde, daß nämlich das Verhältnis zwischen dem ausscheidenden Genossenschafter und der Genossenschaft nach dem Ergebnisse der Bücher zur Zeit des Ausscheidens fixiert sein soll. Die auch in der Rechtsprechung,

vgl. Entsch. des R.G.'s in Civils. Bd. 8 S. 73, Bd. 18 S. 89 und Urteil vom 27. September 1886 Rep. I. 207/86,

anerkannte Folge dieses Prinzipes ist die, daß, wenn aus den Büchern sich kein Vermögen, sondern eine Überschuldung der Genossenschaft ergiebt, der Ausscheidende einen Anteil nicht zu fordern, sondern zu bezahlen hat.

Demnach ist die Forderung der Klägerin, daß der Beklagte seinen Anteil an der Überschuldung, wie sich solcher nach dem auf den Tag seines Austrittes gefertigten Abschlusse der Bücher ergiebt, bezahle, auch nach § 39 des Gesetzes vom 4. Juli 1868 begründet. Daß die Bilanz erst im März 1890 genehmigt, und erst in der Generalversammlung vom 28. März 1890 die Auflösung und Liquidation beschlossen worden ist, kommt rechtlich nicht in Betracht. Der Beklagte soll nämlich weder zum Beitrage zu erst nach seinem Ausscheiden entstandenen Schulden, noch zu einem Umlageverfahren herangezogen werden, was allerdings, wie wiederholt,

vgl. Entsch. des R.G.'s in Civils. Bd. 3 S. 12, Bd. 8 S. 73,

entschieden worden ist, unstatthaft wäre. Daß die Verpflichtung des ausgeschiedenen Genossen zur Bezahlung seines buchmäßigen Anteiles an den Schulden nach drei Monaten erlösche, ist im § 39 a. a. O. nicht bestimmt. Die daselbst normierte Frist von drei Monaten hat nur die Bedeutung einer Deliberationsfrist, welche der Genossenschaft für Ausübung der alternativen Befugnis gewährt ist, den buchmäßigen Geschäftsanteil auszubezahlen oder in Liquidation zu treten.

Da die in der Genossenschaft verbliebenen Mitglieder selbst die Schulden getilgt haben, ist der Beklagte auch nicht dem Zugriffe der Gläubiger ausgesetzt; denn dieser könnte nur nach einem Verteilungsverfahren nach Vorschrift der §§ 12. 48—52 des Gesetzes vom 4. Juli 1868 (eventuell nach Maßgabe der §§ 112 flg. des Gesetzes vom 1. Mai 1889) realisiert werden; für ein solches fehlt aber beim Mangel von Gläubigern die Voraussetzung. Auch um einen Rückgriff der Genossenschafter, welche bezahlt haben, handelt es sich nicht, da die Klage von der in Liquidation befindlichen Genossenschaft, nicht von einzelnen Mitgliedern derselben erhoben ist. Die Revision des Beklagten ist daher unbegründet. Das gleiche gilt von der Anschließung der Klägerin an diese Revision. Das Berufungsgericht geht in Übereinstimmung mit der Rechtsprechung,

vgl. Entsch. des R.O.H.G.'s Bd. 24 S. 420; Entsch. des R.G.'s in Civils. Bd. 1 S. 12,

und in zutreffender Auslegung der §§ 10. 26. 28 des Gesetzes vom 4. Juli 1868 von dem Grundsatze aus, daß eine Beanstandung der von der Generalversammlung genehmigten Bilanz den einzelnen Genossenschaftern, auch den ausgeschiedenen, nicht zustehe. Hiervon wird jedoch bezüglich solcher Posten eine Ausnahme zugelassen, deren Einstellung in die Bilanz nach kaufmännischen Grundsätzen für eine offenbar irrtümliche erachtet, einem Rechnungsfehler gleichgestellt werden muß. Die Anerkennung dieser in der Natur der Sache begründeten Ausnahme beruht nicht auf Gesetzesverletzung. Es kann ferner auch nicht ein rechtlicher Irrtum darin gefunden werden, daß angenommen worden ist, die beiden Posten von 639,05 ℳ und 2528,13 ℳ seien in der Bilanz übersehen bezw. unrichtig gebucht. Es konnte als ein Übersehen aufgefaßt werden, daß an der Hypothekenschuld nur die bis zum 30. Juni bezahlte Rate und nicht auch die Quote bis zum 30. September in Abzug gebracht worden ist; denn es kann, wie im Urteile zutreffend gesagt wird, keinen Einfluß auf das Verhältnis des Beklagten zur Klägerin haben, daß die Gläubigerin nach dem Tilgungsplane den Tilgungsbeitrag erst am Ende des Jahres verrechnet.

Bezüglich des Hypothekenamortisationskontos ist unter allen Umständen dem Sachverständigen und dem Berufungsgerichte darin beizupflichten, daß selbst dann, wenn dieser Konto als Reservefonds in Betracht kommen sollte, er zunächst zur Herabminderung der Schulden verwendet und dem Beklagten zu statten kommen müßte." ...

---

14. Kann eine Patentverletzung vorliegen, wenn von einem Anderen als dem Patentinhaber ein Gegenstand gewerbsmäßig hergestellt und vertrieben wird, welcher zur Anwendung des Patentes zwar erforderlich, aber weder ganz noch teilweise Gegenstand des Patentes ist?

Patentgesetz vom $\frac{\text{25. Mai 1877}}{\text{7. April 1891}}$ § 4.

I. Civilsenat. Urt. v. 15. November 1893 i. S. S. (Kl.) w. H. M. & Co. (Bekl.) Rep. I. 293. 301/93.

I. Landgericht Stuttgart.
II. Oberlandesgericht daselbst.

Dem Kläger S. ist ein deutsches Reichspatent auf einen selbstthätig eintretenden luftdichten Verschluß an Flaschen erteilt, in welchen eine Flüssigkeit durch Erhitzen sterilisiert werden soll. Der Flaschenverschluß ist in der Patentschrift und in dem Patentanspruche näher beschrieben; bezüglich der Flasche ist gesagt, daß sie an ihrem obersten Rande möglichst glatt geschliffen sein müsse; auch ist die trichterförmige Erweiterung des Flaschenhalses empfohlen. Der Kläger hat die Herstellung der Flaschen mit Verschluß einem Dritten übertragen, der Beklagte fabriziert und vertreibt allein solche Flaschen, welche am Boden den Stempel „N. (nach) S." tragen und in seinen Preislisten als „S.-Milchflaschen, neue Form für Kapselverschluß mit glattgeschliffenem Rande", bezeichnet sind.

Auf die Klage ist dem Beklagten durch das erste Urteil bei Strafe untersagt, Flaschen mit trichterförmigem und geschliffenem Rande, wie sie in der Patentschrift abgebildet sind, herzustellen und in Verkehr zu bringen. Der Berufungsrichter hat die Verurteilung dahin eingeschränkt, daß dem Beklagten untersagt ist, Flaschen mit glattgeschliffenem Mündungsrande unter der Bezeichnung mit dem Namen des S. oder als Ersatzflaschen zu dem patentierten Flaschenverschlusse in den Verkehr zu bringen.

Auf die Revision des Beklagten ist das Berufungsurteil aufgehoben, und unter Abänderung des ersten Urteiles die Klage abgewiesen aus folgenden

Gründen:

„Der Berufungsrichter geht davon aus, daß dem Kläger durch das Patent weder eine Flasche noch die in der Patentzeichnung dargestellte Flasche geschützt ist. Darüber kann auch gar kein Zweifel aufkommen. Der Kläger selbst behauptet es nicht, hat vielmehr in der Berufungsinstanz zugegeben, daß die Flasche weder neu noch patentfähig sei. Die Patentschrift und der Patentanspruch bezeichnen als Gegenstand der Erfindung und des Schutzes die Herstellung eines luftdichten Verschlusses an Flaschen, in denen Flüssigkeit durch Erhitzung sterilisiert werden soll. Die Patentschrift empfiehlt die trichterförmige Erweiterung der Flasche, setzt sie aber nicht notwendig voraus. Sie sagt, daß die Flasche an ihrem obersten Rande eben und möglichst glatt abgeschliffen sein soll, und im Patentanspruche wird der Schliff des Mündungsrandes für die Wirkung der Gummiplatte und der Führung durch das Rohrstück als Druckventil als notwendig bezeichnet. Aber nach der nicht angegriffenen Feststellung des Berufungsrichters waren zur Zeit der Patentanmeldung Flaschen mit abgeschliffenem Mündungsrande und trichterförmiger Mündung längst bekannt. Was die Revisionsschrift des Klägers über die notwendigen Bedingungen der Herstellung von Flaschen zum Sterilisieren von Flüssigkeiten anführt, ist zum Teil neu, auch nicht gegen diese Feststellung des Berufungsrichters gerichtet und überhaupt für die Entscheidung ohne Bedeutung. Über die notwendigen Bedingungen der Flasche zum Sterilisieren sagt die Patentschrift nichts. Sie setzt eine dazu geeignete Flasche stillschweigend voraus und konnte das, weil notorisch schon vor dem Patente in Flaschen sterilisiert worden ist. Sie ordnet nur an, daß die Flasche am obersten Rande eben und glatt geschliffen sein soll. Aber das Glattschleifen der Flaschenhalsränder ist nicht neu, und für die zu entscheidende Frage kommt auch darauf gar nichts an.

Es muß nämlich, abweichend vom Berufungsrichter, noch ein Schritt weitergegangen werden. Der Berufungsrichter gelangt zu seiner Entscheidung durch die Ausführung, daß die Flasche zwar nicht für sich, aber in Verbindung mit dem Verschlusse als Teil der patentierten Kombination geschützt sei, und daß die Beklagte deshalb das Recht des Klägers dann verletze, wenn sie die von ihr hergestellten Flaschen als S.-Flaschen oder überhaupt als Ersatzflaschen zu dem patentierten Verschlusse in Verkehr bringe, um das Publikum, welches den patentierten Verschluß gebraucht, zu veranlassen, im Falle des Abganges von Flaschen durch Zerbrechen den unbrauchbar gewordenen Verschluß, dessen Teil die Flasche bilde, durch eine von der Beklagten hergestellte Flasche zu ersetzen. Dadurch verwirkliche die Beklagte die gewerbsmäßige Herstellung des patentierten Verschlusses. Diese sich an die auch ausdrücklich in Bezug genommenen Urteile des Reichsgerichtes vom 5. Mai 1888 und 15. November 1890 (betreffend das Patent auf Aufhängung von Bremsklötzen an Eisenbahnwagen) anschließende Ausführung beruht aber auf Verkennung des Unterschiedes dieser Fälle von dem vorliegenden und auf einer rechtsirrtümlichen Auffassung des vorliegenden Patentes.

Die Flasche ist weder Gegenstand noch Teil des Patentes, während der Bremsklotz Teil und Gegenstand des Patentes 1905 ist; sie ist sowenig Teil desselben wie der Eisenbahnwagen Teil des Patentes 1905, sondern eine notwendige Voraussetzung der Anwendung des Patentes, wie der Eisenbahnwagen Voraussetzung der Anwendung des Patentes 1905 ist. Gegenstand des Patentes ist nach der Patentschrift und dem Patentanspruche lediglich der selbstthätig eintretende, luftdichte, aus der Gummiplatte und dem Rohrstücke als Druckventil bestehende Flaschenverschluß, das heißt die Vorrichtung an einer Flasche, wie dies der Patentanspruch auch selbst erklärt. Die Erfindung bestand nicht in dem (längst bekannten) Gedanken, eine Flasche zu verschließen oder eine Flasche besonderer Art zu verschließen, sondern in dem Gedanken, durch die Kombination der Gummiplatte und des Rohrstückes ein höchst einfaches, sicheres und billiges Druckventil zum Zwecke des Verschlusses zu schaffen. Die Flasche, an der weder die Herstellungsart, noch die Form, noch der Schliff erfunden ist, ist nicht Teil der Erfindung, auch nicht Teil der Kombination, das heißt der patentierten Kombination, sowenig wie der Eisenbahnwagen Teil der Bremsklotzerfindung ist. Daran ändert es nichts, daß der Kläger in der Patentschrift den Schliff der Flaschenmündungsränder, der längst bekannt ist, angeordnet hat. Selbst wenn der Kläger für den patentierten Verschluß die Verwendung von Flaschen ganz besonderer, aber bekannter Art und Gestalt angeordnet hätte, würde damit die Flasche nicht Teil der Kombination und Gegenstand des Patentes geworden sein, sowenig wie der Eisenbahnwagen Teil und Gegenstand des Bremsklotzpatentes geworden wäre, wenn der Erfinder eine bekannte Gestalt, Größe, Beschaffenheit oder Lage der Räder oder des Bodens des Wagens angeordnet hätte.

Ist die Flasche nicht Teil und nicht Gegenstand des Patentes, so ist es nach § 4 des Patentgesetzes außer aller Frage, daß der Kläger keinen Anspruch auf die ausschließliche gewerbsmäßige Herstellung und den Vertrieb der Flaschen hat. Es ist patentrechtlich auch völlig unzweifelhaft, daß jeder Benutzer des patentierten

Verschlusses die Ersatzflasche beziehen kann, von wem er will. Es ist patentrechtlich deshalb auch ganz unbedenklich, daß die Beklagte das Recht des Klägers durch die Herstellung und den Vertrieb der Flaschen nicht verletzt, ohne daß es darauf ankommt, ob sie die Flaschen nur für den patentierten S.-Apparat herstellt und vertreibt, was aus der Bezeichnung der Flaschen zu folgern ist, oder als Ersatzflaschen oder auch zu anderer Verwendung. Das Patent wird danach auch durch die Bezeichnung der Flaschen mit „N. (nach) S." nicht verletzt. Welches sonstige Recht des Klägers etwa dadurch verletzt wird, steht nicht zur Entscheidung." ...

---

15. 1. Neuer selbständiger Beschwerdegrund für die weitere Beschwerde.
2. Kann ein zum Abgehen fertiges (segelfertiges) Schiff wegen des Anspruches des Befrachters oder Abladers auf Zeichnung entsprechender Konnossemente mit Arrest belegt werden?
H.G.B. Art. 446.

I. Civilsenat. Beschl. v. 18. November 1893 i. S. Sch. & Co. (Arrestkl.) w. Kapt. G. vom italienischen Schiffe „Sp." (Arrestbekl.) Beschw.-Rep. I. 100/93.

I. Landgericht Verden.
II. Oberlandesgericht Celle.

Aus den Gründen:

„Die Arrestklägerin hat bei dem Landgerichte beantragt, zur Sicherung der Zwangsvollstreckung wegen ihres Anspruches auf Auslieferung gesetzmäßiger Konnossemente über die erfolgte Koaksabladung, eventuell auf Interesseleistung nebst Zinsen und den künftigen Prozeßkosten auf das auf der Rhede von G. liegende italienische Schiff „Sp." Arrest in Höhe von 10000 ℳ anzuordnen. Das Landgericht hat diesen Antrag d. J. als unbegründet zurückgewiesen, weil der Anspruch nicht glaubhaft gemacht sei. Die hiergegen erhobene Beschwerde der Klägerin ist vom Oberlandesgerichte zurückgewiesen. Die hiergegen von der Arrestklägerin erhobene weitere Beschwerde geht dahin, ihrer Beschwerde abzuhelfen und nach dem Arrestantrage zu erkennen.

Faßt man lediglich den Tenor dieser beiden Beschlüsse ins Auge, so scheinen zwei konforme Entscheidungen vorzuliegen, in welchem Falle ein neuer selbständiger Beschwerdegrund in der Entscheidung des Beschwerdegerichtes nicht enthalten, und demgemäß nach § 531 C.P.O. die erhobene weitere Beschwerde unzulässig sein würde. Hieran würde an sich auch dadurch nichts geändert werden, daß das Oberlandesgericht seine Entscheidung auf einen neuen (d. h. auf einen vor dem Landgerichte nicht geltend gemachten) Grund gestützt hat, selbst wenn dieser Grund unzutreffend sein und somit der Arrestklägerin zur Beschwerde gereichen sollte. Denn darauf, ob die Begründung der Entscheidung des Beschwerdegerichtes zutreffend ist oder nicht, kommt es, wenn nur die beiden Entscheidungen übereinstimmen, nicht an.

Vgl. Entsch. des R.G.'s in Civils. Bd. 1 S. 223 flg.

Es kann aber allerdings ungeachtet eines den Worten nach die Beschwerde einfach verwerfenden Beschlusses des Beschwerdegerichtes die weitere Beschwerde zufolge eines in diesem Beschlusse enthaltenen neuen selbständigen Beschwerdegrundes statthaft sein.

Vgl. Entsch. des R.G.'s in Civils. Bd. 1 S. 233 flg., Bd. 4 S. 362, Bd. 16 S. 318. 322 und Bd. 21 S. 331.

Insbesondere ist dies der Fall, wenn sich aus den Gründen ergiebt, daß das Beschwerdegericht eine andere, dem Beschwerdeführer ungünstigere Rechtswirkung durch seinen Beschluß hat herbeiführen wollen, als diejenige war, welche der angefochtene Beschluß hatte, und ein solcher Fall liegt hier vor. Denn das Landgericht hatte den Arrestantrag nur deshalb zurückgewiesen, weil der Arrestbeklagte ein rechtliches Interesse daran habe, in die von ihm zu zeichnenden Konnossemente auch den von ihm geltend gemachten, von der Arrestklägerin ihrerseits jedoch bestrittenen Anspruch auf Liegegeld aufzunehmen, die Arrestklägerin (welche die Zeichnung reiner Konnossemente verlangt) aber nicht glaubhaft gemacht habe, daß der vom Arrestbeklagten behauptete Anspruch nicht bestehe, und daher der beantragten Arrestierung wegen des von der Arrestklägerin geltend gemachten angeblichen Anspruches auf Zeichnung von Konnossementen, welche den Anspruch auf Liegegeld nicht enthalten, keine Folge gegeben werden könne. Das Oberlandesgericht ... hat die Beschwerde der Arrestklägerin deshalb zurückgewiesen, weil nach ihrer eigenen

Angabe das Schiff „Sp.“ segelfertig sei und deshalb nach Art. 446 H.G.B., da einer der daselbst vorgesehenen Ausnahmefälle nicht vorliege, nicht mit Beschlag belegt werden könne. Während also nach dem Beschlusse des Landgerichtes die Arrestklägerin in der Lage war, durch Glaubhaftmachung des Ungrundes der Liegegeldforderung des Arrestbeklagten ihr Arrestgesuch mit Aussicht auf Erfolg zu wiederholen, ist ihr dies durch den Beschluß des Oberlandesgerichtes wegen des von ihr angeblich selbst behaupteten segelfertigen Zustandes des Schiffes, welcher die Arrestanlegung überhaupt unzulässig mache, von vornherein abgeschnitten. Die Zulässigkeit der erhobenen weiteren Beschwerde erscheint daher als unbedenklich.

Die Beschwerde ist aber auch begründet, da das Oberlandesgericht den Art. 446 H.G.B. unrichtig angewendet hat. Die Bestimmung des ersten Absatzes dieses Artikels, nach welcher ein zum Abgehen fertiges (segelfertiges) Schiff wegen Schulden nicht mit Beschlag belegt werden kann, bezieht sich, wie die Materialien ergeben, auf alle obligatorischen Ansprüche gegen den Rheder und auf alle Schiffsschulden (Artt. 757 flg. H.G.B.), gleichviel ob daneben eine unbeschränkte Haftung besteht oder nicht. In demselben Sinne ist das Wort „Schulden“ auch in dem sich unmittelbar anschließenden Satze zu verstehen, nach welchem die gedachte Bestimmung nicht eintritt, wenn die Schulden zum Behufe der anzutretenden Reise gemacht worden sind. Die Voraussetzung dieser Ausnahmebestimmung der vorangestellten Regel gegenüber liegt nun aber auch hier vor, mag man auch bei der Beratung des Gesetzes nur gewisse andere Fälle (Forderungen für Lieferungen von Lebensmitteln, welche erst im letzten Augenblicke vor dem Abgange des Schiffes gemacht werden müssen) vor Augen gehabt haben (vgl. Protokolle S. 1492). Denn der für die statuierte Ausnahme maßgebende gesetzgeberische Gedanke, daß es unbillig sein würde, auch solchen Gläubigern, welche mit der Geltendmachung ihrer Ansprüche nicht etwa säumig gewesen sind, sondern vielmehr zur Geltendmachung derselben erst im letzten Augenblicke vor dem Abgange des Schiffes imstande waren, die Sicherung ihres Anspruches durch Arrestierung des Schiffes zu versagen, trifft auch zu bei den von dem Rheder oder Schiffer nach dem für die bevorstehende Reise geschlossenen Frachtvertrage vor dem Antritte der Reise dem Befrachter oder Ablader gegenüber zu erfüllenden Verpflichtungen und insbesondere bei der dem Schiffer nach Artt. 644 flg. H.G.B. obliegenden Verpflichtung, nach Beendigung jeder einzelnen Abladung dem Ablader ohne Verzug ein Konnossement darüber auszustellen. Auf die Abladung, nach deren Beendigung die Ausstellung des Konnossementes erst verlangt werden kann, pflegt der Abgang des Schiffes rasch zu folgen, jedenfalls auf die letzte Abladung, um welche es sich nach dem Vorbringen der Arrestkläger hier handelt. Überdies verlangt das Gesetz selbst für die Ausnahme von der als Regel statuierten Unzulässigkeit der Beschlagnahme nur, daß die betreffende Obligation (wie dies bei jeder Abladung der Fall ist) zum Behufe der anzutretenden Reise eingegangen ist, ohne zu unterscheiden, ob der Anspruch schon vor dem Eintritte der Segelfertigkeit des Schiffes hätte geltend gemacht werden können oder nicht. Es erscheint daher, ungeachtet des oben gedachten Motives der Verfasser des Gesetzes, unstatthaft, eine solche Unterscheidung in den Wortlaut des Gesetzes hineinzutragen. Schließlich mag noch bemerkt werden, daß es wohl kaum einen Fall giebt, in welchem ein Anspruch aus einer in Beziehung auf die anzutretende Reise eingegangenen Verpflichtung in höherem Grade des eventuellen Schutzes durch Beschlagnahme eines zum Abgehen fertigen Schiffes bedarf, als es gerade bei dem Anspruche des Befrachters oder Abladers auf die Zeichnung von Konnossementen vertrags- und eventuell gesetzmäßigen Inhaltes bezüglich der gemachten Abladungen der Fall ist, und daß auch aus diesem Grunde nicht angenommen werden kann, das Gesetz habe wegen solcher Ansprüche dem segelfertigen Schiffe Arrestfreiheit gewähren wollen. Da hiernach die Ansicht des Oberlandesgerichtes, es liege hier einer der im Art. 446 H.G.B. vorgesehenen Ausnahmefälle nicht vor, als irrig erscheint, braucht auf die Ausführung der Beschwerde, daß das Oberlandesgericht auf Grund des Vorbringens der Arrestklägerin mit Unrecht angenommen habe, daß die „Sp.“ bereits zum Abgehen fertig gewesen sei, nicht eingegangen zu werden.“ . . .

16. Ist der Antrag auf Ernennung von Revisoren zur Prüfung der Geschäftsführung einer Aktiengesellschaft nach Maßgabe des Art. 222a H.G.B. eine Angelegenheit der streitigen Gerichtsbarkeit?

I. Civilsenat. Beschl. v. 25. September 1893 i. S. B. u. Gen. Beschw.-Rep. I. 67/93.

I. Landgericht Hamburg.
II. Oberlandesgericht daselbst.

Aus den Gründen:

„Die Beschwerdeführer haben an die Kammer V für Handelssachen des Landgerichtes Hamburg den Antrag gerichtet, daß nach Maßgabe des Art. 222a H.G.B. zur Prüfung gewisser Hergänge bei der Geschäftsführung und Liquidation der Versicherungsgesellschaft von 1887 Revisoren ernannt werden. Das Landgericht hat den Antrag abgewiesen, weil nicht glaubhaft gemacht sei, daß bei den betreffenden Hergängen Unredlichkeiten oder grobe Verletzungen des Gesetzes oder des Gesellschaftsvertrages stattgefunden haben. Die gegen diesen Beschluß eingelegte Beschwerde ist durch den gegenwärtig angefochtenen Beschluß als unzulässig verworfen mit der Motivierung, daß die gerichtliche Ernennung von Revisoren in Gemäßheit des Art. 222a zur nichtstreitigen Gerichtsbarkeit gehöre, mithin eine Beschwerde gegen den die Ernennung ablehnenden Beschluß nur dann statthaft sein würde, wenn sie entweder durch Art. 222a oder nach allgemeinen landesrechtlichen Bestimmungen vorgesehen wäre. Keine dieser beiden Voraussetzungen treffe zu, insbesondere enthalte das hamburgische Gesetz vom 25. Juli 1879, betreffend die nichtstreitige Gerichtsbarkeit, keine Bestimmung, aus welcher die Zulässigkeit der Beschwerde im Falle des Art. 222a zu entnehmen sei. Gegen den Beschluß des Oberlandesgerichtes ist weitere Beschwerde an das Reichsgericht eingelegt. . . .

Die weitere Beschwerde mußte als unzulässig verworfen werden, weil das Reichsgericht mit derselben nicht befaßt werden kann. Der Versuch der Beschwerdeführer, die Zulässikeit der Beschwerde aus dem hamburgischen Gesetze vom 25. Juli 1879 zu begründen, ist bedeutungslos für die Frage, ob die weitere Beschwerde an das Reichsgericht eröffnet ist, da die Grenzen für die Zuständigkeit des obersten

Gerichtshofes durch die Reichsgesetzgebung bestimmt werden. Das Reichsgericht würde im vorliegenden Falle nur dann zuständig sein, wenn der Antrag der Beschwerdeführer als bürgerliche Rechtsstreitigkeit im Sinne der §§ 13. 135 G.V.G. sowie des § 3 des Einführungsgesetzes zur Civilprozeßordnung zu betrachten wäre. Dies ist mit dem Oberlandesgerichte zu verneinen. In dem Falle des Art. 222a liegt ein Rechtsstreit überhaupt nicht vor; es handelt sich um eine präparatorische Maßregel, durch welche die Generalversammlung der Aktiengesellschaft in den Stand gesetzt werden soll, sich darüber schlüssig zu machen, ob ein Anspruch gegen die Gründer, die Mitglieder des Vorstandes und Aufsichtsrates oder die Liquidatoren zu erheben ist. Wenn die Generalversammlung es ablehnt, die gedachte präparatorische Maßregel anzuordnen, soll nach Art. 222a, falls die sonstigen Voraussetzungen des Gesetzes zutreffen, das Landgericht, in dessen Bezirke die Gesellschaft ihren Sitz hat, als Behörde eintreten, welche durch Ernennung von Revisoren das Interesse der Gesellschaft wahrzunehmen hat. Das Gesuch um Ernennung von Revisoren durch das Landgericht ist demnach weder eine Klage, noch erscheint dasselbe als Antrag auf Erlaß einer einstweiligen Verfügung oder als ein sonstiger durch die Vorschriften der Civilprozeßordnung geregelter Antrag; vielmehr fällt dasselbe in das Gebiet der nichtstreitigen Gerichtsbarkeit. Auf dieser Auffassung beruhen auch die Begründung der Entwürfe zu dem Gesetze vom 18. Juli 1884 und der Bericht der Reichstagskommission. Auf demselben Standpunkte steht gegenwärtig mit einer einzigen Ausnahme (Makower, Das Allgemeine Deutsche Handelsgesetzbuch) die gesamte Litteratur des Aktienrechtes sowie das badische Gesetz vom 24. April 1886, betreffend die Änderung und Ergänzung des badischen Einführungsgesetzes zum Handelsgesetzbuche Art. 31 (badisches Gesetz- und Verordnungsblatt von 1886 S. 151)."

---

17. Ist der Selbsthilfeverkauf im Falle des Art. 354 H.G.B. noch zulässig, wenn längere Zeit seit dem Erfüllungstermine verstrichen, und der Marktpreis der Ware inzwischen erheblich gesunken ist?

I. Civilsenat. Urt. v. 8. November 1893 i. S. U. & W. (Kl.) w. C. (Bekl.) Rep. I. 287/93.

I. Landgericht Hamburg.
II. Oberlandesgericht daselbst.

Im April 1890 bezw. November 1889 hatte Beklagter von den Klägern Briketts, abzunehmen bis Ende Oktober 1890, und Koaks, abzunehmen im Laufe des Jahres 1890, gekauft. Nachdem die Lieferungen im übrigen empfangen waren, weigerte Beklagter die Abnahme des Restes. Kläger ließen die entsprechenden Mengen im Mai 1891 meistbietend verkaufen und erhoben Klage auf Zahlung des Preisunterschiedes. Die Klage wurde abgewiesen, weil der Selbsthilfeverkauf bewirkt war, bevor eine Spezialisierung der verkauften Ware stattgefunden hatte, und das Landgericht im Anschlusse an die Rechtsprechung des Reichsgerichtes annahm, daß der Käufer diesen Verkauf nicht als für seine Rechnung geschehen gelten zu lassen brauche. Über den vom Beklagten erhobenen Einwand, daß er sich wegen Lieferungsverzuges der Kläger mit Recht vom Vertrage losgesagt habe, wurde keine Entscheidung gegeben. Nachdem dieses Urteil am 26. März 1892 rechtskräftig geworden, forderte Kläger durch Schreiben vom 31. März 1892 nochmals zur Abnahme auf mit dem Erbieten zur Gewährung weiterer Fristen, zugleich aber mit der Androhung einer Wiederholung des Selbsthilfeverkaufes, falls bis zum 7. April weder ein weiteres Fristgesuch noch die Abnahme seitens des Beklagten erfolgen würde. Da Beklagter sich schweigend verhielt, so ließen Kläger am 25. April 1892 die Versteigerung der nunmehr spezialisierten Ware vornehmen. Das Meistgebot, für welches der Zuschlag erfolgte, war erheblich geringer als dasjenige des ersten Selbsthilfeverkaufes. Im gegenwärtigen Prozesse haben Kläger den Beklagten auf Zahlung des sich hiernach ergebenden Preisunterschiedes in Anspruch genommen. Die Klage ist in den Instanzen abgewiesen, das Berufungsurteil aber aufgehoben aus folgenden

Gründen:

„Bei der gegenwärtigen Sachlage muß mit den Instanzurteilen von der Voraussetzung ausgegangen werden, daß Beklagter sich im Jahre 1891 mit Unrecht geweigert hat, 610 Tonnen Briketts und 360 Tonnen Koaks von den Klägern abzunehmen, und hierdurch in

Annahmeverzug geraten ist. Unter dieser Voraussetzung erscheint der erste, im Mai 1891 vorgenommene Selbsthilfeverkauf als ein Versuch der Kläger, sich ein Erfüllungssurrogat zu verschaffen. Dieser Versuch hat nicht zum Ziele geführt, weil der meistbietende Verkauf auf eine noch nicht individualisierte Ware gerichtet war und deswegen durch das im Vorprozesse ergangene Urteil dem Beklagten gegenüber für unwirksam erklärt worden ist. Dem Umstande, daß Kläger hiernach einen unrichtigen Weg eingeschlagen haben, um zur Befriedigung zu gelangen, ist aber nicht die Wirkung beizumessen, daß sie ihrer Vertragsrechte aus Art. 354 H.G.B. verlustig gegangen sind. Sie haben also hierdurch allein auch nicht die Befugnis verloren, einen neuen Selbsthilfeverkauf der vom Beklagten nicht abgenommenen Quantitäten nach erfolgter Aussonderung derselben herbeizuführen. Dies ist auch von den Instanzrichtern angenommen worden. Ebenso ist den Vorinstanzen darin zuzustimmen, daß die zuletzt gedachte Befugnis im vorliegenden Falle weder durch gegenseitige Willensübereinstimmung noch durch einen Verzicht der Kläger als beseitigt gelten kann.

Die Gründe, aus denen die Instanzurteile ungeachtet dieser den Klägern günstigen Ausgangspunkte zur Abweisung der Klage gelangt sind, beruhen im wesentlichen auf zwei Erwägungen: 1. auf dem namentlich in dem landgerichtlichen Urteile zum Ausdrucke gebrachten, aber auch in den Entscheidungsgründen des Berufungsurteiles hervortretenden Argumente, daß der durch die Weigerung der Abnahme begründete Annahmeverzug des Beklagten mit der Vornahme des ersten Selbsthilfeverkaufes sein Ende erreicht habe, weil von diesem Zeitpunkte an die Lieferung seitens der Kläger verweigert sei, bezw. die Kläger ihrerseits nicht mehr zur Erfüllung bereit gewesen seien; 2. darauf, daß es mit den Anforderungen der Billigkeit in Widerspruch stehe, den zweiten nach Verlauf von nahezu einem Jahre seit dem ersten Selbsthilfeverkaufe bewirkten Verkauf noch für Rechnung des Beklagten gelten zu lassen. Diese Erwägungen können indes nicht für zutreffend erachtet werden.

Nachdem Beklagter die Abnahme verweigert hatte, würde eine Befreiung desselben von dem Annahmeverzuge durch eine Verweigerung der Lieferung oder durch mangelnde Erfüllungsbereitschaft seitens der Kläger nur dann anzunehmen sein, wenn Beklagter die Kläger zur Erfüllung aufgefordert oder ihnen in unzweideutiger Weise zu erkennen gegeben hätte, daß er neuerdings zur Abnahme bereit sei. Beklagter mußte, wenn sein Annahmeverzug aufhören sollte, thätig werden, um die Kläger in Lieferungsverzug zu setzen.

Vgl. l. 17 Dig. de peric. et comm. 18. 6; Mommsen, Beiträge zum Obligationenrecht Bd. 3 S. 294. 338 flg.

Hiervon ist im vorliegenden Falle nicht die Rede. Beklagter ist im Gegenteil stets dabei verblieben, daß er überhaupt nicht abzunehmen brauche; er hat sowohl im Vorprozesse wie im gegenwärtigen Prozesse geltend gemacht, daß er sich mit Recht vom Vertrage losgesagt habe. Danach ist, vorausgesetzt, daß die Weigerung des Beklagten unberechtigt war, nicht der Umstand, daß der erste Selbsthilfeverkauf nicht den gesetzlichen Erfordernissen entsprochen hat, sondern der fortdauernde Annahmeverzug des Beklagten die wirkende Ursache gewesen, daß es nicht zur Erfüllung des Vertrages gekommen ist. Durch den erfolglos gebliebenen Versuch der Kläger, im Wege des Selbsthilfeverkaufes Befriedigung zu erlangen, ist dieser Kausalzusammenhang nicht unterbrochen.

Auch der zweite Entscheidungsgrund der Vorinstanzen ist nicht zu billigen. Sowohl vom Reichsoberhandelsgerichte wie vom Reichsgerichte ist wiederholt ausgesprochen, daß die Ausübung des Selbsthilfeverkaufes im Falle des Art. 354 im allgemeinen nicht an eine bestimmte Zeitgrenze gebunden ist. Der Käufer wird durch diesen Grundsatz auch bei einer, erheblichen Preisschwankungen unterworfenen, Ware nicht in unbilliger Weise benachteiligt, da es ihm jederzeit frei steht, seine Mora zu purgieren.

Vgl. Entsch. des R.O.H.G.'s Bd. 23 S. 83 flg.; ferner die reichsgerichtlichen Urteile vom 18. Dezember 1889 Rep. I. 264/89 und vom 20. April 1892 Rep. I. 21/92 (Bolze, Bd. 9 Nr. 395, Bd. 14 Nr. 441).

Einverständnis besteht allerdings darüber, daß der vorstehende Grundsatz insofern eine Ausnahme erleidet, als der Käufer ein arglistiges oder, wie Staub in seinem Kommentar (§ 31) zu Art. 354 sich ausdrückt, ein illoyales Hinausschieben des Verkaufes nicht gelten zu lassen braucht, und daß unter Umständen in dem schweigenden Verhalten des Verkäufers ein solches Hinausschieben gefunden werden kann. Kläger haben aber, wie im Berufungsurteile ausdrücklich anerkannt ist, nicht nur durchaus gutgläubig gehandelt, sondern sich auch bei der Vornahme des ersten Selbsthilfeverkaufes mit Rücksicht auf die bisherige Praxis in einem sehr entschuldbaren Rechtsirrtume befunden. Sie haben ferner sehr bald, nachdem das den ersten Selbsthilfeverkauf für unwirksam erklärende Urteil des Vorprozesses rechtskräftig geworden war, den Beklagten von neuem zur Abnahme aufgefordert und sind demnächst ohne Verzug zum zweiten Selbsthilfeverkaufe geschritten. Das Verhalten der Kläger hat also dem Beklagten, wie auch schon oben hervorgehoben, niemals Veranlassung zu der Annahme gegeben, daß Kläger ihre Vertragsrechte fallen lassen oder sich doch des Selbsthilfeverkaufes begeben wollen. Bei dieser Lage der Sache kann es nicht als ein Gebot der Billigkeit betrachtet werden, daß infolge des Zeitablaufes und der inzwischen eingetretenen, dem Beklagten anscheinend sehr ungünstigen Änderung der Marktpreise von Briketts und Coaks die Vertragspflichten des Beklagten erloschen sein sollen. Wenn eine derartige Folgerung sich aus der vom Berufungsgerichte in Bezug genommenen Entscheidung des Reichsoberhandelsgerichtes (Entsch. desselben Bd. 23 S. 83) ergeben sollte, so vermag das Reichsgericht sich derselben in dem hier gegebenen Falle nicht anzuschließen."...

---

18. Giebt im Bereiche der unten folgenden preußischen Gesetze das vollstreckbare Urteil dem Gläubiger einen Anspruch auf Sicherung durch Eintragung auf die Grundstücke des Schuldners im Sinne des § 23 Ziff. 2 K.O.?

a. Verordnung über die Exekution in Civilsachen vom 4. März 1834 § 22 Abs. 1.

b. Gesetz, betreffend die Zwangsvollstreckung in das unbewegliche Vermögen, vom 13. Juli 1883 §§ 2. 6.

VI. Civilsenat. Urt. v. 13. November 1893 i. S. A. & B. (Bekl.) w. F. Konkursmasse (Kl.). Rep. VI. 206/93.

I. Landgericht Beuthen O. S.
II. Oberlandesgericht Breslau.

Aus den Gründen:

„Die beklagte Handlung ließ wegen einer vollstreckbaren Forderung gegen den Kaufmann F. in Beuthen O./S. am 7. März 1891 bei dem Schuldner eine Pfändung vornehmen; wegen derselben Forderung wurde sodann am 16. März 1891 auf den Antrag der Beklagten vom 13. März 1891 eine Vormerkung auf dem Grundstücke des Schuldners zur Erhaltung des Rechtes auf Eintragung einer Hypothek im Betrage von 5356,70 ℳ nebst Zinsen und Kosten eingetragen. Nachdem über das Vermögen des F. am 16. März 1891 der Konkurs eröffnet worden, ficht der Konkursverwalter im vorliegenden Rechtsstreite sowohl die Pfändung, als auch die Vormerkung als den Konkursgläubigern gegenüber unwirksam an. Die Klage bezweckt, den hinterlegten Erlös aus dem inzwischen erfolgten Verkaufe der gepfändeten Gegenstände und den in der Subhastation des Grundstückes auf die Forderung entfallenen und noch etwa später entfallenden Betrag zur Konkursmasse zu ziehen. In erster Instanz wurde die Klage abgewiesen, insoweit sie auf den Auktionserlös gerichtet war; dagegen wurde die Beklagte verurteilt, anzuerkennen, daß ihr aus der Vormerkung vom 16. März 1891 keine Rechte auf Auszahlung von Geldbeträgen in der Zwangsversteigerungssache des fraglichen Grundstückes zustehen. Die Berufung der Beklagten gegen dieses Urteil ist vom Oberlandesgerichte zurückgewiesen worden; auf die Berufung des Klägers hat es das erste Urteil abgeändert und die Beklagte zur Einwilligung in die Auszahlung des Auktionserlöses an die Konkursmasse verurteilt, auch diese Auszahlung angeordnet.

Das Berufungsgericht nimmt zunächst an, daß beide angefochtenen Rechtshandlungen der Gläubigerin eine Sicherung gewährten, die sie „nach der ursprünglichen Gestaltung ihres Rechtes" nicht zu beanspruchen hatte (§ 23 Ziff. 2 K.O.).

Auf die Worte „nach der ursprünglichen Gestaltung ihres Rechtes" ist keinerlei Gewicht zu legen. Es handelt sich darum, ob das vollstreckbare Urteil, durch welches F. zur Zahlung der Forderung der Beklagten verurteilt ist, dieser letzteren einen Anspruch auf Sicherung durch Pfändung und Eintragung gewährte. Dies hat das Berufungsgericht, wie die weitere Begründung zeigt, im Anschlusse an die Rechtsprechung des Reichsgerichtes,

vgl. Entsch. des R.G.'s in Civils. Bd. 2 S. 374, Bd. 7 S. 37, Bd. 10 S. 33, verneint. Es verkennt nicht, daß diese Entscheidungen sich auf die durch Eintragung erlangte Sicherung unmittelbar nicht beziehen, meint aber, daß die Eintragung vom Standpunkte des § 23 Ziff. 2 K.O. aus derselben Beurteilung unterliege wie die Pfändung. Dem ist im Ergebnisse beizutreten.

Das Urteil der vereinigten Civilsenate des Reichsgerichtes vom 6. Dezember 1883,

vgl. Entsch. des R.G.'s in Civils. Bd. 10 S. 33,

beruht darauf, daß die Anwendung des § 23 Ziff. 2 K.O. nur durch einen civilrechtlichen Anspruch auf die erlangte Sicherung ausgeschlossen werde, und es wird weiter dort ausgeführt, daß der Anspruch des Gläubigers auf Befriedigung durch das Hinzutreten einer rechtskräftigen Verurteilung oder eines anderen Vollstreckungstitels keine Erweiterung dahin erfahre, daß nunmehr noch ein Anspruch auf ein Faustpfand entstanden wäre. Nun bestimmte freilich die preußische Verordnung über die Exekution in Civilsachen vom 4. März 1834 (G.S. S. 31) für das Geltungsgebiet der Allgemeinen Gerichtsordnung in § 22 Abs. 1: „Der Gläubiger erwirbt durch solche Erkenntnisse ..., aus welchen eine Exekution stattfindet, für Kapital, Zinsen und Kosten und für die Kosten der Eintragung einen Titel zum Pfandrecht auf die dem Schuldner zugehörigen Immobilien (§ 5 A.L.R. I. 20)." Wäre diese Bestimmung noch in Geltung,

vgl. Rehbein und Reincke, Allgemeines Landrecht zu § 5 I. 20,

und enthielte sie eine materiell-rechtliche Vorschrift, durch welche dem Urteile die Wirkung eines gesetzlichen Pfandtitels auf die Grundstücke des Schuldners beigelegt worden wäre, so müßte § 23 Ziff. 2 K.O., insoweit der Gläubiger durch Eintragung eine Sicherung erlangt hat, außer Anwendung bleiben, weil der vollstreckbare Schuldtitel ihm einen civilrechtlichen Anspruch auf diese Sicherung gewährte. Allein schon in letzterer Beziehung sind trotz der oben wiedergegebenen Fassung des § 22 Abs. 1 der Verordnung vom 4. März 1834 Zweifel gestattet. Die Exekutionsordnung war nicht der Ort zu solcher materiell-rechtlicher Vorschrift. Der § 5 A.L.R. I. 20, auf welchen im § 22 Abs. 1 Bezug genommen wird, und welcher bestimmt: „Wie im Wege der Exekution ein Pfandrecht entstehe, bestimmt die Prozeßordnung", unterstützt die Annahme eines im vollstreckbaren Schuldtitel liegenden gesetzlichen Pfandtitels nicht; von den gesetzlichen Pfandtiteln handeln vielmehr die vorangehenden §§ 3. 4 daselbst, die keinerlei Anhalt dafür geben, daß dem Urteile durch Beilegung der Eigenschaft als Pfandtitel eine rechterzeugende Wirkung eingeräumt worden sei, die sonst grundsätzlich dem auf Zahlung lautenden Urteile im preußischen Rechte nicht zukommt. Im Abs. 2 des § 22 a. a. O. wird denn auch die Eintragung der vollstreckbaren Forderung lediglich als eine Exekutionsmaßregel behandelt, die der Gläubiger bei dem Exekutions- (Prozeß-) Richter nachzusuchen hat, und die von diesem zu veranlassen ist. Endlich läßt sich aus der Entstehungsgeschichte des § 22,

vgl. darüber Hinrichs, Studien aus dem preußischen Hypothekenrecht S. 15 flg.; Förster-Eccius, Preußisches Privatrecht 6. Aufl. 3. Bd. § 193 S. 484. 485; Turnau, Grundbuchordnung 5. Aufl. S. 320; Entsch. des Obertribunals Bd. 22 S. 224 flg.,

entnehmen, daß die Absicht des Gesetzes lediglich darauf gerichtet war, die Eintragung ohne vorangegangene Immission des Gläubigers in das Grundstück zu gestatten, sodaß mit dem Abs. 1 des § 22 nichts weiter gesagt zu sein scheint, als daß die Eintragung schon auf Grund des vollstreckbaren Titels im Wege der Exekution nachgesucht werden dürfe.

Von diesen Zweifeln kann indessen abgesehen werden, weil, auch wenn sie nicht begründet wären, der fragliche Pfandtitel jedenfalls jetzt nicht mehr besteht. Das preußische Gesetz, betreffend die Zwangsvollstreckung in das unbewegliche Vermögen, vom 13. Juli 1883 (G.S. S. 131) hat in den §§ 6 flg. für ein weiteres Rechtsgebiet, als die Verordnung vom 4. März 1834, die Eintragungsbefugnis des Exekutionssuchers einheitlich und vollständig geregelt,

vgl. Turnau, a. a. O. S. 320. 321,

ohne diese Befugnis auf einen im Urteile liegenden Pfandtitel zu stützen. Wenn der § 6 sagt: „Der Gläubiger kann die Eintragung auf alle Grundstücke des Schuldners beanspruchen", so liegt der Nachdruck hier auf den Worten „auf alle Grundstücke", und es hat keineswegs ausgesprochen werden sollen, daß dem Gläubiger ein civilrechtlicher Anspruch auf die Eintragung, wie ihn der § 23 Ziff. 2 K.O. voraussetzt, zustehe. Mit der Annahme eines gesetzlichen Pfandtitels verträgt sich nicht die Bestimmung im § 2 des gedachten Gesetzes, wonach die Zwangsvollstreckung erfolgt: 1. durch Eintragung in das

Grundbuch, 2. durch Zwangsversteigerung, 3. durch Zwangsverwaltung. Die Eintragung wird hier als Exekutionsmaßregel in ihren Voraussetzungen der Zwangsversteigerung und Zwangsverwaltung ganz gleich gestellt. Sie erfolgt, wie diese, lediglich zur Vollstreckung des auf Zahlung lautenden Urteiles, ohne Dazwischenschieben eines Pfandtitels, auf welchem die Eintragung also nicht beruht. Die Eintragung einer vollstreckbaren Forderung im Exekutionswege kann aber seit der Emanation des Gesetzes vom 13. Juli 1883 auch in dem ehemaligen Geltungsbereiche der Verordnung vom 4. März 1834 nur noch nach Maßgabe der Bestimmungen jenes Gesetzes erfolgen. Damit ist der Pfandtitel des § 22 der Verordnung, wenn darin ein Anspruch auf Sicherung durch Eintragung im Sinne des § 23 Ziff. 2 K.O. gefunden werden könnte, beseitigt. Es mag auch noch darauf hingewiesen werden, daß die Eintragungsbefugnis des Gläubigers einer vollstreckbaren Forderung in den §§ 6 flg. des Gesetzes vom 13. Juli 1883 auf Geldforderungen beschränkt ist, welche Beschränkung dem § 22 der Verordnung vom 4. März 1834 fremd war.

Vgl. Entsch. des Obertribunals Bd. 22 S. 222; Hinrichs, a. a. O. S. 19. 20.

Bestünde der im Abs. 1 der letzteren Bestimmung dem vollstreckbaren Urteile beigelegte Pfandtitel noch als civilrechtlicher Anspruch auf Eintragung, so müßte er seine Wirkung auch bei anderen als Geldforderungen äußern, was zweifellos nach § 6 des Gesetzes vom 13. Juli 1883 nicht der Fall ist." . . .

---

19. Ist ein Wechsel ungültig, weil ihn der erste Nehmer, der ihn als reines Blankoaccept erhalten hatte, vor der Weiterbegebung bis auf die in der Adresse des Bezogenen fehlende Angabe des Wohnortes ausgefüllt hat, und die Angabe dieses Wohnortes demnächst erst von dem zweiten Wechselnehmer hinzugefügt ist?

W.O. Artt. 4. 7.

I. Civilsenat. Urt. v. 6. Dezember 1893 i. S. B. (Kl.) w. S. (Bekl.) Rep. I. 306/93.

I. Landgericht I Berlin.
II. Kammergericht daselbst.

Der Beklagte wird aus einem sein Accept tragenden, an die Order der Ausstellerin lautenden, mit Blankoindossamenten der Ausstellerin und des E. S. versehenen Wechsel von dem Kläger als Wechselinhaber auf Zahlung der Wechselsumme in Anspruch genommen. Unstreitig ist der Wechsel als vollständiges Blankoaccept in den Besitz des E. S. gelangt, von diesem bis auf die Angabe des Wohnortes in der Adresse des Bezogenen ausgefüllt und dann mit Blankogiro an den Kläger gegeben, welcher der Adresse des Bezogenen den Wohnort W. beigefügt hat. Beklagter erhebt die Einrede, daß der Kläger einen gültigen Wechsel nicht erworben habe und deshalb nicht berechtigt sei, Wechselrechte gegen ihn geltend zu machen. Ferner wendet der Beklagte ein, daß E. S. das Blankoaccept eigenmächtig aus seinem Gewahrsam an sich genommen habe, und daß dies der Kläger, der überdies nur Inkassomandatar des E. S. sei, beim Erwerbe des Wechsels gewußt habe. Der Kläger hat diese Thatsachen bestritten.

Die Wechselklage ist in beiden Vorinstanzen wegen Ungültigkeit des Wechsels abgewiesen, auf die Revision des Klägers aber das Berufungsurteil aufgehoben, und die Sache an das Berufungsgericht zurückverwiesen worden aus folgenden

Gründen:

„Wäre der Klagewechsel beim Accepte und bei seiner ersten Begebung bis auf die fehlende Ortsangabe bei dem Namen des Bezogenen ausgefüllt gewesen, so würde eine Hinzufügung der fehlenden Ortsangabe behufs Beseitigung des vorhandenen Mangels durch den späteren Wechselinhaber unstatthaft und nicht geeignet gewesen sein, einen gültigen Wechsel herzustellen, weil die Begebung eines von vornherein sich als vollständig darstellenden, jedoch in einem wesentlichen Punkte mangelhaften Wechsels nicht die Vermutung begründet, daß der Empfänger und dessen Nachmänner zur Beseitigung des Mangels ermächtigt gewesen seien. Es würde vielmehr eines besonderen Beweises dafür bedürfen, daß dem Nehmer des Wechsels dieses Recht und die Befugnis, dasselbe auf seine Nachmänner zu übertragen, von den Wechselbeteiligten erteilt worden sei.

Vgl. Entsch. des R.O.H.G.'s Bd. 9 S. 261. 263.
Bei der Hingabe eines Blankoacceptes, eines mit dem Acceptvermerke versehenen, übrigens aber noch unausgefüllten Wechselformulares greift dagegen die der Gewohnheit des Geschäftsverkehres entnommene Vermutung Platz, daß der Nehmer ermächtigt sein solle, durch Ausfüllung des Formulares nach Maßgabe des der Wechselbegebung zu Grunde liegenden Vertrages einen vollständigen Wechsel entweder selbst herzustellen oder diese Herstellung seinen Nachmännern zu übertragen. Giebt der erste Wechselnehmer ein in dieser Weise erhaltenes Wechselblankett weiter, ohne es ausgefüllt zu haben, oder nach unvollständiger Ausfüllung, und wird dann die der Vertragsabrede entsprechende Ergänzung zu einem vollständigen Wechsel von einem Nachmanne bewirkt, so kann nur vermutet werden, daß der erste Nehmer von seiner Befugnis, die ihm erteilte Ermächtigung der Ausfüllung des Blankettes seinem Nachmanne zu übertragen, Gebrauch gemacht und die Ausfüllung, soweit sie nicht bereits von ihm bewirkt ist, seinem Nachmanne überlassen hat. Der Blankoacceptant kann deshalb gegen die Klage aus dem vertragsmäßig ausgefüllten Wechsel mit dem Einwande, daß nicht der erste Nehmer den vollständigen Wechsel hergestellt habe, nicht gehört werden. Die jeder positiven Grundlage entbehrende Unterstellung des Berufungsrichters, der erste Wechselnehmer E. S. habe durch die (unvollständige) Ausfüllung des Wechselblankettes erklärt, daß der so hergestellte Wechsel derjenige sei, zu dessen Herstellung er von dem Acceptanten ermächtigt worden sei, und damit seine Ermächtigung erschöpft, widerstreitet der obigen, aus dem geschäftsüblichen Zwecke der Hingabe eines Blankoacceptes herzuleitenden Vermutung. Ebensowenig kann von einer unstatthaften Änderung des Wechsels seitens des Klägers durch Ergänzung der fehlenden Ortsangabe die Rede sein. Eine solche liegt zwar dann vor, wenn an dem hergestellten Wechselkontexte eine Veränderung vorgenommen wird, weil mit der einmaligen Ausfüllung des Blankettes die Ermächtigung des Wechselempfängers erlischt, nicht aber in dem Falle, wo es sich um eine Ergänzung des noch unvollständigen Wechselkontextes auf Grund der ersten Ermächtigung handelt.

Das auf Verletzung dieser Grundsätze beruhende Berufungsurteil war deshalb aufzuheben. Eine Entscheidung in der Sache selbst kann jedoch in dieser Instanz noch nicht ergehen, weil der Beklagte eingewendet hat, daß E. S. das Blankoaccept eigenmächtig aus dem Gewahrsam des Beklagten an sich genommen, und daß der Kläger, der überdies nur Inkassomandatar des E. S. sei, dies beim Erwerbe des Wechsels gewußt habe. Würden diese Thatsachen festgestellt, so würde die auf die Hingabe des Blankoacceptes sich gründende Vermutung der damit erteilten Ermächtigung zur Ausfüllung des Blankettes behufs Herstellung eines gültigen Wechsels wegfallen, und es würde der Klage die Einrede der Arglist entgegenstehen, wenn dem Kläger beim Erwerbe des Wechsels dessen Entstehung bekannt gewesen wäre, oder wenn er auf Grund eines scheinbaren Vollindossamentes die Rechte aus dem wider den Willen des Beklagten entstandenen Wechsel als bloßer Mandatar des E. S. geltend machen wollte. Zur weiteren Verhandlung und Entscheidung über diesen Einwand muß die Sache in die Vorinstanz zurückverwiesen werden."

---

20. Kann ein behufs der Befriedigung wegen einer Masseschuld gegen den Konkursverwalter angestellter Prozeß gegen denselben Beklagten fortgeführt werden, nachdem der Konkurs infolge der Ausschüttung der Konkursmasse aufgehoben ist?

K.O. §§ 5. 151—153. 159.

IV. Civilsenat. Urt. v. 11. Dezember 1893 i. S. de F. (Kl.) w. B. (Bekl.) Rep. IV. 229/93.

I. Landgericht I Berlin.
II. Kammergericht daselbst.

Am 10. April 1891 wurde der Konkurs über das Vermögen der Witwe K. in Firma P. J. F. eröffnet, und der Beklagte zum Konkursverwalter bestellt. In dieser Eigenschaft schloß der Beklagte einen Vertrag mit dem Kläger, durch den er diesem das zur Konkursmasse gehörige Warenlager verkaufte und die bezüglichen Geschäftsräume zur Benutzung, zeitweise ohne, zeitweise gegen Mietezahlung, überließ. Im jetzigen Rechtsstreite macht der Kläger gegen den Beklagten unter der Behauptung, daß ihm die mietefreie Benutzung der

Geschäftsräume durch die erfolgte Zwangsversteigerung des betreffenden Grundstückes entzogen sei, eine Entschädigung von 2137,25 ℳ geltend. Er hat ausdrücklich erklärt, daß er den Beklagten nicht persönlich, sondern nur als Konkursverwalter in Anspruch nehme. Die Klage ist dem Beklagten am 20. Juli 1892 zugestellt. Der K.'sche Konkurs ist aber nach beendeter Schlußverteilung durch den am 5. August 1892 erlassenen und am 13. desselben Monates bekannt gemachten Beschluß des Konkursgerichtes zur Aufhebung gelangt. Auf Grund dieser Thatsache hat der Beklagte den Einwand erhoben, daß er zur Vertretung der K.'schen Konkursmasse nicht mehr befugt sei. Die Vorderrichter haben den Einwand für durchgreifend erachtet. Das Landgericht hat daher die Klage abgewiesen, das Kammergericht die Berufung des Klägers verworfen.

Die Revision des Klägers ist vom Reichsgerichte zurückgewiesen aus folgenden

Gründen:

„Das Berufungsurteil beruht wesentlich auf der Annahme, daß infolge der Aufhebung des über das Vermögen der Witwe K. eröffneten Konkurses die Befugnis des Beklagten, das zu dieser Konkursmasse gehörige Vermögen zu verwalten und über dasselbe zu verfügen, erloschen sei, und der Kläger, falls er wegen seiner als Masseschuld anzusehenden Klageforderung bei der Schlußverteilung zu Unrecht präkludiert sei, den Rechtsstreit gegen die frühere Gemeinschuldnerin fortsetzen müsse. Seitens der Revision ist die Verletzung der §§ 5. 151—153 K.O. . . . und des vom Reichsgerichte in dem Urteile vom 30. März 1892,

vgl. Entsch. des R.G.'s in Civils. Bd. 29 S. 29,

betreffs der Rechtsstellung des Konkursverwalters angenommenen Rechtsgrundsatzes gerügt worden. Die Rüge erscheint aber nicht begründet.

Einer Entscheidung der kontroversen Frage, welche rechtliche Stellung gemäß § 5 K.O. dem Konkursverwalter zukommt, bedarf es nach Lage des vorliegenden Falles nicht. Die Annahme des Berufungsgerichtes, daß mit der Aufhebung des Konkurses über das Vermögen der Witwe K. die Befugnis des Konkursverwalters, das Verwaltungs- und Verfügungsrecht betreffs des zur Konkursmasse gehörigen Vermögens der Gemeinschuldnerin auszuüben, und damit auch dessen Berechtigung, in dieser Funktion den jetzigen Rechtsstreit fortzuführen, erloschen sei, muß unabhängig von jener Frage auf Grund der Vorschriften der §§ 5. 151—153. 159 K.O. gebilligt werden. Aus diesen Bestimmungen ergiebt sich, daß die aus Anlaß der Konkurseröffnung vorgesehene Funktion des Konkursverwalters, an der Konkursmasse das Verwaltungs- und Verfügungsrecht auszuüben (§ 5 a. a. O.), mit der infolge der Schlußverteilung bewirkten Aufhebung des Konkurses (§ 151) grundsätzlich von selbst gegenstandslos wird. Dies zeigt sich, soweit die Konkursgläubiger in Frage kommen, darin, daß für diese gemäß § 152 die mit der Konkurseröffnung eingetretene Gemeinschaft zwecks der Befriedigung aus der Konkursmasse (§ 2) aufhört und der individuellen Befugnis, sich wegen des ungetilgten Teiles ihrer Forderungen unbeschränkt an den Schuldner zu halten, Platz macht, und daß eine Abweichung hiervon nur für die in § 153 vorgesehenen, hier, soviel erhellt, nach keiner Richtung vorliegenden Fälle einer nachträglichen Verteilung stattfindet.

Vgl. Entsch. des R.G.'s in Civils. Bd. 25 S. 7 und Bd. 28 S. 68.

Nun ist allerdings der Kläger bezüglich des im jetzigen Rechtsstreite geltend gemachten Anspruches als Massegläubiger im Sinne des § 52 Ziff. 1 K.O. anzusehen. Als solcher hat er, da sein Anspruch eben auf der Masse ruht, nach §§ 50. 159, sofern der Anspruch rechtzeitig zur Kenntnis des Konkursverwalters gelangt, ein Recht darauf, daß er durch den Verwalter aus dem zur Schlußverteilung gelangenden Massebestande vorweg befriedigt werde. Ist es aber unterlassen worden, ihn vorweg zu berücksichtigen, so bewirkt, auch wenn die Unterlassung zu Unrecht geschehen ist, die nach der Schlußverteilung erfolgte Aufhebung des Konkurses von selbst die Präklusion seines Anspruches für dieses Verfahren, da dann keine Konkursmasse mehr vorhanden ist, und somit auch für die Ausübung des Verfügungs- und Verwaltungsrechtes an einer solchen von seiten des Verwalters kein Raum mehr bleibt. Die Erörterung der Frage, ob und inwieweit der Kläger etwa in der rechtlichen Lage sein würde, den jetzt anhängigen Prozeß gegen die frühere Gemeinschuldnerin fortzuführen oder sich wegen seines Anspruches an den Beklagten persönlich zu halten, erübrigt sich schon deshalb, weil der Kläger eine Weiterführung des Rechtsstreites gegen die erstere ablehnt und den letzteren nur im Wege einer besonderen Regreßklage in Anspruch nehmen könnte.

Bei dieser Sachlage hat daher das Berufungsgericht mit Recht die Klage abgewiesen.

Vgl. noch das Urteil des Reichsgerichtes vom 6. März 1891, Entsch. des R.G.'s in Civils. Bd. 27 S. 113."

---

21. 1. Sind bei Berechnung der Revisionssumme die Protestkosten nebst Provision und Porto zu berücksichtigen, welche der den Wechsel im Regreßwege einlösende Indossant an seinen Nachmann neben der Wechselsumme hat zahlen müssen?

C.P.O. §§ 4. 508.
W.O. Art. 51.

2. Ist ein Wechselprotest gültig, welcher für den durch Prokuraindossament legitimierten Wechselinhaber erhoben ist, während sich auf dem Wechsel undurchstrichen nach diesem Indossament noch ein weiteres Prokuraindossament auf einen Dritten befindet?

W.O. Artt. 36. 41. 55. 88.

I. Civilsenat. Urt. v. 9. Dezember 1893 i. S. G. & M. (Kl.) w. R. (Bekl.) Rep. I. 316/94.

I. Landgericht Altona.
II. Oberlandesgericht Kiel.

Der Beklagte ist als Aussteller aus einem von ihm an eigene Order gezogenen, in Blanko girierten, von der Klägerin an die Deutsche Bank indossierten, von dieser zum Inkasso an die Königsberger Vereinsbank und von dieser ebenfalls zum Inkasso an H. H. indossierten Wechsel über 1800 ℳ auf Zahlung von 1500 ℳ Wechselsumme, 3 ℳ Protestkosten und 5 ℳ eigener Provision mit der Behauptung in Anspruch genommen, daß der rechtzeitig protestierte Wechsel im Regreßwege eingelöst sei. Protestiert ist der Wechsel auf Requisition der Königsberger Vereinsbank. Nach der Protesturkunde befanden sich auf dem Wechsel undurchstrichen das Inkassoindossement für diese wie das nachfolgende Inkassoindossament auf H. H.

Die Klage ist in beiden Instanzen abgewiesen, und die Revision der Klägerin als unbegründet zurückgewiesen worden aus folgenden

Gründen:

„1. Die Zulässigkeit der Revision ist von dem Beklagten mit Unrecht beanstandet.. Die Klägerin macht nicht die Ansprüche des Inhabers, welcher den Wechsel mangels Zahlung hat protestieren lassen, in Gemäßheit des Art. 50 W.O. geltend, sondern sie hat als Indossantin den von ihr weiterbegebenen Wechsel eingelöst und ist deshalb nach Art. 51 W.O. berechtigt, von dem Beklagten als Aussteller und erstem Indossanten des Wechsels zu fordern: 1. die von ihr gezahlte Summe nebst 6 Prozent jährlicher Zinsen vom Tage der Zahlung, 2. die ihr entstandenen Kosten und 3. eine Provision von $^1/_3$ Prozent. In der von der Klägerin auf die Einlösung des Wechsels im Regreßwege verwendeten Summe ist nun aber nicht nur die Wechselsumme von 1500 ℳ enthalten, sondern auch der Betrag für Protestkosten von 3 ℳ, sodaß die Klägerin ihren Regreßnehmer (welcher seinerseits eine Provision nicht beansprucht zu haben scheint) im ganzen 1503 ℳ, also einen die gesetzliche Revisionssumme von 1500 ℳ übersteigenden Betrag, hat zahlen müssen.

Nun hat allerdings der III. Civilsenat des Reichsgerichtes in einer Bd. 1 S. 228 flg. abgedruckten Entscheidung anscheinend ganz allgemein ausgeführt, daß nach § 508 Abs. 2 in Verbindung mit § 4 C.P.O. neben der Wechselsumme geforderte Provision, Protestkosten und Porti bei der Berechnung des Wertes der Beschwerde unberücksichtigt zu bleiben hätten, da sie gleich den Zinsen nicht als selbständige Ansprüche, sondern nur als Nebenforderungen — Schäden und Kosten — sich charakterisierten. Es handelte sich aber, wie die Akten ergeben, damals nicht um einen Fall der hier vorliegenden Art der weiteren Regreßnahme eines Indossanten, welcher den Wechsel einem Nachmanne gegenüber eingelöst hatte, sondern um eine Klage des durch Indossament legitimierten Wechselinhabers, welcher den Wechsel mangels Zahlung hatte protestieren lassen und nunmehr den Acceptanten wegen der Wechselsumme nebst Zinsen, Kosten und Provision in Anspruch nahm. In einer späteren Entscheidung vom 27. Januar 1882 (Rep. III. 518/81), welcher ein dem hier vorliegenden gleicher Fall zu Grunde lag, hat dagegen derselbe Senat ausgesprochen, Protestkosten und Provision, welche ein Indossant dem Inhaber des Wechsels, der denselben habe protestieren lassen, in Gemäßheit des Art. 50 W.O. habe zahlen müssen, erschienen nicht als Nebenforderungen, sondern bildeten mit der Wechselsumme einen Teil der Hauptforderung gegen den im Regreßwege in Anspruch genommenen Vormann oder Aussteller und seien daher bei Berechnung der Revisionssumme mit in Betracht zu ziehen. Dieser letzteren Entscheidung tritt auch der jetzt erkennende Senat bei. Ob Zinsen, Protestkosten und Provision, welche der Inhaber des Wechsels, der denselben mangels Zahlung hat protestieren lassen, im Regreßwege nach Art. 50 W.O. neben der Wechselsumme fordert, als Nebenforderungen im Sinne des § 4 C.P.O. aufzufassen sind, mag hier dahingestellt bleiben. Wenn aber der Indossant, welcher den Wechsel eingelöst hat, nach Art. 51 Ziff. 1 W.O. Ersatz der von ihm selbst seinem Nachmanne gezahlten Summe fordert, so beansprucht er, mögen in derselben auch Zinsen, Kosten und Provision enthalten sein, den Ersatz auch dieser Posten doch nicht als ihm zustehender Nebenforderungen, sondern aus dem Grunde, weil sie mit der Wechselsumme eine einheitliche Summe bilden, welche er behufs Einlösung des Wechsels aufwenden mußte, und welche Gesamtsumme in allen Bestandteilen, aus denen sie sich zusammensetzt, die Hauptforderung darstellt, deren Ersatz er von dem Regreßpflichtigen verlangen kann, und welcher gegenüber nur die Zinsen davon, sowie die in Art. 51 W.O. unter Ziff. 2. 3 erwähnten Beträge als Nebenforderungen erscheinen. Ein solcher Regreßnehmer befindet sich offenbar in einer ganz ähnlichen Lage, wie ein Bürge, welcher den Gläubiger hat befriedigen müssen und nun seinen Rückgriff gegen den Hauptschuldner nimmt, wobei selbstverständlich nicht nur die ursprüngliche Hauptforderung des Gläubigers an den letzteren, sondern alles dasjenige, was der Bürge dem Gläubiger hat leisten müssen, den Gegenstand der Hauptforderung des Bürgen bildet. In der in Bd. 29 S. 332 flg. abgedruckten Entscheidung des VI. Civilsenates des Reichsgerichtes ist diese Frage dahingestellt gelassen und nur ausgeführt, daß jedenfalls dem Acceptanten gegenüber alles, was er außer der Wechselsumme schulde, nur als Nebenforderung gelten könne, worauf aber hier, wo es sich um eine Regreßforderung gegen den Aussteller und Indossanten handelt, nicht weiter eingegangen zu werden braucht.

2. Die hiernach zulässige Revision konnte aber nicht für be-

gründet erachtet werden. Denn mit Recht hat der Berufungsrichter in Übereinstimmung mit dem ersten Richter angenommen, daß der nach Art. 41 W.O. zur Begründung des von der Klägerin erhobenen Regreßanspruches erforderliche Protest für eine zur Protesterhebung nicht legitimierte Person erhoben und daher wechselrechtlich ohne Bedeutung ist. Nur der gemäß Art. 36 W.O. zur Zahlungsforderung legitimierte Inhaber des Wechsels kann auch als zur Erhebung des Protestes legitimiert angesehen werden, weshalb denn auch nach Art. 88 Ziff. 2 W.O. der Name oder die Firma der Person, für welche der Protest erhoben wird, ersichtlich sein muß. Ein für einen nicht legitimierten Inhaber des Wechsels aufgenommener Protest ist kein gültiger Protest und deshalb zur Erhaltung des Regreßrechtes nicht geeignet. Nun folgen auf dem hier fraglichen Wechsel dem Vollindossamente der Klägerin an die Order der Deutschen Bank zwei Prokuraindossamente, dasjenige der Deutschen Bank an die Königsberger Vereinsbank und dasjenige der letzteren an H. H., welche nach der in die Protesturkunde aufgenommenen Abschrift des Wechsels zur Zeit der Protesterhebung beide nicht durchstrichen waren, während ausweise des Wechsels selbst das zweite auch zur Zeit noch nicht durchstrichen ist. Ständen hier nun anstatt der gedachten Prokuraindossamente Vollindossamente in Frage, so würde es, wie schon in Bd. 1 S. 32 flg. und Bd. 27 S. 43 der Entscheidungen des Reichsgerichtes in Civilsachen näher ausgeführt ist, keinem Bedenken unterliegen, daß die Königsberger Vereinsbank, welche den Protest erheben ließ, ungeachtet ihres aus dem Proteste ersichtlichen Besitzes des Wechsels hierzu nicht legitimiert gewesen wäre, da ihrer Legitimation ihr eigenes weiteres Indossament, durch welches alle ihre Rechte aus dem Wechsel nach Art. 10 W.O. auf eine dritte Person übergegangen gewesen sein würden, entgegenstand. Aber auch der Umstand, daß hier die Königsberger Vereinsbank, welche selbst nur Prokuraindossatarin und daher nach Art. 17 Abs. 3 W.O. zur weiteren Begebung des Wechsels durch Vollindossament nicht befugt war, in Benutzung der ihr nach Art. 17 Abs. 2 W.O. zustehenden Berechtigung ihre Befugnisse aus Art. 17 Abs. 1 W.O. nur durch ein weiteres Prokuraindossament auf einen Dritten übertragen hatte, kann nicht zu einem anderen Ergebnisse führen. Denn auch ein Prokuraindossament, obwohl es das Eigentum an dem Wechsel —

die Gläubigerrechte aus demselben — nicht überträgt und infolgedessen auch keine Wechselverpflichtungen zwischen dem Indossanten und dem Indossatare begründet, ermächtigt doch den Indossatar zur Einziehung der Wechselforderung, zur Protesterhebung und zur Benachrichtigung des Vormannes seines Indossanten von der unterbliebenen Zahlung sowie zur Einklagung der nicht bezahlten und zur Erhebung der deponierten Wechselschuld, wie es ihn auch berechtigt, diese Befugnisse durch ein weiteres Prokuraindossament auf einen Anderen zu übertragen. Ein solches Prokuraindossament charakterisiert sich daher zwar als eine Bevollmächtigung des Indossatars seitens des Indossanten, in dem obengedachten, sich aus Art. 17 W.O. ergebenden Umfange im Interesse des Indossanten zu handeln, und es kann daher, was das innere Verhältnis zwischen dem Indossanten und dem Indossatare anlangt, an sich von dem ersteren jederzeit widerrufen werden. Allein im Verhältnisse zu dritten Personen ist es deshalb noch keineswegs allein von diesem Gesichtspunkte zu behandeln. Denn es ist kein gewöhnliches — civilrechtliches — Mandat, sondern ein Mandat in wechselrechtlicher Form und dritten Personen gegenüber mit bestimmten wechselrechtlichen Wirkungen. Soweit diesen dritten Personen gegenüber die gesetzlichen Befugnisse des Prokuraindossatars reichen, erscheint dieser daher, solange das Prokuraindossament formell — ausweise der Wechselurkunde — besteht, auch als ausschließlich legitimiert, die Rechte aus dem Wechsel geltend zu machen, und es können daher auch die dritten im Wechselnexus stehenden Personen, solange ein Prokuraindossament nicht wechselmäßig beseitigt, d. h. nach Art. 36 Abs. 2 und Art. 55 W.O. durchstrichen ist, nicht für verpflichtet erachtet werden, einen früheren Prokuraindossatar, der sein Mandat durch ein weiteres Prokuraindossament auf einen Anderen übertragen hat, oder den letzten Vollindossatar, von welchem das erste Prokuraindossament ausgestellt ist, auf Grund der bloßen Thatsache, daß die betreffende Person sich im Besitze des Wechsels befindet, als legitimiert zur Protesterhebung anzuerkennen. Es erscheint dies als eine notwendige Folge der, auch dem Prokuraindossamente gesetzlich beiwohnenden formellen Natur eines wechselmäßigen Aktes sowie des Grundsatzes, daß — wenigstens der Regel nach — die Legitimation des Inhabers des Wechsels aus der Wechselurkunde selbst ersichtlich sein muß.

Der Revision ist allerdings darin beizutreten, daß durch das von der Königsberger Vereinsbank dem H. H. erteilte weitere Prokuraindossament ihr Vollmachtsverhältnis zu ihrer Indossantin — der Deutschen Bank — an sich noch nicht erloschen war. Aber es kommt hier nicht auf dieses civilrechtlich zwischen der Prokuraindossantin und der Indossatarin bestehende Verhältnis an, sondern vielmehr nur auf die, vom Berufungsrichter mit Recht bejahte Frage, ob durch die Weiterindossierung das Recht (und die Pflicht) zur Protesterhebung, also die Legitimation aus dem Wechsel, Dritten gegenüber, auf den weiteren Prokuraindossatar übergegangen sei, sofern nicht entweder dieses weitere Indossament durchstrichen war, oder der letzte Indossatar den Wechsel wieder auf die Königsberger Vereinsbank zurückgiriert hatte. Dadurch allein, daß die letztere sich den Wechsel zurückgeben ließ, konnte sie ihre Legitimation aus dem Wechsel nicht wiederherstellen. Aus einem und demselben Wechsel kann überhaupt bei unverändertem Stande der auf demselben befindlichen wechselrechtlichen Erklärungen immer nur eine Person, nämlich derjenige Inhaber, welcher sich zugleich in Gemäßheit des Art. 36 W.O. als der Berechtigte ausweist, als zur Erhebung des Protestes legitimiert angesehen werden. Die Meinung der Revision, bei mehreren aufeinander folgenden Prokuraindossamenten sei — unter der Voraussetzung des Besitzes des Wechsels — nicht nur der Prokuraindossant, sondern auch jeder der Prokuraindossatare, ohne daß es einer Durchstreichung der späteren Prokuraindossamente bedürfe, zur Protesterhebung legitimiert, würde zu dem für den Wechselverkehr und dessen Sicherheit unerträglichen und daher vom Gesetzgeber gewiß nicht gewollten Resultate führen, daß z. B. im vorliegenden Falle eine gültige Protesterhebung denkbarerweise von drei verschiedenen Wechselinhabern nacheinander hätte bewirkt werden können, wenn man unterstellt, daß der letzte Indossatar den Wechsel seinem Vormanne und dieser ihn wieder dem seinigen als unbezahlt zurückgesandt hätte, ohne dabei zugleich zu erwähnen, daß er den Wechsel mangels Zahlung habe protestieren lassen." ...

22. 1. Erfordert der kaufmännische Verpflichtungsschein, daß er aus sich selbst durch eine Formel, z. B. „gegen diesen Schein zahle ich", den Willen des Ausstellers erkennen lasse, sich selbständig vermöge des Scheines und abgesehen von jedem anderen Verpflichtungsgrunde verbindlich zu machen?

2. Zulässigkeit von Einreden gegen die Verpflichtung aus einem nicht an Order gestellten kaufmännischen Verpflichtungsscheine.

H.G.B. Artt. 301. 303.

I. Civilsenat. Urt. v. 3. Januar 1894 i. S. Br. (Kl.) w. W. (Bekl.) Rep. I. 344/93.

I. Landgericht Tilsit.
II. Oberlandesgericht Königsberg i. Pr.

Der Kläger klagte auf Zahlung eines Restbetrages aus einem vom Beklagten ausgestellten Scheine folgenden Inhaltes: „Laut eingereichter Rechnung von Herrn L. W. zahle ich a conto an denselben morgen 10590 *M*." Auf dem Scheine befindet sich eine Cessionserklärung des L. W. an den Kläger, ein Giro des Klägers an L. M. Söhne und ein Rückgiro „der restlichen 3590 *M*" an den Kläger. Der Beklagte erhob eine Reihe von Einreden, wonach der Schein über Kaufgeld für Holz, welches er von B. gekauft, für L. W., den Spediteur des B., ausgestellt, er aber nicht bedingungslos in Höhe der verschriebenen ganzen Summe, sondern nur dann verpflichtet sein sollte, wenn sich nach Vermessung des im Pfandbesitze des Klägers befindlichen, von diesem nach Zahlung von 7000 *M* herausgegebenen Holzes die Richtigkeit der Schuld in Höhe der verschriebenen Summe ergeben haben würde. Der erste Richter verurteilte den Beklagten ohne Rücksicht auf diese Einreden, der Berufungsrichter wies dagegen die Klage ab. Auf die Revision des Klägers ist das Berufungsurteil aufgehoben, und die Sache an das Berufungsgericht zurückverwiesen worden aus folgenden

Gründen:

„Das Berufungsurteil beruht auf der Ausführung, daß der Schein vom 28. Juni 1892 kein kaufmännischer Verpflichtungsschein im Sinne des Art. 301 H.G.B. sei, der Kläger ein selbständiges Klagerecht aus demselben nicht herleiten könne, und deshalb, weil dieser Schein die ausschließliche Grundlage der Klage bilde, die Abweisung der Klage geboten sei.

Die Revision greift diese Ausführung mit Recht an. Der Beklagte ist Kaufmann. Er hat in dem Scheine die Verpflichtung übernommen, an L. W. eine bestimmte Geldsumme zu zahlen. Diese Verpflichtung ist in dem Scheine von einer Gegenleistung nicht abhängig gemacht. Damit sind alle Erfordernisse erfüllt, welche das Gesetz an den kaufmännischen Verpflichtungsschein stellt. Weder der Wortlaut des Gesetzes noch seine Entstehungsgeschichte bieten einen Anhalt dafür, daß das Wesen des kaufmännischen Verpflichtungsscheines mehr erfordert, als die Kaufmannseigenschaft des Ausstellers und die einseitige schriftliche Übernahme einer vertretbaren Leistung ohne Abhängigkeit von einer Gegenleistung. Weder die Stellung an Order ist wesentlich, noch, daß sich aus dem Verpflichtungsscheine der Verpflichtungsgrund *nicht* ergiebt. Die Stellung an Order begründet nur die Indossabilität, und der Art. 301 Abs. 2 besagt weiter nichts, als daß der *Mangel der Angabe des Verpflichtungsgrundes* die Gültigkeit der übernommenen Verpflichtung nicht berührt. Über alles dies ist die konstante Praxis des vormaligen Reichsoberhandelsgerichtes wie des Reichsgerichtes einig.

Vgl. Entsch. des R.O.H.G.'s Bd. 7 S. 204, Bd. 8 S. 431; Entsch. des R.G.'s in Civils. Bd. 11 S. 178, Bd. 12 S. 92, Bd. 14 S. 94. 104.

Danach ist dem kaufmännischen Verpflichtungsscheine *das abstrakte Summenversprechen* nicht wesentlich. Deshalb fehlt es auch der Ausführung des Berufungsrichters, *daß der kaufmännische Verpflichtungsschein aus sich selbst durch irgend eine Formel, wie z. B. „gegen diesen Schein zahle ich", den Willen des Ausstellers erkennen lassen müsse, sich selbständig vermöge des Verpflichtungsscheines und abgesehen von jedem anderen Verpflichtungsgrunde verbindlich zu machen*, an jedem Grunde. Das Gesetz selbst gestaltet den Verpflichtungsschein, welcher dem Art. 301 H.G.B. entspricht, zu einer Formalobligation mit den sich aus dem Art. 303 ergebenden Wirkungen. Wenn der Berufungsrichter sich auf *Dernburg*, Preußisches Privatrecht Bd. 2 § 15, bezieht, so beruht dies auf einem Mißverständnisse, ebenso wie der Gegensatz, in den er den kaufmännischen Verpflichtungsschein zu der bloßen Schuldurkunde (Schuldschein) im Art. 274 Abs. 2 H.G.B. bringt.

Vgl. Entsch. des R.G.'s in Civils. Bd. 12 S. 92. 99 flg.

Das Berufungsurteil unterliegt hiernach der Aufhebung. In der Sache selbst kann indessen noch nicht erkannt werden. Der Verpflichtungsschein vom 28. Juni 1892 ist auf die Person des L. W. und nicht an Order gestellt. W. hat die Rechte aus dem Scheine an den Kläger cediert. Das Giro an S. M. & Söhne kann in Verbindung mit dem Rückgiro an den Kläger Bedenken über die Legitimation des Klägers nicht entstehen lassen, obwohl der Schein, da er nicht an Order gestellt ist, nur durch Cession, nicht durch Indossament übertragbar war. Denn der Beklagte hat die Aktivlegitimation des Klägers zwar zuerst mit der Behauptung bestritten, daß zwischen ihm und W. stipuliert sei, Rechte aus dem Scheine dürfe nur W. geltend machen, demnächst aber zugestanden, daß er sich nach Mitteilung von der Cession zur Zahlungsleistung auf den Schein mit Rücksicht darauf verpflichtet habe, daß dem Kläger das Holz verpfändet gewesen sei, und daß ihm daran gelegen habe, das Holz in die Hände zu bekommen. Er hat sich geständlich demnächst auch in Verhandlungen mit dem Kläger eingelassen, dessen schriftliche Erklärungen am 28. und 29. Juni 1892 entgegengenommen und darauf, soviel ersichtlich, das Holz erhalten. Streitig ist aber, welche Bedeutung diese Erklärungen des Beklagten und des Klägers nach der Abrede zwischen den Parteien haben sollten.

Der erste Richter ist auf die Einreden, welche der Beklagte nach dieser Richtung hin erhoben hat, nicht eingegangen, weil der Verpflichtungsschein als kaufmännischer indossabel sei, und der Beklagte dem Kläger gegenüber Einreden, die nicht aus dem Scheine hervorgingen oder dem Kläger selbst gegenüber begründet seien, nicht geltend machen könne (Art. 303 H.G.B.). Aber der Verpflichtungsschein war nicht indossabel, da er nicht an Order gestellt ist. Der Kläger kann sich daher auf Art. 303 H.G.B. nicht berufen, sondern muß sich ebenso wie der Cessionar alle Einreden entgegensetzen lassen, welche dem Beklagten aus seinem Rechtsverhältnisse zu W. oder zu ihm selbst zustehen. Der Beklagte hat aber behauptet, daß er sich dem W. wie auch dem Kläger selbst gegenüber durch den Schein nur bedingungsweise verpflichtet habe. Ein näheres Eingehen auf diese vom Berufungsrichter nicht in Betracht gezogenen Einreden und eine Prüfung derselben auf ihre Begründung hin ist in dieser Instanz nicht statthaft.

Die Sache ist deshalb zur anderweiten Verhandlung und Entscheidung an das Berufungsgericht zurückverwiesen." . . .

---

23. Befreit der Konkursverwalter durch Zahlung der Konkursdividende auf Wechselaccepte des Gemeinschuldners die Konkursmasse auch von den Ansprüchen des Trassanten der Wechsel, welcher vertragsgemäß die Deckung der Accepte dem Gemeinschuldner vor dem Verfalle eingesandt hatte?
Treten andere Rechtsgrundsätze ein, wenn der Einsender der Deckung den Inhabern der Wechsel nicht wechselmäßig, sondern aus anderem Grunde regreßpflichtig war?
Welchen Einfluß hat auf die Entscheidung dieser Fragen der Umstand, daß zwischen dem zur Einsendung der Deckung Verpflichteten und dem Gemeinschuldner ein Kontokorrentverhältnis bestand?

II. Civilsenat. Urt. v. 17. November 1893 i. S. H. & P. (Kl.) w. Konkursmasse B. & Co. (Bekl.) Rep. II. 178/93.

I. Landgericht Aachen.
II. Oberlandesgericht Köln.

Die Kommanditgesellschaft B. & Co. zu A. stand mit der Klägerin in der Weise in Geschäftsverbindung, daß sie Wechsel, welche die Klägerin oder deren Kunden auf sie zogen, acceptierte, während von der Klägerin zur Deckung dieser Accepte Zahlungen an sie geleistet wurden. Ausweislich des von B. & Co. zum 31. Dezember 1890 aufgestellten, der Klägerin mit Schreiben vom 1. Februar 1891 übersandten Rechnungsauszuges war Klägerin mit ihren Zahlungen in Höhe von 43 795,70 ℳ im Vorschusse, während die Kommanditgesellschaft B. & Co. für Klägerin noch nicht fällige Wechsel zum Gesamtbetrage von 71 645,50 ℳ acceptiert hatte. Demnächst wurde über das Vermögen der Kommanditgesellschaft B. & Co. der Konkurs eröffnet. Zur Zeit dieser Eröffnung hatte sich der von der Klägerin gezahlte Deckungsvorschuß auf 46 795,70 ℳ erhöht, während die von der Gemeinschuldnerin für

Klägerin acceptierten, noch nicht fälligen Tratten insgesamt 63 036,50 ℳ betrugen. Klägerin meldete im Konkursverfahren ein nach dem ihr gewordenen Kontokorrente zustehendes Barguthaben von 46 795,70 ℳ an mit der Maßgabe, daß von diesem Guthaben die Quote abgezogen werden sollte, welche die Konkursmasse auf die noch laufenden, von der Gemeinschuldnerin für Klägerin acceptierten 63 036,50 ℳ Tratten bezahlen werde. Der Konkursverwalter erhob im Prüfungstermine Widerspruch gegen diese Forderung, worauf die Klägerin gegen die Konkursmasse in der Person des Konkursverwalters Klage mit dem Antrage erhob, festzustellen, daß Klägerin an die beklagte Konkursmasse eine Forderung von 46 795,70 ℳ habe, gegen welche die Beträge, welche Beklagte in der Verteilung im Konkursverfahren auf die Wechsel bezahlen werde, bis zum Belaufe dieser Beträge in Aufrechnung gebracht würden, sodaß die Forderung der Klägerin 46 795,70 ℳ weniger der Summe der vorgedachten Beträge ausmache.

Die Beklagte beantragte Abweisung der Klage, indem sie ausführte, daß Klägerin sich auf die von ihr angemeldete Forderung nicht nur den im Konkurse zur Auszahlung gelangenden, sondern den vollen Betrag der für sie von der Gemeinschuldnerin acceptierten, im Konkurse seitens der Inhaber angemeldeten und auch festgestellten Wechsel aufrechnen lassen müsse, wonach die Masse nicht Schuldnerin, sondern Gläubigerin der Klägerin sei.

Das Landgericht erkannte nach dem Klagantrage, indem es annahm, daß zwischen der Klägerin und der Firma B. & Co. ein Kontokorrentverhältnis bestanden, und letztere die Saldoforderung der Klägerin anerkannt habe, welches Anerkenntnis durch die Klage angenommen worden sei. Gegen diese selbständige Forderung der Klägerin könne die Beklagte nur dasjenige zur Aufrechnung bringen, was sie an die Inhaber der Accepte zahle.

Auf die von der Beklagten eingelegte Berufung stellte das Oberlandesgericht die Forderung der Klägerin gegen die beklagte Konkursmasse auf 46 795,70 ℳ mit der Maßgabe fest, daß von der auf diese Forderung fallenden Dividende diejenigen Zahlungen in Abzug zu bringen seien, welche von der beklagten Konkursmasse auf die im entscheidenden Teile des erstinstanzlichen Urteiles einzeln aufgeführten Wechsel geleistet werden.

Setze man auch voraus, — so wird in den Entscheidungsgründen des Berufungsurteiles ausgeführt, — daß zwischen der Klägerin und der Gemeinschuldnerin ein Kontokorrentverhältnis bestanden habe, so stehe dem Saldoguthaben der Klägerin von 46 795,70 M doch die Verpflichtung gegenüber, für die in Umlauf befindlichen Accepte der Gemeinschuldnerin dieser Deckung einzusenden, das Guthaben könne also nur nach Einlösung der Wechsel und gegen Rückgabe derselben gefordert werden. Wenn nun die Beklagte durch Zahlung der Konkursdividende die Accepte einlöse, so werde sie dadurch nicht bloß von ihrer Wechselschuld, sondern auch von dem Anspruche frei, den die Klägerin wegen der von den Wechselinhabern gegen sie als Trassantin erhobenen Ansprüche an sich geltend machen könnte. Demnach sei die klägerische Konkursforderung nur festzustellen auf den Saldo von 46 795,70 M abzüglich der im entscheidenden Teile des erstinstanzlichen Urteiles aufgeführten Wechselbeträge, soweit auch diese als Konkursforderungen festgestellt werden; dies lasse sich einfacher in der Weise ausdrücken, daß die Klägerin sich von der auf ihre Forderung von 46 795,70 M fallenden Dividende die auf die gedachten Wechsel zur Auszahlung gelangende Dividende abziehen lassen müsse. — Aus den das Kontokorrentverhältnis beherrschenden Rechtsgrundsätzen folge eine Abweichung von diesem auf dem Konkursrechte beruhenden Ergebnisse nicht; der Ausführung der Klägerin aber, daß die Bedingung defiziert sei, unter welcher der Trattenvortrag im neuen Kontokorrente Aufnahme gefunden habe, stehe entgegen, daß im Verhältnisse der Klägerin zur Konkursmasse die konkursmäßige Tilgung der Wechselschuld als volle Tilgung anzusehen, die Bedingung also eingetreten sei.

Die Revision der Klägerin wurde zurückgewiesen.

Aus den Gründen:

„Die Revision konnte keinen Erfolg haben.

Indem das Oberlandesgericht im entscheidenden Teile seines Urteiles die Forderung der Klägerin gegen die beklagte Konkursmasse auf den Betrag von 46 795,70 M mit der Maßgabe feststellt, daß von der auf diese Forderung fallenden Dividende diejenigen Zahlungen in Abzug gebracht werden sollen, welche von der Beklagten auf die näher bezeichneten Wechsel geleistet werden, will es, wie in den Urteilsgründen mehreren Ortes klar gestellt wird, zum Ausdrucke bringen, daß die Klägerin als Konkursgläubigerin nur mit demjenigen Betrage zugelassen werden soll, um welchen ihre Saldoforderung von 46 795,70 ℳ den Betrag der als Konkursforderungen zugelassenen Wechselaccepte übersteigt, daß also die Klägerin überhaupt nicht zuzulassen ist, sofern — was übrigens nach der eigenen Behauptung der Klägerin zutrifft — die Summe der angemeldeten und zugelassenen Wechselforderungen über den Betrag von 46 795,70 ℳ hinausgeht; mit anderen Worten: die Beklagte hat als Passivum der Konkursmasse nur den Betrag der Wechselaccepte anzusetzen, es sei denn, daß der Betrag der klägerischen Saldoforderung ein höherer sein sollte, in welchem Falle noch der überschießende Betrag eine Schuld der Konkursmasse an die Klägerin bilden würde. Durch die Begründung des Berufungsurteiles ist sonach einer mißverständlichen Auffassung der Entscheidung in dem Sinne, daß sowohl die Forderungen der Wechselinhaber als die Saldoforderung der Klägerin ihrem vollen Betrage nach als Bestandteile der Schuldenmasse anzusehen seien, vorgebeugt. Die Entscheidung selbst ist vom Berufungsrichter unter Bezugnahme auf die Grundsätze, welche dem Urteile der vereinigten Civilsenate des Reichsgerichtes vom 15. Februar 1886 (Entsch. des R.G.'s in Civils. Bd. 14 S. 172 flg.) zu Grunde liegen, gerechtfertigt worden, und hierin kann ein Rechtsirrtum nicht gefunden werden.

Die Klägerin war nach dem mit B. & Co. getroffenen Übereinkommen verpflichtet, die Deckung für die von ihr selbst oder für ihre Rechnung an Dritte begebenen B.'schen Accepte vor dem Verfalle der letzteren an die Acceptantin einzusenden, wogegen diese der Klägerin gegenüber zur Einlösung der Accepte verbunden war. Für B. & Co. bestand sonach neben der wechselmäßigen Verpflichtung gegenüber den Inhabern der Accepte auch eine Schuldverbindlichkeit gegenüber der Klägerin. Das der letzteren Verbindlichkeit gegenüberstehende Forderungsrecht hatte den Anspruch zum Gegenstande, durch Einlösung der Accepte von eventuellen Ansprüchen der Wechselinhaber, denen die Wechsel von der Klägerin durch Indossament übertragen oder als Zahlungsmittel gegeben waren, befreit zu werden, und verwandelte sich in den Anspruch auf Rückzahlung der eingesandten Deckung, wenn und soweit B. & Co. ihrer Verpflichtung zur Einlösung der Accepte nicht nachkamen.

Die Forderung auf Rückzahlung war sonach bei Einsendung der Deckung nur eine bedingte, abhängig vom Eintritte der Thatsache, daß B. & Co. ihrer wechselmäßigen Verpflichtung nicht nachkamen. Die letztgedachte Firma stand also zwar in zwiefachem Schuldverhältnisse, hatte aber nach dem Inhalte dieser Verbindlichkeiten die geschuldete Summe nur einmal zu leisten, entweder an die Wechselinhaber oder, falls diese im Falle der Nichteinlösung der Accepte sich bei der Klägerin erholten, und diese Deckung eingesandt hatte, an die Klägerin; nur für den Fall, daß letztere einen die Wechselbeträge übersteigenden Deckungsvorschuß eingesandt hätte, wäre für sie auf den Überschuß ein besonderer Rückforderungsanspruch erwachsen. Hatte aber die Kommanditgesellschaft B. & Co. den Betrag der Accepte nur einmal zu leisten, so hat auch ihre Konkursmasse für diesen Betrag nur einmal Dividende zu zahlen; die Zahlung der vollen Dividende ist also für die Konkursmasse der vollen Zahlung gleichzuachten und bewirkt Defizienz der Bedingung, von welcher das Entstehen eines Rückforderungsrechtes für die Klägerin abhängig war. Diese Gleichstellung der Dividendenzahlung mit der vollen Zahlung ist, wie in der gedachten Plenarentscheidung des Reichsgerichtes näher ausgeführt wird, in dem Wesen des Konkursrechtes begründet; denn es würde mit dem Zwecke des Konkursverfahrens, allen nicht bevorrechteten Konkursgläubigern gleichheitliche Befriedigung zu verschaffen, in Widerspruch stehen, wenn für eine Schuld, welche außerhalb des Konkurses nur einmal zu zahlen ist, doppelte Dividende gewährt werden müßte.

Wenn seitens der Revisionsklägerin darauf hingewiesen wird, daß der Plenarentscheidung ein anderer Fall zu Grunde liege, so ist dies zwar richtig, da es sich dort um die sogenannte Revalierungsklage des Acceptanten gegen die bereits von den Wechselinhabern im Wechselregresse in Anspruch genommene Konkursmasse des Trassanten handelte; allein die Rechtslage der in beiden Fällen in Anspruch genommenen Konkursmassen ist — worauf es allein ankommt — insofern die gleiche, als in beiden Fällen es sich um eine Schuld des Gemeinschuldners handelt, welche für diesen gar nicht entstand, wenn er den Hauptgläubiger befriedigte, und als in beiden Fällen vorausgesetzt ist, daß von den Konkursmassen dem Hauptgläubiger volle Dividende gewährt ist, bezw. gewährt werden wird.

Ohne Bedeutung für die Anwendung der entwickelten Grundsätze ist weiter auch der von der Revision hervorgehobene Umstand, daß die Annahme des Berufungsrichters, als gründe sich die Regreßpflichtigkeit der Klägerin gegenüber den Wechselinhabern auf ihre Eigenschaft als Trassantin, mit dem festgestellten Thatbestande nicht in Einklang stehe, wonach B. & Co. Wechsel acceptierten, welche die Klägerin „oder deren Kinder" auf sie zogen. Denn nicht darauf kommt es zur Anwendung der Grundsätze der Plenarentscheidung an, daß B. & Co. und die Klägerin Mitschuldner aus demselben Rechtsgeschäfte sind — auch der Bürge und der Hauptschuldner haften dem Gläubiger aus verschiedenen Rechtsgeschäften —, sondern lediglich darauf, daß für die Klägerin ein Anspruch auf Zahlung gegen die Kommanditgesellschaft B. & Co. erst durch Nichterfüllung der der letzteren aus den Accepten erwachsenen Verbindlichkeit entstand. Daß aber die Klägerin im Falle der Nichteinlösung der Accepte auch denjenigen Inhabern ersatzpflichtig wurde, die nicht die Eigenschaft von Indossataren hatten, kann die Revisionsklägerin nicht in Abrede stellen wollen, da sie damit ihrer Klage den Grund entziehen würde.

Weiter ist zu prüfen, ob an der rechtlichen Beurteilung der Sache dadurch etwas geändert wird, daß zwischen der Klägerin und B. & Co. ein Kontokorrentverhältnis bestand, welches sich gerade auf die in Rede stehenden Kreditgeschäfte bezog. Die Revisionsklägerin entnimmt aus dem Bestehen eines solchen Verhältnisses einen Angriff gegen das Berufungsurteil, indem sie darzulegen versucht, daß sie nach § 47 K.O. befugt sei, „auf ihr Kontokorrentguthaben die zur Zeit der Konkurseröffnung noch bedingte und betagte Gegenforderung der Masse, soweit sie nach der Konkurseröffnung durch Zahlung von Konkursdividende auf die streitigen Objekte entstehe, auf den Zeitpunkt vor der Konkurseröffnung zurückzubeziehen und so aufzurechnen, als ob die Gemeinschuldnerin den gleichen Betrag in diesem Zeitpunkte auf die Wechsel gezahlt hätte".

Auch dieser Angriff ist verfehlt. Derselbe beruht auf der Anschauung, daß der Saldoposten von 43 795,70 *M*, mit welchem das Kontokorrent am 31. Dezember 1890 zu Gunsten der Klägerin abschloß, vermehrt um später von der Klägerin zur Deckung eingesandte 3000 *M*, eine selbständige und unbedingte Forderung der Klägerin darstelle. Daß etwa eine ausdrückliche Abrede zwischen der Klägerin und B. & Co. dahin getroffen worden sei, daß die von der Klägerin eingesandten Deckungen als unbedingte Forderungen derselben behandelt werden sollten, ist von der Klägerin niemals behauptet worden;

der Berufungsrichter konnte deshalb nur prüfen, ob aus der Natur des Kontokorrentverhältnisses sich eine solche Folgerung ergebe. Er verneint dies mit Recht. Der Kontokorrentvertrag bezweckt weder, noch bewirkt er eine Änderung in der juristischen Eigentümlichkeit der Rechtsverhältnisse, auf welche sich seine Wirksamkeit erstreckt, sondern betrifft nur die Art und Weise, wie die einzelnen entstehenden Forderungen und Gegenforderungen getilgt werden sollen. Eine Änderung in dem rechtlichen Charakter der einzelnen Forderungen wird auch nicht durch die von der einen Seite vorgenommene Art der Buchung oder Saldoziehung bewirkt; von Einfluß in dieser Beziehung ist erst das dazu kommende Anerkenntnis von der anderen Seite und der Vortrag des anerkannten Saldos in dem mit gegenseitiger Übereinstimmung fortgesetzten Kontokorrent. Wenn nun im vorliegenden Falle die Kommanditgesellschaft B. & Co. der Klägerin den Rechnungsauszug für 1890 mit einem Schreiben folgenden Inhaltes übersandte:

„Beifolgend übersenden wir Ihnen den Auszug Ihrer Rechnung, abgeschlossen am 31. Dezember 1890, deren Saldo
ℳ 43 795,70 Valuta 31. Dezember zu Ihren Gunsten,
ℳ 71 645,50 desgl. Trattenvortrag
zu unseren Gunsten Sie unter gefälliger Anzeige gleichlautend mit uns vorzutragen belieben",

und wenn die Klägerin ausdrücklich oder stillschweigend hiermit sich einverstanden erklärte, so kommt hierin die Auffassung der Parteien, daß an dem Wesen der zwischen ihnen bestehenden rechtlichen Beziehungen nichts geändert sein soll, deutlich zum Ausdrucke. Daß der im neuen Konto vorgetragene Aktivsaldo der Klägerin nicht eine unbedingte Forderung derselben, der Trattenvortrag nicht eine solche von B. & Co. bedeuten kann, ergiebt sich klar daraus, daß die beiden Posten eben nicht voneinander abgezogen sind, in welchem Falle sich ein Passivsaldo der Klägerin von 27 849,80 ℳ ergeben würde. Vielmehr kann die Wiedervortragung der beim Jahresabschlusse der Klägerin kreditierten 71 645,50 ℳ im Debet der Klägerin nur die Bedeutung haben, für den Willen, daß das klägerische Saldoguthaben keine unbedingte Forderung, sondern von der Bedingung der Nichteinlösung eines mindestens gleichen Betrages der Accepte durch B. & Co. abhängig sein sollte, den buchmäßigen Ausdruck zu finden. Auch unter der Voraussetzung also, daß zwischen der Klägerin und der Gemeinschuldnerin ein Kontokorrentverhältnis bestand, wird dadurch, daß die Konkursmasse den Wechselinhabern die volle Konkursdividende zahlt, die Entstehung eines Anspruches der Klägerin gegen die Konkursmasse auf Zahlung verhütet, und es kann von Aufrechnung einer bedingten Forderung der Gemeinschuldnerin gegen eine unbedingte Forderung der Klägerin nicht die Rede sein." ...

---

24. Ist die Genossenschaft bei der Auseinandersetzung mit ausgeschiedenen Genossen an eine von der Generalversammlung genehmigte, von keiner Seite angefochtene, unrichtige Bilanz gebunden, oder darf sie der Auseinandersetzung eine nachträglich von der Generalversammlung genehmigte richtige Bilanz zu Grunde legen?

Gesetz, betr. die Erwerbs- und Wirtschaftsgenossenschaften, vom 1. Mai 1889 §§ 71. 49. 46.

II. Civilsenat. Urt. v. 8. Dezember 1893 i. S. des Vorschußvereines B., eingetr. Gen. mit unbeschr. Haftpflicht, (Kl.) w. G. u. Gen. (Bekl.) Rep. II. 200/93.

I. Landgericht Konstanz.
II. Oberlandesgericht Karlsruhe.

Die Beklagten waren bis Ende 1890 Mitglieder des Vorschußvereines B., eingetragener Genossenschaft mit unbeschränkter Haftpflicht. Auf Grund einer durch Beschluß der Generalversammlung vom 15. Oktober 1892 genehmigten richtigen Bilanz für Ende 1890, welche eine bedeutende Unterbilanz ergab, verlangte der Verein im Wege der Klage von jedem Beklagten Zahlung einer nach Maßgabe des § 71 des Gesetzes, betr. die Erwerbs- und Wirtschaftsgenossenschaften, vom 1. Mai 1889 berechneten Summe, wogegen die Beklagten Abrechnung auf Grund einer angeblich durch Beschluß der Generalversammlung vom 7. März 1892 genehmigten Bilanz für Ende 1890 begehrten, in welcher durch Verstoß gegen Art. 31 H.G.B. ein Gewinn herausgerechnet war. Das Berufungsgericht hatte nach dem Antrage der Beklagten auf Abweisung der Klage erkannt. Auf Revision des Klägers wurde das Berufungsurteil aufgehoben aus folgenden

Gründen:

„Die vom Berufungsrichter bestätigte Abweisung der Klage beruht auf der Annahme, daß durch den Beschluß der Generalversammlung des klagenden Vereines vom 7. März 1892 eine Bilanz für Ende 1890 in formgültiger Weise genehmigt worden sei, und weiter auf der Rechtsanschauung, daß diese Bilanz, wenngleich sie materiell unrichtig sei, und trotz eines dieselbe berichtigenden anderweiten Beschlusses der Generalversammlung vom 15. Oktober 1892 der Auseinandersetzung mit den Ende 1890 ausgeschiedenen Genossen zu Grunde gelegt werden müsse. Es kann dahingestellt bleiben, ob die Ausführungen der Revision, daß die ersterwähnte Annahme auf Rechtsirrtum beruhe, gerechtfertigt seien oder nicht, jedenfalls ist dem Revisionskläger darin beizutreten, daß die gedachte Rechtsanschauung eine unrichtige ist.

Der Berufungsrichter bringt seine Ansicht in folgenden Worten zum Ausdrucke: „Ist hiernach der ausgeschiedene Genossenschafter unbedingt an die Beschlüsse der Generalversammlung gebunden, so muß umgekehrt auch die Genossenschaft dem ausgeschiedenen Genossenschafter gegenüber bei einer einmal gutgeheißenen Bilanz, die nicht etwa im verfassungsmäßigen Wege des § 49 des Genossenschaftsgesetzes wieder beseitigt ist, stehen bleiben und kann die Berufung auf sie dem Ausgeschiedenen nicht versagen und die Bilanz nicht beliebig oder willkürlich ändern. Vgl. die analoge Entscheidung des Reichsgerichtes Bd. 11 S. 163.“ Der hier am Schlusse ausgesprochene Satz, daß die Generalversammlung die beschlossene Bilanz nicht beliebig oder willkürlich ändern dürfe, könnte an sich als richtig anerkannt werden. Indem aber das Oberlandesgericht diesen Satz auf den vorliegenden Fall anwendet, spricht es aus, daß auch die Berichtigung einer materiell unrichtigen Bilanz als eine beliebige oder willkürliche und darum unzulässige Änderung anzusehen sei; und dies ist unrichtig, da vielmehr die Ausgeschiedenen nur Abrechnung auf Grund der wirklichen Vermögenslage der Genossenschaft verlangen können, und die Genossenschaft, wenn sie der Abrechnung an Stelle der zuerst genehmigten unrichtigen Bilanz eine berichtigte Bilanz zu

Grunde legt, ein Recht der ausgeschiedenen Genossen nicht verletzt. Letzteres ergiebt die folgende Betrachtung der gesetzlichen Vorschriften.

In § 71 des Gesetzes, betreffend die Erwerbs- und Wirtschaftsgenossenschaften, vom 1. Mai 1889 ist an erster Stelle der Satz ausgesprochen: „Die Auseinandersetzung des Ausgeschiedenen mit der Genossenschaft bestimmt sich nach der Vermögenslage derselben und dem Bestande der Mitglieder zur Zeit seines Ausscheidens." Hiermit steht der erste Satz des folgenden Absatzes: „die Auseinandersetzung erfolgt auf Grund der Bilanz", in vollem Einklange; denn einerseits ist die Bilanz, von welcher hier die Rede ist, keine andere als diejenige, welche die Genossenschaft, wie jeder Kaufmann, nach Art. 29 H.G.B. am Schlusse des Geschäftsjahres zu errichten hat (vgl. §§ 46. 19. 17 Ziff. 2. § 7 Ziff. 3 des Gesetzes vom 1. Mai 1889), und in welcher nach Art. 31 H.G.B. sämtliche Vermögensstücke und Forderungen nach dem ihnen zur Zeit der Bilanzaufnahme zukommenden Werte anzusetzen sind, und andererseits ist der Schluß des Geschäftsjahres auch der Zeitpunkt, zu welchem das Ausscheiden sowohl der nach Kündigung austretenden als der verstorbenen Mitglieder erfolgt (§§ 63 Abs. 2. 75 a. a. O.). Der erste Satz des Abs. 2 von § 71 dient also zwar zur Erläuterung des Abs. 1 insofern, als er für die Abrechnung mit den Ausgeschiedenen keine andere Unterlage gestattet, als dieselbe Bilanz, welche nach § 19 des Gesetzes für die Gewinn- und Verlustverteilung unter die Mitglieder maßgebend ist, enthält aber von dem Grundsatze des Abs. 1, wonach die Vermögenslage der Genossenschaft zur Zeit des Ausscheidens für die Auseinandersetzung bestimmend sein soll, nichts Abweichendes, da die Bilanz eben die wirkliche Vermögenslage zu dem genannten Zeitpunkte darstellen soll. Daß dieses und nichts anderes die Absicht des Gesetzgebers ist, ergiebt sich deutlich auch aus der Begründung des Gesetzes. Der § 39 des Genossenschaftsgesetzes vom 4. Juli 1868 hatte in Abs. 2 bezüglich der Rechte der Ausgeschiedenen folgendes bestimmt: „Wenn der Gesellschaftsvertrag nichts anderes bestimmt, haben sie an den Reservefonds und an das sonst vorhandene Vermögen der Genossenschaft keinen Anspruch, sind vielmehr nur berechtigt, zu verlangen, daß ihnen ihr Geschäftsanteil, wie er sich aus den Büchern ergiebt, binnen drei Monaten nach ihrem Ausscheiden ausgezahlt werde." In der Begründung zu § 69 des Entwurfes, jetzt § 71 des Gesetzes vom

1. Mai 1889 heißt es nun: „Zufolge Ausscheidens des Genossen löst sich das Rechtsverhältnis desselben zur Genossenschaft in einen dem Genossen oder der Genossenschaft zustehenden Anspruch auf Zahlung einer Geldsumme auf, deren Höhe durch die Vermögenslage der Genossenschaft und die Zahl der Genossen im Zeitpunkte des Ausscheidens bestimmt wird. In der Feststellung und Berichtigung dieses Anspruches des Genossen und der Genossenschaft besteht die Auseinandersetzung zwischen denselben. Den Umfang des Auseinandersetzungsanspruches der Genossen bestimmt der Entwurf auf der Grundlage der für den Schluß des Geschäftsjahres, zu welchem das Ausscheiden erfolgt, maßgebenden Bilanz nach den gleichen Grundsätzen wie das geltende Gesetz (d. i. der obige § 39). Eine Abweichung besteht nur hinsichtlich des Zeitpunktes, in welchem der Genosse die Befriedigung seines Anspruches verlangen kann.“ Hiernach war es also die Absicht des Gesetzgebers, von dem Grundsatze des bestehenden Rechtes, daß die Auseinandersetzung auf Grund der wirklichen Vermögenslage der Genossenschaft geschehen soll, nicht abzuweichen, und diese Absicht ist, wie oben dargethan, in dem Gesetze auch zum Ausdrucke gekommen.

Tritt nun infolge Irrtumes oder Böswilligkeit der Beteiligten der Fall ein, daß die Generalversammlung die Genehmigung einer Bilanz beschließt, welche mit den Vorschriften der Artt. 29 Abs. 1. 31 H.G.B. in Widerspruch steht und deshalb die wirkliche Vermögenslage der Genossenschaft nicht darstellt, so ist die natürliche Folge die, daß nunmehr den Organen der Genossenschaft die Pflicht erwächst, eine Beschlußfassung der Generalversammlung über Berichtigung der Bilanz herbeizuführen. Kommt eine solche Beschlußfassung zustande, so ist eine dem Gesetze entsprechende Unterlage für die Auseinandersetzung geschaffen, und es können diejenigen sich nicht über Abrechnung auf dieser Grundlage beschweren, deren Ansprüche das Gesetz eben nach der wirklichen Vermögenslage der Genossenschaft bestimmt.

Wenn, hiervon abweichend, das Oberlandesgericht der zuerst beschlossenen unrichtigen Bilanz zu Gunsten der Ausgeschiedenen maßgebende Bedeutung beilegt, so ist es von der Anschauung geleitet, daß dem Beschlusse der Generalversammlung, durch welchen die Bilanz genehmigt ist, eine Art Rechtskraft zukomme, welche sich darin äußere, daß an denselben, wie einerseits die Ausgeschiedenen, so andererseits die Genossenschaft unbedingt gebunden sei. Diese Anschauung geht fehl. Der Beschluß, durch welchen eine Generalversammlung eine Bilanz genehmigt, hat nicht etwa den Charakter einer Entscheidung über die rechtlichen Beziehungen zwischen den Mitgliedern und der Genossenschaft, sondern ist nichts anderes als das Mittel, durch welches der Wille der Genossenschaft zur Entstehung und zum Ausdrucke gebracht wird, daß der vorgelegte Bilanzentwurf fortan als die vom Gesetze verlangte Bilanz gelten soll. Dieser Wille ist, wie der jedes Privaten, der Abänderung unterworfen und derselben nicht schon deswegen entzogen, weil er überhaupt zum Ausdrucke gekommen ist. Ob die Abänderung wirksam oder unwirksam ist, richtet sich vielmehr darnach, ob der geänderte Wille einen gesetzmäßigen Zustand herstellt oder rechtsverletzend ist. Daß aber ein Beschluß, welcher eine unrichtige Bilanz berichtigt, die Auseinandersetzungsansprüche der Ausscheidenden nicht verletzt, ist oben dargethan. Es darf für die Rechtsanschauung des Oberlandesgerichtes auch nicht die Ausdrucksweise des § 46 Abs. 1 des Gesetzes vom 1. Mai 1889: „die Generalversammlung hat über die Genehmigung der Bilanz zu beschließen", herangezogen werden; denn dieser Satz ist nur bestimmt, eine Unklarheit des früheren Gesetzes, welche zu der Entscheidung des Reichsgerichtes vom 16. Dezember 1884 (Entsch. des R.G's in Civils. Bd. 13 S. 25) geführt hatte, zu beseitigen und klar zu stellen, daß der Beschluß über die Bilanz im Statut nicht dem Vorstande oder Aufsichtsrate übertragen werden dürfe, sondern ausschließlich der Generalversammlung vorbehalten werde. Über den rechtlichen Charakter des Beschlusses ist hier keine Bestimmung getroffen worden.

Das Oberlandesgericht zieht zur Begründung seiner Ansicht in nicht ganz klarer Weise auch die Grundsätze des Genossenschaftsgesetzes über die Anfechtung von Generalversammlungsbeschlüssen heran und scheint der Ansicht zu sein, daß infolge Ablaufes der in § 49 für Erhebung der Anfechtungsklage gesetzten Frist der Beschluß in Rechtskraft erwachse auch gegenüber der Genossenschaft selbst, gleich als wäre die beschließende Genossenschaft zugleich Partei, deren Rechte und Pflichten durch Ablauf jener Frist unabänderlich festgestellt würden, wie etwa die Rechte der Prozeßparteien durch Ablauf der Rechtsmittelfristen. Die in § 49 des Gesetzes dem Vorstande und den aktiven Genossen eingeräumte Befugnis zur Anfechtung eines Generalversammlungsbeschlusses hat aber nichts gemein mit der Befugnis der Generalversammlung, gefaßte Beschlüsse aufzuheben oder zu ändern. Das Verhältnis zwischen beiden Befugnissen ist vielmehr das, daß der abändernde Beschluß die Anfechtung erspart, wenn er den Anfechtungsgrund beseitigt, oder umgekehrt eine neue Frist für die Anfechtung eröffnet, wenn er selbst einen neuen Anfechtungsgrund giebt. Für die ausgeschiedenen Genossen aber, welche ein Anfechtungsrecht überhaupt nicht haben, kommt nur in Frage, ob der abändernde Beschluß materiell ihren gesetzlichen Auseinandersetzungsanspruch verletzt oder nicht.

Das Berufungsgericht beruft sich schließlich für seine Ansicht mit Unrecht auf das Urteil des Reichsgerichtes vom 5. April 1884 (Entsch. des R.G.'s in Civils. Bd. 11 S. 106 flg.); denn in diesem Urteile erkennt das Reichsgericht vielmehr die Befugnis der Generalversammlung der Aktiengesellschaft an, eine Bilanz, die falsch ist, auf dem verfassungsmäßigen Wege zu beseitigen, und verwehrt der Gesellschaft nur, dem auf die zugesicherte Tantième klagenden Beamten die Berufung auf eine Bilanz zu versagen, die sie selbst den Aktionären gegenüber festhält; was (S. 164) auch mit den Worten ausgedrückt wird, daß zwischen den Parteien nicht zu erörtern sei, ob die Bilanz richtigen Grundsätzen entsprach oder nicht. Im übrigen hat sowohl das Reichsgericht,

vgl. Entsch. des R.G.'s in Civils. Bd. 13 S. 28,

als das Reichsoberhandelsgericht,

vgl. Entsch. des R.O.H.G.'s Bd. 18 S. 157, Bd. 23 S. 172,

wiederholt anerkannt, daß der Aktiengesellschaft wie der Genossenschaft, welche auf Grund falscher Bilanzziehung irrtümlich Dividende gezahlt hat, ein Recht auf Rückforderung erwächst, der Aktiengesellschaft mit der aus Art. 218 H.G.B. sich ergebenden Beschränkung, der Genossenschaft ohne solche. Diese Urteile sind allerdings zu einer Zeit ergangen, als die in Artt. 190a. 222 H.G.B. (in der Fassung des Gesetzes vom 18. Juli 1884) und in § 49 des Genossenschaftsgesetzes vom 1. Mai 1889 für die Anfechtung bestimmte Frist noch nicht bestand; die Entscheidung würde aber auch heute nicht anders ausfallen, da die Versäumung jener Frist eben nur auf die Rechte der Anfechtungsberechtigten, nicht auf die Rechte der Gesellschaften selbst einen beschränkenden Einfluß hat.

Hiernach war, wie geschehen, auf Aufhebung des angefochtenen Urteiles zu erkennen und nach § 528 Abs. 1 C.P.O. zu verfahren."

---

25. Ist eine Aktiengesellschaft schon deshalb zur Erfüllung eines Vertrages über Lieferung von zum künftigen Geschäftsbetriebe bestimmten Sachen verpflichtet, weil dieser Vertrag vor der Eintragung ihrer Errichtung im Gesellschaftsregister von demjenigen abgeschlossen worden ist, welcher zum Leiter der Gesellschaft nach deren Inslebentreten durch die Eintragung bestimmt war?

H.G.B. Art. 211.

I. Civilsenat. Urt. v. 17. Januar 1894 i. S. J. Sch. (Bekl.) w. R. W. (Kl.) Rep. I. 354/93.

I. Landgericht I Berlin.
II. Kammergericht daselbst.

Die Klage ist auf Bezahlung einer Provision gerichtet, welche der Beklagte für den Fall dem Kläger versprochen hat, daß durch dessen Vermittelung zwischen dem Beklagten und einer damals im Entstehen begriffenen Aktiengesellschaft ein Vertrag über Lieferung einer Dampf- und Kühlmaschine zustande komme. Ein solcher Vertrag ist auch zwischen dem Beklagten und einem gewissen S. abgeschlossen worden, und zwar noch vor Eintragung der Aktiengesellschaft ins Handelsregister. Der Kläger behauptet, daß S. als Vertreter der im Entstehen begriffenen Aktiengesellschaft in Aussicht genommen gewesen sei. Der Beklagte hat u. a. eingewendet, daß die errichtete Gesellschaft diesen Vertrag nicht genehmigt, sondern ihn zum Abschlusse eines anderen Vertrages unter lästigeren Bedingungen veranlaßt, und daß Kläger diesen Vertrag nicht nur nicht vermittelt, sondern zu hintertreiben versucht habe. Das Berufungsgericht hat diesen Einwand nicht für begründet erachtet. Der Revision wurde stattgegeben, und die Sache an das Berufungsgericht zurückverwiesen aus folgenden

Gründen:

„Der Anspruch des Klägers auf Provision hängt davon ab, daß ein Vertrag mit der Aktiengesellschaft zustande gekommen ist. Es steht aber nur der Abschluß eines Vertrages zwischen dem Beklagten und dem als Vertreter der Gesellschaft in Aussicht genommenen S., und zwar vor der Eintragung der Gesellschaft in das Handelsregister fest, und der Beklagte hat behauptet, daß die Gesellschaft ihn zum Abschlusse eines Vertrages unter lästigeren Bedingungen veranlaßt, und daß der Kläger diesen Vertrag nicht nur nicht vermittelt, sondern zu hintertreiben versucht habe. Die Ausführung im Berufungsurteile, es sei davon auszugehen, daß S., welcher mit dem Beklagten den Vertrag abschloß, damals der Vertreter der im Entstehen begriffenen Gesellschaft gewesen sei, und daß die von einem berechtigten Gesellschaftsorgane namens der Gesellschaft eingegangenen Verpflichtungen und erworbenen Rechte aus dem Gesichtspunkte des Auftrages oder der Geschäftsführung ohne Auftrag für die Gesellschaft mit deren Inslebentreten ohne weiteres wirksam werden, beruht auf Gesetzesverletzung.

Der Art. 211 (vgl. Art. 178) H.G.B. stellt den Grundsatz auf, daß vor der Eintragung im Handelsregister die Aktiengesellschaft als solche nicht besteht. Demnach kann auch bis dahin im Namen der Gesellschaft als solcher nicht gehandelt und sie nicht verpflichtet werden. Nur insoweit wird eine Ausnahme hiervon anerkannt, als solche durch den vom Gesetze geordneten Entstehungshergang der Gesellschaft, welcher mit der Eintragung seinen Abschluß findet und als einheitlicher zu gelten hat, bedingt wird.

Vgl. Artt. 175b. 175c. 175d. 176 Ziff. 1. 209b. 209e. 209g. 209h. 210 Ziff. 1 H.G.B.; Entsch. des R.G.'s in Civils. Bd. 5 S. 21, Bd. 24 S. 23.

Rechtsgeschäfte aber, die mit der Gründung nicht zusammenhängen, vielmehr das Bestehen der Gesellschaft als solcher voraussetzen, können erst nach der Eintragung von den jetzt erst in Thätigkeit tretenden Organen abgeschlossen werden. Vor dieser Eintragung war S. nicht Organ der Gesellschaft, konnte sie also nicht ohne weiteres in solcher Eigenschaft durch Verträge über Anschaffungen für den Geschäftsbetrieb verpflichten, noch weniger eine vertragsmäßige Haftung derselben durch Geschäftsführung ohne Auftrag begründen. Eine Verpflichtung der Gesellschaft aus einer Geschäftsführung ohne Auftrag kann überhaupt nicht anerkannt werden, da kein Rechtssatz besteht, wonach jemand ohne weiteres zur Erfüllung von Verträgen verbunden ist, die ein Anderer ohne Auftrag für ihn abgeschlossen hat.

Gerade um zu verhüten, daß die Aktiengesellschaft schon vor erfolgter Eintragung ihren Geschäftsbetrieb beginne, ist im Art. 211 Abs. 2 H.G.B. bestimmt, daß, wenn vor der Eintragung im Namen der Gesellschaft gehandelt worden ist, die Handelnden persönlich und solidarisch haften. Diese persönliche Haftung wird zwar dann nicht eintreten, wenn unter dem ausdrücklichen Vorbehalte der Genehmigung der Gesellschaft für dieselbe kontrahiert worden ist; und es ist bestritten, ob sie auch dann eintrete, wenn dem anderen Kontrahenten bekannt war, daß die Gesellschaft noch nicht eingetragen sei. Die Frage, ob S. dem Beklagten persönlich hafte, kann jedoch unentschieden bleiben, weil, wenn dies auch der Fall wäre, doch kein Provisionsanspruch des Klägers entstanden sein würde, da derselbe das Zustandekommen eines Vertrages mit der Gesellschaft voraussetzt. Das Vorhandensein dieser Voraussetzung ist nicht dargethan. Der Kläger hat nicht einmal bestimmte Angaben über die Befugnisse gemacht, welche dem S. als designiertem Leiter der künftigen Gesellschaft für die Gründungsperiode im Statute oder durch einen Beschluß der Gründer übertragen worden sein sollen; es fehlt ferner jede Feststellung darüber, ob S. den Vertrag mit dem Beklagten vorbehaltlos oder mit Vorbehalt der Genehmigung abgeschlossen habe, und ob im letzteren Falle die Genehmigung erfolgt sei." ...

---

26. Gehört das im Art. 310 Abs. 2 H.G.B. geordnete Verfahren zur ordentlichen streitigen Gerichtsbarkeit?

I. Civilsenat. Beschl. v. 20. Januar 1894 i. S. W. Bank (Kl.) w. Häuser- und Grundbesitzaktiengesellschaft zu B. (Bekl.) Beschw.-Rep. II. 4/94.

I. Landgericht I Berlin.
II. Kammergericht daselbst.

Aus den Gründen:

„Die Beschwerdeführerin hat auf Grund des Art. 310 Abs. 2 H.G.B. bei dem Amtsgerichte I zu Berlin die Bewilligung zum Verkaufe von

Aktien nachgesucht, welche ihr von der Häuser- und Grundbesitzaktiengesellschaft zu Berlin als Faustpfand bestellt worden sind. Dieser Antrag ist durch die Beschlüsse des Amtsgerichtes I und des Landgerichtes I zu Berlin kostenpflichtig abgelehnt worden. Durch Beschluß des Landgerichtes I zu Berlin ist für die Berechnung der Gerichtskosten für dieses Verfahren der Wert des Objektes festgesetzt, und die dagegen eingelegte Beschwerde durch den angefochtenen Beschluß als unbegründet zurückgewiesen worden.

Zur Entscheidung über die jetzt vorliegende weitere Beschwerde ist das Reichsgericht nicht zuständig. Nach § 135 G.V.G. ist das Reichsgericht für die Verhandlung und Entscheidung der Beschwerde gegen Entscheidungen der Oberlandesgerichte in bürgerlichen Rechtsstreitigkeiten zuständig, und nach § 2 des Einführungsgesetzes zum Gerichtsverfassungsgesetze finden die Vorschriften des letzteren nur auf die ordentliche streitige Gerichtsbarkeit und deren Ausübung Anwendung. Nach § 530 C.P.O. (§ 3 des Einführungsgesetzes dazu) findet das Rechtsmittel der Beschwerde in den in der Civilprozeßordnung besonders hervorgehobenen Fällen und gegen solche eine vorgängige mündliche Verhandlung in bürgerlichen Rechtsstreitigkeiten vor den ordentlichen Gerichten nicht erfordernde Entscheidungen statt, durch welche ein das Verfahren betreffendes Gesuch zurückgewiesen ist. Das Gesuch des Pfandgläubigers um Bewilligung des Verkaufes des Pfandes und die Verordnung des Gerichtes darauf im Art. 310 H.G.B. sind aber kein Antrag in einem bürgerlichen Rechtsstreite und keine Entscheidung in einem zur streitigen Gerichtsbarkeit gehörigen Verfahren. Das Recht des Gläubigers, sich aus dem schriftlich bestellten Pfande durch Verkauf ohne Klage und Urteil zu befriedigen, statuiert der Abs. 1 des Art. 310. Nach Abs. 2 soll der Gläubiger von diesem Rechte nicht ohne Bewilligung des Gerichtes Gebrauch machen. Die Bewilligung des Verkaufes durch das Gericht ist im Interesse des Schuldners vorgeschrieben, um ihn gegen willkürlichen und intempestiven Verkauf zu schützen. Dem Gerichte sind deshalb die Voraussetzungen des Verkaufes (Bestand des Pfandrechtes und Verzug) zu bescheinigen. Eine Entscheidung über den Bestand des Pfandrechtes enthält die Anordnung des Verkaufes nicht. Die Anordnung erfolgt ohne Gehör des Schuldners und auf Gefahr des Gläubigers, und der Verkauf durch den

Gläubiger selbst außergerichtlich, nicht im Wege der Zwangsvollstreckung. Das Gesuch um Bewilligung des Verkaufes betrifft danach keinen Streit der Parteien, und die Anordnung des Verkaufes enthält keine Entscheidung über solchen Streit. Daraus ergiebt sich von selbst, daß das im Art. 310 H.G.B. vorgesehene Verfahren der Nachsuchung, der Bewilligung und der Anordnung des Verkaufes nicht zur streitigen, sondern zur freiwilligen Gerichtsbarkeit gehört. Die Kosten für dieses Verfahren sind denn auch vom Amtsgerichte wie vom Landgerichte nicht auf Grund des deutschen Gerichtskostengesetzes vom $\frac{\text{18. Juni 1878}}{\text{29. Juni 1881}}$, sondern auf Grund des preußischen Gesetzes vom 21. März 1882 (G.S. S. 129) für die landesgesetzlich durch das preußische Ausführungsgesetz vom 10. März 1879 geregelten Angelegenheiten und der preußischen Gesetze vom 10. Mai 1851 und 9. Mai 1854 liquidiert. Auch der angefochtene Beschluß geht ganz richtig davon aus, daß es sich im Art. 310 H.G.B. um einen Akt der freiwilligen Gerichtsbarkeit handelt, und die jetzige Beschwerde versucht nicht einmal, dies zu widerlegen. Dann kann aber die Zuständigkeit des Reichsgerichtes zum Befinden über diese Beschwerde dadurch allein nicht begründet werden, daß einzelne Vorschriften des deutschen Gerichtskostengesetzes nach den §§ 1. 3 des Gesetzes vom 21. März 1882 für den Kostenansatz und die Gebührenerhebung in Angelegenheiten der freiwilligen Gerichtsbarkeit zur Anwendung kommen."

---

27. 1. Ist derjenige Gläubiger, welcher eine vorher einem Dritten abgetretene Forderung seines Schuldners wie eine dem letzteren noch zustehende hat pfänden lassen und sodann im Wege des Anfechtungsprozesses gegen den Dritten ein rechtskräftiges Urteil erwirkt hat, wodurch die Abtretung ihm gegenüber für unwirksam erklärt ist, im Konkurse seines Schuldners als Pfändungspfandgläubiger oder nur als Konkursgläubiger anzusehen?

2. Verschafft einem solchen Gläubiger jenes rechtskräftige Urteil eine Sicherung oder Befriedigung im Sinne des § 13 Abs. 3 des Anfechtungsgesetzes vom 21. Juli 1879, welche eventuell vom Konkursverwalter nach § 23 Ziff. 1 K.O. anzufechten ist, oder steht ein-

fach die weitere Verfolgung des dem Gläubiger rechtskräftig zuerkannten Anfechtungsanspruches nach § 13 Abs. 1 des Anfechtungsgesetzes dem Konkursverwalter zu?

VI. Civilsenat. Urt. v. 22. Januar 1894 i. S. Kl. Konkursverwalter (Kl.) w. M. (Bekl.) Rep. VI. 282/93.

I. Landgericht Plauen.
II. Oberlandesgericht Dresden.

Aus den Gründen:

„Der Beklagte hat, nachdem ihm der jetzige Gemeinschuldner C. M. Kl. rechtskräftig zur Zahlung einer Schuld von 5937,45 ℳ verurteilt worden war, zum Zwecke der Zwangsvollstreckung eine dem genannten Kl. angeblich gegen den sächsischen Militärlebensversicherungsverein zu Dresden zustehende Forderung von 5000 ℳ, welche indessen vorher von dem jetzigen Gemeinschuldner seinem Bruder G. A. Kl. abgetreten war, pfänden und sich zur Einziehung überweisen lassen und sodann in einem von ihm gegen G. A. Kl. angestrengten Anfechtungsprozesse die rechtskräftige Verurteilung dieses Kl. erzielt, anzuerkennen, daß die erwähnte Cession der Forderung von 5000 ℳ ihm, dem jetzigen Beklagten, gegenüber unwirksam sei, auch in Auszahlung dieser Forderung an ihn zu willigen. Im jetzigen Prozesse hat dann wieder der Verwalter im Konkurse des ursprünglichen Gläubigers Kl. darauf geklagt, daß der Beklagte verurteilt werde, anzuerkennen, daß ihm auf Grund jenes von ihm gegen G. A. Kl. erstrittenen Urteiles ein Recht auf jene Forderung an den sächsischen Militärlebensversicherungsverein oder auch nur auf einen Teil derselben nicht zustehe, und darein zu willigen, daß der Betrag an den Kläger ausgezahlt werde. Die Gründe, aus welchen das Berufungsgericht, abweichend vom Gerichte erster Instanz, diese Klage abgewiesen hat, verstoßen in einem erheblichen Punkte gegen die maßgebenden reichsgesetzlichen Normen.

Das Oberlandesgericht hält die Abss. 1—3 des § 13 des Anfechtungsgesetzes vom 21. Juli 1879 deshalb nicht für maßgebend, weil diese Bestimmungen — wie auch nicht zweifelhaft ist — nur die von Konkursgläubigern erhobenen Anfechtungsansprüche betreffen, der Beklagte aber die Anfechtung als Pfändungspfandgläubiger, also nach

§ 41 Ziff. 9 K.O. als absonderungsberechtigter Gläubiger vorgenommen habe. Daß der Beklagte, insofern er Pfändungspfandgläubiger wäre, nicht zu den „Konkursgläubigern" gehören würde, ist freilich gewiß richtig;

vgl. Entsch. des R.G.'s in Civils. Bd. 17 S. 27 flg.;

aber mit Unrecht hält ihn das Berufungsgericht für einen Pfändungspfandgläubiger. Allerdings erwirbt nach § 709 C.P.O. der Gläubiger durch die Pfändung ein Pfandrecht an dem gepfändeten Gegenstande; aber bei der Pfändung einer bereits einem Dritten abgetretenen Forderung fehlt es auch eben an einem solchen Gegenstande; gepfändet wird dann nur eine vermeintliche Forderung des Schuldners, welche als solche nicht mehr existiert. In welchem Sinne hier das Berufungsgericht den Umstand für erheblich hält, daß nach § 779 C.P.O. die Einwilligung zur Auszahlung der 5000 ℳ an den jetzigen Beklagten, zu welcher G. A. Kl. rechtskräftig verurteilt war, noch vor der Eröffnung des Konkurses über das Vermögen des C. M. Kl. als erfolgt zu gelten hatte, ist nicht ganz klar; jedenfalls konnte hierdurch für den jetzigen Beklagten kein Pfändungspfandrecht an der Forderung begründet werden, da eine solche Entstehungsart des Pfändungspfandrechtes dem Gesetze unbekannt ist. Freilich hat das Reichsgericht früher ausgesprochen, daß es, falls eine Pfändung des den Gegenstand des Anfechtungsstreites bildenden Forderungsrechtes vorhergegangen sei, im Verhältnisse zwischen dem anfechtenden Gläubiger und dem Anfechtungsgegner nach erfolgreicher Durchführung des Anfechtungsanspruches so anzusehen sei, als ob die Forderung von Anfang an gültig gepfändet wäre, und daß daher dem Drittschuldner selbst gegenüber die Anfechtung auch im Wege der Replik mit unmittelbarem Erfolge durchgeführt werden könne;

vgl. Entsch. des R.G.'s in Civils. Bd. 19 S. 202 flg. und die dort angeführte Sache Rep. IIIa. 272/86;

aber diese auf § 7 Abs. 1 des Anfechtungsgesetzes beruhende Entscheidung kann nicht ausgedehnt werden auf das Verhältnis zwischen dem anfechtenden Gläubiger und der Konkursmasse.

Unterlag aus diesen Gründen das angefochtene Urteil der Aufhebung, so hätte, falls man mit dem Landgerichte die vorliegende Klage als eine auf § 13 Abs. 3 des Anfechtungsgesetzes, bezw. § 23 Ziff. 1 K.O. zu begründende Anfechtungsklage aufzufassen gehabt hätte, in der Sache selbst, beim Mangel entsprechender thatsächlicher Feststellungen im vorigen Urteile, noch nicht erkannt werden können. Der in § 13 Abs. 3 des Anfechtungsgesetzes vorgesehene Fall lag jedoch in Wirklichkeit nicht vor, da der Beklagte aus dem Zurückzugewährenden noch gar keine Sicherung oder Befriedigung erlangt hat; ebensowenig freilich der in Abs. 2 daselbst geregelte Fall, daß das Verfahren über den Anfechtungsanspruch noch rechtshängig gewesen wäre. Die Klage war einfach zu denken als eine auf den Abs. 1 des § 13 sich stützende Feststellungsklage und erschien als solche ohne weiteres als begründet. Da eben über das Vermögen des Schuldners das Konkursverfahren eröffnet ist, so steht die Verfolgung des vom Beklagten erhobenen Anfechtungsanspruches, hier also die Ausnutzung des von ihm erlangten rechtskräftigen Urteiles, dem Konkursverwalter zu, und da der Beklagte hiergegen Widerspruch erhoben hatte, so mußte es dem Kläger freistehen, den letzteren im Prozeßwege zu beseitigen. Daher war jetzt in Anwendung von § 528 Abs. 3 Ziff. 1 C.P.O. die Berufung des Beklagten sofort zurückzuweisen." ...

---

28. Gehören Fischdampfer zu den zum Erwerbe durch die Seefahrt bestimmten Schiffen im Sinne der Artt. 432. 450 H.G.B.?

I. Civilsenat. Urt. v. 6. Dezember 1893 i. S. D. (Kl.) w. B. (Bekl.) Rep. I. 191/93.

I. Landgericht Verden.
II. Oberlandesgericht Celle.

Der Kläger, welcher als Heizer auf dem, dem Beklagten gehörigen Fischdampfer „Präsident Herwig" angestellt war, hat im Mai 1891 gelegentlich einer Reparatur dieses Dampfers ... dadurch eine Verletzung der linken Hand erlitten, daß eine eiserne, zur Drehung der Schiffsschraube dienende Welle, welche aus dem Maschinenraume an Deck gezogen werden sollte, infolge Reißens der zum Aufwinden benutzten Taue hinabstürzte und auf den Kläger fiel. Für den ihm durch diese Verletzung zugefügten Schaden macht Kläger den Beklagten verantwortlich, indem er behauptet, zum Heben der Welle sei auf die Weisung des die Arbeit leitenden, im Dienste des Beklagten stehenden Maschinenmeisters F. ungeachtet der Bitte des Oberheizers P. und des Klägers, eine andere, stärkere Taille zu nehmen, da die benutzte zu schwach sei, die große Last zu tragen, eine Taille verwendet, welche sofort beim Heben der Last gebrochen sei, sodaß die Welle auf den sich im Maschinenraume befindenden Kläger gefallen sei, welcher den Auftrag gehabt habe, der Welle beim Heraufziehen die erforderliche Richtung zu geben....

Der Beklagte hat Abweisung der Klage beantragt. Er hat geltend gemacht, daß Kläger sich die Verletzung lediglich durch eigenes Verschulden zugezogen habe, und jedes Verschulden des F. bestritten. Der erste Richter hat die Klage abgewiesen, und der Berufungsrichter die eingelegte Berufung zurückgewiesen. Auf die Revision des Klägers ist das Berufungsurteil aufgehoben, und die Sache zur anderweiten Verhandlung und Entscheidung an das Berufungsgericht zurückverwiesen aus folgenden

Gründen:

... „Auf die Frage der Haftbarkeit des Beklagten als Eigentümers des Fischdampfers „Präsident Herwig" für die von dem Kläger bei Gelegenheit einer Schiffsarbeit erlittene, nach dessen Behauptung von dem Maschinenmeister des Beklagten, F., verschuldete Körperverletzung ist allerdings, wie das Berufungsgericht mit Recht annimmt, weder das sogen. Haftpflichtgesetz vom 7. Juni 1871, betreffend die Verbindlichkeit zum Schadensersatze für die beim Betriebe von Eisenbahnen, Bergwerken, Fabriken u. s. w. herbeigeführten Körperverletzungen, noch das Reichsgesetz vom 13. Juli 1887, betreffend die Unfallversicherung der Seeleute und anderer bei der Schiffahrt beteiligter Personen, anwendbar. Denn nach § 1 Abs. 2 des letztgedachten Gesetzes unterliegen den Bestimmungen desselben Seeleute nicht, wenn sie zur Besatzung von Fischerfahrzeugen gehören. Ebenso ist in § 6 Gew.-O. die Anwendung derselben auf die Fischerei und auf die Rechtsverhältnisse der Schiffsmannschaften auf den Seeschiffen ausdrücklich ausgeschlossen, und der Kläger kann sich daher auch nicht, wie das Oberlandesgericht ebenfalls mit Recht angenommen hat, auf die Vorschrift der Gewerbeordnung in § 120 Abs. 3 (in der Fassung vom 1. Juli 1883) berufen, nach welcher die Gewerbeunternehmer verpflichtet sind, alle diejenigen Einrichtungen herzustellen und zu unterhalten, welche mit Rücksicht auf die besondere Beschaffenheit des Betriebes und der Betriebsstätte zur thunlichsten Sicherheit gegen Gefahr für Leben und Gesundheit erforderlich sind.

Als rechtsirrtümlich und die Artt. 432. 450. 451. 452 H.G.B. verletzend erscheint dagegen die Ansicht des Berufungsgerichtes, daß der dem Beklagten gehörige Fischdampfer „Präsident Herwig" kein zum Erwerbe durch die Seefahrt bestimmtes Schiff, Beklagter daher nicht Rheder sei, und mithin auch die Artt. 451. 452 H.G.B. hier keine Anwendung fänden.

Rheder ist nach Art. 450 H.G.B. der Eigentümer eines ihm zum Erwerbe durch die Seefahrt dienenden Schiffes. Für die zum Erwerbe durch die Seefahrt bestimmten Schiffe, welchen das Recht zur Führung der Landesflagge (nach dem Gesetze vom 25. Oktober 1867 der Bundesflagge) zusteht, ist nach Art. 432 H.G.B. ein Schiffsregister zu führen. Eine Definition der Begriffe „Schiff" (oder „Seeschiff") und „Erwerb durch die Seefahrt" enthält das Handelsgesetzbuch nicht. Behufs Ermittelung dieser Begriffe ist daher zunächst auf die vor der Geltung des Handelsgesetzbuches in kaufmännischen und seemännischen Kreisen herrschenden Anschauungen zurückzugehen. Nach diesen wurden aber notorisch nicht nur die zum Transporte von Gütern und Personen dienenden, sondern auch z. B. diejenigen Schiffe, welche unter der Bezeichnung Grönlandsfahrer und Südseefahrer für den Walfischfang und Robbenschlag bestimmt waren, als zu den Seeschiffen oder sogen. Kauffahrteischiffen, auf welche die Grundsätze des Privatseerechtes anzuwenden seien, gehörig angesehen.

Vgl. auch Kaltenborn, Seerecht Bd. 1 S. 41 49.

Dies wird bestätigt durch die Entstehungsgeschichte des Handelsgesetzbuches. Denn gegen die Bestimmung des das V. Buch „Vom Seehandel" einleitenden Art. 385 des preußischen Entwurfes: „Als Seeschiffe dieses Gesetzbuches sind nur solche Schiffe anzusehen, welche zur Beförderung von Personen oder Gütern über See dienen", wurde schon in erster Lesung (Protokolle S. 1483—1485) unter anderem geltend gemacht, daß diese Definition zu eng sei, indem sie z. B. die für den Walfischfang bestimmten Schiffe, die Grönlandsfahrer, die Remorqueurs u. s. w. ausschließe, worauf bei der Abstimmung, ohne daß gegen die Berechtigung dieses Einwandes irgend ein Widerspruch erhoben wäre, das Wort „nur" aus dem Art. 385 des Entwurfes gestrichen wurde. Bei der zweiten Lesung wurden gegen den demgemäß gefaßten Art. 395 des Entwurfes aus erster Lesung wiederum mehrfache Einwendungen erhoben, wobei zugegeben wurde, daß verschiedene Vorschriften des V. Buches allerdings nur auf gewisse größere, zum Erwerbe durch die Seefahrt bestimmten Schiffe berechnet seien, andererseits aber nochmals, und ebenfalls ohne Widerspruch, hervorgehoben wurde, daß die Definition in Art. 395 selbst insofern zu eng sei, als es sich um die Vorschriften des im preußischen Entwurfe und im Entwurfe erster Lesung die Überschrift „Von Seeschiffen" (nicht — wie im Gesetze selbst die Überschrift „Allgemeine Bestimmungen") tragenden ersten Titels des V. Buches handele, indem z. B. auch die größeren zum Fischfange bestimmten Fahrzeuge und dergleichen, somit Schiffe, welche nicht zum Transporte von Personen oder Gütern bestimmt seien, in das Schiffsregister einzutragen sein würden. Das Ergebnis dieser Beratungen bestand in der völligen Streichung des ursprünglichen Art. 385 (vgl. Protokolle S. 3694—3696), während die im preußischen Entwurfe fehlende, in den Entwurf erster Lesung als Art. 406 aufgenommene, mit Art. 450 des Handelsgesetzbuches wörtlich übereinstimmende Bestimmung beibehalten ward, und zum Zwecke der Bezeichnung derjenigen Schiffe, welche in das Schiffsregister eingetragen werden sollen, die Art. 432 Abs. 1 und Art. 438 in das Gesetzbuch aufgenommen wurden.

Hieraus ist zugleich mit Sicherheit zu entnehmen, daß es keineswegs im Sinne der Verfasser des Handelsgesetzbuches lag, durch die in Art. 432, bezw. Art. 450 H.G.B. aufgenommenen Worte „zum Erwerbe durch die Seefahrt bestimmte Schiffe" bezw. „eines ihm zum Erwerbe durch die Seefahrt dienenden Schiffes" den bisherigen Begriff des Seeschiffes und des Rheders auf die Benutzung der Schiffe zum Erwerbe durch die Übernahme der Beförderung von Gütern oder Reisenden zur See (vgl. Art. 271 H.G.B. unter 4) einzuschränken, und daß vielmehr stillschweigend anerkannt wurde, der Erwerb „durch die Seefahrt" könne auch in der Benutzung eines Schiffes zum Walfisch- oder Robbenfang, sowie zur großen (Hochsee-)Fischerei und zum Schleppen anderer Fahrzeuge auf See bestehen, worüber denn auch in der Litteratur längere Zeit hindurch kein Zweifel erhoben worden ist.

Vgl. die Kommentare von Makower und Lewis zu Artt. 432 und 450 H.G.B.; sowie Lewis in Endemann's, Handbuch des Handrechtes Bd. 4 S. 18; Perels, Handbuch des öffentlichen Seerechtes S. 20 und Wagner, Handbuch des Seerechtes S. 2. 151 und 175.

Erst Schröder in Endemann's Handbuch Bd. 4 S. 253 Anm. 27 rechnet den Betrieb des Fischfanges nicht zum Erwerbe durch die Seefahrt und hat diese Ansicht dann in Goldschmidt's Zeitschrift für Handelsrecht Bd. 32 S. 81 flg. näher zu begründen versucht, worin ihm Gareis und Fuchsberger, Das allgem. deutsche Handelsgesetzbuch Bemerkung 8 und 9 zu Art. 434 gefolgt sind. Diese Ansicht, welcher auch das Berufungsgericht beigetreten ist, erscheint aber als unhaltbar.

Bei unbefangener Betrachtung des Wortlautes der Artt. 432 und 450 H.G.B. ist nicht erfindlich, weshalb der „Erwerb durch die Seefahrt" nicht ebensowohl durch die gewerbsmäßig zum Zwecke des Gewinnes mittels eines Schiffes ausgeübte Okkupation der Produkte der See (also insbesondere durch die Seefischerei) als durch den Transport von Gütern oder Personen über See zum Zwecke des Gewinnes geschehen könnte. Auch ist, wie das Berufungsgericht selbst anerkennt, daraus, daß das die Überschrift „vom Seehandel" tragende V. Buch des Handelsgesetzbuches Bestimmungen über das Frachtgeschäft zur Beförderung von Gütern und Personen und über das Darlehn gegen Verbodmung enthält, noch keineswegs zu entnehmen, daß diese Geschäfte die einzigen Formen bilden, in denen der Seehandel sich bewegt.

Aber auch die gedachte Überschrift des V. Buches und die Vorschriften des Handelsgesetzbuches im IV. Buche über die Handelsgeschäfte lassen sich dem Wortlaute und der Entstehungsgeschichte der Artt. 432 und 450 H.G.B. gegenüber nicht dazu verwerten, nur solchen Schiffen, welche mittels der Seefahrt Geschäfte der in Artt. 271 und 272 H.G.B. bezeichneten Art betreiben, die Eigenschaft eines Seeschiffes im Sinne des V. Buches zuzuerkennen. Gegen die Überschrift „vom Seehandel" wurde schon im Beginne der zweiten Lesung (Protokolle S. 3694) mit Recht geltend gemacht, daß dieselbe nicht passe, weil sie — was nicht zutreffend sei — voraussetzen würde, daß die vier ersten Bücher des Handelsgesetzbuches sich ausschließlich auf den Landhandel bezögen, und weil das V. Buch auch nicht bloß den Seehandel zum Gegenstande habe. Die seerechtlichen Bestimmungen im V. Buche des Handelsgesetzbuches aber stehen nun allerdings mit dem übrigen Inhalte dieses Gesetzbuches, dessen Bestandteil sie bilden, in einem inneren Zusammenhange und erhalten in mancher Beziehung durch jene anderweitigen Bestimmungen eine Ergänzung oder Erläuterung. Sie beschränken sich jedoch keineswegs auf die beim Seeverkehr vorkommenden Handelsgeschäfte, sondern sie ordnen zugleich eine Reihe von Rechtsverhältnissen der darin thätigen Personen unter sich wie dritten Personen gegenüber ohne Rücksicht darauf, ob dieselben Kaufleute sind und Handelsgeschäfte betreiben, oder nicht, wie z. B. die rechtliche Stellung des Schiffers und der Mitglieder der Schiffsbesatzung, die Havarie, den Schaden durch Zusammenstoß u. s. w. Ebenso verhält es sich aber mit den Bestimmungen der Artt. 432 und 450, die keineswegs ausdrücken (und auch nicht ausdrücken wollen), daß nur ein solcher Erwerb als durch die Seefahrt gemacht anzusehen sei, welcher durch den Abschluß eines Handelsgeschäftes im Sinne der Artt. 271 und 272 vermittelt werde, oder daß der Rheder als solcher in jedem Falle Kaufmann sei. Es erscheint daher für die Frage, ob ein Fischereidampfer ein zum Erwerbe durch die Seefahrt bestimmtes Schiff sei, als unerheblich, daß derselbe einem originären Erwerbe (durch Okkupation) dient, welcher allerdings nicht unter die Artt. 271 und 272 bezeichneten Handelsgeschäfte fällt. Es ist daher auch gleichgültig, ob das durch den Fischfang gewonnene Naturprodukt in unveränderter Gestalt oder verarbeitet in den Verkehr gebracht wird. Nicht minder unzutreffend ist die Behauptung, daß der unmittelbare Erwerb durch die Seefahrt das entscheidende Kriterium für den Begriff des Rheders bilde, woraus weiter gefolgert wird, daß beim Betriebe der Seefischerei der Gewerbebetrieb zwar erst durch die Seefahrt ermöglicht werde, diese letztere als solche aber nicht die Quelle des Erwerbes bilde. Hierdurch wird eine ganz willkürliche Unterscheidung in die Worte des Gesetzes „Erwerb durch die Seefahrt" hineingetragen. Durch die bloße Benutzung eines Schiffes zur Fahrt auf der See läßt sich auch ein Frachtverdienst nicht erzielen, denn auch hierzu ist noch eine weitere Thätigkeit des Rheders — das Aufsuchen der zu befördernden Güter oder Reisenden; der Abschluß der Frachtverträge, die Einladung und Ausladung der

Güter, deren Behandlung während der Reise u. s. w. — erforderlich. Ganz analog verhält es sich aber mit der Verwendung eines Schiffes zur Fischerei, die allerdings ebenfalls noch durch eine weitere Thätigkeit als das bloße Seefahren vermittelt werden muß. Endlich ist es auch eine ungerechtfertigte Annahme, daß die sonstigen Bestimmungen des V. Buches des Handelsgesetzbuches auf die Verwendung von Seeschiffen zur Fischerei unanwendbar seien. Vielmehr würde es umgekehrt als eine große Lücke des Gesetzes zu betrachten sein, wenn z. B. die Bestimmungen über den Rheder und die Rhederei, namentlich über deren Rechte und Pflichten dritten Personen gegenüber, und wenn ferner die Titel vom Schiffer und von der Schiffsmannschaft, von der Havarie und dem Schaden durch Zusammenstoß, von der Bergung und Hilfsleistung in Seenot und von den Schiffsgläubigern als auf die große Seefischerei, zu welcher jedenfalls auch der seit einiger Zeit üblich gewordene Betrieb mit Dampfschiffen zu rechnen ist, unanwendbar zu betrachten wären.

Da das Berufungsgericht durch die rechtsirrtümlich unterlassene Anwendung der Artt. 451 und 452 H.G.B. auf den vorliegenden Fall zu der Ansicht gelangt ist, daß der Beklagte dem Kläger für ein Verschulden seines Maschinenmeisters nur dann hafte, wenn ihn — was nicht vorliege — eine culpa in eligendo oder bei der Beaufsichtigung dieses Angestellten treffe, ist hiernach das angefochtene Urteil aufzuheben." ...

---

29. Kann die Präsentation eines Wechsels zur Zahlung und die Protesterhebung, wenn die in dem Wechsel bei dem Namen und der Ortsbezeichnung des Bezogenen angegebene Wohnung des Bezogenen nicht in dem auf dem Wechsel bezeichneten Hauptorte, sondern in einem an den Hauptort sich anschließenden Nachbarorte liegt, in der Wohnung des Bezogenen gültig vorgenommen werden?

IV. Civilsenat. Urt. v. 7. Dezember 1893 i. S. E. B. (Kl.) w. H. (Bekl.) Rep. IV. 223/93.

I. Landgericht I Berlin.
II. Kammergericht daselbst.

Dem verklagten Gerichtsvollzieher ist von der Spar- und Darlehnskasse der Berliner Weißbierwirte (eingetragener Genossenschaft mit beschränkter Haftung) in Berlin als Indossatarin ein vom 6. Oktober 1891 datierter, von H. Z. auf „Herrn F. St. in Berlin, Nollendorfstraße 20" gezogener, am 5. Januar 1892 fällig gewesener Wechsel über 1300 ℳ zum Proteste übergeben worden. In Berlin giebt es keine Nollendorfstraße. Die Parteien sind vielmehr darüber einig, daß die in dem Wechsel bei der Ortsangabe „Berlin" bezeichnete Wohnung „Nollendorfstraße 20" zu dem Orte Schöneberg bei Berlin gehört. Inhalts der Protesturkunde hat sich daher der Beklagte „auf den Auftrag der Spar- und Darlehnskasse des Vereines Berliner Weißbierwirte (eingetragener Genossenschaft mit beschränkter Haftung) — Berlin, dem Herrn F. St. — F. St. Schöneberg den Wechsel zur Zahlung vorzulegen und im Weigerungsfalle zu protestieren", nach der Nollendorfstraße 20 verfügt. Er hat dort, wie die Protesturkunde ferner besagt, in der Wohnung des Bezogenen nur die nach dem Vor- und Geburtsnamen näher bezeichnete Ehefrau desselben angetroffen, und diese hat auf Vorlegung des Wechsels, Nachfrage nach dem Bezogenen und Aufforderung zur Zahlung an die Empfangsberechtigte erklärt: „Mein Ehemann, der Bezogene, ist nicht hier, wie es mit der Bezahlung des Wechsels geregelt werden soll, weiß ich nicht." Der Beklagte hat daher „wegen nicht erfolgter Zahlung den Protest eingelegt".

Die von der genannten Indossatarin des Wechsels, der „Spar- und Darlehnskasse der Berliner Weißbierwirte", gegen den Aussteller und Indossanten H. Z. erhobene Wechselklage ist durch das Urteil des Landgerichtes I zu Berlin vom 12. Februar 1892 aus dem Grunde abgewiesen worden, weil der jetzige Beklagte den Protest mangels Zahlung in Schöneberg aufgenommen hat, während inhalts des Wechsels Berlin Zahlungsort sei. „Daß es aber" — so ist in jenem Urteile ausgeführt worden — „in Berlin eine Nollendorfstraße nicht giebt, daß sonach in Berlin, Nollendorfstraße 20, das Geschäftslokal oder die Wohnung des Bezogenen nicht zu ermitteln sei, hätte nach Art. 91 W.O. von dem protestierenden Gerichtsvollzieher erst dann als festgestellt angenommen werden dürfen, „wenn er, nachdem er in Berlin eine Nollendorfstraße nicht ermittelt, bei dem Polizeipräsidium, Einwohnermeldeamte, in Berlin Nachfrage nach dem Geschäftslokale, bezw. der Wohnung des Bezogenen gehalten und im Falle fruchtloser Nachfrage dies im Proteste bemerkt hätte." Da dies unterblieben sei, so sei nach Art. 41 W.O. der Regreß gegen den Aussteller verloren. Dieses Urteil ist rechtskräftig geworden. Durch jenen Prozeß sind der damaligen Klägerin, der genannten Spar- und Darlehnskasse, 130,47 *M* Kosten erwachsen. Sie hat den Anspruch auf Erstattung dieser Kosten und der mit 3 *M* bezahlten Protestkosten, zusammen 133,47 *M* dem Kläger abgetreten. Der Kläger fordert nunmehr von dem Beklagten, weil dieser zur Erstattung der durch sein Versehen erwachsenen Kosten verpflichtet sei, Zahlung der 133,47 *M* nebst 5 Prozent Zinsen seit dem 1. September 1892, dem Tage der Klagezustellung.

Der Beklagte hat entgegnet, der Protest sei richtig erhoben. Er hat ferner eingewendet, der Protest sei dem ihm vom Kläger selbst erteilten Auftrage gemäß erhoben. Der Kläger sei damals Vorstandsmitglied der Spar- und Darlehnskasse der Berliner Weißbierwirte gewesen und habe ihm am 7. Januar 1892 den Auftrag zur Protesterhebung in seinem, des Klägers, Geschäftslokale, Bülowstraße 108, mit den Worten erteilt, den Wechsel dem Bezogenen „da drüben in der Nollendorfstraße" — die Richtung mit der Hand bezeichnend — zur Zahlung vorzulegen, er hafte nicht für einen auftragsgemäß ausgeführten, wenngleich nicht sachgemäßen Auftrag; sei im Auftrage der Darlehnskasse falsch protestiert worden, so habe die Cedentin des Klägers die Prozeßkosten selbst verschuldet, wenn sie auf Grund dieses Protestes die Wechselklage angestellt habe; es sei aber richtig protestiert, da der Wechsel dem Bezogenen in seiner wirklichen Wohnung Nollendorfstraße 20 vorgelegt worden sei; hierauf allein komme es nach Art. 91 W.O. an; eine Nachfrage bei der Polizei, ob es in Berlin eine Nollendorfstraße gebe, sei nach Art. 91 nicht erforderlich gewesen.

Beide Vorderrichter haben in Übereinstimmung mit dem erwähnten rechtskräftigen Urteile des Landgerichtes I zu Berlin angenommen, inhalts des Wechsels sei Berlin Zahlungsort, der ohne eine bei der Polizeibehörde des Zahlungsortes stattgehabte fruchtlose Nachfrage in Schöneberg aufgenommene Protest sei daher rechtsunwirksam. Dagegen haben beide Vorderrichter die Einrede des Beklagten, der Kläger habe bei Erteilung des Auftrages zur Protesterhebung im Geschäftslokale der Spar- und Darlehnskasse des Vereines Berliner Weißbierwirte dem Beklagten erklärt, er solle den Wechsel „da drüben in der Nollendorfstraße“ dem Bezogenen vorlegen, für erheblich erachtet.

Das Landgericht hat angenommen: sei dieser Auftrag erteilt, so sei der Protest von dem Beklagten richtig erhoben, und der Kläger weder berechtigt, die bezahlten Protestkosten zurückzufordern, noch berechtigt, Erstattung der Kosten des gegen den Aussteller und Indossanten erhobenen Wechselprozesses zu fordern. Das Landgericht hat deshalb dem Kläger den ihm von dem Beklagten über die Erteilung dieses Auftrages zugeschobenen und angenommenen Eid durch bedingtes Endurteil aufgelegt und im Falle der Leistung dieses Eides den Beklagten zur Zahlung der geforderten 133,47 ℳ nebst 5 Prozent Zinsen seit dem 1. September 1892 verurteilt.

Auf die Berufung des Beklagten hat das Kammergericht den Kläger mit der Forderung von 130,33 ℳ unbedingt abgewiesen; in betreff der Forderung von 3 ℳ Protestkosten hat es durch bedingtes Endurteil die Entscheidung von der Leistung des im landgerichtlichen Urteile formulierten Eides abhängig gemacht.

Auf die von beiden Teilen eingelegte Revision hat das Reichsgericht, unter Zurückweisung der Revision des Klägers, auf die Revision des Beklagten das Berufungsurteil aufgehoben und in der Sache selbst, unter Abänderung des landgerichtlichen Urteiles, den Kläger mit der erhobenen Klage gänzlich abgewiesen aus folgenden

Gründen:

„Der Annahme der Vorderrichter, daß der in Schöneberg ohne Nachfrage bei der Polizeibehörde von Berlin aufgenommene Protest unwirksam sei, ist nicht beizutreten. Richtig ist zwar, daß unter dem „Orte“, wo nach Art. 4 Ziff. 8 W.O. die Zahlung geschehen, und wo nach dem letzten Satze des Art. 91, wenn das Geschäftslokal oder die Wohnung nicht zu ermitteln ist, Nachfrage bei der Polizeibehörde erfolgen soll, die bei dem Namen des Bezogenen angegebene Ortschaft (der Handelsplatz, die Stadt, das Dorf) zu verstehen ist. Nicht richtig ist, daß in dem Art. 91 der Ausdruck „Ort“ nicht „Ortschaft“, sondern „Örtlichkeit“ bedeute. Das Wort „Ort“ ist in dem Art. 91 in einem verschiedenen Sinne gebraucht. Es bezeichnet in dem zweiten Satze — „an einem anderen Orte“ — eine Stelle, eine Örtlichkeit,

d. h. einen gewissen Raum (Geschäftslokal, Wohnung, Börse) in der Ortschaft, in dem letzten Satze dagegen — genau übereinstimmend mit Art. 4 Ziff. 8 — die Ortschaft. Das Berufungsgericht nimmt daher richtig an, daß nur in der im Wechsel angegebenen Ortschaft der Protestbeamte die als Geschäftslokal oder Wohnung angegebene Örtlichkeit zu suchen hat, und hierzu dient die in dem letzten Satze des Art. 91 vorgeschriebene Nachfrage bei der Polizeibehörde „des Ortes". Allein es ist nicht ausgeschlossen, in großen Städten auch üblich, wenn der Bezogene in einer an den Hauptort sich anschließenden Straße eines Nachbarortes sein Geschäftslokal oder seine Wohnung hat, diesen Nachbarort als Zahlungsort auch in der Weise zu bezeichnen, daß dem Hauptorte nur die Straße des Nachbarortes beigefügt wird, und es steht nichts entgegen, diese Form als eine genügende Bezeichnung des Nachbarortes als Zahlungsortes jedenfalls dann gelten zu lassen, wenn das so bezeichnete Geschäftslokal oder die Wohnung in dem Nachbarorte ermittelt worden ist. In einem solchen Falle ist für eine Nachfrage bei der Polizeibehörde kein gesetzlicher Anlaß. Der Protest ist vielmehr an dem richtigen Orte erhoben, wenn die Protesterhebung in der durch die Angabe der Straße oder des Straßenteiles gekennzeichneten Ortschaft stattgefunden hat. Dies ist in dem vorliegenden Falle geschehen. Der Protest ist, wie sein Wortlaut ergiebt, und das Berufungsgericht als feststehend annimmt, in der in dem Wechsel angegebenen Wohnung des Protestaten erhoben. Er ist auch an dem richtigen Orte erhoben; denn derjenige Ort, in welchem die in dem Wechsel bezeichnete Wohnung des Protestaten sich befindet, ist nach dem Wortlaute der in dem Wechsel enthaltenen Ortsbezeichnung nicht Berlin, sondern Schöneberg.

Vgl. auch das Urteil des Oberlandesgerichtes zu Dresden vom 13. Juli 1892 (Sächsisches Archiv für bürgerliches Recht und Prozeß Bd. 3 S. 556).

Der erhobene Schadensanspruch ist sonach grundlos. Hieraus folgt, daß die Revision des mit einem Teile seines Schadensanspruches abgewiesenen Klägers zurückzuweisen, dagegen auf die Revision des Beklagten das Berufungsurteil aufzuheben, der Kläger mit seinem Schadensanspruche gänzlich abzuweisen ist."

30. Inwieweit ist für die Anwendung des Art. 85 S. 1 W.O. der in der Urkunde angegebene Ort oder vielmehr der wirkliche Ort der Ausstellung maßgebend?

VI. Civilsenat. Urt. v. 15. Januar 1894 i. S. R. (Bekl.) w. Bayerische Vereinsbank (Kl.). Rep. VI. 323/93.

I. Landgericht I München, Kammer für Handelssachen.
II. Oberlandesgericht daselbst.

Die Firma M. & Cie. wies durch mandat à ordre mit dem Datum „Toulouse, den 16. Februar 1893" den Kaufmann R. in München an, am 30. April 1893 an ihre eigene Order die Summe von 13111,40 Frcs., Wert in Rechnung, zu bezahlen. Das Mandat wurde für R. per procura von L. acceptiert und von der Firma M. & Cie. an den Crédit Lyonnais und von diesem an die Bayerische Vereinsbank giriert. Das Mandat wurde am 2. Mai 1892 auf Betreiben der Bayerischen Vereinsbank dem Acceptanten zur Zahlung präsentiert und wegen nicht erfolgter Zahlung protestiert. Die von der Vereinsbank im Wechselprozesse erhobene Klage wurde durch Urteil des Landgerichtes auf Grund der Annahme, daß das Mandat den Erfordernissen der Wechselordnung nicht entspreche, unter Verurteilung der Klägerin in die Kosten abgewiesen. Auf die Berufung der Klägerin wurde jedoch der Beklagte durch Urteil des Oberlandesgerichtes zur Bezahlung der eingeklagten Summe von 13111,40 Frcs. nebst 6 Prozent Zinsen hieraus vom 2. Mai 1891 und 39,70 ℳ Protestkosten, Spesen und Provision, sowie zur Tragung der Streitkosten, unter Vorbehalt der Ausführung seiner Rechte im ordentlichen Verfahren, verurteilt.

Das Reichsgericht hat die Revision des Beklagten zurückgewiesen aus folgenden

Gründen:

„Das Berufungsgericht nimmt auf Grund der formalen Natur des Wechsels als festgestellt an, daß der eingeklagte Wechsel als in Toulouse ausgestellt zu erachten sei. Die Erfordernisse desselben als Wechsels, führt das Berufungsgericht des weiteren aus, seien gemäß Art. 85 W.O. nach französischem Rechte zu beurteilen; nach den Bestimmungen des Code de commerce sei das vorliegende mandat à ordre als Tratte im Sinne des französischen Rechtes zu erachten. Die Bayerische Vereinsbank sei durch die fortlaufende Reihe der Indossamente und durch den Besitz des Wechsels legitimiert. Für die Prokura des L. sei auch durch die Protesturkunde ein urkundlicher Nachweis erbracht. Die Protestfrist sei nach deutschem Rechte zu beurteilen und nach diesem eingehalten.

Gemäß Art. 85 W.O. werden die wesentlichen Erfordernisse eines im Auslande ausgestellten Wechsels, sowie jeder anderen im Auslande ausgestellten Wechselerklärung nach den Gesetzen des Ortes beurteilt, an welchem die Erklärung erfolgt ist. Gemäß Art. 86 W.O. entscheidet über die Form der mit einem Wechsel an einem ausländischen Platze zur Ausübung oder Erhaltung des Wechselrechtes vorzunehmenden Handlungen das dort geltende Recht.

Ist das mandat à ordre in Toulouse ausgestellt oder als dort ausgestellt zu erachten, so ist die Frage, ob demselben die Eigenschaft eines Wechsels zukomme, nach französischem Rechte zu entscheiden. Das Berufungsgericht hat die Frage bejaht. Diese Entscheidung entzieht sich gemäß § 511 C.P.O. und §§ 1. 2 der Verordnung, betreffend die Begründung der Revision in bürgerlichen Rechtsstreitigkeiten, vom 28. September 1879 der Nachprüfung schon aus dem Grunde, weil der Code de commerce im Bezirke des Berufungsgerichtes keine Geltung hat. Aus der Bestimmung des Art. 86 W.O. folgert das Berufungsgericht, daß für einen im Auslande auf einen deutschen Platz gezogenen und hier zu bezahlenden Wechsel im Falle der Nichtzahlung der zur Erhaltung des Wechselrechtes aufgenommene Protest lediglich nach deutschem Rechte beurteilt werde. Zweifellos liegt in der Bestimmung des Art. 86 W.O. eine Anerkennung des allgemeinen Grundsatzes, daß für die Form von Rechtsgeschäften das Recht des Ortes maßgebend sei, an welchem sie vorgenommen worden. Unter die Form der Handlungen im Sinne des Art. 86 W.O. fällt aber auch die Frist, innerhalb welcher die betreffende Handlung, somit hier die Erhebung des Protestes, vorgenommen werden muß.

Vgl. Rehbein, Allgemeine Deutsche Wechselordnung 4. Aufl. S. 117 Anm. 5.

Gemäß Art. 41 W.O. ist der Protest rechtzeitig erhoben.

Die Revision rügt, es stehe nicht fest, daß der Wechsel in Toulouse ausgestellt sei. Es sei zu bezweifeln, ob in Deutschland ein

Wechsel mit einem beliebigen Orte datiert werden dürfe, um die Anwendbarkeit des Art. 85 W.O. zu begründen. Ebenso stehe nicht fest, daß der Unterzeichner des Acceptes zur Vertretung der Firma befugt gewesen sei. Die erste Instanz habe die Prokura als gerichtsnotorisch, die zweite als durch die Protesturkunde erwiesen angenommen. Die Annahme der Vertretungsbefugnis beruhe hiernach auf keiner genügenden Grundlage. Überdies hätte das Vollmachtsverhältnis urkundlich dargethan werden müssen. Der Mangel des urkundlichen Nachweises müsse die Abweisung der Klage in der gewählten Prozeßart zur Folge haben. Über die auf Grund der formalen Natur des Wechsels zurückgewiesene Einrede, daß das mandat à ordre nicht in Toulouse, sondern in München ausgestellt sei, war den Direktoren der Vereinsbank der Eid in Kredulitätsform zugeschoben und von dem Vertreter der Vereinsbank eventuell angenommen worden. Das Berufungsgericht führt in dieser Beziehung aus, es solle hier sofort gegenüber dem Einwande des Berufungsbeklagten festgestellt werden, daß der vorliegende Wechsel als in Toulouse ausgestellt zu erachten sei; denn bei der formalen Natur des Wechsels seien alle Merkmale, welche zu den wesentlichen Erfordernissen desselben gehören, aus der Wechselurkunde selbst zu entnehmen; jedenfalls könnte schon gemäß § 411 C.P.O. ein Gegenbeweis gegen die Richtigkeit der im Wechsel selbst enthaltenen Ausstellungsortsbenennung durch Eid nicht geführt werden.

Das Berufungsgericht folgert somit aus der formalen Natur des Wechsels, daß das Mandat als in Toulouse ausgestellt zu erachten sei, nicht, daß es dort ausgestellt sei. Diese Feststellung ist somit keine thatsächliche, der Revisionsprüfung entzogene Feststellung, sondern ein auf rechtlicher Erwägung beruhendes Urteil. Anerkannt ist, daß es kein wesentliches Erfordernis der Gültigkeit des Wechsels bilde, daß derselbe auch wirklich an dem im Wechsel angegebenen Orte ausgestellt sei.

Vgl. Entsch. des Obertrib. Bd. 2 S. 137; Entsch. des R.O.H.G.'s Bd. 6 S. 125; Rehbein, Allgemeine Deutsche Wechselordnung 4. Aufl. S. 21 Anm. 32; Borchardt, Die Allgemeine Deutsche Wechselordnung 7. Aufl. S. 62 Ziff. 134. 135. 136.

Demgemäß wird auch das Ortsdatum nicht als Thatsache, sondern als Willenserklärung angesehen.

Vgl. Thöl, Wechselrecht S. 154; Hartmann, Wechselordnung S. 48; Canstein, Lehrbuch des Wechselrechtes S. 99.

Hieraus wird die weitere Folgerung gezogen, daß der einen Wechsel mit unrichtiger Datierung Annehmende sich dieser Willenserklärung unterwerfe, und für die Anwendung des Art. 85 W.O. der im Wechsel angegebene Ort der Ausstellung entscheide.

Vgl. Hartmann, Canstein, a. a. O.

Die Zurückführung der Geltung des im Wechsel angegebenen Ortes auf die Einigung der Beteiligten führt zu der Anregung des Zweifels, ob diese Einigung gegenüber den positiven Bestimmungen der Wechselordnung über die Erfordernisse eines Wechsels der Verfügungsbefugnis der Beteiligten zustände. Es bedarf aber keiner weiteren Prüfung dieser Frage, da es sich nur um die selbständige, von der Verpflichtung des Trassanten unabhängige Verpflichtung des Acceptanten handelt. Diese ist damit begründet, daß er sein Accept auf eine Urkunde gesetzt hat, die äußerlich einen nach Art. 85 W.O. gültigen gezogenen Wechsel enthielt, der sich als in Frankreich ausgestellt darstellte und den Erfordernissen des französischen Rechtes entsprach.[1]

Die Bevollmächtigung (Prokura) des L., der das Accept gezeichnet, gehört zur Begründung der Klage und bedurfte im Wechselprozesse eines urkundlichen Nachweises.

Vgl. Entsch. des R.G.'s in Civils. Bd. 13 S. 369.

Da aber nach der Feststellung des Berufungsgerichtes dieser Beweis durch die Protesturkunde erbracht ist, so ist den Erfordernissen des Wechselprozesses auch in dieser Richtung Genüge gethan. Die Thatsache der Zeichnungsbefugnis ist damit zugleich festgestellt. Hiernach war die Revision als unbegründet zurückzuweisen." ...

— — ——

31. 1. Zur Auslegung der §§ 17. 23 des Reichsgesetzes vom 4. April 1874, betreffend die Pensionierung und Versorgung der Militärpersonen des Reichsheeres.

2. Früherer preußischer Rechtszustand in Bezug auf die Frage

[1] So auch Lehmann, Deutsches Wechselrecht § 39, S. 129 vgl. mit S. 127.
D. R.

der Anrechnung des Diensteinkommens aus einer Civilanstellung auf die Invalidenpension.

Kabinettsorder vom 5. Juli 1844.

Preuß. Staatsministerialbeschluß vom 30. Mai 1844 §§ 1. 2.

3. Ist die Revision ohne Rücksicht auf den Wert des Beschwerdegegenstandes in dem Falle zulässig, daß Pensionsbeträge, die ein im preußischen Militärdienste pensionierter Invalide zu Unrecht erhoben haben soll, gegen dessen Erben kondiziert werden?

C.P.O. § 509 Nr. 2.

G.V.G. § 70 Abs. 2 Nr. 1, Abs. 3.

Preuß. Ausführungsgesetz vom 24. April 1878 § 39 Nr. 1.

Preuß. Gesetz vom 24. Mai 1861 §§ 1. 4.

IV. Civilsenat. Urt. v. 1. Februar 1894 i. S. Reichsmilitärfiskus (Kl.) w. Sch. u. Gen. (Bekl.) Rep. IV. 282/93.

I. Landgericht Glatz.
II. Oberlandesgericht Breslau.

Der am 9. Januar 1891 zu M. verstorbene Erblasser der Beklagten, Franz Sch., war im Jahre 1867 als invalider Gefreiter im preußischen Dragonerregiment Nr. 15 pensioniert, und es waren ihm monatlich 18 *M* Invalidenpension, 9 *M* Zulage für Nichtbenutzung des Civilversorgungsscheines und 15 *M* Verstümmelungszulage bewilligt. Er übernahm vom 1. April 1880 ab die Verwaltung der Kreischausseehebestelle zu M. gegen ein Jahreseinkommen von 432 *M*. Gleichwohl erhob er die obigen Bezüge bis zum 31. August 1889 fort. Mit der Klage ist nun vom Reichsmilitärfiskus geltend gemacht, daß dem Sch. vom 1. April 1880 ab die Zulage für die Nichtbenutzung des Civilversorgungsscheines überhaupt nicht mehr, und daß ihm vom 1. November 1880 ab die eigentliche Invalidenpension nur noch in Höhe von 6 *M* monatlich zugestanden, und er somit zusammen an Zulage 1017, an Pension 1272 *M* überhoben habe. Von diesen Beträgen mit insgesamt 2289 *M* hat der Kläger sich 103 *M* abrechnen lassen. Der Rest mit 2186 *M* ist gegen die Erben des Sch. als ohne Rechtsgrund und aus Irrtum an den Erblasser bezahlt zur Rückforderung gestellt.

Das Landgericht hat der Klage stattgegeben. Auf die Berufung der Beklagten hat das Oberlandesgericht dieses Urteil zwar bezüglich der Zulage im Gesamtbetrage von 921 *M* bestätigt, hingegen in betreff der eigentlichen Pension mit insgesamt 1265 *M* abändernd auf Abweisung der Klage erkannt.

Auf die Revision des Klägers hat das Reichsgericht die Berufungsentscheidung im letzteren Teile aufgehoben und die Sache insoweit in die Vorinstanz zurückverwiesen aus folgenden

Gründen:

„1. Die Zulässigkeit der Revision hängt mit Rücksicht darauf, daß der Wert des Beschwerdegegenstandes für dieselbe nur 1265 *M* beträgt, gemäß § 509 Ziff. 2 C.P.O. davon ab, ob der Klaganspruch zur ausschließlichen Zuständigkeit der Landgerichte gehört. Diese Frage ist nach Lage der Sache zu bejahen. Mit der Klage werden Pensionsbeträge kondiziert, die ein im preußischen Militärdienste pensionierter Invalide zu Unrecht erhoben haben soll. Danach kann zu Gunsten der Revision allerdings nicht der § 70 Abs. 2 Ziff. 1 G.V.G., soweit derselbe Ansprüche auf Grund des Reichsbeamtengesetzes vom 31. März 1873 betrifft, herangezogen werden. Denn, abgesehen von der Frage, ob der Erblasser der Beklagten als Reichsbeamter im Sinne des gedachten Gesetzes (§ 1) angesehen werden könnte, finden die Bestimmungen der §§ 149. 152. 153 desselben, wonach über vermögensrechtliche Ansprüche der Reichsbeamten aus ihrem Dienstverhältnisse der Rechtsweg zugelassen, und die Entscheidung in letzter Instanz dem vormaligen Reichsoberhandelsgerichte übertragen ist, in Gemäßheit des § 157 auf Soldaten nur in dem hier nicht vorliegenden Falle eines Defektenverfahrens (§§ 134—148) Anwendung. Wohl aber steht der Revision zufolge des Vorbehaltes, der in § 70 Abs. 3 G.V.G. zu Gunsten der Landesgesetzgebung in Bezug auf Ansprüche der Staatsbeamten gegen den Staat aus ihrem Dienstverhältnisse gemacht ist, der § 39 Ziff. 1 des preußischen Ausführungsgesetzes vom 24. April 1878 zur Seite. Der Erblasser der Beklagten gehörte als Militärbedienter nach den §§ 1 flg. A.L.R. II. 10 zu den Staatsdienern. Über vermögensrechtliche Ansprüche derselben an den Staat gewährt das Gesetz vom 24. Mai 1861 den Rechtsweg, und zwar ohne Unterschied des Wertsgegenstandes bis zur dritten Instanz (§§ 1. 4). Der Grund der letzteren Vorschrift, auf dem jetzt auch der

§ 509 Ziff. 2 C.P.O., der § 70 G.V.G. und der § 39 Nr. 1 des preußischen Ausführungsgesetzes vom 24. April 1878 beruhen,

vgl. Entsch. des R.G.'s in Civils. Bd. 14 S. 366,

ist dem Interesse, welches der Staat an der Wahrung einheitlicher Grundsätze bezüglich der dienstlichen Rechtsverhältnisse hat, entnommen. Von diesem gesetzgeberischen Gesichtspunkte aus hat das Reichsgericht bereits in dem Urteile vom 22. Dezember 1881 (Jurist. Wochenschr. 1882 S. 76) angenommen, daß der §. 70 G.V.G. wie der § 39 des preußischen Ausführungsgesetzes zu demselben hinsichts der Parteirolle nicht unterscheidet, sodaß diese Vorschriften auch im Falle einer Kondiktion des Fiskus wider den Beamten Platz greifen. Der jetzige Streitfall hat nun auch eine Kondiktion des Reichsmilitärfiskus in Bezug auf Pensionsbezüge eines Invaliden zum Gegenstande; nur daß dieselbe gegen den Nachlaß des Pensionierten in Händen seiner Rechtsnachfolger geltend gemacht wird. Dieser Umstand erscheint jedoch nicht geeignet, die Anwendung des § 39 Ziff. 1 des Gesetzes vom 24. April 1878 auszuschließen, da der Klaganspruch immerhin in der Person des Invaliden selbst erwachsen ist, und deshalb auch hier die Rücksicht auf Wahrung der Rechtseinheit den maßgebenden Gesichtspunkt bildet, während die Thatsache des Todes des Pensionierten nur für die Legitimationsfrage in Betracht kommt.

2. In der Sache selbst hat das Berufungsgericht die Abweisung des auf die eigentliche Invalidenpension bezüglichen Klaganspruches dahin begründet: Der Erblasser der Beklagten sei nach dem preußischen Gesetze vom 6. Juli 1865 pensioniert und habe deshalb gegenüber den Reichsgesetzen über die Pensionierung und Versorgung der Militärpersonen des Reichsheeres vom 27. Juni 1871 und 4. April 1874 ein wohlerworbenes Recht gehabt. Nun bestimme freilich der § 112 Abs. 2 des Reichsgesetzes vom 27. Juni 1871, daß die §§ 99—108 und somit auch der hier in Betracht kommende § 102 desselben auf bereits ausgeschiedene Militärpersonen, unbeschadet etwa schon erworbener höherer Ansprüche, sich miterstrecken sollten. Indes nach §§ 17. 23 des Ergänzungsgesetzes vom 4. April 1874 solle dies nur insoweit geschehen, als den Ausgeschiedenen nicht die früher anwendbar gewesenen Vorschriften günstiger seien, und zwar mit rückwirkender Kraft. Und das preußische Gesetz vom 6. Juli 1865 sei für die Pensionierten günstiger gewesen, insofern es eine Anrechnung des Dienst-

einkommens, welches dieselben aus einer Civilbeschäftigung bezögen, nicht vorgesehen habe.

Diese Ausführung ist von der Revision mit Recht als auf Gesetzesverletzung beruhend angefochten. Unter den in § 17 des Gesetzes vom 4. April 1874 bezeichneten Vorschriften, die vor der Wirksamkeit des Reichsgesetzes vom 27. Juni 1871 auf Militärpersonen, wie sie der § 112 Abs. 2 desselben im Sinne hat, anwendbar gewesen, lassen sich nicht allein eigentliche Gesetze verstehen. Vielmehr ist dabei an den gesamten früheren Rechtszustand in den einzelnen Bundesstaaten gedacht, sodaß auch der Gesetzeskraft entbehrende Erlasse des Staatsoberhauptes und Anordnungen der Verwaltungsbehörden in Betracht kommen können. Es muß hier zunächst darauf hingewiesen werden, daß schon der Art. 61 der deutschen Reichsverfassung vom 16. April 1871 die Bestimmung enthält, es solle nach Publikation derselben im ganzen Reiche die gesamte preußische Militärgesetzgebung ungesäumt eingeführt werden, sowohl die Gesetze selbst, als die zu ihrer Ausführung, Erläuterung oder Ergänzung erlassenen Reglements, Instruktionen und Reskripte. Sodann bemerken die Motive zu dem Entwurfe des Reichsgesetzes vom 4. April 1874 mit Bezug auf die Bestimmung des § 18 Ziff. 4b (jetzt des § 17), daß durch dieselbe dem in § 112 Abs. 2 des Reichsgesetzes vom 27. Juni 1871 gemachten Vorbehalt („unbeschadet der etwa bereits erworbenen höheren Ansprüche") eine dem § 47 Abs. 2 desselben Gesetzes mehr entsprechende Fassung gegeben werden solle (Drucksachen des Reichstages von 1874 Bd. 3 Nr. 10); und der fragliche § 47 Abs. 2, welcher die Rückwirkung des Gesetzes vom 27. Juni 1871 auf die Rechtsverhältnisse von Offizieren betrifft, spricht von den bis dahin gültig gewesenen Vorschriften. Auch beziehen sich die Motive zu dem Gesetze vom 4. April 1874 bei der Begründung des § 16 des Entwurfes, welcher den Fall des § 107 des Reichsgesetzes vom 27. Juni 1871, d. h. eine Anstellung oder Beschäftigung des pensionierten Soldaten im Civildienste im Auge hat, auf die älteren preußischen Bestimmungen betreffs der Einziehung, Kürzung ꝛc der Invalidenpension für den gedachten Fall (Drucksachen a. a. O. S. 106). Ferner tritt der innere Grund hinzu, daß nach der geschichtlichen Entwickelung nicht anzunehmen ist, daß seitens der Reichsgesetzgebung nicht der gesamte preußische Rechtszustand berücksichtigt sein sollte. Es mag noch erwähnt werden, daß auch das neueste Ergänzungsgesetz zum Reichsgesetze vom 27. Juni 1871, nämlich das Reichsgesetz vom 22. Mai 1893, in dem Art. 23, welcher die rückwirkende Kraft des Gesetzes betrifft, von früheren gesetzlichen oder sonstigen Vorschriften spricht.

Geht man von der obigen Auslegung des § 17 des Gesetzes vom 4. April 1874 aus, so kommt dem Argumente des Berufungsgerichtes, daß das preußische Gesetz vom 6. Juli 1865 eine Anrechnung des Diensteinkommens aus einer Civilanstellung oder Civilbeschäftigung auf die Invalidenpension nicht kennt, entscheidende Bedeutung nicht zu. Vielmehr hätte das Berufungsgericht prüfen müssen, ob nicht anderweite gültige Bestimmungen über die fragliche Materie in Preußen bestanden haben. Und mit Recht weist die Revision darauf hin, daß derartige Bestimmungen in den §§ 1. 2 des durch die Kabinettsorder vom 5. Juli 1844 genehmigten Beschlusses des preußischen Staatsministeriums vom 30. Mai 1844 enthalten gewesen sind. Nach dem § 1 des Beschlusses sollte, sobald ein mit einem Gnadengehalte entlassener Militärinvalide in einer etatsmäßigen oder einer anderen bestimmten Stelle Anstellung fände, die Zahlung des Gnadengehaltes sofort aufhören; und der § 2 dehnte diese Rechtsfolge noch besonders auf den Fall der Anstellung im Dienste eines ständischen Institutes aus. Die Kabinettsorder vom 5. Juli 1844 ist allerdings nur im Ministerialblatte für die innere Verwaltung von 1844 S. 297, nicht in der Gesetzsammlung publiziert. Allein, wenn sie demzufolge in Gemäßheit des Gesetzes vom 3. April 1846 auch der Gesetzeskraft entbehrt,

vgl. Entsch. des R.G.'s in Civils. Bd. 16 S. 211, Bd. 22 S. 254,

so hindert dies in dem oben dargelegten Sinne des § 17 des Gesetzes vom 4. April 1874 nicht, die Kabinettsorder und den auf Grund derselben erlassenen Staatsministerialbeschluß als früher anwendbar gewesene Vorschriften anzusehen. Daß dieselben in der That den früheren Rechtszustand für Preußen enthalten haben, ergiebt sich aus folgendem. Das preußische Gesetz vom 6. Juli 1865 bildet, wie dessen Materialien ergeben (Drucksachen des Abgeordnetenhauses von 1865 Bd. 4 S. 340), nur eine Ergänzung des Gesetzes vom 4. Juni 1851 (G.S. S. 404). In dem § 26 des letzteren Gesetzes sind alle bisherigen Bestimmungen, die mit demselben nicht in Einklang stehen möchten, aufgehoben, woraus zu schließen ist, daß alle nicht entgegenstehenden Bestimmungen unberührt bleiben sollten. Das Gesetz enthält so wenig, wie das Ergänzungsgesetz vom 6. Juli 1865, Vorschriften über die Kürzung oder das Ruhen der Invalidenpension im Falle einer Anstellung oder Beschäftigung im Civildienste. Bei der Vorberatung des Entwurfes zu dem Gesetze vom 6. Juli 1865 in der Kommission des Abgeordnetenhauses erachtete ein Mitglied deshalb es für angezeigt, in das Gesetz die wesentlichen Bestimmungen aus dem Staatsministerialbeschlusse vom 30. Mai 1844, der die Kompetenzen der mit Civilversorgungsscheinen beteiligten Invaliden bei ihrer Anstellung im Civildienste regele, aufzunehmen. Die Kommission lehnte dies jedoch ab, weil sie mit dem Regierungskommissar der Meinung war, es würde damit eine ganz fremde Materie in das Gesetz hineingezogen.

Vgl. den Kommissionsbericht des Abgeordnetenhauses zu § 25 des Entwurfes, Drucksachen a. a. O. S. 852.

Schon das weitere preußische Ergänzungsgesetz vom 9. Februar 1867 (G.S. S. 217) enthält übrigens die Bestimmung, daß die darin gewährten besonderen Zulagen den Invaliden auch bei deren Anstellung im Civildienste verbleiben sollten; was darauf hindeutet, daß bei der eigentlichen Pension eine entgegengesetzte Rechtsfolge als geltender Rechtszustand vorausgesetzt ist. Zudem sind auch in den Motiven, welche dem Entwurfe des Reichsgesetzes vom 4. April 1874 zu § 16 beigegeben waren, als ältere preußische Vorschriften über Einziehung, Kürzung und Wiedergewährung der Invalidenpensionen im Falle der Anstellung der Pensionäre im Civildienste die in dem Staatsministerialbeschlusse vom 30. Mai 1844 getroffenen allgemeinen Bestimmungen bezeichnet, und im Reichstage ist Widerspruch hiergegen nicht hervorgetreten.

Vgl. Drucksachen des Reichstages von 1874 Bd. 3 S. 106.

Aus der vorstehenden Darlegung ergiebt sich, daß das Berufungsurteil dem § 17 des Reichsgesetzes vom 4. April 1874 nicht gerecht geworden ist. Deshalb unterliegt dasselbe insoweit der Aufhebung, und die Sache muß zu anderweiter Prüfung auf der oben bezeichneten Grundlage in die Vorinstanz zurückverwiesen werden."

32. 1. Ist derjenige, welcher im Auftrage und für Rechnung des Ausstellers Wechsel von deren Inhaber zu einem die Wechselsumme nicht erreichenden Preise erworben hat, berechtigt, im Konkurse des Acceptanten die Wechsel zum vollen Betrage für eigene Rechnung mit der Beschränkung zu liquidieren, daß er Anspruch auf eine Konkursdividende nur in Höhe seiner Forderung an den Aussteller erhebt?

2. Gilt dies auch in dem Falle, wenn die Wechsel von dem Gemeinschuldner nur aus Gefälligkeit gegen den Aussteller acceptiert waren?

3. Unzureichende Feststellung des Sachverhältnisses; mangelnde Ausübung des Fragerechtes.

I. Civilsenat. Urt. v. 3. März 1894 i. S. P. S. u. H. S. (Kl.) w. R. als Verwalter im Konkurse des K. (in Firma J. S.) (Bekl.) Rep. I. 514/93.

I. Landgericht Stettin.
II. Oberlandesgericht daselbst.

Die Kläger haben zum Konkurse des Franz K. (in Firma J. S.) unter anderem 47 394,55 ℳ aus einer großen Zahl von Wechselaccepten des Gemeinschuldners mit der Erklärung angemeldet, daß, insoweit die auf diese Wechselforderungen entfallende Konkursdividende den Betrag von 5112 ℳ übersteige, sie auf den Überrest zu Gunsten der Masse verzichten würden. Die Forderung ist von dem Konkursverwalter bestritten. P. und H. S. haben infolgedessen wider den Verwalter auf Feststellung mit einer ähnlichen Erklärung Klage erhoben. In der Berufungsinstanz haben Kläger beantragt, die angemeldeten Wechselforderungen mit der Maßgabe festzustellen, daß von der auf diese Forderung entfallenden Konkursdividende den Klägern nur ein Betrag von 5112 ℳ auszuzahlen sei. In der ersten und zweiten Instanz ist die Klage abgewiesen, auf die Revision der Kläger aber das Berufungsurteil aufgehoben aus folgenden

Gründen:

... „Das Berufungsgericht hat es zunächst an der ihm obliegenden Ausübung der Fragepflicht fehlen lassen, um einen Thatbestand zu gewinnen, auf Grund dessen ein die Sache erledigendes

Urteil gefällt werden kann. Schon aus diesem formellen Grunde unterliegt das Berufungsurteil der Aufhebung.

1. Die Entscheidungsgründe beginnen mit dem Satze, die Kläger seien allerdings nicht nach Art. 36 W.O. als Inhaber der zur Feststellung angemeldeten Wechsel legitimiert. . . . Nach dem Thatbestande des erstinstanzlichen Urteiles sind die Kläger **Inhaber** der von ihnen spezifizierten Wechsel, welche sämtlich von dem Kaufmanne J. S. in Pencun ausgestellt und **giriert** sowie von dem Kridar Franz K. acceptiert sind. Die Kläger haben sich in der Klage erboten, die Originalwechsel vorzulegen. Aus den Akten erhellt nicht, daß diese Vorlegung auch nur zur Prüfung, ob überhaupt formell korrekte Wechsel vorliegen, aus denen sich ein Anspruch ergiebt, gefordert sei. Auch Abschriften der Wechsel sind weder bei den Akten noch sonst in Bezug genommen. Die „Spezifikation“ ist lediglich ein Verzeichnis von Daten und Summen, aus welchen eine Gesamtsumme von 47 394,55 ℳ gezogen ist. Die Daten erstrecken sich über die Jahre 1888, 1889, 1890, 1891, 1892, 1893. Nach diesem Verzeichnisse handelt es sich um 48 Nummern. Die Revisionskläger haben in der mündlichen Verhandlung vor dem Reichsgerichte die angeblichen Originalwechsel vorgelegt. Dieselben tragen sämtlich als Aussteller den Namen J. S., sie sind alle von Pencun datiert und auf Franz K. in Pencun an die Order des Ausstellers gezogen. Die Verfalltage und die Wechselsummen stimmen mit den Tagen und Summen des mit der Klage übergebenen Verzeichnisses überein; nur der vom 1. Oktober 1887 datierte Wechsel über 1400 ℳ hat als Verfalltag nicht den 10. April 1893, sondern den 1. April 1893. Die dem Reichsgerichte vorgelegten Wechsel sind aber sämtlich vom Aussteller in blanco giriert. Ist das richtig, so würden die Kläger allerdings nach Wechselrecht zur Klage legitimiert sein.

2. Die dem Reichsgerichte vorgelegten Wechsel sind sämtlich bei Louis S. in Stettin zahlbar gestellt und waren sämtlich verfallen, als das Oberlandesgericht das Berufungsurteil verkündete. Sind die dem Reichsgerichte vorgelegten Wechsel diejenigen, aus welchen die Klage erhoben ist, so würde es bei diesen der rechtzeitigen Protesterhebung bedurft haben, um den wechselmäßigen Anspruch aufrecht zu halten, bezw. zu begründen; derselbe mag nun gegen J. S. oder gegen Franz K. verfolgt werden. Eine Erörterung, ob solche Proteste er-

hoben sind, wäre veranlaßt gewesen, wenn die Vorlegung der Wechsel in der Vorinstanz gefordert worden wäre.

3. Nach der thatsächlichen Feststellung des ersten Urteiles haben die Kläger die Wechsel von dem damaligen Inhaber R. für 7500 ℳ zurückgekauft. Demnächst hat Franz K. das Geschäft des J. S. mit dessen Firma gekauft. Bevor dieser Kauf vollzogen war, hat aber J. S. den Klägern, welche den Kauf im Auftrage und für Rechnung des J. S. geschlossen hatten, die 7500 ℳ erstattet. Abweichend von dieser Feststellung behaupten die Kläger in der Berufungsinstanz, sie hätten die Wechsel am 3. März 1888 für 9000 ℳ erworben, wovon sie 7500 ℳ bar und 1500 ℳ in Wechseln gegeben hätten. Bei der gefahrdrohenden Lage der Firma J. S. hätten sie sich aber davor zu schützen suchen müssen, für ihre Aufwendung nur die etwaige Konkursrate zu erlangen, und deswegen vor dem Erwerbe der Wechsel dem J. S. und F. K. erklärt, sie müßten wegen ihrer Aufwendungen gesichert sein, ihre Absicht müsse daher dahin gehen, die Wechsel für sich zu vollem Eigentume zu erwerben und von dem durch den damaligen Inhaber der Wechsel J. R. auf sie zu übertragenden Wechselrechte soweit Gebrauch zu machen, als zu ihrer Befriedigung nötig sei. Hierzu sei auch der Betrag von 1500 ℳ zu rechnen, welchen J. S. dem Paul S. für das Zustandebringen des damaligen Akkordes zugesichert habe, und eine anderweitige Kontoforderung, wegen welcher sie sich gleichfalls den Genannten gegenüber ausdrücklich vorbehalten hätten, Deckung in den Wechseln zu nehmen. Als später im Jahre 1890 die Firma auf F. K. übertragen sei, hätten beide Kontrahenten J. S. und F. K. in dem Überlassungsvertrage anerkannt, daß die Kläger im Falle des Konkurses der Firma J. S. berechtigt sein sollen, die Wechsel bis zu ihrer vollen Befriedigung wegen der 9000 ℳ und ihres Kontoguthabens geltend zu machen.

Das Berufungsgericht hat unterlassen, die Kläger danach zu fragen, worin das anderweite Kontoguthaben bestanden hat, auf wie hoch sich dasselbe bezifferte, wieviel die Kläger gezahlt erhalten haben, wie sie, soweit der Beklagte die thatsächlichen Angaben bestreitet, dieselben erweisen wollen, und danach eine thatsächliche Feststellung zu treffen, ob und wieviel die Kläger von J. S. zu fordern hatten. Dieser Feststellung bedurfte es, weil, die Begründung der klägerischen Wechselforderung vorausgesetzt, ohne sie eine Aburteilung dessen, was sich als Einrede des Beklagten und als dagegen gerichtete Replik qualifiziert, nicht möglich ist.

4. Dasjenige, was der Berufungsrichter in den Gründen seines Urteiles zur Rechtfertigung der Abweisung der Klage entwickelt, ist nicht geeignet, das Urteil zu tragen. Der Berufungsrichter führt aus, daß, weil seiner Annahme nach Kläger die Wechsel im Auftrage und für Rechnung des S. eingelöst haben, sie aus diesem Rechtsgeschäfte nur einen Anspruch ex mandato gegen J. S., aber keinen Anspruch aus den Wechseln haben. Das ist rechtsirrtümlich. Haben die Kläger, wenn schon im Auftrage des S., in eigenem Namen die Wechsel von deren Inhaber erworben, indem sie ihm überdies aus eigenen Mitteln eine Abfindungssumme zahlten, so wurden sie Eigentümer der Wechsel. Waren die von dem Aussteller an eigene Order gezogenen Wechsel von demselben in blanco giriert, so waren die Kläger wechselmäßig legitimiert, die Rechte aus denselben gegen den Acceptanten geltend zu machen, und ihre Wechselklage war an sich begründet, wenn sie die durch die Wechselforderung vorgeschriebenen Formalitäten erfüllt hatten. In Frage kommen kann nur, ob dem Acceptanten, jetzt dem Konkursverwalter, Einreden gegen diesen wechselmäßigen Anspruch zustehen.

Der Beklagte hatte behauptet, daß auf seiten des Gemeinschuldners nur Gefälligkeitsaccepte vorgelegen haben, und daß der Aussteller ihm gegenüber verpflichtet gewesen sei, die Wechsel bei Verfall einzulösen. Wenn nun auch der Berufungsrichter ohne Gesetzesverletzung angenommen hat, dies sei in der Berufungsinstanz nicht mehr bestritten, so würde doch daraus allein dem Beklagten keine Einrede zustehen, sofern die Kläger, als sie die Wechsel im Auftrage des Ausstellers, aber im eigenen Namen und unter Aufwendung ihrer Mittel erwarben, nicht wußten, daß Gefälligkeitsaccepte vorlagen. Wußten sie es nicht, so würde ihnen, wenn sie im Laufe des Prozesses dies Verhältnis erfuhren, eine Einrede des Beklagten zwar dann entgegenstehen, wenn sie kein eigenes Interesse an der Verfolgung des Wechselanspruches gegen den Acceptanten hatten. Das Berufungsurteil stellt aber weder das eine noch das andere fest.

Daraus allein, daß sie die Wechsel für Rechnung von J. S. erworben haben, folgt nicht, daß sie die Wechsel in dem vorliegenden Konkurse auch für Rechnung von J. S. verfolgen, wenn ihnen noch unbefriedigte Ansprüche an J. S. zustehen, zumal wenn zwischen ihnen und S. bei Annahme des Auftrages ausgemacht war, daß sie berechtigt sein sollten, wegen ihrer Forderungen an J. S. die Wechsel in voller Höhe bis zur Befriedigung ihrer Auslagen geltend zu machen.

Mit Unrecht sieht das Berufungsgericht ein solches Abkommen für rechtsunwirksam an. Dasselbe begründet keineswegs bloß ein Retentionsrecht der Kläger an dem von ihnen erworbenen Papiere. Der Beklagte hätte ja den Klägern an den Wechselforderungen, wenn sie dieselben in seinem Namen erworben hätten, zu ihrer Sicherung wegen ihrer Auslagen und sonstigen Forderungen ein Pfandrecht bestellen oder ihnen die Wechsel als Eigentum in securitatem übertragen können. In diesem Falle würde J. S. nichts dagegen haben einwenden können, wenn die Kläger die Wechselforderungen gegen den Acceptanten oder in dessen Konkurse bis dahin verfolgten, daß sie wegen ihrer Auslagen und sonstigen Forderungen an J. S. befriedigt wären. Umsoweniger wäre der Acceptant oder der Beklagte berechtigt, hiergegen etwas einzuwenden. Nun braucht man gar nicht auf Artt. 378. 374 H.G.B. zurückzugehen, um ein Pfandrecht, welches die Kläger zur Verfolgung der Wechsel zu ihrem Nominalbetrage auch im Konkurse des Acceptanten bis zur Befriedigung ihrer Auslagen befugte, darzulegen. Jenes von den Klägern behauptete Abkommen allein genügte, um ihnen das Recht zuzusprechen, die Wechsel, welche ihnen gehören, solange sie noch etwas an J. S. zu fordern haben, wegen dieser Forderungen, und bis sie deshalb befriedigt sind, in dem K.'schen Konkurse zu verfolgen.

Ganz anders würde die Sache dann liegen, wenn es wahr wäre, was der erste Richter angenommen hat, daß die Kläger eine Forderung an J. S. nicht mehr haben, wenn das von den Klägern behauptete Abkommen nicht getroffen war, und wenn ihnen das, was sie für Rechnung des J. S. aufgewendet hatten, um die Wechsel zu erwerben, von diesem erstattet war. Denn dann würden sie, wenn sie sich nicht einer Unredlichkeit schuldig machen wollten, die Wechsel ohne eigenes Interesse nur für Rechnung des J. S. einziehen können, welchem der Acceptant nichts schuldet. Dann stände ihnen also die exceptio doli entgegen.

Darum bedarf es einer Erörterung und Feststellung des Rechts=

und Rechnungsverhältnisses, wie es zwischen den Klägern und J. S. besteht und bestand.

5. Was das Berufungsurteil über die Ungültigkeit eines für den Fall des Konkurses von J. S. zwischen den Klägern und J. S. getroffenen Abkommens ausführt, ist gegenstandslos, da es sich hier nicht um den Konkurs von J. S., sondern um den Konkurs von Franz K. handelt. Daß Franz K., der Acceptant der Wechsel, inzwischen Inhaber der Handlung geworden ist, welche zur Zeit, als das Abkommen getroffen wurde, von dem Aussteller J. S. und der gleichnamigen Firma betrieben wurde, kann nicht bewirken, daß der Inhalt jenes Abkommens und seine angebliche Ungültigkeit nun auf diesen Konkurs bezogen werden. Daß sich J. S. für seine Person im Konkurse befindet, davon ist nirgends die Rede. Das würde auch ganz unerheblich sein, da hier Rechte gegen J. S. nicht verfolgt werden." . . .

II. Gemeines Recht.

33. Ist es zulässig, bei subjektiver Unmöglichkeit der Erfüllung eines Vertrages die Klage auf die ursprüngliche Vertragsleistung zu richten?

III. Civilsenat. Urt. v. 3. Oktober 1893 i. S. L. H. (Kl.) w. F. S. u. Gen. (Bekl.) Rep. III. 126/93.

I. Landgericht Weimar.
II. Oberlandesgericht Jena.

Nach Inhalt der Klage verpachtete der Schmiedemeister H. S. in Z. an den Kläger L. H. in Z. auf die sechs Jahre vom 1. Oktober 1889 bis dahin 1895 vier Grundstücke, von denen eins dem Verpächter gehörte, drei aber im Eigentume seiner Ehefrau und im ehemännlichen Nießbrauche des Verpächters standen. Während dieses Pachtverhältnisses, am 14. März 1890, starb der Verpächter und hinterließ als testamentarische Erben seine genannte Ehefrau sowie drei Kinder, wobei insbesondere der ersteren der lebenslängliche Nießbrauch an den gesamten Grundstücken des Verstorbenen, darunter auch an dem angeblich verpachteten, überwiesen war. Bald nach dem Tode ihres Ehemannes entzog die Witwe S. dem Kläger die von ihm als erpachtet bezeichneten Grundstücke und nahm dieselben in ihre eigene Benutzung. L. H. erhob darauf gegen die Witwe S. und deren drei Kinder, als Erben des Schmiedemeisters H. S., Klage auf Anerkennung des Pachtverhältnisses, Aushaltung des Pachtvertrages und Unterlassung jeder weiteren Störung. Die Geschwister S. bestritten unter Hinweis auf das der Witwe S. zur Zeit teils als Eigentümerin, teils als Nießbraucherin zustehende ausschließliche Verfügungsrecht über die angeblichen Pachtgrundstücke ihre Passivlegitimation.

Die erste Instanz wies durch Teilurteil die Klage gegen die drei Geschwister S. ab, die zweite Instanz hielt diese Entscheidung aufrecht. Auf die Revision des Klägers wurde das Berufungsurteil aufgehoben, und die Sache in die Berufungsinstanz zurückverwiesen.

Aus den Gründen:

... „Die Vorinstanz hat ihre Entscheidung darauf gestützt, daß zur Verfügung über die Pachtgrundstücke allein die Witwe S. befugt sei, diese aber deren Überlassung an den Kläger verweigere, und somit für die drei Geschwister S. eine subjektive Unmöglichkeit der Erfüllung vorliege, infolge deren der Anspruch auf die ursprüngliche Vertragsleistung — unbeschadet eines etwaigen Anspruches auf Schadloshaltung — nicht mehr stattfinde. Der Revisionskläger hat diese Ausführungen nicht angefochten, wohl aber die Klage den drei Geschwistern S. gegenüber, von denen die Berechtigung des Klägers bestritten werde, als Feststellungsklage aufrechtzuerhalten gesucht. Dem kann zwar nicht beigetreten werden, da sich die Klage sowohl nach der von dem Vertreter des Klägers in der Berufungsverhandlung abgegebenen Erklärung als nach dem maßgebenden Teile des Klagantrages (Aushaltung des Pachtverhältnisses und Unterlassung jeder Störung) lediglich als eine Leistungsklage darstellt.

Wohl aber ist dieselbe in ihrer Richtung gegen die drei Mitbeklagten aus einem anderen Grunde aufrechtzuhalten. Sofern (was noch des Beweises bedarf) ein Pachtvertrag zwischen dem Kläger und dem Erblasser der Beklagten in der von ersterem behaupteten Weise zustande gekommen ist, sind gegenwärtig an Stelle des Verstorbenen dessen Erben, darunter also die drei Geschwister S., zur Aushaltung dieses Vertrages verpflichtet. Allerdings sind sie wegen des ausschließlichen Verfügungsrechtes der Witwe S. nicht in der Lage, dem Pächter unmittelbar aus ihrem eigenen Rechte die Benutzung der Pachtgrundstücke zu gewähren. Allein hiermit ist ihre erwähnte Verpflichtung noch nicht aufgehoben. Denn die erwähnte Sachlage beruht nicht etwa auf einem zufälligen Ereignisse, sondern auf Verfügungen des Erblassers, insofern derselbe einmal die in seinem Nießbrauche befindlichen Grundstücke seiner Ehefrau über die Dauer dieses mit seinem Tode endigenden Rechtes hinaus und ohne Rücksicht auf dasselbe verpachtete und sodann das ihm selbst gehörige Pachtgrundstück ohne Rücksicht auf den Pachtvertrag seiner Ehefrau allein zum lebenslänglichen Nießbrauche hinterließ. Für die Folgen dieser Verfügungen aber ist von ihm und nach seinem Tode an seiner Stelle von seinen Erben einzustehen, ebenso wie in dem Falle, wenn er bei seinen Lebzeiten die Pachtgrundstücke an einen Dritten veräußert hätte (l. 9 pr. Dig. locati 19, 2). Ist hiernach an sich eine fortdauernde Verbindlichkeit der Beklagten aus dem Vertrage anzunehmen, so wird auch ferner durch eine auf ihrer Seite bestehende Unmöglichkeit, diese Verpflichtung in ihrer ursprünglichen Gestalt zu erfüllen, die Klage auf die eigentliche Vertragsleistung (das uti frui licere) nicht unzulässig. Denn der ursprüngliche Gegenstand der vertragsmäßigen Verpflichtung wird in solchem Falle nicht ohne weiteres verändert; es erscheint nicht unstatthaft, die Verurteilung zunächst auf Leistung desselben zu richten und hierdurch zugleich die Grundlage für etwaige beim Ausbleiben dieser Leistung eintretende Entschädigungsansprüche festzustellen.

Vgl. Windscheid, Pandekten Bd. 2 § 264 Anm. 7; Mommsen, Beiträge zum Obligationenrecht Bd. 1 S. 229 flg., Bd. 3 S. 413.

Allerdings wird dann, wenn der Verpflichtete (oder, wie hier, dessen Erblasser) die Erfüllung der betreffenden Verbindlichkeit durch eine von ihm zu vertretende Handlung unmöglich gemacht hat, auch die Klage auf das Interesse zugelassen. Hierdurch wird jedoch der Anspruch auf die vereinbarte Leistung nicht ohne weiteres, namentlich solange nicht eine objektive Unmöglichkeit vorliegt, ausgeschlossen, und demgemäß eine hierauf gerichtete Klage nicht beanstandet.

Vgl. die Urteile des Reichsoberhandelsgerichtes in Seuffert, Archiv Bd. 24 Nr. 28, Bd. 30 Nr. 29. 247, Bd. 34 Nr. 196." ...

---

34. Inwieweit können vertragsmäßige Ansprüche auf das Anhalten bestimmter Eisenbahnzüge an bestimmter Stelle gegen die Bahnverwaltungen im Rechtswege geltend gemacht werden?

III. Civilsenat. Urt. v. 27. Oktober 1893 i. S. Stadt Grabow (Kl.) w. Bahndirektion Altona (Bekl.). Rep. III. 127/93.

I. Landgericht Schwerin.
II. Oberlandesgericht Rostock.

Die Berlin-Hamburger Eisenbahngesellschaft hatte sich durch Vertrag vom 19. Juni 1845 der Stadt Grabow gegenüber verpflichtet, täglich ebensoviele Eisenbahnzüge zur Aufnahme von Personen und Sachen ebensolange auf dem Bahnhofe zu Grabow regelmäßig anhalten zu lassen, wie dies auf dem Bahnhofe zu Ludwigslust geschehe. Diese Verpflichtung ist mit dem Bahnunternehmen auf den preußischen Staat übergegangen und streitlos in neuerer Zeit nicht erfüllt. In der seitens der Stadt Grabow wider die zuständige Bahndirektion erhobenen Klage ist an erster Stelle beantragt, die Beklagte zur Erfüllung dieser Verpflichtung und dahin zu verurteilen, daß sie die vertragswidrige Durchfahrt von Bahnzügen ohne Aufenthalt auf der Station Grabow bei angemessener Strafe für jede Zuwiderhandlung unterlasse. Die in beiden Vorinstanzen erfolgte Abweisung des prinzipalen Klaganspruches ist in der Revisionsinstanz bestätigt aus folgenden

Gründen:

... „Die Verträge, durch welche bei Erbauung einer Eisenbahn den Grundeigentümern, deren Gebiet die Bahn durchschneidet, für die freie Abtretung von Grund und Boden oder sonstige Leistungen zur Förderung der Anlage als Entgelt vom Betriebsunternehmer die Anlegung von Bahnhöfen an bestimmter Stelle oder das Anhalten bestimmter Bahnzüge zugesichert wird, unterliegen grundsätzlich dem Prinzipe der Vertragsfreiheit und begründen, wie das Oberlandesgericht mit Recht annimmt, rein privatrechtliche Ansprüche unter den Kontrahenten, welche als solche dem Rechtswege nicht entzogen sind. Die Aufstellung und Abänderung der Fahrpläne, welche innerhalb Deutschlands im voraus öffentlich bekannt gemacht werden müssen, hängt jedoch nicht vom Belieben der einzelnen Bahnverwaltungen ab, sondern unterliegt der Kontrolle und endgültigen Entscheidung der hierfür bestimmten staatlichen Aufsichtsbehörden.

Vgl. Endemann, Recht der Eisenbahnen § 95 S. 441; Schroetter, Eisenbahnrecht S. 116. 190; Eger, Eisenbahnrecht Bd. 1 S. 77. 208. 209.

Das Eingreifen dieser obersten Verwaltungsbehörden in die von den einzelnen Bahnverwaltungen entworfenen Fahrpläne kann jederzeit, ohne Rücksicht auf die von diesen geschlossenen privaten Verträge, auf Grund der Hoheitsrechte der Einzelstaaten wie des Deutschen Reiches erfolgen, gleichviel ob dasselbe durch allgemeine Rücksichten auf die Sicherheit und Interessen des öffentlichen Verkehres veranlaßt wird oder auf besonderen gesetzlichen Bestimmungen beruht, wie z. B. Art. 41 Abss. 2. 3 und Art. 44 der Reichsverfassung, durch welche der Anschluß von Zweigbahnen, der durchgehende Verkehr und die Herstellung ineinander greifender Fahrpläne gesichert werden sollten.

Von dieser Befugnis hat, wie feststeht, die zuständige Aufsichtsbehörde Gebrauch gemacht, und sie war hierzu befugt, obwohl der hier fragliche Vertrag die landesherrliche Bestätigung durch die Großherzoglich mecklenburgische Regierung erhalten hat. Mag auch diese Bestätigung den vom Oberlandesgerichte angenommenen weitgehenden Inhalt haben, daß damit alle und jede Einzelbestimmung des Vertrages besonders genehmigt ist; den Sinn konnte der staatliche Konsens niemals haben, daß die Großherzogliche Landesregierung damit für alle Zeiten darauf verzichtete, aus zwingenden Gründen des öffentlichen Wohles in die Fahrpläne der Bahn zum Nachteile der Vertragsrechte der Stadt Grabow einzugreifen. Diese Befugnis verblieb der Großherzoglichen Landesregierung trotz der Bestätigung des Vertrages; denn sie beruht auf unveräußerlichen Hoheitsrechten, an deren Aufgeben umsoweniger gedacht sein kann, als die Bestimmung über die endgültige Regulierung der Fahrpläne der Berlin-Hamburger Bahn derzeit zum überwiegenden Teile von der Entschließung anderer konkurrierender Staatsgewalten abhing. Der obersten preußischen Verwaltungsbehörde stand daher, auch insoweit die Aufsichtsrechte über die Verwaltung und den Betrieb der Bahn auf der mecklenburgischen Strecke durch den Staatsvertrag vom 19. Dezember 1883 auf den preußischen Staat übertragen sind, das Recht zu, so wie hier geschehen, auf die Bestimmung des Fahrplanes entscheidend einzuwirken.

Diese Sachlage begründet die Zurückweisung des ersten Klaganspruches.

Dem Oberlandesgerichte kann darin nicht beigetreten werden, daß die Klagabweisung um deswillen erfolgen müsse, weil durch die Vollstreckung einer verurteilenden Entscheidung ein unzulässiger Konflikt der höchsten Gewalten des Staates herbeigeführt werde, da aus diesem Grunde einem begründeten Privatrechte die volle Anerkennung durch richterliches Urteil nicht versagt werden dürfte. Es ist aber durch die Anordnung der obersten Verwaltungsbehörde für die Beklagte eine nachträgliche Unmöglichkeit, ihrer Vertragsverpflichtung zu genügen, eingetreten, durch welche sie bis dahin vom Vertrage frei wird, daß sie durch Aufhebung oder Abänderung jener Verfügung wieder in den Stand gesetzt wird, den Vertrag thatsächlich erfüllen zu können." . . .

---

35. 1. Unter welchen Voraussetzungen kann die Rückgabe der Amtskaution nach Beendigung des Amtsverhältnisses verlangt werden?

2. Welche Bedeutung hat in dieser Beziehung ein gegen etwaige Gläubiger des betreffenden früheren Staatsbeamten erwirktes Ausschlußurteil, wenn nach dem maßgebenden Landesrechte der Staat Personen, welchen der Beamte wegen bei der Amtsführung begangener Versehen schadensersatzpflichtig sein sollte, subsidiarisch haftet?

3. Wesentlicher Inhalt eines Aufgebotes nach der Civilprozeßordnung.

VI. Civilsenat. Urt. v. 23. November 1893 i. S. der hamburgischen Finanzdeputation (Bekl.) w. de B. Erben (Kl.). Rep. VI. 221/93.

I. Landgericht Hamburg.
II. Oberlandesgericht daselbst.

Die Erben des verstorbenen hamburgischen Landhypothekenbeamten de B. hatten beim Amtsgerichte Hamburg ein Aufgebot in Ansehung aller an den Nachlaß zu erhebenden Ansprüche erwirkt, worauf, soweit der Hergang hier in Betracht kommt, nur eine Anmeldung des hamburgischen Hypothekenamtes erfolgt war, welche diejenigen, nicht näher bezeichneten, Ansprüche betraf, die dem hamburgischen Staate möglicherweise noch aus der Amtsführung des de B. zustehen könnten; sodann war das Ausschlußurteil ergangen. Darauf erhoben die erwähnten Erben gegen die Finanzdeputation als Vertreterin des hamburgischen Staates Klage auf Tilgung einer gewissen Klausel im Hypothekenbuche, mittels welcher ihr Erblasser dem Staate Sicherheit wegen etwaiger Ansprüche aus seiner Amtsführung bestellt hatte. Die Klage wurde in erster Instanz abgewiesen; auf klägerische Berufung erkannte aber das Oberlandesgericht zu Gunsten der Kläger. Dieses Urteil wurde vom Reichsgerichte aufgehoben aus folgenden

Gründen:

„Die Klausel, welche die Beklagte tilgen zu lassen durch das angefochtene Erkenntnis verurteilt worden ist, ist seinerzeit dem dem klägerischen Erblasser zugeschriebenen Hypothekposten angelegt worden, damit der letztere in der in der Klausel genannten Höhe dem hamburgischen Staate als Sicherheit diene für die etwaigen Schadensersatzansprüche, die diesem aus der Amtsführung des klägerischen Erblassers als Landhypothekenbeamten gegen denselben erwachsen könnten. Die Frage, wie lange nach Beendigung des Amtsverhältnisses, in Ermangelung besonderer gesetzlicher oder vertragsmäßiger Bestimmungen über diesen Punkt, eine solche Kaution zurückbehalten werden dürfe, ist vom Berufungsgerichte grundsätzlich richtig entschieden worden. Als maßgebend muß dabei nach den Grundsätzen von Treue und Glauben der Zweck der Kautionsbestellung und eine billige Berücksichtigung der Interessen beider Teile angesehen werden. Daher hat mit Recht das Oberlandesgericht einerseits die Ansicht zurückgewiesen, daß die Kaution, insofern nicht bestimmte, dem Staate bereits erwachsene Ansprüche nachgewiesen werden könnten, sofort nach Beendigung des Amtsverhältnisses zurückgegeben werden müsse; andererseits hat die Beklagte grundloserweise das vorige Urteil in dem Sinne angegriffen, als hätte sie ein Recht darauf, die Kaution so lange zu behalten, als es noch *möglich* bleibe, daß Ansprüche gegen die Kläger aus der Amtsführung ihres Erblassers hervortreten. Mit Recht will vielmehr das Berufungsgericht dem Staate zunächst eine ausreichende, nach den Umständen zu bemessende Frist zur Prüfung der Frage verstattet wissen, ob jenem Ansprüche aus der Amtsführung des betreffenden Beamten erwachsen seien, nach Ablauf derselben aber den Staat zur Rückgabe der Kaution für verpflichtet halten, falls er nicht die Gewißheit oder Wahrscheinlichkeit von Ansprüchen darthun könne, für welche die Kaution zu haften haben werde.

In Anwendung dieser Grundsätze hat nun das Oberlandesgericht zwar angenommen, daß an sich noch nicht so lange Zeit verstrichen sei, daß der Staat schon zur Freigebung der Kaution verpflichtet sein würde; es ist aber dennoch wegen des von den Klägern beim Amtsgerichte zu Hamburg in Ansehung der an den Nachlaß ihres Erblassers zu erhebenden Ansprüche erwirkten Ausschlußurteiles zur Verurteilung der Beklagten gelangt, weil es nun schon als feststehend gelten müsse, daß Ansprüche Dritter aus der Amtsführung des klägerischen Erblassers, für welche nach § 47 des hamburgischen Gesetzes von 1868 über Grundeigentum und Hypotheken der Staat subsidiarisch haften würde, sodaß ihm daraus ein Regreßanspruch gegen die Kläger entstehen könnte, nicht mehr geltend gemacht werden können; während andere Ansprüche als dem Staate aus jener Amtsführung möglicherweise zustehend von der Beklagten selbst nicht behauptet worden sind. Wenn nun die Beklagte diese Begründung auch deshalb angegriffen hat, weil das fragliche Ausschlußurteil nach § 834 Abs. 2 Ziff. 2 C.P.O. mit Erfolg würde angefochten werden können, so trifft diese Rüge allerdings nicht zu. Die Anfechtbarkeit des Ausschlußurteiles soll, wie die Beklagte meint, daraus folgen, daß in dem betreffenden Aufgebote die Amtsstellung des klägerischen Erblassers als Hypothekenbeamten keine Erwähnung gefunden habe, während doch nach dem in Hamburg geltenden gemeinen deutschen Rechte in einem an Erbschaftsgläubiger gerichteten Aufgebote der Stand und das Gewerbe oder der Beruf des Erblassers angegeben sein müsse. Allein selbst wenn, wie das Landgericht in dieser Sache angenommen hatte, ein gemeines Gewohnheitsrecht dieses Inhaltes nachzuweisen wäre — was keineswegs anzuerkennen ist —, so würde dasselbe der Reichscivilprozeßordnung gegenüber nicht mehr in Betracht kommen. Denn es würde nicht zum materiellen Rechte gehört, sondern nur das Aufgebotsverfahren betroffen haben, und dieses ist jetzt, abgesehen von dem in § 11 des Einführungsgesetzes zur Civilprozeßordnung gemachten Vorbehalte für neu zu erlassende Landesgesetze, ausschließlich durch das 9. Buch der Civilprozeßordnung geregelt, soweit nicht in dem letzteren selbst auf „das Gesetz" verwiesen ist, worunter allerdings nach § 12 des Einführungsgesetzes zur Civilprozeßordnung auch ältere landesrechtliche Normen aller Art mitbegriffen sind. Nun soll sich der jetzt in Rede stehende Angriff, im Anschlusse an die Ausführungen des Landgerichtes, allerdings auf eine solche in der Civilprozeßordnung enthaltene Verweisung stützen, eben auf die in § 834 Abs. 2 Ziff. 2 vorkommende Verweisung auf die „in dem Gesetze vorgeschriebene Art der Bekanntmachung". Aber die Aufnahme der Angabe des Standes und Berufes des Erblassers ins Aufgebot könnte nicht als eine „Art der Bekanntmachung" gelten; vielmehr würde sie zum Inhalte des Aufgebotes gehören, um dessen Bekanntmachung als eines fertigen es sich in § 834 Abs. 2 Ziff. 2, wie auch in § 825 C.P.O. erst handelt. Über den Inhalt des Aufgebotes aber bestimmt § 824 Abs. 2 daselbst, der freilich insofern auch bei der Anwendung des § 834 Abs. 2 Ziff. 2 in Betracht kommt, als man bei einem Verstoße gegen jenen sagen kann, es sei nun ein diesem Ausschlußurteile entsprechendes Aufgebot gar nicht bekannt gemacht.

Vgl. v. Wilmowski u. Levy, Civilprozeßordnung, 6. Aufl., Bd. 2 Bem. 6 zu § 834 S. 1107.

Wenn nun aber in § 824 Abs. 2 einige Bestandteile des Aufgebotes genannt werden, die „insbesondere" aufzunehmen seien, während zur Ergänzung hier keineswegs auf „das Gesetz" verwiesen wird, so kann das nur den Sinn haben, daß jener bezeichnete Inhalt allein wesentlich sein, das übrige dagegen dem Ermessen des Aufgebotsrichters überlassen bleiben soll.

Vgl. auch v. Wilmowski u. Levy, a. a. O. Bem. 5 zu § 824 S. 1101.

Mit Recht hat aber die Beklagte das Berufungsurteil deshalb angegriffen, weil dasselbe darauf beruhe, daß dem Ausschlußurteile eine diesem nicht zukommende formelle Bedeutung beigelegt sei. Freilich durfte unbedenklich das Oberlandesgericht den Staat aus dem Grunde schon zu einer früheren Freigebung der Amtskaution für verpflichtet erklären, weil die Kläger ihrerseits die Gewißheit, oder weil sie auch nur die Wahrscheinlichkeit nachgewiesen hätten, daß keine hier in Betracht kommenden Ansprüche mehr hervortreten würden; denn auch das würde den dergleichen Obligationsverhältnisse beherrschenden Grundsätzen von Treue und Glauben entsprochen haben. Auch hätte das Berufungsgericht für eine solche Beweiswürdigung natürlich auch den Umstand verwerten können, daß die Kläger jenes Ausschlußurteil erlangt haben, falls es ihm deshalb unwahrscheinlich vorgekommen wäre, daß jetzt noch Ansprüche der fraglichen Art mit Erfolg hervortreten könnten. So hat nun aber das Oberlandesgericht seine Entscheidung nicht begründet, sondern sie unzweideutig nur auf die formelle Bedeutung gestützt, welche es dem Ausschlußurteile in dieser Beziehung beimessen zu sollen gemeint hat, indem dessen Rechtskraft bis auf weiteres, solange es nicht nach § 834 Abs. 2 C.P.O. angefochten sei, von jedermann, also auch von der Beklagten, respektiert werden müsse. Ganz abgesehen von der Frage, ob der Begriff der Rechtskraft auf ein Ausschlußurteil überhaupt Anwendung findet, kommt es für die jetzt vorliegende Streitfrage gar nicht auf irgend eine formelle Wirkung des Ausschlußurteiles an, sondern nur auf die thatsächliche Frage, wie wahrscheinlich oder unwahrscheinlich es ist, daß noch Ansprüche Dritter aus der Amtsführung des klägerischen Erblassers auftauchen, für welche der Staat subsidiarisch aufzukommen haben würde. Daß dies durch das Ausschlußurteil unmöglich gemacht sei, nimmt das Oberlandesgericht selbst nicht an, und das würde auch ganz irrig sein, selbst abgesehen von der Frage, ob nicht vielleicht auch von einem durch das Ausschlußurteil den Klägern gegenüber Ausgeschlossenen doch die subsidiarische Haftung des Staates noch in Anspruch genommen werden könnte, wo dann nach den vom Reichsgerichte,

vgl. Entsch. des R.G.'s in Civils. Bd. 20 S. 219,

aufgestellten Grundsätzen der Regreß des Staates gegen die Kläger keinesfalls ausgeschlossen sein würde. Es ist, weiter auch noch abgesehen von der Frage wegen der Möglichkeit einer Wiedereinsetzung in den vorigen Stand gegen das Ausschlußurteil, — welche allerdings vom I. Civilsenate des Reichsgerichtes (in der Sache Rep. I. 408/85, Hanseatische Gerichtszeitung von 1886, Beiblatt S. 115, und Bolze, Praxis des Reichsgerichts Bd. 2 Nr. 489) verneint worden ist, — jedenfalls nicht unmöglich, daß noch irgend jemand das Ausschlußurteil nach Maßgabe von § 834 Abs. 2 C.P.O. mit Erfolg anföchte, wenn auch selbst vielleicht mit unverdientem Erfolge. Außerdem bleibt sogar noch die Möglichkeit, daß irgend ein Anspruch eines Dritten als der eines erst nach Erlassung des Ausschlußurteiles wirklich durch einen vom klägerischen Erblasser verschuldeten Schaden Betroffenen und als daher durch das Ausschlußurteil gar nicht berührt anerkannt werden könnte." . . .

36. Kann der Verjährungseinrede gegenüber eine Replik darauf gestützt werden, daß die Verjährung durch ein Verschulden des Beklagten herbeigeführt worden sei?

VI. Civilsenat. Urt. v. 14. Dezember 1893 i. S. F. u. F. (Kl.) w. W. Testamentsvollstrecker (Bekl.). Rep. VI. 251/93.

I. Landgericht Hamburg.
II. Oberlandesgericht daselbst.

Aus den Gründen:

„C. L. W., als dessen Testamentsvollstrecker der Beklagte belangt ist, hatte früher mit seiner vorverstorbenen Ehefrau, deren Söhne erster Ehe die Kläger sind, ein anderes, gemeinschaftliches Testament errichtet, auf dessen Bestimmungen die Klage begründet worden ist. Es kommen hierfür in Betracht die Bestimmungen, daß nach dem Tode eines der Ehegatten der überlebende verpflichtet sein sollte, unter Zuziehung des Testamentsvollstreckers innerhalb sechs Wochen ein Verzeichnis der im Gesamtgute befindlichen Grundstücke und belegten Kapitalien aufzunehmen, zu unterzeichnen und dem Testamentsvollstrecker zu übergeben, und daß ein Teil, und zwar für den eingetretenen Fall des Vorversterbens der Ehefrau W. drei Viertel, der im Nachlasse befindlichen Kapitalien auf den Namen des Testamentes des Erstversterbenden belegt und nach dem Tode des Längstlebenden an die Intestaterben des ersteren ausgezahlt werden sollten. Der jetzt verstorbene W. hatte nach dem Tode seiner Ehefrau ein solches Verzeichnis auch aufgenommen, unterzeichnet und dem damaligen Testamentsvollstrecker Dr. G. übergeben, und drei Viertel des danach sich ergebenden Kapitales sind damals von Dr. G. in der vorgeschriebenen Weise belegt worden. Die Kläger, welche nebst zwei Schwestern, von denen jedoch die eine inzwischen verstorben ist, als nächste Intestaterben von der Ehefrau W. hinterlassen sind, behaupten aber nun, daß der beklagtische Testator damals erhebliche Kapitalien aus dem ehelichen Gesamtgute verschwiegen und ganz für sich behalten habe, und haben daher darauf geklagt, den Beklagten zu verurteilen, in erster Reihe ihnen ein eidlich zu bestärkendes Inventar über die im Gesamtvermögen der Eheleute W. bei dem im März 1865 erfolgten Tode der Ehefrau W. außer den — in der damaligen Abrechnung —

aufgeführten Werten vorhanden gewesenen Kapitalien zu erteilen und ihnen von diesen eine Hälfte, unter Abzug von zwei Dritteln des vom Beklagten im April 1889 dem Vollstrecker des gemeinschaftlichen Testamentes der W.'schen Eheleute überlieferten Betrages ... nebst Zinsen ... zu zahlen, eventuell aber ihnen 60000 ℳ nebst Zinsen ... zu zahlen, indem sie für den Fall, daß ihnen das verlangte Inventar nicht mitgeteilt werden sollte, die Höhe der von W. verheimlichten Kapitalien auf 120000 ℳ anschlagen. Diese Klage ist vom Berufungsgerichte lediglich auf Grund der Verjährungseinrede abgewiesen worden....

Dagegen, daß die Verjährungseinrede an sich als durchgreifend angesehen worden ist, kann ein rechtliches Bedenken nicht obwalten, da die nach den Hamburger Statuten 1, 21, 2 hier in Betracht kommende zehnjährige Frist seit dem Jahre 1865, in welchem die Ehefrau W. starb, und die Auseinandersetzung über das eheliche Gesamtgut zwischen dem damaligen Testamentsvollstrecker Dr. G. und dem beklagtischen Testator erfolgte, zur Zeit der Erhebung der gegenwärtigen Klage längst verstrichen war. ...

Dagegen mußte den Revisionsausführungen darin im wesentlichen recht gegeben werden, daß nach den hierbei maßgebenden Grundsätzen des gemeinen Rechtes das Berufungsgericht die zur Begründung der Replik der Arglist von den Klägern aufgestellten Behauptungen wenigstens in einer gewissen Beziehung nicht hätte als unerheblich behandeln dürfen. Der beklagtische Testator soll nach diesen Behauptungen durch seine Arglist oder wenigstens durch sein rechtswidriges Verhalten bewirkt haben, daß die Kläger ihre Ansprüche haben verjähren lassen. Eine solche Replik kann grundsätzlich der Verjährungseinrede gegenüber nicht für ausgeschlossen gelten. Für den verwandten Fall der Versäumung einer vertragsmäßig für die Klagerhebung bestimmten Präklusivfrist sind dergleichen Repliken in der Rechtsprechung auch häufig anerkannt worden. Hierher gehört auch die im angefochtenen Urteile angeführte Entscheidung des vormaligen Lübecker Oberappellationsgerichtes bei Seuffert, Archiv Bd. 16 Nr. 93 (etwas vollständiger bei Wunderlich, Jurisprudenz des Oberappellationsgerichts der vier freien Städte Bd. 2 S. 317 flg.). Das Oberlandesgericht hat deren Inhalt unrichtig aufgefaßt, wenn es darin die Voraussetzung ausgedrückt findet, daß der Beklagte durch irgend welche arglistige Machination die Klage hintertrieben, bezw. arglistigerweise den Kläger von der Erhebung einer solchen Klage abgehalten haben müsse. Im Gegenteile soll nach jenem Urteile die bloße rechtswidrige Vorenthaltung von Urkunden, vor deren Edition die Klage nicht wohl angestellt werden könnte, genügen, um eine replicatio doli im Sinne der l. 2 § 5 Dig. de doli exc. 44, 4 zu begründen; denn niemand dürfe aus dem von ihm selbst verschuldeten Rechtsverluste eines Anderen Vorteil ziehen. Dieser Auffassung ist völlig beizustimmen, und sie trifft ebenso für den Fall einer eigentlichen Klagenverjährung zu. Im vorliegenden Falle nun soll der beklagtische Testator dadurch, daß er den Klägern, bezw. dem Testamentsvollstrecker Dr. G. zum ehelichen Gesamtgute gehörige Kapitalien verheimlicht habe, bewirkt haben, daß jene ihre darauf bezüglichen Ansprüche bei seinen Lebzeiten nicht geltend machen konnten, weil sie erst infolge seines Todes Kunde davon erhalten hätten, daß noch mehr solche Kapitalien vorhanden gewesen seien. Mit dieser Behauptung erscheint die fragliche replicatio doli als ausreichend begründet, soweit es sich um den Anspruch auf Auszahlung des betreffenden Kapitalanteiles handelt. Denn W. war durch § 2 des gemeinschaftlichen Testamentes verpflichtet, ein der Wahrheit entsprechendes, vollständiges Verzeichnis aufzustellen und dem Testamentsvollstrecker mitzuteilen; hat er schuldvollerweise dagegen gehandelt, so darf er sich auf die Verjährung, falls seine Rechtswidrigkeit für diese ursächlich war, nicht berufen. Mit Unrecht meint das Berufungsgericht, dieser Auffassung außer der schon besprochenen Entscheidung des Oberappellationsgerichtes zu Lübeck auch noch die in der Hamburger Sammlung der Entscheidungen Bd. 2 S. 976 flg. zu lesende desselben Gerichtes entgegen stellen zu können. Wenn dort das Oberappellationsgericht eine Verpflichtung des Erben, dem Legatar Mitteilung von dem Vermächtnisse zu machen, verneint und nach l. 1 § 6 Dig. de dolo m. 4, 3 und arg. l. 25 eod. der Verjährungseinrede gegenüber eine replicatio doli nur für den Fall zugelassen hat, daß der Erbe sein Verfahren absichtlich darauf gerichtet hätte, den Legatar an der Geltendmachung seines Rechtes während der Verjährungszeit zu verhindern, so kommt insoweit jene Entscheidung für den vorliegenden Fall nicht in Betracht, weil eben hier der beklagtische Testator eine ihm obliegende Pflicht zur Mitteilung verletzt haben würde. Übrigens hat damals das Oberappellationsgericht zu Lübeck sogar den Beweis für genügend gehalten, daß die Beklagte dem Kläger vor Ablauf der Verjährungszeit das Vermächtnis in der Absicht verheimlicht habe, ihn an der Geltendmachung seines Anspruches zu verhindern, was in jenem Falle vielleicht kaum zu rechtfertigen war; umsomehr aber müßte in der vorliegenden Sache die auch hier entsprechend aufgestellte klägerische Behauptung genügen, wenn hier nicht schon, wie bereits ausgeführt, die bloße schuldvolle Nichtmitteilung zur Begründung der Replik ausreichte.

Der Antrag auf Mitteilung eines neuen Verzeichnisses der Kapitalien kann freilich auch durch die Replik der Arglist nicht aufrechterhalten werden; denn ein solcher Anspruch steht den Klägern schon ohnehin nicht zu. Die aus dem gemeinsamen Testamente sich für W. ergebende Verpflichtung, überhaupt ein Inventar der betreffenden Kapitalien aufzustellen und dem Testamentsvollstrecker mitzuteilen, ist längst von ihm erfüllt. Wenn das damals aufgestellte Verzeichnis unvollständig war, so würden das jetzt die Kläger im einzelnen zu beweisen und darauf ihren Anspruch auf Zahlung zu stützen haben. An einem Rechtsgrunde für das Verlangen, daß der Beklagte ihnen dabei durch thatsächliche Angaben von seiner Seite zu Hilfe kommen solle, fehlt es gänzlich. Insoweit war daher die Aufhebung des vorigen Urteiles jedenfalls einzuschränken. Andererseits lag die Sache auch nicht so, daß man den Klagantrag notwendig dahin hätte verstehen müssen, als ob die Kläger die Verurteilung des Beklagten zur Zahlung nur als Konsequenz einer Anerkennung seiner Verbindlichkeit zur Mitteilung des verlangten Inventares wollten. Es mußte daher im übrigen die Aufhebung des Berufungsurteiles erfolgen." . . .

---

37. Ist nach l. 29 §§ 2—5 Dig. ad. leg. Aquil. 9, 2 der Schiffseigentümer für den Schaden verantwortlich, welcher durch den vom Schiffsführer verschuldeten Zusammenstoß herbeigeführt worden ist?

III. Civilsenat. Urt. v. 19. Dezember 1893 i. S. der Bugsiergesellschaft U., A.-G., (Kl.) w. den preußischen Fiskus (Bekl.). Rep. III. 194/93.

I. Landgericht Hannover.
II. Oberlandesgericht Celle.

Der im Eigentume der Klägerin stehende, für den Fährdienst zwischen Geestemünde und Nordenham bestimmte Raddampfer „Union“ und der dem preußischen Fiskus gehörende Schraubendampfer „Blitz“, dieser unter Führung des zu europäischer Fahrt qualifizierten Kapitänes B., fahren am Abend des 22. Dezember 1891 fast gleichzeitig und mit wesentlich gleicher Fahrtrichtung aus der Geeste. In der Nähe des bei Einswarden liegenden Zollwachtschiffes versucht „Blitz“ nach Überholung der „Union“ mit Wendung nach Steuerbord den Bug der „Union“ zu kreuzen, wobei er mit der Dampfpfeife statt des vorgeschriebenen einen kurzen Tones zwei kurze Töne, das Signal für Veränderung des Kurses nach Backbord, abgiebt; „Union“ sucht sofort zurückzugehen, trifft aber doch den „Blitz“, verletzt diesen stark, wird aber auch selbst erheblich verletzt. Die Schuld an diesem Zusammenstoße trägt streitlos der Führer des „Blitz“. Die Klägerin beantragt die Verurteilung des Beklagten zur Erstattung ihres auf 12 864 ℳ bezifferten Schadens, eventuell jedoch mit der Beschränkung, daß der Beklagte nicht persönlich, sondern nur mit dem Dampfer „Blitz“ haftet, ganz eventuell die Verurteilung des Beklagten zur Gestattung des öffentlichen Zwangsverkaufes des Dampfers „Blitz“ behufs Befriedigung der klägerischen Ansprüche. Der Beklagte hat den Kapitän B. aus seinem Dienste entlassen, verweigert aber jede Entschädigung der Klägerin.

Der „Blitz“ ist Zollkreuzer und vermittelt den Verkehr zwischen dem bei Einswarden liegenden, das Nebenzollamt I bildenden Zollwachtschiffe, den einfahrenden Schiffen und dem Lande; er ist bestimmt, durch seine Fahrten den richtigen Eingang der Zölle zu kontrollieren und herbeizuführen. Der Zusammenstoß der Dampfer hat auf dem Gebiete der Unterweser, nicht auf See stattgefunden.

Die Klage ist abgewiesen und die Berufung der Klägerin zurückgewiesen worden. Die Revision der Klägerin ist zurückgewiesen aus folgenden

Gründen:

„Nach § 39 des hannoverschen Einführungsgesetzes zum Handelsgesetzbuche sind die Artt. 736—741 H.G.B. über den durch Zusammenstoß von Schiffen verursachten Schaden auch auf Flußschiffe anzuwenden. Das Berufungsgericht versteht unter dem nach jenem § 39 bei verschuldetem Zusammenstoße haftbaren Rheder nicht den Schiffseigentümer als solchen, sondern den Eigentümer eines ihm zum Erwerbe durch die Flußschiffahrt dienenden Schiffes. Die Revision beanstandet diese Auslegung des irrevisiblen Gesetzes nicht, glaubt aber, die Fahrten des „Blitz" als eine auf Erwerb gerichtete Thätigkeit auffassen zu können. Diese Auffassung ist unzutreffend, weil der zur Kontrollierung und Herbeiführung des richtigen Einganges der Zölle bestimmte Dampfer dem Beklagten nicht zum gewerbsmäßigen Betriebe der Schiffahrt, sondern zur Ausübung des Hoheitsrechtes auf Erhebung der Zölle gedient hat. Die Anwendung des § 39 a. a. O. ist daher ausgeschlossen. Es ist auch eine Verantwortlichkeit des Beklagten nicht aus dem Gesichtspunkte der Haftung juristischer Personen, mithin auch des Fiskus für schuldhafte Handlungen ihrer Vertreter zu begründen; denn es handelt sich bei dem Verschulden des Kapitänes B. nicht um eine schuldhafte Handlung oder Unterlassung bei Verwaltung des Staatsvermögens, sondern um ein Verschulden in dem für die Zwecke der Zollerhebung eingerichteten öffentlichen Dienste. Ebensowenig begründet die dem B. zur Last fallende Verletzung gewisser schiffahrtspolizeilicher Vorschriften eine Verantwortlichkeit des Beklagten, weil diese Vorschriften sich, wie die Vorinstanzen zutreffend angenommen haben, nicht gegen den Schiffseigentümer als solchen, sondern gegen den Schiffsführer richten, der Fall der Nichterfüllung einer dem Beklagten als Eigentümer obliegenden gesetzlichen Verpflichtung also überhaupt nicht vorliegt. Keiner Ausführung bedarf es endlich, daß für das außerkontraktliche Verschulden des B. die actio exercitoria versagt. Es kann daher nur noch zur Frage kommen, ob die Verantwortlichkeit des Beklagten für den durch seinen Schiffer verursachten Schaden aus l. 29 §§ 2—5 ad leg. Aquil. 9, 2 begründet werden kann. Die Revision nimmt dies mit Lewis und anderen Schriftstellern an und rügt Verletzung der Bestimmungen der l. 29 a. a. O. durch das Berufungsgericht. Unzweifelhaft ist nach l. 29 der Schiffsführer für den durch seine Schuld herbeigeführten Zusammenstoß verantwortlich, und ebenso unzweifelhaft ist der Schiffsführer wie der Schiffseigentümer nach l. 29 nicht verantwortlich, wenn der Zusammenstoß durch Zufall herbeigeführt worden ist. In Frage ist, ob die Bestimmungen der l. 29 die Verantwortlichkeit des Schiffseigentümers neben der Verantwortlichkeit des Schiffsführers in dem Falle aufstellen, wenn der Schiffsführer den Zusammenstoß verschuldet hat; ist dieses der Fall, so muß auch angenommen werden, daß der Schiffseigentümer, ebenso wie der Schiffer, persönlich für den ganzen Schaden haftet, nicht mit der seerechtlichen Beschränkung. Daß die Haftung des Schiffseigentümers aus dem Verschulden seines Schiffers in dem erwähnten Gesetze nicht unmittelbar ausgesprochen ist, unterliegt keinem Zweifel; die Haftung kann vielmehr nur mittels eines argumentum e contrario aus den Worten entnommen werden, nach welchen bei fehlendem Verschulden des Schiffers gegen den dominus ein Anspruch nicht begründet ist. Der erkennende Senat sieht aber hierin mit den Vorinstanzen nicht die zureichende Grundlage für die Annahme eines soweit reichenden und von dem Erfordernisse der Verschuldung ganz absehenden Rechtssatzes, zumal derselbe in den Quellen keine weitere Unterstützung findet. Er tritt dem Berufungsgerichte in der Annahme bei, daß ein solcher Rechtssatz einen klareren Ausdruck erfordert hätte. Möglich ist es sehr wohl, daß es dem Juristen bei dem Ausspruche cum domino non esse agendum nur darauf angekommen ist, eine Haftung des dominus bei zufälligem Zusammenstoße bestimmt zurückzuweisen; es ist auch die Annahme nicht ganz von der Hand zu weisen, daß der Jurist bei jenen Worten an den sein Schiff selbst führenden Eigentümer gedacht hat; jedenfalls genügen schon diese Möglichkeiten und die Notwendigigkeit der Aufstellung einer Ausnahme von dem ersten Grundsatze der l. Aquilia, um das bloße argumentum e contrario als eine ausreichende Grundlage für den von der Revision behaupteten Rechtssatz nicht anzuerkennen." . . .

---

38. 1. Hausgesetze des hohen Adels; Beschränkungen bei der Kaiserlichen Bestätigung derselben; Auslegung eines Hausgesetzes.
2. Ist nach Reichsherkommen die Ehe eines Herrn von hohem Adel mit einer Frau von niederem Adel eine Mißheirat?

II. Civilsenat. Urt. v. 5. Dezember 1893 i. S. des Fürsten E. v. L.-W.-F. (Bekl. u. Widerkl.) w. den Prinzen W. v. L.-W.-F. (Kl. u. Widerbekl.) Rep. II. 133/93.

I. Landgericht Mosbach.
II. Oberlandesgericht Karlsruhe.

Die Streitteile sind Söhne des im Jahre 1887 verstorbenen Fürsten Wilhelm von L.-W.-F. Das Haus L.-W.-F. war bis zu seiner im Jahre 1806 erfolgten Mediatisierung im Besitze der Landeshoheit und Reichsstandschaft; es gehörte und gehört daher noch als standesherrliches dem hohen deutschen Adel an; die Fürstenwürde erhielt es indes erst nach der Mediatisierung von den Kronen Bayern und Württemberg und wurde in dieser Würde auch von Baden anerkannt, während es vor der Mediatisierung dem Reichsgrafenstande angehörte. Der Kläger, Prinz Wilhelm v. L., vermählte sich am 25. November 1887 mit Fräulein v. F. Die Familie v. F. gehört unbestritten dem (niederen) Adel an; bestritten ist jedoch, ob dieselbe auf Grund eines Adelsbriefes vom 19. November 1644 auch zum früher reichsunmittelbaren Adel gehört und den Freiherrentitel zu führen berechtigt ist. Dieser Ehe, welcher bisjetzt zwei Kinder (Söhne) entsprossen sind, wird die Anerkennung als einer standesgemäßen mit den aus der Standesmäßigkeit sich ergebenden Rechten von dem Beklagten, Fürsten Ernst v. L.-W.-F., dem dermaligen Chef des Hauses, verweigert, weil die Gemahlin des Prinzen Wilhelm nicht, wie sowohl nach L.'schem Hausgesetze, nämlich einer Primogeniturordnung vom 14. April 1767, als auch nach gemeinem deutschen Fürstenrechte zur Standesmäßigkeit der Ehe erforderlich sei, zum hohen deutschen Adel gehöre. Prinz Wilhelm hat deshalb gegen den Fürsten Ernst Klage auf Anerkennung der Standesmäßigkeit seiner Ehe, sowie der Successionsfähigkeit der aus derselben hervorgehenden Kinder erhoben, wogegen der Beklagte widerklagend die Verneinung der Standesmäßigkeit der Ehe begehrte. Der Klage wurde, unter Abweisung der Widerklage, von dem Landgerichte stattgegeben. Die Berufung, sowie die Revision wurden zurückgewiesen.

Gründe:

„Die Revision konnte nicht für gerechtfertigt erachtet werden.

I. Zunächst hat das Oberlandesgericht ohne Gesetzesverletzung die Frage verneint, ob nach besonderem L.'schen Hausgesetze, nämlich auf Grund der Primogeniturordnung vom 14. April 1767, die den Gegenstand des Rechtsstreites bildende Ehe als nichtstandesgemäß zu betrachten sei.

1. Das Oberlandesgericht geht davon aus: dadurch, daß in der Kaiserlichen Konfirmationsurkunde vom 23. Oktober 1770 gegenüber der Festsetzung in § I der bezeichneten Primogeniturordnung, wonach zur Successionsfähigkeit jure primogeniturae Abstammung aus einer durch „Vermählung mit ebenbürtigen Gemahlinnen aus Reichsfürstlich- oder alt-Reichsgräflichen Häusern" geschlossenen Ehe erforderlich sein sollte, die Bestimmung einer derart ebenbürtigen Vermählung ausdrücklich von der Bestätigung ausgeschlossen worden sei, mit dem Bemerken: „daß Wir uns dieserhalb begebenden Falles Unsere alleinige allerhöchste Kognition vorbehalten", habe der Kaiser, wie es regelmäßig in solchen Fällen einer in Hausgesetzen beabsichtigten Verschärfung der Ebenbürtigkeitserfordernisse geschehen sei, dieser Bestimmung unzweideutig und ausdrücklich die Anerkennung versagt und an diese Versagung konsequent die Rechtsfolge geknüpft, daß im Falle Vermählungen mit Frauen von geringerem denn „altreichsgräflichem" Hause vorkommen sollten, er sich (durch den für solche Fragen zuständigen Reichshofrat) die Entscheidung über die Frage der Standesmäßigkeit von Fall zu Fall vorbehalte. Diese Annahme des Oberlandesgerichtes, in Verbindung mit welcher es zugleich der Anschauung entgegentrat, es habe sich der Kaiser bloß die Heilung des Mangels auf dem Wege der Standeserhöhung vorbehalten wollen, ist nicht rechtsirrtümlich. Aus dieser Bedeutung des bezeichneten Teiles der Konfirmationsurkunde ergiebt sich aber die Folgerung, daß es im Sinne der Kaiserlichen Konfirmationsurkunde zunächst bei dem gemeinen (noch unter II. zu erörternden) Rechte verbleibt. Der Umstand aber, daß infolge der Aufhebung des vormaligen Deutschen Reiches die vorbehaltene Kognition im einzelnen Falle nicht mehr möglich ist, läßt nicht etwa nachträglich den ganzen Nichtkonfirmationsbestandteil der Kaiserlichen Urkunde vom 23. Oktober 1770 erlöschen, sondern bewirkt nur, daß die Möglichkeit einer späteren, von dem gemeinen Rechte a b w e i c h e n d e n Kaiserlichen Entscheidung hinweggefallen ist.

2. Es ist ferner von dem Oberlandesgerichte ohne Gesetzesverletzung angenommen worden, der Wille des Stifters der Primogeniturordnung sei dahin gegangen, sie nur mit der in der dazugehörigen

Kaiserlichen Konfirmation enthaltenen Einschränkung als Hausgesetz gelten zu lassen. Die Umstände, welche das Oberlandesgericht in dieser Hinsicht anführt, rechtfertigen vollkommen den Schluß auf einen derartigen Willen des Stifters. Insbesondere ist in dieser Richtung auch die von dem Oberlandesgerichte angeführte Thatsache verwertbar, daß die damalige Rechtsanschauung in der That in einem Akte der in Rede stehenden Art die Herbeiführung „einer Art von Privilegium (lex specialis)" erblickte. War der Wille des Stifters der Primogeniturordnung darauf gerichtet, die Primogeniturordnung nur mit der bezeichneten Einschränkung als Hausgesetz gelten zu lassen, dann bestand nach dem Willen desselben überhaupt nicht eine Primogeniturordnung in weiterem Umfange, und es bedurfte daher zur Nichtwirksamkeit der in § I der Primogeniturordnung enthaltenen Ebenbürtigkeitsbestimmung auch nicht etwa (wie zur Revisionsbegründung unter der Unterstellung einer in dem völligen Umfange des Schriftstückes vom 14. April 1767 rechtswirksam gewordenen autonomischen Satzung behauptet wurde) einer neuen, die Primogeniturordnung hinsichtlich der Ebenbürtigkeitsbestimmung abändernden autonomischen Satzung in der Form eines neuen Hausgesetzes.

Nach dem Gesagten bedarf insbesondere die — auch von dem Oberlandesgerichte dahingestellt gelassene — Frage keiner Entscheidung, ob die Primogeniturordnung überhaupt oder wenigstens bezüglich der darin enthaltenen nicht konfirmierten Bestimmung über Ebenbürtigkeit an und für sich zur Rechtsbeständigkeit der Kaiserlichen Bestätigung bedurfte oder nicht.

II. Das Oberlandesgericht hat weiter ohne Rechtsirrtum auch die Frage verneint, ob, abgesehen von einem besonderen Hausgesetze, schon nach dem gemeinen deutschen Privatfürstenrechte, und zwar nach Reichsherkommen, die Ehe eines Herrn von hohem Adel mit einer Frau von niederem Adel als eine sog. Mißheirat anzusehen sei. Es kann in dieser Hinsicht im wesentlichen den Ausführungen des Oberlandesgerichtes beigetreten werden, und es genügt gegenüber der Aufstellung des Vertreters des Herrn Beklagten, Revisionsklägers, das Oberlandesgericht habe hierbei den Art. XIV der deutschen Bundesakte von 1815 nicht genügend beachtet, die Bemerkung, daß hierin eine Normierung dessen, was in dieser Hinsicht als Reichsherkommen gelte, nicht erfolgt, und nach dem ausdrücklichen Wortlaute des Art. XIV der deutschen Bundesakte den darin bezeichneten Mediatisierten „das Recht der Ebenbürtigkeit" nur „in dem bisher damit verbundenen Begriffe" zugesichert ist. Hervorzuheben ist folgendes:

Hätte in der That ein Reichsherkommen (von welchem nur aus der Zeit bis zur Auflösung des vormaligen Deutschen Reiches — 6. August 1806 — die Rede sein kann) in der entscheidenden Zeit des 18. und 19. Jahrhunderts, welches Ehen eines Herrn von hohem Adel mit einer Frau von niederem Adel als Mißheiraten erklärt hätte, bestanden, so wäre es gar nicht denkbar,

1. daß so viele, und gerade besonders namhafte, Schriftsteller (insbesondere der am wesentlichsten in Betracht kommende Staatsrechtslehrer des 18. Jahrhunderts Johann Jakob Moser) zur Zeit des Bestehens des vormaligen Deutschen Reiches aus dem 18. und 19. Jahrhundert (also, wie Zöpfl, Deutsches Staatsrecht 5. Aufl. Bd. 1 S. 624 Anm. 3 betont, „Publizisten, welchen die Reichspraxis noch aus unmittelbarer Anschauung bekannt war") ein solches Reichsherkommen verneinen,

2. daß Bestimmungen in Primogeniturordnungen, welche die Erklärung derartiger Ehen als Mißheiraten festsetzen wollten, mindestens der Regel nach die erbetene Kaiserliche Bestätigung nicht erhielten,

3. daß mehrfach Ehen hochadeliger Herren mit Frauen von niederem Adel geschlossen wurden, welche völlig unangefochten blieben oder sogar ausdrücklich (und zwar nicht etwa nur aus sog. politischen Erwägungen) für durchaus standesgemäß erklärt wurden, in welchem Sinne insbesondere eine Reihe von Entscheidungen des Reichshofrates und des Reichskammergerichtes in dem 18. Jahrhunderte erging.

Die Anschauung einer Verneinung der Frage, ob die Ehe eines Herrn von hohem Adel mit einer Frau von niederem Adel eine Mißheirat bilde, ist auch, wie bereits im Urteile des Landgerichtes erwähnt ist, nach Seuffert, Blätter für Rechtsanwendung Bd. 11 S. 166/68, in einem Urteile des preußischen Obertribunales vom Mai 1845 und nach Seuffert, Blätter für Rechtsanwendung Bd. 11 S. 267/71, in einem solchen des obersten Gerichtshofes für Bayern vom 27. August 1841 zum Ausdruck gekommen." . . .

39. Ist der Testamentsvollstrecker bei Anfechtung der Gültigkeit des Testamentes oder bei Ansprüchen seitens der Intestaterben auf Herausgabe des Nachlasses zum Rechtsstreite aktiv und passiv legitimiert?

III. Civilsenat. Urt. v. 26. Januar 1894 i. S. v. W. (Kl.) w. v. W. (Bekl.) Rep. III. 224/93.

I. Landgericht Göttingen.
II. Oberlandesgericht Celle.

Die am 26. Dezember 1888 verstorbene unverehelichte E. v. W. hatte in § 10 ihres vor Notar und Zeugen errichteten Testamentes den Kläger zum Testamentsvollstrecker ernannt. In dieser Eigenschaft hat derselbe gegen die Beklagte, eine Nichte und nächste Intestaterbin der Erblasserin, auf Anerkennung der von ihr bestrittenen Gültigkeit des Testamentes geklagt, wogegen diese widerklagend begehrt, daß das Testament für nichtig erklärt, und der Widerbeklagte zur Herausgabe des Nachlasses an sie verurteilt werde.

Das Landgericht hat angenommen, daß der Kläger weder nach seiner gesetzlichen Stellung als Testamentsvollstrecker, noch nach dem Inhalte des § 10 des Testamentes zur Sache aktiv oder passiv legitimiert sei, und daher die Klage und Widerklage zurückgewiesen. Auf Berufung der Beklagten und Anschließung des Klägers hat das Oberlandesgericht entschieden, daß der Kläger in der Vorklage aktiv und in der Widerklage passiv legitimiert sei, und nach stattgehabter Beweisaufnahme im Endurteile die geistige Unzurechnungsfähigkeit der Erblasserin zur Zeit der Testamentserrichtung als erwiesen angenommen. Demgemäß ist auf die Berufung der Beklagten nach deren Anträgen in der Widerklage erkannt, und die Anschlußberufung des Klägers unter Belastung desselben mit den Kosten beider Instanzen zurückgewiesen. Auf Revision des Klägers ist das erste Urteil wiederhergestellt aus folgenden

Gründen:

... „Das Urteil des Landgerichtes war bei seiner, beide Klagen zurückweisenden Entscheidung davon ausgegangen, daß der Testamentsvollstrecker zur Erhebung und Aufnahme von Rechtsstreitigkeiten der vorliegenden Art weder durch seine Rechtsstellung überhaupt, noch nach dem konkreten Inhalte der ihm in § 10 des Testamentes erteilten

Vollmacht, berechtigt sei. Das Berufungsgericht, welches nicht festgestellt hat, ob die Erblasserin ihr letztes Domizil im Geltungsbezirke des gemeinen Rechtes oder in dem des Allgemeinen Landrechtes hatte, hat die Frage der Legitimation des Klägers und Widerbeklagten nach den Grundsätzen beider Rechte geprüft. Dasselbe gelangt dabei zu dem Ergebnisse, daß der Testamentsvollstrecker befugt sei, auf Feststellung der Gültigkeit des Testamentes gegen die dessen Nichtigkeit behauptende Intestaterbin zu klagen, wie deren Klage auf Herausgabe des Nachlasses aufzunehmen, jedoch mit der Maßgabe, daß das in diesem Rechtsstreite ergehende Urteil nur unter den streitenden Parteien selbst Rechtskraft begründe. Diese Entscheidung beruht auf der Annahme, daß nach beiden interessierenden Rechten dem Testamentsvollstrecker als solchem auf Grund seiner gesetzlichen Stellung eine so weit gehende Vollmacht zustehe. Ob ihm in § 10 des Testamentes eine Vollmacht dieses Inhaltes erteilt ist, hat das Oberlandesgericht nicht speziell entschieden. Es ist zwar in dessen Gründen erwähnt, der Kläger sei durch das Testament ermächtigt, die Nachlaßmasse in Prozessen jeder Art zu vertreten; doch enthält diese Äußerung nur eine beiläufige Bemerkung in der Ausführung über die gesetzlichen Rechte und Pflichten des Testamentsvollstreckers, nicht eine Auslegung des Testamentes, durch welche die getroffene Entscheidung selbständig begründet werden sollte. Wäre aber auch letzteres beabsichtigt gewesen, so würde doch auch die Auslegung des Testamentes der Nachprüfung nicht entzogen sein, da sie durch die Auffassung des Berufungsgerichtes über die gesetzlichen Befugnisse des Testamentsvollstreckers wesentlich beeinflußt ist. und die Beurteilung des Umfanges der gesetzlichen Vollmacht eines Testamentsvollstreckers im Berufungsurteile für rechtsirrtümlich erachtet werden muß.

Der Testamentsvollstrecker ist als solcher nicht als Vertreter oder Mandatar des Erblassers oder der Erben anzusehen, er übt selbständige Rechte und Pflichten aus, welche ihm durch das Testament zwecks Ausführung des letzten Willens übertragen sind. Seine Befugnisse bestimmen sich durch den Umfang der ihm übertragenen Geschäfte, und nur insoweit es deren Ausführung erfordert, ist er zu handeln befugt. Die Konstituierung und Vertretung des Nachlasses gegen Dritte liegt ihm im allgemeinen ob; inwieweit er aber dieserhalb klagen darf und verklagt werden kann, ist im Einzelfalle nach dem besonderen Inhalte des ihm im Testamente erteilten Auftrages zu bestimmen. Ohne besondere Vorschrift im Testamente sind Erbschaftsgläubiger und Legatare nicht befugt, gegen den Testamentsvollstrecker zu klagen,

vgl. Bolze, Praxis des Reichsgerichtes Bd. 15 Nr. 502,

und Streitigkeiten der Erben über den Umfang ihrer Erbteile oder die Gültigkeit des Testamentes und Ansprüche der Intestaterben auf Herausgabe des Nachlasses gehören als solche nicht in den Geschäftskreis des Testamentsvollstreckers und sind nicht von ihm oder gegen ihn zum Austrage zu bringen.

Vgl. Stobbe, Deutsches Privatrecht Bd. 5 S. 270 flg.; Buchka u. Budde, Entscheidungen des Oberappellationsgerichtes Rostock Bd. 4 S. 280 flg.

Letzteres ist freilich bestritten; Beseler (Deutsches Privatrecht Bd. 2 § 164 unter IV) giebt dem Testamentsvollstrecker bei Anfechtung des Testamentes das Recht, die Verteidigung unter Zuziehung der Beteiligten zu übernehmen, und Dernburg (Pandekten Bd. 3 S. 252) hält ihn, wenigstens für das gemeine Recht, für den legitimierten Vertreter gegen Angriffe der Intestaterben. Diese Ansicht, welcher das Oberlandesgericht gefolgt ist, war zwar schon in der von ihm angezogenen Entscheidung des vormaligen Oberappellationsgerichtes zu Celle,

vgl. Seuffert, Archiv Bd. 23 Nr. 235,

gebilligt; indessen gegen dieselbe haben sich mit Recht die früheren obersten Gerichtshöfe in München, Rostock, Darmstadt, Berlin, Dresden und Kiel,

vgl. Seuffert, Archiv Bd. 34 Nr. 315, Bd. 28 Nr. 37, Bd. 18 Nr. 89, Bd. 13 Nr. 269, Bd. 12 Nr. 48, Bd. 10 Nr. 271, Bd. 6 Nr. 227,

erklärt, und auch vom Reichsgerichte ist bereits früher (in Sachen Rep. III. 141/83) für das gemeine Recht ausgesprochen, daß der Streit, ob testamentarisches oder Intestaterbrecht Platz greife, nicht gegen den Testamentsvollstrecker zum Austrage gebracht werden könne. Dem steht auch die vom Oberlandesgerichte in Bezug genommene Entscheidung des Reichsgerichtes vom 18. Februar 1882,

vgl. Entsch. desselben in Civils. Bd. 9 S. 208,

nicht entgegen, da dort ein wesentlich anderer Thatbestand, ein Vertrag des Testamentsvollstreckers mit den Intestaterben zwecks Sicherung des Testamentes, in Frage stand.

Vgl. auch Bolze, Praxis Bd. 11 Nr. 544.

Ebenso ist für das Allgemeine Landrecht in der Rechtsprechung des Reichsgerichtes anerkannt, daß der Testamentsvollstrecker als solcher nur die Konstituierung, Verwaltung und Verteilung des Nachlasses zu betreiben hat und bei Streitigkeiten über das Erbrecht weder zur Vertretung der Testamentserben überhaupt gegen die Ansprüche gesetzlicher Erben, noch zur Vertretung gesetzlicher Erben gegen Ansprüche Mitberufener berechtigt ist.

Vgl. auch Entsch. des Obertribunales Berlin Bd. 33 S. 43; Striethorst, Archiv Bd. 21 S. 4; Gruchot, Erbrecht Bd. 2 S. 236; Koch, Erbrecht S. 362; Dernburg, Preußisches Privatrecht Bd. 3 S. 481; Erk. des R.G.'s Rep. IV. 280/86 u. 56/88.

Wenn daher nach beiden Rechten die Legitimation des Klägers und Widerbeklagten nicht ohne weiteres als vorhanden angenommen werden darf, so ist weiter zu prüfen, ob die Erblasserin ihm eine für den Rechtsstreit ausreichende Vollmacht erteilen konnte, und ob ein dahin gehender Wille im § 10 des Testamentes zum genügenden Ausdrucke gebracht ist.

Für das gemeine Recht ist anzuerkennen, daß der Erblasser dem Testamentsvollstrecker eine so umfassende Vollmacht zur Prozeßführung erteilen kann, daß dadurch sogar die Befugnisse der Erben zur Vertretung des eigenen Erbrechtes beschränkt werden, vorausgesetzt, daß seine Disposition nicht gegen zwingende Rechtsnormen verstößt, insbesondere nicht bestehende Pflichtteilsrechte verletzt.

Auch für das Allgemeine Landrecht ist in dem Erkenntnisse der vereinigten Civilsenate vom 13. Januar 1890,

vgl. Entsch. des R.G.'s in Civils. Bd. 25 S. 292 flg.,

anerkannt, daß Verfügungsbeschränkungen des Bedachten durch entsprechende Anordnung einer Testamentsvollstreckung selbst dann rechtswirksam getroffen werden können, wenn kein Dritter an deren Aufrechterhaltung ein rechtliches Interesse hat. Es bedarf jedoch dieser Punkt der weiteren Erwägung nicht, da eine Anordnung, durch welche der Testamentsvollstrecker für diesen Rechtsstreit aktiv oder passiv legitimiert würde, aus dem § 10 des Testamentes nicht entnommen werden kann. Die dort getroffene Disposition enthält lediglich eine umfassende

Vollmacht, wie sie in Fällen erteilt zu werden pflegt, in welchen der Testamentsvollstrecker mit der vollständigen Ordnung und Verwaltung des Nachlasses und zu dessen Vertretung gegenüber Behörden und dritten Personen beauftragt wird. Insoweit ist ihm auch das Recht zur Prozeßführung und zum Abschlusse von Vergleichen beigelegt. Damit ist aber für den Fall, daß unter den Erben selbst Streitigkeiten entstehen, oder die Intestaterben die Erbschaftsklage auf Grund ihres Intestaterbrechtes unter Anfechtung des Testamentes erheben, keine besondere Vertretung der Erben verfügt, und es können daher auch nur diese für solche Ansprüche aktiv wie passiv legitimiert sein, nicht der hier klagende, bezw. beklagte Testamentsvollstrecker." ...

---

40. Unter welchen Voraussetzungen gewinnt bei der Schuldübernahme der Gläubiger ein selbständiges Forderungsrecht gegen den Übernehmer?

III. Civilsenat. Urt. v. 12. Januar 1894 i. S. Bl. (Bekl.) w. die Firma H. L. N. & S. (Kl.) Rep. III. 221/93.

I. Landgericht Kiel.
II. Oberlandesgericht daselbst.

Die Klägerin macht gegen den Beklagten eine ihr aus Steinmetzarbeiten gegen den Bauunternehmer K. zustehende Forderung von 2719,53 ℳ geltend und beruft sich auf einen zwischen K. und dem Beklagten geschlossenen, die zur Frage stehende Schuld des K. mit umfassenden Schuldübernahmevertrag. Nach Annahme des Berufungsgerichtes hat dieser Vertrag den Inhalt gehabt, daß K. eine ihm gegen die Eisenbahndirektion zu Altona zustehende Forderung von 24000 ℳ dem Beklagten cediert, und dieser als Gegenleistung eine ihm gegen K. in Höhe von 11821,61 ℳ zustehende Forderung aufgerechnet, dem K. ein Darlehn von 8000 ℳ gegeben und neben zwei kleineren Schuldbeträgen auch die jetzt eingeklagte, auf 3000 ℳ angesetzte Schuld des K. als Schuld übernommen hat. Das Berufungsgericht hat betreffs dieser übernommenen Schulden festgestellt, daß nach Absicht des Promissars und des Promittenten den dritten Gläubigern ein unmittelbares Klagerecht gegen den Promittenten hat erwachsen sollen.

Für die Annahme dieser Absicht der Kontrahenten ist dem Berufungsgerichte maßgebend gewesen, daß K. durch das Geschäft mit dem Beklagten zur Fortsetzung der von ihm übernommenen Arbeiten hat befähigt werden sollen, daß K. dem Beklagten 4000 ℳ mehr cediert hat, als dieser für seine Forderung und das zu gewährende Darlehn zu erhalten hatte, daß die für diese 4000 ℳ übernommenen Schulden zum Teil dringlich waren, die hier fraglichen Steinmetzarbeiten alsbald nach der Lieferung bezahlt werden mußten und demnächst unbestritten zu den unter dem Beistande des Beklagten fortgesetzten Eisenbahnarbeiten verwendet worden sind. — Das Berufungsgericht hat nach dem Klagantrage erkannt. Die Revision des Beklagten ist zurückgewiesen aus folgenden

Gründen:

... „Das Berufungsgericht hat den Klaganspruch durch die von ihm getroffene Feststellung für begründet erachtet, nach welcher bei dem Vertragsschlusse zwischen K. und dem Beklagten Promissar und Promittent beabsichtigt haben, dem dritten Gläubiger ein unmittelbares Klagerecht gegen den Promittenten zu gewähren. Nach Annahme der Revision reicht diese Feststellung zur Begründung des Klaganspruches nicht aus. Daß an sich aus der dem Schuldner gegenüber erfolgten Schuldübernahme der Gläubiger einen Anspruch gegen den Schuldübernehmer nicht gewinnt, letzterer vielmehr nur dem Schuldner zur Befreiung oder zum Schadensersatze verpflichtet wird, ist zweifellos. Es kann aber auch der Vertragswille der Kontrahenten darauf gerichtet sein, daß der Schuldübernehmer nicht bloß Schuldner des Schuldners, sondern auch Schuldner des dritten Gläubigers werden soll und werden will. Ist dieser Wille ausdrücklich oder durch konkludente Thatsachen erklärt, so liegt ein Vertrag zu Gunsten eines Dritten vor, welchen das heutige gemeine Recht im Gegensatze zum römischen Rechte dahin anerkennt, daß zwar, abgesehen von einzelnen eine besondere Beurteilung fordernden Fällen, die Kontrahenten bis zum Beitritte des Dritten den Vertrag wieder aufheben können, der Dritte aber, wenn dies nicht geschehen ist, mit nachträglichem Beitritte zum Vertrage ein selbständiges Forderungsrecht gegen den Promittenten gewinnt. Es ist also nicht erforderlich, daß der Promissar, um dem Dritten ein Recht zu erwerben, als Stellvertreter desselben auftreten müsse. Der Promissar kann freilich als gestor für den Dritten auftreten, in welchem Falle sich dann die Rechtsfolgen ganz nach römischem Rechte bestimmen; es kann aber auch der Promissar von jeder Stellvertretung absehen und sich selbst versprechen lassen, daß der Promittent Schuldner des Dritten sein wolle. Wrd dieses Versprechen gegeben, so liegt ein nach heutigem Rechte gültiger Vertrag zu Gunsten eines Dritten mit der oben hervorgehobenen Wirkung vor. Daß der Vertragswille der Kontrahenten auch bei der Schuldübernahme auf Begründung eines Rechtes des Dritten gerichtet, mithin in der Schuldübernahme auch ein Vertrag zu Gunsten Dritter liegen kann, unterliegt keinem Zweifel. Es bedarf auch bei Verträgen zu Gunsten Dritter keiner Aufforderung oder Offerte an den Dritten zum Beitritte, und es kann der Beitritt oder die Acceptation in jeder Weise, die diesen Willen erkennen läßt, mithin auch durch Klagerhebung, erfolgen. Wenn die Revision geltend macht, daß nach der Rechtsprechung des Reichsoberhandelsgerichtes bei Übernahme eines Handelsgeschäftes mit Aktiven und Passiven keineswegs schon der Übernahmevertrag den Geschäftsgläubigern ein Klagerecht gegen den neuen Geschäftsinhaber gewähre, die Klageberechtigung der Gläubiger gegen den Übernehmer vielmehr öffentliche oder durch Cirkular erfolgte Bekanntmachung der Übernahme des Geschäftes mit Aktiven und Passiven voraussetze, so beachtet sie nicht, daß die Entscheidungen, auf welche in dem von ihr bezogenen Urteile des Reichsgerichtes,

vgl. Entsch. desselben in Civils. Bd. 17 S. 99,

hingewiesen ist, nur die Frage erörtern, ob schon durch die bloße Übernahme eines Handelsgeschäftes mit Aktiven und Passiven durch einen Vollkaufmann der Übernehmer den Geschäftsgläubigern haftbar wird, oder ob es hierzu noch eines weiteren Aktes bedarf, während auf den näheren Inhalt des Übernahmevertrages nicht eingegangen, insbesondere nicht untersucht ist, ob der Promittent dem Promissar versprochen hat, Schuldner der Geschäftsgläubiger werden zu wollen. In den Entscheidungen des Reichsoberhandelsgerichtes, welchen später das Reichsgericht gefolgt ist, wird die Wirksamkeit von Verträgen zu Gunsten Dritter überhaupt nicht erörtert, und es wird in der durch den Übernehmer öffentlich oder durch Cirkular erfolgten Bekanntmachung der Geschäftsübernahme mit Aktiven und Passiven ein Dispositivakt gefunden, durch welchen sofort wirksame Rechte der Geschäftsgläubiger gegen den Übernehmer begründet werden. Es können aber auch ohne Bekanntmachung schon durch den Übernahmevertrag Rechte für die Geschäftsgläubiger begründet worden sein, wenn nach dem Vertragswillen der Kontrahenten der Übernehmer Schuldner der Geschäftsgläubiger hat werden sollen und hat werden wollen, in welchem Falle freilich nur die obenerwähnten Grundsätze zur Anwendung kommen, mithin die Gläubiger nicht von selbst sofort, sondern erst mit ihrem Beitritte selbständige Forderungsrechte gegen den Übernehmer erwerben, während bis dahin die Kontrahenten den Vertrag wieder aufheben können.

Der Wille der Kontrahenten, für den Dritten ein selbständiges Forderungsrecht zu begründen, bedarf keiner ausdrücklichen Erklärung; er kann sich auch aus der Sachlage ergeben. Wenn in vorliegender Sache für das Berufungsgericht zur Annahme eines solchen Willens die oben hervorgehobenen Umstände, das Geben und Nehmen einer Valuta für die übernommenen Schulden, die Dringlichkeit der letzteren, die Verhältnisse des K. u. s. w. maßgebend gewesen sind, so hat hierdurch die Annahme des Berufungsgerichtes eine zureichende thatsächliche Begründung gefunden. Daß die Klägerin vor Erhebung der gegenwärtigen Klage gegen ihren durch den Schuldübernahmevertrag selbstverständlich nicht befreiten Schuldner K. Klage erhoben, hat sie nicht hindern können, nachträglich unter Beitritt zum Vertrage auch gegen den Beklagten Klage zu erheben; denn Zahlung hat sie nicht erlangt, und es ist auch nicht behauptet, daß vor der jetzigen Klagerhebung K. und der Beklagte den zur Frage stehenden Vertrag wieder aufgehoben haben." ...

---

41. Ist beim sog. Oralfideikommiß der Eid des beschwerten Erben allein maßgebend, oder auch Zeugen- und sonstiger Beweis zulässig?

III. Civilsenat. Urt. v. 23. Januar 1894 i. S. H. G. (Kl.) w. J. G. (Bekl.) Rep. III. 229/93.

I. Landgericht Greiz.
II. Oberlandesgericht Jena.

Aus den Gründen:

... „Was das vom Kläger behauptete Oralfideikommiß anlangt, so hat das Berufungsgericht in Anwendung der Vorschrift der l. 32

Cod. de fideicom. 6, 42 und des § 12 Inst. de fideicom. heredit. 2, 23 den in erster Linie vom Kläger angetretenen Zeugenbeweis über die dem Beklagten, als beschwertem Erben, gewordene Fideikommißauflage unerhoben gelassen und die Entscheidung lediglich von dem in zweiter Linie dem Beklagten über diese Auflage zugeschobenen Eide abhängig gemacht. Hiergegen wendet sich die Revision mit der Ausführung, daß die erwähnte römischrechtliche Vorschrift als eine prozeßrechtliche, der Eid beim Oralfideikommisse also als ein prozessuales Beweismittel anzusehen, hieran auch durch den vom Gesetzgeber in der angeführten l. 32 Cod. hervorgehobenen materiellrechtlichen Grund und Zweck der gedachten Vorschrift nichts geändert sei, und daß ferner durch § 14 Ziff. 2 des Einführungsgesetzes zur Civilprozßordnung die prozeßrechtlichen Vorschriften der Landesgesetze, welche „in Ansehung gewisser Rechtsverhältnisse einzelne Arten von Beweismitteln ausschließen", beseitigt seien, sonach aber auch im vorliegenden Falle der Zeugenbeweis zulässig erscheine und zunächst zu erheben sei.

Dieser Auffassung war nicht beizutreten. Wie auch der Revisionskläger annimmt, hängt die Entscheidung von Beantwortung der Frage ab, ob die römischrechtliche Vorschrift rücksichtlich des beim Oralfideikommisse allein in Betracht kommenden Eides des Onerierten dem materiellen Rechte oder — als eine Beweisvorschrift — dem Prozeßrechte angehört. Im ersteren Falle wird sie durch den § 14 Ziff. 2 des Einführungsgesetzes nicht berührt, in letzterem Falle wird durch diesen Paragraphen die von Justinian angeordnete Ausschließlichkeit des Eides beseitigt.

Vgl. Entsch. des R.G.'s in Civils. Bd. 10 S. 274.

Veranlaßt durch die wenig klare Fassung der erwähnten justinianischen Gesetze, namentlich der angeführten l. 32 Cod., hat über die Natur des darin erwähnten Eides und der darauf bezüglichen Vorschrift seit langem Streit obgewaltet.[1] Der jetzt erkennende Senat hat sich in Übereinstimmung mit einer Mehrzahl von Gerichtshöfen,

[1] Als reines Beweismittel wird der Eid angesehen namentlich von Puchta, Pandektenvorlesungen Bd. 2 § 523; Baron, Pandekten § 439 Ziff. 3; v. Bülow, Abhandlungen Bd. 1 S. 99; Mayer, Die Lehre von den Legaten und Fideikommissen S. 159. 170; ferner in der Abhandlung in den Blättern für Rechtspflege in Thüringen Bd. 28 S. 229 und in der Rechtsprechung des Oberlandesgerichtes Darmstadt, Seuffert, Archiv Bd. 42 Nr. 46. — Als Voraussetzung für

vgl. Seuffert, Archiv Bd. 33 Nr. 239 (oberstes Gericht für Bayern), Bd. 43 Nr. 279 (Oberlandesgericht Kassel), Bd. 47 Nr. 123 (Oberlandesgericht Braunschweig),

für die materiellrechtliche Natur des Eides entschieden.

Allerdings scheint der Umstand, daß dieser Eid nicht bei der Errichtung des Fideikommisses, als Solennitätsform, sondern erst während des vom Vermächtnisnehmer gegen den Beschwerten anhängig gemachten Prozesses in Betracht kommt, sowie der Satz in dem angeführten § 12 Inst.: „si fideicommissarius jusjurandum ei detulerit, quum prius ipse de calumnia juraverit" (also die früher vorgeschriebene Form der Beweisantretung durch Eid) für die Auffassung des Eides als eines Beweismittels und der darauf bezüglichen Vorschrift als einer Prozeßvorschrift zu sprechen. Allein wenn man im übrigen die Willensmeinung Justinian's, wie sie in der vor allem maßgebenden l. 32 zum Ausdrucke kommt, und die Konstruktion, die er darin dem fraglichen Rechtsinstitute gegeben hat, näher in Betracht zieht, so hat man mit der Vorinstanz den Eid dem materiellen Rechte zuzuweisen. Justinian sagt nicht etwa: „Vermächtnisse können auch formlos errichtet, in diesem Falle aber nur mittels Eides, nicht durch Zeugen oder auf andere Art bewiesen werden." Er drückt sich vielmehr so aus: „Wer sich nicht auf eine formell gültige, schriftliche oder mündliche Errichtung des Vermächtnisses, sondern nur auf eine formlose, dem Erben vom Erblasser unmittelbar gemachte Vermächtnisauflage beruft, der kann dieselbe vollständig in die Gewissenhaftigkeit des Beschwerten stellen und demselben darüber, daß sie ergangen, nach vorgängiger Leistung des Gefährdeeides den Eid antragen. Dann hängt ohne Heranziehung von Zeugen oder anderen Beweismitteln der Bestand und die Rechtswirksamkeit (tam firmitas, quam exactio) des Fideikommisses lediglich von dem Eide des Beschwerten ab, der, indem er sich selbst als Richter und Zeuge bestellt, denselben unter

---

die materielle Rechtswirksamkeit des Oralfideikommisses wird der Eid aufgefaßt von Arndts in Glück's Kommentar Bd. 47 S. 370 flg.; v. Vangerow, Pandekten Bd. 2 § 528 Anm. 2; Sonnenschmidt, Neue praktische Erörterungen S. 90 flg., und vor allem von Windscheid, Pandekten Bd. 3 § 629 Anm. 1 (auf welchen sich auch die Vorinstanzen in obiger Sache stützen), sowie aus der neueren Gerichtspraxis von den oben angeführten Gerichtshöfen. D. E.

Ausschluß der Zurückschiebung zu leisten hat. Schwört er, so wird er frei, anderenfalls gilt er als geständig und muß zahlen."

Hiernach ist als Ersatz für die mangelnde Form der Errichtung eine bestimmte Form für die spätere Geltendmachung des Vermächtnisses angeordnet, bei welcher lediglich der Gewissenhaftigkeit des Beschwerten Rechnung getragen, und für deren Beobachtung eine verstärkte Garantie dadurch geschaffen wird, daß er sich nicht schon durch sein Ableugnen freimachen kann, sondern solches eidlich zu erhärten hat. Ist aber bei dieser Sachlage der in Frage stehende Eid nicht Beweismittel, sondern Voraussetzung für den materiellen Bestand des Vermächtnisses, so wird er weder durch den § 14 Ziff. 2 des Einführungsgesetzes zur Civilprozeßordnung, noch durch den (von Dernburg, Pandekten Bd. 3 § 75 hervorgehobenen) Umstand berührt, daß die Civilprozeßordnung einen derartigen Eid nicht kennt; denn in der festgestellten Eigenschaft ist er von prozessualen Vorschriften überhaupt unabhängig."

---

42. Liegt, wenn die Lebensversicherung „zu Gunsten der Erben" abgeschlossen ist, ein Vertrag zu Gunsten Dritter vor, oder gehört die Versicherungssumme zum Nachlasse des Versicherers?

III. Civilsenat. Urt. v. 26. Januar 1894 i. S. R. (Bekl.) w. R. u. Gen. (Kl.) Rep. III. 235/93.

I. Landgericht Hannover.
II. Oberlandesgericht Celle.

Aus den Gründen:

„Der Vater und Erblasser der Parteien — zu denen, nachdem der Anspruch der Witwe R. durch das Berufungsurteil rechtskräftig zurückgewiesen ist, in der Revisionsinstanz nur noch die Kinder gehören — hatte sein Leben mit 4000 Franken zu Gunsten seiner Erben versichert; nähere Angaben über den Inhalt des Vertrages und den Zweck dieser Klausel sind von den Parteien nicht gemacht. In einem am 20. April 1875 errichteten Testamente hat der Erblasser seine Kinder, den Beklagten und die vier Kläger, zu Erben eingesetzt und über die Teilung des Nachlasses bestimmt, daß der älteste Sohn, der jetzige Beklagte, die Großkotstelle samt allem Zubehör, auch allen Ländereien, dem sämtlichen Haus-, Vieh-, Feld- und Ackerinventar und den etwaigen Schulden übernehmen und den übrigen Kindern, den Klägern, die genau bestimmten Geldabfindungen zahlen soll; daneben enthält das Testament nur noch die Festsetzung eines Nießbrauches und einer Leibzucht für die Witwe und die sog. cautela Socini. —

In dem vorliegenden Prozesse streiten die Parteien darüber, ob die Versicherungsgelder sämtlichen Kindern und Erben zu gleichen Teilen zukommen oder dem Beklagten allein, welcher unter Widerspruch der Kläger das Testament dahin auslegt, daß er Universalerbe, die Kläger nur heredes ex re certa seien.

Der erste Richter hat, der Auffassung des Beklagten sich anschließend, die Klage abgewiesen, das Berufungsgericht aber zu Gunsten der Kläger erkannt, und zwar ohne zu prüfen, ob diese nach dem Testamente nur Abfindlinge oder mit dem Beklagten zu gleichen Teilen zur Erbschaft berufen seien. Vielmehr geht das Berufungsgericht davon aus, daß auch in den Fällen, in denen die Police zu Gunsten der Erben laute, die Versicherungssumme nicht zum Nachlasse gehöre, sondern eine Versicherung zu Gunsten Dritter vorliege, das Testament aber nur insoweit in Betracht komme, als es Aufschluß über die Personen der Erben gebe, während trotz anderer Bestimmungen über die Teilung des Nachlasses die Versicherungssumme stets, auch wenn einige Miterben nur auf res certae eingesetzt seien, den Erben zu gleichen Teilen zufalle. Diese Ansicht, auf welcher das Urteil beruht, kann nicht gebilligt werden. In dem Urteile des VI. Civilsenates des Reichsgerichtes,

vgl. Seuffert, Archiv Bd. 43 Nr. 145,

auf welches allein sie ohne weitere Begründung gestützt wird, findet sie keinen Anhalt; dasselbe prüft die Frage, ob in der Klausel „zu Gunsten der Erben" eine Versicherung zu Gunsten Dritter liege, gar nicht und würde nach seinem sonstigen Inhalte eher für das Gegenteil sprechen. Die Frage muß, wenn man prüft, welche Absicht mutmaßlich der Versicherungsnehmer gehabt hat, regelmäßig verneint werden.

Bei den nur auf den Todesfall gestellten Versicherungen kann der Versicherungsnehmer nicht persönlich der Empfangsberechtigte sein, weil er zur Zeit der Entstehung des Bezugsrechtes tot ist; bezeichnet man daher, wie es häufig schon durch die Fassung der Antragsformulare veranlaßt wird, einen Empfangsberechtigten und als solchen die Erben, so liegt darin der natürlichste Ausdruck des Willens, daß die Versicherungssumme nicht einem bestimmten Dritten zufallen, sondern zum Nachlasse gehören und den Erben als solchen zukommen soll. Will man dagegen den Vertrag zu Gunsten bestimmter dritter Personen schließen, so liegt jede andere Bezeichnung, auch der Ausdruck „Familie", „Hinterbliebene", näher, zumal regelmäßig die Behandlung gerade der Erben als Dritter praktisch zu keinem anderen Resultate führen würde, als wenn kein Bezugsberechtigter genannt wird. Nur dann wird man zu einer anderen Auffassung gelangen und im Wege der Auslegung auf eine andere Bedeutung der Bestimmung schließen können, wenn der Erblasser erkennbar ein Interesse daran hatte, besondere Zwecke damit verfolgte, daß er die Erben als Bezugsberechtigte nannte, namentlich dann, wenn der Erblasser mit Rücksicht auf seine Vermögensverhältnisse die Versicherungssumme dem Zugriffe der Gläubiger entziehen, daher nicht wollte, daß sie in seinen Nachlaß fallen, daß sie vielmehr den berufenen Erben auch dann zufallen sollte, wenn diese die Erbschaft ausschlagen würden. Fehlt es an solchem Interesse, so fehlt es auch bei Nennung der Erben an jedem verständigen Zwecke, diese Forderung von dem sonstigen Nachlasse zu sondern. Daß in solchem Falle der Erblasser an die im Berufungsurteile gezogenen Folgerungen gedacht und diese beabsichtigt habe, liegt mindestens sehr fern.

In der Theorie ist zwar die aufgeworfene Frage nicht unbestritten, wird aber überwiegend in gleicher Weise beantwortet,

vgl. Lewis, Versicherungsrecht S. 223 flg; König in Endemann's Handelsrecht Bd. 3 S. 827 flg.; Gareis, Handelsrecht 2. Aufl. S. 462; Stobbe, Deutsches Privatrecht Bd. 3 § 198 S. 370,

und sogar meistens nur für die eben als wesentlich anders liegend bezeichneten Fälle geprüft, wenn der Nachlaß überschuldet ist, und die Nachlaßgläubiger oder der Konkursverwalter Anspruch auf die Versicherungssumme erheben.

Auch die Rechtsprechung höchster Gerichte steht auf demselben Standpunkte.

Vgl. Preuß. Obertribunal in Striethorst, Archiv Bd. 62 S. 337; Oberappellationsger. München in Seuffert, Archiv Bd. 26 Nr. 178.

Das Reichsgericht hat sich über die Frage noch nicht bestimmt ausgesprochen; denn das Urteil des II. Civilsenates vom 26. Mai 1884,

vgl. Entsch. des R.G.'s in Civils. Bd. 11 S. 173,

beruht auf eigentümlichen Bestimmungen des französischen Rechtes, und das bei gleicher Klausel zu Gunsten der Erben sich aussprechende Urteil des I. Civilsenates vom 24. September 1890 Rep. I. 147/90,

vgl. Bolze, Praxis des Reichsgerichtes Bd. 10 Nr. 515,

betrifft einen ganz anders liegenden Fall. Nicht nur war der Nachlaß überschuldet, sondern das Urteil wird auch entscheidend auf die besonderen Umstände des Falles, nämlich darauf gestützt, daß die mit erheblichem Reichszuschusse für die Armee und die Marine gegründete Lebensversicherungsanstalt, bei welcher der Erblasser versichert war, notorisch den Zweck der Sicherstellung der Hinterbliebenen der Militärpersonen verfolge, daß die Versicherungsnahme nur zu Gunsten bestimmt bezeichneter Personen zulässig sei, wie es im Statute heiße: „der Frau, der Kinder, der gesetzlichen oder letztwillig bestimmten Erben", und daß der Anspruch aus der Versicherung verwirkt werde durch nicht genehmigte Verpfändung oder Veräußerung der Police.

Die hiernach gebotene Aufhebung des Berufungsurteiles würde aber auch dann erfolgen müssen, wenn man mit demselben die Lebensversicherung zu Gunsten der Erben stets als zu Gunsten Dritter erfolgt ansieht. Wen der Erblasser unter dieser Bezeichnung habe verstehen wollen, die Testamentserben oder die Intestaterben, stellt das Berufungsgericht nicht fest; folgt man ihm aber darin, daß die Bestimmung im Testamente über die Person der Erben entscheidet, so ist es nicht folgerichtig, die Bestimmungen des Testamentes über die Erbteile unberücksichtigt zu lassen und den Klägern gleiche Quoten sogar dann zuzusprechen, wenn sie nur auf bestimmte Sachen neben dem unbeschränkt genannten Beklagten eingesetzt, im praktischen Resultate also Legatare sein würden. Auch ist anscheinend übersehen, daß vor dem Tode des Erblassers den in der Police genannten Personen kein unentziehbares Recht zusteht, daher nicht geprüft, ob nicht eventuell in dem Testamente des Erblassers zugleich in zulässiger Weise über das Bezugsrecht anderweit verfügt sein würde." ...

---

43. Voraussetzungen des Anspruches auf Vorweisung einer Urkunde außerhalb des Prozesses.

VI. Civilsenat. Urt. v. 1. Februar 1894 i. S. G. Wwe. (Bekl.) w. Frl. M. (Kl.) Rep. VI. 365/93.

I. Landgericht Hamburg.
II. Oberlandesgericht daselbst.

Die Beklagte befindet sich im Besitze einer unter Beiziehung der Klägerin errichteten Urkunde, in welcher erstere eine Verfügung zu Gunsten der Klägerin, ihrer jüngeren Schwester, getroffen hat. Die Klägerin behauptet, diese Verfügung bestehe in einer im Jahre 1886 durch den Notar L. in B. im Beisein der Parteien verbrieften Schenkung von 2000 spanischen Thalern. Die Beklagte bestreitet die Richtigkeit des angegebenen Jahres der Errichtung, sowie die Angaben der Klägerin über den Inhalt der Urkunde und behauptet, daß die fragliche Urkunde eine widerrufliche Schenkung von Todes wegen, die nun widerrufen werde, enthalte.

Auf die Editionsklage der Klägerin wurde die Beklagte vom Landgerichte zur Vorweisung der im Jahre 1886 zu B. zu Gunsten der Klägerin errichteten Schenkungsurkunde, sowie zur Tragung der Kosten des Verfahrens verurteilt.

Die Berufung der Beklagten wurde durch Urteil des Oberlandesgerichtes als unbegründet verworfen, die von ihr hiergegen eingelegte Revision vom Reichsgerichte zurückgewiesen aus folgenden

Gründen:

... „Das Berufungsgericht geht von der Ansicht aus, daß nach gemeinem Rechte eine Exhibitionspflicht bezüglich einer Urkunde allgemein schon dann vorliege, wenn das betreffende Dokument die Beurkundung eines Rechtsgeschäftes enthalte, welches auf die Gestaltung der Vermögensrechte des die Exhibition Fordernden eingewirkt habe oder einzuwirken bestimmt sei und aus diesem Grunde als eine bestimmungsgemäß dem Editionskläger und dem die Urkunde innehabenden Beklagten gemeinschaftliche Urkunde erscheine. In Übereinstimmung mit dieser Auffassung habe auch die Praxis der höchsten deutschen Gerichtshöfe seit langer Zeit die Eigentumsfrage für unwesentlich erklärt, wenn es sich um die Edition von Urkunden gehandelt habe, welche nach der zur Zeit ihrer Errichtung bestehenden Absicht des Instrumentierenden als gemeinschaftliche Urkunden anzusehen und zu dem Zwecke errichtet gewesen, als Beweismittel für den Inhalt eines Rechtsverhältnisses zwischen den in Betracht kommenden Personen zu dienen.

Anerkannt ist, daß die Civilprozeßordnung nur für die prozessuale Editionspflicht einheitliches Recht schaffen und an den civilrechtlichen Prinzipien, d. h. betreffs des Rechtes, auch außerhalb eines anhängigen Prozesses durch selbständige Klage Edition von Urkunden zu verlangen, nichts ändern wollte.

Vgl. Urteil des II. Civilsenates vom 30. Dezember 1884, Entsch. des R.G.'s in Civils. Bd. 12 S. 413.

Gemeinrechtlich ist die Frage bestritten, unter welchen Voraussetzungen außerhalb des Prozesses die Vorlegung einer Urkunde verlangt werden kann. Es mag insbesondere dahingestellt bleiben, inwieweit eine über die Voraussetzungen der actio ad exhibendum hinausgehende Vorweisungspflicht auf Quellenzeugnisse zurückgeführt werden kann.

Vgl. Windscheid, Pandekten 7. Aufl. Bd. 2 § 474 Nr. 6 Anm. 21 S. 709; Demelius, Die Editionspflicht S. 127.

Die herrschende, von der Praxis oberster Gerichtshöfe getragene Ansicht bedingt die Gemeinschaftlichkeit der Urkunde nicht vom Eigentume an derselben, sondern von der ihr bei der Errichtung gegebenen Bestimmung, und die Voraussetzung des rechtlichen Interesses von der Bedeutsamkeit des Inhaltes der Urkunde für die Rechtsverhältnisse des die Vorweisung Begehrenden. Hiernach kann die Vorlegung einer Urkunde auf Grund dessen verlangt werden, daß sie eine von dem die Vorweisung Begehrenden oder für ihn gemachte Beurkundung einer für seine Rechtsverhältnisse bedeutsamen Thatsache enthält.

Vgl. Seuffert, Archiv Bd. 16 Nr. 157 (Rostock), Bd. 29 Nr. 85 (Rostock), Bd. 32 Nr. 250 (Lübeck), Bd. 20 Nr. 39 (München, auch in den Blättern für Rechtsanwendung Bd. 30 S. 239); Windscheid, Pandekten 7. Aufl. Bd. 2 § 474 Nr. 6; Seuffert, Kommentar zur Civilprozeßordnung 6. Aufl. S. 500 Nr. 3a.

Der erkennende Senat findet keinen Anlaß, von dieser dem Rechtsbedürfnisse entsprechenden Ansicht abzugehen. Hiernach sind aber gemäß den thatsächlichen Feststellungen des Berufungsgerichtes die Voraussetzungen der Vorweisungspflicht gegeben. Das Berufungsgericht stellt fest, daß die Beklagte die Klägerin zum Errichtungsakte beigezogen und hierdurch die Absicht zu erkennen gegeben habe, der Klägerin einen Anspruch auf eine Vermögenszuwendung zu sichern, sowie daß die Beklagte zugegeben habe, die Urkunde im Interesse der Klägerin zu gedachtem Zwecke errichtet zu haben. Die Revision macht nun geltend, der Exhibitionsanspruch der Klägerin erscheine jedenfalls dann unbegründet, wenn zur Zeit des zu erlassenden Urteiles ein Rechtsverhältnis, für welches die zu exhibierende Urkunde benutzt werden könnte, nicht mehr existiere; die Beklagte habe aber geltend gemacht, daß eine mortis causa donatio vereinbart sei, und gleichzeitig diese Schenkung der Klägerin gegenüber widerrufen; die bloße Möglichkeit, daß die Urkunde der Klägerin vielleicht einen unwiderruflichen Anspruch gewährt haben könnte, dürfte nicht beachtlich sein. Dieser Angriff konnte jedoch nicht für begründet erachtet werden. Erscheint — die auf die Bestimmung der Urkunde bei der Errichtung begründete Gemeinschaftlichkeit der Urkunde vorausgesetzt — nur die Bedeutsamkeit der Urkunde für die Rechtsverhältnisse des die Vorlegung Begehrenden maßgebend, so ist das rechtliche Interesse auch dann für genügend dargethan zu erachten, wenn sich ein solches aus der allgemeinen Angabe des Inhaltes ergiebt. Gerade der Zweifel über den Inhalt der Urkunde oder die Bestreitung desselben begründet das Interesse des an der Urkunde Beteiligten an der Einsicht derselben, um sich über die Bedeutung des Inhaltes für die Gestaltung seiner Rechtsverhältnisse, sei es der gegenwärtigen oder der künftigen, zu vergewissern. Ein solches Interesse kann aber selbst im Falle einer widerrufenen mortis causa donatio bestehen, da ein Verzicht auf Widerruf in bindender Weise erklärt werden kann,

vgl. Windscheid, Pandekten Bd. 2 S. 360,

und somit die Einsicht der Urkunde zu der Vergewisserung darüber dienen kann, ob der Widerruf zulässig gewesen." ...

---

44. Steht der Mutter eines unehelichen Pupillen gegen den Vormund der Rechtsweg auf Herausgabe des Pupillen zu, wenn die Obervormundschaft das Verbleiben des Pupillen bei dem vom Vormunde erwählten Erzieher aus Rücksicht auf das Wohl des Pupillen beschlossen hat?

III. Civilsenat. Urt. v. 27. Februar 1894 i. S. T. (Kl.) w. P. (Bekl.) Rep. III. 12/94.

I. Landgericht Oldenburg.
II. Oberlandesgericht daselbst.

Aus den Gründen:

... „Die Klägerin will im Wege des bürgerlichen Rechtsstreites vom Vormunde die Herausgabe des Mündels erreichen, nachdem die Obervormundschaft ihren Antrag abgelehnt und das Verbleiben des Mündels bei dem ihm vom Vormunde gegebenen Erzieher aus Rücksicht auf das Wohl des Mündels beschlossen hat. Ihrem Klagantrage könnte nur stattgegeben werden, wenn der obervormundschaftliche Beschluß im Wege des bürgerlichen Rechtsstreites angefochten und eventuell vom Prozeßgerichte beseitigt werden dürfte. Nun können aber die obervormundschaftlichen Verfügungen, wenn der Richter seine Zuständigkeit nicht überschritten hat, nur in dem für die freiwillige Gerichtsbarkeit festgestellten Instanzenzuge angefochten werden, und dem Berufungsgerichte ist in der Annahme beizutreten, daß das Vormundschaftsgericht bei der zur Frage stehenden Verfügung in den Grenzen seiner Zuständigkeit geblieben ist. Denn nach römischem Rechte (vgl. l. 1 § 1 Dig. ubi pupill. educ. 27, 2 und l. 1 Cod. ubi pupill. educ. 5, 49) steht die Bestimmung des Erziehers des Pupillen der obervormundschaftlichen Behörde zu; sie soll allerdings letztwillige Anordnungen des Vaters über die Erziehung beachten und eventuell die Mutter in erster Linie berücksichtigen; sie kann aber im Interesse des Pupillen von jenen Anordnungen absehen und aus triftigen, zu ihrer

Erwägung stehenden Gründen die Mutter übergehen. Der Witwe muß aber insoweit die Mutter eines unehelichen Kindes gleichgestellt werden. Die Reichspolizeiordnungen haben die Stellung der obervormundschaftlichen Behörde für die Frage der Erziehung der Pupillen nicht verändert, und wenn auch viele Landesrechte der Mutter ein selbständiges Erziehungsrecht eingeräumt haben, so ist doch für das Gebiet des gemeinen Rechtes eine Änderung der römischrechtlichen Bestimmungen durch eine entgegenstehende konstante gemeinrechtliche Praxis nicht nachweisbar. Muß demnach davon ausgegangen werden, daß die Obervormundschaft bei der im Interesse des Mündels erfolgten Ablehnung der Übertragung der Erziehung auf die Klägerin oder eine andere Person die Grenzen ihrer Zuständigkeit nicht überschritten hat, so ist auch mit Recht vom Berufungsgerichte angenommen worden, daß die Klägerin den Anspruch auf Erziehung des Pupillen nicht zum Gegenstande eines bürgerlichen Rechtsstreites gegen den Vormund hat machen können."

---

45. 1. Was erfordert eine nach Ablauf von zwei Jahren wiederholte Intercession zu ihrer Gültigkeit?

2. Wieweit enthalten die gemeinrechtlichen Bestimmungen über die Intercessionen der Frauen Beschränkungen der Handlungsfähigkeit oder nur Formvorschriften?

III. Civilsenat. Urt. v. 9. Februar 1894 i. S. M. (Bekl.) w. Herf. Diskontobank (Kl.). Rep. III. 259/93.

I. Landgericht Detmold.
II. Oberlandesgericht Celle.

Aus den Gründen:

„1. Der Revision der Beklagten kann zugegeben werden, daß die l. 22 Cod. ad S. C. Vellei. 4, 29 nicht jede irgendwie erfolgte Anerkennung oder Bestätigung des früher erklärten Intercessionswillens als genügend ansieht, sondern die Gültigkeit der Intercession von einer wiederholten Erklärung des Intercessionswillens abhängig macht.

Diese, der Formvorschrift der l. 23 a. a. O. nicht unterworfene, Erklärung kann aber und wird regelmäßig unter Bezugnahme auf die frühere Erklärung erfolgen und häufig die Form einer Bestätigung annehmen; es ist daher Sache der Auslegung, ob darin ein neuer Ausdruck des Intercessionswillens gefunden werden kann. Daß aber das Berufungsgericht im vorliegenden Falle die mit dem Datum des 13. Februar 1889 versehene Erklärung in diesem Sinne auslegt, kann trotz der hinzugefügten Hinweisung auf die Gründe des ersten Urteiles nicht zweifelhaft sein.

Ob die neue Erklärung der Gültigkeit ermangeln würde, wenn sie, über den früheren Bürgschaftswillen hinausgehend, eine Schuldübernahme enthalten, daher als eine andere Art der Intercession anzusehen sein würde, kann dahingestellt bleiben. Denn nicht nur stellt das Berufungsgericht ausdrücklich fest, daß eine Wiederholung der früheren Intercession vorliege, sondern es fehlt auch in der Urkunde und den sonstigen Umständen an jedem Anhaltspunkte, daß der bisherige Schuldner frei werden, die Klägerin ihn aus seiner Verbindlichkeit entlassen sollte und wollte. Die Fassung, nach welcher die Beklagte sich zur Zahlung verpflichtete, erklärt sich völlig daraus, daß der Hauptschuldner insolvent war, daher voraussichtlich die Bürgin zahlen mußte.

Auch die bestrittene Frage bedarf keiner Entscheidung, ob die wiederholte Intercession zu ihrer Gültigkeit erfordert, daß die erste in einer öffentlichen Urkunde errichtet wurde. Zwar ist der Bürgschaftsschein vom 23. Januar 1882 nur eine hinsichtlich der Unterschrift beglaubigte Privaturkunde; die l. 23 § 2 Cod. ad S. C. Vellei. 4, 29 schreibt jedoch, indem sie für die Intercessionen der Frauen öffentliche Urkunden verlangt, nur eine äußere Form vor, in deren Ermangelung Nichtigkeit des Rechtsgeschäftes eintritt; von einer Beschränkung der Handlungsfähigkeit kann erst gesprochen werden, wenn trotz Wahrung der vorgeschriebenen Form die Frau sich durch die Intercession nicht verpflichtet.

Nun ist aber, da die Klägerin Kaufmann ist, die von der Beklagten übernommene Bürgschaft auf seite der Klägerin nach Art. 273 H.G.B. ein Handelsgeschäft; dann kommt auf diese Bürgschaft nach Art. 277 auch der Art. 317 zur Anwendung, ihre Gültigkeit war daher durch die in l. 23 Cod. a. a. O. vorgeschriebene Form nicht bedingt, sodaß es für diese Frage auch nicht erheblich ist, ob die Urkunde in Detmold oder in Herford ausgestellt ist.

Die Revision der Beklagten konnte daher keinen Erfolg haben.

2. Auch die Revision der Klägerin erscheint unbegründet.

Enthält zwar, wie eben ausgeführt, die l. 23 Cod. a. a. O. nur eine für Handelsgeschäfte beseitigte Formvorschrift, so ist doch mit dem Berufungsgerichte in den Bestimmungen des Sctum Vellejanum eine Beschränkung der Handlungsfähigkeit der Frauen zu finden. Dies folgt schon daraus, daß das Gesetz eine Form in keiner Weise vorschreibt, und daß selbst durch Beobachtung der später in l. 23 Cod. a. a. O. bestimmten oder irgend einer anderen Form die Intercession nicht gültig wird. Durch die wenigstens später zugelassene Möglichkeit des Verzichtes wird dieser Charakter der Vorschrift ebensowenig geändert, wie in einem ähnlichen Falle durch die eidliche Bestärkung, welche die in ihrer Handlungsfähigkeit beschränkten Minderjährigen einem Rechtsgeschäfte hinzufügen.

Die Handlungsfähigkeit der Beklagten bestimmt sich aber nach dem Rechte ihres Wohnsitzes, und in diesem, dem Fürstentume Lippe, gilt das Sctum Vellejanum, sodaß weder der Art. 317 H.G.B. in dieser Frage der Klägerin zur Seite steht, noch darauf etwas ankommt, ob die Urkunde in Herford unterschrieben ist." ...

III. Preußisches Recht.

46. Begriff der Partei- und Prozeßfähigkeit. Nach welchem Rechte ist die Parteifähigkeit einer russischen Nonne zu beurteilen?

C.P.O. §§ 50. 51.

A.L.R. Einl. § 23, II. 11 § 1199.

Russische Gesetzsammlung (Svod) Bd. 9 §§ 437—442.

IV. Civilsenat. Urt. v. 13. Juli 1893 i. S. v. H. (Bekl.) w. v. Z. (Kl.) Rep. IV. 104/93.

I. Landgericht Posen.
II. Oberlandesgericht daselbst.

Aus den Gründen:

„Kläger hat gegen die Beklagte, welche sich unstreitig nach abgelegtem Klostergelübde als Nonne in dem päpstlich approbierten Orden der Bernhardinerinnen im Kloster zu Ch. bei Kowno in Rußland befindet, mit dem Antrage geklagt, sie zu verurteilen, anzuerkennen, daß sie nach der verstorbenen Frau v. P. nicht erbberechtigt sei und keine Ansprüche auf deren Nachlaß erheben dürfe. Der erste Richter hat die Klage abgewiesen, weil die Beklagte als Nonne weder vertragsfähig noch prozeßfähig sei und im Wege der Klage nicht in Anspruch genommen werden könne; vom Berufungsrichter ist die Beklagte nach dem Klagantrage verurteilt worden.

Der von der Beklagten gegen letztere Entscheidung eingelegten Revision muß der Erfolg versagt bleiben.

Der Berufungsrichter geht davon aus, daß der Beklagten die Prozeßfähigkeit zustehe, und daß der Anspruch des Klägers materiell begründet sei. In ersterer Beziehung führt er aus, daß zunächst geprüft werden müsse, ob die Beklagte parteifähig sei, und daß diese Frage gemäß § 23 A.L.R. Einl. nach russischem Rechte entschieden werden müsse. Da die Beklagte aber nicht behauptet habe, daß nach russischem Rechte Nonnen überhaupt nicht als Rechtssubjekte gelten, vielmehr nur angeführt habe, daß sowohl nach russischem als nach preußischem Rechte Nonnen nicht vertrags- und erwerbsfähig seien, so sei davon auszugehen, daß Nonnen nach russischem Rechte Prozeßpartei sein können. Aus den allgemeinen Vorschriften der Civilproßordnung sei zu entnehmen, daß jeder Mensch als Rechtssubjekt auch Prozeßpartei sein könne, und daß Vertrags- und Erwerbsfähigkeit einer Person nicht Voraussetzung ihrer Parteifähigkeit sei. Zu demselben Ergebnisse gelange man auch bei Zugrundelegung des materiellen preußischen Rechtes, da nach den §§ 1199 flg. A.L.R. II. 11 den Mönchen und Nonnen nicht die Rechtsfähigkeit überhaupt entzogen, sondern nur die Handlungs- und Erwerbsfähigkeit derselben eingeschränkt sei. Wenn hiernach die Beklagte als parteifähig zu erachten sei, so sei sie auch prozeßfähig, da weder die Civilprozeßordnung noch das materielle preußische Recht eine Bestimmung enthalte, daß Mönche und Nonnen im Prozesse durch gesetzliche Vertreter zu vertreten seien.

Von der Revision wird hiergegen geltend gemacht, daß die Civilprozeßordnung über die Partei- und Prozeßfähigkeit von Mönchen und Nonnen keine Bestimmungen enthalte, und daß aus der Vorschrift des § 1199 A.L.R. II. 11, nach welcher Mönche und Nonnen nach abgelegtem Klostergelübde in Ansehung aller weltlichen Geschäfte als verstorben angesehen werden, sich von selbst ergebe, daß dieselben nicht verklagt werden können. Die Revision führt ferner aus, daß die Streitfrage lediglich nach preußischem Rechte zu beurteilen sei, und macht für den Fall, daß russisches Recht zur Anwendung kommen müßte, dem Berufungsrichter den Vorwurf, daß er es unterlassen habe, den Inhalt des russischen Rechtes entweder durch Vernehmung der von der Beklagten vorgeschlagenen Sachverständigen oder von Amts wegen festzustellen.

Dem Berufungsrichter ist darin beizutreten, daß für den Streitfall zwischen Prozeßfähigkeit und Parteifähigkeit zu unterscheiden ist, und daß der erste Richter diesen Unterschied verkannt hat. Die

Prozeßfähigkeit setzt die Parteifähigkeit voraus; von Prozeßfähigkeit kann nur bei vorhandener Parteifähigkeit die Rede sein. Unter Parteifähigkeit ist die Fähigkeit zu verstehen, zu klagen und verklagt zu werden, „die aus der Rechtssubjektivität fließende Fähigkeit, Rechte und rechtliche Verpflichtungen zu haben, aktiv und passiv Subjekt des Prozesses zu sein".

Vgl. Urteil des II. Civilsenates des Reichsgerichtes vom 20. Juni 1884, Entsch. desselben in Civils. Bd. 12 S. 399.

Die Parteifähigkeit bestimmt sich, wie in dem norddeutschen Entwurfe § 79 ausdrücklich hervorgehoben war, nach den Vorschriften des bürgerlichen Rechtes. Die Prozeßfähigkeit, die Fähigkeit, einen Prozeß als Partei selbst zu führen oder durch einen Prozeßbevollmächtigten führen zu lassen, kommt nicht allen Rechtssubjekten als solchen zu, sie ist vielmehr ein Ausfluß der Handlungs- und Verfügungsfähigkeit. Die Parteifähigkeit setzt also die Existenz eines Rechtssubjektes voraus, die Prozeßfähigkeit betrifft eine Eigenschaft eines existenten Rechtssubjektes. Die Prüfung und Entscheidung der unter den Parteien streitigen Frage nach der Parteifähigkeit der Beklagten kann nur aus dem materiellen Rechte entnommen werden. Denn nach § 23 A.L.R. Einl. werden die persönlichen Eigenschaften und Befugnisse eines Menschen nach den Gesetzen der Gerichtsbarkeit beurteilt, unter welcher derselbe seinen eigentlichen Wohnsitz hat. In den Bereich dieser persönlichen Eigenschaften gehört auch die Frage, ob die Beklagte Rechtssubjekt ist oder sein kann. Die Entscheidung dieser Frage muß also, da die Beklagte als Nonne im Bernhardinerkloster zu Ch. ihren Wohnsitz in Ch. hat, nach russischem Rechte als dem Rechte des Domiziles der Beklagten erfolgen, und wenn die Revision die Anwendbarkeit des ausländischen Rechtes im gegebenen Falle bestreitet, so befindet sie sich mit dem in der Rechtsprechung und Litteratur allgemein anerkannten Grundsatze im Widerspruche, daß die Rechtsfähigkeit eines Menschen nach den Gesetzen seines Wohnsitzes zu beurteilen ist. Die von ihr für die entgegengesetzte Annahme in Bezug genommenen Ausführungen bei Johow, Entsch. des Kammergerichtes Bd. 6 S. 27, Dernburg, Preuß. Landrecht Bd. 1 S. 79 und v. Bar, Internationales Privatrecht Bd. 1 S. 412. 386 bestätigen eine solche Annahme keineswegs, da die dortigen Ausführungen sich speziell nur auf die Handlungs- und Erwerbsfähigkeit beziehen, den gedachten Grundsatz aber im allgemeinen als richtig anerkennen. Der Berufungsrichter geht gleichfalls davon aus, daß dieser Grundsatz richtig sei, und daher das russische Recht in Betracht komme; er unterläßt die Anwendung des Grundsatzes jedoch deshalb, weil er in den Anführungen der Beklagten die ausdrückliche Behauptung vermißt, daß nach russischem Rechte Nonnen überhaupt nicht als Rechtssubjekte gelten. Beklagte hat jedoch nicht, wie der Berufungsrichter annimmt, nur behauptet, daß nach russischem Rechte Nonnen nicht vertrags- und erwerbsfähig seien, sie hat vielmehr geltend gemacht, daß in Rußland betreffs der Mönche und Nonnen dieselben Bestimmungen wie im preußischen Rechte bestehen, insbesondere auch die Vorschrift, daß Mönche und Nonnen nach abgelegtem Klostergelübde in Ansehung aller weltlichen Geschäfte als verstorben angesehen werden, also nicht im Prozesse verklagt werden können, sie hat ferner die Behauptung des Klägers, daß Nonnen nach russischem Rechte parteifähig seien, bestritten. Aus allen diesen Gründen muß der Frage näher getreten werden, welche Bestimmungen in dieser Beziehung das materielle russische Recht enthält.

Die amtliche Sammlung der Gesetze des russischen Reiches (Svod zakonov Rossijskoj Imperii) umfaßt in Band 9 die Vorschriften über den Personenstand und die Pflichten, Rechte und Privilegien der verschiedenen Klassen der Bevölkerung. Der zweite Abschnitt des ersten Buches des Svod (Bd. 9) handelt von der Geistlichkeit, und zwar in Kapitel 1 von der rechtgläubigen Kloster- und Weltgeistlichkeit, in Kapitel 2 von der römisch-katholischen Kloster- und Weltgeistlichkeit. Da die Beklagte unstreitig das Klostergelübde in dem päpstlich approbierten Orden der Bernhardinerinnen abgelegt hat und sich als Nonne in dem päpstlich approbierten Kloster zu Ch. befindet, so kommen die in Kapitel 2 a. a. O. enthaltenen Vorschriften in Anwendung. Danach wird die Geistlichkeit in die weiße und in die Klostergeistlichkeit eingeteilt, und es gehören zu der letzteren auch die Mönche und Nonnen. Hinsichtlich des Gerichtsstandes steht die römisch-katholische Klostergeistlichkeit der weißen Geistlichkeit dieser Konfession gleich (§ 437), indem sie in allen rein geistlichen Sachen dem Gerichte ihrer geistlichen Obrigkeit, in bürgerlichen und peinlichen Sachen aber den gewöhnlichen Behörden untergeben ist (§ 420). Die zum Mönchsstande Gehörigen beiderlei Geschlechts können als solche, die sich von der

Welt losgesagt und das Gelübde der Armut geleistet haben, nicht unbewegliches Vermögen besitzen (§ 438). Der in das Kloster Tretende muß nach Leistung des Gelübdes über das ihm gehörige Vermögen verfügen und sich zugleich von jedem Vermögen lossagen, welches ihm durch Erbgang zufallen kann; er muß dabei erklären, daß er weder die Revenüen aus dem Vermögen beziehen noch über dieselben verfügen noch unter Vormundschaft sich begeben werde (§ 439). Er ist jedoch berechtigt, den zehnten Teil des ihm zustehenden elterlichen Pflichtteiles zum Geschenke für das Kloster oder zu einem anderen beliebigen Zwecke zu verlangen (§ 440). Hat er vor Ablegung des Gelübdes sich des ihm gehörigen Vermögens nicht entäußert, dann fällt dasselbe seinen legitimen Erben zu (§ 441). Nach seinem Tode können seine Erben weder die dem Kloster gemachten Geschenke noch das übrige hinterbliebene bewegliche Vermögen verlangen; alles dies bleibt Eigentum des Klosters (§ 442). Die Einlagen (Geschenke) und die sog. Mitgabe der Nonnen werden bei den Kaiserlichen Kreditanstalten aufbewahrt; bei Lebzeiten der Nonne gebühren die Zinsen davon dem Kloster, nach ihrem Tode fällt das Kapital ihren legitimen Erben zu (§ 443). Aus diesen Bestimmungen ergiebt sich, daß eine Nonne nach russischem Rechte nicht aufgehört hat, Rechtssubjekt zu sein. Den römisch-katholischen Klosterangehörigen ist nur untersagt, und sie sind für unfähig erklärt, unbewegliches Vermögen zu besitzen. Daraus, sowie aus den in §§ 440—442 getroffenen Anordnungen folgt, daß sie fähig sind, bewegliches Vermögen zu besitzen, und daß sie in betreff der Verwendung desselben nur gewissen Beschränkungen unterworfen sind. In dieser Hinsicht ist ihnen also die Fähigkeit, Rechtssubjekt zu sein, gewahrt, und diese Fähigkeit ist mit dem Eintritte in das Kloster und nach Ablegung des Gelübdes nicht völlig erloschen. Danach ist die Beklagte nach russischem Rechte als parteifähig zu erachten; und wohnt ihr diese Eigenschaft bei, so unterliegt ihre Prozeßfähigkeit keinem Bedenken. Das russische Recht spricht ausdrücklich von einem Gerichtsstande der Klosterangehörigen, und die Civilprozeßordnung enthält, worin dem Berufungsrichter beizupflichten ist, keine Bestimmung, daß Mönche und Nonnen in Prozessen durch gesetzliche Vertreter zu vertreten seien.

Gegen die materielle Entscheidung der Sache ist von der Revision ein Angriff nicht erhoben worden. Dieselbe beruht auf der zutreffenden

Erwägung des Berufungsrichters, daß die Beklagte nach §§ 1199 flg. A.L.R. II. 11 nicht fähig sei, Erbschaften zu erwerben, und daß diese im öffentlichen Interesse erlassene Bestimmung selbst dann Anwendung finden müßte, wenn das ausländische Recht eine entgegenstehende Anordnung enthielte. Überdies hat aber auch das russische Recht Mönche und Nonnen ausdrücklich für erbunfähig erklärt.

Vgl. Lehr, Droit civil russe Bd. 1 S. 399: sont incapables de succéder les membres d'ordres monastiques, comme ayant renoncé au monde; Steinbach, Die gesetzliche Erbfolgeordnung nach russischem Rechte S. 25; Erdmann, System des Privatrechtes der Ostseeprovinzen Bd. 3 S. 9; Leuthold, Russische Rechtskunde S. 25." ...

---

47. Stempelansatz bei Prozeßvollmachten, welche unter der Überschrift „Vollmacht" den Vermerk „Objekt unter 150 Mark" tragen.

IV. Civilsenat. Urt. v. 5. Oktober 1893 i. S. S. u. Gen. (Kl.) w. Justizfiskus (Bekl.). Rep. IV. 137/93.

I. Landgericht Posen.
II. Oberlandesgericht daselbst.

Aus den Gründen:

„Nach dem Stempeltarife zu dem Gesetze wegen der Stempelsteuer vom 7. März 1822 ist von „Vollmachten" ein Stempel von 1,50 ℳ zu erheben. Der § 3 des Gesetzes enthält unter der Überschrift „Befreiungen von dem tarifmäßigen Stempel" diejenigen unter den Buchstaben a bis i aufgeführten Verhandlungen und Gesuche, welche von Entrichtung des tarifmäßigen Stempels befreit sind. Die unter a aufgeführte Befreiung lautet: „Verhandlungen und Gesuche über Gegenstände, deren Wert nach Gelde geschätzt werden kann, sind stempelfrei, wenn dieser Wert fünfzig Thaler Silbergeld nicht erreicht". Die Parteien streiten darüber, ob drei Vollmachten, welche in den drei anhängig gewesenen amtsgerichtlichen Prozessen: 1. M. gegen P. wegen 7,45 ℳ nebst 6% Zinsen seit dem 2. Januar 1889, 2. W.

gegen R. wegen 9,50 ℳ nebst 6 % Zinsen seit dem 1. Oktober 1888, 3. W. gegen K. wegen 62,75 ℳ nebst 6 % Zinsen seit dem 4. Mai 1889, von den damaligen Klägern auf den Rechtsanwalt S. ausgestellt und von diesem mit der Klageschrift überreicht worden sind, dem tarifmäßigen Stempel unterliegen oder nach § 3a des Gesetzes von dem Stempel befreit sind. Die drei Vollmachten lauten, abgesehen von der Verschiedenheit der Kapitalsbeträge, übereinstimmend folgendermaßen:

Vollmacht.

Objekt unter 150 ℳ.

In Sachen meiner gegen ... wegen 7,45 ℳ — 9,50 ℳ — 62,75 ℳ — „nebst Zinsen" erteile ich hiermit dem Rechtsanwalt S. ... . Prozeßvollmacht ...

(Ort und Datum.) (Unterschrift.)

Das Landgericht hat die Rückforderungsklage der beiden Kläger, von welchen der Rechtsanwalt S. zweimal 1,50 ℳ, der Mitkläger W. 1,50 ℳ gezahlt hat, für begründet erachtet und den Beklagten verurteilt, an den ersteren 3 ℳ, an den letzteren 1,50 ℳ zu zahlen. Das Landgericht hat angenommen: Wenngleich in den Vollmachten die Höhe des Zinsfußes und der Anfangstermin der Verzinsung nicht angegeben seien, so sei doch nach dem Betrage der Hauptforderungen nicht zu bezweifeln, daß Kapital und Zinsen nicht 150 ℳ betragen; wolle man aber annehmen, daß die Angabe des Kapitalsbetrages ohne Angabe des Anfangstermines der Zinsenforderung zur Feststellung des Wertes des Gegenstandes nicht ausreichend sei, so ergebe sich dieser aus dem anderweiten Inhalte der Vollmachten, namentlich aus dem unter dem Worte „Vollmacht" stehenden, also zu dem Inhalte der Urkunde gehörenden und mit demselben in innerem Zusammenhange stehenden Vermerke „Objekt unter 150 ℳ", in welchem der Aussteller der Urkunde erkläre, daß die Vollmacht auf einen Gegenstand von weniger als 150 ℳ eingeschränkt sein solle; maßgebend für die Stempelpflichtigkeit einer Urkunde sei aber ihr Inhalt, also die Erklärung des Ausstellers. Das Oberlandesgericht dagegen hat erwogen: In den Vollmachten seien der Anfangstermin der Verzinsung und die Höhe des Zinsfußes nicht angegeben, mithin sei aus den Urkunden selbst nicht zu berechnen, ob sie einen Gegenstand von weniger oder mehr, als 150 ℳ, betreffen; es sei aber überhaupt davon auszugehen, daß nach der Fassung der Vollmachten in den Worten: 7,45 M (bezw. 9,50 M, 62,75 M) „nebst Zinsen“ ohne nähere Angabe, um welche Zinsen es sich handle, zwei Gegenstände, ein in Kapital und ein in Zinsen bestehender Gegenstand, bezeichnet würden, sodaß nach Ziff. 1 der „Allgemeinen Vorschriften“ zu dem Stempeltarife der Stempel für Kapital und für Zinsen besonders zu berechnen sei. Denn es sei sehr wohl möglich und denkbar — der Inhalt der Vollmacht lasse diese Auslegung zu, und das Gegenteil sei aus den Urkunden mit Sicherheit nicht zu entnehmen —, daß die in der Vollmacht angegebenen Kapitalsbeträge nur die Reste größerer Kapitalien bilden, von denen bedeutendere, über 150 M hinausgehende Zinsrückstände verblieben seien, die mit den Kapitalresten zusammen eingeklagt werden sollen, oder daß es sich bei den Vollmachten überhaupt nicht um Zinsen der angegebenen geringen Summen, sondern um andere, der Höhe nach nicht angegebene Zinsen handle; es sei also möglich, — der Inhalt der Vollmachten lasse „diese Auslegung“ zu, und das Gegenteil sei aus der Urkunde nicht mit Sicherheit zu entnehmen —, daß der Gegenstand der Urkunde ein den Wert von 150 M erreichender und ihn sogar übersteigender sei. Der unter dem Worte „Vollmacht“ stehende Vermerk „Objekt unter 150 M“ aber wird für bedeutungslos erklärt, weil er weder äußerlich noch durch seinen Inhalt mit dem Texte der Urkunde in einem solchen Zusammenhange stehe, daß der Sinn des Textes erst durch jenen Vermerk erklärt werden müßte; der Vermerk sei, selbst wenn er von dem Aussteller der Urkunde herrühre, nichts weiter, als eine selbständige willkürliche Angabe, und es werde durch ihn nicht zum Ausdrucke gebracht, daß er ein notwendiger, für die Tragweite und den Umfang der Ermächtigung maßgebender Bestandteil der Vollmacht sein solle; stände beispielsweise der gleiche Vermerk auf einer Urkunde, in welcher ausdrücklich über einen Gegenstand von 150 M oder mehr verfügt werde, so würde ein Zweifel über die Bedeutungslosigkeit des Vermerkes in Bezug auf die Feststellung des Gegenstandes der Verhandlung und somit in betreff der Stempelpflicht überhaupt nicht entstehen; dasselbe müsse vorliegend gelten, weil aus den Vollmachten trotz des Vermerkes sich nicht ergebe, daß der Wert den Betrag von 150 M nicht erreiche.

Diese Erwägungen beruhen nicht sowohl auf einer Auslegung

der vorliegenden Vollmachtsurkunden, als vielmehr auf außerhalb des Urkundeninhaltes sich bewegenden allgemeinen Betrachtungen und Möglichkeiten. Soweit das Urteil den Urkundeninhalt feststellt, liegt in allen drei Fällen eine Vollmacht über einen Gegenstand unter 150 ℳ vor. Die Überschrift „Vollmacht" aber bildet einen Teil der Vollmachtsurkunde; denn sie bezeichnet sich selbst als zu dieser Urkunde gehörig. Aus diesem Grunde ist in der Allgemeinen Verfügung des preußischen Justizministers vom 21. Februar 1893 (J.M.Bl. S. 59) zur Befreiung einer Vollmachtsurkunde von dem tarifmäßigen Stempel für ausreichend erachtet, wenn sich in derselben zwischen der Überschrift „Vollmacht" und dem eigentlichen Vollmachtstext der Vermerk „unter 150 ℳ" befindet, da alsdann auch dieser Vermerk ebenso, wie der eigentliche Vollmachtstext von der Unterschrift des Ausstellers getragen werde, also zum Inhalte der Vollmachtsurkunde gehöre und mit Bestimmtheit ergebe, daß die Vollmacht nur für ein Rechtsgeschäft unter 150 ℳ erteilt sei.

Diesen aus dem klaren Wortlaute der Urkunde sich ergebenden Zusammenhang zwischen der Überschrift, dem darunter stehenden Vermerke „Objekt unter 150 ℳ" und dem unmittelbar darauf folgenden Texte der Urkunde verkennt das Berufungsgericht, wenn es den Vermerk „Objekt unter 150 ℳ" darum für bedeutungslos erklärt, weil er weder äußerlich noch durch seinen Inhalt mit dem Texte der Urkunde in einem solchen Zusammenhange stehe, daß der Sinn des Textes erst durch jenen Vermerk erklärt werden müßte. Das Berufungsgericht verkennt, daß trotz der in sich klaren Vollmachtsurkunde der offenbare Zusammenhang jenes Vermerkes mit der Vollmacht eben darin liegt, daß der Vermerk die in dem Vollmachtstexte fehlende Wertsangabe ergänzt und also zum Inhalte der Vollmachtsurkunde gehört. Wenn aber eine Prozeßvollmacht schlechtweg über einen darin angegebenen Kapitalsbetrag „nebst 5% Zinsen" seit einem bestimmten Anfangstermine der Verzinsung lautet, und die Prozeßvollmacht an keiner Stelle von einem anderen, als dem in dieser Urkunde angegebenen Kapitale etwas enthält, so ergiebt der Kontext der Urkunde, also der Inhalt der Vollmacht, daß Zinsen von dem in der Vollmacht angegebenen Kapitalsbetrage gefordert werden. Eine solche Vollmacht ist daher nach § 3a des Stempelgesetzes stempelfrei, wenn der in der Urkunde angegebene

Kapitalsbetrag 150 ℳ nicht erreicht. Es liegt alsdann genau derjenige Thatbestand vor, welchen die erwähnte Allgemeine Verfügung des preußischen Justizministers vom 21. Februar 1893 mit Recht als wesentlich erklärt: es ergiebt sich aus dem Inhalte der Prozeßvollmacht klar und bestimmt, daß sie einen nach Geld schätzbaren und in seinem Werte den Betrag von 150 ℳ nicht erreichenden Gegenstand betrifft. Demnach war das Berufungsurteil wegen Gesetzesverletzung aufzuheben.

In der Sache selbst ergiebt sich aus dem Vorstehenden, daß das Landgericht die Stempelpflichtigkeit der Vollmacht unter richtiger Anwendung des Gesetzes verneint und der Klage auf Rückzahlung des ohne Recht erforderten Stempels mit Recht stattgegeben hat. Die Berufung des Beklagten gegen das landgerichtliche Urteil war daher zurückzuweisen." ...

---

48. **Unterliegt der Anspruch auf Vergütung für geleistete häusliche Dienste der kurzen Verjährung aus § 2 Ziff. 3 des Gesetzes vom 31. März 1838, wenn ein Gesinde- oder Hausoffiziantenverhältnis nicht hatte begründet werden sollen?**

IV. Civilsenat. Urt. v. 12. Oktober 1893 i. S. Fiskus (Bekl.) w. G. (Kl.) Rep. IV. 181/93.

I. Landgericht I Berlin.
II. Kammergericht daselbst.

Aus den Gründen:

„Die Kläger sind die Erben ihres ohne Testament verstorbenen Bruders, des Weinhändlers und Restaurateurs G., geworden, in dessen Wirtschaft die Mitklägerin, verehelichte Minna M., bis zu dem am 30. März 1888 erfolgten Tode ihres genannten Bruders vierzehn Jahre lang die Dienstleistungen einer Wirtschafterin und Köchin verrichtet hat. Die hierfür von derselben erhobene Forderung ist von den Miterben in Höhe von 7000 ℳ anerkannt worden. Die Erbschaftssteuerbehörde hat jedoch die Höhe dieser anfänglich bei der Berechnung des Erbschaftssteuerbetrages voll in Abzug gebrachten Nachlaßschuld nachträglich beanstandet und die Nachzahlung eines Steuerbetrages mit noch 96 ℳ gefordert, weil beim Tode des Erblassers die älteren Ansprüche der N. verjährt gewesen seien, und nur ein Teilbetrag von 2125 ℳ für die letzten vier Jahre und drei Monate als Nachlaßschuld für die Erbschaftssteuerberechnung berücksichtigt werden könne. Diesen Standpunkt hat der Beklagte in dem vorliegenden Prozesse, in welchem seitens der Kläger die Rückerstattung der von ihnen unter Vorbehalt gezahlten 96 ℳ nebst Zinsen verlangt wird, insofern geändert, als er nunmehr in erster Linie einwendet, daß der Minna N. beim Mangel eines vertragsmäßigen Dienstverhältnisses Ansprüche für ihre vorbehaltlos geleisteten Dienste überhaupt nicht erwachsen seien, vielmehr nach § 1042 A.L.R. I. 11 die Vermutung der Schenkung Platz greifen müsse.

Dieser Ansicht tritt der Berufungsrichter mit folgender Ausführung entgegen: Schon der Umstand, daß die Dienste in dem Gewerbebetriebe des Erblassers G. geleistet seien, spreche dagegen, daß die N. dieselben in Schenkungsabsicht geleistet habe. Dazu komme, daß die N., welcher gegenüber der Erblasser G. wiederholt geäußert gehabt, er fühle sich ihr verpflichtet und wolle sie zur Belohnung für ihre Hilfe zur Erbin einsetzen, ihre Dienste *in der Erwartung der Erfüllung dieses Versprechens* ohne Ausbedingung eines festen Lohnes vierzehn Jahre lang geleistet habe. Hierdurch werde die Rechtsvermutung des § 1042 a. a. O. widerlegt. Diese Ausführung ist nicht zu beanstanden. Auch ist danach mit dem Berufungsrichter davon auszugehen, daß Minna N. und der Erblasser G. darin einig gewesen sind, daß die Vergeltung der fraglichen Dienste der N. durch deren in Aussicht gestellte Erbeseinsetzung erfolgen sollte. Ob in dieser Richtung, wie der Berufungsrichter annimmt, eine vertragsmäßige Vereinbarung stattgefunden hat, kann dahingestellt bleiben, da ein klagbarer Anspruch auf Erbeseinsetzung hierdurch nicht hätte begründet werden können. Dagegen unterliegt es keinem Bedenken, daß Minna N. berechtigt erscheinen muß, aus dem Gesichtspunkte der nützlichen Verwendung eine angemessene Vergütung für ihre Dienste zu beanspruchen, weil dieselben von ihr in der Erwartung eines Entgeltes geleistet, und durch dieselben dem Erblasser G. diejenigen Ausgaben erspart worden sind, welche er für die Besoldung einer Wirtschafterin und Köchin hätte aufwenden müssen.

Dem Berufungsrichter ist auch darin beizutreten, daß diese Ansprüche der kurzen Verjährung aus § 2 Ziff. 3 des Gesetzes vom 31. März 1838 nicht unterlagen. Zwar hat das frühere preußische Obertribunal wiederholt ausgesprochen, daß eine Lohnforderung der kürzeren Verjährung nicht schon dadurch entzogen werden könne, daß der desfallsige Anspruch auf eine Bereicherung des Empfängers der geleisteten Dienste gegründet werde, und daß dies auch dann gelten müsse, wenn der Gesindedienst ohne vorgängige Verabredung eines dafür zu zahlenden Lohnes geleistet wurde.

Vgl. Präjudiz Nr. 1559 vom 4. April 1845 Bd. 1 S. 409; Entsch. des Obertrib. Bd. 33 S. 263, Bd. 53 S. 64; Striethorst, Archiv Bd. 47 S. 202.

Dieser an sich als richtig anzuerkennende Grundsatz kann jedoch nur dann für zutreffend erachtet werden, wenn die in Frage kommende Forderung nach ihrer rechtlichen Natur unter die Bestimmungen des Gesetzes vom 31. März 1838 fällt, was immer anzunehmen sein wird, wenn der, welcher die Dienste leistete, in die rechtliche Stellung eines Dienstboten oder Hausoffizianten getreten war. Dagegen sind die Voraussetzungen für die Anwendung des § 2 Ziff. 3 des Gesetzes vom 31. März 1838 nicht gegeben, wenn nach der Absicht der Beteiligten durch die Übernahme der betreffenden Dienstleistungen ein Gesinde- oder Hausoffiziantenverhältnis nicht hat begründet werden sollen. Dies trifft nach den Feststellungen des Berufungsrichters im vorliegenden Falle zu, und die Ansprüche der Minna N. hätten daher erst nach dreißig Jahren verjähren können." ...

---

49. Erfordert ein unter Eheleuten geschlossener wechselseitiger Erbentsagungsvertrag zur Rechtsgültigkeit die Beobachtung der Testamentsform oder doch zur Wirksamkeit gegenüber der Ehefrau die Zuordnung eines Beistandes für dieselbe?

A.L.R. I. 12 §§ 621—623. 653. 654, II. 1 §§ 198—200. 441. 442, II. 2 § 484.

IV. Civilsenat. Urt. v. 19. Oktober 1893 i. S. K. (Kl.) w. K. (Bekl.) Rep. IV. 119/93.

I. Landgericht Breslau.
II. Oberlandesgericht daselbst.

Die Klägerin und ihr am 6. Dezember 1891 zu Breslau verstorbener Ehemann Karl K. haben am 15. Juni 1885 vor dem Amtsgerichte zu Breslau einen Vertrag errichtet, durch den jeder von ihnen auf Ansprüche an den Nachlaß des anderen verzichtete. Bei der Aufnahme des Vertrages ist weder ein Protokollführer zugezogen, noch auch die in den §§ 104 flg. preuß. A.L.R. I. 12 vorgeschriebene Testamentsform beobachtet. Der Ehemann K. hat hinterher ein Testament und ein Kodizill errichtet, in denen er den jetzigen Beklagten zu seinem Alleinerben ernannt und der Klägerin eine Jahresrente ausgesetzt hat. Die Klägerin hat im jetzigen Prozesse, unter Verzichtleistung auf die Rente, den Erbentsagungsvertrag vom 15. Juni 1885 wegen Formmangels angefochten und den achten Teil des Nachlasses ihres Ehemannes als Pflichtteil, sowie die Vorlegung und eidliche Bestärkung eines Nachlaßinventares von seiten des Beklagten beansprucht. Das Landgericht hat der Klage entsprochen, dagegen hat auf die Berufung des Beklagten das Oberlandesgericht die Klage abgewiesen.

Die von der Klägerin eingelegte Revision ist vom Reichsgerichte zurückgewiesen aus folgenden

Gründen:

„Die Berufungsentscheidung beruht wesentlich auf der Annahme, daß der Erbentsagungsvertrag vom 15. Juni 1885 für die Klägerin formverbindlich sei. In dieser Erwägung kann eine Gesetzesverletzung nicht gefunden werden. Es handelt sich hier um die Form eines unter Eheleuten geschlossenen wechselseitigen Erbentsagungsvertrages. Das preußische Allgemeine Landrecht hat in Bezug auf die Form von Erbverträgen zwar in den §§ 621—623 I. 12 allgemein bestimmt, daß die für Errichtung, Niederlegung und Aufbewahrung von Testamenten vorgeschriebenen Formen zu beobachten sind. Allein die preußische Praxis hat bei der Anwendung dieser Bestimmungen einen durchgreifenden Unterschied gemacht, je nachdem solche Verträge eine Erbeinsetzung oder eine Erbentsagung enthalten. Nur für Erbeinsetzungsverträge hat sie die innere Berechtigung der Testamentsform anerkannt, weil nur sie einen dem Testamente entsprechenden Inhalt (§ 3 a. a. O.) haben. Daraus ist der Schluß gezogen, daß die Vorschriften der §§ 621—623 a. a. O. nur für Erbeinsetzungsverträge Platz zu greifen haben. Eine Bestätigung dieser Auslegung ist aus den Formvorschriften, welche das Allgemeine Landrecht für gewisse Erbentsagungsverträge giebt, entnommen. Die Bestimmungen der §§ 653. 654 I. 12, nach welchen für Erbentsagungen in Fällen, wo derjenige, um dessen künftige Erbschaft es sich handelt, zur Abgabe verbindlicher Willenserklärungen unfähig ist, die gerichtliche Abschließung notwendig sein soll, und die Vorschrift des § 484 II. 2, zufolge deren Verträge, wodurch großjährige und gewaltfreie Kinder bezüglich des elterlichen Nachlasses ganz ausgeschlossen oder im Pflichtteile verkürzt werden sollen, der Abschließung vor dem ordentlichen Richter der Kinder bedürfen, haben die Folgerung nahe gelegt, daß für Erbentsagungsverträge der Regel nach die Testamentsform entbehrlich und die allgemeine Vertragsform ausreichend ist. Auf diesem Standpunkte steht das vormalige preußische Obertribunal in seiner aus den Entscheidungen desselben Bd. 20 S. 153, Bd. 57 S. 48, Bd. 63 S. 133, Bd. 66 S. 122 und aus Striethorst, Archiv Bd. 40 S. 300 erhellenden Rechtsprechung. Das Reichsgericht hat sich dieser Rechtsprechung bereits in dem Urteile vom 26. März 1888 (Gruchot, Beiträge Bd. 32 S. 976) angeschlossen. Es liegt keine Veranlassung vor, von dieser Ansicht abzugehen.

Von dem obigen Gesichtspunkte aus muß es im vorliegenden Falle für genügend gelten, daß der Erbentsagungsvertrag vom 15. Juni 1885 vor Gericht geschlossen ist, ohne daß dabei die für Errichtung, Niederlegung und Aufbewahrung von Testamenten vorgeschriebenen Formen beobachtet sind. Letzteres gilt insbesondere mit Bezug auf die unterlassene Zuziehung eines Protokollführers. Der von der Revision herangezogene § 421 Anh. zu § 17 A.G.O. II. 2 nötigt nicht zu der entgegengesetzten Auffassung. Denn wenn darin Erbverträge als Akte bezeichnet sind, bei deren Aufnahme vor Gericht ein Protokollführer zugezogen werden soll, so sind hierunter nach dem ganzen Zusammenhange der Vorschrift eben nur Erbeinsetzungsverträge zu verstehen. In demselben Sinne hatte sich bereits das vormalige preußische Obertribunal in der Entscheidung Bd. 63

S. 137 ausgesprochen. Auf der gleichen Anschauung beruht offenbar das vorerwähnte Urteil des Reichsgerichtes vom 26. März 1888.

Es bleibt aber noch die Frage übrig, ob vorliegend nicht vermöge des Umstandes, daß die Klägerin als Ehefrau auf Ansprüche an den Nachlaß ihres Mannes verzichtet und damit einer Einbuße an ihrem gesetzlichen Erbrechte dem Manne gegenüber sich unterworfen hat, eine Verschärfung der Vertragsform herbeigeführt ist. In der That verordnet für einen derartigen Erbvertrag unter Eheleuten der § 441 A.L.R. II. 1 die gerichtliche Aufnehmung des Vertrages. Diese Form ist im vorliegenden Falle aber auch gewahrt. Die weitere Unterstellung der Revisionsklägerin, daß im Hinblicke auf die Bestimmung des § 200 A.L.R. II. 1 der Ehefrau bei der Aufnahme des Vertrages ein Beistand hätte zugeordnet werden müssen, erscheint dagegen nicht gerechtfertigt. Nach § 198 a. a. O. muß in allen Fällen, wo die Frau in stehender Ehe zu etwas, wozu sie gesetzlich nicht verpflichtet ist, dem Manne sich verbindlich macht, der Akt gerichtlich vollzogen werden. Gemäß § 199 entstehen daher aus außergerichtlichen Verträgen unter Eheleuten für die Frau zwar Befugnisse, aber keine Verbindlichkeiten. Wenn der § 200 dann in der Fassung angefügt ist: „Auch bei gerichtlichen Verhandlungen der Frau mit dem Manne ist die Zuziehung eines ... Beistandes für erstere erforderlich," so muß angenommen werden, daß diese Vorschrift mit den §§ 198. 199 in unmittelbarem Zusammenhange steht, derart, daß auch für sie die Voraussetzung des § 198 gilt, daß also die Vornahme eines Geschäftes in Frage stehen muß, durch welches die Frau sich dem Manne zu etwas, wozu die Gesetze sie nicht verpflichten, verbindlich machen soll. Bei dem hier vorliegenden Erbvertrage trifft diese Voraussetzung aber nicht zu, da die Klägerin durch denselben sich dem Manne überhaupt nicht verbindlich gemacht, sondern nur auf Erbansprüche dem Manne gegenüber Verzicht geleistet hat. Aus der gleichen Erwägung hat das Reichsgericht bereits in dem Urteile vom 7. Juli 1890 (Entsch. desselben in Civils. Bd. 26 S. 309) die Anwendbarkeit des § 200 A.L.R. II. 1 auf den verwandten Fall des § 442 a. a. O. ausgeschlossen. Den Ausführungen, mittels deren das frühere preußische Obertribunal in den bei Striethorst, Archiv Bd. 1 S. 252 und Bd. 99 S. 28 abgedruckten Entscheidungen zu einem abweichenden Ergebnisse gelangt ist, kann nicht beigetreten werden." ...

50. 1. Über die Voraussetzungen des Verlustes einer Grundgerechtigkeit durch stillschweigende Einwilligung im Sinne des § 43 A.L.R. I. 22. 2. Zur Auslegung der den Lichtschutz betreffenden Bestimmungen der § 142. 143 A.L.R. I. 8.

V. Civilsenat. Urt. v. 25. Oktober 1893 i. S. der katholischen Spar- und Darlehnsbank St. Joseph, e. G., in E. (Bekl.) w. Stadtgemeinde E. (Kl.) Rep. V. 165/93.

I. Landgericht Erfurt.
II. Oberlandesgericht Naumburg.

Die Beklagte hat im Jahre 1890 durch einen Neubau an der östlichen Grenze des im Eigenthume der klagenden Stadtgemeinde stehenden Grundstückes Schottengasse 1 in E. von den östlichen zehn Fenstern der auf diesem Grundstücke stehenden Turnhalle vier ganz und ein fünftes teilweise verbaut. Die Fenster bestanden seit 1859. Die Turnhalle, ein einstöckiges Gebäude, hat auch noch Licht von den anderen drei Seiten, sie hat nach Westen sechs und nach Norden und Süden je vier Fenster. Unter Berufung auf § 143 A.L.R. I. 8 hat die Klägerin beantragt, die Beklagte zu einer Zurücksetzung ihres Neubaues um 3 Meter vor den fünf verbauten Fenstern zu verurteilen. Die Entfernung um 3 Meter ist nach Behauptung der Klägerin erforderlich, wenn aus den ungeöffneten Fenstern eines zu fingierenden zweiten Stockwerkes der Turnhalle der Himmel soll erblickt werden können.

Die Beklagte bestreitet die Anwendbarkeit des § 143, weil die Turnhalle nicht bloß noch von einer anderen, sondern noch von drei anderen Seiten her Licht habe und kein zweites Stockwerk besitze. Auch bestreitet sie die Notwendigkeit einer Zurücksetzung der Mauer um 3 Meter, damit aus den Fenstern eines fingierten zweiten Stockwerkes der Himmel erblickt werden könne. Weiter macht sie geltend, daß die Klägerin ihr Klagerecht durch stillschweigendes Einverständnis mit dem Baue verloren habe (§ 43 A.L.R. I. 22), weil die Fenster schon im Juli 1890 verbaut worden seien, die Zustellung der Klage aber erst am 9. Februar 1891 stattgefunden habe.

Der erste Richter hat die Beklagte verurteilt, mit ihrem Neubaue von den verbauten Fenstern der Klägerin um 2,50 Meter zurückzurücken.

Die Berufung der Beklagten ist zurückgewiesen worden. Das Reichsgericht hat das zweite Urteil aufgehoben aus folgenden

Gründen:

... „I. Die erste Revisionsbeschwerde richtet sich dagegen, daß die aus § 43 A.L.R. I. 22 erhobene Einrede verworfen worden ist. Die Verwerfung ist erfolgt auf Grund des Verlaufes, den die Baustreitigkeit zufolge der vom Berufungsrichter eingesehenen Magistratsakten genommen hat. Danach hat der Magistrat schon vor dem Beginne des Baues am 9. Juli und nach dem Beginne am 16. August und 29. August 1890 unter Androhung gerichtlicher Klage gegen das Verbauen der Fenster protestiert; als trotzdem Ende August oder Anfang September, nicht im Juli, wie die Beklagte behauptet, dieses Verbauen ausgeführt worden war, sind auf ein einigermaßen entgegenkommendes Schreiben der Beklagten Ermittelungen über die Möglichkeit einer anderweitigen Lichtzuführung vom Magistrate angestellt und Vergleichsverhandlungen eingeleitet worden, die am 11. September zu bestimmten Vergleichsvorschlägen der Beklagten führten. Diese Versuche sind dann aber schließlich im Dezember gescheitert, worauf am 12. Dezember von der Stadtvertretung die Erhebung der Klage beschlossen worden ist, die dann durch die vom 13. Janur 1891 datierte, am 31. Januar beim Gerichte eingereichte und nach Angabe der Beklagten am 9. Februar 1891 zugestellte Klage erfolgte. Hieraus schließt der Berufungsrichter, daß die Stadtvertretung niemals zu dem Bauprojekte und der folgenden Bauausführung geschwiegen und nicht durch wissentliches Geschehenlassen des Zubauens der Fenster ihre Einwilligung zum Aufhören des Fensterrechtes im Sinne des § 43 A.L.R. I. 22 erteilt habe.

Diese Entscheidung beruht nicht auf einer Gesetzesverletzung, wie die Revision auszuführen sucht. Die Revision meint einen Widerspruch zwischen der Entscheidung des Berufungsrichters und einem Urteile des V. Civilsenates des Reichsgerichtes vom 18. Juni 1884 (Gruchot, Beiträge Bd. 29 S. 823 flg.) nachweisen zu können, insofern in diesem Urteile verlangt werde, daß ein bloßer Protest gegen das Verbauen der Fenster nicht genüge, sondern daß dem Widerspruche Nachdruck gegeben werden müsse durch Verfolgung derjenigen Mittel, welche die Gesetze zur Erhaltung des Besitzstandes gewährten. So ist aber das gedachte Urteil nicht zu verstehen. Es lehnt sich an mehrere Entscheidungen des vormaligen Obertribunales an,

vgl. Entsch. des Obertribunales Bd. 41 S. 181; Striethorst, Archiv Bd. 55 S. 82, Bd. 68 S. 304,

in denen eine stillschweigende Einwilligung in den Bau trotz dagegen erhobenen Protestes angenommen worden ist, wenn die Fortsetzung des Baues geduldet und der Widerspruch nicht durch Klage, gerichtlichen Protest oder Selbsthilfe, nicht in der Form eines der Mittel, welche die Gesetze zur Erhaltung der Besitzrechte an die Hand geben, geltend gemacht wurde. Allein es ist schon in dem Urteile des Reichsgerichtes vom 15. Dezember 1879 (Gruchot, Beiträge Bd. 24 S. 483) und neuerdings noch wieder in einem Urteile des V. Civilsenates des Reichsgerichtes vom 5. Juli 1893 (Rep. V. 101/93 i. S. Bassen & Co. wider Eisenbahnfiskus) ausgeführt worden, daß damit nichts weiter gesagt sein sollte, als daß trotz des Protestes ein stillschweigender Verzicht angenommen werden könne, wenn jene anderen Maßregeln nicht nachfolgten; und in einem anderen Sinne kann auch das Urteil vom 18. Juni 1884 (Gruchot, a. a. O. Bd. 29 S. 823) nicht verstanden werden, umsoweniger, als es am Schlusse selber betont, daß der damalige Kläger den Bau wissentlich habe geschehen lassen, wenn er nicht bei Erfolglosigkeit seines Widerspruches „das Geeignete zum Schutze seines Rechtes that". Was dieses Geeignete sei, läßt sich nur durch eine Würdigung der Sachlage des einzelnen Falles beurteilen; es giebt keine bindenden Rechtsnormen dafür, wann das wissentliche Geschehenlassen vorliege, woran der § 43 A.L.R. I. 22 die Annahme einer stillschweigenden Einwilligung anknüpft; vielmehr ist es Sache des thatsächlichen Ermessens des Richters, ob im einzelnen Falle aus dem Verhalten des Protestierenden nach Erhebung des Protestes geschlossen werden könne, daß er demselben keine Folge geben wolle (Gruchot, a. a. O. Bd. 24 S. 485).

Dieses thatsächliche Ermessen hat der Berufungsrichter im vorliegenden Falle walten lassen, und wenn er dabei zu dem Ergebnisse gelangt ist, daß die Stadtvertretung deutlich zum Ausdrucke gebracht habe, daß sie die Verbauung der Fenster in der Turnhalle nicht zugeben, sondern verhindern wolle, so kann diese thatsächliche Feststellung mit der Revision nicht anders angefochten werden, als durch den Nachweis einer unvollständigen Würdigung der hierfür maßgebenden

Thatsachen. Diesen Vorwurf hat aber die Revision nicht mit Grund erheben können. Sie hebt zwar hervor, daß die Beklagte alsbald den Widerspruch als unberechtigt abgelehnt habe, und daß die Klägerin erst lange nach Vollendung des Baues mit Vergleichsverhandlungen und demnächst mit der Klage hervorgetreten sei; allein diese Umstände sind vom Berufungsrichter nicht übersehen, sondern nur nicht für maßgebend erachtet worden. Er hat insbesondere erwogen, daß die Verzögerung der Klagerhebung sich durch die Vergleichsverhandlungen erkläre. Die Behauptung, daß diese erst lange nach Vollendung des Baues begonnen wären, findet in dem beigebrachten Materiale keine Bestätigung; vielmehr folgt das Gegenteil daraus, daß der Bau erst gegen den 12. August begonnen ist, und die Beklagte selbst schon am 11. September Vergleichsvorschläge formuliert hat. Auch spricht für die Richtigkeit des vom Berufungsrichter gewonnenen Ergebnisses der Umstand, daß Beschlußfassungen einer Stadtvertretung geschäftsordnungsgemäß mehr Zeit erfordern, als Entschließungen einer Einzelperson, und daß überdies zu einer Beschleunigung der Klagerhebung, nachdem einmal der Bau vollendet worden war, kein Bedürfnis vorlag.

II. Die Entscheidung des Berufungsrichters in der Sache selbst ruht auf der Ausführung, daß die Vorschrift in § 143 A.L.R. I. 8 auf den vorliegenden Fall Anwendung finde, und daß zur Ausführung dieser Vorschrift die Mauer der Beklagten vor den verbauten Fenstern der Klägerin um 2,50 Meter zurückgerückt werden müsse. Die miteinander zusammenhängenden §§ 142. 143 A.L.R. I. 8 haben folgenden Wortlaut:

§ 142. Sind jedoch die Fenster des Nachbars, vor welchen gebaut werden soll, schon seit zehn Jahren oder länger vorhanden, und die Behältnisse, wo sie sich befinden, haben nur von dieser Seite her Licht, so muß der neue Bau so weit zurücktreten, daß der Nachbar noch aus den ungeöffneten Fenstern des unteren Stockwerks den Himmel erblicken könne.

§ 143. Hat in diesem Falle das Gebäude des Nachbars, in welchem die Fenster sich befinden, noch von einer anderen Seite Licht, so ist es genug, wenn der neue Bau nur so weit zurücktritt, daß der Nachbar aus den ungeöffneten Fenstern des zweiten Stockwerks den Himmel sehen könne.

Die auf Grund dieses § 143 vom Berufungsgerichte gefällte Entscheidung ist von der Revision in mehreren Richtungen angegriffen worden.

1. Die Revision hält den § 143 schon deshalb für unanwendbar, weil die Turnhalle der Klägerin nicht „noch von einer anderen Seite", wie das Gesetz voraussetze, sondern noch von drei anderen Seiten Licht habe. Schon in erster Instanz hatte die Beklagte geltend gemacht: die §§ 142. 143 seien, als Ausnahmebestimmungen von dem in § 141 sanktionierten Grundsatze der Baufreiheit des Grundeigentümers, zu Gunsten dieses Eigentümers, und insbesondere sei die hier in Frage stehende Bestimmung des § 143 wörtlich auszulegen, und zwar letzteres umsomehr, als dem Zwecke der Ausnahmevorschriften, die gänzliche Unbrauchbarmachung des Nachbargebäudes zu verhüten, durch ein von zwei Seiten einfallendes Licht völlig genügt werde. Dem gegenüber hat der Berufungsrichter in Übereinstimmung mit dem ersten Richter ausgeführt: nicht darauf komme es an, ob dem Nachbargebäude noch ein genügender Lichtzufluß gewahrt bleibe, sondern darauf, ob der Lichtzufluß durch diese bestimmten Fenster, wie er über zehn Jahre bestanden habe, über ein gewisses Maß hinaus verkümmert werde. Diese Ausführung ist richtig.

Aus der Entstehungsgeschichte der §§ 142. 143, welche bestimmt sind, die Kollision zwischen der Baufreiheit des Eigentümers und dem Lichtbedürfnisse des Nachtbarn zu regeln, ergiebt sich allerdings, daß der Gesetzgeber die Baufreiheit für das stärkere Recht erachtet und begünstigt hat, daß insbesondere bei Zumessung der dem Nachbar zur Wahrung seines Lichtbedürfnisses für den Fall, daß seine Fenster schon zehn Jahre bestanden hatten, gewährten Ansprüche erwogen worden ist, daß auf „nicht sehr beträchtliche Nachteile" des Nachbarn keine Rücksicht genommen werden, daß die gänzliche Unbrauchbarmachung seines Gebäudes, sein gänzlicher Ruin verhütet werden sollte. Daraus folgt aber nicht, daß nach Absicht des Gesetzgebers ein bestimmter Grad der ferneren Brauchbarkeit des Nachbargebäudes und demzufolge ein bestimmtes Maß von Lichtzufluß zu demselben unmittelbar bestimmend sein sollten für den Abstand, in welchem Bauten vor den Fenstern zu gestatten seien. Eine Vorschrift solchen Inhaltes hätte sich bei der unendlichen Mannigfaltigkeit der für das Lichtbedürfnis maßgebenden örtlichen und persönlichen Verhältnisse kaum formulieren lassen. Die aus dem Kompromißvorschlage eines der Monenten hervorgegangenen §§ 142. 143 zeigen denn auch, daß der Gesetzgeber nicht bloß darauf verzichtet hat, dem Nachbarn ein für den konkreten Fall genügendes Maß von Licht zu gewährleisten, sondern sogar auch darauf, die Gewährung eines abstrakten, für alle Fälle gleichen Maßes von Licht vorzuschreiben. Der Gesetzgeber knüpft vielmehr an den rein äußerlichen Umstand an, ob das Behältnis, in welchem sich die Fenster befinden, die verbaut werden würden, nur von dieser Seite (§ 142), oder ob es auch noch von einer anderen Seite (§ 143) Licht habe, und schreibt je nachdem ein verschiedenes Maß für die Entfernung des Neubaues vor. Wie die Fenster beschaffen sind, und wie viele Fenster verbaut werden würden, ob alle oder nur einige, begründet keinen Unterschied, während es doch auf der Hand liegt, daß der dem Behältnisse verbleibende Grad der Helligkeit je nachdem ein ganz verschiedener ist. Es ist denn auch noch niemals bezweifelt worden, daß die Anwendung der §§ 142. 143, wenn deren Voraussetzungen im übrigen vorliegen, nicht durch den Nachweis ausgeschlossen werden könne, daß das Behältnis des Nachbars trotz des Neubaues noch für alle Zwecke hell genug bleibe. Daraus ergiebt sich, daß das Gesetz nicht den Lichtzufluß überhaupt, sondern daß es den Lichtzufluß durch die einzelnen bestimmten Fenster bis zu einer gewissen Grenze schützen will.

Wenn nun der § 143 einen geringeren Abstand des Neubaues für den Fall zuläßt, daß das Gebäude des Nachbars „noch von einer anderen Seite" Licht habe, so läßt sich für die Auslegung der Beklagten, daß das Wort „einer" als Zahlwort aufzufassen sei, nicht geltend machen, daß der Nachbar beim Zuflusse von noch zwei oder mehr Seiten Licht genug habe; denn darauf legt dem Vorstehenden nach das Gesetz kein Gewicht, und es kann auch nicht einmal zugegeben werden, daß der Nachbar in dem vorausgesetzten Falle allemal wirklich Licht genug habe. Es kommt hinzu, daß bei rein wörtlicher Auslegung das „einer" mindestens ebensogut als Artikel wie als Zahlwort aufgefaßt werden kann, und daß deshalb angenommen werden darf, der Gesetzgeber würde durch Hinzufügung des Wortes „nur" zum Ausdrucke gebracht haben, daß der § 143 sich auf den Fall des Lichtzuflusses von zwei anderen und mehr Seiten nicht beziehe, wenn letzteres wirklich seine Absicht gewesen wäre. Daß aber diese Absicht nicht bestand, erhellt auch daraus, daß der Vorschlag des Monenten, dem die §§ 142. 143 nachgebildet worden sind, die ausdrückliche Bestimmung enthielt: „hat er (der Nachbar) von mehreren Seiten Licht und Fenster, so darf der Bauende nur drei Werkschuh von dem Gebäude des Nachbars zurückbleiben"; daß aber diese Bestimmung in das Gesetz nicht aufgenommen worden ist.

2. Weiter bestreitet die Revision die Anwendbarkeit des § 143 deshalb, weil die Turnhalle der Klägerin ein einstöckiges Gebäude ist, also keine Fenster im zweiten Stockwerke hat. Der Berufungsrichter ist mit dem ersten Richter der Ansicht, daß dieser Umstand unerheblich sei, weil anderenfalls das Gesetz die Lücke enthielte, daß einstöckige Gebäude, die noch von einer anderen Seite Licht haben, ohne jeden Schutz gelassen wären; es habe deshalb ein zweites Stockwerk mit Fenstern, die zu der Fensterkonstruktion im vorhandenen Stock paßten, fingiert, und unter Zuziehung von Sachverständigen ermittelt werden müssen — wie geschehen ist —, wie weit der Bau der Beklagten zurücktreten müsse, um zu ermöglichen, daß aus den fingierten ungeöffneten Fenstern des zweiten Stockwerkes der Himmel erblickt werden könne. Dieser Ansicht, die sich in Übereinstimmung mit der Praxis des vormaligen Obertribunales befindet,

vgl. Entsch. des preuß. Obertribunales Bd. 72 S. 95; Striethorst, Archiv Bd. 91 S. 185,

und auch in der Litteratur keinem Bedenken begegnet ist, war aus dem vom Berufungsrichter angeführten Grunde lediglich beizupflichten.

3. Der hauptsächlichste Angriff der Revision richtet sich dagegen, daß der Berufungsrichter der Annahme des ersten Richters nicht entgegengetreten ist, daß das gesetzlich für die Entfernung des Neubaues festgesetzte Maß: so weit, daß der Nachbar aus den ungeöffneten Fenstern je des unteren (§ 142) oder des zweiten Stockwerkes (§ 143) den Himmel erblicken (oder sehen) könne, unter Zugrundelegung der Augenhöhe eines Mannes (mittlerer Größe) in aufrechter Körperhaltung auszumitteln sei. So hatte der erste Richter den zugezogenen Sachverständigen instruiert, der dann auch auf dieser Grundlage seine Berechnungen anstellte und sein Gutachten abgab; auf diese Weise gelangte der Sachverständige zu dem Resultate, daß der Bau der Beklagten um 2,50 Meter vor den verbauten Fenstern zurückzutreten habe, und dieses Resultat hat der erste Richter als richtig angenommen.

Der Berufungsrichter hat zu der von jeher bestritten gewesenen Frage, in welcher Körperhaltung nach den Vorschriften der §§ 142. 143 der Himmel müsse gesehen werden können, nicht Stellung genommen. Er erwähnt, daß das Urteil des ersten Richters abweiche von der Ansicht des vormaligen Obertribunales, nach der es genüge, daß der Himmel in irgend welcher Stellung erblickt werden könne; er findet in dem Urteile des ersten Richters eine Befolgung der Ansicht des Reichsgerichtes, daß die Stellung mindestens dem Körperbaue und den Gewohnheiten der Menschen entsprechen müsse; und er führt dann aus, daß danach eine liegende oder knieende Stellung von selbst ausgeschlossen sei, bei Zugrundelegung einer sitzenden Stellung aber ein dem Neubaue günstigeres Resultat nicht gewonnen werden würde, weil das Auge der sitzenden Person ohne gekünstelte Haltung dem Fenster nicht so nahe komme wie das Auge eines Menschen in aufrechter Stellung. Einer selbständigen Entscheidung über die zu Grunde zu legende Körperhaltung hält der Berufungsrichter sich aus dem Grunde für überhoben, weil die Beklagte in zweiter Instanz gegen das Gutachten des Sachverständigen und dessen Basis keine Erinnerungen gemacht habe.

Diese letzte Erwägung kann jedoch nicht für zutreffend erachtet werden, weil die Beklagte in zweiter Instanz die Abweisung der Klage beantragt, mithin in der That das ganze Urteil des ersten Richters angefochten hatte. Deshalb ist auch die Revision nicht gehindert, die Frage nach der maßgebenden Körperhaltung zum Ausgangspunkte eines Angriffes zu machen. Sie führt in dieser Beziehung aus, daß statt der aufrechten Haltung eine sitzende Stellung für genügend erachtet werden müsse; denn das Gesetz schließe nur naturwidrige Stellungen, Verdrehungen und Verrenkungen des Körpers aus, nicht auch solche Stellungen, die dem Körperbaue und den Gewohnheiten der Menschen entsprächen — wofür auf die Entscheidungen des Reichsgerichtes vom 26. Februar 1887 nnd vom 7. Oktober 1891 (Gruchot, Beiträge Bd. 31 S. 929 und Bd. 36 S. 965) Bezug genommen wird. Die aufrechte Stellung könne schon deshalb nicht die allein vorausgesetzte sein, weil es Fenster gebe, deren oberer Rand unter der Augenhöhe eines stehenden Menschen liege. Dieser Revisionsangriff ist jedoch nicht gerechtfertigt.

Es handelt sich hierbei um eine Frage, welche streitig gewesen ist, solange das Allgemeine Landrecht in Kraft ist. Anfangs hatte das Obertribunal angenommen, die §§ 142. 143 A.L.R. I. 8 hätten die Bedeutung, daß der Neubau dem Nachbarn die Möglichkeit lassen müsse (vorausgesetzt, daß seine Fenster zehn Jahre lang bestanden haben), in gerader, ungezwungener Stellung unmittelbar vor den ungeöffneten Fenstern auf der Erde stehend, den Himmel sehen zu können.

Vgl. Ulrich, Neues Archiv Bd. 2 S. 521 flg.

Dann ist aber das Obertribunal durch Plenarbeschluß vom 9. Dezember 1839 von dieser Ansicht zurückgetreten und hat den Satz aufgestellt, daß es genüge, wenn der Nachbar auf irgend eine Weise und in irgend einer Stellung aus den ungeöffneten Fenstern in vertikaler Richtung den Himmel sehen könne.

Vgl. Entsch. des Obertribunales Bd. 5 S. 167 flg.

An dieser Ansicht hat das Obertribunal festgehalten, und auch der II. Hilfssenat des Reichsgerichtes ist ihr gefolgt in einem Urteile vom 15. Dezember 1879, (abgedruckt bei Gruchot, Beiträge Bd. 24 S. 483). Später sind dann aber zwei Urteile des V. Civilsenates des Reichsgerichtes ergangen (am 26. Februar 1887 und am 7. Oktober 1891, abgedruckt bei Gruchot, Beiträge Bd. 31 S. 929 und Bd. 36 S. 965), in denen die generelle Richtigkeit des in dem Plenarbeschlusse des Obertribunales vom 9. Dezember 1839 aufgestellten Satzes ausdrücklich dahingestellt gelassen und ausgesprochen ist — was für die Entscheidung der damaligen Fälle genügte —, daß bei Anwendung dieses Satzes immer nur an solche Stellungen zu denken sei, die dem Körperbaue und den Gewohnheiten der Menschen entsprächen, daß naturwidrige Stellungen, gewaltsame Verdrehungen und Verrenkungen des Körpers keinesfalls darunter gemeint sein könnten.

In der Litteratur sind Koch (Kommentar zum Allgemeinen Landrechte I. § 142 8. Aufl. Anm. 45) und Dernburg (Preußisches Privatrecht Bd. 1 § 221 4. Aufl. Anm. 11 Ziff. 2) der in dem Plenarbeschlusse des Obertribunales niedergelegten Ansicht entgegengetreten. Dernburg formuliert seine Ansicht dahin, daß ein mittelgroßer Mensch in ungezwungener Stellung aus den ungeöffneten Fenstern den Himmel müsse sehen können. Andere Schriftsteller, wie Bornemann (Preußisches Privatrecht 2. Aufl. Bd. 2 S. 140. 141); Heydemann (Einleitung in das preußischen Civilrecht Bd. 1 S. 444);

Eccius (Preußisches Privatrecht 6. Aufl. Bd. 3 § 170 S. 174); Rehbein (Entsch. des Obertribunales Bd. 1 S. 804 Anm.); Rehbein und Reincke (Allgemeines Landrecht I. 8 § 142 Anm. 82), geben den Plenarbeschluß des Obertribunales wieder, ohne sich selbständig zu der Streitfrage zu äußern.

Dem in diesem Plenarbeschlusse aufgestellten, oben wiedergegebenen Satze kann nur insofern beigetreten werden, als er verlangt, daß der Himmel in vertikaler Richtung sichtbar sein müsse. Dies folgt daraus, daß der Nachbar im Besitze gerade desjenigen Lichtes bis zu einer gewissen Grenze geschützt werden soll, das ihm bisher von der Seite des Neubaues zugeflossen ist; deshalb kann der Gesetzgeber nur gewollt haben, daß über den Neubau weg, also in vertikaler Richtung, noch ein Blick auf den Himmel freibleiben soll.

Vgl. auch Entsch. des Obertribunales Bd. 5 S. 175; Striethorst, Archiv Bd. 80 S. 202. 203.

Im übrigen aber läßt sich der Satz des Obertribunales nicht aufrecht erhalten, wie auch schon in den angeführten Entscheidungen dieses Senates vom 26. Februar 1887 und vom 7. Oktober 1891 angedeutet worden ist.

Der Begründung des Plenarbeschlusses ist darin unbedenklich beizustimmen, daß die §§ 142. 143 nicht bezwecken — wie bei der früheren Spruchpraxis des Obertribunales angenommen worden war —, den bisherigen Zustand der Erhellung des Nachbargebäudes in der ganzen bisherigen Ausdehnung zu sichern; sondern daß es sich für den Gesetzgeber nur darum handelte, die Grenze zu finden, bis zu welcher der Nachbar sich eine Veränderung dieses Zustandes durch den Neubau gefallen lassen müsse. Wenn aber das Obertribunal aus der Entstehungsgeschichte dieser Vorschriften weiter entnimmt, daß ihnen bloß die Absicht zu Grunde liege, eine gänzliche Unbrauchbarmachung des Nachbargebäudes zu verhüten, und wenn es daraus folgert, daß die Auslegung bei dem Wortsinne stehen zu bleiben habe, und daß, weil der Wortlaut eine bestimmte Körperhaltung nicht erwähne, die Möglichkeit eines Blickes auf den Himmel in irgend einer Stellung als genügend angesehen werden müsse, so kann mindestens dieser Folgerung keine Berechtigung zugestanden werden.

Wie schon oben unter 1 bemerkt wurde, ergiebt sich allerdings aus der Entstehungsgeschichte des Gesetzes, die in der Gesetzrevision

Pensum XIII. Bd. 22 S. 68 flg. ausführlich wiedergegeben ist, daß bei der Kollision zwischen der Baufreiheit des Grundeigentümers und dem Lichtbedürfnisse des Nachbargebäudes die Baufreiheit als das schwerer wiegende Interesse angesehen und behandelt worden ist. Der Vorschlag des Entwurfes, dem Nachbarn nur im Falle des Neubaues einen gewissen Schutz seiner schon bestehenden Fenster zu gewähren, wurde zwar abgelehnt; aber es ist anzunehmen, daß die Einstellung der jetzigen §§ 142. 143 in das Gesetz in der Tendenz erfolgt sein wird, der Suarez in der revisio monitorum bei der Befürwortung des von einem Monenten gemachten Vorschlages, dem im wesentlichen diese Paragraphen hernach nachgebildet worden sind, Ausdruck gegeben hat. Aus diesen Äußerungen (vgl. Gesetzrevision a. a. O. S. 70. 71), kann geschlossen werden, wie es das Obertribunal gethan hat, daß nur die gänzliche Unbrauchbarmachung eines Nachbargebäudes, das schon seit zehn Jahren Fenster nach der Seite des Neubaues hatte, verhindert werden sollte, daß also die Redaktoren des Allgemeinen Landrechtes eine Baufreiheit gewährleisten wollten bis zu der Grenze, deren Überschreitung die gänzliche Unbrauchbarkeit des Nachbargebäudes im Gefolge haben würde. Es mag dahingestellt bleiben, ob dieser Schluß zwingend ist; daraus läßt sich aber nicht mit dem Obertribunale die weitere Folgerung ableiten, daß die Vorschriften in dem von ihm aufgestellten Wortsinne verstanden werden müßten. Die unterstellte Absicht des Gesetzgebers gestattet keine weitergehende Folgerung als die, daß derselbe mit den gebrauchten Worten den beabsichtigten Schutz des Nachbargebäudes vor völliger Unbrauchbarkeit wirklich zu gewähren meinte. Dies führt dann aber nicht dahin, wie das Obertribunal will, die gebrauchten Worte, wenn sie trotzdem noch Zweifeln Raum lassen, in ihrem eigentlichen oder vermeintlichen Wortsinne, sondern dahin, sie in dem Sinne zu verstehen, der mit der Absicht des Gesetzgebers vereinbar ist, mit der Absicht also, das Haus des Nachbars vor völliger Unbrauchbarkeit zu schützen. Mit dieser Absicht ist die Auslegung des Obertribunales unvereinbar; denn wenn sie es für genügend erklärt, daß der Himmel noch in irgend einer Weise und in irgend einer Stellung erblickt werden könne, so wird der Lichtzufluß auf ein solches Minimum eingeschränkt, daß von einer Brauchbarkeit des Nachbargebäudes im Ernst nicht mehr gesprochen werden kann. Es kann nicht zweifelhaft sein, daß das

Prädikat der Brauchbarkeit zutreffen soll gerade für den Zustand der durch das Tageslicht hervorzurufenden Helligkeit des Behältnisses, in welchem sich die verbauten Fenster befinden; und ebensowenig zweifelhaft ist es, daß der dazu erforderliche Grad von Helligkeit durch das vom Obertribunale für genügend erachtete Minimum eines Lichtzuflusses nicht herbeigeführt wird. Dies wird ohne weiteres klar an dem Falle, wenn das einzige Fenster oder wenn alle Fenster eines Zimmers durch den Neubau verdunkelt werden, und dieser so nahe steht, daß nur durch ein an der unteren Fensterbank angelegtes Auge noch der Himmel gesehen werden kann.

Eine Bestätigung dafür, daß der Gesetzgeber durch die Bestimmungen in den §§ 142. 143 in der That einen wirksamen Schutz für das Nachbargebäude gegeben zu haben glaubte, läßt sich aus § 146 a. a. O. entnehmen. Dort ist verfügt, daß auch in dem Falle, wenn der Nachbar ein Untersagungsrecht gegen das Verbauen des Lichtes als Grundgerechtigkeit erworben habe, in Ermangelung ausdrücklicher Verabredung über den Umfang dieses Untersagungsrechtes die gesetzliche Bestimmung des § 142 Anwendung finden solle. Daß der Gesetzgeber solche Grundgerechtigkeit in dem vorausgesetzten Falle auf ein praktisch ganz unzulängliches Maß hätte einschränken wollen, ist eine unmögliche Annahme.

Übrigens kann auch nicht einmal zugegeben werden, daß die Auslegung des Obertribunales durch den Wortsinn geboten werde. Wenn das Gesetz keine bestimmte Körperhaltung vorschreibt, so folgt daraus noch nicht, daß es jede, auch die gezwungenste Stellung für ausreichend angesehen hätte, sofern sie nur ermögliche, durch das Fenster in vertikaler Richtung den Himmel zu erblicken. Mindestens ebenso nahe liegt die Annahme, daß dabei die Körperhaltung vorausgesetzt worden sei, in der aus dem Fenster geblickt zu werden pflegt, und die man sich als die gegebene Haltung vorstellt, wenn davon gesprochen wird, das ist die aufrechte Haltung.

Wenn somit der in dem Plenarbeschlusse des Obertribunales aufgestellte Satz weder durch die wörtliche Auslegung unterstützt wird, noch auch mit der Absicht des Gesetzgebers vereinbar ist, so bleibt nur übrig, zu der älteren Ansicht des Obertribunales zurückzukehren, daß bei Anwendung der §§ 142. 143 eine aufrechte Haltung (eines Menschen mittlerer Größe) vorauszusetzen ist. Nur diese, dem Wortlaute entsprechende Auffassung vermag der Absicht des Gesetzgebers gerecht zu werden: dem Nachbargebäude den Schutz vor völliger Unbrauchbarmachung, der innerhalb der gesetzlich gezogenen Schranke einer Möglichkeit, noch den Himmel in vertikaler Richtung zu erblicken, gewährt werden kann, auch wirklich zu gewähren. Sie bietet auch für die Ermittelung des für den Neubau vorzuschreibenden Abstandes von den Fenstern eine möglichst sichere Grundlage. Es ist freilich zuzugeben, daß die Berechnung dieses Abstandes nicht in allen denkbaren Fällen, namentlich nicht in dem von der Revision gewählten Beispiele, daß der obere Fensterrand unter der Augenhöhe eines aufrecht stehenden Menschen liegt, ohne weiteres unter Zugrundelegung der Augenhöhe einer aufrecht stehenden Person angestellt werden kann; diese, vorkommenden Falles im Wege der Analogie zu beseitigenden Schwierigkeiten beweisen aber nichts gegen die Richtigkeit des Prinzipes und sind, ebenso wie der Übelstand, daß die Bauart des Nachbargebäudes, die Fensterkonstruktion desselben und auch die Beschaffenheit des Neubaues Verschiedenheiten in der Bemessung der dem Neubaue vorzuschreibenden Entfernung mit Notwendigkeit hervorrufen müssen, eine Folge der gesetzlichen Bestimmungen selber, deren praktische Brauchbarkeit ebendeshalb mit Grund von jeher allseitig bezweifelt und verneint worden ist. Aber die Zugrundelegung aufrechter Körperhaltung gewährt jedenfalls für die große Mehrzahl der Fälle, namentlich auch in dem hier vorliegenden Falle erst zu fingierender Fenster, einen festen Anhaltspunkt für die Berechnung, der bei dem Prinzipe des Plenarbeschlusses des Obertribunales völlig fehlte. Statt der aufrechten eine ungezwungene Körperhaltung zu Grunde zu legen, wie Dernburg vorgeschlagen hat, verbietet sich schon wegen der alsbald auftauchenden Zweifel, was ungezwungene Körperhaltung sei. Die sitzende Stellung aber, welche die Revision für genügend hält, muß dem Vorstehenden nach dem Gesetze für widersprechend angesehen werden; überdies würde auch dabei wieder die Höhe der Sitzvorrichtung Zweifel erregen. Der darauf gestellte Revisionsantrag ist demnach unbegründet.

4. Endlich ist von der Revision die Rüge erhoben, daß das Gutachten des Sachverständigen B., das der Entscheidung zu Grunde liegt, auf der unzulässigen Annahme ruhe, daß die Worte des Gesetzes: „aus den ungeöffneten Fenstern" bedeuten sollten: „aus allen Teilen der ungeöffneten Fenster". Diese Beschwerde ist nicht unbegründet.

Allerdings ruht nicht das B.'sche Gutachten auf der von der Revision als unzulässig bezeichneten Gesetzesauslegung, wohl aber hat der erste Richter das von dem Sachverständigen gewonnene Resultat unter Heranziehung dieser Auslegung für richtig erklärt, und der Berufungsrichter hat das stillschweigend gutgeheißen; es kann jedoch weder diese Auslegung noch überhaupt der Teil des B.'schen Gutachtens, den der erste Richter mit ihrer Hilfe zu rechtfertigen gesucht hat, als richtig anerkannt werden.

Die Wand der Beklagten, durch welche die Fenster der Turnhalle der Klägerin verbaut sind, ist eine Giebelwand, die spitz zuläuft und sich nach den Seiten abdacht. Bei Berechnung des Abstandes der Mauer, der erforderlich ist, damit aus den ungeöffneten Fenstern eines fingierten zweiten Stockwerkes der Turnhalle ein aufrecht stehender Mensch in vertikaler Richtung den Himmel erblicken könne, hat nun der Sachverständige B. als Höhe der Mauer der Beklagten die Höhe der Giebelspitze 13,20 Meter über den Fußboden des fingierten zweiten Stockwerkes der Turnhalle eingestellt und dies damit zu begründen gesucht, daß bei einer Zugrundelegung des **mittleren Durchschnittes** der Giebelhöhe der Himmel am höchsten Punkte des Giebels nicht gesehen werden könnte. Der erste Richter hat diese Berechnungsweise gebilligt, zu ihrer Rechtfertigung aber seinerseits ausgeführt, daß nach dem Gesetze verlangt werden müsse, daß der Nachbar nicht bloß überhaupt, von irgend einem Punkte, sondern daß er von allen Teilen des Fensters aus, aus allen in seiner Augenhöhe liegenden Scheiben, den Anblick des Himmels gewinnen könne.

Dieser Auffassung kann nicht beigetreten werden. Es genügt, wenn der Nachbar aus irgend einer Scheibe jedes Fensters den Himmel sehen kann, denn das Gesetz verlangt nur, daß aus den ungeöffneten Fenstern der Himmel erblickt werden könne, nicht, daß dies aus allen Scheiben möglich sei. Allerdings ist vorauszusetzen, daß dem ausschauenden Auge der Himmel in der vollen Breite des Fensters sichtbar sei, daß also die sichtbare Spalte des Himmels nicht an einer Stelle durch vorspringende Mauerteile, z. B. durch eine Giebelspitze, verdeckt werde, wobei jedoch bemerkt werden mag, daß es in diesem Falle für ausreichend anzusehen sein wird, wenn der Anblick des verdeckten Teiles der Spalte aus einer anderen Scheibe desselben Fensters gewonnen werden kann.

Hieraus ergiebt sich, daß die Höhe der Giebelspitze einen maßgebenden Faktor in der Berechnung des Sachverständigen zwar bei dem Fenster oder den Fenstern bilden mußte, wo der Ausblick gegen den Himmel durch die vorspringende Giebelspitze beeinträchtigt werden würde, nicht aber bei den übrigen, und daß sich deshalb die Zugrundelegung dieser Höhe bei allen Fenstern ebensowenig rechtfertigen läßt, wie die mit Recht verworfene Zugrundelegung einer mittleren Höhe für sämtliche, auch für die der Giebelspitze gegenüber liegenden Fenster. Denkbar wäre es freilich, daß die Beklagte kein Interesse daran hätte, ein verschiedenes Maß für die Zurückziehung ihrer Mauer gegenüber den verschiedenen Fenstern vorgeschrieben zu erhalten; aber darüber ist bisher nichts festgestellt.

Dem Vorstehenden nach leidet die Berechnung des Sachverständigen und demzufolge auch das darauf ruhende Urteil des Berufungsrichters an einem Fehler, der die Aufhebung des Urteiles und die Zurückverweisung der Sache in die Berufungsinstanz nach sich ziehen mußte. Bei der abermaligen Prüfung wird der Berufungsrichter auch die Frage zu erwägen haben, ob sich die vom Sachverständigen vorgenommenene Abrundung des von ihm auf 2,38 Meter berechneten Maßes der Entfernung auf 2,50 Meter rechtfertigen lasse."

---

51. 1. Inwiefern hat die Festsetzung von Fluchtlinien nach den Vorschriften des Gesetzes vom 2. Juli 1875 Einfluß auf schon vor Geltung dieses Gesetzes begründete öffentlich-rechtliche Baubeschränkungen und den durch deren Auferlegung entstandenen Entschädigungsanspruch?

2. Ist bei Feststellung der Entschädigung für die im Wege der Enteignung erfolgende Entziehung eines Grundstückes die Bauplatzeigenschaft desselben auch dann zu berücksichtigen, wenn die Baufreiheit schon vor Geltung des Gesetzes vom 2. Juli 1875 durch eine auf Grund der älteren Gesetzgebung auferlegte Baubeschränkung aufgehoben war?

3. Von welchem Zeitpunkte ab ist die nach § 75 Einleitung §§ 29 flg. A.L.R. I. 8 für Entziehung oder Beschränkung des Eigentumes zu zahlende Entschädigung zu verzinsen?

V. Civilsenat. Urt. v. 28. Oktober 1893 i. S. B. (Kl.) w. die Stadtgemeinde Berlin (Bekl.). Rep. V. 202/93.

I. Landgericht I Berlin.
II. Kammergericht daselbst.

Das klägerische Grundstück, welchem auf Grund des Berliner Bebauungsplanes von 1862 durch polizeiliche Verfügung vom 19. Juli 1865 eine Baubeschränkung auferlegt war, ist von der Beklagten zur Ausführung des auf Grund des Gesetzes vom 2. Juli 1875 festgesetzten Bebauungsplanes vom Jahre 1888 im Wege der Enteignung erworben. Der Berufungsrichter hat die dem Kläger als Eigentümer des enteigneten Grundstückes zustehende Entschädigung ohne Rücksicht auf dessen angebliche Bauplatzeigenschaft festgestellt, dem Kläger aber als Cessionar der Erben des Vorbesitzers K. eine Entschädigung von 114804 ℳ für die im Jahre 1865 auferlegte Baubeschränkung nebst Zinsen seit der Klagezustellung zugesprochen. In der Revisionsinstanz verlangte Kläger mit seinem Hauptantrage Erhöhung der Enteignungsentschädigung unter Berücksichtigung der Bauplatzeigenschaft, mit einem Eventualantrage Verzinsung der 114804 ℳ schon vom 19. Juli 1865 ab. Das Reichsgericht hat gemäß dem Eventualantrage erkannt.

Aus den Gründen:

„Die ... Revision ist zwar nicht hinsichtlich des vom Revisionskläger gestellten Hauptantrages, wohl aber hinsichtlich des eventuellen Antrages begründet.

1. Die Entscheidung über den Hauptantrag hängt wesentlich davon ab, ob der dem Kläger zu vergütende Grundstückswert mit oder ohne Berücksichtigung der seinem Grundstücke auf Grund des Berliner Bebauungsplanes von 1862 durch polizeiliche Verfügung vom 19. Juli 1865 auferlegten Baubeschränkung zu bemessen ist. Darüber, daß die Beklagte auch zur Entschädigung für diese Baubeschränkung verpflichtet ist, waltet kein Streit ob. Der Anspruch auf letztere Entschädigung würde, auch wenn er schon dem Vorbesitzer des Klägers erwachsen wäre, dennoch dem Kläger als Cessionar der K.'schen Erben zustehen. Seine Legitimation und die Zulässigkeit der Verbindung dieses von ihm eventuell erhobenen Anspruches mit dem auf die Enteignungsentschädigung gerichteten Prinzipalanspruche ist

vom Berufungsrichter anerkannt. Die vorhin aufgeworfene Frage bleibt aber dennoch von Erheblichkeit, weil von Entscheidung derselben der für die Feststellung der Entschädigung maßgebende Zeitpunkt abhängig ist.

Die Frage hat den erkennenden Senat bereits in dem zwischen der jetzigen Beklagten und den Rechtsvorgängern des Klägers, den K.'schen Erben, verhandelten Rechtsstreite beschäftigt. Daß jener Vorprozeß weder den Einwand der Rechtshängigkeit noch den der rechtskräftig entschiedenen Sache begründet, hat der Berufungsrichter zu Gunsten des Klägers angenommen. Dadurch wird indessen nicht ausgeschlossen, daß die Rechtsgrundsätze, welche der erkennende Senat in dem in jener Sache ergangenen Revisionsurteile vom 16. November 1889 (Rep. V. 183/89) ausgesprochen hat, auch auf die vorliegende Sache Anwendung finden. In jenem Vorprozesse verlangten die Geschwister K. als damalige Eigentümer des fraglichen Grundstückes Entschädigung für Versagung einer von ihnen im Jahre 1880 nachgesuchten Bauerlaubnis. Beklagte erhob gegen diesen Anspruch den Einwand, daß das Grundstück schon durch die polizeiliche Verfügung von 1865, um welche es sich auch im gegenwärtigen Prozesse handelt, die Bebaubarkeit verloren habe. Das Revisionsgericht erachtete diesen Einwand für erheblich, indem es sich auf den schon in der Entscheidung des Reichsgerichtes vom 14. Januar 1882,

vgl. Entsch. des R.G.'s in Civils. Bd. 6 S. 295,

ausgesprochenen und seither festgehaltenen Grundsatz stützte, „daß ein nicht veröffentlichter städtischer Bebauungsplan die davon betroffenen Grundstücke mit der öffentlich-rechtlichen Servitut der Unbebaubarkeit zwar nicht schon durch seine Existenz, wohl aber von dem Augenblicke an belastet, in welchem die zuständige Behörde eine Bauerlaubnis verweigert und damit die bis dahin als innere Angelegenheit behandelte Anordnung zur Kenntnis der Beteiligten bringt". Es wurde dabei vorausgesetzt, daß eine Belastung des Grundstückes in seinem ganzen Umfange mit der Servitut der Unbebaubarkeit durch die polizeiliche Verfügung eintrat. „Denn, war dies der Fall", so heißt es in den Urteilsgründen, „so konnte aus der im Jahre 1880 den Klägern gegenüber erfolgten Versagung der Erlaubnis diesen selbst ein Anspruch auf Entschädigung nicht erwachsen, ebensowenig aber konnte ihnen dies Faktum zur Begründung desjenigen Schadensanspruches dienen, welcher etwa im Jahre 1865 ihrem Erblasser entstanden war. Denn nur dafür könnten die Kläger als Erben ihres Vorbesitzers Entschädigung verlangen, was ihrem Erblasser durch den Bebauungsplan und dessen Anwendung im gedachten Falle entzogen worden ist, also für die im Jahre 1865 eingetretene Verminderung des Wertes und der Bebauungsfähigkeit des Grundstückes und den infolge dieser Verminderung ihnen entgangenen Nutzen, der aber nicht nach dem Maßstabe eines von ihnen zu einer Zeit, wo die Servitut schon auf dem Grundstücke lastete, und überhaupt unter veränderten Verhältnissen aufgestellten Bauprojektes bemessen werden kann, sondern nur nach den Verhältnissen, wie sie zu der Zeit, wo die Beschränkung dem Grundstücke auferlegt wurde, bestanden. Der Schaden war mit dem Inkrafttreten des Bebauungsplanes für das Grundstück der Kläger eingetreten, dadurch die Entschädigungsforderung definitiv erwachsen. Durch spätere Handlungen und Projekte der Eigentümer konnte letztere nicht modifiziert, insbesondere nicht über den ursprünglichen Umfang ausgedehnt werden. Für die Höhe einer aus dem Rechte des Erblassers zu erhebenden Schadenforderung könnten daher nur die Verhältnisse von 1865 maßgebend sein, nicht aber das von dem Kläger im Jahre 1879 aufgestellte Bauprojekt." ...

Das Revisionsgericht erkannte ... in jenem früheren Falle auf Zurückverweisung der Sache in die Berufungsinstanz, weil damals noch nicht festgestellt war, daß dem Erblasser der Kläger in dem Bescheide von 1865 eröffnet worden, sein Grundstück sei in seiner ganzen Ausdehnung zur Anlage eines in dem Bebauungsplane projektierten Platzes bestimmt. „Diese Behauptung", heißt es, „ist erheblich; denn ist sie richtig, so ergiebt sich daraus nicht bloß, daß der Erblasser der Kläger von der Existenz des Bebauungsplanes, soweit er das ihm gehörige Grundstück betraf, amtlich in Kenntnis gesetzt worden ist, sondern es liegt darin auch eine Anwendung des Bebauungsplanes durch die kompetente Behörde, indem der von letzterer dem Erblasser der Kläger erteilte Bescheid das Grundstück in seinem ganzen Umfange weiteren, eine dauernde Bebauung bezweckenden Projekten des Eigentümers verschloß. In einem solchen Falle kann der Umfang, in welchem das Grundstück mit der Servitut der Unbebaulichkeit belastet worden, nicht nach dem Umfange des konkreten

Bauprojektes, sondern nur nach dem Inhalte der darauf ergangenen polizeilichen Verfügung bemessen werden."

Die in dem Vorprozesse fehlende Feststellung hat der Berufungsrichter im jetzigen Prozesse getroffen. Er hat die polizeiliche Verfügung vom 19. Juli 1865 in ihrem erheblichen Wortlaute im Thatbestande wiedergegeben und in den Urteilsgründen dahin ausgelegt, daß dem K. außer der Versagung des von ihm eingereichten, nur einen Teil der Grundstücksfläche umfassenden Bauprojektes „als der maßgebende Wille der zuständigen Verwaltungsbehörde eröffnet worden ist, daß das ganze Grundstück nicht mehr bebaut werden dürfe", mit anderen Worten, daß „das ganze Grundstück nach Maßgabe eines bereits aufgestellten Bebauungsplanes für unbebaubar erklärt" ist. Der Berufungsrichter befindet sich im Einklange mit der vorher mitgeteilten Begründung des Reichsgerichtsurteiles vom 16. November 1889, wenn er nach dieser Feststellung „das Grundstück in seinem ganzen Umfange weiteren, eine Bebauung bezweckenden Projekten des Eigentümers entzogen und sonach mit der öffentlich-rechtlichen Servitut der Unbebaubarkeit belastet" erachtet. Aus den oben mitgeteilten Gründen des gedachten Urteiles ergiebt sich aber auch weiter, daß mit dem Zeitpunkte, in welchem diese Servitut dem Grundstücke auferlegt wurde, also im Jahre 1865, für den damaligen Eigentümer desselben, K., die Entschädigungsforderung wegen dieser Beschränkung definitiv erwuchs, daß für die Höhe derselben nur die Verhältnisse des Jahres 1865 maßgebend sein können, daß insbesondere spätere Handlungen und Projekte nicht geeignet sind, dieselbe abzuändern. Daraus folgt, daß Kläger aus eigenem Rechte Entschädigung für das Grundstück nur als ein unbebaubares, als Rechtsnachfolger des K. aber Entschädigung für die Baubeschränkung nur nach Maßgabe der Verhältnisse des Jahres 1865 fordern kann.

Nun liegt allerdings zwischen der 1865 eingetretenen Beschränkung und der Enteignung, um deren Entschädigung es sich jetzt handelt, der Berliner Bebauungsplan von 1888, dem der erste Richter unter Bezugnahme auf das Reichsgerichtsurteil vom 27. März 1889,

vgl. Entsch. des R.G.'s in Civils. Bd. 23 S. 283,

die Bedeutung beilegt, daß die „nach Maßgabe und unter der Herrschaft des Gesetzes vom 2. Juli 1875 durch den Plan vom Jahre 1888 festgestellten Fluchtlinien stets als neue im Sinne dieses Gesetzes anzusehen seien, gleichviel, ob schon vorher ein Bebauungsplan bestanden habe oder nicht, ob die Fluchtlinien des Planes von 1862 mit denjenigen vom Jahre 1888 übereinstimmten oder nicht, und daß der Bebauungsplan von 1888 daher als ein neuer erachtet werden müsse".

Es fragt sich, ob diese den Plan von 1862 und die auf Grund desselben erlassenen polizeilichen Verfügungen mit allen ihren Konsequenzen als unwirksam betrachtende Auffassung oder die entgegengesetzte Auffassung des Berufungsrichters die zutreffende ist.

Das Urteil vom 27. März 1889 enthält nun zwar die vom ersten Richter angezogene Stelle. Die knappe Fassung der Urteilsgründe mag auch der Möglichkeit einer größeren Tragweite derselben Raum geben. Der erkennende Senat hat indes bereits in dem auch vom Berufungsrichter angezogenen Urteile vom 4. Juni 1890 (Rep. V. 83/90) eingehend nachgewiesen, daß in jenem älteren Urteile, in welchem es sich nur um die vom Kläger verlangte Einleitung des Enteignungsverfahrens handelte, eine Entscheidung dahin, daß Entschädigungsansprüche, welche auf Grund des älteren Planes bestanden, durch die Publizierung des jüngeren aufgehoben oder in ihrem Umfange gemindert worden seien, nicht enthalten sei, daß insbesondere unter den Erleichterungen, welche sich die Gemeinden für die Zukunft auf Grund des Gesetzes vom 2. Juli 1875 verschaffen können, „nicht die völlige oder teilweise Befreiung der Gemeinden von solchen Verpflichtungen verstahden worden sei, welche durch in der Vergangenheit liegende Thatsachen bereits begründet und bis zur Publikation des neuen Planes nicht erfüllt worden waren". Das Urteil vom 4. Juni 1890, in welchem es sich wie im vorliegenden Falle um den Einfluß eines nach dem Gesetze vom 2. Juli 1875 in Kraft getretenen Bebauungsplanes auf eine schon vor dem Gesetze bestandene Baubeschränkung handelt, bezeichnet es aber auch als rechtsirrtümlich, „daß der durch die Verfügung vom 12. Juni 1875 seinem vollen Umfange nach entstandene und nach Aufstellung des neuen Bebauungsplanes nach wie vor unverändert gebliebene Schade von diesem letzteren Zeitpunkte ab nicht mehr eine Folge jener Verfügung, sondern" — nach der Auffassung des damaligen Berufungsrichters — „eine Folge des neuen Bebauungsplanes war". Es verneint letzteres selbst in dem damals vorliegenden Falle, daß der neuere Plan das Bauverbot formell aufhob, findet insbesondere keine Wiederherstellung der Baufreiheit darin, wenn das alte Bauverbot sofort durch ein neues von gleichem Inhalte ersetzt wird, und fährt wörtlich fort: „Sowenig daher die ohne Veränderung der Gesetzgebung etwa beliebte Wiederholung eines älteren Bauverbotes die Wirkung haben könnte, daß für den Umfang der Entschädigungspflicht die Zeitumstände zur Zeit der Wiederholung des Verbotes an Stelle der Umstände aus der Zeit des ersten Verbotes maßgebend würden, sowenig kann der Umstand, daß die Gesetzgebung zur Zeit der Wiederholung den Enschädigungsanspruch ausschließt, die aus dem älteren Verbote nach damaliger Gesetzgebung entstandene Entschädigungspflicht aufheben oder beschränken."

An den in dieser Entscheidung vertretenen Rechtsgrundsätzen ist festzuhalten, und somit in vorliegender Sache der Auffassung des Berufungsrichters vor der des ersten Richters der Vorzug zu geben. Daraus folgt aber weiter, daß das Grundstück, welches mit der Servitut der Unbebaubarkeit einmal belegt ist, und dessen Eigentümer für die dadurch eingetretene Beschränkung entweder entschädigt ist oder doch einen unabänderlichen Entschädigungsanspruch erworben hat, nur mit dieser Belastung veräußert, im Enteignungsverfahren nur unter Berücksichtigung derselben geschätzt werden kann.

Dem steht auch das Urteil des I. Civilsenates des Reichsgerichtes vom 18. August 1882,

vgl. Entsch. des R.G.'s in Civils. Bd. 8 S. 237,

nicht entgegen. Demselben ist, soweit es sich um Bebauungspläne handelt, die auf Grund des Gesetzes vom 2. Juli 1875 zustande gekommen sind, unbedingt beizutreten. Durch dieses Gesetz sind die Gemeinden insofern erleichtert, als ihnen wegen der nach § 11 mit Offenlegung des Fluchtlinienplanes eintretenden Beschränkung eine Entschädigung zunächst überhaupt nicht auferlegt ist, sodaß sie Bebauungspläne mit voller Wirkung erlassen können, ohne vor der Abtretung oder Freilegung der davon betroffenen Flächen zu irgend welcher Gegenleistung verpflichtet zu sein. Die von dem Gesetze nach den Motiven desselben beabsichtigte Ausgleichung der Interessen der Eigentümer einerseits, der Gemeinden andererseits, würde vereitelt werden, wenn es den Gemeinden freistände, die zu erwerbenden Grundstücke zunächst durch Auferlegung der Baubeschränkung zu entwerten und dann zu um so billigerem Preise zu erlangen. Das führt mit Notwendigkeit dazu, die Offenlegung des Planes und die demnächstige Enteignung ohne Rücksicht auf die zwischen beiden liegende Zeit als einen Eingriff in das Privateigentum aufzufassen, welcher durch die Offenlegung des Planes vorbereitet, durch die Enteignung vollendet wird. Von diesem Gesichtspunkte aus ist es gerechtfertigt, die Wertsminderung, welche das enteignete Grundstück im übrigen Verkehre schon durch die Offenlegung des Fluchtlinienplanes erlitt, in Anwendung des dem § 10 Abs. 2 des Enteignungsgesetzes vom 11. Juni 1874 zu Grunde liegenden Gedankens bei der Bemessung der Enteignungsentschädigung nicht in Anschlag zu bringen. Anders liegt die Sache bei Baubeschränkungen, die vor dem Gesetze vom 2. Juli 1875 im Geltungsbereiche des Allgemeinen Landrechtes wirksam geworden sind. Die §§ 74. 75 Einl., §§ 29 flg. A.L.R. I. 8 und § 4 des Gesetzes vom 11. Mai 1842 gaben schon vor Erlaß der preußischen Verfassungsurkunde dem Eigentümer, der seine besonderen Rechte zum Besten des Gemeinwesens einschränken mußte, einen Entschädigungsanspruch. Wenn dieser Anspruch, wie in dem oben mitgeteilten Reichsgerichtsurteile vom 4. Juni 1890 des näheren ausgeführt ist, durch die Veränderung der Gesetzgebung nicht aufgehoben oder beschränkt werden kann, so fehlt es auch an jeder Veranlassung, die auf Grund der älteren Gesetze eingetretene, bereits vergütete oder noch zu vergütende Beschränkung bei der nach dem Fluchtliniengesetze erfolgenden Enteignung unberücksichtigt zu lassen. Die Baubeschränkung auf Grund der landrechtlichen Gesetzgebung kann nicht als ein einheitlicher Akt mit der erst auf Grund des Fluchtliniengesetzes stattfindenden Enteignung aufgefaßt werden.

Nun bezieht sich zwar die erwähnte Vorentscheidung des I. Civilsenates des Reichsgerichtes auf eine Baubeschränkung, die wenigstens teilweise schon im Jahre 1873 eingetreten war. Ein Widerspruch der jetzigen Entscheidung mit jener früheren liegt jedoch nicht vor, weil diese nicht auf Grundlage der landrechtlichen Gesetzgebung ergangen ist, sondern den früheren Rechtszustand der Stadt Frankfurt a./M. zur Voraussetzung hat; aber auch ferner, weil sie nicht einen Fall betrifft, in welchem für die ältere Baubeschränkung eine Entschädigung gewährt, oder ein Entschädigungsanspruch als begründet anerkannt oder gar, wie vorliegend, in der Person eines Dritten entstanden war. Andere Senate des Reichsgerichtes sind zwar der Entscheidung des I. Civilsenates gefolgt, doch beziehen sich die betreffenden Urteile, soweit ermittelt, auf Fälle der Baubeschränkung nach § 11 des Fluchtliniengesetzes.

Vgl. Entsch. des R.G.'s in Civils. Bd. 28 S. 271; Gruchot, Beiträge Bd. 37 S. 125. . . .

2. Da die Höhe der vom Berufungsrichter für das Jahr 1865 zugesprochenen Entschädigung im übrigen nicht angefochten, eine Beschwerde in dieser Beziehung auch nicht ersichtlich ist, handelt es sich nur noch um den mit dem eventuellen Revisionsantrage verfolgten Zinsenpunkt. Der Berufungsrichter hat Zinsen nur seit der Klagezustellung zugesprochen, Kläger fordert Zinsen vom 19. Juli 1865 ab, sowohl auf Grund des Art. 9 der Verfassungsurkunde, als auch auf Grund des § 109 A.L.R. I. 11, als auch endlich als Nutzungsentschädigung.

Der Berufungsrichter fehlt prozessual, wenn er den vom Kläger in erster Instanz angetretenen Beweis, daß das Grundstück im Falle der Baumöglichkeit sowohl bei gemeingewöhnlichem Gebrauche der Sache, wie auch bei dem besonderen Gebrauche zu Gastwirtschaftszwecken einen Mehrnutzen von jährlich über 12000 ℳ gebracht haben würde, um deswillen unberücksichtigt läßt, weil Kläger die Nutzungsentschädigung mit mindestens 5 Prozent des entzogenen Bauwertes oder auch unter Bezugnahme auf das im Jahre 1880 zurückgewiesene Bauprojekt berechnet hat. Die vom Berufungsrichter selbst nur mit der Beschränkung „etwa" geforderte Berechnung nach Maßgabe eines 1865 aufgestellten Bauprojektes ist jedenfalls nicht die einzige Art, die entgangenen Nutzungen zu berechnen. Der Berufungsrichter hätte sich hiernach der Aufnahme des angetretenen Sachverständigenbeweises nicht entziehen dürfen. Rechtfertigen sich schon hierdurch die Aufhebung des Berufungsurteiles und die Zurückverweisung der Sache an das Berufungsgericht, so kann doch auch die materielle Behandlung der Zinsfrage in dem angefochtenen Urteile nicht gebilligt werden. Bei der anderweitigen Verhandlung und Entscheidung ist vielmehr von folgenden Grundsätzen auszugehen:

Schon vor Erlaß des Enteignungsgesetzes vom 11. Juni 1874 und schon vor der preußischen Verfassung, deren Art. 9 eine Entziehung oder Beschränkung des Eigentumes aus Gründen des öffentlichen Wohles nur gegen vorgängige Entschädigung gestattet, galt im preußischen Staate und gilt heute noch der durch die §§ 74. 75 Einl., §§ 29 flg. A.L.R. I. 8 begründete Schutz des Privateigentumes. Das gemeinschaftliche Wohl soll danach zwar den Rechten des einzelnen Bürgers vorgehen (§ 74 Einl.), der Staat soll aber denjenigen, der seine besonderen Rechte dem Wohle des gemeinen Wesens (§ 75 Einl.) oder auch seiner Mitbürger (§§ 29. 30 I. 8) aufzuopfern genötigt wird, vollständig schadlos halten (§ 75 Einl., § 31 I. 8).

Der Eigentümer muß sich also zwar die Wegnahme oder Einschränkung seiner Sache oder seines Rechtes gefallen lassen, er soll aber durch die Aufopferung der konkreten Sache keinen Wertsverlust an seinem Vermögen erleiden. Daraus folgt mit Notwendigkeit, daß ihm an Stelle der aufgeopferten Sache im Augenblicke der Aufopferung deren Wert vergütet werden muß, und ebenso im Augenblicke der Auferlegung einer Beschränkung der dadurch verursachte Minderwert der Sache. Der Ersatzanspruch ist also mit dem Augenblicke der Hingabe der Sache oder der Auferlegung der Beschränkung fällig. Er ist nach den angezogenen landrechtlichen Vorschriften zunächst gegen den Staat gegeben; es ist aber in Wissenschaft und Rechtsprechung als unzweifelhaft anerkannt, daß, sofern die Aufopferung nicht im Interesse des Staatsganzen, sondern im Interesse eines engeren Gemeinwesens gefordert wird, nicht der Staat, sondern das Gemeinwesen, zu dessen Vorteile die Aufopferung gereicht, zum Ersatze verpflichtet ist. Wenn nun auch der Vorteil den Grund bildet, aus welchem diese Verpflichtung der engeren Gemeinwesen, insbesondere der Städte, hergeleitet worden ist, so kann doch daraus für den einzelnen Fall nicht mit dem Berufungsrichter gefolgert werden, daß die Gemeinde sich etwa erst von dem Augenblicke an, wo sie wirkliche Vorteile genießt, hinsichtlich der Entschädigung im Verzuge befindet. Der Entschädigungsanspruch des Eigentümers, welcher mit der Wegnahme oder Beschränkung seiner Sache oder seines Rechtes entsteht, kann sich nicht verschieden gestalten, je nachdem der Eingriff in sein Eigentum im Interesse des Staatsganzen oder im Interesse eines engeren Gemeinwesens geschieht.... In mehreren Urteilen des erkennenden Senates ist den Eigentümern, je nach der Art der Substanziierung ihres Anspruches, teils eine Nutzungsentschädigung für die Zeit der Bauverhinderung unter Zugrundelegung einer fünfprozentigen Verzinsung des Baustellenwertes (Urteil vom 19. März 1887

Rep. V. 1/87), teils Verzinsung nach Analogie des § 109 A.L.R. I. 11 vom Augenblicke der Freilegung eines zur Verbreiterung der Straße bestimmten Grundstückes (Urteil vom 12. November 1890 Rep. V. 156/90) oder vom Augenblicke der Verweigerung der Bauerlaubnis (Urteil vom 6. Mai 1893 Rep. V. 10/93) zugesprochen.

Könnte hiernach schon jetzt nach dem eventuellen Revisionsantrage erkannt werden, so steht dem doch die ... unter den Parteien noch streitige Thatsache entgegen, daß der Rechtsvorgänger des Klägers, K., von der ihm widerruflich erteilten Bauerlaubnis Gebrauch gemacht haben soll. Würde diese Thatsache erwiesen, so könnte Kläger die Nutzungsentschädigung jedenfalls nicht in Gestalt der fünfprozentigen Verzinsung des Baustellenwertes seit 1865 fordern; ob in anderer Gestalt und in anderem Maße, kann mangels der dazu erforderlichen Unterlagen jetzt nicht geprüft werden." ...

---

52. Kann der Gerichtsvollzieher, welcher den Auftrag erhalten hatte, acht Wechsel in einer Urkunde zu protestieren, und der dem Auftrage zuwider jeden der acht Wechsel in besonderer Urkunde protestiert hat, die Protestgebühr nur einmal beanspruchen? Ist, wenn mehrere Wechsel in einer Urkunde protestiert werden, der Proteststempel nur einmal zu verwenden?

Gesetz vom 21. April 1876 § 3. Artt. 87—89 W.O.

IV. Civilsenat. Urt. v. 2. November 1893 i. S. B. S. (Kl.) w. S. (Bekl.) Rep. IV. 173/93.

I. Landgericht II Berlin.
II. Kammergericht daselbst.

Gründe:

„Dem Beklagten, Gerichtsvollzieher S., ist von dem Kläger der Auftrag erteilt worden, acht an dem gleichen Tage fällige und von derselben Person acceptierte Wechsel zum Gesamtbetrage von 11 000 ℳ dem Acceptanten zur Zahlung vorzulegen und dieselben eventuell in einer Urkunde zu protestieren. Er hat jedoch diesem Auftrage zuwider jeden der acht Wechsel besonders protestiert und bei Rücksendung der Wechsel und Proteste vom Kläger durch Nachnahme 35,40 ℳ erhoben. Der genannte Betrag ergiebt sich daraus, daß Beklagter je achtmal 1,50 ℳ Protestgebühren, je achtmal 1,50 ℳ Stempel, je achtmal 1 ℳ für Nachsuchung und einmal 3,40 ℳ an Reisekosten in Ansatz gebracht hat. Kläger behauptet, daß, wenn der Beklagte dem Auftrage gemäß über sämtliche Wechsel nur eine Protesturkunde aufgenommen hätte, die Protestgebühr, der Stempel und die Gebühr für Nachsuchung nur je einmal mit 1,50 ℳ, 1,50 ℳ und 1 ℳ hätten liquidiert werden dürfen, die Gesamtkosten mit Hinzurechnung der Reisekosten also nur 7,40 ℳ betragen haben würden, und fordert deshalb vom Beklagten die Erstattung des mehrgezahlten Betrages von 28 ℳ nebst Zinsen seit dem Zahlungstage. Das Landgericht hat den Beklagten zur Zahlung von 7 ℳ nebst Zinsen verurteilt, indem es angenommen hat, daß, da Beklagter für die sämtlichen Wechsel nur einmal Mühe auf die Feststellung der Wohnung des Verpflichteten aufzuwenden gehabt habe, die Gebühr für Nachsuchung nur einmal von ihm beansprucht werden könne, und der Mehransatz von 7 ℳ daher nicht gerechtfertigt sei; wegen des Anspruches auf Erstattung der Protestgebühr und der Stempelkosten mit zusammen 21 ℳ hat es dagegen den Kläger abgewiesen. Die vom Kläger wegen der letztgenannten Abweisung eingelegte Berufung ist durch das Urteil des Berufungsgerichtes zurückgewiesen worden.

Beide Vorderrichter gehen davon aus, daß der vom Kläger erhobene Anspruch auf Ersatz desjenigen Mehraufwandes gerichtet ist, welcher dem Kläger dadurch verursacht worden, daß der Beklagte den Auftrag nicht so, wie ihm derselbe erteilt worden war, ausgeführt habe, sowie daß mit Rücksicht auf die in den Urteilen des Reichsgerichtes vom 10. Juni 1886,

vgl. Entsch. des R.G.'s in Civils. Bd. 16 S. 396,

vom 10. Januar 1887,

vgl. Entsch. a. a. O. Bd. 17 S. 332,

und vom 19. Dezember 1887,

vgl. Ensch. a. a. O. Bd. 20 S. 388,

ausgesprochenen Grundsätze für diesen gegen einen öffentlichen Beamten aus einer pflichtwidrigen Amtshandlung geltend gemachten Anspruch die Zuständigkeit des Landgerichtes begründet sei. Sie nehmen ferner an, daß der Beklagte pflichtwidrig gehandelt habe, weil er, trotz des ihm erteilten Auftrages, die sämtlichen acht Wechsel in einer Urkunde zu protestieren, über jeden dieser Wechsel eine besondere Protesturkunde aufgenommen hat, und führen weiter aus, daß die Voraussetzung für die Geltendmachung des Rückforderungsanspruches, Zahlung aus Irrtum, auf seiten des Klägers vorhanden sei. Diese Erwägungen, gegen welche Beklagter einen Angriff nicht erhoben hat, erscheinen rechtlich zutreffend. Es walten auch gegen die Zulässigkeit der Revision keine Bedenken ob.

Beide Vorderrichter nehmen aber ferner an, daß dem Kläger ein Schade nicht entstanden sei, da durch das vom Beklagten eingeschlagene Verfahren Mehrkosten bezüglich der Protestgebühr und der Stempelkosten nicht erwachsen seien. Der Berufungsrichter begründet diese Annahme hinsichtlich der Protestgebühr in folgender Weise: „Der Gerichtsvollzieher erhalte die Gebühr nicht nur für die Aufnahme der Protesturkunde, sondern als Pauschalgebühr für den gesamten Protestakt, sodaß neben der Aufnahme der Protesturkunde seine ganze Mühewaltung bei der Protesterhebung durch die Gebühr abgegolten werde. Dazu gehörten die vorausgehenden eigentlichen Protestmaßregeln, Stellung des Protestbegehrens, Entgegennahme der Antwort seitens des Wechselschuldners, ferner die nach dem Proteste erfolgende Eintragung des Protestes in das Protestregister. Es sei nicht anzunehmen, daß der Gesetzgeber die vorausgehenden eigentlichen Protestmaßregeln habe unbelohnt lassen, dagegen die nur mehr accessorische Arbeit der Urkundenerrichtung habe vergüten wollen. Demgemäß dürfe nach der herrschenden Meinung der Protestbeamte die Protestgebühr selbst dann fordern, wenn nach Beginn des Protestaktes der letztere durch freiwillige Zahlung des Schuldners sein Ende erreiche. Diese Thätigkeit des Gerichtsvollziehers bleibe bezüglich jedes einzelnen Protestes im wesentlichen dieselbe, wenn die mehreren Proteste in einer Urkunde aufgenommen würden; denn jeder Wechsel müsse besonders dem Schuldner vorgelegt, über jeden Wechsel eine besondere Erklärung eingeholt, jeder Protest, unter Aufnahme einer Abschrift jedes einzelnen Wechsels in die Protesturkunde, auch besonders für sich beurkundet, und endlich jeder Protest gesondert in das Protestregister eingetragen werden. Hiernach sei es gerechtfertigt, daß durch den äußerlichen Akt der Aufnahme der mehreren Proteste in eine Urkunde die Vergütung des Gerichtsvollziehers nicht berührt werde." Die Revision macht hiergegen geltend, der Protest bestehe lediglich in der Protesturkunde, neben der Urkunde könne ein Protest als ein selbständiger Rechtsakt nicht gedacht werden, die Herstellung einer Protesturkunde bezüglich mehrerer gleichzeitig vorgelegter Wechsel gegen denselben Wechselverpflichteten stelle sich daher als die Aufnahme eines Protestes dar, wofür die Gebühr von 1,50 ℳ nur einmal beansprucht werden könne.

Dieser Angriff ist jedoch nicht begründet. Die Artt. 87—89 W.O., welche die Vorschriften über die Aufnahme des Wechselprotestes und über die formalen Erfordernisse des aufzunehmenden Protestes, der Protesturkunde, enthalten, nehmen als regelmäßigen Fall offenbar den an, daß es sich um einen einzelnen Wechsel handelt, wie auch in Art. 89 von einer von mehreren Personen zu verlangenden wechselrechtlichen Leistung die Rede ist. Von der gleichen Voraussetzung geht die Bestimmung des § 3 des hier maßgebenden Gesetzes vom 21. April 1876 (G.S. 1876 S. 111) aus; die für die „Aufnahme eines Protestes" dem Gerichtsvollzieher zustehende Gebühr wird nach dem Betrage des Wechsels bestimmt, und die einschränkende Anordnung in Abs. 2, nach welcher alsdann, wenn die Aufnahme einer Interventionserklärung mit dem Protestakte an demselben Tage in derselben Wohnung stattfindet, für die Aufnahme (der Interventionserklärung) eine besondere Gebühr nicht berechnet werden darf, bezieht sich ebenfalls auf das Vorliegen nur eines Wechsels. Wenn es nun, wie auch seitens des Reichsoberhandelsgerichtes in den von den Vorderrichtern in Bezug genommenen Entscheidungen wiederholt ausgeführt worden ist, auch zulässig erscheint, mehrere Wechsel gegen denselben Wechselschuldner in einer Urkunde zu protestieren, so ist damit nur zum Ausdrucke gebracht, daß für den Formalakt in einem solchen Falle eine Protesturkunde genügt, und daß letztere in betreff jedes einzelnen Wechsels dieselbe Bedeutung hat, als wenn über jeden einzelnen Wechsel eine besondere Protesturkunde aufgenommen worden wäre. Es liegt alsdann eine Gesamturkunde vor, welche sämtliche Proteste in betreff jedes einzelnen Wechsels in einer Urkunde vereinigt, und welche in betreff jedes einzelnen Wechsels alle für die Protestaufnahme vorgeschriebenen Erfordernisse enthalten muß. Die Thätigkeit des protestierenden Gerichtsvollziehers hat sich daher nach allen Richtungen auf jeden einzelnen Wechsel zu erstrecken, und in betreff jedes einzelnen Wechsels ist der Protestakt vorzunehmen. Die vom Gesetze hierfür gewährte Gebühr wird nicht für die Aufnahme der Protesturkunde, sondern für die „Aufnahme des Protestes" bestimmt, sie bildet also die Entschädigung für die Gesamtthätigkeit, welche der Gerichtsvollzieher bei der Protesterhebung zu entwickeln hat; und Gegenstand derselben ist also auch namentlich der eigentliche Protestakt selbst, d. h. die Vornahme der Protesthandlung, welche in den einzelnen vom Berufungsrichter hervorgehobenen, dem Protestbeamten gesetzlich obliegenden Verrichtungen besteht. Die Annahme des Berufungsrichters, daß bei der Gebühr des Gerichtsvollziehers „für Aufnahme des Protestes" nicht bloß die Urkundenausfertigung, sondern der ganze Protestakt gemeint ist, also die Vornahme der zur Protestaufnahme gehörigen Einzelakte, über welche dann die Protesturkunde auszustellen ist, enthält hiernach keinen Rechtsirrtum, beruht vielmehr auf einer zutreffenden Auslegung des Gesetzes.

Aus den vorstehenden Erwägungen ergiebt sich zugleich, daß auch die fernere bezüglich der Stempelpflichtigkeit der Protesturkunde getroffene Entscheidung gerechtfertigt und der dagegen erhobene Angriff unbegründet ist. Der Berufungsrichter nimmt an, daß, wenngleich der Proteststempel Urkundenstempel sei, unter dem Ausdrucke „Protest" doch „Protestakte" zu verstehen seien, und daß, da bei Aufnahme mehrerer Proteste in eine Urkunde mehrere Protesthandlungen vorliegen, der Proteststempel so viel mal zu entrichten sei, als Proteste aufgenommen worden seien. Der Berufungsrichter geht also ausdrücklich von dem richtigen Grundsatze aus, daß der Proteststempel ein Urkundenstempel ist, und auch seine weitere rechtliche Beurteilung des Begriffes „Protest" und „Protesthandlung" ist nicht zu beanstanden."

---

53. Kann derjenige, welcher eine hypothekarische Forderung seinem Pfandgläubiger behufs Erfüllung des Pfandvertrages ohne Vorbehalt cediert hat, dem Cessionar desselben die Einrede entgegensetzen, der Cedent sei nur Pfandgläubiger geworden und deshalb zur Übertragung des Gläubigerrechtes nicht befugt gewesen?

V. Civilsenat. Urt. v. 4. November 1893 i. S. der W.'schen Bank zu B. (Kl.) w. K. (Bekl.) Rep. V. 207/93.

I. Landgericht Breslau.
II. Oberlandesgericht daselbst.

Der Beklagte schuldete im Jahre 1889 dem Bankier Adolf L. in Berlin aus Börsengeschäften 45000 ℳ. Zur Deckung des L. wurde zwischen ihm und dem Beklagten am 6. September 1889 das bei den Akten befindliche Abkommen getroffen, inhalts dessen Beklagter anerkannte, dem L. 45341,55 ℳ zu verschulden, und die Verzinsung mit 5 Prozent vom 1. September 1889 ab versprach. Die Schuld (Kapital und Zinsen) wurde von L. bis 2. Oktober 1894, auf Verlangen des Beklagten auch noch zwei Jahre weiter gestundet. Dagegen verpflichtete sich Beklagter, zwei ihm gehörige, auf seinem Grundstücke, Breslau Reuschestraße Nr. 2, sub Nr. 35 eingetragene Hypotheken von zusammen 50000 ℳ dem L. als Faustpfand zu bestellen. Die Ausführung dieses Abkommens geschah, wie Beklagter selbst angiebt, in Form einer Cession der beiden Hypotheken an L. mit Übergabe der Dokumente. Die am 10. Dezember 1889 gethätigte Cession enthielt die Bestimmung, daß die cedierten Beträge bei prompter, d. h. innerhalb vierzehn Tage nach der Fälligkeit erfolgender Zinszahlung sieben Jahre, vom 1. Oktober 1889 an gerechnet, seitens des Gläubigers unkündbar sein sollten. Demnächst — am 12. Dezember 1889 — cedierte L. der Klägerin (seiner Gläubigerin) die 50000 ℳ mit der Abrede, daß sie die Hypothek zurückcedieren solle, falls L. die Valuta zurückgezahlt haben würde. Die Umschreibung der Hypothek auf den Namen der Klägerin mit den Zinsen seit 1. Januar 1890 und der gedachten Kündigungsbeschränkung bei prompter Zinszahlung für sieben Jahre erfolgte nach Behauptung der Klägerin am 12. März 1890, nachdem die der Umschreibung entgegenstehenden Hindernisse (Fehlen einer löschungsfähigen Quittung und Anfangspunkt des Zinslaufes) vom Beklagten gehoben waren. Die am 1. April 1890 und die später fälligen Zinsen sind nicht bezahlt. Die Klägerin hat deshalb das Kapital zum 1. Januar 1891 gekündigt und, da Zahlung nicht erfolgt ist, beantragt, den Beklagten bei Vermeidung der Zwangsvollstreckung in sein Grundstück zur Zahlung von 50000 ℳ nebst 5% Zinsen seit 1. Januar 1890 zu verurteilen.

Der Beklagte wendet ein, L. sei durch das Abkommen vom 6. September 1889 nur Pfandgläubiger geworden, wenn auch die Pfandbestellung in Form der Cession ausgeführt sei, was nur den Zweck gehabt habe, daß L. bei der vom Beklagten vorbehaltenen Verwertung der Hypotheken die Cession auf den Erwerber bewirken könne. Beklagter behauptet, er habe gleich nach der Nachricht von der Cession L.'s gegen dieselbe protestiert, jedoch von L. die Erklärung erhalten, die Hypothek sei nur verpfändet. Nach Empfang des Kündigungsschreibens der Klägerin vom 27. Juni 1890 habe er derselben mittels Briefes vom 30. Juni 1890 von dem Abkommen mit L. (vom 6. September 1889) Kenntnis gegeben und gegen L. auf Befreiung von der durch die Klägerin geltend gemachten Verbindlichkeit geklagt. Dieser Prozeß ist rechtskräftig zu Gunsten des Beklagten K. entschieden.

Der Beklagte macht hiernach geltend: 1. Klägerin sei zur Klage nicht legitimiert, weil dem L. nicht das Eigentum an der Hypothek, sondern nur ein Pfandrecht zugestanden habe; 2. überdies habe Klägerin bei der Cession L.'s den ganzen Sachverhalt, namentlich die Stundung des Kapitales nebst Zinsen gekannt....

Die Klägerin folgert dagegen aus der Beseitigung der erwähnten Hindernisse gegen ihre Eintragung durch den Beklagten, daß dieser die Cession an sie genehmigt habe. Sie behauptet, die Cession sei gegen Entgelt und ohne Verabredung einer Zinszahlung durch L. erfolgt. Die Buchung der Zinsen auf L.'s Konto sei nur geschehen, um den Betrag seiner Schuld festzustellen, falls er von dem Vorbehalte der Rückcession Gebrauch machen sollte.

Nach geschehener Beweisaufnahme hat der erste Richter die Klage abgewiesen. Die Berufung der Klägerin ist im zweiten Urteile zurückgewiesen. Der Berufungsrichter stellt auf Grund der Urkunde vom 6. September 1889, des L.'schen Zeugnisses und der Entscheidung im Prozesse K. wider L. fest, daß der Beklagte dem L. die Hypotheken nur verpfändet, nicht eigentümlich übertragen habe. Er sagt, diese Feststellung werde auch nicht erschüttert durch den Vorgang vom 4. März 1890, bei welchem nach dem noch nicht für beweisend erachteten K.'schen Zeugnisse Beklagter eine Berichtigung der Cessionen (vom 10. und 12. Dezember 1889) durch Beifügung des Zinsanfangstermines vornahm. Sodann wird ausgeführt, der § 38

Abs. 3 Eig.Erw.Ges. finde keine Anwendung, vielmehr sei der Streit nach den allgemeinen Vorschriften von Übertragung der Rechte durch Cession zu entscheiden. ...

Aus den Gründen:

„Die Entscheidung verstößt in mehrfacher Beziehung gegen Rechtsgrundsätze.

Mit Recht nimmt der Berufungsrichter an, daß der § 38 Abs. 3 Eig.Erw.Ges. keine Anwendung findet. Die Klägerin hat sich auf dieses Gesetz auch nicht berufen. Dasselbe gilt, was die Revision übersieht, von der Vorschrift der §§ 422. 423 A.L.R. I. 20, da es sich nicht um Einreden gegen die Gültigkeit von Forderungen, sondern gegen die Dispositionsbefugnis des L. handelt. Dem Berufungsrichter ist auch darin beizustimmen, daß L. durch das Abkommen vom 6. September 1889 in Verbindung mit der Übergabe der Hypothekendokumente nur ein Pfandrecht an den Hypotheken erwarb. Der Beklagte hat jedoch durch die Ausstellung der Cession vom 10. Dezember 1889 ein zweites Rechtsgeschäft mit L. gethätigt. Daß durch dasselbe das früher, am 6. September 1889 mit L. getroffene Abkommen, soweit die gegenseitigen Rechtsverhältnisse dieser beiden Kontrahenten in Betracht kommen, verändert wurde, läßt sich nach dem Sachverhalte, welcher dem zweiten Urteile zu Grunde liegt, zwar nicht annehmen. Dagegen irrt der Berufungsrichter, wenn er entscheidet, daß die Dispositionsbefugnis L.'s, obgleich in der Cession vom 10. Dezember 1889 die ihm durch seine Abrede mit dem Beklagten auferlegten Beschränkungen nicht erwähnt waren, dennoch nach Maßgabe dieser Abreden Dritten gegenüber zu beurteilen sei, und daß der Beklagte (d. h. der Schuldner) auch einem redlichen, mit den Abreden zwischen L. und dem Beklagten nicht bekannten Erwerber der beiden Hypotheken dieselben Einreden entgegensetzen könne, welche ihm gegen L. zustanden.

Das Allgemeine Landrecht hat bei dem Vollmachtsvertrage (§§ 93. 97 flg. 113 I. 13) den Rechtssatz klar hingestellt, daß, wenn eine besondere Instruktion in der Vollmacht nicht erwähnt ist, die Sache zwischen dem Machtgeber und dem Dritten bloß nach dem Inhalte der Vollmacht zu beurteilen ist. Damit hat es den Rechtsgrundsatz zum Ausdrucke gebracht, daß derjenige, welcher einem Anderen die Befugnis überträgt, für ihn und in seinem Namen Rechtsgeschäfte zu schließen, dem Dritten gegenüber nicht nach Maßgabe der zwischen ihm und dem Bevollmächtigten getroffenen Verabredungen, sondern nach dem in der Vollmacht zum Ausdrucke gebrachten Willen zu haften hat.

Daß die Sache in rechtlicher Beziehung bei der Cession anders, als bei der Vollmacht liege, daß also der Eigentümer einer hypothekarischen Forderung, wenn er durch Cession das ganze Gläubigerrecht einem Anderen überträgt, diesen nicht zur weiteren Verfügung befugt mache, sondern daß der Schuldner dem Cessionar entgegenhalten dürfe, der Cedent sei zum Abschlusse der Cession kraft der mit ihm geschlossenen Verträge nicht legitimiert, läßt sich nicht annehmen. Die vom Berufungsrichter für seine Ansicht angezogenen Gesetze passen nicht. Der § 101 A.L.R. Einl., wonach niemand mehr Rechte übertragen kann, als er selbst besitzt, findet keine Anwendung, wenn der Cedent in der Lage ist, die Schulddokumente kraft einer unbeschränkten Cession dem Cessionar zu übertragen. Der § 407 A.L.R. I. 11 erledigt sich damit, daß der Cedent durch die vorbehaltlose Übertragung seines Rechtes einem Dritten gegenüber auf Einreden gegen die Verfügungsbefugnis des Cessionars verzichtet. Wollte man diese Grundsätze nicht für maßgebend erachten, so würde der Verkehr mit Hypothekenforderungen in hohem Grade erschwert werden.

Die Rechtsprechung des Reichsgerichtes hat denn auch diese Ansicht in mehrfacher Beziehung gebilligt. Es ist ausgeführt, daß Abreden zwischen dem Cedenten und Cessionar, daß letzterer die Forderung nur beitreiben, also nur Inkassomandatar, aber nicht Eigentümer derselben werden, oder daß der Cessionar sich zunächst an ein ihm gegebenes Wechselaccept halten, und daß die Cession nur in securitatem erteilt sei, oder daß der Cedent sich der Beitreibung der Forderung enthalten solle, dem Schuldner kein Recht geben, die Legitimation des Cessionars zu beanstanden, sondern daß dieser zur Klage gegen den Schuldner durch eine den §§ 493. 494 A.L.R. I. 11 entsprechende Cession befugt wird.

Vgl. Gruchot, Beiträge Bd. 31 S. 399 Bd. 34 S. 464, Bd. 37 S. 967. 971 und die dort angeführten Urteile.

In Übereinstimmung damit steht die Doktrin des preußischen und des gemeinen Rechtes.

Vgl. Eccius, Preußisches Privatrecht 6. Aufl. § 90 Bd. 1 S. 662; Rehbein, Entsch. des Obertribunales Bd. 3 S. 625—626 Anm.; Kohler in Ihering, Jahrbücher Bd. 16 S. 128—129.

In demselben Sinne haben sich auch die Motive zum Entwurfe des Bürgerlichen Gesetzbuches ausgesprochen (Bd. 2 S. 130).

Das Reichsgericht hat deshalb angenommen, daß der Beklagte, wenn er im September 1889 dem L. die Hypothekenurkunden übergeben und ihm am 10. Dezember 1889 vorbehaltlos die Forderungen cediert hat, sich der Klägerin gegenüber auf die zwischen ihm und L. getroffenen früheren, die Dispositionsbefugnis des letzteren beschränkenden Abreden nicht berufen darf.

Anders würde die Sache liegen, wenn die Klägerin bei dem Erwerbe der Forderungen, also nach ihrer Behauptung am 12. Dezember 1889 Kenntnis von der Dispositionsbeschränkung des L. gehabt hätte. In diesem Falle würde sie unredlich gehandelt und deshalb das Gläubigerrecht nicht erworben haben.

Vgl. Koch, Kommentar zum Allgem. Landrechte I. 13 § 113 Anm. 89; Eccius, Preußisches Privatrecht 6. Aufl. Bd. 3 § 141 Anm. 43 b S. 320; Entsch. des Obertribunales Bd. 46 S. 126.

An einer Feststellung dieser Kenntnis der Klägerin zur Zeit der Cession fehlt es aber. Ob die Klägerin nachträglich Kunde von den Abreden erhalten hat, erscheint gleichgültig.

Vgl. Gruchot, Beiträge Bd. 37 S. 731.

Ob ferner die Sache anders zu beurteilen wäre, wenn die Cession vom 10. Dezember 1889 nicht mit dem Willen des Beklagten, insbesondere durch unerlaubte Handlung, in den Besitz des L. gelangt wäre, bedarf bei dem hier vorliegenden Sachverhalte keiner Erörterung." ...

---

54. 1. Kann eine wegen fehlender Hauptschuld ungültige Hypothek dadurch konvaleszieren, daß der Käufer des Grundstückes sie in Anrechnung auf den Kaufpreis übernimmt?

2. Tritt die Beschränkung der Einreden gegen die Hypothekenklage nach § 38 Abs. 2 Eig.-Erw.-Ges. vom 5. Mai 1872 auch ein

zu Gunsten dessen, der die Hypothek in Kenntnis der Einreden von einem gutgläubigen Zwischenbesitzer erworben hat?

V. Civilsenat. Urt. v. 8. November 1893 i. S. v. W. (Kl. u. Widerbekl.) w. Frau Sch. (Bekl. u. Widerkl.) Rep. V. 181/93.

I. Landgericht Görlitz.
II. Oberlandesgericht Breslau.

Der Kläger hat sich an dem Rittergut B. und der Kohlenabbaugerechtigkeit Nr. 145 B. am 21. März 1888 von dem damaligen Eigentümer L. eine Darlehnshypothek von 60 000 ℳ bestellen lassen. Unstreitig hat er dem L. nur ein Darlehn von 43 000 ℳ gegeben. Deshalb hat die Beklagte beantragt: die gegen sie als jetzige Eigentümerin der verpfändeten Immobilien gerichtete dingliche Klage auf Rückzahlung der 60 000 ℳ nebst Zinsen zum Betrage von 17 000 ℳ abzuweisen, und widerklagend: den Beklagten zu verurteilen, über diesen Betrag nebst Zinsen löschungsfähige Quittung zu erteilen und den Hypothekenbrief zu den Grundakten einzureichen. Mit diesen Anträgen ist sie in beiden Instanzen durchgedrungen. Das Sachverhältnis ist im einzelnen folgendes:

L. verkaufte die verpfändeten Immobilien am 29. Dezember 1888 an P. und Otto S.; von diesen kaufte sie die Beklagte am 1. Juli 1889. Kläger behauptet, bei beiden Käufen sei die streitige Hypothek der 60 000 ℳ in Anrechnung auf den Kaufpreis übernommen worden, und zwar, nachdem L. sich seinen Käufern gegenüber verpflichtet habe, diese Hypothek zurückzuerwerben; die Beklagte bestreitet das. Der Kläger hat in der That die Hypothek, freilich erst am 7. Juli 1890, an den L. cediert, sie aber von diesem schon am folgenden Tage zum Betrage von 43 000 ℳ zurückcediert erhalten und sich am 14. Juli auch den Restbetrag von 17 000 ℳ, den L. am 8. Juli an K. cediert hatte, von diesem zurückcedieren lassen. Der Kläger behauptet, daß er an K. sofort nach der Cession die Valuta mit 17 000 ℳ habe auszahlen lassen, was gleichfalls von der Beklagten bestritten wird. Der Kläger folgert aus diesem Hergange, daß die Hypothek zum Betrage von 17 000 ℳ mindestens vom 7. Juli 1890 an (dem Tage der Cession an L.) den Charakter einer Kaufgelderhypothek gewonnen habe und damit konvalesciert sei, sodaß er durch die Cession von

K. eine gültige Hypothek erworben habe, da K. nicht etwa nur eingeschoben worden sei, um ihm den Anschein eines redlichen dritten Erwerbers zu sichern. Die Beklagte hat dem widersprochen. Auf Frage des Gerichtes hat Kläger angegeben, daß der Kaufvertrag vom 29. Dezember 1888 zwischen L. und P. und Otto S. außer der Übernahme der Hypothek durch die Käufer und dem Versprechen des L., die Hypothek zurückzuerwerben, keine weitere Abmachung über die Hypothek enthalten habe; auch hat Kläger eine sonstige Vereinbarung über die Hypothek nicht behaupten können.

Es ist noch zu erwähnen, daß L. den Anspruch an den Kläger auf Nachzahlung der 17000 *M* Darlehnsvaluta am 3. Juli 1888 an den Bankier Lr., und daß Lr. denselben Anspruch am 24. Juni 1889 an die Beklagte abgetreten hat, sowie daß dem Kläger von beiden Cessionen Nachricht gegeben worden ist.

Die Revision des Klägers ist zurückgewiesen worden aus folgenden

Gründen:

„Die Gründe, aus denen der Berufungsrichter den Anspruch des Klägers auf Zahlung der 17000 *M* für unbegründet, dagegen das Verlangen der Beklagten, daß diese 17000 *M* im Grundbuche gelöscht würden, für begründet erachtet hat, gehen dahin: Diesem Teile der Eintragung fehle die notwendige Voraussetzung für die Gültigkeit einer Hypothek als eines bloß accessorischen Rechtsgeschäftes, daß ihr eine Hauptschuld zu Grunde liegen müsse; denn hier sei mangels Zahlung der Darlehnsvaluta keine Hauptschuld vorhanden. Es sei auch nicht etwa an Stelle der nicht zustande gekommenen Darlehnsschuld eine andere gültige Schuld nachträglich eingeschoben worden, namentlich nicht eine Kaufgelderschuld, denn dazu würde es einer Vereinbarung zwischen dem Hypothekengläubiger und dem Hypothekenschuldner bedurft haben; hier sei aber bloß eine Vereinbarung zwischen L. als Verkäufer und P. und Otto S. als Käufern der belasteten Grundstücke, also zwischen dem bisherigen und den künftigen Hypothekenschuldnern, darüber behauptet, daß die eingetragene Hypothek in Anrechnung auf den Kaufpreis übernommen werden sollte, ohne daß der Hypothekengläubiger, der jetzige Kläger, dabei mitgewirkt hätte, übrigens auch ohne daß ein förmliches Abkommen dahin: daß an Stelle des ungültigen Teiles der Hypothek die Kaufgelderforderung treten solle, getroffen worden wäre. Die Einrede, daß eine Hypothek in diesem Teile gar nicht zu stande gekommen sei, stehe auch den Nachfolgern im Besitze des belasteten Grundstückes, mithin auch der Beklagten zu, zumal da die Beklagte durch Cession selbst die Forderung auf Nachzahlung der Darlehnsvaluta der 17000 ℳ gegen den Kläger besitze. Der Kläger könne sich auch nicht unter dem Schutze des § 38 Abs. 2 Eig.-Erw.-Ges. darauf berufen, daß er die Hypothek von einem Zwischenbesitzer, dem K., erworben habe; denn trotzdem sei er der erste Hypothekengläubiger geblieben, er habe auch die Ungültigkeit der Hypothek gekannt und den Zwischencessionar bloß eingeschoben, um sich den Anschein eines dritten redlichen Erwerbers zu verschaffen.

Diese Entscheidung wird von der Revision vergebens angegriffen.

1. Es ist dem Berufungsrichter zunächst darin beizustimmen, daß der ungültige Teil der Hypothek nicht nachträglich dadurch gültig geworden sei, daß, wie Kläger behauptet, bei dem Verkaufe der belasteten Grundstücke die ganze Hypothek von 60000 ℳ zunächst von P. und Otto S., und dann beim Weiterverkauf von der Beklagten in Anrechnung auf den Kaufpreis übernommen worden ist. Es kann zwar, wie auch der Berufungsrichter annimmt, die in dem Mangel einer Hauptschuld beruhende anfängliche Ungültigkeit einer Hypothek durch nachträgliche Einschiebung eines gültigen Hauptschuldverhältnisses gehoben werden;

vgl. Gruchot, Beiträge Bd. 29 S. 962 und Bd. 32 S. 693; Turnau, Grundbuchordnung 5. Aufl. Bd. 1 S. 760;

aber dazu bedarf es selbstverständlich der Mitwirkung desjenigen, der dadurch Rechte gewinnen soll, d. i. des Gläubigers. Ebendeshalb genügt dazu noch nicht die bloße Übernahme einer ungültigen Hypothek durch den Käufer des belasteten Grundstückes; denn durch diese bloß zwischen dem bisherigen und dem künftigen Schuldner abgeschlossene Vereinbarung gewinnt der Gläubiger nicht mehr Rechte, als er bis dahin hatte. In das alte Schuldverhältnis tritt lediglich ein neuer Schuldner ein, und diesem stehen dieselben Einreden zur Seite wie dem früheren Schuldner.

Vgl. Turnau, a. a. O. S. 761. 762. 792; Striethorst, Archiv Bd. 80 S. 189; Rehbein, Entsch. des Ob.-Trib.'s Bd. 3 S. 610.

Nun wird freilich von der Revision geltend gemacht, daß hier mehr vorliege als eine bloße Übereinkunft zwischen dem bisherigen und dem nachfolgenden Schuldner der Hypothek, daß vielmehr in der That auch der Hypothengläubiger mitgewirkt habe, nämlich der künftige Hypothekengläubiger, indem zwischen L. als Verkäufer und P. und Otto S. als Käufern abgemacht worden sei, daß L. die übernommene Hypothek von 60 000 ℳ seinerseits von dem Kläger erwerben solle (um sie dann den Käufern für zwei Jahre unkündbar zu machen). Dadurch sei, so folgert der Revisionskläger, der Hypothek für den Fall, daß L. sie erwerbe, eine neue Hauptschuld, nämlich ein entsprechender Teil der Kaufgelderschuld, untergelegt worden; dies sei eine Vereinbarung mit dem Verkäufer als Gläubiger der Kaufgelder und zugleich in Aussicht genommenem Hypothekengläubiger, und dadurch sei die Hypothek zu dem bisher ungültigen Teile mit Eintritt des als Bedingung gestellten Erwerbes der Hypothek durch L. konvaleszziert. Allein diese Ausführung nützt dem Kläger nichts, wenn auch zugegeben werden mag, daß unter Umständen wohl eine wegen fehlender Hauptschuld ungültige Hypothek dadurch Bestand gewinnen kann, daß der Käufer des verpfändeten Grundstückes sie für den Fall, daß der Verkäufer sie erwerbe, in Anrechnung auf den Kaufpreis übernimmt, indem darin die bedingte rechtswirksame Einschiebung einer wirklich bestehenden Hauptschuld als Unterlage der Hypothek gefunden werden kann. Für den vorliegenden Fall bedarf es einer näheren Erörterung darüber aus dem Grunde nicht, weil die Bedingung, daß der Verkäufer L. die Hypothek erwerben solle, nicht, d. h. nicht rechtzeitig, eingetreten ist. L. hat sich die Hypothek von dem Kläger erst am 7. Juli 1890 cedieren lassen, also zu einer Zeit, als seine Abkäufer P. und Otto S. schon nicht mehr Eigentümer der belasteten Grundstücke waren, sondern diese, und zwar seit dem 1. Juli 1889, an die Beklagten weiter verkauft hatten. Die Beklagte soll zwar auch, nach Behauptung des Klägers, die Hypothek der 60 000 ℳ ihren Verkäufern P. und Otto S. gegenüber in Anrechnung auf den Kaufpreis übernommen haben; dagegen ist nicht behauptet worden, daß sie dabei von der Abmachung zwischen ihren Verkäufern und dem L., wonach dieser die Hypothek erwerben sollte, etwas erfahren habe; es ist also davon auszugehen, daß sie die Hypothek so übernahm, wie sie im Grundbuche eingetragen stand, also als Darlehnshypothek und behaftet mit der Einrede, daß sie zum Betrage von 17 000 ℳ wegen nicht gezahlter Darlehnsvaluta ungültig sei. Daran ist umsoweniger zu zweifeln, als die Beklagte beim Ankaufe der Grundstücke schon im Besitze der ursprünglich dem L. gehörigen, von diesem an Lr. und von Lr. am 24. Juni 1889 an sie cedierten Forderung gegen den Kläger auf Nachzahlung der 17 000 ℳ war. Des so erworbenen Rechtes zur Geltendmachung der Ungültigkeit der Hypothek konnte die Beklagte nicht dadurch verlustig gehen, daß L. die Hypothek als Gläubiger erwarb; dadurch konvaleszierte die Hypothek nicht, denn L.'s Berechtigung, für seine Kaufgelderforderung an P. und Otto S. zum Betrage von 17 000 ℳ eine erst neu zu begründende Hypothek an den Grundstücken zu gewinnen, bestand nur seinen Kontrahenten P. und Otto S. gegenüber, und diese konnten ihm keine Hypothek mehr gewähren, als sie die Grundstücke nicht mehr besaßen.

Vgl. die Urteile des Reichsgerichtes bei Gruchot, Beiträge Bd. 29 S. 962, Bd. 32 S. 693.

2. Ist eine Konvaleszenz des ungültigen Teiles der Hypothek also nicht eingetreten, so könnte nur noch in Frage kommen, ob der Kläger sich in Gemäßheit des § 38 Abs. 2 Eig.-Erw.-Ges. darauf berufen dürfe, daß er die Hypothek der 17 000 ℳ von K. entgeltlich, wie er behauptet, erworben habe. Auch dies hat der Berufungsrichter mit Recht verneint, weil dem Kläger bei dem Wiedererwerb bekannt gewesen sei, daß es nach wie vor an einer Darlehnszahlung für diesen Teil der Hypothek, also an der für die Gültigkeit der Hypothek erforderlichen Hauptschuld, fehle. Diese Entscheidung stützt sich auf die deutliche Bestimmung des § 38 Abs. 2 Eig.-Erw.-Ges. vom 5. Mai 1872, daß Einreden aus dem persönlichen Schuldverhältnisse einem Dritten, welcher ein Recht auf die Hypothek gegen Entgelt erworben hat, nur (also dann jedenfalls) entgegengesetzt werden können, wenn sie ihm vorher bekannt geworden sind oder sich aus dem Grundbuche ergeben. Demgemäß ist auch in früheren Fällen vom Reichsgerichte erkannt worden,

vgl. die Nachweisungen bei Turnau, a. a. O. S. 765,

und von dieser Ansicht abzugehen, fehlt es an einem Grunde. Insbesondere kann eine Analogie der Bestimmung des Art. 306 Abs. 2 H.G.B., worauf der Revisionskläger verwiesen hat, nicht anerkannt werden, weil dort der Schutz des redlichen Erwerbers ausdrücklich auch auf seine Rechtsnachfolger ausgedehnt worden ist, woran es im § 38 Abs. 2 Eig.-Erw.-Ges. fehlt. Bei aller dem Hypothekenverkehre zugedachten Erleichterung wird es dem Gesetzgeber bedenklich erschienen sein, die Hypothek völlig auf gleiche Stufe mit der Handelsware im Sinne des Handelsgesetzbuches zu stellen, von der sie sich unter anderem dadurch unterscheidet, daß ihr redlicher Erwerber sie immer noch gegen das belastete Grundstück realisieren kann, während der Käufer von Handelsgut sich häufig nur durch den Weiterverkauf wegen des Ankaufes schadlos stellen kann. Die vom Vertreter der Revision gemachte Ausführung, daß der redliche Erwerber einer ungültigen Hypothek Schaden leide, wenn er sie nicht mit der Wirkung, daß die Einrede ausgeschlossen bleibe, selbst an solche Personen, die um die Einrede wüßten, weiter veräußern dürfe, trifft deshalb nicht zu.

Ebensowenig kann der gegen die hier vertretene Auffassung von Dernburg (Hypothekenrecht 2. Abt. S. 244) im Anschlusse an die Entscheidung des vormaligen Obertribunales vom 31. Januar 1862 (Striethorst, Archiv Bd. 44 S. 179) geltend gemachte Grund für ausschlaggebend erachtet werden: daß, wer eine Hypothek als Cessionar erwerbe, sie mit den Rechten seines Cedenten erwerbe, also frei von Einreden, wenn solche seinem Cedenten nicht entgegengesetzt werden konnten. Dies wäre nur dann richtig, wenn die Einreden durch den Erwerb der Hypothek von einem redlichen Dritten definitiv untergingen, was gerade bewiesen werden soll. Solchen Untergang ordnet allerdings das Handelsgesetzbuch in den Artt. 306. 307 für die dort behandelten Fälle an, und die gleiche Bestimmung enthält das Eigentumserwerbsgesetz in § 9 Abs. 2 für den Fall, daß ein als Eigentümer eingetragener Nichteigentümer Rechte an dem Grundstücke begründet hat, nicht aber, wie schon hervorgehoben, der hier zur Anwendung kommende § 38 Eig.-Erw.-Ges., und daß etwa in diesem Falle der endgültige Untergang der Einreden selbstverständlich wäre, kann nicht behauptet werden.

Die Revision war also zurückzuweisen."

---

55. Ist eine von dem Erblasser eigenhändig ge- und unterschriebene letztwillige Verordnung auf den zwanzigsten Teil des Nachlasses gültig, wenn die Zeit der Errichtung mit den Worten ... „im Juni ... 1890" beigefügt ist?

IV. Civilsenat. Urt. v. 9. November 1893 i. S. S.'sche Eheleute Kl.) w. die unbekannten Erben des Rentiers M. K., vertreten durch den Nachlaßpfleger v. T. (Bekl.) Rep. IV. 186/93.

I. Landgericht Posen.
II. Oberlandesgericht daselbst.

Aus den Gründen:

„Der ohne Testament verstorbene Rentier M. K. hat ein, wie klägerischerseits behauptet ist, von ihm eigenhändig geschriebenes und unterschriebenes Schriftstück hinterlassen, in welchem er der Klägerin ... 9000 *M* „zur Ausbildung ihrer drei Kinder" und ferner für ihre Tochter H. T. 2000 *M* verschrieben hat. Das Schriftstück enthält den Schlußsatz: „Dies habe ich geschrieben in Posen im Juni 1890." Es befand sich in einem Kouvert mit nachstehender Aufschrift: „Victoria S. kann sich mit diesem Briefe nach meinem Tode beim Kurator, der über mein Vermögen verfügen wird, melden." Die Kläger, die Ehefrau Victoria M., geborene S., und ihr Ehemann, behaupten, daß dieses Kodizill auf den zwanzigsten Teil des Nachlasses Gültigkeit habe, da es mit der Angabe des Tages der Errichtung, eines Tages im Juni 1890, versehen sei. Sie haben gegen den Nachlaßpfleger der unbekannten Erben Klage mit dem Antrage erhoben, den Beklagten zu verurteilen, 1. an die Kläger 2760 *M* nebst 5% Zinsen seit dem 1. April 1892, 2. an die klagende Ehefrau als Mutter der H. T. S. noch außerdem 1840 *M* nebst 5% Zinsen seit dem 1. April 1892 zu zahlen, dem Beklagten auch die Kosten des Rechtsstreites aufzuerlegen. Der Beklagte entgegnete, das Schriftstück sei, weil der Tag der Errichtung nicht beigefügt sei, als Kodizill nicht gültig. Beide Vorderrichter haben aus diesem Grunde die Klage abgewiesen. Die gegen das Berufungsurteil eingelegte Revision konnte keinen Erfolg haben.

Nach § 161 A.L.R. I. 12 können Legate, welche den zwanzigsten Teil des Nachlasses wahrscheinlich oder nach der Versicherung des Erblassers nicht übersteigen, durch eigenhändig geschriebene und unterschriebene Kodizille ohne gerichtliche Übergabe verordnet werden. Zur Gültigkeit einer solchen Disposition ist jedoch nach § 162 „die Beifügung des Jahres und Tages, wo sie errichtet worden, notwendig." Das Gesetz macht sonach ausdrücklich die Gültigkeit des außergerichtlichen Vermächtnisses von der Beifügung des

Jahres und Tages der Errichtung abhängig. Ein Kodizill, welches bloß das Jahr und den Monat der Errichtung enthält, ist also ungültig; denn es fehlt die Beifügung des Tages. In dem vorliegenden Kodizill ist aber nur das Jahr und der Monat („im Juni") beigefügt. Der Tag der Errichtung ist gar nicht — weder genau, noch, wie die Revision meint, ungenau — angegeben. Die Ausführung der Revision, die „genauere" Angabe des Tages erscheine hier unwesentlich, da der Aussteller eine andere letztwillige Verordnung nicht hinterlassen habe, ist mithin unzutreffend. Sie scheitert an den eine andere Deutung ausschließenden Worten des Gesetzes. Das Gesetz will nicht bloß den Gegenbeweis gegen eigenhändig geschriebene und unterschriebene Kodizille erleichtern, sondern es macht die Beobachtung der vorgeschriebenen Form zur Bedingung ihrer Gültigkeit. Der Gesetzgeber hätte die Beifügung des Jahres und Tages vorschreiben können, ohne die Gültigkeit der Disposition davon abhängig zu machen. Ob in einem solchen Falle die Unterlassung der Beifügung des Tages der Errichtung die Ungültigkeit des Vermächtnisses zur Folge hätte, kann dahingestellt bleiben. Der positiven Vorschrift gegenüber ist die Thatsache, daß ein zweites Kodizill nicht errichtet ist, bedeutungslos. Und andererseits mußte, da das Berufungsgericht in Übereinstimmung mit dem Landgerichte offenbar und ohne Rechtsirrtum als zweifellos ansieht, daß der Tag der Errichtung des Kodizilles darin nicht angegeben sei, auch die Möglichkeit der Anwendung des § 519 A.L.R. I. 12 („Überhaupt sind letztwillige Verordnungen im zweifelhaften Falle so zu deuten, wie sie nach den Vorschriften der Gesetze am besten bestehen können") ausgeschlossen bleiben.

Die Revision hat unter der Rüge einer Verletzung des § 130 C.P.O. noch den Vorwurf erhoben, das Berufungsgericht habe mit Unrecht unterlassen, das streitige Schriftstück, soweit es sich auf die Tochter der Mitklägerin B. S. bezieht, als Verpflichtungsurkunde unter Lebenden zu prüfen und allenfalls die Parteien zur Erklärung unter diesem rechtlichen Gesichtspunkte zu veranlassen. Allein weder der Wortlaut der als eine Verfügung auf den Todesfall sich darstellenden Urkunde noch das aus dem Thatbestande der Vorderurteile ersichtliche Parteivorbringen boten hierzu einen Anlaß.

Die Revision hat daher zurückgewiesen werden müssen."

56. I. Anfechtung einer Rechtshandlung des Schuldners wegen Simulation.

1. Ist der Gläubiger dazu legitimiert, wenn er eine Arrestpfändung auf den veräußerten Gegenstand erwirkt hat?

2. Hängt die Passivlegitimation des Erwerbers der Sache davon ab, daß er sie nicht weiter veräußert hat?

II. Anfechtung aus dem Gesetze vom 21. Juli 1879.

1. Kann nach § 152 Abs. 2 K.O. ein im Urkundenprozesse unter Vorbehalt der Rechte ergangenes Urteil, durch welches die Forderung des Konkursgläubigers gegenüber dem Konkursverwalter festgestellt ist, als gegen den Schuldner vollstreckbar angesehen werden?

2. Ist der Arrestbefehl ein vollstreckbarer Schuldtitel im Sinne des § 2 des Gesetzes vom 21. Juli 1879?

VI. Civilsenat. Urt. v. 9. November 1893 i. S. R. (Kl.) w. K. (Bekl.) Rep. VI. 168/93.

I. Landgericht I Berlin.
II. Kammergericht daselbst.

Aus den Gründen:

„I. Das Berufungsgericht weist die Klage, insoweit sie auf die Simulation der Erbschaftskaufverträge gestützt ist, mittels deren der Schuldner des Klägers, O. K., die G. K.'sche Erbschaft an R. und dieser sie weiter an die Beklagte verkauft hat, wegen fehlender Aktiv- und Passivlegitimation zurück.

1. Es wird ausgeführt, daß der Kläger als Gläubiger des O. K., auch soweit er einen vollstreckbaren Schuldtitel gegen diesen erlangt habe, mangels einer Pfändung und Überweisung des Anspruches des O. K. auf Rückgewähr des durch den Scheinvertrag Weggegebenen nicht befugt sei, die Simulation geltend zu machen.

Ob dem Berufungsgerichte hierin beizutreten und also von der Entscheidung des IV. Civilsenates des Reichsgerichtes vom 18. September 1882,

vgl. Entsch. des R.G.'s in Civils. Bd. 4 S. 253,

abzugehen sei, kann dahingestellt bleiben. Nach dem vom Berufungsgerichte in Bezug genommenen Thatbestande des ersten Urteiles hat nämlich der Kläger wegen der im O. K.'schen Konkurse anerkannten und demgemäß festgestellten Forderungsbeträge einen Pfändungsbeschluß des Amtsgerichtes I Berlin vom 20. Februar 1888 erwirkt, durch welchen wegen dieser Forderungen das in Rede stehende Erbteil gepfändet und dem Kläger zur Einziehung überwiesen wurde. Der Beschluß ist der Witwe des Erblassers G. K. als Inhaberin des Nachlasses am 25. Februar 1888, dem O. K. am 28. Februar 1888 zugestellt. Dem Kläger steht also bezüglich dieser Forderungen nicht nur ein vollstreckbarer Schuldtitel (§ 152 Abs. 2 K.O.), sondern auch ein auf Grund desselben bereits erlangtes Recht an der Erbschaft (§§ 709. 754 C.P.O.) zur Seite, das er gegen die Ansprüche der Beklagten zu verteidigen hat, und welches ihn zu dem vorliegenden auf Gestattung der Zwangsvollstreckuug in die Erbschaft gerichteten Antrage legitimiert.

Bezüglich der im Konkurse bestrittenen Wechselforderungen von 15150 ℳ und Zinsen hingegen liegt, wie auch das Berufungsgericht mit Recht annimmt, ein vollstreckbarer Schuldtitel nicht vor. Durch das Urteil des Landgerichtes Konitz vom 8. März 1880 ist zwar diese Forderung der Konkursmasse gegenüber „unter Vorbehalt ihrer Rechte“ festgestellt worden. Allein wie der Vorbehalt ergiebt, ist dieses Urteil im Wechselprozesse ergangen, mithin nicht im ordentlichen Verfahren, wie § 134 K.O. vorschreibt,

vgl. Petersen und Kleinfeller, Konkursordnung 3. Aufl. S. 439,

und auf derartige, im Prozesse nur unter Vorbehalt festgestellte Konkursforderungen kann der § 152 Abs. 2 K.O. nicht bezogen werden. Daß die Forderungen vom Gemeinschuldner im Prüfungstermine nicht bestritten sind, genügt nach dieser Vorschrift ebenfalls nicht, um die Zwangsvollstreckung gegen den Schuldner nach Aufhebung des Konkurses zuzulassen.

Es könnte sich fragen, ob die Legitimation des Klägers wegen dieser Wechselforderungen von 15150 ℳ nicht dadurch begründet wird, daß, wie der erstrichterliche Thatbestand ergiebt, wegen derselben am 25. Februar 1888 ein Arrestbefehl des Amtsgerichtes Hammerstein erlassen, und in diesem zugleich das fragliche Erbteil für den Kläger gepfändet ist. Die Frage ist jedoch zu verneinen, da die Arrestpfändung nur die Sicherung künftiger Zwangsvollstreckung bezweckt; die Befugnis zur Zwangsvollstreckung hängt noch von der Erlangung eines vollstreckbaren Schuldtitels ab. Zwar erwirbt auch der Arrestgläubiger ein Pfandrecht an den gepfändeten Sachen (§ 810 C.P.O.); aber zu einer Verwertung der Sachen kann dieses Pfandrecht nicht führen. Der Arrestgläubiger kann daher nicht für berechtigt erachtet werden, Ansprüche Dritter, die der Verwertung des Pfandobjektes hinderlich sind, wegen Simulation des Erwerbsaktes oder aus anderen Gründen anzufechten, solange ihm selbst die Möglichkeit einer Verwertung des Pfandobjektes nicht gewährt ist. Allerdings darf ihm die Möglichkeit künftiger Verwertung für den Fall der Erlangung eines vollstreckbaren Schuldtitels nicht entzogen werden. Das bloße Bestreiten seines Pfandrechtes von seiten eines Dritten aber, der Ansprüche auf die Pfandsachen erhebt, ohne diese Ansprüche durch das Verlangen, die Sachen freizugeben, zur Geltung zu bringen, raubt dem Gläubiger die Möglichkeit künftiger Verwertung nicht und setzt ihn nicht in die Lage, sein Pfandrecht gegen den Dritten schon jetzt verteidigen zu müssen.

Die Anfechtung der Erbschaftsverkäufe wegen Simulation erscheint sonach wegen der obengedachten 15150 ℳ und Zinsen zur Zeit nicht statthaft. Daß nicht soweit gegangen werden kann, jedem Gläubiger, selbst ohne vollstreckbaren Schuldtitel, die Anfechtung von Veräußerungen des Schuldners wegen Simulation zu gestatten, um ihm die Möglichkeit seiner Befriedigung aus den veräußerten Sachen zu verschaffen, ist im Urteile des Reichsgerichtes vom 2. Februar 1891 (Jurist. Wochenschrift S. 149 Ziff. 12) ausgeführt worden und folgt auch aus der Begründung des Urteiles vom 18. September 1882.

Vgl. Entsch. des R.G.'s in Civils. Bd. 4 S. 253.

Dagegen ist in betreff der im Konkurse anerkannten und festgestellten Forderungen der Abweisungsgrund der mangelnden Aktivlegitimation nicht zutreffend.

2. Die Beklagte hat (schon vor Anstellung der vorliegenden Klage) die fragliche Erbschaft an M. weiter verkauft und dies in zweiter Instanz eingewendet. Mit Rücksicht hierauf hat das Berufungsgericht die Beklagte als nicht passiv legitimiert angesehen; es führt aus, daß die Beklagte auf Grund ihrer eigenen Erklärung, die der Kläger ihr auch in Zukunft entgegenstellen könne, und die Beklagte gegen sich gelten lassen müsse, nicht mehr in der Lage sei, dem Befriedigungsrechte des Klägers entgegenzutreten. Ob das Gericht die Behauptung des Klägers, daß auch der Erbschaftsverkauf an M.

simuliert sei, für nicht erwiesen oder widerlegt erachtet, geht aus der Begründung nicht mit Deutlichkeit hervor. Es kommt aber darauf nicht an, weil selbst im Falle der Ernstlichkeit des Vertrages mit M. die Passivlegitimation nicht mit Grund bestritten werden kann. Die Beklagte ist, wenn sie auch die Erbschaft weiter veräußert hat, kein beliebiger Dritter, dessen Widerspruch keinerlei Einfluß auf das Befriedigungsrecht des Klägers und dessen Durchführung äußern könnte. Vielmehr hat sie die Erbschaft an M. als ihre eigene verkauft, muß ihm dafür Gewähr leisten und verficht im vorliegenden Prozesse ihr Recht, über die Erbschaft zu verfügen, indem sie dem damit kollidierenden Rechte des Klägers, sich aus der Erbschaft befriedigt zu machen, widerspricht. Ein Anerkenntnis dieses Rechtes, das ihr vom Kläger in Zukunft entgegengesetzt werden könnte, hat sie nicht abgegeben. Auch geht der Klagantrag nicht auf Herausgabe irgend welcher Nachlaßobjekte, sondern auf ein bloßes Geschehenlassen der Zwangsvollstreckung, und die Beklagte ist durch die Weiterveräußerung der Erbschaft nicht außer stand gesetzt, diesem Anspruche, wenn ihr Widerspruch unbegründet befunden wird, zu genügen.

II. Die eventuelle Anfechtungsklage aus dem Gesetze vom 21. Juli 1879 weist das Berufungsgericht bezüglich der mehrgedachten 15150 ℳ wegen Mangels eines vollstreckbaren Schuldtitels ab. Dies ist nicht zu beanstanden. In dem Urteile des Landgerichtes Konitz ist, wie oben ausgeführt, der vollstreckbare Titel nicht zu finden, und ebensowenig liegt ein solcher im Arrestbefehle des Amtsgerichtes Hammerstein vom 25. Februar 1888. Daß Arrestbefehle keine vollstreckbaren Schuldtitel im Sinne des § 2 des Gesetzes vom 21. Juli 1879 sind, ist vom Reichsgerichte bereits angenommen worden,

vgl. Urteil desselben vom 26. November 1887, Jurist. Wochenschrift von 1888 S. 18 Ziff. 29,

und daran ist umsomehr festzuhalten, als der § 10 des gedachten Gesetzes gleichfalls gegen die Zulassung der Anfechtungsklage auf Grund eines Arrestbefehles spricht, da hier neben den nur vorläufig vollstreckbaren Schuldtiteln und den unter Vorbehalt ergangenen Urteilen sicherlich auch der Arrestbefehle Erwähnung geschehen wäre, wenn die Klage auf Grund eines Arrestbefehles stattfände." ...

57. Steht das durch § 80 A.L.R. I. 20 in Verbindung mit §§ 25. 26 I. 15 begründete Einlösungsrecht auch dem Pfandgläubiger zu, der sich bei Erwerbung des Pfandbesitzes an einer fremden Sache, insbesondere an einem auf den Namen eines Dritten lautenden Sparkassenbuche, hinsichtlich der Verfügungsbefugnis des Verpfänders im Irrtume befunden hat?

V. Civilsenat. Urt. v. 15. November 1893 i. S. der kommunalständischen Bank für die Oberlausitz (Kl.) w. die Stadtgemeinde H. (Bekl.) Rep. V. 186/93.

I. Landgericht Liegnitz.
II. Oberlandesgericht Breslau.

Gründe:

„Dem Berufungsurteile liegt folgender Sachverhalt zu Grunde: Der verstorbene Kaufmann T. zu H. hat das auf den Namen des S. lautende streitige Sparkassenbuch, welches er nach dem Vorbringen der Klägerin von ihrem Cedenten S. zur Sicherheit für ein Darlehn von 1000 M, jedoch ohne formell gültige Verpfändung erhalten hatte, am 2. Februar 1891 der für Rechnung der Beklagten verwalteten Sparkasse als Unterpfand für ein von dieser erhaltenes Darlehn von 2000 M übergeben....

Der Berufungsrichter hat zu Gunsten der Klägerin angenommen, daß zur Gültigkeit der Verpfändung außer der Übergabe des Sparkassenbuches eine schriftliche Verpfändungserklärung erforderlich sei. Er hat eine formgültige Verpfändung von S. an T. nicht angenommen, wohl aber von T. an die Beklagte. Er hat diese Verpfändung aber zur Entstehung eines wirksamen Pfandrechtes nicht für geeignet erachtet, weil das Sparkassenbuch weder Eigentum des T. war, noch kraft Bewilligung des Eigentümers zu dessen Verfügung stand. Er hat die Beklagte deshalb zur Herausgabe des Sparkassenbuches, aber gemäß § 80 A.L.R. I. 20, § 25 I. 15 nur gegen Entrichtung dessen, was sie dem T. wirklich darauf gegeben, verurteilt.

Die Revision bekämpft die Annahme des Erfordernisses einer schriftlichen Verpfändung seitens des T. an die Beklagte und rügt außerdem Verletzung der §§ 80. 91 A.L.R. I. 20, §§ 25. 26 I. 15.

Der letztere Angriff ist begründet und führt zur Aufhebung des angefochtenen Urteiles.

Das Reichsgericht hat bereits in dem Urteile vom 26. November 1890 (Gruchot, Beiträge Bd. 35 S. 1015) ausgesprochen, daß die §§ 25. 26 A.L.R. I. 15 sich nur auf den Fall des Erwerbes einer Sache von einem Nichteigentümer, der sich fälschlich für den Eigentümer ausgegeben, beziehen. Als Grund hierfür ist angegeben, daß sie nach der ausgesprochenen Absicht des Gesetzgebers den Zweck verfolgen, die Gefährdung der Zuverlässigkeit und Lebhaftigkeit des bürgerlichen Verkehres zu beseitigen, welche mit dem Festhalten an den römischrechtlichen, auf unbedingten Schutz des Eigentumes abzielenden Rechtsregeln über die Vindikation verbunden gewesen wäre, insofern nach römischem Rechte der Besitzer einer Sache nicht durch gutgläubigen Erwerb, sondern erst durch den schwierigen Nachweis, daß sein Autor Eigentümer war, gegen die Eigentumsklage geschützt wurde.

Vgl. Suarez, Schlußvorträge, in v. Kamptz' Jahrbb. Bd. 44 H. 81 S. 74 flg.

Daraus ist gefolgert, daß das Einlösungsrecht aus § 26 a. a. O. nur demjenigen Erwerber einer Sache zusteht, welcher sich bei dem Erwerbsakte in einem entschuldbaren Irrtume über das Eigentum seines Autors befindet. Dieser Schutz des gutgläubigen Erwerbers einer Sache wird, wie das gedachte Urteil weiter ausführt, durch § 80 A.L.R. I. 20 dem gutgläubigen Erwerber eines Faustpfandrechtes in demselben Umfange gewährt. Damit hat das Allgemeine Landrecht den Rechtsgrundsatz sanktioniert, daß derjenige, welcher in dem guten Glauben, sein Autor sei Eigentümer und verfüge als solcher über die Sache, den Eigentums- oder Pfandbesitz an derselben erwirbt, dem wirklichen Eigentümer nur gegen Erstattung dessen, was er für den Erwerb gegeben hat, zu weichen braucht. Das mehrgedachte Urteil zieht hieraus die für den damals vorliegenden Fall allein erhebliche Folgerung, daß derjenige, welcher weiß, daß ihm eine fremde Sache zum Faustpfande gegeben wird, sich aber in einem Irrtume über die Legitimation des Verpfänders als Vertreters des Eigentümers befindet, nicht den Schutz genießt, welchen die angeführten Gesetze nur bei einem Irrtume über das Eigentum des Verpfänders an der Pfandsache dem Gläubiger gewähren. Schützt das Gesetz aber bloß den Irrtum über das Eigentum, so folgt daraus in gleicher Weise, daß auch der Pfandgläubiger, der sich in betreff der materiellrechtlichen Verfügungsbefugnis des Verpfänders über eine wissentlich fremde Sache im Irrtume befindet, diesen Schutz nicht genießt.

So aber liegt die Sache im gegenwärtigen Falle. Die Kontrahenten wußten oder mußten wissen, daß das der städtischen Sparkasse zum Faustpfande gegebene Sparkassenbuch dem S., auf dessen Namen es lautete, und nicht dem Verpfänder T. gehörte. Der Irrtum der Beklagten bezog sich also nicht auf das Eigentum an der Pfandsache, sondern auf die Befugnis des T., dieselbe zum Faustpfand zu bestellen. Dieser Irrtum wird nicht durch § 80 A.L.R. I. 20 geschützt und gewährt der Beklagten nicht das durch § 26 I. 15 begründete Einlösungsrecht.

Die besondere Eigenschaft der Pfandsache als Sparkassenbuch ändert nichts an der Anwendung der vorentwickelten Grundsätze, da Sparkassenbücher nicht zu den Inhaberpapieren gehören. Die Beklagte hat nun zwar in erster Instanz behauptet, daß die Sparkasse nach § 12 ihrer Statuten berechtigt sei, jedem Inhaber des Sparkassenbuches ohne Legitimationsprüfung die Sparsumme auszuzahlen. Durch diese Bestimmung, wenn sie auch wörtlich so lauten sollte, erlangt indes das Sparkassenbuch nicht die Natur eines Inhaberpapieres; die Bestimmung gewährt vielmehr den Sparkassenbeamten nur insofern eine Erleichterung, als sie in ihrem gewöhnlichen Kassengeschäfte nicht verpflichtet sind, die Legitimation des Buchinhabers zu prüfen, sich nicht ersatzpflichtig machen, wenn sie an eine nicht legitimierte Person zahlen. Eine Ausdehnung dieser Ausnahmebestimmung auf andere Fälle, wie z. B. die hier vorliegende Inpfandnahme eines Sparkassenbuches, ist nicht zulässig. Fällt hiernach die Anwendung der §§ 80 A.L.R. I. 20, §§ 25. 26 I. 15 fort, so rechtfertigt sich die vom ersten Richter ausgesprochene unbedingte Verurteilung der Beklagten und somit die Zurückweisung der Berufung."

---

58. Kann der Fiskus im Gebiete des preußischen Allgemeinen Landrechtes für die Entnahme von Eis aus den öffentlichen Strömen eine Vergütung beanspruchen?

A.L.R. I. 2 § 110, I. 9 § 220, I. 21 §§ 31 flg., II. 14 §§ 21. 24, II. 15 §§ 38. 44. 46. 47.

IV. Civilsenat. Urt. v. 26. Oktober 1893 i. S. H. u. Gen. (Kl.) w. Fiskus (Bekl.). Rep. IV. 364/93.

I. Landgericht Potsdam.
II. Kammergericht Berlin.

Die obige Frage ist bejaht worden aus folgenden

Gründen:

„Die Königliche Regierung zu Potsdam hat in den Jahren 1875 und 1876 Bekanntmachungen durch das Amtsblatt erlassen, wonach die Entnahme von Eis aus den öffentlichen Flüssen und aus den domänenfiskalischen Gewässern nur auf Grund eingeholter Genehmigung und gegen Zahlung einer Entschädigung für das zu entnehmende Eis gestattet sein sollte. Die Kläger, welche größtenteils Brauereibesitzer und Schlächtermeister in Potsdam und dessen Umgegend sind, halten den seit Erlaß dieser Bekanntmachungen von den fiskalischen Behörden an sie erhobenen Anspruch auf Zahlung einer Entschädigung für das von ihnen aus der Havel und den durch dieselbe gebildeten Seen entnommene Eis für ungerechtfertigt. Sie machen gegen diesen Anspruch im Wege der Klage geltend: die öffentlichen Ströme, also auch die Havel, ständen im gemeinen Eigentume des Staates, sie seien dem Gemeingebrauche aller Staatsbürger gewidmet, der Staat könne zwar diesen Gemeingebrauch polizeilich regeln, es stehe ihm aber ein fiskalisches Eigentum an den öffentlichen Flüssen nicht zu, vielmehr sei das Wasser derselben, wie im fließenden so auch im gefrorenen Zustande, eine in niemandes Eigentum befindliche, allen gemeinsame Sache, an der jedem der Gebrauch und ein freies Okkupationsrecht zustehe. Letzteres sei nicht dadurch eingeschränkt, daß dem Fiskus die Nutzungen der öffentlichen Ströme als niederes Regal vorbehalten seien, da das Eis nicht Nutzung, sondern Substanzteil des öffentlichen Stromes sei. Diesen Ausführungen ist von dem Beklagten widersprochen worden. Derselbe betrachtet das Eis der öffentlichen Ströme als eine Nutzung derselben, welche nach § 38 A.L.R. II. 15 dem Staate als Regal gehöre, und meint, daß der Gebrauch des Flußwassers aus den öffentlichen Strömen durch jedermann ausschließlich auf die Benutzungsarten des § 44 a. a. O. eingeschränkt sei. Das Landgericht hält mit den Klägern und in wesentlicher Übereinstimmung mit den Ausführungen derselben den Anspruch des Beklagten auf eine Entschädigung für die Entnahme des Eises für unbegründet, während das Berufungsgericht zu der entgegengesetzten Annahme gelangt ist.

Die Entscheidung des Berufungsgerichtes ist gerechtfertigt. Zutreffend geht das Berufungsgericht unter Bezugnahme auf § 21 A.L.R. II. 14 davon aus, daß öffentliche Flüsse, d. h. die von Natur schiffbaren Ströme, zu welchen nach der rechtlich unbedenklichen und auch von dem Berufungsgerichte nicht beanstandeten Feststellung des Landgerichtes die Havel mit ihren Erweiterungen des Stromlaufes zu Seen gehört, zwar nicht im Privateigentume, wohl aber im gemeinen Eigentume des Staates stehen. Mit Recht wird ferner gegenüber der von den Klägern aufgestellten Behauptung eines allgemeinen Gebrauchsrechtes an den öffentlichen Flüssen in dem Berufungsurteile auf § 24 A.L.R. II. 14 und § 38 II. 15 hingewiesen, wonach die Nutzungsrechte an dem gemeinen Eigentume des Staates, und insbesondere die Nutzungen solcher Ströme, die von Natur schiffbar sind, zu den Regalien gehören. Diese Nutzungen sind, wie auch bereits von dem preußischen Obertribunale anerkannt ist,

vgl. Entsch. des Obertribunales Bd. 42 S. 58; Striethorst, Archiv Bd. 87 S. 329,

als fiskalisches Eigentum anzusehen. In gewissen Beziehungen ist allerdings der Gebrauch des Wassers der öffentlichen Flüsse, wenn auch zum Teil nur in bedingter Weise, einem jeden gestattet. So bestimmt § 44 A.L.R. II. 15, daß der Gebrauch des Flußwassers aus öffentlichen Strömen durch Schöpfen, Baden und Tränken einem jeden unverwehrt sei, und nach § 47 daselbst ist die Schiffahrt auf solchen Flüssen unter den vom Staate festgesetzten Bedingungen einem jeden erlaubt. Auch ergiebt sich aus § 46 daselbst, daß Wasserleitungen aus öffentlichen Strömen und Wasch- und Badehäuser an denselben mit Erlaubnis des Staates angelegt werden dürfen. Wenngleich sich nun diese einem jeden zustehenden Befugnisse an und für sich als Folgen der naturgemäßen Bestimmung der öffentlichen Gewässer zur allgemeinen Nutzung darstellen, so sind darin doch nach Lage der Gesetzgebung nur einzelne Einschränkungen der durch § 24 A.L.R. II. 14 und § 38 II. 15 begründeten Eigenschaft der Nutzungen der öffentlichen Flüsse als Regalien des Staates zu erblicken. Nach den zur Anwendung kommenden Bestimmungen des preußischen Allgemeinen Landrechtes ist anzunehmen, daß vermöge dieser Eigenschaft der Nutzungen der öffentlichen Flüsse als Regalien anderen Personen, als dem Staate, ein Nutzungsrecht an den öffentlichen Flüssen nur insoweit zusteht, als die Nutzung gesetzlich ausdrücklich für zulässig erklärt ist, und diese Zulässigkeit ist bezüglich der Entnahme des Eises nicht ausgesprochen.

Vgl. Nieberding-Frank, Wasserrecht und Wasserpolizei im preußischen Staate 2. Aufl. S. 64. 65. 304. 305; Scheele, Das preußische Wasserrecht S. 17. 18; Endemann, Das ländliche Wasserrecht S. 24 flg.

Dem von den Klägern bekämpften Anspruche des Beklagten würde nun zwar der Boden entzogen werden, wenn mit der Revision anzunehmen wäre, daß das Eis nicht zu den Nutzungen der öffentlichen Flüsse gehöre. Dem Berufungsgerichte ist indessen auch in diesem Punkte beizutreten. Als verfehlt ist freilich die Annahme des Berufungsgerichtes zu betrachten, daß das Eis eine Frucht im Sinne des § 220 A.L.R. I. 9 darstelle. Denn das Eis, welches lediglich aus dem infolge der Kälte erstarrten Wasser besteht und beim Wegfalle dieser natürlichen Ursache in den flüssigen Zustand zurückkehrt, kann nicht als aus dem Wasser entstandenes Produkt angesehen werden, ist vielmehr, wie das Landgericht mit Recht annimmt, Substanz des Flusses. Indessen ist, wie die Revision auch selbst zugiebt, in dieser nicht für zutreffend zu erachtenden Erwägung des Berufungsgerichtes ein selbständiger Entscheidungsgrund nicht zu erblicken. Vielmehr wird von dem Berufungsgerichte als durchgreifende Erwägung geltend gemacht, daß das Eis (d. h. dessen Entnahme und Gebrauch) zu den Nutzungen im Sinne des § 110 A.L.R. I. 2 gehöre, weil nach dieser Vorschrift als Nutzungen die Vorteile zu betrachten seien, welche eine Sache ihrem Inhaber unbeschadet ihrer Substanz gewähren könne, diese Voraussetzung aber bezüglich des Eises mit Rücksicht auf den nach dessen Entnahme durch regelmäßigen

Zuwachs eintretenden Ersatz der Substanz vorliege. Diese Auffassung ist berechtigt. Dieselbe entspricht der grundsätzlichen, insbesondere auch in den Bestimmungen über die Rechte des Nießbrauchers laut der §§ 31 flg. A.L.R. I. 21 hervortretenden Rechtsanschauung, wonach eine dem Nutzungsberechtigten versagte Verringerung der Substanz dann nicht vorliegt, wenn die Ergänzung der Substanz nach dem ordentlichen Laufe der Natur bei gewöhnlichem Betriebe von selbst eintritt.

Ist hiernach das Eis der Havel und der von derselben gebildeten Seen dem Nutzungsrechte des Staates unterworfen, so erscheint damit auch das von den Klägern in Anspruch genommene Okkupationsrecht ausgeschlossen. Die auf wesentlich verschiedener thatsächlicher und rechtlicher Grundlage ergangenen reichsgerichtlichen Urteile vom 23. September 1880 und vom 10. Februar 1881,

vgl. Entsch. des R.G.'s in Civils. Bd. 3 S. 232 und Bd. 4 S. 258,

stehen dem Anspruche der Kläger nicht zur Seite. Endlich sind die Ausführungen in den von der Revision erwähnten, in dem Wengler'schen Archiv für civilrechtliche Entscheidungen der sächsischen Justizbehörden mitgeteilten Erkenntnissen umsoweniger in Betracht zu ziehen, als sie ebenfalls einen von dem vorliegenden wesentlich verschieden gestalteten Fall, welcher überdies nach sächsischem Rechte zu beurteilen war, betreffen.

Da infolge des dem Staate zustehenden Nutzungsrechtes der von den Klägern bekämpfte Anspruch des Beklagten auf eine Vergütung für Überlassung von Eis aus den in Rede stehenden Gewässern gerechtfertigt erscheint, so hat das Berufungsgericht die auf Feststellung des Nichtbestehens dieses Anspruches gerichtete Klage mit Recht zurückgewiesen."

---

59. Giebt im Bereiche der unten folgenden preußischen Gesetze das vollstreckbare Urteil dem Gläubiger einen Anspruch auf Sicherung durch Eintragung auf die Grundstücke des Schuldners im Sinne des § 23 Ziff. 2 K.O.?

a. Verordnung über die Exekution in Civilsachen vom 4. März 1834 § 22 Abs. 1.

b. Gesetz, betr. die Zwangsvollstreckung in das unbewegliche Vermögen, vom 13. Juli 1883 §§ 2. 6.

VI. Civilsenat. Urt. v. 13. November 1893 i. S. A. & B. (Bekl.) w. F. Konkursmasse (Kl.). Rep. VI. 206/93.

I. Landgericht Beuthen O. S.
II. Oberlandesgericht Breslau.

Die Entscheidung ist oben unter „Reichsrecht“ Nr. 18 S. 65 abgedruckt.

60. Welche Rechtsbehelfe stehen dem Grundeigentümer gegen den Bergwerksbesitzer zu, wenn dieser die Oberfläche des Grundstückes zu Bruche baut, ohne zuvor die Grundabtretung auf dem gesetzlichen Wege erlangt zu haben?

Hessisches Berggesetz vom 28. Januar 1876 Artt. 126 flg. 141.[1]

V. Civilsenat. Urt. v. 18. November 1893 i. S. H. Rh. B. V. (Bekl.) w. R. u. Gen. (Kl.) Rep. V. 172/93.

I. Landgericht Gießen.
II. Oberlandesgericht Darmstadt.

Die Revision ist zurückgewiesen aus folgenden

Gründen:

„Die Kläger gründen ihre Entschädigungsansprüche auf den Art. 141 des hessischen Berggesetzes vom 28. Januar 1876. Der Beklagte setzt ihnen den Einwand entgegen, daß er die Oberfläche der Grundstücke planmäßig zu Bruch baue, und glaubt hieraus ein Enteignungsrecht für sich herleiten zu können, das die Kläger hindere, im gegenwärtigen Prozesse ihre Entschädigungsansprüche zu verfolgen.

[1] Im wesentlichen gleichlautend mit den §§ 135 flg. 148 des preußischen Allgemeinen Berggesetzes vom 24. Juni 1865; zu vgl. Reichsgesetz vom 15. März 1881 Ziff. 1 (R.G.Bl. S. 38). D. E.

Über die Klageforderungen ist zum Teil durch Urteil vom 13. Juli 1892, unter Vorbehalt der Entscheidung über die Einrede, bereits rechtskräftig erkannt, und soweit dies nicht zutrifft, besteht über die Klaganspruche an sich kein Streit mehr. Die Entscheidung hängt daher lediglich davon ab, ob der vom Beklagten vorgeschützte Einwand für erheblich zu erachten ist oder nicht.

Mit Recht hat der Berufungsrichter diesen Rechtsbehelf als unerheblich verworfen. Die Revision geht fehl, wenn sie dem Berufungsrichter vorwirft, dadurch die Artt. 126 flg. 141 des hessischen Berggesetzes verletzt zu haben. Der Bergwerksbesitzer hat die ausschließliche Befugnis, unter Beobachtung der gesetzlichen Vorschriften das in der Verleihungsurkunde benannte Mineral in seinem Felde aufzusuchen und zu gewinnen (Art. 43 a. a. O.). Unter Tage darf er, soweit polizeiliche Beschränkungen nicht entgegenstehen, alle Anlagen machen, die der Betrieb erfordert, ohne daß der Grundeigentümer dem widersprechen dürfte. Etwaige Beschädigungen der Oberfläche des Grundstückes berechtigen diesen nur, vom Bergwerksbesitzer Schadensersatz zu fordern (Art. 141 a. a. O.). Dagegen giebt die bergrechtliche Verleihung dem Grubenbesitzer nicht das Recht, eigenmächtig in das Eigentum an der Erdoberfläche einzugreifen und hiervon, wenn er ihrer bedarf, den Grundeigentümer auszuschließen. Ist für den Betrieb des Bergbaues die Benutzung eines fremden Grundstückes notwendig, so muß der Grundbesitzer dies, er sei Eigentümer oder Nutzungsberechtigter, an den Bergwerksbesitzer abtreten. Dieser darf aber das Grundstück nicht eigenmächtig in Besitz nehmen, sondern hat, wenn nicht eine gütliche Einigung mit dem Grundbesitzer zu erzielen ist, zuvor die Abtretung nach Vorschrift der Artt. 126 flg. des Berggesetzes herbeizuführen. Bis dahin hat er sich jedes Eingriffes in das Oberflächeneigentum zu enthalten. Handelt er dem zuwider, so setzt er sich nicht nur der Eigentumsfreiheitsklage und den possessorischen Rechtsbehelfen aus, sondern er hat auch in allen Fällen dem beschädigten Grundeigentümer das volle Interesse zu ersetzen. Auch die Klage aus Art. 141 des Berggesetzes ist dem Eigentümer hier nicht zu versagen, wenn sonst deren Voraussetzungen vorliegen. Dagegen giebt das Gesetz dem Grundbesitzer nicht das Recht, den Grubenbesitzer zur Herbeiführung des Abtretungsverfahrens zu zwingen, sondern es unterliegt lediglich dem Ermessen des Bergwerksbesitzers, ob er von den ihm in den Artt. 126 flg. beigelegten Befugnissen Gebrauch machen will oder nicht.

Die Frage, ob dem Grubenbesitzer, der planmäßig die Erdoberfläche zu Bruche baut, ein Recht, die Abtretung zu fordern, zusteht, ist, wie Arndt (Allg. Berggeſ. S. 144. 146) zutreffend bemerkt, im wesentlichen eine thatsächliche. Die Beantwortung hängt davon ab, ob in einem solchen Abbaue, wie beim Tagebaue, ein unmittelbarer Eingriff in das Oberflächeneigentum oder ein unterirdischer Bergbaubetrieb zu finden ist. Im vorliegenden Falle bedarf die Frage keiner Entscheidung.

Außer Streit ist, daß bisher eine Grundabtretung nicht stattgehabt hat, der Beklagte vielmehr mit seinem hierauf gerichteten Antrage in allen Instanzen zurückgewiesen ist. Daraus ergiebt sich, daß der Beklagte, wie der Berufungsrichter richtig ausführt, den Abbau, den er selbst für einen Eingriff in das Oberflächeneigentum ansieht, erst dann beginnen durfte, wenn er entweder infolge gütlicher Einigung oder infolge Abtretungsbeschlusses das Recht zur Besitzergreifung erlangt hatte. Der Beklagte hat daher, selbst wenn man das von ihm beanspruchte Enteignungsrecht anerkennen müßte, durch den vorzeitigen Abbau rechtswidrig in das Eigentum der Kläger eingegriffen und ist ihnen deshalb zum Schadensersatze verpflichtet, gleichviel ob man die Klage als eine negatorische, eine aquilische oder eine aus dem Art. 141 des Berggesetzes hergeleitete anzusehen hat. — Steht dem Beklagten das Enteignungsrecht aber nicht zu, so regeln sich die erhobenen Ansprüche lediglich nach der zuletzt erwähnten Vorschrift. In allen Fällen ist hiernach der Beklagte verpflichtet, den durch das Zubruchebauen bewirkten Schaden den Klägern zu ersetzen.

Sollte es dem Beklagten später gelingen, die Abtretung herbeizuführen, so würden dadurch die vorher entstandenen Entschädigungsforderungen nicht berührt werden. Der Schätzung ist dann der Zustand der Grundstücke zu Grunde zu legen, den sie zur Zeit der Abtretung haben werden, und die Enteignungsbehörde ist, da die Beschädigung nicht eine Folge der Abtretung ist, nicht befugt, bei Feststellung der Entschädigungssumme die frühere Beschädigung zu berücksichtigen.

Vgl. Urt. des R.G.'s vom 4. April 1883, in Daubenspeck, Bergrechtliche Entsch. S. 183.

Mit Unrecht beruft sich der Beklagte auf die Entscheidungen des Reichsgerichtes vom 7. November 1885, vom 4. Mai 1887 und vom 27. Oktober 1888 (a. a. O. S. 196—203). In dem dort entschiedenen Rechtsfalle hatten sich die Parteien vertragsmäßig dahin geeinigt, daß der Grundeigentümer dem Bergwerksbesitzer die von diesem in Anspruch genommene Grundstücksoberfläche abzutreten, und der Bergwerksbesitzer jenem die festgesetzte Sicherheit zu leisten habe, wenn die unter den Parteien bestehende Meinungsverschiedenheit über die Anwendbarkeit des § 135 des preußischen Allgemeinen Berggesetzes zu Gunsten des Klägers entschieden werden sollte. Eine solche Einigung liegt in dem jetzt zu entscheidenden Falle nicht vor; der Streit ist vielmehr allein nach dem Gesetze zu beurteilen."

---

61. Ist bei Berechnung des steuerpflichtigen Einkommens einer Aktiengesellschaft nach Maßgabe des § 16 des preußischen Einkommensteuergesetzes vom 24. Juni 1891 auch der sog. Agiogewinn zu berücksichtigen?

I. Civilsenat. Urt. v. 29. November 1893 i. S. G. (Kl.) w. Bochumer Verein für Bergbau (Bekl.). Rep. I. 424/93.

I. Landgericht Bochum.
II. Oberlandesgericht Hamm.

Der Kläger hat als Beamter des verklagten Vereines eine Tantième von einem Drittel Prozent des Jahresüberschusses anzusprechen, welcher nach dem Durchschnitte des Jahresüberschusses der drei Geschäftsjahre vom Juli 1889 bis 30. Juni 1892 zu berechnen ist. Als Überschuß sollten nach dem Vertrage diejenigen Beträge gelten, welche gemäß § 16 des preußischen Einkommensteuergesetzes vom 24. Juni 1891 der Berechnung des steuerpflichtigen Einkommens des beklagten Vereines zu Grunde zu legen sind, jedoch ohne den für die Staatssteuer vorgesehenen Abzug von $3^1/_2$ Prozent des Aktienkapitales. Die Beklagte hat im Jahre 1889/90 einen Agiogewinn von 7000125 ℳ gemacht. Der Kläger behauptet, daß der Agiogewinn zum Geschäftsüberschusse im Sinne des § 16 a. a. O. gehöre.

Die Beklagte bestreitet dies und berechnet die Tantième nur nach Abzug des Agiogewinnes auf 5463,04 *M*. Gegenstand der Klage ist der vom Kläger mehr geforderte Betrag von 7777,92 *M* nebst 6 Prozent Zinsen seit dem 1. November 1892.

Das Landgericht hat die Klage abgewiesen, und die vom Kläger eingelegte Berufung ist zurückgewiesen worden. Die Revision ist zurückgewiesen aus folgenden

Gründen:

„Als steuerpflichtiges Einkommen der Aktiengesellschaften, Kommanditgesellschaften auf Aktien, Berggewerkschaften, sowie der Konsumvereine mit offenem Laden, welche die Rechte einer juristischen Person haben, bezeichnet der § 16 des preußischen Einkommensteuergesetzes vom 24. Juni 1891 die Überschüsse, zunächst diejenigen, welche als Aktienzinsen oder Dividenden unter die Mitglieder verteilt werden, und ferner die zur Tilgung der Schulden oder des Grundkapitales, zur Verbesserung oder Geschäftserweiterung, sowie zur Bildung von Reservefonds verwendeten Beträge. Daß auch unter diesen zu den Zinsen oder Dividenden hinzuzurechnenden Beträge nur Überschüsse verstanden werden, ergiebt sich aus dem Zusammenhange des Gesetzes und aus der Geschichte seiner Entstehung. Das Vorbild des § 16 a. a. O. ist Art. 5 des badischen Einkommensteuergesetzes vom 20. Juni 1884, wo die Steuerpflichtigen aufgeführt werden, und zwar unter A. die physischen Personen und unter B. die Aktiengesellschaften und Kommanditgesellschaften auf Aktien, bei denen als steuerbares Einkommen gelten sollen: „Die Einnahmeüberschüsse, welche als Aktienzinsen oder Dividenden unter die Mitglieder verteilt oder denselben gut geschrieben werden, unter Hinzurechnung der zur Bildung von Reserve- oder Erneuerungsfonds, zur Amortisation der Schulden und des Grundkapitales oder zur Verbesserung und Geschäftserweiterung verausgabten Beträge. An dem hiernach sich berechnenden steuerbaren Einkommen können jedoch drei Prozent aus dem Aktienkapital in Abzug gebracht werden." Im Entwurfe des preußischen Gesetzes war diese Bestimmung unter III. in den § 9 aufgenommen, und die Motive besagen S. 47: „Zur Feststellung des steuerpflichtigen Einkommens der Aktiengesellschaften (u. s. w.) sind unter III. zweckmäßige Vorschriften getroffen, welche den besonderen Verhältnissen dieser Erwerbsgesellschaften Rechnung tragen; in materieller Hinsicht ist eine Abweichung von den allgemeinen Grundsätzen nur in der Bestimmung enthalten, wonach drei Prozent des Aktienkapitales von den Überschüssen abzurechnen sind." Diese letztere, nach den Motiven S. 38 dem badischen Gesetze entnommene Bestimmung bezweckt die Ausgleichung der Doppelbesteuerung, weil die Zinsen und Dividenden auch bei den Aktionären u. s. w. besteuert werden. Zu den allgemeinen Grundsätzen, von denen hiernach nicht abgewichen werden sollte, gehören die §§ 7. 8 des Gesetzes. Der § 7 bestimmt, was als Einkommen zu gelten habe, und bezeichnet als solches u. a. auch die gesamten Jahreseinkünfte aus Handel und Gewerbe, einschließlich des Bergbaues. Der § 8 bestimmt sodann: „Außerordentliche Einnahmen aus Erbschaften, Schenkungen, Lebensversicherungen, aus dem nicht gewerbsmäßig oder zu Spekulationszwecken unternommenen Verkaufe von Grundstücken und ähnliche Erwerbungen gelten nicht als steuerpflichtiges Einkommen, sondern als Vermehrung des Stammvermögens." Die Motive zu diesem § 8 führen S. 45 zunächst aus, daß außerordentliche Zuwendungen, welche einer Person ohne Aufwendung aus eigenem Vermögen oder Einkommen von seiten eines Dritten zufließen, und welche zugleich nach wirtschaftlichen Grundsätzen nicht zum Zwecke der Befriedigung laufender Bedürfnisse erfolgen, als Zuwachs zum Stammvermögen anzusehen seien. Sodann heißt es weiter: „Aus den Eingangsworten des § 7, „wonach die gesamten Jahreseinkünfte in Geld oder Geldeswert" als Einkommen gelten, in Verbindung mit den Bestimmungen des § 8 ergiebt sich, daß alle, gemäß § 8 nicht den Charakter des unmittelbaren Vermögenszuwachses an sich tragenden Erwerbungen als steuerpflichtiges Einkommen gelten sollen." Die §§ 12—16 des Entwurfes geben sodann besondere Bestimmungen über das Einkommen, welche in den Motiven S. 48 als nähere Ausführungen der allgemeinen Vorschriften der §§ 7. 8 bezeichnet werden. Zu diesen wurde im Verlaufe der Beratungen die Bestimmung unter § 9 III des Entwurfes als § 16 mit der Maßgabe eingereicht, daß der Abzug von 3 Prozent auf 3½ Prozent erhöht worden ist. Das Einkommen aus Handel und Gewerbe besteht nach § 14 in dem in Gemäßheit der allgemeinen Grundsätze ermittelten Geschäftsgewinn. Der § 16 ist hiernach dahin zu verstehen, daß auch das Einkommen der darunter fallenden Gesellschaften nach den allgemeinen Grundsätzen des Gesetzes steuerpflichtig sein, d. h. daß auch in Bezug auf sie **das Wesen und der Begriff des Einkommens** nach diesen allgemeinen Grundsätzen festgestellt werden sollen. Nach diesen allgemeinen Grundsätzen ist aber das Einkommen als Gegensatz zum unmittelbaren Vermögenszuwachse aufzufassen und besteht seinem Wesen nach in den Jahreseinkünften aus einem Stammvermögen oder einem Gewerbe- oder Geschäftsbetriebe. Bei den Aktiengesellschaften ergiebt es sich aus den Überschüssen der aus dem Geschäftsbetriebe erzielten Werte über die für das Geschäft im allgemeinen, die betreffende Produktion und für den Umsatz gemachten Aufwendungen und beim Betriebe erlittenen Verluste. Nur diese Überschüsse unterliegen der Einkommensteuer, wie auch aus dem vom Berufungsgerichte mit Recht herangezogenen Art. 27 der Anweisung des Finanzministers vom 5. August 1891 zu entnehmen ist.

Die Entscheidung des Rechtsstreites hängt also von Beantwortung der Frage ab, ob der Gewinn aus Aufgeld für die Aktien (sog. Agiogewinn) im Sinne des Gesetzes zu den **Überschüssen** zu zählen sei. Diese Frage ist aber aus folgenden Gründen zu verneinen.

Ein Aufgeld wird von dem Erwerber der Aktien schon **vor** der Eintragung der Gesellschaft in das Handelsregister, also vor deren Bestehen (Artt. 176 Abs. 3. 178. 210 Abs. 3. 211 H.G.B.) bezahlt, wenn nach Maßgabe der Artt. 175a Ziff. 2. 209a Ziff. 2 H.G.B. im Gesellschaftsvertrage bestimmt ist, daß die Aktien für einen höheren als den Nominalbetrag ausgegeben werden sollen. Die hierdurch erzielte Mehreinnahme über den Nominalbetrag der Aktien hinaus rührt unzweifelhaft nicht aus dem Geschäftsbetriebe der Gesellschaft her, sondern stellt sich als eine Vermehrung ihres Geschäfts- und Betriebskapitales dar, welche schon **vor** deren Bestehen eingetreten ist und darauf beruht, daß die Erwerber der Aktien gegen Leistung eines größeren Betrages der Gesellschaft beigetreten sind. Eine Mehreinnahme durch Aufgeld kann ferner während des Bestehens der Gesellschaft erzielt werden, wenn diese gemäß Art. 180h. 180i. 215a. 215b H.G.B. eine Erhöhung des Grundkapitales der Gesellschaft durch Ausgabe neuer Aktien und die Leistung eines höheren als des Nominalbetrages beschließt. Einem solchen Beschlusse kann nicht ohne weiteres die Absicht unterlegt werden, lediglich eine Kursspekulation zu versuchen, vielmehr beruht er bei industriellen Unternehmungen auf dem

Bedürfnisse oder der erkannten Zweckmäßigkeit einer Vermehrung der Betriebsmittel und Ausdehnung des Geschäftes. Rechtlich steht dieser Vorgang, wie sich auch aus den Motiven zum Gesetze vom 18. Juli 1884 ergiebt, insoweit einem neuen Gründungsakte gleich, als die Aktien erst aufgebracht und gezeichnet werden müssen (Artt. 180i. 215b H.G.B.). Die neuen Aktien werden nicht von der Gesellschaft verkauft, sondern sie erweitert ihr Kapital durch neue Beteiligung der Zeichner von Aktien. Ist aber die durch das Aufgeld erzielte Einnahme weder das Ergebnis eines von der Gesellschaft vorgenommenen Verkaufes noch ihrer gewerblichen Thätigkeit, sondern ebenfalls nur ein erhöhter Beitrag der neuen Aktionäre für Erwerbung der Mitgliedschaft, so muß auch anerkannt werden, daß der rechtliche Charakter dieses Vorteiles der gleiche ist wie der sofort bei der Gründung durch Erhöhung des Nominalbetrages der Aktien erreichten Vermögensvermehrung. Es liegt hier ebensowenig ein Geschäftsgewinn vor, als solcher in dem Falle anzunehmen wäre, wenn etwa Mitglieder einer offenen Handelsgesellschaft durch Übereinkommen ihre Einlagen zwecks Bildung eines Reservefonds erhöhten.

Ein Gewinn im weiteren Sinne des Wortes liegt vor, sowohl wenn die Aktien bei der ersten Gründung über den Nominalbetrag gezeichnet werden, als auch, wenn dies bei der neuen Ausgabe geschieht; allein dieser Gewinn ist kein Reingewinn aus der geschäftlichen Thätigkeit der Gesellschaft, sondern ein durch die größeren Beiträge der Zeichner erlangter Zuwachs zum Geschäftskapitale. Der Art. 185b H.G.B. (Art. 239b das.) unterscheidet auch zwischen dem jährlichen Reingewinne und dem Gewinne, welcher bei Errichtung der Gesellschaft oder einer Erhöhung des Gesamtkapitals vermöge der Ausgabe der Aktien für den höheren als den Nominalbetrag erzielt wird. Aus beiden Arten von Gewinn soll ein nach Art. 185a Ziff. 5 in die Passiven der Bilanz aufzunehmender Reservefonds gebildet werden, aus dem jährlichen Reingewinne jedoch nur mindestens der zwanzigste Teil so lange, als der Reservefonds den zehnten oder den im Gesellschaftsvertrage bestimmten höheren Teil des Gesamtkapitales nicht überschreitet, in denselben aufgenommen werden. Der andere Gewinn ist unbegrenzt zur Deckung eines aus der Bilanz sich ergebenden Verlustes in den Reservefonds einzustellen. Nur jener jährliche Reingewinn, von welchem mindestens

5 Prozent in den Reservefonds einzustellen sind, wird nach dem Gewinn- und Verlustkonto des Jahres berechnet, und nur auf ihn bezieht sich die Bestimmung im § 16 des Einkommensteuergesetzes, wonach auch die zur Bildung von Reservefonds verwendeten Überschüsse als steuerpflichtiges Einkommen gelten. Von dem sog. Agiogewinne kann weder ein Betrag unter die Aktionäre verteilt, noch zur Aufbesserung des Gewinn- und Verlustkontos, zur Deckung von Jahresverlusten verwendet werden; er ist nur zur Deckung eines aus der Bilanz sich ergebenden Verlustes bestimmt.

Der Vorwurf des Revisionsklägers, daß das Berufungsurteil die §§ 8. 16 des Einkommensteuergesetzes vom 24. Juni 1891 verletze, kann daher für begründet nicht erachtet werden." ...

---

62. Ist dem Geschäftsherrn, welcher von dem mit seinem Agenten geschlossenen Vertrage einseitig zurückgetreten ist, gestattet, sich in dem von dem Agenten eingeleiteten Entschädigungsprozesse zur Rechtfertigung seines Rücktrittes und zur Beseitigung der Entschädigungspflicht auf Gründe zu berufen, welche nach der Rücktrittserklärung eingetreten sind?

A.L.R. I. 5 §§ 408—410.

I. Civilsenat. Urt. v. 11. Oktober 1893 i. S. R. (Bekl.) w. H. (Kl.) Rep. I. 209/93.

I. Landgericht I Berlin.
II. Kammergericht daselbst.

H. hat wider die Handlung R., von welcher er als Agent zum Vertriebe gewisser Gewebe für Gummifabriken engagiert war, mit dem Antrage geklagt, den Rücktritt der Beklagten von dem mit dem Kläger geschlossenen Vertrage, nach welchem dem letzteren für die Dauer von dreißig Jahren vom Jahre 1888 ab die Vertretung der Beklagten für Deutschland und namentlich für die Provinz Hannover übertragen worden ist, für nicht gerechtfertigt zu erachten und deshalb die Beklagte zum Schadensersatze zu verurteilen.

Das der Klage bedingt stattgebende Berufungsurteil ist vom

Reichsgerichte aufgehoben, und die Sache zu anderweiter Verhandlung und Entscheidung an das Berufungsgericht zurückverwiesen worden.

Aus den Gründen:

... „Das Reichsgericht kann der Ansicht des Berufungsgerichtes nicht beitreten, daß eine nach der einseitigen Entlassung des Agenten von diesem vorgenommene erhebliche Ehrverletzung des Kaufmannes vom Richter bei der Beurteilung der Rechtmäßigkeit der Entlassung nach preußischem Rechte außer Betracht zu lassen sei. In einem Rechtsfalle, in welchem in zweiter Instanz das Kammergericht entschieden hatte, und in welchem es sich um den Entschädigungsanspruch eines preußischen Reisenden gegen seinen im Rechtsgebiete des preußischen Allgemeinen Landrechtes domizilierten Prinzipal handelte, hat das Reichsgericht für die Anwendung des Art. 62 H.G.B. bereits die entgegengesetzte Entscheidung gefällt (Urt. vom 22./29. Juni 1885 Rep. I. 141/85, bei Bolze, Praxis Bd. 2 Nr. 945). Nun steht es aber in der oberstrichterlichen Judikatur fest, daß in Preußen der § 408 A.L.R. I. 5 neben dem Art. 62 H.G.B. bei der einseitigen Entlassung eines Handlungsgehilfen zur Anwendung zu bringen ist. Wäre der Senat der Ansicht gewesen, daß durch § 408 die Berücksichtigung einer nach der einseitigen Entlassung des Handlungsgehilfen von diesem vorgenommenen Ehrverletzung des Prinzipales bei der Beurteilung der Rechtmäßigkeit der Entlassung ausgeschlossen sei, so würde er nicht zu jener Entscheidung gelangt sein. Der Senat hält auch das früher ausgesprochene Prinzip gegenwärtig aufrecht und wendet dasselbe auf diesen Fall an, wo allein das bürgerliche Recht und nicht das Handelsgesetzbuch in Frage kommt.

Im § 408 ist im Gegensatze zu den vorhergehenden Bestimmungen der §§ 396–407 bei Verträgen über Handlungen demjenigen, welcher behauptet, daß der andere die Erfüllung bisher nicht kontraktmäßig geleistet habe oder solchergestalt nicht leisten könne, gestattet, sofort auf seine Gefahr von dem Vertrage wieder abzugehen, während in den vorhergehenden Paragraphen ein Rücktritt erst gestattet wird, nachdem der Richter darüber erkannt hat, ob der Grund, die Erfüllung zu weigern, für berechtigt zu erachten sei. Dementsprechend ist in § 409 bestimmt, daß die richterliche Untersuchung, ob der bei einem Vertrage über Handlungen erklärte einseitige Rücktritt gerechtfertigt war, nach dem Rücktritte einzutreten hat, und daß es von dem Resultate dieser Untersuchung abhängt, ob der Rücktretende entschädigungspflichtig ist oder nach § 410 der andere Kontrahent, welcher den Anlaß zum Rücktritte geboten hat. Daß aber der Richter bei der Erörterung der Frage, ob das Vorgeben des Zurücktretenden ungegründet gewesen sei, nur auf Thatsachen Rücksicht zu nehmen habe, welche vor dem erklärten Rücktritte liegen, sagt das Gesetz nicht. Es konnte dies auch nicht gesagt werden, wenn man nicht unverständige und ungerechte Resultate herbeiführen wollte. Angenommen, der Dienstherr sei von dem auf längere Jahre geschlossenen Dienstvertrage zurückgetreten, weil er den Dienstleistenden für unfähig hielt, die versprochenen Dienste zu leisten. Das stellt sich bei der demnächst erfolgenden prozessualischen Verhandlung nun zwar für die Zeit des erklärten Rücktrittes als ungegründet heraus. Dagegen wird jetzt erwiesen, daß der Kläger nach der Dienstentlassung körperlich oder geistig unheilbar und in einem Grade erkrankt ist, daß er die versprochenen Dienste nicht leisten könnte, auch wenn er nicht entlassen wäre. Da wäre es sehr thöricht, wenn Kläger oder sein gesetzlicher Vertreter für eine Zeit, in welcher er die Dienste nicht leisten kann, Ersatz eines Schadens fordern wollte, für dessen Eintritt die Entlassung nicht kausal geworden ist. Bei der Entscheidung der Frage, ob der andere die Erfüllung nicht leisten könne, kann also der Gesetzgeber die Erörterung von Umständen, welche zwar erst nach der einseitigen Entlassung eingetreten sind, die aber den Rücktritt nachträglich als gerechtfertigt erscheinen lassen, gar nicht haben ausschließen wollen. Hat sich aber ein Kläger durch sein moralisches Verhalten unfähig gezeigt, das Verhältnis zu dem Beklagten fortzusetzen, hat er schwere Verbrechen begangen, oder hat er sich solcher Handlungen gegen denselben schuldig gemacht, wegen deren demselben nicht anzusinnen wäre, das vertragsmäßige Verhältnis fortzusetzen, so kann für die Zeit, seit welcher jene Handlungen begangen sind, die Sache nicht anders liegen. Der Richter wird jetzt aussprechen dürfen, daß der Kläger, wenn er nicht entlassen wäre, wegen dieser von ihm begangenen Handlungen nicht die Fortsetzung des Vertragsverhältnisses beanspruchen durfte, und daß er aus diesem Grunde jetzt nicht seit jener Zeit statt der Fortsetzung des Vertragsverhältnisses Entschädigung zu fordern berechtigt ist.

In Frage könnte in solchem Falle nur kommen, ob die Ehrverletzung nach einer ungerechtfertigten Entlassung zu entschuldigen sei oder doch in einem milderen Lichte erscheine, als wenn sie bei bestehendem Dienstverhältnisse begangen wäre. Allein die Aufwerfung dieser Frage ist hier nicht veranlaßt. Denn es handelt sich nicht um eine etwa dem Prinzipale selbst gegenüber in der Hitze und Übereilung aus Ärger über eine von demselben veranlaßte Kränkung ausgesprochene Beleidigung, sondern um Äußerungen, welche einem Dritten gegenüber dahin gemacht sind, der Kaufmann R. sei in unehrlicher Weise in den Besitz seines Geschäftes gekommen, aus diesem Grunde dürfe R. zum Rechtsanwalte S. nicht mehr hinkommen. — Ferner R. sei ein Mensch, der vor einem Meineide nicht zurückschrecke. — Der Kläger soll derartige Äußerungen auch noch gegen andere Personen gemacht haben. Daß der Berufungsrichter diese schweren Beleidigungen um deswillen für die hier in Betracht kommende Frage anders beurteilt haben würde, weil der Kläger zuvor von der Beklagten ohne rechtmäßigen Grund entlassen sei, und daß der Berufungsrichter zu solcher anderen Beurteilung einen rechtlichen Grund gehabt hätte, dies anzunehmen ist in keiner Weise angezeigt. Man mag also für die vorliegende Frage gemeines Recht oder preußisches Allgemeines Landrecht für anwendbar erachten, in jedem Falle stellt sich der Anspruch des Klägers auf Schadensersatz für die Zeit, seit er jene Äußerungen über den Inhaber der beklagten Handlung gethan hat, als unberechtigt heraus. Das Reichsgericht würde deshalb unter Aufhebung des Berufungsurteiles die Klage ihrem größten Betrage nach abweisen, wenn der Zeitpunkt der Äußerung in einer unanfechtbaren Weise genau festgestellt wäre. Da dies nicht der Fall ist, erachtet es das Reichsgericht für angemessen, die Sache zur anderweiten Verhandlung und Entscheidung in vollem Umfange an das Berufungsgericht zurückzuverweisen, zumal das Berufungsgericht nach § 528 C.P.O. bei dieser anderweiten Entscheidung an die vorstehende rechtliche Beurteilung gebunden ist." ...

63. Zur Beurteilung der Stempelpflichtigkeit der Auflassungserklärung. Stempelabgabengesetz vom 5. Mai 1872 §§ 1. 2 (G.S. S. 509).

IV. Civilsenat. Urt. v. 23. November 1893 i. S. R. C. (Kl.) w. Fiskus (Bekl.). Rep. IV. 203/93.

I. Landgericht I Berlin.
II. Kammergericht daselbst.

Aus den Gründen:

„Zwischen den Kaufleuten Richard C. und Emil C. bestand unter der Firma: „Robert C." zu F. eine offene Handelsgesellschaft. Zu dem Vermögen der Gesellschaft gehörte ein zu F. gelegenes Grundstück, als dessen Eigentümerin die Handelsgesellschaft Robert C. im Grundbuche eingetragen war. Im März 1889 kamen die Gesellschafter überein, daß Emil C. aus der Gesellschaft ausscheiden, und ihm sein auf einen bestimmten Geldbetrag festgestelltes Guthaben als Abfindung gezahlt werden sollte. Am 4. April 1891 erfolgte die Auflassung des Grundstückes an den Kläger Richard C. Zur gerichtlichen Verhandlung von diesem Tage erklärte Emil C., daß er als Gesellschafter der Handelsgesellschaft Robert C. darein willige, daß Richard C. als Eigentümer des Grundstückes im Grundbuche vermerkt werde. Richard C. beantragte die Eintragung seines Eigentumes im Grundbuche. Beide Teile gaben den Wert des Grundstückes auf 80000 ℳ an und bemerkten, daß ein schriftlicher Auseinandersetzungsvertrag nicht geschlossen sei, und Emil C. zu einem Sechstel an dem Grundstücke partizipiere. Auf Grund des § 1 des Stempelabgabengesetzes vom 5. Mai 1872 wurde ein Auflassungsstempel von 133,50 ℳ — ein Prozent von dem sechsten Teile des angegebenen Grundstückswertes — erhoben und von Richard C., dem jetzigen Kläger, entrichtet. Infolge der Erinnerung der Steuerbehörde wurde aber demnächst der Stempel anderweit auf 1479,50 ℳ festgesetzt, indem der Wert des Grundstückes auf 147 946,50 ℳ angenommen und dieser ganze Grundstückswert der Stempelberechnung zu Grunde gelegt wurde. Der Kläger hat den erforderten Mehrbetrag von 1346 ℳ unter Vorbehalt gezahlt und im gegenwärtigen Rechtsstreite die Rückzahlung verlangt. In der ersten Instanz ist dem Klagantrage gemäß erkannt, auf die Berufung des Beklagten aber unter Abänderung des ersten Urteiles die

Klage abgewiesen worden. Der Revisionsbeschwerde des Klägers hat der Erfolg versagt werden müssen.

Der erste Richter ist, indem er der Klagebegründung folgt, davon ausgegangen: der Übergang des Eigentumes an dem Grundstücke von der Handelsgesellschaft auf den Kläger habe sich im Wege der Auseinandersetzung zwischen den Handelsgesellschaftern vollzogen, es liege daher eine freiwillige Veräußerung des Grundstückes im Sinne der §§ 1. 2 des Stempelabgabengesetzes vom 5. Mai 1872 nicht vor, sodaß ein Auflassungsstempel nicht zu erheben sei. Der Berufungsrichter hat dagegen die Erhebung des Stempels für gerechtfertigt erachtet, indem er erwogen hat:

Der Auflassungsstempel sei ein Urkundenstempel, sodaß für die Frage, ob er zu entrichten sei, nur der Inhalt der Auflassungsverhandlung in Verbindung mit dem Inhalte des Grundbuches und der nach § 2 des Stempelgesetzes vom 5. Mai 1872 etwa beigebrachten Urkunden maßgebend sei. Jede Auflassungserklärung stelle sich, wenn sie lediglich die im § 2 Eig.-Erw.-Ges. bezeichnete Erklärung enthalte, als derjenige Akt dar, in dem die freiwillige Veräußerung ihren Abschluß finde, und sei als solcher Akt dem Wertstempel unterworfen. Werde also nicht bei der Auflassungserklärung selbst oder durch eine mit ihr oder innerhalb einer gemäß § 2 des mehrerwähnten Stempelgesetzes bewilligten Frist vorgelegte Urkunde nachgewiesen, daß es sich bei der Auflassungserklärung nur um eine in die Form freiwilliger Veräußerung gekleidete Konstatierung und Anerkennung des bereits früher erfolgten Eigentumsüberganges gehandelt habe, so sei die Auflassungserklärung, obwohl der Fall der freiwilligen Veräußerung nicht wirklich, sondern nur nach der Fassung der gerichtlichen Urkunde vorliege, dennoch stempelpflichtig. Dies treffe auf den gegenwärtigen Fall zu. Emil C. habe als Gesellschafter der Handelsgesellschaft Robert C., der eingetragenen Grundstückseigentümerin, die Auflassung an den Kläger erklärt. In der Auflassungsverhandlung sei zwar gesagt, daß ein *schriftlicher* Auseinandersetzungsvertrag nicht geschlossen sei; dagegen fehle die Konstatierung, daß ein mündlicher Auseinandersetzungsvertrag geschlossen, und die Auflassung nur zur Konstatierung des durch die mündliche Auseinandersetzung bereits erfolgten Eigentumsüberganges geschehen sei; auch sei eine nachträgliche Konstatierung gemäß § 2 des Stempelgesetzes nicht erfolgt. Die Auflassungserklärung sei daher nach den für den Urkundenstempel maßgebenden Grundsätzen stempelpflichtig, und zwar sei der Stempel nach dem Werte des ganzen Grundstückes zu berechnen, weil die Auflassung eines der Handelsgesellschaft gehörigen Grundstückes an einen Gesellschafter das ganze Grundstück betreffe. Das Bestreiten des Klägers, daß überhaupt eine Auflassung vorhanden sei, erscheine gegenüber dem Inhalte der Erklärungen zur Verhandlung vom 4. April 1891 unbegründet. Auch sei der von dem Kläger geltend gemachte Rechtsbehelf, daß eine Auflassung seitens der Handelsgesellschaft und eine Vertretung dieser durch Emil C. nicht mehr habe stattfinden können, nicht haltbar, da die Gesellschaft auch nach ihrer Auflösung bis zur Teilung des Vermögens für die Zwecke der Abwickelung noch fortbestehe und, wenn keine Liquidation eintrete, durch die Gesellschafter vertreten werde, in einem Falle der vorliegenden Art aber der Natur der Sache nach nur von dem nicht erwerbenden Gesellschafter vertreten werden könne.

Diese Erwägungen lassen eine Rechtsnormverletzung nicht erkennen. Der Auflassungsstempel ist, wie der Berufungsrichter zutreffend annimmt, ein Urkundenstempel, und zwar ist nach § 1 des Stempelabgabengesetzes vom 5. Mai 1872 die Auflassungserklärung der Besteuerung unterworfen. Für die Beurteilung der Stempelpflichtigkeit ist daher der Inhalt des die Auflassungserklärung enthaltenden gerichtlichen Protokolles und der gemäß § 2 ebenda mit der Auflassungserklärung vorgelegten oder innerhalb der gleichzeitig mit dieser nachgesuchten und vom Grundbuchrichter bestimmten Frist beigebrachten Urkunden maßgebend. Dem Berufungsrichter ist auch darin beizutreten, daß nach dem Inhalte des Protokolles vom 4. April 1891 eine Auflassungserklärung im Sinne des Gesetzes, und zwar hinsichtlich des ganzen Grundstückes, als vorliegend anzusehen ist. Der bisherige Gesellschafter Emil C. hat als Mitglied der Handelsgesellschaft, der eingetragenen Eigentümerin, genehmigt, daß Richard C. als Eigentümer des Grundstückes im Grundbuche eingetragen werde, und Richard C. hat die Eintragung seines Eigentumes beantragt. Danach treffen die Erfordernisse des § 2 Eig.-Erw.-Ges. zu. Die eingetragene Eigentümerin hat die Eintragung des neuen Erwerbers bewilligt, und der letztere hat die Eintragung für sich beantragt. Dieser rechtlichen Auffassung steht nicht, wie die Revision meint, die Thatsache entgegen, daß schon vor der Auflassungserklärung durch gegenseitige Übereinkunft der Gesellschafter die Auflösung der Gesellschaft stattgefunden hat. Wie das Reichsgericht wiederholt ausgesprochen hat,

vgl. das Urteil vom 23. Juni 1887, mitgeteilt im preuß. J.M.Bl. Jahrg. 1887 S. 338; Entsch. des R.G.'s in Civils. Bd. 25 S. 257,

behält das bisherige Gesellschaftsvermögen den früheren Gesellschaftern gegenüber auch nach der Auflösung der Gesellschaft seine Selbständigkeit mit allen aus dem Wesen der Handelsgesellschaft sich ergebenden rechtlichen Wirkungen, bis es mit der Beendigung der Liquidation oder mit der sich sonst vollziehenden Auseinandersetzung eine anderweite Bestimmung erhält. Die Gesellschaft wird insoweit für die Zwecke der faktischen Aufhebung des Gemeinschaftsverhältnisses als fortbestehend gedacht, und folgeweise wird sie auch bis zum Eintritte dieses Ereignisses durch die Gesellschafter vertreten. Im gegebenen Falle hat Emil C. erklärt, daß er als Gesellschafter der Handelsgesellschaft Robert C. die Eintragung des Richard C. als Eigentümers des Grundstückes bewillige. Wenn der Berufungsrichter diese Erklärung dahin versteht, daß Emil C. als Vertreter der Gesellschaft aufgetreten ist, so kann hierin nicht, wie die Revision geltend macht, ein rechtlicher Verstoß gefunden werden. Daß aber, wenn die Handelsgesellschaft mit dem einen Gesellschafter ein Rechtsgeschäft schließt, der andere Gesellschafter — nach dem unstreitigen Thatbestande waren Richard C. und Emil C. die alleinigen Gesellschafter — zur Vertretung derselben ermächtigt ist, ergiebt sich, wie richtig ausgeführt ist, aus der Natur der Sache. Die Möglichkeit des Eingehens rechtsgeschäftlicher Beziehungen zwischen der Gesellschaft als solcher und ihren Mitgliedern ist an sich nicht ausgeschlossen. Endlich bildet, da die Handelsgesellschaft Robert C. die Eigentümerin des ganzen Grundstückes war, das ganze Grundstück auch den Gegenstand der Auflassungserklärung.

Nicht minder ist dem Berufungsrichter darin zu folgen, daß der Inhalt des Protokolles vom 4. April 1891 die Annahme rechtfertige, der Auflassungserklärung liege eine freiwillige Veräußerung des Grundstückes zu Grunde, sodaß die Voraussetzung, an deren Vorhandensein der § 1 des Stempelabgabengesetzes die Stempelpflichtigkeit der Auflassungserklärung knüpfe, zutreffe. Nach den §§ 1. 5

Eig.-Erw.-Ges. wird im Falle einer freiwilligen Veräußerung der Erwerb des Eigentumes an einem Grundstücke von der auf Grund einer Auflassung erfolgten Eintragung des Eigentumsüberganges im Grundbuche abhängig gemacht, während außerhalb der Fälle der freiwilligen Veräußerung der Erwerb des Grundeigentumes nach dem bisher geltenden Rechte sich vollzieht. Das Gesetz erfordert also die Auflassung als Grundlage für die Eintragung des Eigentumes nur im Falle der freiwilligen Veräußerung. Bei dieser Gesetzeslage muß die Annahme Raum gewinnen, daß, wenn eine Auflassungserklärung erfolgt, der Fall einer freiwilligen Veräußerung vorliegt. Trifft solches nicht zu, hat sich der Eigentumsübergang außerhalb eines Falles der freiwilligen Veräußerung vollzogen, und geschieht die Auflassungserklärung nur zu dem Zwecke der Anerkennung des bereits erfolgten Eigentumsüberganges, so ist es Sache der Beteiligten, dies dem die Auflassungserklärung entgegennehmenden Richter ausdrücklich zu erklären und dadurch aus dem für die Beurteilung der Stempelpflichtigkeit der Auflassungserklärung maßgebenden gerichtlichen Protokolle ersichtlich zu machen, daß es sich um einen Fall der freiwilligen Veräußerung nicht handelt. Der Berufungsrichter hat nun festgestellt, daß eine solche Erklärung in dem Protokolle vom 4. April 1891 nicht enthalten sei. In dieser Hinsicht erachtet er die Anzeige, daß ein schriftlicher Vertrag nicht geschlossen sei, für nicht ausreichend und für nicht geeignet, als Konstatierung dafür zu dienen, daß ein mündlicher Auseinandersetzungsvertrag geschlossen sei, und die Auflassung nur zur Anerkennung des durch die mündliche Auseinandersetzung bereits erfolgten Eigentumsüberganges geschehe. Diese auf der Auslegung der Verhandlung vom 4. April 1891 beruhende Annahme entzieht sich in thatsächlicher Beziehung der Nachprüfung in der Revisionsinstanz. Sie ist aber auch rechtlich nicht zu beanstanden. Denn die Thatsache, daß sich die Gesellschafter hinsichtlich ihres Gemeinschaftsverhältnisses auseinandergesetzt haben, schließt die Möglichkeit nicht aus, daß bei Gelegenheit der Auseinandersetzung das zur Gemeinschaft gehörige Grundstück für sich Gegenstand einer freiwilligen Veräußerung gewesen ist. Zum Nachweise des Gegenteiles hätte es einer Offenlegung des Auseinandersetzungsaktes in seinen einzelnen Teilen bedurft.

Nach allem hat der Berufungsrichter mit Recht angenommen,

daß die fragliche Auflassungserklärung der Besteuerung nach Maßgabe des § 1 des Stempelabgabengesetzes vom 5. Mai 1872 unterliegt." ...

64. Voraussetzungen der Nichtigkeit eines Vertrages auf Grund der Verordnung gegen verschiedene Mißbräuche bei Subhastationen und Versteigerungen vom 14. Juli 1797.

IV. Civilsenat. Urt. v. 11. Dezember 1893 i. S. D. (Bekl.) w. E. (Kl.) Rep. IV. 225/93.

I. Landgericht Halle a. S.
II. Oberlandesgericht Naumburg.

Aus den Gründen:

„In der gerichtlichen Zwangsversteigerung des dem Gemeinschuldner B. gehörenden Gasthofgrundstückes in H. erhielt der Beklagte den Zuschlag für das von ihm abgegebene Meistgebot von 120 000 ℳ. Der Kläger, für den eine noch in Höhe von 5000 ℳ bestehende verzinsliche Darlehnshypothek auf dem Grundstücke eingetragen stand, war in dem Termine zur Zwangsversteigerung anwesend und traf hier mit dem Beklagten eine Vereinbarung dahin, daß er diesem seine Hypothek für 3000 ℳ verkaufte, und letzterer ihm darüber folgenden Schuldschein ausstellte: „3000 ℳ habe heute von Herrn E. als Darlehn erhalten und nach dreimonatlicher Kündigung zurückzuzahlen. H., den 3. Mai 1892. D." Auf Grund dieser Vereinbarung fordert der Kläger, nachdem er in dem Kaufgelderbelegungstermine auf seine Hypothek 847,25 ℳ an Kapital erhalten hatte, von dem Beklagten die Zahlung des Überrestes der 3000 ℳ mit 2152,75 ℳ. Dagegen bestreitet der Beklagte seine Zahlungsverbindlichkeit deshalb, weil jene Vereinbarung gegen die Verordnung vom 14. Juli 1797 verstoße. In dieser Verordnung werden „alle Verträge und Verabredungen, bei welchen die Absicht zu Grunde liegt, bei gerichtlichen und anderen öffentlichen Subhastationen und Auktionen, sie mögen zu den notwendigen oder freiwilligen gehören, Kauflustige zum Vorteile eines Lizitanten von der Abgebung ihres Gebotes oder von weiterem Mitbieten zurückzuhalten, es geschehe nun solches durch Bewilligung eines gewissen Abstandsgeldes oder durch Versprechung oder wirkliche Einräumung anderer Vorteile, für unerlaubt und strafbar erklärt." Die Frage, ob eine Vereinbarung gegen das hier ausgesprochene Verbotsgesetz verstößt, ist deshalb von Amts wegen zu erörtern,

vgl. das Urteil des IV. Civilsenats des Reichsgerichtes vom 12. Dezember 1887, Entsch. des R.G.'s in Civils. Bd. 20 S. 249,

und auf den aus jenem Gesetze entnommenen Rechtsbehelf des Beklagten finden die für Einreden bestehenden Beschränkungen keine Anwendung.

Der Hergang bei Abschluß der Vereinbarung, wie ihn der Beklagte unter Eidesbeweis stellt, ist folgender gewesen: Der Kläger habe ihn, ohne daß er seinerseits Anregung dazu gegeben, auf dem Gerichte beiseite genommen, ihn an das andere Ende des Korridors geführt und ihm dort den Vorschlag gemacht, seine Hypothek von noch 5000 ℳ für 3000 ℳ zu kaufen, er — Kläger — würde dafür nicht mietbieten; auch habe der Kläger hinzugefügt, er — Beklagter — mache damit ein gutes Geschäft, die Forderung laufe mit 117 000 ℳ aus. Auf dieses Anerbieten sei er eingegangen. Das Berufungsgericht würdigt diese Darstellung wie folgt: Der Kläger habe aus freiem Antriebe dem Beklagten seine Hypothekenforderung von 5000 ℳ für 3000 ℳ zum Kaufe angeboten, um seinerseits nicht nötig zu haben mitzubieten. Kläger habe also gar nicht die Absicht gehabt, das zu versteigernde Grundstück zu erstehen; vielmehr habe er sogar Verluste erleiden und auf einen erheblichen Teil seiner Forderung verzichten wollen, wenn er das Grundstück nicht anzunehmen brauche. Kläger habe durch die von ihm vorgeschlagene und vom Beklagten angenommene Vereinbarung niemand vom Bieten abgehalten, als höchstens sich selbst, und letzteres sei nicht in der Absicht, einen Anderen zu schädigen oder einem Dritten einen Vorteil zuzuwenden, sondern nur in der Absicht geschehen, um selbst des Risikos der Grundstücksübernahme überhoben zu sein. Da also niemand durch das fragliche Abkommen vom Bieten abgehalten sei, so könne die Verordnung nicht zur Anwendung kommen; denn das durch dieselbe für unerlaubt erklärte Zurückhalten eines Kauflustigen vom Mitbieten sei durch das Abkommen weder bezweckt noch erreicht worden.

Bei der Beurteilung der Frage, ob in dieser Ausführung die von der Revision gerügte Verletzung der genannten Verordnung vom 14. Juli 1797 zu finden sei, ist davon auszugehen, daß die Ausführung nicht lediglich eine für das Revisionsgericht maßgebende thatsächliche Feststellung bildet, sondern wesentlich eine rechtliche, der Nachprüfung nicht entzogene Begründung enthält. Diese Nachprüfung ergiebt, daß von dem Berufungsgerichte unter Verkennung der Bedeutung jener Verordnung allein auf das Verhalten des Klägers bei dem Abschlusse des fraglichen Abkommens Gewicht gelegt, das Verhalten des Beklagten jedoch außer Betracht gelassen ist. Denn es ist offensichtlich, daß, wenn dem Beklagten (einem Lizitanten) gegenüber der Kläger ein Kauflustiger war, dessen Mitbieten durch den Ankauf der Hypothek verhindert wurde, bei dem Abschlusse des Abkommens auf Seite des Beklagten die Absicht zum Grunde gelegen hat, den Kläger von der Abgebung eines Gebotes zurückzuhalten. Die Entscheidung aber, ob der Kläger ein Kauflustiger war, hängt nicht, wie das Berufungsgericht annimmt, davon ab, ob der Kläger das Grundstück erstehen, sondern davon, ob er auf das Grundstück mitbieten wollte, und letzteres behauptet der Beklagte, indem er unter Beweis stellt, daß der Kläger ihm erklärt habe, er werde dafür (d. h. für den Kauf der Hypothek) nicht mitbieten. Prüft man weiter das Vorhandensein der übrigen Erfordernisse der Verordnung, so ist, was die „Benachteiligung“ angeht, ausreichend, daß die Möglichkeit einer solchen nicht widerlegt ist, da die Verordnung, wie deren Einleitung ergiebt, im öffentlichen Interesse erlassen ist, um durch die freie Konkurrenz bei einer öffentlichen Versteigerung die Erzielung des höchsten Gebotes zu sichern.

Vgl. Urteil des R.G.'s vom 12. Dezember 1887, Entsch. desselben in Civils. Bd. 20 S. 247 flg.

In betreff der Frage endlich, ob dem Kläger ein Vorteil versprochen oder eingeräumt worden sei, kann nicht das Gegenteil deshalb als erwiesen angenommen werden, weil zu dem Vermögen des Klägers bereits die durch Hypothek gesicherte Forderung von 5000 ℳ gehörte, und er diese für 3000 ℳ aufgab. Es kommt vielmehr auf den konkreten Fall an,

vgl. Urteil des III. Civilsenates des Reichsgerichtes vom 8. Juli 1890, Jurist. Wochenschrift 1890 S. 300, und es ist sehr wohl denkbar, daß eine Hypothek von 5000 ℳ, deren persönlicher Schuldner in Konkurs geraten war, durch das zur Zwangsversteigerung gezogene Pfandgrundstück dem Hypothekengläubiger so wenig gesichert erschien, daß für ihn der Preis von 3000 ℳ für die Abtretung der Hypothek noch einen Vorteil bildete. War dies der Fall, — und ob es der Fall war, ist ebenso wie die Frage der Richtigkeit der von dem Beklagten gegebenen Darstellung des Herganges bei Abschluß des Abkommens, von dem Berufungsgerichte durch thatsächliche Feststellung zu entscheiden, — so liegen alle Voraussetzungen der genannten Verordnung vor, und die auf das fragliche Abkommen gestützte Klage ist unbegründet.

Die Klage wird solchenfalls auch nicht haltbar durch die erfolgte Ausstellung des Schuldscheines. Denn einmal steht der § 867 A.L.R. I. 11 entgegen, wonach die Natur des ursprünglichen Geschäftes, aus welchem die Zahlungsverbindlichkeit entstanden ist, noch nicht geändert wird, wenngleich über die schuldige Summe ein Schuldschein als über ein Darlehn ausgestellt worden ist. Außerdem würde aber auch die Zulässigkeit einer rechtswirksamen Umschaffung durch den Umstand ausgeschlossen, daß das umzuschaffende ursprüngliche Geschäft unerlaubt und strafbar war (§§ 6. 8 A.L.R. I. 4, § 68 I. 5).

Hiernach erscheint die Aufhebung des Berufungsurteiles, insoweit es die Verurteilung des Beklagten ausspricht, und die Zurückverweisung der Sache zu anderweiter Verhandlung und Entscheidung an das Berufungsgericht geboten." ...

---

65. 1. Steht dem durch eine Zuwiderhandlung gegen den § 270 des preußischen Strafgesetzbuches benachteiligten Eigentümer oder Gläubiger eine Klage auf Schadensersatz nach den allgemeinen Vorschriften des A.L.R.'s I. 6 oder nur der in Nr. 3 der Verordnung vom 14. Juli 1797 bezeichnete Entschädigungsanspruch zu?

2. Welchen Gegenstand hat dieser Entschädigungsanspruch? Gegen wen und von wem kann er erhoben werden?

VI. Civilsenat. Urt. v. 11. Dezember 1893 i. S. G. u. H. (Bekl.) w. Geschwister S. (Kl.) Rep. VI. 211/93.

I. Landgericht Erfurt.
II. Oberlandesgericht Naumburg.

Der Sachverhalt ergiebt sich aus den folgenden

Gründen:

„Der Mitbeklagte H. erstand am 10. Juli 1891 im Zwangsversteigerungsverfahren mehrere damals den Klägern zu drei Vierteln und ihrer Mutter, der Ehefrau B., zu einem Viertel gehörige Grundstücke für das Meistgebot von 14 410 ℳ. Vorher hatte er sich mittels Reverses vom 9. Juli 1891 verpflichtet, für den Fall seines Erstehens dem Mitbeklagten G., für welchen verschiedene Hypotheken auf den subhastierten Grundstücken eingetragen waren, dessen Forderung an Kapital, Zinsen und Kostenverlägen im Betrage von 5331,52 ℳ zu garantieren. Die Kläger haben nun behauptet, daß der am 9. Juli 1891 zwischen den beiden Beklagten zustande gekommene Vertrag nach der preußischen Verordnung vom 14. Juli 1797 ungültig und zu ihrem Nachteile abgeschlossen sei, da die subhastierten Grundstücke einen Wert von über 24 000 ℳ gehabt hätten. Sie beantragten danach, die Beklagten solidarisch zur Zahlung von 3998,64 ℳ (drei Viertel von 5331,52 ℳ) nebst Prozeßzinsen zu verurteilen. Dagegen wurde von beiden Beklagten auf Abweisung der Klage ... angetragen. Während in erster Instanz den Anträgen der Beklagten entsprochen wurde, hat das Berufungsgericht die Beklagten als Solidarschuldner verurteilt, den Klägern 3998,64 ℳ nebst Prozeßzinsen zu zahlen....

Die nunmehr vorliegenden Revisionen mußten für begründet erachtet werden.

Von einer unrichtigen Gesetzesauffassung geht das Berufungsgericht aus, wenn es annimmt, daß der Anspruch der Kläger durch den § 270 des preußischen Strafgesetzbuches in Verbindung mit den §§ 10 flg. 16. 25 A.L.R. I. 6 gerechtfertigt werde. Läßt sich auch die fortdauernde Geltung des § 270 des preußischen Strafgesetzbuches nicht bezweifeln,

vgl. Entsch. des R.G.'s in Straff. Bd. 10 S. 220; Entsch. des R.G.'s in Civils. Bd. 18 S. 219, Bd. 26 S. 314,

so ist doch zunächst, soweit es sich um G. handelt, darauf hinzuweisen, daß der § 270 a. a. O. ausschließlich denjenigen mit Strafe bedroht, welcher Andere vom Mitbieten bei öffentlichen Versteigerungen abhält, dagegen nicht denjenigen, welcher sich abhalten läßt.

Vgl. Entsch. des R.G.'s in Civils. Bd. 18 S. 221.

Andererseits aber ist schon von dem vormaligen preußischen Obertribunale,

vgl. Entsch. desselben Bd. 26 S. 246 flg., auch Bd. 28 S. 242. 243,

mit zutreffender Begründung dargelegt worden, daß der durch eine Zuwiderhandlung gegen den § 270 benachteiligte Eigentümer oder Gläubiger seinen Entschädigungsanspruch auf die allgemeinen Vorschriften des A.L.R. I. 6 über die Pflichten und Rechte aus unerlaubten Handlungen nicht stützen kann, vielmehr nach Maßgabe der Nr. 3 der Verordnung vom 14. Juli 1797 „als Entschädigung" nur die Herausgabe des widerrechtlich versprochenen Vorteiles von dem Inhaber desselben zu fordern befugt ist. Dieser, auch von Dernburg, Förster-Eccius und Krech-Fischer geteilten Ansicht hat sich das Reichsgericht bereits in einem Urteile vom 31. Mai 1888 in der Sache Rep. VI. 89/88 angeschlossen, indem damals ausgesprochen wurde, daß der § 270 des preußischen Strafgesetzbuches lediglich eine Strafbestimmung enthalte, welche an die Stelle der unter Nr. 4 der Verordnung vom 14. Juli 1797 enthaltenen Androhung fiskalischer Geldstrafe getreten sei, die in dieser Verordnung in erschöpfender Weise erfolgte Regelung des bezüglichen Civilanspruches jedoch unberührt lasse. Da kein Grund vorliegt hiervon abzugehen, den Beklagten aber ein anderes unerlaubtes Thun als die Zuwiderhandlung gegen den § 270 a. a. O. und die Verordnung vom 14. Juli 1797 weder vom Vorderrichter noch von den Klägern selbst zur Last gelegt worden ist, so muß bei der Beurteilung des Klaganspruches von einer Anwendung der Vorschriften des A.L.R. I. 6 gänzlich abgesehen, und die Entscheidung davon abhängig gemacht werden, ob der erhobene Anspruch in den Bestimmungen der gedachten Verordnung seine Rechtfertigung findet. Das Berufungsgericht hat diese Frage bejahen zu dürfen geglaubt, dabei jedoch die Bedeutung der maßgebenden Bestimmungen in mehrfacher Beziehung verkannt.

Daß der Ausstellung des Reverses vom 9. Juli 1891 die Absicht zu Grunde lag, bei der Zwangsversteigerung der den Klägern zu drei Vierteln gehörigen Grundstücke den Beklagten G. als Kauflustigen zum Vorteile des Beklagten H. als Lizitanten vom Mitbieten zurückzuhalten, und daß solches durch die Zusicherung, dem G. seinen Ausfall an den Hypothekenforderungen zu zahlen, geschehen ist, hat das Gericht in unangefochtener und rechtlich unbedenklicher Weise festgestellt. Ohne Rechtsirrtum durfte auch in dieser Zusicherung das Versprechen eines Vorteiles im Sinne der Nr. 1 der Verordnung vom 14. Juli 1797 gefunden werden.

Vgl. Entsch. des preuß. Obertribunals Bd. 72 S. 74; Striethorst, Archiv Bd. 100 S. 154, sowie auch Entsch. des R.G.'s in Civils. Bd. 20 S. 249 und Bd. 26 S. 316.

Daraus folgt nun aber nach der Nr. 3 der Verordnung nichts weiter, als daß „alles dasjenige, was der zurückstehende Kauflustige" (also hier G.) „durch einen solchen unerlaubten Vertrag gewonnen hat, dem vorigen Eigentümer des Objekts, bei dessen Versteigerung der Vertrag vorgefallen ist, oder dessen Gläubigern, zu deren Befriedigung der gerichtliche Verkauf veranlaßt gewesen, zu gute kommen und von dem Inhaber dieses unerlaubten Gewinnes als Entschädigung wegen des dadurch entzogenen rechtmäßigen Vorteils, den sie aus einer ordentlichen Fortsetzung der Lizitation zu hoffen hatten, herausgegeben werden" soll.

Gegenstand des Entschädigungsanspruches ist hiernach nicht, wie der Vorderrichter gegen den deutlichen Wortlaut des Gesetzes annimmt, der Vorteil, welcher dem Ersteher aus dem Erwerbe des versteigerten Objektes zu einem hinter dessen Werte zurückbleibenden Preise erwachsen ist, sondern lediglich der Gewinn, den der zurücktretende Kauflustige durch den unerlaubten Vertrag erzielt hat. Hätte nun der Beklagte H. bei Ausstellung des Reverses dem Beklagten G. die Summe von 5331,52 *M* bar ausgezahlt oder unbedingt zugesichert, so könnte wohl der von G. erzielte Gewinn ohne weiteres auf diese Summe veranschlagt werden. So liegt aber die Sache nicht. Denn H. hat sich nur zur Garantierung der Forderung des G. im Betrage von 5331,52 *M*, also zu einer Barzahlung an G. nur insoweit verpflichtet, als dieser bei der Zwangsversteigerung einen Ausfall erleiden würde. Aus dem ein bedingtes Zahlungsversprechen enthaltenden Reverse war somit der Umfang des dem G. erwachsenden unerlaubten Gewinnes noch nicht zu entnehmen. Was G. später aus dem verteilten Kaufgelde auf seine Forderungen gezahlt erhielt, wurde von ihm nicht durch den unerlaubten Vertrag, sondern in rechtmäßiger

Weise erworben und andererseits in ebenso rechtmäßiger Weise den Eigentümern oder deren Gläubigern entzogen. Das Berufungsgericht meint freilich, der Vorteil des G. bestehe in der ihm wegen seiner Forderung versprochenen selbstschuldnerischen Bürgschaft in Höhe von 5331,52 ℳ; allein herauszugeben ist nicht der Gegenstand der Bürgschaft, sondern der unerlaubte Gewinn, den G. infolge der Bürgschaft erzielt hat, und dieser Gewinn konnte nach der getroffenen Vereinbarung den von G. bei der Zwangsversteigerung erlittenen Ausfall nicht übersteigen. Da sich nun der Ausfall, welchen G. auf seine Gesamtforderung von 5298,83 ℳ erlitten hat, nach den Feststellungen des Vorderrichters nur auf 2326,58 ℳ beläuft, so stellt sich der Anspruch der Kläger, soweit er auf Zahlung eines höheren Betrages gerichtet ist, beiden Beklagten gegenüber als ungerechtfertigt dar.

Gegenüber dem Beklagten G. mangelt es aber auch in Höhe des ausgefallenen Betrages der erhobenen Klage an einer gesetzlichen Grundlage. Nur gegen den Inhaber des unerlaubten Gewinnes, nicht gegen die Kontrahenten als solche gewährt die Nr. 3 der Verordnung vom 14. Juli 1797 einen Entschädigungsanspruch. Als Inhaber eines unerlaubten Gewinnes könnte aber G. nur dann angesehen werden, wenn seine Vermögenslage infolge des ihm von H. erteilten Versprechens irgendwie verbessert worden wäre. Solche Verbesserung ist zweifellos nicht eingetreten, da G. durch das Versprechen zunächst nur einen nach Nr. 2 der gedachten Verordnung klaglosen Anspruch gegen H. erlangt und auf diesen Anspruch eine Zahlung unstreitig nicht erhalten hat. Die Ansicht des Vorderrichters, daß G. trotzdem schon deshalb, weil ihm ein wirkungsloses Versprechen erteilt worden, als Inhaber eines unerlaubten Gewinnes gelten müsse, findet in den dafür angezogenen Erkenntnissen des preußischen Obertribunales,

vgl. Entsch. desselben Bd. 26 S. 246, Bd. 28 S. 240,

keine Stütze. Vielmehr hat dort,

vgl. a. a. O. Bd. 26 S. 253 und Bd. 28 S. 245,

das Obertribunal den Beeinträchtigten nur für berechtigt erklärt, „die Herausgabe des nur erst versprochenen Betrages von dem Adjudikatar, das wirklich Gegebene von den Empfängern zu verlangen".

Vgl. auch Rehbein, Entscheidungen Bd. 2 S. 215 unten.

Inhaber eines unerlaubten Gewinnes im Sinne der Nr. 3 a. a. O., und zwar zum Betrage von 2326,58 ℳ, ist demnach nur der Ersteher H., indem dieser den Gewinn, welchen er gesetzwidrig dem Hypothekengläubiger G. versprochen hatte, noch hinter sich hat.

Es fragt sich aber schließlich, ob die Kläger, was G. bestritten hat, berechtigt sind, diesen Gewinn für sich in Anspruch zu nehmen, obgleich bei der Zwangsversteigerung neben G. noch andere Hypothekengläubiger einen Ausfall erlitten haben. Daß die Realgläubiger den durch die Verordnung gewährten Entschädigungsanspruch in erster Linie haben, erkennt das Oberlandesgericht an; es führt aber aus, solcher Anspruch stehe „doch auch" dem Subhastaten und im vorliegenden Falle um so unbedenklicher zu, als die Realgläubiger einen Schadensanspruch überhaupt nicht erhoben hätten; den letzteren bleibe danach „nur überlassen, zu prüfen, ob sie in der Lage sind, den siegreich gebliebenen Klägern den erlangten Schadensanspruch mit der Kontrakts- bezw. Bereicherungsklage wieder zu entreißen". Diese Ausführung kann als dem Gesetze entsprechend nicht angesehen werden. Wenn nach der Nr. 3 a. a. O. der unerlaubte Gewinn „dem vorigen Eigentümer des Objekts, bei dessen Versteigerung der Vertrag vorgefallen ist, oder dessen Gläubigern, zu deren Befriedigung der gerichtliche Verkauf veranlaßt gewesen", zu gute kommen soll, so läßt sich dies nicht so verstehen, als ob der Eigentümer und die Gläubiger gleichmäßig nebeneinander anspruchsberechtigt wären, und der Gewinn demjenigen zugesprochen werden müßte, der zuerst die Entschädigungsklage erhoben hat. Vielmehr kann das Gesetz, da es den Anspruchsberechtigten eine Entschädigung wegen des durch den unerlaubten Vertrag „entzogenen rechtmäßigen Vorteils gewähren will, den sie aus einer ordentlichen Fortsetzung der Lizitation zu hoffen hatten", nur die Bedeutung haben, daß der unerlaubte Gewinn zunächst den Gläubigern zur Befriedigung wegen des bei der Versteigerung erlittenen Ausfalles, und nur, soweit nach vollständiger Befriedigung der Realgläubiger noch etwas übrig bleibt, dieser Überrest dem vormaligen Eigentümer zu gute kommen soll. Bei der heutigen Verhandlung haben zwar die Revisionsbeklagten auf ihre persönliche Haftung für die Ausfälle der Hypothekengläubiger hingewiesen; diesem Hinweise fehlt es aber nach dem Thatbestande der Vorentscheidung an jeder thatsächlichen Unterlage. Aus der erst jetzt behaupteten persönlichen Haftung könnten überdies die Kläger keinesfalls den von ihnen erhobenen Geldanspruch, sondern günstigstenfalls nur einen

Anspruch auf Befreiung von ihren persönlichen Verbindlichkeiten herleiten. In diesem Sinne hat sich auch bereits das oben angezogene Urteil des Reichsgerichtes vom 31. Mai 1888 (Rep. VI. 89/88) ausgesprochen. In welcher Höhe hiernach den Klägern ein Anspruch an die vom Mitbeklagten H. herauszugebenden 2326,58 ℳ zuzugestehen sein möchte, läßt sich aus dem Berufungsurteile nicht ersehen, da dort nur erwähnt ist, daß die Realgläubiger mit einem Betrage „von etwa 1000 ℳ" ausgefallen seien.

Demgemäß war das angefochtene Urteil aufzuheben, und die Berufung der Kläger gegen das Urteil des Landgerichtes gegenüber dem Beklagten G. im vollen Umfange, gegenüber dem Beklagten H. in Höhe eines Teiles der Klageforderung von 1672,06 ℳ nebst Prozeßzinsen davon zurückzuweisen. Wegen der noch übrigen 2326,58 ℳ ... mußte die Sache zur anderweiten Verhandlung und Entscheidung an das Berufungsgericht zurückverwiesen werden. Dabei wird nicht bloß die Höhe des Ausfalles der auf den Grundstücksanteilen der Kläger eingetragen gewesenen Gläubiger festzustellen, sondern auch aufzuklären sein, inwiefern die auf dem Viertel der Frau B. ausgefallenen Gläubiger nach den oben aufgestellten Grundsätzen einen Anspruch an die herauszugebenden 2326,58 ℳ erheben dürften, was allerdings bei der höheren Belastung des Anteiles der Frau B. nicht der Fall zu sein scheint. Andererseits wird nicht unberücksichtigt bleiben können, daß die Kläger bisher erklärt haben, wegen der Mitberechtigung der Frau B. nur drei Viertel von der auf die vormaligen Eigentümer fallenden Entschädigungssumme für sich in Anspruch nehmen zu wollen." ...

---

66. Stehen dem Vorsteher einer einzelnen Provinzialanstalt in Preußen (Kommissar) nach § 99 der Provinzialordnung vom $\frac{\text{29. Juni 1875}}{\text{22. März 1881}}$ die Befugnisse des Landesdirektors innerhalb seines Geschäftsbereiches zu? Können ihm dieselben durch Beschluß des Provinzialausschusses beigelegt werden?

VI. Civilsenat. Urt. v. 14. Dezember 1893 i. S. Landfeuersozietät der Neumark (Bekl.) w. Konkursmasse B. (Kl.) Rep. VI. 220/93.

I. Landgericht Guben.
II. Kammergericht Berlin.

Die Landfeuersozietät der Neumark bildet eine Provinzialanstalt unter der Leitung des Generaldirektors derselben. Es handelte sich im vorliegenden Rechtsstreite darum, ob ein von dem Generaldirektor erlassener Defektenbeschluß vollstreckbar sei. Diese Frage ist verneint worden.

Aus den Gründen:

... „Das Berufungsgericht läßt die nicht bedenkenfreie Annahme der Beklagten unangefochten, daß dem Vorstande der kommunalen Provinzialverwaltung in Preußen die Stellung einer Provinzialbehörde zukomme, deren Defektenbeschlüsse nach § 5 des Gesetzes vom 24. Januar 1844 ohne weiteres vollstreckbar sind. Über diese Frage soll auch hier nicht entschieden werden. Einer Entscheidung darüber bedarf es nicht, weil dem Berufungsgerichte darin beizustimmen ist, daß die Befugnisse des Landesdirektors, wenn dieser als Provinzialbehörde im Sinne des § 5 a. a. O. anzusehen wäre, nicht so uneingeschränkt auf den Generaldirektor der Landfeuersozietät der Neumark übergegangen sind, daß letzterer innerhalb seines Geschäftsbereiches die Stellung des Landesdirektors hätte.

Es darf davon ausgegangen werden, daß in Bezug auf einen bestimmten Verwaltungszweig nicht zwei Behörden nebeneinander die Befugnisse einer Provinzialbehörde haben können. Zu ermitteln ist nur, welcher einzelnen Behörde innerhalb der Verwaltung der Landfeuersozietät der Neumark diese Befugnisse zustehen. Die Revision macht geltend, daß die Landfeuersozietät eine Provinzialanstalt sei, deren Verwaltung und Beaufsichtigung nach Maßgabe des § 99 der Provinzialordnung vom $\frac{\text{29. Juni 1875}}{\text{22. März 1881}}$ dem Generaldirektor als Kommissar übertragen sei. Daraus folgert sie, daß der Generaldirektor bei seiner Verwaltung im wesentlichen die Stellung des Landesdirektors habe. Dies kann nicht als richtig anerkannt werden. Der Vorsteher einer einzelnen Provinzialanstalt ist nach § 99 a. a. O. nur Kommissar der Provinzialverwaltung, für deren ganzen Umfang der Landesdirektor nach § 87 der Provinzialordnung bestellt wird. Die Verwaltung einer Provinzialanstalt ist der Einwirkung des Landesdirektors nicht gänzlich entzogen und kann auch durch einen Beschluß des Provinzialausschusses nicht eine solche Unabhängigkeit erlangen, daß dadurch der Vorsteher der Anstalt innerhalb seines Geschäftsbereiches zum Landesdirektor wird. Wäre dies die Absicht gewesen, so würde für den Anstaltsvorsteher nicht minder, als für den Landesdirektor (§ 87 Abs. 2 der Provinzialordnung), die Bestätigung des Königs für erforderlich erachtet sein. Daß die Thätigkeit des Landesdirektors als solchen sich nicht auf diejenigen Verwaltungszweige beschränkt, die nach Abtrennung einzelner Provinzialanstalten noch übrig bleiben, kommt unter anderem darin zum Ausdrucke, daß in betreff der Dienstvergehen der Beamten solcher Anstalten, wie aller übrigen Provinzialbeamten — mit Ausschluß des Landesdirektors selbst und der im § 41 der Provinzialordnung gedachten Beamten —, nach § 98 Ziff. 5 der Provinzialordnung dem Landesdirektor, nicht dem Anstaltsvorsteher, die Befugnisse des Regierungspräsidenten in dem auf Entfernung aus dem Amte gerichteten Disziplinarverfahren zustehen, — eine Bestimmung, die hier bei dem Zusammenhange der Vorschriften über den Erlaß von Defektenbeschlüssen gegen Untergebene mit der Beamtendisziplin noch von besonderer Bedeutung ist, weil sie gerade in disziplinarer Beziehung einen wesentlichen Unterschied zwischen den Befugnissen des Landesdirektors und denjenigen des Vorstehers einer Provinzialanstalt ergiebt.

Die Entstehungsgeschichte des § 99 der Provinzialordnung spricht gleichfalls nicht für die Ansicht der Revision. Der Abs. 2 daselbst: „Die Kommissionen oder Kommissare empfangen von dem Provinzialausschusse ihre Geschäftsanweisung und führen die Geschäfte unter der Aufsicht desselben", enthielt im Regierungsentwurfe noch den Zusatz: „und unter der Leitung des Landesdirektors". Dieser Zusatz wurde von der Kommission des Abgeordnetenhauses gestrichen, weil auch der Landesdirektor die laufende Verwaltung nach den Anweisungen und Beschlüssen des Provinzialausschusses zu führen habe und daher nicht berufen sein könne, die nach den Instruktionen des Provinzialausschusses verwaltenden Kommissionen oder Kommissare zu leiten. Dahin aber ging die Absicht nicht, den Landesdirektor von der Verwaltung der abgetrennten Anstalten gänzlich auszuschließen, wie der Berichterstatter der Kommission ausdrücklich unter Hinweis auf die *allgemeine Stellung* des Landesdirektors hervorhob. Ein Antrag, die Worte hinzuzufügen: „und unter Mitwirkung des Landesdirektors", ist zwar nicht zur Annahme gelangt; jedoch hatte mit Bezug auf denselben der Berichterstatter vorher erklärt: „Sollte das Haus das Amendement ablehnen, so kann ich wohl konstatieren, daß das Haus damit jedenfalls nicht aussprechen will, daß jede Mitwirkung des Landesdirektors auszuschließen sei, vielmehr davon ausgeht, daß die Art und Weise der Mitwirkung aus der allgemeinen Stellung des Landesdirektors sich ergebe."

Vgl. Hahn, Provinzialordnung S. 162. 163.

Wenn danach dem Generaldirektor der Landfeuersozietät der Neumark die Stellung des Landesdirektors bei seiner Verwaltung nicht eingeräumt ist, so fehlt es an jedem gesetzlichen Anhalte für die Annahme, daß der Generaldirektor als Provinzialbehörde im Sinne des § 5 des Gesetzes vom 24. Januar 1844 anzusehen sei." . . .

---

67. 1. Haftet der Sohn, welcher Erbe des Vaters nicht geworden, aber das von demselben hinterlassene Lehngut angenommen hat, nach preußischem Allgemeinen Landrechte für die Allodialschulden des Vaters mit den von ihm gezogenen Früchten des Lehngutes?

2. Konkurriert neben dem Gläubiger der Sohn mit seinen eigenen Forderungen an den Nachlaß des Vaters in der Aufrechnung der gezogenen und noch zu ziehenden Früchte?

3. Wie wird dem Lehnsbesitzer die Lehnskompetenz gewahrt?

4. Stehen dem Sohne noch Einwendungen zu, nachdem die Forderungen dem Vater gegenüber festgestellt sind?

I. Civilsenat. Urt. v. 20. Dezember 1893 i. S. v. W. (Bekl.) w. F. (Kl.) Rep. I. 290/93.

I. Landgericht Breslau.
II. Oberlandesgericht daselbst.

Kläger ist Gläubiger einer Wechselforderung gegen den verstorbenen Vater des Beklagten, die in dessen Konkurse angemeldet und anerkannt und dadurch der kurzen Wechselverjährung entzogen war. Der Beklagte hat der Allodialerbschaft seines am 7. Dezember 1879 verstorbenen Vaters entsagt; der Vater besaß aber ein Rittergut, welches zu einem Teile Allod, zu einem anderen Teile Lehn war. Infolge des preußischen Gesetzes vom 19. Juni 1876 hat der Vater vor seinem Tode erklärt, daß er die Umwandelung des Lehns in ein Fideikommiß wähle, und es haben demnächst der Beklagte, welcher die allodialen Teile des Rittergutes im Konkurse seines Vaters erstanden hatte, und ein Neffe desselben die vom Vater eingereichte Fideikommißurkunde verlautbart. Die Bestätigung ist erfolgt, und der Beklagte als erster Fideikommißbesitzer des gesamten Rittergutes eingetreten.

Mit Rücksicht darauf, daß durch die Fideikommißstiftung den Gläubigern diejenigen Rechte nicht haben entzogen werden können, welche ihnen bezüglich des Lehngutes zustanden, hat Kläger zunächst wegen eines Teilbetrages seiner Forderung von 2000 ℳ Befriedigung **aus den von dem Beklagten gezogenen und noch zu ziehenden Früchten** des Lehngutes auf Grund des § 274 A.L.R. I. 18 gefordert. Der Berufungsrichter hat den Beklagten schuldig erkannt, an den Kläger aus den Erträgnissen des früheren Lehngutes, soweit dieselben von ihm bezogen sind und noch bezogen werden, den Betrag von 2000 ℳ samt Zinsen zu 6 Prozent seit 20. Juli 1866 zu zahlen. Die Revision des Beklagten ist mit der Maßgabe zurückgewiesen, daß dem Beklagten dem Kläger gegenüber das Recht auf eine im Zwangsvollstreckungsverfahren festzustellende Lehnskompetenz und das Recht vorbehalten bleibt, die anteilige Verrechung der gezogenen und noch zu ziehenden Erträgnisse des früheren Lehngutes auf seine etwaigen, in einem besonderen Verfahren nachzuweisenden eigenen Forderungen an den Nachlaß seines verstorbenen Vaters zu beanspruchen.

Aus den **Gründen:**

„1. Nach § 274 A.L.R. I. 18 ist auch ein solcher Sohn, welcher Erbe seines Vaters nicht geworden ist, **verpflichtet**, die väterlichen, das Lehn nicht angehenden Schulden, soweit das übrige Vermögen dazu nicht hinreicht, **aus den Lehnseinkünften** zu bezahlen, und kann sich durch Entsagung auf die Allodialerbschaft davon nicht losmachen. Nach § 275 steht es ihm bloß frei, sich des Lehns und der Allodialerbschaft zugleich zu begeben. Alsdann (§ 276) müssen die Lehnseinkünfte für Rechnung der Gläubiger so lange verwaltet werden, bis diese befriedigt sind, oder bis die von dem Schuldner abstammende lehnsfähige Nachkommenschaft erloschen ist (§ 277). Es findet also eine Abtretung des Lehns an einen Agnaten oder Mitbelehnten oder selbst an den Lehnsherrn zum Nachteile der Gläubiger nicht statt (§ 278). Auch ein vom Vater enterbter Sohn muß, wenn er zum Besitze des Lehns gelangt, aus den Einkünften die väterlichen Schulden, soweit das übrige Vermögen nicht hinreicht, berichtigen (§ 279). Der Enkel oder weitere Abkömmling aber, welcher seinem Großvater unmittelbar im Lehne folgt, ist die Schulden des Vaters, dessen Erbschaft er entsagt hat, aus dem großväterlichen Lehne zu entrichten nicht verbunden.

Der Sinn dieser gesetzlichen Bestimmungen ist ohne Schwierigkeit aus ihnen selbst zu entwickeln. Er ergiebt sich völlig sicher, wenn man die vorlandrechtliche Rechtsentwickelung mit in Berücksichtigung zieht. Söhne und weitere Abkömmlinge des Lehnsbesitzers erwerben nach dessen Tode das Lehn, nicht weil sie Erben des Lehnsbesitzers geworden sind, sondern, wie die Seitenverwandten, weil sie von dem ersten Erwerber des Lehns abstammen (ex pacto et providentia majorum). Deshalb gelten Testamente oder andere letztwillige Verordnungen, wodurch der Vater über das Lehn zum Nachteile seiner Leibeslehnserben verfügt, nur, wenn sie zugleich Erben in seinen übrigen Nachlaß geworden sind (§ 280). Für Leibeslehnserben, welche des Vasallen Erben im übrigen Vermögen nicht geworden, sind seine letztwilligen Verordnungen über das Lehn unverbindlich (§ 282). Ebenso sind Söhne, welche ihres Vaters Erben nicht geworden sind, in der Regel nicht verbunden, die zum Nachteile ihrer Rechte auf das Lehn durch Verminderung oder Schmälerung der Substanz desselben von dem Vater getroffenen Verfügungen wider sich gelten zu lassen (§ 273). Würden die Konsequenzen aus dem so aufgebauten Rechtsverhältnisse in Bezug auf die Schulden eines Lehnsbesitzers gezogen, so würde das die Folge haben, daß, wenn der Lehnsbesitzer kein Allodialvermögen hinterläßt, seine Gläubiger bei seinem Tode das Nachsehen haben, auch wenn er eine zahlreiche männliche Descendenz hinterläßt, welche nach seinem Tode in das Lehn eintritt; es sei denn, daß die Gläubiger die Konsentierung der Descendenz in die Schulden erlangt hätten, was natürlich, zumal im Falle der Minderjährigkeit, nicht immer ausführbar ist. Diese Konsequenz hätte zumal in der kapitalarmen Zeit, in welcher sich das Lehnswesen entwickelte und blühte, die Lehnsbesitzer nahezu kreditlos machen müssen. Man hat sich deshalb schon früh davon überzeugt, daß es dem Interesse der Lehnsbesitzer und des Lehnswesens widerstreite, die Konsequenzen dieser Auffassung rücksichtslos zu ziehen. Die Verfasser des preußischen Allgemeinen Landrechtes fanden eine geschichtliche Entwickelung vor, welche durch die Jahrhunderte hindurch von dem Gedanken geleitet wurde, jenem Interesse dadurch Rechnung zu tragen, daß man die Söhne, welche nach dem Tode ihres Vaters in dessen Lehnsbesitz eintreten, für die Schulden des Vaters in derselben Weise mit dem Lehne haften ließ, wie den Vater selbst. Da das Lehn unveräußerlich war, konnte sich die Haftung für die von dem Lehnsherrn und den Agnaten nicht konsentierten Lehnsschulden natürlich nicht auf die Substanz, sondern nur auf die Früchte erstrecken. Die Libri feudorum (II. 45) vermittelten die Haftung der Söhne dadurch, daß sie ihnen das Recht absprechen, in das Lehn ihres Vaters einzutreten, ohne dessen Allodialerbschaft anzutreten. Würden sie aber Allodialerben, so hafteten sie als solche für die Schulden des Vaters persönlich. Diesen Gedanken, daß beim Eintritte des Sohnes die Allodialgläubiger des Vaters nicht etwa direkten (dinglichen) Anspruch auf die Lehnseinkünfte hatten, sondern daß ihnen der Sohn als Erbe seines Vaters für dessen Schuld hafte, sodaß nur die Gläubiger im Zwangsvollstreckungsverfahren gegen ihn die Befriedigung unter anderem auch aus den Früchten des Lehns zu suchen berechtigt seien, entwickelten die gemeinrechtlichen Feudisten besonders für den Fall weiter, daß der Sohn die väterliche Allodialerbschaft unter der Rechtswohlthat des Inventars antrat. Nach der herrschenden Meinung, welche lange vor dem preußischen Allgemeinen Landrechte feststand, hat die Rechtswohlthat des Inventars für den Sohn die Wirkung, daß er die Erbschaftsschulden insoweit, als solche den Wert des Allodes und des Lehnes zugleich übersteigen, zu zahlen nicht verbunden ist; die Lehnsfrüchte machen als Interesse zu Kapital angeschlagen die Schätzung des Lehns aus.

Vgl. Weber, Handbuch des Lehnrechtes Bd. 3 S. 452, wo die älteren Feudisten Brehmer, Bauer und Struve angezogen sind; C. W. Pfeiffer in Weiske's Rechtslexikon Bd. 6 S. 526: „Der Descendent des letzten Vasallen, welcher demselben im Lehn folgt, ist demnach gehalten, auch aus den ihm durch den Lehnsbesitz zu teil gewordenen Mitteln (feudi nomine) die von diesem seinem Ascendenten herrührenden Erbschaftsschulden zu bezahlen, und kann sich von dieser Verbindlichkeit auch nicht durch den ihm wie jedem Erben freistehenden Gebrauch der Rechtswohlthat des Inventars befreien, indem diese für ihn nur die rechtliche Wirkung hat, sein eigenes, auf andere Weise als durch die in Frage stehende Lehns- und Allodialfolge erworbenes Vermögen von der Heranziehung zur Bezahlung der Schulden seines Ascendenten und Erblassers auszuschließen"; ferner Eichhorn, Einleitung in das deutsche Privatrecht, § 361 Anm. 4: „Das Lehn wird als Stück der Erbschaft behandelt, und wenn es darum gleich nicht veräußert werden kann, so müssen doch dessen Früchte schlechthin behandelt werden, als wenn sie zur Allodialmasse gehörten. Vgl. §§ 274 flg. A.L.R. I. 18."

Die älteren deutschen Feudisten beziehen sich für ihre Auffassung besonders auf kursächsische Vorschriften, welche weit über die Grenzen der kursächsischen Lande hinaus eine autoritative Geltung genossen, insonderheit auch das Torgauer Ausschreiben vom 8. Mai 1583. Hier wurde aber in Anlehnung an II libri feudorum 45 verordnet, daß die Söhne, wenn sie das Lehn erlangen, in allerwegen auch ihres Vaters Landerben und derohalben schuldig seien, ihres Vaters hinterlassene Schulden von den Früchten und Nutzungen des Lehns zu bezahlen, wenn auch gleich der Vater sonst gar keine Erbgüter nach sich gelassen oder auch die Söhne ein Inventarium gemacht hätten. Zur Motivierung wird in dem Ausschreiben ausgeführt, daß es von ihm selbst unbillig, auch die Ehrerbietung, welche die Kinder ihren Eltern zu leisten schuldig, entgegen, daß die Gläubiger dasjenige, so sie ans Treuherzigkeit dem Verstorbenen fürgesetzet, mit ihrem höchsten Nachteile entraten, die Söhne aber des Gutes, so sie von ihrem Vater ererbt, ohne Entgelt zu ihrem Vorteile genießen können und dadnrch verursachen sollen, daß ihr Vater in der Grube geschmäht und geschändet werden soll.

Dieser geschichtlichen Entwickelung entsprechend faßte auch die vorlandrechtliche Praxis das Verhältnis des Sohnes, welcher das Lehn nach dem Tode des Vaters erlangt hatte, zu den Gläubigern des Vaters dahin auf, daß er den Gläubigern persönlich, wenn auch nur mit den Früchten und in Höhe des Wertes der von ihm gezogenen Früchte auf Bezahlung hafte.

Vgl. Hommel, Rhapsod. I. 77: Feudi successor filius patris heres necessarius. Neque tamen, ut in Torgaviensi Mandato apud nos sancitum est, solvit aes alienum patris nisi ex fructibus. Si filius ergo, qui ex testamento patris praeter feudum nihil acceperat, brevi tempore post adeptum feudum moriatur, atque illud ad agnatos perveniat, partim ejus heredes allodiales, partim patris heredes allodiales conveniri debent a patris creditoribus pro rata. Filii heredes in tantum, quantum ex fructibus percepit: patris heredes allodiales quoad residuum. Neque enim tenetur filius ultra vires hereditatis.

Der Gesetzgeber des preußischen Allgemeinen Landrechtes bedurfte, wie die Gesetzrevisoren zutreffend ausführen,

vgl. Motive des revidierten Lehnrechts S. 81 flg.,

nicht des Mittels, dessen sich die Verfasser der libri feudorum bedienten, um den Zweck zu erreichen. Man ging auch nach ihrer Auffassung bei der Redaktion des Allgemeinen Landrechtes von der Ansicht aus, daß der Sohn das Lehn, wenn nicht schon ex beneficio des Vaters, doch durch den Vater überkomme, und daß es nicht angemessen und der Achtung des Sohnes für den Vater nicht ziemlich sei, wenn ersterer die Früchte des wenigstens durch den Vater erhaltenen Lehns genieße, während die Schulden des letzteren unberichtigt bleiben. Um aber diesen Zweck der Verhaftung des Sohnes zu erreichen, bedurfte der Gesetzgeber nicht des künstlichen Aufbaues, daß der Sohn Erbe des Vaters werden müsse, um das Lehn zu erlangen. Der Gesetzgeber konnte dem Sohne, wenn er das Lehn erlangte, die Verpflichtung auferlegen, daß er die väterlichen Schulden aus den in seiner Besitzzeit gezogenen Früchten zu zahlen habe, und er konnte ihm deshalb den Erwerb des Lehns auch für den Fall sichern, daß der Sohn nicht Erbe des Vaters wurde. Zu diesem Schritte haben sich die Verfasser des preußischen Allgemeinen Landrechtes entschlossen, ohne damit das Resultat, zu welchem die geschichtliche Entwickelung des Lehnrechtes geführt hatte, aufzugeben. Bei der Revision der von den Mitgliedern der Gesetzeskommission aufgestellten Monita bemerkt Suarez (Jahrbücher für die preußische Gesetzgebung Bd. 52 S. 29) zur Rechtfertigung des aufgestellten Unterschiedes von der Haftung des Sohnes für die Schulden des Vaters und von der Unverbindlichkeit der väterlichen Verfügungen über das

Lehn: Es sei bekannt, daß das longobardische Lehnrecht, soweit der Sinn desselben unstreitig ist, den Sohn nur zur Bezahlung der väterlichen Schulden ex feudo verpflichte. Indem Suarez nur die darüber hinausgehende Interpretation von II libri feudorum 45 ablehnt, bestätigt er, daß jene Vorschrift in dem Sinne, welcher ihr allgemein beigelegt sei, im Landrechte rezipiert sei. In den amtlichen Vorträgen bei der Schlußrevision (daselbst Bd. 41 S. 93 flg.) wird dessen gedacht, was in foris fast durchgehend angenommen sei. Eine gänzliche Abänderung der in foris angenommenen Theorie schien allzubedenklich. Deshalb wird beibehalten: die Verpflichtung des Sohnes, die väterlichen Schulden aus den Früchten des Lehns zu bezahlen, wie sie in foro galt und in § 274 A.L.R. I. 18 bestätigt ist.

Die Gläubiger eines verstorbenen Vasallen, welcher lehnsfolgefähige Söhne hinterlassen hat, sollen nach den oben wiedergegebenen Vorschriften des Allgemeinen Landrechtes für den Fall, daß die Söhne auf die Erbschaft ihres Vaters und das Lehn verzichten, den Anspruch darauf haben, daß die Lehnseinkünfte für ihre Rechnung so lange verwaltet werden, bis sie befriedigt sind, beziehentlich so lange lehnsfähige Descendenten am Leben sind. In diesem Falle haben die Gläubiger also ein unmittelbares Anrecht an den Früchten. Allein diese, über das gemeine Recht hinausgehende Bestimmung hatte schon das sächsische Lehnrecht — Erledigung der Landesgebrechen von 1661 — getroffen.

Vgl. Zachariä, Lehnrecht S. 131 § 93 Anm. 3.

So wenig diese Stellung der Gläubiger zu den Lehnsfrüchten in Sachsen in dem gedachten Falle Veranlassung gab, die Stellung der Gläubiger zu den Söhnen, welche in das Lehn succediert waren, zu ändern, so wenig kann man für das preußische Allgemeine Landrecht von dem Aufbaue des Rechtsverhältnisses in dem einen Falle auf dessen rechtliche Konstruktion in dem anderen Falle schließen.

2. . . .

3. . . .

4. Der Revisionskläger hat auszuführen gesucht, daß die Klage sich als unbegründet herausstelle, insoweit der Kläger Befriedigung aus den Lehnsfrüchten fordere, soweit dieselben von ihm bezogen worden sind. Sieht man von dem, was oben über die geschichtliche Entwickelung der Haftung der Descendenten für die

Allodialschulden ihres Ascendenten ausgeführt ist ab, so könnte man versucht sein, eine Stütze für diese Auffassung des Revisionsklägers in den Bestimmungen der §§ 343 flg. A.L.R. I. 18 zu finden. Es ist aber wohl zu beachten, daß sich die dort getroffenen Bestimmungen zunächst auf diejenigen Lehnsschulden beziehen, welche gegen die Seitenverwandten (die anderen Agnaten und Mitbelehnten, wie es im Marginale zu § 288 heißt) zu verfolgen sind. Und sodann sind diese Bestimmungen gegeben, um die Beitreibung der Lehnsschulden durch Sequestration der Früchte und Nutzungen zu ordnen, wie in den vorhergehenden §§ 331 flg. die Beitreibung der Lehnsschulden durch Veräußerung der Substanz geordnet war.

Ergiebt sich aus dem vorhergehenden § 274, daß der Sohn, weil er verpflichtet ist, die Schulden aus den Lehnseinkünften zu bezahlen, in Höhe derjenigen Lehnseinkünfte, welche er gezogen hat, ohne sie zur Bezahlung von Schulden seines Vaters zu verwenden, mit seinem Allodialvermögen haftet, in welches er die gezogenen Früchte verwendet hat, so bedurfte es für die Art, wie diese Haftung realisiert wird, keiner besonderen Bestimmungen. Denn solche sind in der Exekutionsordnung, jetzt in der Civilprozeßordnung gegeben. Es wird deshalb auch jene Haftung nicht dadurch wieder ausgeschlossen, daß in den §§ 343 flg. Bestimmungen über die Sequestration der noch nicht gezogenen Früchte und Nutzungen gegeben sind. Daß aber der Beklagte soweit, als er in früheren Jahren, nachdem er in den Besitz des früher lehnbaren Gutsteiles gekommen war, dadurch, daß er unbehelligt von Gläubigern seines Vaters die Früchte dieses Gutsteiles gezogen hat, bezüglich dieser gezogenen Früchte nicht frei von der Haftung geworden ist, ergiebt sich daraus, daß ihm das Gesetz die Verpflichtung auferlegt hat, aus den gesamten Früchten, welche er in der Zeit seines Lehnsbesitzes zieht, jene Schulden des Vaters, die somit seine Schulden geworden sind, zu bezahlen. Von einer Schuld wird man nicht dadurch frei, daß man sie nicht bezahlt. Das ist der Unterschied der Schuld und der Haftung des redlichen Besitzers gegenüber dem Eigentumsanspruche. Für den redlichen Besitzer, welcher den Eigentumsanspruch nicht kennt, giebt es so lange, als dieser nicht gegen ihn erhoben ist, keine Schuld auf Herausgabe der Früchte. Und darum kann von ihm gesagt werden: interim fructus suos facit. Aber der Inventarerbe ist die

Schulden seines Erblassers mit der Erbschaft bezw. in deren Höhe zu bezahlen schuldig. Und deshalb haftet er auch persönlich mit den von ihm aus der Erbschaft gezogenen Nutzungen.

Vgl. Dernburg, Preußisches Privatrecht Bd. 3 § 224 S. 645. Ein Sohn, welcher nicht mit der Substanz des Lehns, weil diese unveräußerlich ist, für die Schulden des Vaters haftet, sondern nur mit den Früchten, muß ebenso wie der Inventarerbe mit den von ihm gezogenen Früchten, soweit diese reichen, persönlich haften. Ohne solche Haftung würde die Gesamtmasse, aus welcher die Gläubiger zu befriedigen sind, und bis zu deren Betrage der Beklagte, wie es ganz korrekt die gemeinrechtlichen Feudisten darstellen, Schuldner ist, vermindert werden. Der oben mitgeteilte Ausspruch von Hommel ist also keine Singularität, sondern eine notwendige Konsequenz aus diesem lehnrechtlichen Verhältnisse.

5. ... Da der Beklagte die Gläubiger aus den Früchten zu bezahlen hatte, so hat er wie ein Inventarerbe den Gläubigern gegenüber, so lange ein Sequester nicht bestellt ist, die Stellung eines Verwalters für fremde Rechnung. Er wird also auf Verlangen des Klägers, wenn er es nicht vorzieht, denselben wegen der geklagten Forderung zu befriedigen, Rechnung zu legen haben. Dabei kann er natürlich auch diejenigen Verwendungen in Rechnung stellen, welche er im Interesse der von ihm verwalteten Masse gemacht hat, soweit der Kläger nach allgemeinen Grundsätzen verpflichtet ist, sich solche Verwendungen anrechnen zu lassen. Darüber maßgebende Bestimmungen im voraus zu treffen, ist nicht angezeigt. Nur das darf hier bemerkt werden, daß der Beklagte, wenn er bereits andere Schulden seines Vaters bezahlt haben sollte, diese auf die gezogenen Früchte anrechnen darf. Ebenso hat er einen Anspruch darauf, daß für die Vergangenheit nach Maßgabe der §§ 354—356 A.L.R. I. 18 eine in dem etwa noch einzuleitenden Verfahren festzustellende Lehnskompetenz von den gezogenen Früchten in Abzug gebracht werde.

6. Der Beklagte hat behauptet, daß er bedeutende eigene Forderungen an den Nachlaß seines Vaters habe. Zweifellos hat er in Beziehung auf solche dieselben Rechte wie jeder andere Gläubiger, auch der Kläger. Er darf neben demselben Befriedigung aus den noch zu ziehenden und Anrechnung der gezogenen Früchte auf derartige Forderungen beanspruchen. Das setzt aber eine Verifizierung

der Forderungen voraus. Da Beklagter dieselben in keiner Weise substanziiert hat, so war freilich der Berufungsrichter nicht in der Lage, den Betrag derselben schon in diesem Verfahren festzustellen. Das Urteil unterliegt deshalb auch nicht der Aufhebung. Andererseits wird der Beklagte dadurch mit seinem Rechte nicht präkludiert. Es genügt deshalb, um Mißverständnissen vorzubeugen, ein allgemeiner Vorbehalt in der Urteilsformel.

Dasselbe ist der Fall mit der Einrede der Kompetenz. Nach § 359 A.L.R. I. 18 kann der Vasall die Aussetzung der Kompetenz fordern, wenn das Lehn sequestriert ist. Daß dieselbe auch schon im voraus festgestellt werden kann, soll nicht für alle Fälle bestritten werden. Im vorliegenden Falle liegt dazu auch bezüglich der noch zu beziehenden Früchte kein Anlaß vor, da nur die Klage eines einzigen Gläubigers wegen einer relativ nicht sehr bedeutenden Summe vorliegt. Damit aber in keinem Falle zum Nachteile des Beklagten eine Präklusion eintritt, ist auch in dieser Beziehung ein Vorbehalt in die Urteilsformel aufgenommen.

7. Das Berufungsgericht hat mit Recht die Einreden, welche der Beklagte gegen die Forderungen selbst vorgebracht hat, verworfen. Ihnen steht entgegen, daß die Forderungen gegen den Vater des Beklagten in einer Zeit festgestellt sind, zu welcher der Beklagte noch nicht in das Lehn succediert war. Wie aber der Beklagte die Schulden des Vaters anzuerkennen hat, so wie sie der Vater kontrahiert hat, so hat er sie auch gelten zu lassen, wie sie gegen denselben festgestellt sind. Insoweit steht er einem Erben völlig gleich." ...

---

68. Zieht die Versäumung der in den §§ 343. 344 A.L.R. I. 5 bestimmten Fristen den Verlust der Minderwertseinrede nach sich?

VI. Civilsenat. Urt. v. 21. Dezember 1893 i. S. R. (Kl.) w. G. (Bekl.) Rep. VI. 341/93.

I. Landgericht I Berlin.
II. Kammergericht daselbst.

Die obenstehende Frage war zu beantworten, nachdem der Beklagte der Klage auf Bezahlung des vereinbarten Preises für ein verbungenes Werk den Einwand entgegengesetzt hatte, daß das Werk durch Schuld des Klägers mangelhaft hergestellt und dadurch weniger wert gewesen sei. Das Reichsgericht hat die Frage verneint.

Aus den Gründen:

... „Eine Verletzung der §§ 343—345 A.L.R. I. 5 erblickt ... der Revisionskläger in der Annahme des Vorderrichters, daß die Versäumung der dort gegebenen Fristen nur den Verlust des Klagerechtes, nicht aber den der Minderwertseinrede nach sich ziehe; allein ... diese Rüge kann keinen Erfolg haben. Das vormalige preußische Obertribunal hat in konstanter Rechtsprechung [1] an der jetzt von der Revision angefochtenen Ansicht festgehalten und noch in einem Urteile vom 16. September 1869,

vgl. Entsch. des Obertrib. Bd. 62 S. 211,

ausgesprochen, es sei „anerkannten und feststehenden Rechtes", daß durch die Verabsäumung der in den §§ 343—345 a. a. O. vorgeschriebenen Fristen dem Übernehmer der Sache nur das Recht verloren geht, welches von ihm durch Klage zu verfolgen ist, nicht aber dasjenige, welches er durch Einreden geltend machen kann. Dieser Rechtsprechung haben sich die hervorragendsten Schriftsteller über preußisches Recht angeschlossen,

vgl. Eccius, Bd. 1 § 85 Anm. 82 und die dortigen Citate,

und ihr entgegenzutreten liegt kein Grund vor. Wenn das Reichsgericht für das gemeine Recht entschieden hat, daß die ädilitischen Einreden eine von dem ädilitischen Anspruche unabhängige selbständige Existenz nicht haben und deshalb notwendig mit der Aufhebung des Anspruches durch Verjährung gleichzeitig wegfallen,

vgl. Entsch. des R.G.'s in Civils. Bd. 2 S. 158,

so nötigt dies nicht, den § 345 A.L.R. I. 5 in einer von der bisherigen Praxis abweichenden Weise auszulegen, zumal da hier auch andere Vorschriften des Allgemeinen Landrechtes, wie § 271 I. 5, § 222 I. 11, § 377 I. 16 ꝛc nicht unberücksichtigt bleiben dürfen.

Vgl. auch Motive zum Entwurfe des deutschen bürgerlichen Gesetzbuches Bd. 2 S. 239. 240." ...

---

[1] Vgl. v. Rönne, Ergänzungen zu § 345 A.L.R. I. 5, sowie Rehbein, Entscheid. Bd. 1 S. 515. 521. D. E.

69. Wann beginnt der Lauf der im § 9 des preußischen Schlachthausgesetzes vom 18. März 1868 zur Anmeldung der Entschädigungsansprüche bestimmten Frist?

III. Civilsenat. Urt. v. 29. Dezember 1893 i. S. W. (Kl.) w. Stadt L. (Bekl.) Rep. III. 204/93.

I. Landgericht Lüneburg.
II. Oberlandesgericht Celle.

Aus den Gründen:

„Nach den Feststellungen der Vorinstanzen hat der verklagte Magistrat am 18. November 1890 auf Grund genehmigten Gemeindebeschlusses eine öffentliche Bekanntmachung erlassen, durch welche das Schlachten sämtlichen Schlachtviehes in dem zu errichtenden öffentlichen Schlachthause angeordnet, und in deren § 7 bestimmt ist, daß die getroffenen Anordnungen mit Eröffnung des Betriebes in dem im Baue begriffenen öffentlichen Schlachthause, frühestens aber sechs Monate nach Veröffentlichung dieses Gemeindebeschlusses in Kraft treten sollen. In einer zweiten, am 24. September 1892 veröffentlichten Bekanntmachung ist die Eröffnung des Schlachthauses auf den 1. Oktober 1892 festgesetzt, und zugleich von diesem Tage ab das Schlachten sämtlichen Schlachtviehes außerhalb des Schlachthauses in Gemäßheit der ersten Bekanntmachung bei Strafe untersagt.

Am 15. November 1892 meldete dann Kläger als Eigentümer einer in Lüneburg belegenen Privatschlachtanstalt bei der Königlichen Regierung einen Entschädigungsanspruch auf Grund des § 9 des preußischen Gesetzes vom 18. März 1868 an und hat, als dieser durch Bescheid des Bezirksausschusses vom 9. Januar 1893 als verspätet zurückgewiesen wurde, im Rechtswege Klage gegen den Beklagten erhoben. In beiden Vorinstanzen ist er mit seinem Anspruche abgewiesen; die von ihm eingelegte Revision erscheint nicht begründet.

Nach § 9 des preußischen Schlachthausgesetzes vom 18. März 1868 sind die Eigentümer von Privatschlachtanstalten bei Vermeidung des Verlustes ihrer Entschädigungsansprüche verpflichtet, diese innerhalb der ihnen nach § 3 gewährten Frist bei der Bezirksregierung anzumelden. Nach § 3 des Gesetzes tritt das Verbot der Benutzung anderer als der im öffentlichen Schlachthause befindlichen Schlachtstätten (§ 1) sechs Monate nach Veröffentlichung des genehmigten Gemeindebeschlusses in Kraft, sofern nicht in diesem Beschlusse selbst eine längere Frist bestimmt ist.

Die Fassung dieser Paragraphen läßt keinen Zweifel darüber, daß in beiden dieselbe Frist, nicht etwa in § 9 nur eine analoge von einem anderen Zeitpunkte zu berechnende Frist gemeint ist. Daraus folgt, daß mindestens in demselben Augenblicke, in welchem nach Ablauf der Frist von wenigstens sechs Monaten das Verbot der Benutzung anderer Schlachtstätten in Kraft tritt, die bis dahin nicht angemeldeten Entschädigungsansprüche verloren sind. Da nun die in der Bekanntmachung vom 18. November 1890 gesetzte, sechs Monate übersteigende Frist mit der Eröffnung des Schlachthauses am 1. Oktober 1892 ablief, ist die erst am 15. November 1892 eingegangene Anmeldung der Entschädigungsansprüche verspätet, wenn keine Bedenken gegen die Zulässigkeit jener Anordnung der Frist bestehen.

Kläger sucht nun auszuführen, daß nach dem Inhalte des § 1 des Gesetzes der Gemeindebeschluß erst erlassen werden könne, wenn „eine Gemeindeanstalt zum Schlachten von Vieh errichtet *ist*", daß daher die mindestens sechsmonatige Frist jedenfalls erst von der Eröffnung des Schlachthauses laufen könne, daher seine Anmeldung rechtzeitig erfolgt sei. Dem kann jedoch nicht beigetreten werden. Zuzugeben ist zwar, daß die Fassung des § 1 nicht ganz genau ist und den Schein erregen kann, der Gemeindebeschluß könne erst nach Vollendung des Schlachthauses gefaßt werden. Daß aber dies dem Willen des Gesetzgebers widersprechen würde, kann nicht zweifelhaft sein, und die Fassung zwingt nicht zu solcher Auslegung. Mit jener Fassung soll ausgedrückt werden, daß das *Wirksamwerden* des Verbotes das Bestehen des öffentlichen Schlachthauses voraussetzt. Nur für die Zeit nach der Errichtung kann das Verbot erlassen werden; Beschluß und öffentliche Bekanntmachung können schon früher erfolgen, müssen aber unter allen Umständen bis zu ihrer Wirksamkeit die Minimalfrist des § 3 gewähren. Bei anderer Auslegung würde die Bestimmung sehr unzweckmäßig sein; denn dann müßte das Schlachthaus nach seiner Vollendung mindestens sechs Monate leer stehen, wenn es nicht von den Schlächtern freiwillig benutzt würde. Die vom Kläger behauptete Schwierigkeit, den Umfang des Schadens vor der Eröffnung des Schlachthauses näher zu begründen, ist ohne Bedeutung, da, wie vom Reichsgerichte wiederholt erkannt ist, eine allgemein gehaltene Anmeldung der Entschädigungsansprüche genügt.

Auch der II. Civilsenat hat in gleicher Weise entschieden in Sachen Br. u. Gen. wider Stadtgemeinde S. (Rep. II. 519/83, Jur. Wochenschrift 1884 S. 203 Nr. 42). Diese Entscheidung nimmt sogar an, daß, wenn zur Zeit des Ablaufes der gesetzten Frist das öffentliche Schlachthaus noch nicht in Betrieb gesetzt sei, und daher das Verbot der Benutzung der Privatschlachtanstalten noch nicht in Wirksamkeit treten könne, dennoch der Entschädigungsanspruch mit dem Fristablaufe verloren sei. Einer Entscheidung hierüber bedarf es im vorliegenden Falle nicht, da die gesetzte Frist erst mit der Eröffnung des Betriebes, also gleichzeitig für § 3 und § 9 ablief."

---

70. Unter welchen Voraussetzungen sind die Eisenbahnen zum Ersatze des den Anliegern durch die Eisenbahnanlage entstehenden Schadens verpflichtet?

Gesetz über die Eisenbahnunternehmungen vom 3. November 1838 § 14.

VI. Civilsenat. Urt. v. 27. November 1893 i. S. preußischer Eisenbahnfiskus (Bekl.) w. H. (Kl.) Rep. VI. 183/93.

I. Landgericht Nordhausen.
II. Oberlandesgericht Naumburg a. S.

Aus den Gründen:

„Der Gutshof des Klägers ist am 21. März 1886 durch das Hochwasser des Weidabaches überschwemmt worden, und es ist dadurch dem Kläger ein Verlust an den in den Gutsgebäuden lagernden Vorräten von künstlichem Dünger entstanden. Der Kläger nimmt den Beklagten auf Schadensersatz in Anspruch, weil dieser durch den auf der anderen Seite des Weidabaches errichteten Eisenbahndamm das Flußprofil verengert habe, ohne für genügenden Abfluß des Wassers zu sorgen, und dadurch einen Aufstau des Wassers nach der Seite des Klägers hin veranlaßt habe, ohne welchen der Schade nicht eingetreten wäre. Der Beklagte ist auch in erster Instanz verurteilt worden, dem Kläger den Schaden zu ersetzen, der ihm durch das Hochwasser und die dadurch bewirkte Vernichtung künstlicher Dungmittel erwachsen ist. Die vom Beklagten dagegen eingelegte Berufung ist zurückgewiesen worden.

Die Revision des Beklagten war für begründet zu erachten. . . .

Das Berufungsgericht führt . . . in betreff der Entschädigungspflicht des Beklagten aus: es sei Pflicht des Beklagten gewesen, namentlich da er vom Kläger vor Inangriffnahme des Bahnbaues auf die Gefährlichkeit des geplanten und auch wirklich ausgeführten Baues aufmerksam gemacht sei, Vorkehrungen zur Verhütung einer derartigen Überschwemmung zu treffen, etwa durch Anlegung eines dritten Brückenjoches oder durch andere Maßregeln. Indem er diese Maßregeln unterließ, habe er sich ein Versehen zu schulden kommen lassen und sei gemäß §§ 10. 12 A.L.R. I. 6 verpflichtet, dem Kläger Ersatz des ihm infolge dieses Versehens erwachsenen Schadens zu leisten. Diese Begründung läßt nicht erkennen, auf welche Bestimmungen des Gesetzes die Annahme einer Pflicht des Beklagten zu solchen Vorkehrungen, welche den Schutz des Klägers gegen Überschwemmungen bezweckten, gestützt wird. Der fragliche Eisenbahndamm ist von der Beklagten auf ihrem Grundstücke errichtet worden, um eine Überflutung der Bahnanlage zu verhüten. Ein unerlaubter Gebrauch des Eigentumes (§§ 27. 28 A.L.R. I. 8) ist darin nicht zu finden; wer aber sich seines Rechtes innerhalb der gehörigen Schranken bedient, darf den einem Anderen daraus entstandenen Schaden nicht ersetzen (§ 36 A.L.R. I. 6). Nach § 26 A.L.R. I. 8 dürfen zwar durch den Gebrauch des Eigentumes wohlerworbene Rechte eines Anderen nicht gekränkt werden; allein zu diesen wohlerworbenen Rechten gehört es nicht, daß der Eigentümer bei den zum Schutze seines Eigentumes auf demselben errichteten Anlagen darauf Bedacht nehme, daß dadurch dem Nachbar kein Schade geschehe. Denn nur insoweit ist er im Gebrauche seines Eigentumes durch das Eigentum des Nachbars beschränkt, daß er nicht in dessen Rechtskreis hinübergreifen darf,

vgl. Plenarbeschluß des Obertribunales vom 7. Juni 1852, Entsch. desselben Bd. 23 S. 252,

und ein solcher Eingriff hat nicht stattgefunden. Es sind insbesondere weder fremde Stoffe dem Grundstücke des Klägers — direkt oder indirekt durch das Medium des Wassers oder der Luft — zugeführt worden, noch bezweckte die Anlage eine Hinüberleitung des Wassers auf das Grundstück des Klägers oder eine Anstauung (wie in dem vom Obertribunale entschiedenen Falle bei Striethorst, Archiv Bd. 53 S. 193); vielmehr war der Rückstau auf das klägerische Grundstück nur die unwillkürliche Folge der Abhaltung des Wassers von dem Grundstücke des Beklagten. Wenn es sich hier um wild ablaufendes Wasser handelte, so würde die Befugnis des Beklagten, sich dagegen zu decken, unmittelbar aus § 102 A.L.R. I. 8 hervorgehen. Als wild ablaufendes Wasser kann nun zwar das Hochwasser eines Flusses, solange es mit dem Flusse eine Wassermasse bildet, nicht angesehen werden. Dies macht jedoch keinen Unterschied, da der § 102 a. a. O. nur eine schon aus dem Begriffe des Eigentumes folgende Befugnis mit speziellem Bezuge auf wild ablaufendes Wasser zum Ausdrucke bringt, um damit die gewollte Änderung des gemeinen Rechtes in diesem Punkte ersichtlich zu machen.

Vgl. Entsch. des R.G.'s in Civils. Bd. 24 S. 214. 215.

Aus allgemeinen Bestimmungen, insbesondere aus den Grundsätzen des Nachbarrechtes, läßt sich also eine Entschädigungspflicht des Beklagten nicht herleiten. Es fragt sich, ob den Eisenbahnen nach dem Gesetze eine erweiterte Entschädigungspflicht obliegt. In Betracht kommt der § 14 des preußischen Gesetzes über die Eisenbahnunternehmungen vom 3. November 1838, der neben dem § 14 des Enteignuugsgesetzes vom 11. Juni 1874 in seinem Bereiche noch fortbesteht,

vgl. Loebell, Das preußische Enteignungsgesetz § 14 Anm. 2,

und welcher den Unternehmer verpflichtet, alle Anlagen auf seine Kosten einzurichten und zu unterhalten, welche die Regierung nötig findet, damit die benachbarten Grundbesitzer gegen Gefahren und Nachteile in der bisherigen Benutzung ihrer Grundstücke gesichert werden. Das Gesetz bezweckt, die den Anliegern aus der ungewöhnlichen Benutzung eines Grundstückes zu Eisenbahnzwecken entstehenden Gefahren auf den Unternehmer zu übertragen. Die darin ausgesprochene Verpflichtung des Unternehmers geht über die aus dem Nachbarrechte an sich folgenden Verpflichtungen hinaus, indem die Anlieger gegen alle Benachteiligungen in der bisherigen Benutzung ihrer Grundstücke geschützt werden sollen. Die in den Worten: „welche die Regierung nötig findet", hinzugefügte Beschränkung vermindert nicht den Umfang der Verpflichtung, sondern verweist nur die Kognition darüber, was zum Schutze der Anlieger erforderlich ist, in erster Reihe an die Regierung, sodaß der Unternehmer sich gegen Schadensansprüche regelmäßig darauf berufen kann, daß weitere Schutzmaßregeln, als von ihm vorgenommen sind, von der Regierung nicht angeordnet worden seien. Danach ist es zwar nicht als richtig anzuerkennen, daß der Entschädigungsanspruch schon durch das Fehlen der erforderlichen Schutzmaßregeln begründet werde, gleichviel ob dergleichen Einrichtungen von der Regierung angeordnet sind oder nicht (wie solches vom Obertribunale in den Entsch. desselben Bd. 73 S. 270 und bei Striethorst, Archiv Bd. 99 S. 108, angenommen worden); vielmehr ist es als Regel zu betrachten, daß eine Haftung des Unternehmers für den Schaden dann nicht stattfindet, wenn er den Anordnungen der Regierung genügt hat.

Vgl. Entsch. des Obertribunals Bd. 79 S. 134.

Allein eine Ausnahme muß sowohl in dem Falle gemacht werden, wenn der Unternehmer die von der Regierung nur allgemein angeordneten Anlagen in einer dem Zwecke der Sicherung der Anlieger nicht entsprechenden Weise ausführt und so durch sein Verschulden den Schaden herbeiführt, als auch dann, wenn er gewußt hat oder bei gehöriger Aufmerksamkeit wissen mußte, welche Anlagen oder Einrichtungen zum Schutze der Anlieger gegen Nachteile in der Benutzung ihrer Grundstücke erforderlich, zugleich auch vom technischen Standpunkte aus ausführbar und mit den Zwecken des Unternehmens verträglich waren, und gleichwohl diese Einrichtungen, weil solche von der Regierung nicht angeordnet waren, unterlassen hat. Es entspricht der oben angegebenen Tendenz des Gesetzes, diese Fälle dem Falle einer Unterlassung der von der Regierung angeordneten notwendigen Maßregeln gleich zu stellen. Das Befinden der Regierung soll die Vorkehrung der notwendigen Schutzmaßregeln sichern, nicht aber dem Unternehmer eine Deckung gewähren, wenn er die angeordneten Maßregeln zweckwidrig ausführt oder die Notwendigkeit nicht angeordneter Maßregeln kannte oder kennen mußte.

Von diesem Standpunkte aus hat das Berufungsgericht die Sachlage nicht geprüft. Es hat das von ihm festgestellte Verschulden des Beklagten, das es in seinen weiteren Ausführungen als ein grobes bezeichnet, für ausreichend zur Begründung der Entschädigungspflicht erachtet. Die Frage des Verschuldens fällt aber nach dem Gesagten mit der Frage, ob die Unterlassung der erforderlichen Maßregeln widerrechtlich gewesen sei, nicht zusammen. Daß der Schade sich voraussehen ließ, macht die Unterlassung der erforderlichen Einrichtungen noch nicht zu einer widerrechtlichen. Wenn der Beklagte in den von der Regierung angeordneten und von ihm zweckentsprechend ausgeführten Einrichtungen den möglichen Schutz der Anlieger sah und sehen durfte, insbesondere auch dann, wenn weitergehende Einrichtungen mit einem unverhältnismäßigen, den wirtschaftlichen Erfolg des Unternehmens in Frage stellenden und daher dem Entstehen des Unternehmens selbst hinderlichen Aufwande verknüpft gewesen wären, so würde der Beklagte von der Haftung für den Schaden befreit sein; es würde alsdann die Regel Platz greifen, daß die Verpflichtung des Unternehmers zur Herstellung schützender Einrichtungen (soweit dieselbe nicht in den allgemeinen Gesetzen begründet ist) durch die Anordnungen der Regierung im einzelnen Falle näher bestimmt wird und daher über diese Anordnungen hinaus nicht ausgedehnt werden darf. Sonach bedarf es noch einer speziellen Feststellung, welche Einrichtungen zum Schutze des Klägers nötig waren, — wobei es nicht genügen kann, gewisse Einrichtungen beispielsweise aufzustellen, die möglicherweise den Schaden hätten verhüten können, — und ob die Vertreter des Beklagten die Notwendigkeit dieser Einrichtungen, ihre technische Ausführbarkeit und Vereinbarkeit mit den Zwecken des Unternehmens erkannt haben oder doch bei gehöriger Prüfung — welcher der Unternehmer sich nicht etwa deshalb entschlagen kann, weil die Prüfung der Regierung obliege, — erkennen mußten. Zu einer Prüfung in dieser Richtung war aber durch die Behauptungen des Klägers Anlaß gegeben." . . .

---

71. Kann in einer schriftlichen Erklärung, durch welche der Schuldner kreditierter Eisenbahnfrachtbeträge die Übereinstimmung seiner Buchführung mit derjenigen der Eisenbahngüterkasse anerkennt, eine stempelpflichtige Schuldverschreibung enthalten sein?

Preuß. Gesetz wegen der Stempelsteuer vom 7. März 1822. Tarifposition „Schuldverschreibungen".

IV. Civilsenat. Urt. v. 7. Dezember 1893 i. S. Steuerfiskus (Bekl.) w. K. (Kl.) Rep. IV. 224/93.

I. Landgericht Breslau.
II. Oberlandesgericht daselbst.

Aus den Gründen:

„Die Klägerin hat auf fünf bei der Revision verschiedener Güterkassen angefertigten Aufstellungen der von ihr zur betreffenden Zeit geschuldeten und ihr kreditierten Eisenbahnfrachtbeträge durch Erklärungen in verschiedenartiger Wortfassung die Übereinstimmung mit ihrer Buchführung anerkannt. Nach dem in dieser Sache bereits ergangenen Revisionsurteile des Reichsgerichtes vom 9. Februar 1893 sind die gedachten Schriftstücke als stempelpflichtige Schuldverschreibungen zu betrachten, wenn anzunehmen ist, daß sie die Angabe des Schuldgrundes enthalten, und wenn in ihnen Anerkenntnisse der Klägerin, den betreffenden Güterkassen die näher bezeichneten Geldsummen zu schulden, zu erblicken sind. Diese in dem ersten Berufungsurteile nicht erörterten Punkte sind in dem gegenwärtig angefochtenen Erkenntnisse der Prüfung unterworfen worden. Auf Grund derselben hat das Berufungsgericht festgestellt, daß der Schuldgrund sich aus den Schriftstücken, auf welche die Erklärungen der Klägerin gesetzt sind, ergiebt. Bezüglich der Frage aber, ob die fraglichen Schriftstücke als Anerkenntnisse von Geldschulden anzusehen sind, hat das Berufungsgericht folgendes ausgeführt: In den Erklärungen der Klägerin seien nicht Anerkenntnisse einer Geldschuld enthalten, sondern nur Vermerke, wie „vorstehende Summe mit den diesseitigen Büchern übereinstimmend" oder „mit den diesseitigen Buchungen übereinstimmend vorgefunden" oder nur der Firmenstempel mit Unterschrift in der Kolonne „Bestätigung der Übereinstimmung mit dem Gegenkonto durch Unterschrift und Firmenstempel", also nur Bescheinigungen oder Zugeständnisse oder auch Anerkenntnisse der Thatsache, daß die beiderseitigen Bücher übereinstimmen. Aus diesen Erklärungen werde sich allerdings mit leichter Mühe die Schuld der Klägerin konstruieren lassen; aber ein Anerkenntnis einer Geldschuld sei in ihnen nicht enthalten.

Diesen Ausführungen kann nicht beigetreten werden. Die Annahme des Berufungsgerichtes, daß die Erklärungen der Klägerin auf den in Rede stehenden, die von ihr geschuldeten und ihr kreditierten

Frachtbeträge nachweisenden Schriftstücken als Anerkenntnisse von Geldschulden nicht anzusehen sind, erweist sich nach den eigenen rechtlich unbedenklichen Feststellungen des Berufungsgerichtes als verfehlt. Denn die Feststelluug, daß sich aus den Erklärungen der Klägerin die Schuld derselben mit leichter Mühe konstruieren läßt, ergiebt die Beweiserheblichkeit dieser Erklärungen im Zusammenhange mit dem übrigen Inhalte der Schriftstücke in dem Maße, daß aus denselben die Schuldverbindlichkeit der Klägerin hinsichtlich der kreditierten Frachtbeträge in vollem Umfange zu entnehmen ist. Diese Erklärungen sind hiernach, da die Klägerin in ihnen, wie festgestellt, die Übereinstimmung der beiderseitigen Bücher anerkannt hat, zugleich Anerkenntnisse der sich aus dieser Übereinstimmung der Bücher ergebenden Geldschulden der Klägerin, welche der Natur der Geldschuld entsprechend durch Zahlung zu tilgen sind. Daß der Schuldgrund sich aus den Schriftstücken ergiebt, ist von dem Berufungsgerichte zutreffend für erwiesen erachtet worden. Damit ist den Erfordernissen einer stempelpflichtigen Schuldverschreibung genügt. Daß die Stempelpflichtigkeit durch den mit der Abgabe der Anerkenntnisse verfolgten Zweck, insbesondere durch die Absicht ihrer Vorlegung bei der Revision der Güterkassen, nicht beseitigt wird, ist bereits in dem früheren Revisionsurteile ausgeführt. Auch handelt es sich in den vorliegenden Fällen nicht um ein die Auffassung der kreditierten Beträge als Geldschulden ausschließendes Kontokorrentverhältnis.

Wenn das Berufungsgericht gegen die Annahme, daß Anerkenntnisse von Geldschulden vorliegen, noch geltend macht, daß für die Stempelpflichtigkeit einer Urkunde lediglich deren Inhalt entscheidend sei, so verkennt dasselbe, daß sich der Inhalt einer Urkunde nicht lediglich nach der gebrauchten Ausdrucksweise bestimmt. Der Umstand, daß das Bestehen von Geldschulden nicht mit ausdrücklichen Worten anerkannt ist, steht mithin der sich aus den Feststellungen des Berufungsgerichtes ergebenden Annahme, daß die Erklärungen gleichwohl inhaltlich Anerkenntnisse von Geldschulden enthalten, nicht entgegen.

Da hiernach der in dem Tarife zum Stempelsteuergesetze vom 7. März 1822 für Schuldverschreibungen vorgeschriebene Stempel von der Klägerin mit Recht erhoben ist, so erscheint die in erster Instanz geschehene Abweisung der Klage gerechtfertigt." ...

72. 1. Kann der Ehemann, welchem Nießbrauch und Verwaltung am eingebrachten Vermögen seiner Frau gebühren, Rechte, die von einem Gläubiger der Frau an deren Eingebrachtem im Wege der Zwangsvollstreckung erworben sind, anfechten, wenn ein vollstreckbarer Schuldtitel nicht auch gegen ihn vorliegt? Steht solcher Anfechtung der § 12 Eig.-Erw.-Ges. entgegen, wenn das Nießbrauchs- und Verwaltungsrecht des Ehemannes auf die eingebrachten Grundstücke, deren Mietzinsen ein Gläubiger der Frau hat pfänden lassen, nicht eingetragen ist?

2. Erfordert der bloße Verzicht des Ehemannes auf Nießbrauch und Verwaltung des Eingebrachten die gerichtliche Form?

V. Civilsenat. Urt. v. 20. Dezember 1893 i. S. K. (Bekl.) w. F. (Kl.) Rep. V. 190/93.

I. Landgericht I Berlin.
II. Kammergericht daselbst.

Durch rechtskräftig gewordenes Urteil vom 28. Januar 1889 ist die Ehefrau des Klägers zur Zahlung von 23 505,86 *M* an den Beklagten verurteilt, ohne daß der Kläger zum Prozesse zugezogen war. Die Forderung des Beklagten rührt her aus der Lieferung von Arbeiten und Materialien zur Bebauung des Grundstückes der Ehefrau des Klägers. Die Bebauung ist nicht nur mit Wissen und Willen des Klägers geschehen, sondern dieser hat auch als Bevollmächtigter seiner Frau die Bebauung geleitet und den Vertrag, aus welchem die Forderung des Beklagten hervorgegangen ist, namens seiner Ehefrau abgeschlossen. Am 18. August 1888 ist die Forderung des Beklagten im Wege der einstweiligen Verfügung auf dem Grundstücke vorgemerkt, als dessen Eigentümerin die Ehefrau des Klägers als „verehelichte Zimmermeister F." eingetragen war. Zum Zwecke der Beitreibung eines Teiles seiner Forderung von 6000 *M* und von 46,50 *M* Kosten hat der Beklagte den gerichtlichen Beschluß vom 21. September 1892 erwirkt, durch welchen dreizehn Posten der von dem Grundstücke der Ehefrau des Klägers aufkommenden Mietzinsen in Höhe seiner Forderunng gepfändet und ihm zur Einziehung überwiesen sind. Hiergegen hat der Kläger unter Berufung darauf, daß ihm als märkischem Ehemanne die Nutzungen des eingebrachten Vermögens seiner Frau gebühren, und daß der Beklagte einen vollstreckbaren Titel gegen ihn nicht erwirkt habe, Widerspruch erhoben und klagend beantragt, die durch Beschluß vom 21. September bewirkten Pfändungen und Überweisungen aufzuheben. Nach Abweisung der Klage durch den ersten Richter ist auf die Berufung des Klägers die Verurteilung des Beklagten von der Leistung, die Abweisung der Klage von der Nichtleistung eines dem Kläger dahin auferlegten Eides abhängig gemacht, daß er nicht mit seiner Ehefrau vor Eingehung der Ehe gerichtlich oder notariell oder nach der Eheschließung gerichtlich vereinbart habe, daß er auf den Nießbrauch an dem Grundstücke seiner Ehefrau verzichte, oder daß er das Vermögen seiner Frau überhaupt oder speziell deren Grundstück zu vorbehaltenem Vermögen bestimme. Beklagter hat Revision eingelegt. Der Revision ist stattgegeben aus folgenden

Gründen:

„1. Das Berufungsgericht nimmt an, daß dem Kläger, welcher mit seiner Ehefrau, wie nicht bestritten ist, nach dem in der Kurmark Brandenburg geltenden ehelichen Güterrechte lebt, die Rechte eines Nießbrauchers am Vermögen seiner Frau zustehen, und daß er deshalb die Zwangsvollstreckung zum Zwecke der Beitreibung einer gegen seine Frau allein rechtskräftig festgestellten Forderung in das seinem Nießbrauche und seiner Verwaltung unterstehende Frauengut nicht zu dulden habe, daß es dazu vielmehr eines auch gegen ihn gerichteten vollstreckbaren Schuldtitels bedürfe. Hierin kann eine Gesetzesverletzung nicht gefunden werden. Für die Revision ist unanfechtbar festgestellt (§§ 511. 525 C.P.O.), daß nach märkischem Provinzialrechte die Rechte des Mannes an dem Eingebrachten der Frau nicht die eines einfachen Nießbrauchers sind und sich nicht in den Befugnissen eines solchen erschöpfen, sondern daß dem Manne größere Rechte beigelegt sind, daß ihm namentlich das Recht der Verwaltung bezüglich des Eingebrachten der Frau zusteht. Daraus ergiebt sich eine Beschränkung der Verfügungsbefugnis der Frau über ihr Eingebrachtes insoweit, als die Frau ohne Zustimmung ihres Mannes über ihr Eingebrachtes nicht in der Weise verfügen darf, daß das Nießbrauchs- und Verwaltungsrecht des Mannes verkümmert wird. Und da der Gläubiger der Frau sein Recht auf Befriedigung aus dem Frauengute nur aus dem Rechte der Frau, über ihr Gut zu verfügen, ableiten kann, so folgt weiter, daß durch Zwangsvollstreckung in das Frauengut die Rechte des Mannes daran nur dann beeinträchtigt werden dürfen, wenn die Zustimmung des Mannes dazu durch ein gegen ihn mitgerichtetes Urteil ersetzt ist. Erfolgt die Zwangsvollstreckung, ohne daß diesem Erfordernisse genügt ist, so kann der Mann die vom Gläubiger der Frau auf diesem Wege an dem Eingebrachten erworbenen Rechte mit der Klage aus § 690 C.P.O. anfechten. Selbst wenn eine Schuld der Frau in Frage steht, die von der Frau mit Genehmigung ihres Mannes eingegangen ist, sodaß der Mann die Zwangsvollstreckung in das eingebrachte Vermögen seiner Frau nach materiellem Rechte dulden müßte (vgl. A.L.R. II. 1 § 331), bedarf es zur Zwangsvollstreckung in Bestandteile dieses Vermögens auch eines gegen den Mann vollstreckbaren Schuldtitels.

Vgl. Urteil des R.G.'s in Rassow u. Küntzel, Beiträge Bd. 36 S. 1043, sowie Entsch. des R.G.'s in Civils. Bd. 10 S. 276.

In der Zulassung einer hiernach unbegründeten Zwangsvollstreckung liegt ein prozessualer Verstoß (C.P.O. § 671), der durch den auf Grund des materiellen Rechtes geführten Nachweis, daß der Ehemann die Schuld seiner Frau, um deren Beitreibung es sich handelt, genehmigt habe, hinterher nicht geheilt werden kann.

Vgl. Urteil des R.G.'s in Rassow u. Küntzel, Beiträge Bd. 34 S. 1169 und Bd. 36 S. 1045.

Daß dies der Auffassung der Civilprozeßordnung entspricht, ist aus der Begründung des § 51 Abs. 2 des Entwurfes zu erkennen, in der es heißt: „Diese Beschränkungen — das heißt die Beschränkungen der Ehefrau in ihrer Verfügungsbefugnis durch die Rechte des Ehemannes — werden durch die Erteilung der vollen Prozeßfähigkeit nicht beeinträchtigt. Denn dem Ehemanne gegenüber hängt die Gültigkeit und Wirksamkeit der ohne seine Zustimmung erstrittenen Judikate davon ab, inwieweit ihm nach dem zur Anwendung gelangenden Civilrechte in Bezug auf den Gegenstand der Entscheidung Rechte zustehen, welche die Dispositionsbefugnisse der Ehefrau beschränken oder aufheben. Ebensowenig braucht sich der Ehemann aus Judikaten, welche ohne seine Zuziehung erlassen sind, eine Zwangsvollstreckung in dasjenige Vermögen der Ehefrau gefallen zu lassen, welches infolge der ihm zustehenden Rechte der Disposition der

Schuldnerin entzogen ist," (Materialien zur Civilprozeßordnung, Ausg. von Hahn Abt. I S. 169).

Der I. Senat des preußischen Kammergerichtes als höchste Beschwerdeinstanz in Sachen der nichtstreitigen Gerichtsbarkeit hält gleichfalls die Zwangsvollstreckung in Gegenstände des eingebrachten Vermögens der Ehefrau wegen persönlicher Schulden der letzteren auf Grund eines gegen diese allein erwirkten vollstreckbaren Titels nicht für zulässig, sondern verlangt dazu einen Titel gegen beide Eheleute.

Vgl. Johow, Jahrb. für Entsch. des Kammergerichtes zc Bd. 7 S. 153.

Dieselbe Ansicht wird in der Litteratur vertreten.

Vgl. Krech u. Fischer, Zwangsvollstreckung in das unbewegliche Vermögen S. 163 flg.; Falkmann in Rassow u. Küntzel, Beiträge Bd. 35 S. 502 flg.

Bei Geltendmachung seines Nießbrauchs= und Verwaltungsrechtes steht dem Kläger nicht entgegen, daß dieses Recht nicht auf dem eingebrachten Grundstücke seiner Frau, deren Mietzinsen der Beklagte hat pfänden und sich überweisen lassen, eingetragen ist. Nach § 12 Eig.=Erw.=Ges. erlangen allerdings dingliche Rechte an Grundstücken, welche auf einem privatrechtlichen Titel beruhen, gegen Dritte nur durch Eintragung Wirksamkeit, und es sind die gesetzlichen Nießbrauchsrechte des Vaters und des Ehemannes nicht unter die Rechte aufgenommen, welche der Eintragung nicht bedürfen (§ 12 Abs. 2), obwohl bei Beratung jener Bestimmung in der Kommission des Herrenhauses kein Zweifel darüber bestand, daß auch diese Rechte dem Eintragungszwange des § 12 Abs. 1 unterliegen würden. Allein trotzdem ist die Anwendbarkeit des § 12 auf ehemännliche Rechte, wie sie hier in Frage stehen, zu verneinen. Es mag zugegeben werden, daß auch das Nießbrauchsrecht des Ehemannes am Eingebrachten der Frau zu seiner Wirksamkeit gegen Dritte nach § 12 der Eintragung bedarf, wenn es nach vertragsmäßiger Übereinkunft oder gemäß dem geltenden ehelichen Güterrechte ausschließlich auf die Nutznießung beschränkt ist. Wenn aber, wie nach preußischem Allgemeinem Landrechte und nach dem märkischen Provinzialrechte, die Rechte des Ehemannes über den bloßen Nießbrauch am Eingebrachten weit hinausgehen, indem sie zugleich die Verfügungsbefugnis der Frau in der Weise einschränken, daß die Frau ein ihr Eingebrachtes ergreifendes Rechtsgeschäft, ohne die Genehmigung ihres Mannes überhaupt nicht wirksam oder nicht mit Wirksamkeit für die Dauer der Ehe abschließen kann: so unterstehen solche aus Nießbrauch und Verwaltung zusammengesetzte Rechte der Bestimmung des § 12 nicht. Dies ist auch bei der Beratung des § 22 nicht verkannt. In der Kommission des Herrenhauses wurde bei der Verhandlung über den (abgelehnten) Antrag, im Abs. 2 des § 12 einzuschalten: „Der gesetzliche Nießbrauch des Vaters und des Ehemannes", darauf hingewiesen, daß denjenigen, welche sich mit einer Ehefrau oder einem Haussohne in Geschäfte einließen, in der Regel leicht der Beweis zu führen sein werde, daß sie von der Dispositionsbeschränkung derselben in Ansehung ihrer Grundstücke Kenntnis gehabt hätten, und den Nießbrauchsberechtigten dann der Schutz des § 11, wie derselbe von der Kommission angenommen sei — und schließlich in das Gesetz aufgenommen ist —, zur Seite stehe. Wenn nun auch dieser Hinweis insofern das Richtige nicht trifft, als es sich im § 11 nicht um Beschränkungen der Handlungsfähigkeit des Eigentümers handelt, vielmehr, wie in den Motiven zu § 11 hervorgehoben ist, die Disposition des gesetzlich verfügungsunfähigen Eigentümers demjenigen gegenüber anfechtbar bleibt, der sich **unmittelbar** mit ihm eingelassen, also die Verpflichtung gehabt hat, sich nach den persönlichen Eigenschaften seines Kontrahenten zu erkundigen, so geht doch daraus hervor, daß man der Ansicht war, das Nießbrauchsrecht des Ehemannes falle nicht unter die Vorschrift des § 12, sofern es mit Verwaltungsrechten verbunden sei, die eine Beschränkung der Verfügungsbefugnis der Ehefrau mit sich bringen.

Vgl. die Materialien zu den Grundbuchgesetzen vom 5. Mai 1872 in der Ausg. von **Werner** Tl. 2 S. 52 zu § 12, S. 19 zu § 11, S. 112 zu § 9; **Förster**, Preuß. Grundbuchrecht S. 50; **Achilles** S. 125 Anm. a; **Weber**, Deutsches Hypothekenrecht S. 194 Anm. 278a.

Gehört aber das Nießbrauchs- und Verwaltungsrecht des Ehemannes nicht zu den dinglichen Rechten, über welche sich der § 12 verhält, und fällt auch die sich aus ihm ergebende Verfügungsbeschränkung der Ehefrau nicht unter die Vorschrift des § 11, dann fragt sich weiter, nach welcher Bestimmung sich die Wirksamkeit eines von der durch die Rechte ihres Mannes in ihrer Verfügung beschränkten Ehefrau ohne Zuziehung und Genehmigung des Mannes geschlossenen Rechtsgeschäftes gegenüber ihrem unmittelbaren Kontrahenten und gegenüber Dritten, die ihre Rechte von diesem erworben haben, regelt. Solche Bestimmung enthalten die Grundbuchgesetze von 1872 nicht. Auf das Verhältnis der Ehefrau zu ihrem Kontrahenten finden deshalb die allgemeinen Vorschriften der §§ 31 flg. A.L.R. I. 5 dahin Anwendung, daß die Verfügungen der Frau ohne weiteres unverbindlich sind, ohne Rücksicht darauf, ob dem Kontrahenten die sich aus der Rechtsstellung des Ehemannes zu dem Eingebrachten seiner Frau nach dem Gesetze ergebende Verfügungsbeschränkung der letzteren bekannt war oder nicht. Für den weiteren Verkehr muß der sich aus § 11 Eig.-Erw.-Ges. ergebende Grundsatz maßgebend sein, daß Verfügungsbeschränkungen gegen Dritte nur dann Rechtswirkung haben, wenn dieselben die Beschränkungen gekannt haben, oder letztere im Grundbuche eingetragen sind. Es kann dies keinem Bedenken unterliegen, da der Grundsatz, der im wesentlichen in den Bestimmungen § 9 Abs. 2. § 38 Abss. 1, 2. § 49 Eig.-Erw.-Ges. wiederkehrt, sich als ein allgemeiner, durch die Sicherheit des Grundbuchverkehres gebotener, darstellt. Das Reichsgericht und das vormalige preußische Obertribunal haben ihn auch in den ähnlich liegenden Fällen, wo eine Hypothek auf Grund der unwirksamen Bewilligung eines Minderjährigen oder einer wegen Formmangels ungültigen Bewilligung oder auf Grund eines nicht oder nicht mehr vollstreckbaren Urteiles eingetragen war, zur Anwendung gebracht.

Vgl. die Citate in T u r n a u, Grundbuchordnung 5. Aufl. Bd. 1 S. 770 flg. Anm. 22.

Trifft die Ehefrau ohne Zustimmung ihres Mannes eine Verfügung über ihr Eingebrachtes, so liegt die Sache rechtlich nicht anders, als wenn ein Minderjähriger oder ein wegen Verschwendung oder Geisteskrankheit Entmündigter ohne vormundschaftlichen Konsens über sein Vermögen verfügt. Solche Verfügungen unterliegen der Anfechtung, weil sie unwirksam sind; für die Anwendung des § 12 Eig.-Erw.-Ges. ist kein Raum. Der Beklagte hat seine Rechte durch Zwangsvollstreckung unmittelbar gegen die Ehefrau des Klägers ohne Zuziehung des Klägers erworben. Der Kläger ist daher ohne weiteres zur Anfechtung der durch die Arrestvormerkung und die Pfändung der Mietzinsen an dem eingebrachten Grundstücke vom Beklagten erworbenen Rechte befugt, indem er mit seinem ehemännlichen Nießbrauchs- und

Verwaltungsrechte die sich daraus ergebende Verfügungsbeschränkung seiner Frau als deren Vertreter zur Geltung bringt.[1]

2. In den Ausführungen zu 1., durch welche sich die beiden ersten Angriffe des Beklagten erledigen, ist zugleich die Entscheidung über

---

[1] In der Litteratur vertritt nur Achilles (S. 135 Anm. c) die obige Auffassung. Er unterwirft zwar den gesetzlichen Nießbrauch des Vaters und des Ehemannes dem Eintragungszwange des § 12 Eig.=Erw.=Ges. und versagt deshalb dem nicht eingetragenen Nießbrauche die Wirkung gegen Dritte, bemerkt aber weiter: „Der Vater und der Ehemann kann indes als solcher die ohne seine Zustimmung erfolgte Veräußerung oder Belastung des Grundstückes regelmäßig als nichtig anfechten und auf diese Weise indirekt auch seinem Nießbrauche den Gegenstand sichern. Erst Verfügungen des Dritten sind durch den öffentlichen Glauben des Grundbuches geschützt und deshalb den Nießbrauch des Vaters oder des Ehemannes zu vernichten oder zu schmälern geeignet". Eccius (Preußisches Privatrecht 6. Aufl. Bd. 4 S. 36 Anm. 35) dagegen zieht aus der Handlungsunfähigkeit der Ehefrau nicht die sich daraus ergebende Folge, sondern meint, die gegen die Frau als eingetragene Eigentümerin auf Grund eines nur gegen sie vollstreckbaren Titels erlangte Eintragung einer Judikathypothek könne von dem Ehemanne nicht bekämpft werden, wenn sein Nießbrauchs= und Verwaltungsrecht nicht eingetragen sei. Wenn Eccius in dem Gläubiger, der die Eintragung oder Beschlagnahme erwirkt hat, einen Dritten erblickt, dessen Rechtsstellung der Ehemann anerkennen müsse, so übersieht er, daß der Ehemann, weil es seiner Zuziehung oder Genehmigung sowohl zu Verfügungen der Ehefrau über ihr Eingebrachtes als auch zum Erwerbe von Rechten am Eingebrachten im Wege der Zwangsvollstreckung bedarf, mit der Ehefrau zusammen die erste Person darstellt, der gegenüber der Gläubiger nur ein Zweiter sein kann. Falkmann (in Rassow und Küntzel, Beiträge Bd. 35 S. 512. 506) hält die Zwangsvollstreckung in die Grundstücke der Ehefrau bezw. die Erwirkung einer Judikathypothek auf Grund eines gegen sie allein gerichteten Schuldtitels für zulässig, falls der Nießbrauch des Ehemannes an den Grundstücken der Frau nicht eingetragen ist, und spricht dem Ehemanne das Recht der Anfechtung ab ohne Rücksicht auf den guten oder schlechten Glauben des Gläubigers.

Die hier vertretene Ansicht nähert sich den Bestimmungen des Entwurfes eines bürgerlichen Gesetzbuches für das Deutsche Reich (erste Lesung). Nach § 1314 desselben findet die Zwangsvollstreckung gegen das Ehegut nur statt, wenn die Ehefrau zu der Leistung und der Ehemann zur Gestattung der Zwangsvollstreckung gegen das Ehegut verurteilt ist. Die Wirkung der Beschränkung des Verfügungsrechtes der Ehefrau in Ansehung des Ehegutes gegen Dritte ist nicht von deren Kenntnis abhängig (§§ 1300—1305). Durch § 37 des Entwurfes einer Grundbuchordnung ist sogar die Eintragung des Nutznießungs= und Verwaltungsrechtes des Ehemannes für unzulässig erklärt. (Vgl. auch die Motive zu §§ 1305. 1314 Bd. 4 S. 236 flg. 257 flg und zu § 837 Bd. 3 S. 218). D. E.

einen weiteren Angriff enthalten. Es wird gerügt, daß die Entscheidung des Berufungsgerichtes insofern zu weit gehe, als sie ohne Einschränkung auf die Dauer des Nießbrauchsrechtes die durch den Beschluß vom 21. September 1892 bewirkten Pfändungen aufhebe, obwohl dadurch nicht nur die am 1. Oktober 1892 fälligen, sondern auch die ferner, also auch die nach Beendigung des Nießbrauchs- und Verwaltungsrechtes des Klägers fällig werdenden Mieten gepfändet seien. Ob überhaupt eine Zwangsvollstreckung unter der Voraussetzung zulässig sei, daß ein sie hinderndes, gegenwärtig bestehendes Recht später etwa wegfallen kann, darf unerörtert bleiben. Es genügt, daß die Zwangsvollstreckung in das Eingebrachte der Frau des Klägers mit Rücksicht auf die Nichtvollstreckbarkeit des gegen die Frau allein ergangenen Urteiles in Vermögensstücke, die dem Nießbrauchs- und Verwaltungsrechte des Klägers unterlagen, unzulässig war, und daß die dessenungeachtet erfolgten Pfändungen wegen prozessualen Verstoßes (§ 671 C.P.O.) aufgehoben werden mußten.

3. Der letzte Vorwurf des Beklagten betrifft die Norm des dem Kläger auferlegten Eides und rügt Verletzung der §§ 209. 198 flg. A.L.R. II. 1 insofern, als es sich um den bloßen Verzicht des Klägers auf den Nießbrauch am Hause seiner Frau handelt, für dessen Erklärung der Frau gegenüber die bloße Schriftform ausreiche.

Diese Beschwerde ist begründet und macht die Zurückverweisung der Sache an das Berufungsgericht zur Berichtigung der Eidesnorm notwendig. Nach der Rechtsprechung des vormaligen preußischen Obertribunales,

vgl. Entsch. des Obertrib. Bd. 79 S. 217; Striethorst, Archiv Bd. 99 S. 148,

von der abzuweichen keine Veranlassung vorliegt, macht der bloße Verzicht des Ehemannes auf Nießbrauch und Verwaltung das Eingebrachte nicht zu Vorbehaltenem, und es ist deshalb für solchen Verzicht die gerichtliche Form nicht nötig. Das Berufungsgericht verletzt demnach das Gesetz, indem es für den bloßen Verzicht des Klägers eine strengere als die schriftliche Form fordert."

73. Inwieweit sind bei Feststellung der Enteignungsentschädigung a) der „individuelle Wert“ des enteigneten Grundstückes, b) Umzugs- oder andere Kosten, die dem Eigentümer infolge der Enteignung erwachsen sind, zu berücksichtigen?

Gesetz vom 11. Juni 1874 §§ 8. 10 Abs. 1.

V. Civilsenat. Urt. v. 4. November 1893 i. S. B. (Kl. u. Widerbekl.) w. Stadtgemeinde Berlin (Bekl. u. Widerkl.). Rep. V. 175/93.

I. Landgericht I Berlin.
II. Kammergericht daselbst.

Aus den Gründen:

... „Ein weiterer Streitpunkt betrifft die Frage, welche Bedeutung dem Umstande, daß in dem enteigneten Hause das optische Geschäft der Kläger schon seit sechzig Jahren ununterbrochen betrieben worden, bei Bemessung der Enteignungsentschädigung beizulegen ist.

Der Entschädigungsfeststellungsbeschluß des Polizeipräsidiums hat diesem Umstande in der Art Rechnung getragen, daß er den Klägern dafür den zwanzigfachen Betrag der Differenz zwischen dem auf 2367 ℳ geschätzten jährlichen Mietswerte ihres Geschäftslokales in dem enteigneten Hause und dem Mietzinse von 4200 ℳ, den sie für ein neues Geschäftslokal in derselben Gegend aufwenden mußten, mit 36 660 ℳ zubilligt „als Äquivalent eines mit dem Besitze des Grundstückes untrennbar gewesenen dinglichen Vorteiles, welcher mit der Entäußerung des Grundstückes verloren geht.“

Einen anderen Standpunkt hat in betreff dieses im Rechtswege nur von der Beklagten angefochtenen Entschädigungspostens der erste Richter eingenommen, indem er den Klägern zwar eine Entschädigung dafür zuspricht, daß sie für die neuen Geschäftslokalitäten mehr Mietzins zahlen müssen, als der Mietwert der früheren Geschäftsräume beträgt, diese Entschädigung aber auf den fünffachen Betrag der Differerz beschränkt, da er den den Klägern aus der Notwendigkeit, ein teureres Lokal zu mieten, erwachsenden Nachteil als einen nur vorübergehenden erachtet. Des besonderen Umstandes, daß das Geschäft in dem enteigneten Hause schon von alters her betrieben wurde, ist hierbei keine Erwähnung geschehen.

Erst in der Berufungsinstanz ist der gedachte Umstand wieder in den Vordergrund getreten, jedoch nicht, wie im Entschädigungsfeststellungsbeschlusse, in Verbindung mit dem höheren Mietspreise des neuen Geschäftslokales, sondern unabhängig hiervon als ein bei Schätzung des Grundstückswertes zu berücksichtigendes Moment. Demgemäß ist in der Berufungsinstanz Beweis erhoben worden." ...

(Es folgt die Darstellung des Beweisergebnisses, aus welchem hervorzuheben ist, daß der Sachverständige Baurat D. den aus der langen Dauer des Geschäftsbetriebes in dem nämlichen Lokale herzuleitenden Mehrwert des letzteren auf einen Kapitalbetrag von 7759,20 ℳ schätzte, entsprechend dem fünffachen Betrage der Differenz zwischen dem objektiven Mietswerte und dem durch den gedachten Umstand bedingten höheren Ertragswerte.)

„Der Berufungsrichter hat die Schätzung des Sachverständigen D. seiner Entscheidung zu Grunde gelegt.... Ausdrücklich tritt der Berufungsrichter dem Sachverständigen darin bei, daß die aus dem langen Bestehen des klägerischen Geschäftes in demselben Grundstücke sich ergebenden Wertserhöhung des letzteren als eine mit der Zeit abnehmende und nach Verlauf von zehn Jahren als geschwunden anzusehen sei.

Wörtlich genommen enthält dieser Satz, wie die Revision mit Recht bemerkt, einen offenbaren Widersinn; denn hatte das Grundstück zur Zeit der Enteignung einen höheren Wert infolge des Umstandes, daß darin seit so langen Jahren das Optikergeschäft betrieben wurde, so würde, wenn die Enteignung nicht stattgefunden hätte, das Grundstück also zunächst im Besitze der Kläger geblieben wäre, jener höhere Wert nicht von Jahr zu Jahr geringer geworden, zuletzt ganz geschwunden sein, sondern hätte eher — unter sonst gleich bleibenden Verhältnissen — sich vergrößern müssen. Gemeint ist natürlich etwas anderes: nämlich, daß der *geschäftliche Nachteil*, den die Kläger dadurch erlitten, daß sie das Geschäft von der altgewohnten und allbekannten Stelle verlegen mußten, im Laufe der Zeit sich ausgeglichen haben würde. Das berührt aber nicht unmittelbar den Grundstückswert und steht nicht im Einklange mit der Annahme des Berufungsrichters, daß durch den hier fraglichen „stadtbekannten" Umstand dem *Grundstücke* selbst eine charakteristische *Eigenschaft* verliehen wurde. Betrachtet man jenen Umstand als eine die *Benutzungs*-

fähigkeit des Grundstückes, wenn auch nur in einer bestimmten Richtung, steigernde Eigenschaft des Grundstückes, so würde davon in erster Linie der objektive Wert (Verkehrswert) des Grundstückes beeinflußt sein.

Es mag aber bezweifelt werden, ob der Umstand, daß ein Grundstück durch lange Jahre in gleicher Weise benutzt worden ist, als eine demselben anhaftende Eigenschaft angesehen werden kann, und andererseits würde, wenn man das annehmen wollte, dem Interesse der Kläger nicht voll genügt sein, wenn ihnen nur der mit Rücksicht auf diese Eigenschaft bemessene objektive Wert, also derjenige Wert zugesprochen würde, den das Grundstück vermöge seiner besonderen Benutzungsfähigkeit zu einem Optikergeschäft für jeden Besitzer hatte, auch wenn dieser nicht selbst das Geschäft betrieb, und demgemäß „jene Eigenschaft" nur durch Vermietung des Lokales an einen Optiker für sich hätte nutzbar machen können.

Die Frage, inwieweit der langjährige Betrieb des Optikergeschäftes in dem enteigneten Grundstücke bei Feststellung der Enteignungsentschädigung zu berücksichtigen sei, ist vielmehr vom Gesichtspunkte des sogenannten individuellen Wertes aus zu beurteilen, das heißt desjenigen Wertes, den das enteignete Grundstück für die Kläger hatte. Daß der nach § 8 des Enteignungsgesetzes zu erstattende volle Wert des abzutretenden Grundstückes den individuellen Wert mitumfaßt, hat der Berufungsrichter ausdrücklich angenommen, und es ist dem mit der aus § 10 Abs. 1 a. a. O. sich ergebenden Einschränkung beizutreten.

Allerdings ist behufs Ermittelung des vollen Wertes eines enteigneten Grundstückes, auf dessen Ersatz der Eigentümer nach § 8 des Enteignungsgesetzes Anspruch hat, zunächst der objektive, das heißt der dem Grundstücke an und für sich beiwohnende, durch seine Benutzungsfähigkeit bedingte Wert (der gemeine Wert des § 112 A.L.R. I. 2), festzustellen, und es wird in diesem reichlich zu bemessenden Werte der Eigentümer in der Regel die ihm gebührende „vollständige Entschädigung" (§ 1 a. a. O.) finden. Trifft dies aber in einem gegebenen Falle nicht zu, so würde es eine Verletzung des in § 1 des Enteignungsgesetzes an die Spitze gestellten Prinzipes sein, wenn man dem Eigentümer den Ersatz der durch den gemeinen Wert des Grundstückes nicht gedeckten Nachteile versagen wollte, welche ihm aus der

Entziehung seines Eigentumes erwachsen. Diesem Prinzipe wird vollständig nur Rechnung getragen, wenn der Eigentümer den Wert ersetzt erhält, welchen das enteignete Grundstück für ihn hatte. Daß dabei der sogenannte Affektionswert, der Wert der besonderen Vorliebe ausgeschlossen bleibt, liegt in der Natur der Sache, weil derselbe jeder realen Grundlage entbehrt und nur in der Meinung des Eigentümers besteht (§ 115 a. a. O.). Dagegen nötigt das Prinzip der „vollständigen Entschädigung", bei Bemessung des „vollen Wertes" im Sinne des § 8 des Enteignungsgesetzes alle vermögensrechtlichen Vorteile zu berücksichtigen, die dem Eigentümer aus dem Besitze und der Benutzung des **Grundstückes** erwachsen und durch die Enteignung entzogen werden. Der Vermögensstand des Eigentümers soll nach der Enteignung kein schlechterer sein, als er vorher war. Dieser Satz bedingt mit Notwendigkeit, daß bei Ermittelung des vollen Wertes des enteigneten Grundstückes neben dem Werte, den dasselbe nach seiner Benutzbarkeit für jeden Besitzer (Käufer) haben würde, das besondere vermögensrechtliche Interesse zu berücksichtigen ist, welches der Besitz und die Benutzung desselben für den bisherigen Eigentümer hatte.

Diesen überwiegenden Gründen gegenüber läßt sich auch aus der Entstehungsgeschichte des § 8 des Enteignungsgesetzes eine Einschränkung der Erstattungspflicht auf den objektiven Wert des abzutretenden Grundstückes nicht herleiten.

Vgl. **Eger**, Gesetz über die Enteignung S. 105 flg.; **Baehr** und **Langerhans**, Gesetz über die Enteignung (1. Ausg.) S. 33; dagegen **Loebell**, Enteignungsgesetz S. 47 flg.; **Dernburg**, Preußisches Privatrecht 4. Aufl. Bd. 1 S. 73/74.

Auch die Analogie mit dem Kaufe und der Satz, daß die Entschädigung dem Preise zu gleichen habe, den der Eigentümer bei einem **unter günstigen Verhältnissen** geschlossenen freiwilligen Verkaufe hätte erzielen können, sprechen nicht gegen, sondern für die Berücksichtigung des subjektiven Interesses des Eigentümers. Denn der Kaufpreis bestimmt sich eben durch das **beiderseitige** Interesse des Käufers und des Verkäufers. Lassen diese sich nicht vereinigen, so kommt eben ein Kauf nicht zustande. Wenn der Verkäufer in einem vom Standpunkte des Käufers vielleicht ganz angemessenen, vielleicht sogar hohen Gebote sein vermögensrechtliches Interesse nicht gewahrt sieht, so wird er zu diesem Preise nicht verkaufen; in seinem Gegengebote aber wird er alle Vorteile, die ihm die Benutzung des Grundstückes gewährt, alle Nachteile, die ihm aus der Veräußerung desselben entstehen, mitveranschlagen.

Vgl. Loebell, a. a. O. S. 48.

Es darf also der Kaufpreis, der bei einem freiwilligen Verkaufe zu erzielen sein würde, nicht lediglich vom Standpunkte des Käufers, sondern muß wesentlich vom Standpunkte des Verkäufers beurteilt werden. Nicht sowohl darauf kommt es an, wieviel ein beliebiger Dritter für das Grundstück hätte geben können, sondern darauf, für wieviel es der Eigentümer, ohne in Vermögensverlust zu geraten, hätte verkaufen können. Nur ein Verkauf, in welchem sein vermögensrechtliches Interesse in jeder Hinsicht gewahrt wird, ist für den Eigentümer ein günstiger zu nennen.

Auf dem Prinzipe, daß dem Eigentümer in dem vollen Werte des enteigneten Grundstückes auch sein Interesse vergütet werden soll, beruht die Bestimmung des ersten Absatzes des § 10 a. a. O., wonach die bisherige Benutzungsart des Grundstückes bei der Abschätzung nur bis zu demjenigen Geldbetrage Berücksichtigung finden kann, welcher erforderlich ist, dem Eigentümer ein Ersatzgrundstück zu verschaffen. Diese Bestimmung erkennt das Prinzip selbst an, indem sie seine Anwendung einschränkt. Die Bestimmung hätte keinen Sinn, wenn nicht die Benutzungsart des Grundstückes als ein unter Umständen den Wert desselben erhöhendes Moment anerkannt wäre. Darunter kann aber nur der Wert, den es für den bisherigen Eigentümer hatte, verstanden sein. Rein objektiv kann der Wert, der sich aus der bisherigen Benutzungsart ergiebt, niemals höher sein, als der aus der Benutzungsfähigkeit abstrahierte Wert. Denn entweder ist die bisherige Benutzungsart die vorteilhafteste, dann entspricht sie eben zugleich der Benutzungsfähigkeit, oder das Grundstück kann ausgiebiger und vorteilhafter benutzt werden als bisher, dann greift zu Gunsten des Eigentümers der höhere Wert Platz, der sich aus der Benutzungsfähigkeit ergiebt. Wenn also im § 10 a. a. O. die bisherige Benutzungsart als ein den Wert erhöhendes Moment vorausgesetzt ist, so kann damit nur der Wert gemeint sein, welchen das Grundstück für den bisherigen Eigentümer hatte, wie sich auch daraus ergiebt, daß diesem durch die Entschädigung die

Mittel gewährt werden sollen, ein anderes Grundstück in derselben Weise und mit demselben Erfolge zu benutzen. Daß dabei besonders an ein von dem Eigentümer in dem Grundstücke betriebenes Gewerbe gedacht ist, ergiebt sich aus der Entstehungsgeschichte des Paragraphen und seinem Verhältnisse zu § 8 der früheren Entwürfe.

Vgl. Eger, a. a. O. S. 157 flg.

Daß der Ermittelung des Wertes, welchen ein Grundstück infolge des von ihm darin betriebenen Gewerbes für den Eigentümer hatte, nicht der ganze von demselben vermöge seiner Thätigkeit und Befähigung erzielte Geschäftsgewinn zu Grunde gelegt werden kann, ist selbstverständlich, weil ja diese persönlichen Faktoren von der Enteignung unberührt bleiben, wohl aber müssen dem Eigentümer die Vorteile voll vergütet werden, welche ihm das abzutretende Grundstück gerade in Hinsicht auf seinen Geschäftsbetrieb bietet. Als ein solcher Vorteil ist im vorliegenden Falle der Umstand geltend gemacht, daß in dem enteigneten Hause das Geschäft der Kläger seit einer langen Reihe von Jahren betrieben worden ist. Hatte infolgedessen das Grundstück für die Kläger einen höheren Wert, als für einen Dritten (der nicht gerade selbst das Geschäft der Kläger hätte fortsetzen wollen), so muß ihnen dieser höhere Wert vergütet werden. Für die Bemessung dieses höheren Wertes bietet nach § 10 Abs. 1 des Enteignungsgesetzes der Preis eines (gleichviel, ob durch Kauf oder mietsweise beschafften oder zu beschaffenden) Ersatzgrundstückes einerseits die Grenze, andererseits den nächstliegenden Maßstab. Sind die Kläger, um ihr stadtbekanntes Geschäft in einem anderen Lokale derselben Stadtgegend, in dem es so lange bestand, mit gleichem Erfolge fortzuführen, genötigt gewesen, einen höheren Mietzins aufzuwenden, als der objektive Mietswert der früheren Geschäftsräume betrug, so drückt dieser Mehraufwand zugleich den Mehrwert aus, den das enteignete Grundstück für die Kläger hatte, insofern der Fortbesitz desselben den Klägern die Fortführung ihres Geschäftes ohne den erhöhten Mehraufwand dauernd gewährleistete. Der sich hieraus ergebende individuelle Nutzungswert kann aber bei Berechnung des Kapitalwertes des Grundstückes nicht anders behandelt werden, als die Erträgnisse des Grundstückes überhaupt; eine Entschädigung der Vergütung von Vorteilen, die der Besitz des Grundstückes den Klägern dauernd gewährt hat und ferner gewährt haben würde, auf eine

Minderzahl von Jahren widerspricht dem Rechtsbegriffe des vollen Wertes im Sinne des § 8 a. a. O., wie ihn der Berufungsrichter selbst aufgestellt hat. ...

Schon in dem Entschädigungsfeststellungsbeschlusse war den Klägern eine fernere besondere Entschädigung in Höhe von 3160 ℳ für die infolge der Enteignung notwendig gewordenen Umzugs- und Einrichtungskosten zugebilligt worden. Der erste Richter beließ es hierbei, der Berufungsrichter aber hat diesen Posten den Klägern abgesprochen. Er begründet diese Entscheidung durch die Erwägung, daß „alle diejenigen Momente, welche der dinglichen Grundlage entbehren", außer Betracht zu lassen, daß insbesondere rein persönliche Nachteile und Schäden, die dem Eigentümer aus der Enteignung erwachsen, sowie alle subjektiven Verhältnisse desselben nicht zu berücksichtigen seien. Der Berufungsrichter geht in der Anwendung dieser Sätze auf den vorliegenden Fall zu weit und verstößt gegen die oben entwickelten Grundsätze über den individuellen Wert. Die dem Expropriaten durch den Verlust seines Eigentumsbesitzes erwachsenden Nachteile haben ihr Korrelat in den Vorteilen, die ihm der Besitz gewährte, und diese Vorteile bilden in ihrer Gesamtheit den Wert, den das enteignete Grundstück für den Eigentümer hatte. Auch hier greift die Analogie mit dem Kaufvertrage Platz. So gewiß ein freiwilliger Verkäufer nicht *außer* dem stipulierten Kaufpreise noch besonders Ersatz der Umzugs- und ähnlicher Kosten fordern kann, so gewiß wird er bei Stipulierung des Kaufpreises darauf Bedacht nehmen, daß er durch denselben auch Ersatz für die infolge des Verkaufes von ihm zu machenden Aufwendungen erhält. So ist es auch bei der Enteignung. In der Regel wird der Eigentümer durch den *reichlich* bemessenen Wert des Grundstückes auch für den aus der Abtretung seines Eigentumes für ihn notwendig erwachsenden Aufwand entschädigt sein. Der Richter wird sich aber der Prüfung, ob dies der Fall ist, dann nicht entziehen dürfen, wenn der Eigentümer diesen Aufwand als einen ihm durch die Enteignung verursachten Schaden besonders liquidiert, umsomehr, wenn ihm, wie im vorliegenden Falle, die Enteignungsbehörde eine besondere Entschädigung zugesprochen hat. Dieser Prüfung hat sich der Berufungsrichter nicht unterzogen. Die *prinzipielle* Aberkennung der für diese Aufwendungen geforderten Entschädigung verletzt den obersten

Grundsatz des Enteignungsrechtes, daß das Grundeigentum nur gegen vollständige Entschädigung entzogen werden darf (§ 1 des Enteignungsgesetzes), und steht auch mit § 10 Abs. 1 a. a. O. nicht im Einklange. Der thatsächlich für die Beschaffung eines Ersatzgrundstückes gemachte Aufwand kann nur dann nicht zur Grundlage für die Bemessung des individuellen Grundstückswertes dienen, wenn er, wie in dem Falle der von dem Berufungsrichter in Bezug genommenen Entscheidung des Reichsgerichtes (Rep. V. 102/88) das Maß des Erforderlichen übersteigt." ...

---

74. Unterliegen schriftliche Veränderungsgenehmigungen, welche von einer Feuerversicherungsgesellschaft ausgestellt werden, wenn versicherte Gegenstände im Laufe der Versicherungszeit den Eigentümer wechseln, dem Stempel für Assekuranzpolicen?

Preuß. Gesetz wegen der Stempelsteuer vom 7. März 1822 Tarifposition „Assekuranzpolicen".

IV. Civilsenat. Urt. v. 21. Dezember 1893 i. S. Magdeburger Feuerversicherungsgesellschaft (Kl.) w. Steuerfiskus (Bekl.). Rep. IV. 241/93.

I. Landgericht Danzig.
II. Oberlandesgericht Marienwerder.

Aus den Gründen:

„Die von der klagenden Feuerversicherungsgesellschaft aufgestellten Allgemeinen Versicherungsbedingungen enthalten in § 5 unter anderem die Bestimmung, daß, wenn versicherte Gegenstände den Eigentümer wechseln, bis zur schriftlichen Genehmigung dieser Veränderung seitens der Gesellschaft die Entschädigungsverpflichtung derselben bezüglich der davon betroffenen Gegenstände ruht. In dem vorliegenden Rechtsstreite handelt es sich um drei Fälle, in welchen bei der Klägerin gegen eine Prämie, welche 150 ℳ erreichte, aber 300 ℳ nicht überstieg, versicherte Sachen im Laufe der Versicherungszeit von den Eigentümern an Dritte veräußert worden sind, und die Klägerin durch Ausstellung der für diesen Zweck eingeführten sogenannten Veränderungsgenehmigungen ihre nach jener Bestimmung des § 5 erforderliche schriftliche Zustimmung erteilt hat. Der Beklagte erblickt in diesen drei Veränderungsgenehmigungen Urkunden, welche nach dem Tarife zum Stempelsteuergesetze vom 7. März 1822 dem Stempel für Assekuranzpolicen in Höhe von je 1,50 *M* unterliegen. In Übereinstimmung mit dem Gerichte erster Instanz hält das Berufungsgericht den von dem Kläger bestrittenen Anspruch des Beklagten für gerechtfertigt, und dieser Ansicht ist beizutreten.

Das Berufungsgericht geht in seinen Erwägungen von der grundsätzlichen Rechtsanschauung aus, welche bereits in den Urteilen des Reichsgerichtes in Sachen Fiskus wider Union Rep. IV. 125/84 vom 29. September 1884,

z. vgl. Deutscher Reichs- und Preußischer Staatsanzeiger 1884 Nr. 259 vom 3. November 1884; Hoyer u. Gaupp, Preußische Stempelgesetzgebung, 4. Aufl., S. 460,

und in Sachen der Aachen-Münchener Feuerversicherungsgesellschaft wider Fiskus Rep. IV. 112/91 vom 18. Juni 1891,

vgl. Jur. Wochenschrift 1891 S. 430,

niedergelegt ist. Danach ist die Stempelpflicht begründet, sobald eine auf dem übereinstimmenden rechtsgeschäftlichen Willen der Beteiligten beruhende Beurkundung vorliegt, welche den gesetzlich erforderlichen Inhalt einer Versicherungspolice erfüllt und den Eintritt des Erwerbers der versicherten Sachen in den ursprünglichen Versicherungsvertrag ergiebt. Daß solche Beurkundungen, im Verhältnisse zu den ursprünglichen Versicherungsverträgen neue Verträge, vorliegen, erachtet das Berufungsgericht zutreffend durch die inhalts der formularmäßigen Veränderungsanzeigen und Veränderungsgenehmigungen in schriftlicher Form beurkundeten Willenseinigungen für erwiesen, indem es mit Recht geltend macht, daß die Inhaltserfordernisse einer Police nach §§ 2069 flg. A.L.R. II. 8 in der ausdrücklichen Bezugnahme auf die ursprüngliche Police zu finden sind.

Dem Umstande gegenüber, daß neue, die Erfordernisse einer Versicherungspolice erfüllende Urkunden geschaffen sind, erscheint es auch unerheblich, daß nach § 2163 A.L.R. II. 8 eine Veränderung in der Person des Eigentümers der versicherten Sache in der Versicherung nichts ändert, wenn nicht einer der dort hervorgehobenen, hier aber nicht in Frage stehenden Fälle vorliegt. Denn daß es der Errichtung einer neuen Urkunde zur Übertragung der Versicherung auf den Erwerber etwa nicht bedarf, ist für die Stempelpflichtigkeit der gleichwohl stattgehabten Beurkundung ohne Belang, da die Verpflichtung zur Entrichtung des Urkundenstempels lediglich durch das Vorhandensein der Urkunde begründet wird. Dem Berufungsgerichte ist aber auch darin beizutreten, wenn es ausführt, daß die Vorschrift des § 2163 a. a. O. hier nicht Platz greife, weil es nach den eigenen Erklärungen der Klägerin, in Verbindung mit den von ihr beigebrachten Formularen zu Veränderungsanzeigen und Genehmigungen und mit dem oben erwähnten § 5 der Allgemeinen Versicherungsbedingungen, zur Übertragung der Versicherungsansprüche auf den neuen Erwerber einer in schriftlicher Form zu beurkundenden wechselseitigen Einwilligung, eines neuen Vertrages, bedürfe, der alle Abreden des ursprünglichen Versicherungsvertrages als wesentlichen Bestandteil in sich aufnehme und daher einen neuen Versicherungsvertrag darstelle. Diese die Tragweite der ursprünglichen Versicherung von vornherein begrenzenden, auf vertraglicher Einigung beruhenden Grundsätze lassen es ausgeschlossen erscheinen, daß sich der Übergang der ursprünglichen Versicherungsverträge auf die neuen Erwerber kraft Gesetzes von selbst vollzieht, und es erscheint gerechtfertigt, daß das Berufungsgericht auch hieraus die Annahme herleitet, daß neue den Inhalt von Versicherungspolicen erfüllende und daher stempelpflichtige Verträge errichtet werden sollten und auch vorliegen.

Die Revision will die Verwertung des § 5 der Allgemeinen Versicherungsbedingungen in dem vorbezeichneten Sinne deshalb nicht gelten lassen, weil danach bis zur schriftlichen Genehmigung der Veränderung seitens der Versicherungsgesellschaft deren Entschädigungsverpflichtung nur ruhe, der ursprüngliche Vertrag also gar nicht erlösche. Diesem von der Klägerin schon in der Vorinstanz erhobenen Einwande ist von dem Berufungsgerichte zutreffend mit der Erwägung begegnet worden, daß die volle Wirksamkeit des ursprünglichen Versicherungsvertrages, und zwar nach § 2171 A.L.R. II. 8 bezüglich eines Hauptpunktes, der Vergütung des Schadens, durch einen neuen Vertrag und dessen infolge der Bezugnahme auf die ursprüngliche Police alle Erfordernisse einer solchen in sich aufnehmende Beurkundung hergestellt werde.

Von dem Berufungsgerichte wird schließlich noch ausgeführt, daß die Stempelpflicht auch nicht dadurch ausgeschlossen sei, daß die vertragsmäßigen Prämien für die ganze Dauer des Vertrages vorausgezahlt sind, die neuen Erwerber also weder eine Prämie gezahlt haben, noch zur Zahlung einer solchen verbunden sind. Von der Revision wird diese Annahme unter Hinweis darauf bekämpft, daß der Stempel nach dem Tarife von der „gezahlten Prämie" zu entrichten sei. Das Berufungsgericht macht aber mit Recht geltend, daß auch in Fällen, wie den in Rede stehenden, eine „gezahlte Prämie" im Sinne des Stempeltarifes vorliege. Entscheidend kommt auch in dieser Beziehung in Betracht, daß der Assekuranzpolicenstempel ein Urkundenstempel ist, welcher von der den Vertragsabschluß bestätigenden Schrift erhoben wird. Die mit den Erwerbern der versicherten Sachen errichteten neuen Verträge ergeben aber durch ihre Bezugnahme auf die ursprünglichen Policen, die hierdurch integrierende Bestandteile dieser neuen Verträge geworden sind, diejenigen Prämien, von welchen der Stempel berechnet ist und tarifmäßig zu berechnen war, daher auch mit Recht eingezogen worden ist." ...

---

75. Umfang der Vollmacht des Testamentsvollstreckers.

III. Civilsenat. Urt. v. 26. Januar 1894 i. S. v. W. (Kl.) w. v. W. (Bekl.) Rep. III. 224/93.

I. Landgericht Göttingen.
II. Oberlandesgericht Celle.

Die Entscheidung ist oben unter „Gemeines Rrecht" Nr. 39 S. 152 abgedruckt.

---

76. Voraussetzungen der Eigentümerhypothek. Rechtliche Natur der Löschungsbewilligung.

Eig.=Erw.=Ges. vom 5. Mai 1872 §§ 63. 64.

V. Civilsenat. Urt. v. 10. Februar 1894 i. S. P. & H. (Bekl.) w. K. (Kl.) Rep. V. 276/93.

I. Landgericht I Berlin.
II. Kammergericht daselbst.

Zur Bebauung seines Grundstückes hat S. mit der N.'schen Grundkreditbank einen Vertrag über die Darleihung von Baugeldern abgeschlossen und für diese auf dem bezeichneten Grundstücke in Abt. III unter Nr. 2 eine Darlehnshypothek von 160 000 *M* eintragen lassen. Als vor Fertigstellung des Baues die Mittel des S. erschöpft waren, hat er am 4. November 1890 mit den Personen, die zu dem Baue geliefert hatten, verabredet, daß sie weiter liefern und er ihnen seine Ansprüche an die Grundkreditbank auf Zahlung von Baugeldern abtreten solle. Zugleich wurde von den Gläubigern des S. der P. P. zur Wahrnehmung ihrer Rechte beauftragt. Als dann die Grundkreditbank wegen des zu geringen Feuerkassenwertes des Hauses den Betrag von 160 000 *M* nicht voll auszahlen wollte, hat S. sich am 9. Februar 1891 verpflichtet, den dadurch freiwerdenden Teil der Hypothek an einen seiner Baugläubiger unmittelbar und an P. als Vertreter der übrigen Gläubiger abzutreten. Die Grundkreditbank hat nur 145 000 *M* gezahlt und dem S. am 10. Juni 1891 eine Löschungsbewilligung wegen des Restes von 15 000 *M* erteilt. S. hat am 25. Juni 1891 von diesem Reste 12 000 *M* an P. für die von ihm vertretenen Gläubiger und 3000 *M* direkt an einen Gläubiger abgetreten. P. hat die ihm cedierte Teilhypothek von 12 000 *M* am 21. März 1892 in verschiedenen Teilbeträgen an die Gläubiger, und zwar im Betrage von 3493,56 *M* an die mitbeklagte Handelsgesellschaft P. & H. abgetreten. Im Januar 1892 ist auf Antrag des Klägers, welcher eine auf dem Grundstücke des S. in Abt. III unter Nr. 3 eingetragene Hypothek von 25 000 *M* erworben hatte, die Zwangsversteigerung dieses Grundstückes eingeleitet. Bei der Kaufgelderverteilung haben die Baugläubiger des S. von der Hypothek Nr. 2 die ihnen von P. cedierten Beträge liquidiert und sind damit voll zur Hebung gekommen. Dadurch hat Kläger bei seiner Hypothek Nr. 3 einen Ausfall von 3809,30 *M* erlitten. Infolgedessen hat er Widerspruch gegen den Teilungsplan erhoben, soweit darin die 13 Baugläubiger des S. zur Befriedigung vor ihm angesetzt sind, und

Klage mit dem Antrage angestellt, seinen Widerspruch in Höhe von 3809,30 *M* für begründet zu erklären und die 13 Beklagten zur Bewilligung der Auszahlung dieses Betrages aus der hinterlegten Streitmasse zu verurteilen. Durch die Urteile erster Instanz ist der Streit bis auf den Widerspruch gegen das Liquidat der Handelsgesellschaft P. & H. von 3493,56 *M* rechtskräftig erledigt, der zurückgewiesen ist. Der Kläger hat nur gegenüber P. & H. Berufung eingelegt. Dieser ist durch das Berufungsgericht dahin stattgegeben, daß der vom Kläger in Höhe von 3809,30 *M* gegen die von P. & H. auf das Kaufgeld geltend gemachten Ansprüche erhobene Widerspruch für begründet erklärt, und die Anfertigung eines neuen Verteilungsplanes angeordnet ist. Die beklagte Handelsgesellschaft P. & H. hat Revision eingelegt. Die Revision ist zurückgewiesen aus folgenden

Gründen:

„Die Beklagte leitet ihr Recht auf den hinterlegten Teil der auf die Hypothek Nr. 2 gefallenen Kaufgelder aus den Cessionen vom 25. Juni 1891 und vom 21. März 1892 her. Durch die letztere hat P. den ihm vom Grundeigentümer S. am 25. Juni 1891 für die Baugläubiger abgetretenen Teil von 12000 *M* der Hypothek Nr. 2 auf diese verteilt und davon der Beklagten 3493,56 *M* cediert. Da nach der unangefochtenen Feststellung des Berufungsgerichtes P. sowohl wie die Beklagte bei den Cessionen mit dem wahren Sachverhalte bekannt gewesen sind, nach welchem die Hypothek Nr. 2 in der Hand der Grundkreditbank wegen Mangels der Valutazahlung zum Teilbetrage von 15000 *M* keine rechtliche Existenz erhalten hat, so hat die Beklagte keinen Anspruch auf den Schutz des § 38 Eig.-Erw.-Ges. Es fragt sich also nur, ob S. in der Lage war, über jenen Hypothekenteil wirksam zu verfügen, weil dieser auf ihn als Eigentümer des Pfandgrundstückes von der Grundkreditbank als der eingetragenen Gläubigerin der Hypothek übergegangen war. Dies ist zu verneinen. Nach den Bestimmungen der §§ 63. 64 Eig.-Erw.-Ges. und der konstanten Judikatur der obersten Gerichtshöfe,

vgl. die Citate in Turnau's Grundbuchordnung 5. Aufl. Bd. 1 S. 525 flg.,

entsteht das Recht des Eigentümers, über eine Post zu verfügen —

abgesehen von den Fällen der §§ 65. 66 Eig.-Erw.-Ges. — nur dadurch, daß der Eigentümer den Gläubiger befriedigt, daß er die Post also durch Zahlung oder in anderer Weise tilgt. Diesem Erfordernisse der sog. Eigentümerhypothek — an dem auch in den §§ 1094 flg. des Entwurfes eines Bürgerlichen Gesetzbuches festgehalten wird — ist nicht genügt. Der Eigentümer S. hat die Grundkreditbank nicht etwa in Höhe von 15 000 ℳ durch Zahlung oder in anderer Weise befriedigt, sondern die Grundkreditbank hat ihm Löschungsbewilligung auf den Betrag von 15 000 ℳ lediglich deshalb erteilt, weil sie an Valuta für die Darlehnshypothek von 160 000 ℳ nur 145 000 ℳ gezahlt, weil sie also in Höhe von 15 000 ℳ überhaupt keine Forderung an S. hatte. Ein Erwerb des Hypothekenteiles von 15 000 ℳ für S. konnte sich nicht vollziehen, weil es an einem Rechtsgrunde dafür fehlte. Es wäre deshalb auch ohne Bedeutung gewesen, wenn S. von der Grundkreditbank statt der Löschungsbewilligung Cession oder Quittung erhalten hätte, da durch diese Urkunden nur die Legitimation des Eigentümers dargethan, nicht aber der Erwerb der Hypothekenforderung begründet wird. Der Hypothekenteil der 15 000 ℳ konnte aber auch aus dem weiteren Grunde nicht auf S. übergehen, weil die Hypothek insoweit wegen Mangels einer rechtsgültigen Forderung keinen Bestand hatte. Kann nach §§ 63. 64 Eig.-Erw.-Ges. nur durch Befriedigung des Gläubigers die Hypothek vom Eigentümer erworben werden, so folgt schon daraus, daß da, wo eine Forderung nicht existiert, welche Gegenstand der Befriedigung sein kann, der Übergang der Hypothek auf den Eigentümer ausgeschlossen ist. Die accessorische Natur der Hypothek erfordert, daß durch die Hypothek eine rechtsbeständige Forderung gesichert ist. Fehlt es an einer solchen, so ist kein Hypothekenrecht entstanden. Durch ihre Eintragung im Grundbuche gewinnt eine nicht bestehende Forderung keine Realität. Der Eigentümer kann durch die ihm vom Gläubiger erteilte Quittung, Löschungsbewilligung oder Cession nicht mehr erwerben, als dem Gläubiger, in dessen Rechte er eintreten will, gebührt. Ist also die Hypothek in der Hand des Gläubigers nicht zur Entstehung gelangt, so ist kein Recht vorhanden, welches zur Verfügung des Eigentümers kommen kann. Die dem Eigentümer vom Gläubiger erteilte Quittung u. s. w. ist in solchem Falle nicht geeignet, ihn als neuen Gläubiger der Hypothek zu legitimieren, sondern kann nur zur Löschung der Hypothek, zur Beseitigung ihrer Scheinexistenz im Grundbuche, führen.

Vgl. die Citate in Turnau, Grundbuchordnung Bd. 1 S. 522 flg. Anm. 3a.

Die Beklagte sucht ihr Hypothekenrecht auf Urteile des Reichsgerichtes zu stützen. Doch können ihr diese nicht helfen. Zweien Entscheidungen,

vgl. Rassow und Küntzel, Beiträge Bd. 32 S. 693, Entsch. des R.G.'s in Civils. Bd. 27 S. 169,

lag der Thatbestand zu Grunde, daß der eingetragene Gläubiger, der eine persönliche Schuld des Eigentümers auch nachträglich nicht durch Zahlung der Darlehnsvaluta begründen wollte, auf Anweisung des Eigentümers einem Dritten seine Rechte aus der Eintragung abgetreten, und daß dieser dann dem Eigentümer die noch ausstehende Valuta gezahlt hatte. Das Reichsgericht hat angenommen, durch die Cession sei das Recht des ursprünglichen Gläubigers, die Hypothek nachträglich durch Zahlung der Valuta zu einer rechtsgültigen zu machen, auf den Cessionar übergegangen, und durch dessen Zahlung habe die Hypothek rechtlichen Bestand genommen. Daß ein Fall dieser Art nicht vorliegt, bedarf keines Nachweises. Auch die andere Entscheidung,

vgl. Rassow und Küntzel, Beiträge Bd. 29 S. 962,

ist zu Gunsten der Beklagten nicht zu verwerten. Der eingetragene Gläubiger einer Darlehnshypothek von 20 000 ℳ hatte die Valuta nicht gezahlt, aber auf Anweisung des Eigentümers einem Dritten 8000 ℳ zur Sicherung für dessen gleich hohe Holzlieferungsforderung an den Eigentümer abgetreten. Das Reichsgericht hat dem Dritten ein wirksames Hypothekenrecht zugesprochen, weil die anfangs ungültige Hypothek durch die Unterlegung der nachträglich entstandenen Kaufgelderforderung rechtlichen Bestand gewonnen habe, und weil eine unrichtige Bezeichnung des Schuldgrundes die Wirksamkeit der Hypothek nicht beeinträchtige. Wird auch an dieser Entscheidung, die nicht unangefochten geblieben,

vgl. Boas und Kempf in Rassow und Küntzel, Beiträge Bd. 31 S. 53, Bd. 34 S. 655,

festgehalten, so würden die Baugläubiger des S., und darunter die Beklagte, ein wirksames Hypothekenrecht für ihre Forderungen an der Stelle des von der Grundkreditbank bis zum Betrage von 15 000 ℳ nicht ausgezahlten Darlehns nur dann erlangt haben, wenn die Grundkreditbank auf Anweisung des S. dem P. als Vertreter der Baugläubiger seine Rechte bezüglich des Betrages von 15000 ℳ abgetreten hätte; dann würde das Recht der Grundkreditbank auf Ausfüllung der Hypothek auf die Baugläubiger übergegangen sein, und diese wären berechtigt gewesen, mit S. die Einschiebung ihrer Forderungen in den cedierten Teil der Hypothek zu vereinbaren. Diesen Weg haben die Baugläubiger jedoch nicht eingeschlagen, und in der von ihnen beliebten Weise, mit Hilfe des Institutes der Eigentümerhypothek, konnten sie, wie oben gezeigt, den gleichen Erfolg nicht erzielen. Welche Folgen eingetreten sein würden, wenn die Grundkreditbank ihre Rechte an S. abgetreten, und dieser dann den Hypothekenteil an P. für die Baugläubiger unter Vereinbarung der Unterlegung der Forderungen der letzteren unter den Hypothekenteil cediert hätte, bedarf keiner Erörterung, da die Cession an S. seitens der Grundkreditbank nicht erfolgt ist. Die Meinung der Beklagten, die von der Grundkreditbank dem S. erteilte Löschungsbewilligung stehe nach §§ 63. 64 Eig.-Erw.-Ges. einer Cession zum mindesten gleich, ist irrig; denn durch diese Bestimmungen ist keineswegs allgemein der Unterschied zwischen Löschungsbewilligung und Cession beseitigt, sondern es sind darin Quittung, Löschungsbewilligung und Cession nur für den besonderen Fall als gleichwertige Legitimationsurkunden behandelt, in welchem der Eigentümer durch Befriedigung des Gläubigers die Verfügung über die Post erhalten hat. Dies trifft hier aber nicht zu. Die dem S. erteilte Löschungsbewilligung hatte daher nicht die Bedeutung und Wirksamkeit einer Cession, vielmehr konnte sie ihrem Inhalte entsprechend nur zur Löschung des nicht existent gewordenen Hypothekenteiles verwendet werden. Die Theorie ferner, daß die vom Gläubiger infolge von Nichtzahlung der Valuta unausgefüllt gelassene Hypothekenstelle dem Eigentümer zur Verfügung stehe und von diesem mit einer anderen Forderung besetzt werden könne, findet im preußischen Rechte keinen Anhalt. Die Ansicht der Beklagten endlich, durch die Eintragung des Baugelderdarlehns sei bereits eine gültige Hypothenforderung entstanden, ist mehrfach vom Reichsgerichte zurückgewiesen. Das Wesen des Baugeldervertrages besteht darin, daß sich der Gläubiger verpflichtet, dem Grundeigentümer Geldmittel behufs Errichtung von Gebäuden herzugeben oder zu beschaffen, und zwar in der Weise, daß die Mittel je nach dem Fortschreiten des Baues gewährt werden, und daß durch Schlußrechnung die Höhe derselben festgestellt wird. Ist, wie es in der Regel zu geschehen pflegt und auch hier geschehen ist, zur Sicherheit des Baugeldgebers eine unbedingte verzinsliche Darlehnshypothek gleich bei Abschluß des Vertrages eingetragen, so erhält die Hypothek erst durch die Zahlung der Baugelder Wirkung, und erst mit diesem Zeitpunkte tritt die Haftung des Pfandgrundstückes für Forderung und Zinsen ein.

Vgl. Urteil des R.G.'s in der Jurist. Wochenschrift von 1886 S. 253 Nr. 27, in Rassow und Küntzel, Beiträge Bd. 32 S. 137, in Bolze, Bd. 12 Nr. 82."

---

77. Kann derjenige, welchem eine Forderung gegen zwei Gesamtschuldner zusteht, über dieselbe in der Weise verfügen, daß er seine Ansprüche gegen den einen Schuldner einem Dritten abtritt und die Ansprüche gegen den zweiten Schuldner sich selbst vorbehält?

IV. Civilsenat. Urt. v. 19. Juni 1893 i. S. J. (Kl.) w. J. (Bekl.) Rep. IV. 25/93.

I. Landgericht I Berlin.
II. Kammergericht daselbst.

Aus den Gründen:

„Kläger hat durch Vertrag vom 8. Juni 1888 sein Damenkonfektionsgeschäft an den Kaufmann J. und dessen Ehefrau, die Beklagte, verkauft und nimmt jetzt die letztere allein auf Zahlung der drei am 1. April, 1. Juli und 1. Oktober 1890 fällig gewesenen Kaufgelderraten von je 2000 ℳ nebst Zinsen seit dem Fälligkeitstage in Anspruch. Zur Zeit der Klaganstellung im April 1890 war über das Vermögen des Ehemannes J. der Konkurs eröffnet; letzterer ist durch den am 2. April 1891 rechtskräftig bestätigten Zwangsvergleich beendigt worden, inhalts dessen von dem Gemeinschuldner unter selbstschuldnerischer Bürgschaft seiner Ehefrau 20 vom Hundert der angemeldeten Forderungen gezahlt werden sollten. Kläger hatte unter

Spezialisierung der einzelnen Ansprüche zu den Konkursakten eine Gesamtforderung von 8223 ℳ angemeldet, in welcher auch die vorgenannten Kaufgelder mit enthalten sind. Diese ihm gegen den Kaufmann J. zustehende Forderung hat Kläger durch schriftliche, notariell beglaubigte Cession vom 1. April 1891 an den Hofdekorateur L., den Vater der Beklagten, „zum Eigentume" abgetreten und dabei anerkannt, Valuta der Cession erhalten zu haben. L. hat in einem an demselben Tage ausgestellten Schriftstücke erklärt, daß in der vom Kläger auf ihn ausgestellten Cession die Forderung des Klägers an Frau J. nicht inbegriffen sei.

Die Beklagte hat dem Anspruche des Klägers außer anderen Rechtsbehelfen auch den entgegengesetzt, daß mit der Cession vom 1. April 1891 auch die Ansprüche gegen sie selbst — die Beklagte — an L. als abgetreten anzusehen seien, und der Kläger daher zur Klage nicht legitimiert erscheine. Beide Vorderrichter haben dem Rechtsbehelfe keine Folge gegeben. Der Berufungsrichter hat angenommen, daß die durch den Vertrag vom 8. Juni 1888 geschaffene Schuldverbindlichkeit eine einheitliche Gesamtschuld der Beklagten und ihres Ehemannes sei, ferner, daß die Cession vom 1. April 1891 nur die vom Konkursverfahren betroffenen Schulden des Ehemannes zum Gegenstande gehabt habe, sowie, daß die Behauptung der Beklagten, es habe ihr Vater die Schuldforderung hinsichts beider Eheleute erworben, durch die Aussage des Vaters nicht bestätigt worden sei, und daß Beklagte die entgegenstehende Erklärung ihres Vaters in dem Schriftstücke vom 1. April 1891 gegen sich gelten lassen müsse. Der Berufungsrichter charakterisiert die durch die Cession geschaffene Rechtslage dahin, daß, während bis zur Cession zwei Gesamtschuldner einem Gläubiger gegenüber gestanden hätten, nach der Cession auch eine Mehrheit von Gläubigern vorhanden sei, und führt aus, daß eine derartige Änderung auf der Gläubigerseite nicht für unzulässig erachtet werden könne, daß sich damit aber auch das Recht des bisherigen Alleingläubigers entsprechend ändere und seine Einschränkung nach den Grundsätzen über Korrealgläubigerschaft finde, ferner, daß es statthaft sei, die hierfür maßgebenden, allerdings wesentlich nur für die durch Vertrag vereinbarte Gläubigergemeinschaft gegebenen Bestimmungen des Allgemeinen Landrechtes (§§ 450 flg. I. 5, §§ 231. 151 I. 17) auch für andere Fälle der Korrealgläubigerschaft heranzuziehen, sofern die gegebene Sachlage solches zulasse, und daß danach als Regel gelte, daß die Mitberechtigten das gemeinschaftliche Recht nur gemeinschaftlich auszuüben berechtigt seien, auch keiner der Mitberechtigten durch seine Handlungen das Recht der übrigen schmälern dürfe, und daß die Befugnisse der mehreren Berechtigten unter sich nach den Grundsätzen vom gemeinschaftlichen Eigentume zu beurteilen seien. Unter Bezugnahme auf eine Reihe von Entscheidungen des Obertribunales und des Reichsgerichtes, in welchen der Grundsatz ausgesprochen worden ist, daß, so lange ein ungeteiltes Miteigentum bestehe, der einzelne Miteigentümer allein weder über die Substanz noch über den Besitz und die Verwaltung frei verfügen, insbesondere eine Forderung nicht allein für sich einziehen dürfe, jedoch alle Handlungen vornehmen könne, welche die Erhaltung seines Gläubigerrechtes ohne Beeinträchtigung seiner Mitgläubiger oder des Schuldners bezwecken, hat der Berufungsrichter weiter angenommen, daß Kläger hiernach zwar nicht Zahlung an seine Person allein fordern könne, jedoch berechtigt sei, den Prozeß unter Berücksichtigung des Interesses seines Mitgläubigers fortzuführen, daß dieses Interesse durch den Antrag auf Zahlung zur Hinterlegungsstelle gewahrt werde, sowie daß auch die Lage der Beklagten nicht gefährdet sei, da durch die Hinterlegung die Möglichkeit einer doppelten Inanspruchnahme der Beklagten ausgeschlossen werde. Endlich ist vom Berufungsrichter ausgeführt worden, daß die Beklagte die Befugnis habe, dem Kläger gegenüber die veränderte Rechtslage geltend zu machen, welche sich als Ergebnis der Cession herausstelle, daß sie nunmehr dem Kläger auch solche Einreden entgegensetzen könne, die sich aus den Beziehungen ihres Mitschuldners zu dem Mitgläubiger des Klägers ergeben, und daß Kläger die Vorschrift des § 435 A.L.R. I. 5, wonach dasjenige, was in Ansehung der schuldigen Sache oder Handlung von dem einen Verpflichteten gethan worden ist, allen übrigen zum Vorteile gereicht, auch hinsichtlich des Mitschuldners der Beklagten gegen sich zur Anwendung bringen lassen müsse.

Diese Erwägungen geben zu rechtlichen Bedenken keine Veranlassung. Dem Berufungsrichter ist zunächst darin beizutreten, daß die Eheleute J. aus dem Kaufvertrage vom 8. Juni 1888 als Gesamtschuldner haften, sowie daß Kläger durch die Cession vom 1. April 1891 nur die ihm gegen den Ehemann J. zustehende Forderung an den Hofdekorateur L. abgetreten hat. In der Cession wird der Anspruch gegen die Frau nicht erwähnt; die Behauptung der Beklagten, daß auch dieser Anspruch Gegenstand der Cession gewesen sei, ist von dem Cessionar L. nicht bestätigt worden; letzterer hat vielmehr in dem von ihm unterschriebenen Schriftstücke vom 1. April 1891 ausdrücklich erklärt, daß der Anspruch des Klägers gegen die Beklagte in der Cession nicht mit abgetreten worden ist. Es fragt sich nun, ob eine derartige Cession rechtlich statthaft ist, ob also derjenige, welchem eine Forderung gegen zwei Gesamtschuldner zusteht, über dieselbe in der Weise verfügen kann, daß er seine Ansprüche auf die Forderung gegen den einen Schuldner einem Dritten abtritt und die Ansprüche auf dieselbe Forderung gegen den zweiten Schuldner sich selbst vorbehält, oder ob die Einheitlichkeit der Schuld von der Bedeutung ist, daß, wenn der Gläubiger die ihm gegen den einen Schuldner zustehenden Ansprüche abtritt, damit zugleich auch die Ansprüche gegen den zweiten Schuldner abgetreten sind. Die Revision behauptet letzteres, indem sie geltend macht, daß nur eine Forderung bestehe, und daß die analoge Anwendung des § 450 A.L.R. I. 5 ausgeschlossen sei. Dieser Angriff ist jedoch nicht begründet; vielmehr erscheinen die auf der entgegengesetzten Annahme beruhenden Erwägungen des Berufungsrichters zutreffend, und es lassen die letzteren weder die Verletzung der genannten Vorschrift noch sonst einen Rechtsirrtum erkennen. An sich ist die Geldforderung des Klägers cessibel (§§ 382 flg. A.L.R. I. 11), und die Cession unterliegt nur der allgemeinen Beschränkung, daß die Verpflichtung der Schuldner nicht erschwert werden darf. In dem Umstande aber, daß an Stelle des bisherigen einen Gläubigers nunmehr für die ungeteilte Forderung zwei Gläubiger treten, kann eine Erschwerung der Verpflichtung der Schuldner nicht gefunden werden, da wegen des nun auch auf der Gläubigerseite eintretenden Korrealverhältnisses durch Tilgung der Schuld an einen Gläubiger beide Schuldner befreit werden, und jeder Schuldner jedem Gläubiger eine jede objektiv zur Aufhebung des Obligationsverhältnisses geeignete Thatsache entgegenzusetzen berechtigt ist. Der Berufungsrichter verkennt keineswegs, daß in § 450 a. a. O. die Begründung der Korrealberechtigung durch Vertrag vorausgesetzt wird; er gelangt jedoch zu der Annahme, daß jene Vorschrift sowie die der §§ 230. 151 A.L.R. I. 17 auch auf andere Fälle anwendbar seien, sofern die gegebene Sachlage dies zuläßt. Seine Erörterungen, welche ihn zu dieser Annahme geführt haben, beruhen auf einer Prüfung der rechtlichen und thatsächlichen Sachlage, welcher der Vorwurf der rechtsirrtümlichen Auffassung nicht gemacht werden kann, und welche auch mit den in dem Urteile des Reichsgerichtes vom 9. Mai 1888,

vgl. Entsch. des R.G.'s in Civils. Bd. 21 S. 252,

ausgesprochenen Grundsätzen sich im Einklange befindet. Ist aber hiernach das Verhältnis der nunmehrigen beiden Gläubiger — des Klägers und des Hofdekokrateurs L. — nach den Grundsätzen der Korrealobligation zu beurteilen, so sind auch die weiteren Folgerungen des Berufungsrichters, gestützt auf die Erwägungen in dem Urteile des Reichsgerichtes vom 27. Februar 1888,

vgl. Entsch. des R.G.'s in Civils. Bd. 20 S. 312,

nicht zu beanstanden. Kläger und L. sind Korrealgläubiger einer Forderung, für welche der Ehemann und die Ehefrau J. als Gesamtschuldner haften. Beide Gläubiger können als Mitberechtigte ihr gemeinschaftliches Recht wegen dieser Forderung in der Regel nur gemeinschaftlich ausüben (§ 450 A.L.R. I. 5), jeder von ihnen allein ist jedoch unter der Voraussetzung zur Klage berechtigt, daß einmal die Rechte des Anderen nicht beeinträchtigt werden, und daß ferner die Lage der Schuldner nicht erschwert wird. Kläger hat zwar in erster Linie beansprucht, daß die Zahlung der eingeklagten Forderung an ihn selbst erfolge, jedoch für den Fall, daß diesem Verlangen nicht stattgegeben werden könnte, ferner den Antrag gestellt, daß die Zahlung zur Hinterlegungsstelle geschehe, durch diesen eventuellen Antrag also zu erkennen gegeben, daß er den erhobenen Anspruch nicht für sich allein, sondern auch für seinen Mitberechtigten geltend mache. Damit ist dem erstgedachten Erfordernisse genügt. Andererseits ist jeder der beiden Schuldner berechtigt, aus der Gesamtschuld nicht nur die ihm aus seiner Person zustehenden Einreden, sondern auch die Zahlungseinreden seines Mitschuldners geltend zu machen und ferner solche Rechtsbehelfe, welche gegen den einen oder anderen Gläubiger erhoben werden können. Eine Erschwerung der Lage der Beklagten kann darin nicht erblickt werden, daß der Gläubiger L. überhaupt nicht hat klagen wollen; denn das würde den Sonder- und Individualrechten des Klägers als Korrealgläubigers widerstreiten. Im übrigen hat der Berufungsrichter zuerst die in Höhe von 30 vom Hundert der ganzen Forderung an Kläger gezahlte Cessionsvaluta in Abzug gebracht. Da Kläger sich mit diesem Abzuge einverstanden erklärt hat, so bedarf es in dieser Hinsicht keiner weiteren Prüfung. Dagegen erscheint es nicht gerechtfertigt, daß der Berufungsrichter auch die Akkordrate von 20 vom Hundert auf die eingeklagte Forderung angerechnet und die letztere um diesen Betrag gekürzt hat. Nach der Aussage des Zeugen L. sind diese 20 vom Hundert noch nicht an ihn gezahlt worden. Nur die wirkliche Zahlung könnte aber die Tilgung der Forderung des Klägers in dieser Höhe bewirken, und dem Umstande, daß dem L. vermöge des Zwangsvergleiches ein neuer Vollstreckungstitel zu Gebote stand, kann die vom Berufungsrichter angenommene Bedeutung nicht beigelegt werden, da eine thatsächliche Befriedigung des L. bisher nicht stattgefunden hat, demselben vielmehr nur ein neuer Titel, aus welchem er seine Befriedigung nachsuchen kann, erwachsen ist." ...

(Folgen die Zinsenberechnung und die Feststellung der Höhe des Restanspruches.)

---

78. Geht der Anspruch aus dem wegen Handlungsunfähigkeit des einen Kontrahenten nichtigen Geschäfte für den Handlungsunfähigen unbedingt auf Rückgabe des von ihm Gegebenen ohne Rücksicht auf dasjenige, was er dafür Zug um Zug erhalten hat?

A.L.R. I. 4 § 27, I. 13 §§ 273. 274, I. 16 § 170.

I. Civilsenat. Urt. v. 25. Oktober / 8. November 1893 i. S. K. (Kl.) w. E. (Bekl.) Rep. I. 231/93.

I. Landgericht Dortmund.
II. Oberlandesgericht Hamm.

Der geisteskranke K. hat im Juni 1887 dem Beklagten, welcher Bankier ist und ihn für handlungsfähig hielt, Wertpapiere im Betrage von 11000 ℳ zur Veräußerung überbracht, sofort 3000 ℳ erhalten, die Papiere dem Beklagten demnächst überlassen, den Restbetrag aber nicht erhoben, sondern ist seitdem verschwunden. Nachdem der

Beklagte 1889 den Betrag von 7482 ℳ bei dem Gerichte, welches dem K. einen Abwesenheitsvormund bestellt, eingezahlt hatte, ist der Vormund gegen ihn auf Zahlung von noch 3518 ℳ und Zinsen klagbar geworden. Diesem Antrage entsprechend ist in beiden Instanzen erkannt, auf die Revision des Beklagten aber das Berufungsurteil aufgehoben und unter Abänderung des ersten Urteiles der Beklagte zur Zahlung von nur 518 ℳ nebst Zinsen von 8000 ℳ bis zum 30. Mai 1889 und von 518 ℳ seitdem verurteilt aus folgenden

Gründen:

... „Das angefochtene Urteil geht richtig davon aus, daß das Ende Mai 1887 zwischen dem Beklagten und K. scheinbar vorgenommene Geschäft wegen der Geisteskrankheit des letzteren als nicht geschlossen zu gelten habe, und daß daher der Beklagte das auf Grund des Geschäftes ohne Rechtsgrund Empfangene zurückgewähren müsse. Als dasjenige, was der Beklagte in dieser Weise empfangen habe, bezeichnet der Kläger die im Werte von 11 000 ℳ hingegebenen Papiere. Hierauf hat sich der Beklagte durch teilweises Bestreiten eingelassen, indem er ersichtlich den Standpunt vertreten hat, daß unter allen Umständen nur der Wert der ihm ausgehändigten Papiere nach Abrechnung der gegen die Aushändigung Zug um Zug gezahlten 3000 ℳ als ohne Rechtsgrund in sein Vermögen gelangt erachtet werden könne. Diese Bedeutung der Einlassung des Beklagten hat der Berufungsrichter überhaupt nicht in Betracht gezogen, vielmehr stillschweigend unterstellt, daß der Beklagte bezüglich der 3000 ℳ ein Rückforderungsrecht geltend mache. Das ist unzutreffend. Der Beklagte, der sich lediglich abwehrend verhält, fordert seinerseits nichts und darf deshalb auch nicht in die Rechtsstellung desjenigen, der eine Forderung geltend macht, gedrängt werden. Nach den vom Berufungsrichter getroffenen und von keiner Seite beanstandeten Feststellungen hat K., offenbar in Rücksicht auf die von ihm beabsichtigte Verwertung der fraglichen Papiere, diese dem Beklagten gegen Zahlung von 3000 ℳ übergeben. Es hat also damals ein einheitlicher Vorgang stattgefunden. K. gab die Papiere hin, um (vorerst) 3000 ℳ zu erhalten, und der Beklagte zahlte 3000 ℳ, um die Papiere (zur weiteren Verwertung) zu erhalten. Nach dem Sachverhalte ist es ausgeschlossen, diesen Vorgang in zwei einander selbständig gegenüberstehende Leistungen zu zerreißen. Deshalb kann eine Bereicherung des Beklagten nur insoweit angenommen werden, als sein Vermögen zufolge des bezeichneten einheitlichen Vorganges vermehrt worden ist. An sich und auch unter Berücksichtigung der Fassung des § 265 A.L.R. I. 13 läßt sich aber nur die Annahme begründen, daß der Beklagte die Differenz zwischen dem Werte der ihm ausgehändigten Papiere und den von ihm gezahlten 3000 ℳ an Geldeswert in sein Vermögen übernommen hat. Soweit ist der Beklagte bereichert und deshalb auch soweit erstattungspflichtig.

Die Annahme des Berufungsrichters, daß der ganze Wert der erhaltenen Papiere als Bereicherung des Beklagten zu erachten sei, beruht ersichtlich auf unzulässigem Zerreißen des aus der Hingabe der Papiere und der Zahlung der 3000 ℳ zusammengesetzten Vorganges und ist demgemäß rechtsirrig. Die vom Kläger, unter besonderem Hinweise auf das Urteil des Reichsoberhandelsgerichtes vom 18. Dezember 1876,

vgl. Entsch. desselben Bd. 21 S. 215,

versuchten Ausführungen, daß der Berufungsrichter mit Recht den Beklagten zur Abrechnung der von ihm gezahlten 3000 ℳ für nicht befugt erachtet habe, können schon deshalb als zutreffend nicht anerkannt werden, weil der § 170 A.L.R. I. 16, auf welchen sich diese Ausführungen stützen, unzweideutig davon handelt, inwieweit Zahlungen, welche der Unfähige geleistet hat, zurückgefordert werden können. Die 3000 ℳ, um deren Anrechnung es sich hier handelt, sind aber nicht von dem unfähigen Kläger, sondern an ihn gezahlt.

Hiernach muß das angefochtene Urteil, da dasselbe auf der rechtsirrigen Annahme beruht, die Bereicherung des Beklagten sei auf 11000 ℳ statt auf nur 8000 ℳ festzusetzen, aufgehoben werden, und es kann auch, da alle erheblichen Ziffern und Daten unstreitig sind, gleich in der Sache selbst erkannt werden. Die Bereicherung des Beklagten in Höhe von 8000 ℳ hat spätestens Ende Mai 1887 stattgefunden, und am 30. Mai 1889 sind vom Beklagten 7482 ℳ bezahlt, sodaß dem Kläger 518 ℳ zuzusprechen sind, und er mit den mehrgeforderten 3000 ℳ abzuweisen ist. Die Beträge, um welche der Beklagte bereichert ist, hat er, da die Bereicherung durch die Übernahme zinstragender Papiere erfolgt ist, gleichfalls aus dem Gesichtspunkte der Bereicherung zu verzinsen. Das ist auch in dieser Instanz von beiden Parteien übereinstimmend vorgetragen. Der in den Vorinstanzen zur Begründung der Zinsverpflichtung herangezogene Gesichtspunkt des Schadensersatzes kommt überhaupt nicht in Frage."...

---

79. 1. Haften mehrere Mündel für die gerichtlichen Kosten der Vormundschaft solidarisch?

Gesetz, betreffend den Ansatz und die Erhebung der Gerichtskosten, vom 10. Mai 1851 § 10 Ziff. 5.

2. Subsidiarität der Haftung eines Beamten für den durch sein Versehen verursachten Schaden.

A.L.R. II. 10 § 91.

IV. Civilsenat. Urt. v. 27. November 1893 i. S. B. (Bekl.) w. den preußischen Justizfiskus (Kl.). Rep. IV. 209/93.

I. Landgericht Duisburg.
II. Oberlandesgericht Hamm.

Aus den Gründen:

„Das Berufungsgericht geht ohne Gesetzesverletzung von der Annahme aus, der Beklagte habe die Nichteinziehung der hier streitigen Auktionskosten im Betrage von 25,82 ℳ durch ein nach den §§ 88. 89 A.L.R. II. 10 zu vertretendes Versehen verschuldet. Sodann wird geprüft, ob nicht die gegenwärtige Vermögenslage der früheren F.'schen Mündel, soweit nicht zu ihren Gunsten die Verjährung schon eingetreten ist, die Einziehung der Kostenschuld von den Mündeln selbst ermögliche. Dies ist verneint. Das Berufungsgericht ist zu der Überzeugung gelangt, daß seit der ersten Wahrnehmung des die Staatskasse benachteiligenden Versehens des Beklagten im Jahre 1885 niemals, auch gegenwärtig nicht, es möglich gewesen sei, die Kostenschuld von den vier Geschwistern F., den früheren Mündeln, einzuziehen. Es ist erwogen: die vier Geschwister F. hafteten für die streitige Kostenschuld, da es an einem gesetzlichen Grunde zur Annahme einer Solidarverbindlichkeit fehle, anteilig, es sei ferner zur Zeit der Aufdeckung des Versehens das Vorhandensein anderen Vermögens aus den Vormundschaftsakten nicht festzustellen gewesen, und in diesem Sinne habe das Vormundschaftsgericht sachlich zutreffend auf den Protokollen vom 6. und vom 9. April 1879 vermerkt: es sei notorisch kein Vermögen mehr vorhanden, weshalb die Registrierung unterblieben sei. Es ist weiter erwogen: jene Verhältnisse hätten sich bis zur Klagerhebung (Anfang 1890) nicht geändert. Damit soll offenbar ausgedrückt werden: auch zur Zeit der Klagerhebung (Januar 1890) — damals waren Wilhelm F. (geboren am 9. März 1870) und Ottilie F. (geboren am 1. November 1872) noch minderjährig — sei anderes Vermögen aus den Vormundschaftsakten nicht feststellbar gewesen. Auch dieser Entscheidungsgrund enthält keine Gesetzesverletzung, insbesondere liegt eine solche nicht in der Annahme, es bestehe keine Solidarverbindlichkeit der vier Geschwister F. für die Kostenschuld. Die Frage der Haftung der vier Geschwister F. für die durch die Vormundschaft erwachsenen Gerichtskosten ist nach den Grundsätzen des materiellen Rechtes zu beurteilen (§ 10 Ziff. 5 des Gesetzes vom 10. Mai 1851, G.S. S. 622). Danach aber ist ein gesetzlicher Grund solidarischer Haftung der Mündel für die gerichtlichen Kosten der Vormundschaft nicht vorhanden. Zwischen den Pflegebefohlenen und der Vormundschaftsbehörde besteht kein Vertrag, insbesondere kein Mandatsvertrag. Von der Anwendung des von der Revision angeführten § 211 A.L.R. I. 13 (Haftung mehrerer Machtgeber gegenüber dem Bevollmächtigten) oder des § 424 I. 5 (Haftung mehrerer Personen, welche sich einem Dritten in einem und demselben Vertrage verpflichtet haben) kann daher keine Rede sei.

Das Berufungsgericht hat ferner angenommen, der § 91 A.L.R. II. 10, wonach die Vertretung des Beamten für ein begangenes Versehen nur dann stattfindet, wenn kein anderes gesetzmäßiges Mittel, wodurch den nachteiligen Folgen eines solchen Versehens abgeholfen werden könnte, mehr übrig ist, lege dem Kläger nicht die Verpflichtung auf, ohne Kenntnis von dem Aufenhalte des großjährigen Schuldners Joseph F. und bei offenbar nachlaßlosem Ableben des Johann F. gegen ersteren und gegen die Erben des letzteren, sowie gegen die besitzlosen, noch minderjährigen Kuranden (Wilhelm und Ottilie F.) eine ganz aussichtslose Klage anzustrengen. Dieser Entscheidungsgrund ist rechtsirrtümlich. Es ist verkannt, daß nach § 15 des Gesetzes, betreffend den Ansatz und die Erhebung der Gerichtskosten, vom 10. Mai 1851 (G.S. S. 622), vgl. auch das Gesetz, betreffend die Kosten, Stempel und Gebühren in Vormundschaftssachen, vom 21. Juli 1875 (G.S. S. 548) und § 29 des preußischen Ausführungsgesetzes zum deutschen Gerichtskostengesetze vom 10. März 1879 (G.S. S. 145),

jede Kostenforderung einen Titel zum Pfandrechte auf die dem Schuldner gehörigen Immobilien giebt, und daß nach dem zuletzt erwähnten § 29 des preußischen Ausführungsgesetzes zum deutschen Gerichtskostengesetze die zwangsweise Einziehung der Gerichtskosten im Wege der administrativen Zwangsvollstreckung — wenngleich mit der aus § 7 Ziff. 5 des erwähnten Gesetzes vom 10. Mai 1851 sich ergebenden Beschränkung — erfolgt. Das Berufungsgericht hat sonach, wie von der Revision zutreffend gerügt worden ist, die Entscheidung rechtsirrtümlich auf die Annahme gegründet, es bedürfe einer vorgängigen Klage gegen die früheren Mündel wegen Zahlung der Gerichtskosten. Diese Gesetzesverletzung hat jedoch die Aufhebung des Urteiles nicht in der vollen Höhe des klägerischen Anspruches zur Folge.

Von den vier Geschwistern F. ist nach der Feststellung des Berufungsurteiles Johann F. vor erreichter Volljährigkeit ohne Hinterlassung bekannten Vermögens und anderer Erben, als seiner Geschwister Joseph, Wilhelm und Ottilie, gestorben, und über den Erbantritt dieser vier Geschwister ist, wie das Urteil ferner feststellt, nichts bekannt. Der Aufenthalt des Joseph F. aber ist, wie das Berufungsgericht festgestellt hat, unbekannt. In betreff des Joseph und des Johann F. hat sonach das Berufungsgericht das Erfordernis des § 91 A.L.R. II. 10, daß kein anderes gesetzmäßiges Mittel, wodurch den nachteiligen Folgen des Versehens des Beklagten abgeholfen werden könnte, mehr übrig ist, ohne Gesetzesverletzung als dargethan angenommen. ...

Auch in betreff der beiden Geschwister Wilhelm und Ottilie F. erachtet das Berufungsgericht die Voraussetzung der Inanspruchnahme des Beklagten, daß kein anderes gesetzmäßiges Mittel mehr übrig ist, wodurch den nachteiligen Folgen des Versehens des Beklagten abgeholfen werden könnte (§ 91 A.L.R. II. 10), für vorliegend. Es ist erwogen: in Betracht komme nur der Besitz solchen Vermögens, an welches sich der Kläger nach ausgeklagtem Anspruche im Wege der Zwangsvollstreckung würde halten können; daß Wilhelm F. solches Vermögen besitze, sei aber nach den Erfahrungen des gemeinen Lebens bei den über seine Erwerbsverhältnisse bekannt gegebenen Umständen für ausgeschlossen zu erachten; danach sei er von Hause aus vermögenslos, zur Zeit der Anstellung der Klage Lehrling und als solcher nicht in der Lage gewesen, Vermögen zu erwerben; auch liege kein Grund für die Annahme vor, daß ihm dies in der kurzen Zwischenzeit bis zu seinem Eintritte in den Militärdienst möglich gewesen sei, und unbedenklich müsse angenommen werden, daß er keine pfandbaren Vermögensobjekte in der Zeit erworben habe, seit er als Soldat in Metz, in welcher Stellung er noch jetzt sich befinde, seiner Dienstpflicht genüge; Ottilie F. aber sei nach ihren Erklärungen weder zur Zeit der Anstellung der Klage in diesem Sinne zahlungsfähig gewesen, noch sei sie es jetzt. — Allein Ottilie F. hat nach der Feststellung des Berufungsgerichtes zeugeneidlich bekundet: zur Zeit der Klagerhebung (im Januar 1890) habe sie Vermögen nicht besessen und von ihrem Lohne nichts erübrigt; wenn ihr damals eine Gerichtskostenrechnung über 12,41 ℳ mit der Aufforderung zur Zahlung zugegangen wäre, so würde sie, wenn sie die Schuld hätte bezahlen müssen, Ausstand nachgesucht und das Geld zu ersparen gesucht haben; jetzt — zur Zeit ihrer Vernehmung im Januar 1893 — sei sie, wenn ihr die Zahlung obliege, bereit und auch in der Lage, ihren Anteil an der Kostenschuld und auch die ganze Kostenschuld von 25,82 ℳ zu zahlen. Eine Vernehmung des Wilhelm F. über seine Vermögensverhältnisse hat nicht stattgefunden. Behauptet aber ist von dem Beklagten, daß Wilhelm F. aus seiner Lehr- und Gesellenzeit Ersparnisse besitze, welche ihn befähigten, die Kostenschuld zu zahlen, und daß er dazu bereit sei, wenn er dazu aufgefordert würde.

Danach ist aber das Berufungsgericht dem § 91 A.L.R. II. 10 nicht gerecht geworden. Nach dieser Vorschrift tritt die Haftung des Beamten für ein begangenes Versehen nur dann ein, wenn der Beschädigte von anderer Seite her durch ein gesetzmäßiges Mittel Ersatz nicht erlangen kann. Der § 91 fordert also, wie mit dem vormaligen preußischen Obertribunale (Urteil vom 10. Oktober 1856, Striethorst, Archiv für Rechtsfälle Bd. 23 S. 1) anzunehmen, die Erschöpfung aller gesetzmäßigen Mittel, bevor der nur subsidiär verpflichtete Beamte für den durch sein Versehen verursachten Schaden in Anspruch zu nehmen ist, und dies jedenfalls dann, wenn nicht bereits feststeht, daß diese gesetzmäßigen Mittel zur Befriedigung des Gläubigers nicht führen können. Eine solche Feststellung ist vorliegend nicht getroffen und hat nach Lage der Sache, zumal gegenüber dem eidlichen Zeugnisse der Ottilie F. und des von dem Beklagten in betreff des Wilhelm F. angetretenen Beweises, nicht getroffen werden können.

Demnach war das Berufungsurteil in Höhe der auf Wilhelm und Ottilie F. fallenden Anteile aufzuheben, und die Sache in diesem Umfange zur anderweiten Verhandlung und Entscheidung an das Berufungsgericht zurückzuverweisen." ...

---

80. 1. Fällt das einer Stadtgemeinde, welche einen besonderen Ortsarmenverband bildet, zu Wohlthätigkeitszwecken ausgesetzte Legat unter die Bestimmung der Ziff. 2f der Befreiungen des Tarifes zum Erbschaftssteuergesetze vom 30. Mai 1873?

2. Greift die Bestimmung der Ziff. 2h des Tarifes a. a. O. Platz bei Zuwendungen für öffentliche Kunstsammlungen, welchen die juristische Persönlichkeit fehlt?

IV. Civilsenat. Urt. v. 4. Dezember 1893 i. S. S. (Kl.) w. den preußischen Fiskus (Bekl.). Rep. IV. 210/93.

I. Landgericht Königsberg i. Pr.
II. Oberlandesgericht daselbst.

Aus den Gründen:

... „Das dem Testamente des Geheimen Kommerzienrates S. beigefügte Verzeichnis der von ihm angeordneten Vermächtnisse trägt die Überschrift: „Anlage zu meinem Testamente, enthaltend die von mir ausgesetzten Legate zu dauernden Wohlthätigkeitsanstalten und Kunstinstituten im Verhältnisse von drei Vierteln zu einem Viertel." Hieran schließt sich eine Bestimmung, wonach der Stadt K. der Betrag von 400 000 ℳ ausgesetzt wird, und zwar zu drei Vierteln „für Wohlthätigkeit" und zu einem Viertel „für Kunstinstitut". Nach der Feststellungsbescheinigung vom 2. Oktober 1891 sind hierfür, unter Zugrundelegung eines Steuersatzes von vier vom Hundert, 16 667 ℳ berechnet und eingezogen worden. Der Berufungsrichter hat dies ganze Vermächtnis für steuerfrei erachtet.

a) Anlangend zunächst die 300000 M „für Wohlthätigkeit" sucht er auszuführen, daß in dieser Beziehung die Vorschrift der Ziff. 2 f. der Befreiungen des Tarifes zum Erbschaftssteuergesetze vom 30. Mai 1873 Anwendung finden müsse. Diese Rechtsansicht kann für zutreffend nicht erachtet werden. Nach der vom Berufungsrichter herangezogenen Ausnahmebestimmung der Ziff. 2 f. a. a. O. ist jeder Anfall von der Erbschaftssteuer befreit, welcher „an Orts- oder Landarmenverbände zur Verwendung für Hilfsbedürftige" gelangt. Diese Voraussetzungen liegen bezüglich der 300000 M nicht vor. Zwar bildet die Stadt K. gleichzeitig den Ortsarmenband K., aber nicht jedes Vermächtnis, welches der Stadt K. zu Wohlthätigkeitszwecken irgend welcher Art zufließt, erscheint als eine Zuwendung, welche der Stadt in ihrer Eigenschaft als Ortsarmenverband, und zwar zur Verwendung für Hilfsbedürftige gemacht wird. Die vom Erblasser angegebene Bestimmung „für Wohlthätigkeit" ist so weitgehend, daß es der Stadtverwaltung unbenommen bleibt, die 300000 M für Zwecke zu verwenden, welche zwar als wohlthätige anzusehen sind, aber zu dem Aufgabenkreise des Ortsarmenverbandes nicht gehören. Hiernach kann die den Orts- und Landarmenverbänden gewährte Befreiung von der Erbschaftssteuer im vorliegenden Falle nicht Platz greifen; vielmehr erscheint nur die Bestimmung zu C° des Tarifes anwendbar, wonach die in Rede stehende Zuwendung einem Steuersatze von vier Prozent unterliegt. Soweit ist die Sache bei diesem Punkte zur Endentscheidung reif.

b) Bezüglich der 100000 M „für Kunstinstitut" nimmt der Berufungsrichter an, daß der Stadt K. vom Erblasser die Verpflichtung auferlegt worden sei, diese Zuwendung zu Zwecken der städtischen Gemäldegalerie zu verwenden. Wäre diese Annahme begründet, so würde die weitere Rechtsausführung, daß dieses Vermächtnis steuerfrei bleiben müßte, nicht zu beanstanden sein. Denn nach Ziff. 2h des Tarifes a. a. O. ist jeder Anfall steuerfrei, welcher an „öffentliche Schulen, Universitäten und öffentliche Sammlungen für Kunst oder Wissenschaft" gelangt; und da ferner nach §§ 7. 8 des Erbschaftssteuergesetzes eine Zuwendung, welche — ohne Errichtung einer Stiftung — zu gemeinnützigen oder öffentlichen Zwecken angeordnet wird, hinsichtlich der Versteuerung ebenso behandelt werden soll, als ob zu demselben Zwecke eine Stiftung angeordnet oder die Zuwendung einer schon begründeten Stiftung angefallen wäre,

vgl. die Motive zu § 7 des Entwurfes S. 59 der Anlagen zu den stenographischen Berichten,

so muß das für eine öffentliche Kunstsammlung ausgesetzte Vermächtnis nicht nur dann von der Erbschaftssteuer befreit sein, wenn diese Sammlung eine mit juristischer Persönlichkeit ausgestattete Stiftung ist, sondern auch dann, wenn dies nicht zutrifft, die Sammlung vielmehr als das öffentliche Institut eines korporativen Verbandes erscheint, letzterem aber die Zuwendung mit der Verpflichtung gemacht ist, das Vermächtnis für die öffentliche Sammlung zu verwenden. Im Streitfalle entbehrt aber jene Annahme des Berufungsrichters, daß die fraglichen 100000 ℳ für die städtische Gemäldegalerie in K. bestimmt gewesen seien, der genügenden Begründung. Der Berufungsrichter hat erwogen: In K. bestehe notorisch nur eine einzige städtische öffentliche Kunstsammlung, nämlich die städtische Gemäldegalerie. Unter der Zuwendung des Erblassers an die Stadt K. „für Kunstinstitut" oder — was nicht aufgeklärt sei — „für Kunstinstitute" könne daher nur die Gemäldegalerie verstanden sein. Diese Folgerung ist nicht schlüssig, da nicht feststeht, daß in K. außer der Gemäldegalerie ein anderes städtisches Kunstinstitut nicht besteht, oder daß der Erblasser mit dem weitgehenden Ausdrucke „Kunstinstitut" nur den engern Begriff einer Kunstsammlung habe verbinden wollen. Hiernach erscheint es geboten, bei diesem Punkte die Sache in Gemäßheit des § 528 C.P.O. zur anderweiten Verhandlung und Entscheidung an das Berufungsgericht zurückzuverweisen." ...

---

81. Was ist in § 72 A.L.R. I. 6 bei Körperverletzungen unter unmittelbarem Schaden zu verstehen?

VI. Civilsenat. Urt. v. 21. Dezember 1893 i. S. B. (Bekl.) w. Z. (Kl.) Rep. VI. 259/93.

I. Landgericht Ostrowo.
II. Oberlandesgericht Posen.

Aus den Gründen:

„Die Klägerin behauptet, durch die Hunde des Revisionsklägers und des Mitbeklagten, Fleischermeisters P., verletzt zu sein, und verlangt Ersatz der Kurkosten und Entschädigung für die Verminderung der Erwerbsfähigkeit. ... Das Berufungsgericht hat gegenüber dem Revisionskläger den Anspruch dem Grunde nach für gerechtfertigt erklärt. Die Entscheidung beruht auf folgenden Feststellungen und Ausführungen. Die Klägerin kam beim Überschreiten des Straßendammes in die Nähe der beiden miteinander spielenden Hunde der Beklagten. Die Hunde ließen darauf voneinander ab. Der Hund des Revisionsklägers wich dabei zurück, kam der Klägerin zu nahe, geriet ihr zwischen die Beine und brachte sie zu Fall. Der Unfall wurde allein durch den Hund des Revisionsklägers herbeigeführt. Danach wurde die Klage gegen P. abgewiesen, gegenüber dem Revisionskläger aber der Anspruch auf Grund des § 72 A.L.R. I. 6 für gerechtfertigt erklärt. Es wurde daraus, daß der Hund ein Jagdhund gewesen und Revisionskläger Bäckermeister sei, geschlossen, daß derselbe den Hund weder in seinem Gewerbe, noch in seiner Haushaltung gebraucht, vielmehr lediglich zum Vergnügen gehalten habe.... Es ist also auch der Anspruch auf Entschädigung für die verminderte Erwerbsfähigkeit als begründet anerkannt. Insoweit verletzt die Entscheidung den § 72 A.L.R. I. 6.

Der Paragraph verpflichtet den Eigentümer des Tieres zum Ersatze des unmittelbaren Schadens, und es fragt sich, was bei Körperverletzungen unter einem solchen zu verstehen ist. Das Allgemeine Landrecht hat den Umfang des zu leistenden Schadensersatzes verschieden bestimmt nach dem Grade der Verschuldung, durch welche der Schaden verursacht ist (§§ 10—15 A.L.R. I. 6). Bei einem geringen Versehen wird nach dem § 15 I. 6 nur für den unmittelbaren Schaden gehaftet. Bezüglich des bei einer Körperverletzung zu leistenden Schadensersatzes sind in den §§ 111 flg. I. 6 besondere Bestimmungen getroffen. Es fehlt aber ein Grund für die Annahme, daß der Gesetzgeber hier andere Prinzipien, als die vorher von ihm aufgestellten allgemeinen, hat zu Grunde legen wollen. Man kann daher hierin nur eine Anwendung dieser Grundsätze und eine nähere Bestimmung derselben finden, die wegen der Eigentümlichkeit des bei einer Körperverletzung entstehenden Schadens geboten erschien.

Vgl. Striethorst, Archiv Bd. 66 S. 704.
Der bei einer Körperverletzung im Falle eines geringen Versehens zu leistende Schadensersatz besteht nach den §§ 111. 118 A.L.R. I. 6 in der Erstattung der Kur- und Heilungskosten. Da, wie bemerkt, in dieser Vorschrift eine Anwendung und nähere Bestimmung der allgemeinen Grundsätze über Schadensersatz liegt, so bilden die Kur- und Heilungskosten bei Körperverletzungen den unmittelbaren Schaden (§ 15 I. 6). Danach kann auf Grund des § 72 I. 6 eine Entschädigung für den Verlust oder die Verminderung der Erwerbsfähigkeit nicht beansprucht werden. Diese Auslegung wird durch eine Vergleichung der Vorschrift des § 72 a. a. O. mit der des folgenden Paragraphen bestätigt. Nach dem § 73 a. a. O. haftet bei anderen von Natur unschädlichen Tieren der Eigentümer nur für den Schaden, welcher aus der versäumten Aufsicht über sie entspringt. Diese Haftung beschränkt sich im Falle des geringen Versehens auf den Ersatz des unmittelbaren Schadens, bei Körperverletzungen auf die Erstattung der Kur- und Heilungskosten (§§ 15. 111. 118 A.L.R. I. 6). Die Schadensersatzverpflichtung ist also unzweifelhaft bei einem anderen Schaden die gleiche, wie im Falle des § 72 a. a. O. Danach läßt sich aber nicht annehmen, daß es die Absicht des Gesetzgebers gewesen sei, bei Körperverletzungen einen Unterschied zu statuieren und die Haftung des Eigentümers im Falle des § 72 a. a. O. auf die Entschädigung für den Verlust oder die Verminderung der Erwerbsfähigkeit auszudehnen." . . .

---

82. 1. **Zur Auslegung des § 96 A.L.R. I. 13.**

2. **Haftet ein einzelner Erbe, der als Bevollmächtigter seiner Miterben eine Verpflichtung namens sämtlicher Erben übernommen hat, dem Berechtigten für die Erfüllung solidarisch, und zwar auch dann, wenn er bei der Übernahme die Grenzen der ihm erteilten Vollmacht überschritten hatte?**

VI. Civilsenat. Urt. v. 1. Februar 1894 i. S. V. (Kl.) w. H. (Bekl.) Rep. VI. 302/93.

I. Landgericht I Berlin.
II. Kammergericht daselbst.

Infolge der Vermittelungsthätigkeit des Klägers haben die H.'schen Erben ihr Haus an W. verkauft, nachdem Kläger vom Beklagten mit der Vermittelung des Verkaufes unter Zusicherung einer Provision von 5000 ℳ beauftragt worden war. Bei der Verhandlung über den jetzt vom Kläger erhobenen Provisionsanspruch war streitig geblieben, ob der Beklagte für sich persönlich oder für die H.'schen Erben den Vermittelungsauftrag erteilt und die Provision versprochen habe, sowie andererseits, ob die Provision von 5000 ℳ unbedingt oder nur für den Fall der Erzielung eines bestimmten Kaufpreises zugesichert worden sei. Im Berufungsurteile wurden dem Beklagten zwei richterliche Eide wahlweise auferlegt, und zwar der erste zur Widerlegung der Behauptung des Klägers, daß der Beklagte nur für seine Person den Auftrag erteilt und sich zur Provisionszahlung verpflichtet habe, der zweite zur Feststellung der Bedingtheit des Provisionsversprechens. Falls der Beklagte auch nur einen dieser Eide leiste, sollte Kläger abgewiesen und auf die Widerklage verurteilt werden, anzuerkennen, daß ihm der Beklagte aus dem Vermittelungsauftrage eine versprochene Provision nicht verschulde. Das Reichsgericht hat auf die Revision des Klägers das Urteil aufgehoben und die Sache an das Berufungsgericht zurückverwiesen. Zunächst wird ausgeführt, daß für den Fall der Ableistung des **zweiten** Eides die Abweisung der erhobenen Klage und die Verurteilung des Klägers nach der Widerklage nicht zu beanstanden seien. Dann heißt es in den

Gründen:

... „Dagegen ist es nicht zu billigen, daß nach der Vorentscheidung die eben bezeichneten Folgen auch dann eintreffen sollen, wenn vom Beklagten nur der erste der beiden Eide geleistet, und damit festgestellt würde, daß der Beklagte den Auftrag und das Provisionsversprechen nicht für seine Person, sondern in seiner Eigenschaft als Bevollmächtigter aller H.'schen Erben erteilt hat. Zwar liegt hierbei die von der Revision gerügte Verletzung des § 96 A.L.R. I. 13 nicht vor. Denn wenn selbst der Kläger das Vorhandensein der Voraussetzungen für die Anwendung dieser Gesetzesvorschrift in den Vorinstanzen behauptet hätte, so würde er doch daraus nur einen Anspruch auf Ersatz des aus der Ungültigkeit des Maklervertrages entstandenen Schadens, — das negative Vertragsinteresse, — nicht den hier erhobenen Anspruch auf Leistung des ungültig Versprochenen herleiten können.

Vgl. §§ 9. 128. 171 A.L.R. I. 13; Dernburg, Preußisches Privatrecht Bd. 2 § 16 Anm. 6; Eccius, Preußisches Privatrecht Bd. 2 § 141 Anm. 132; Koch, Kommentar zu § 96 A.L.R. I. 13; Entsch. des R.G.'s in Civils. Bd. 6 S. 258.

Ungenügende Beachtung hat aber der Umstand gefunden, daß der Beklagte, nach den Anführungen des Klägers wie nach seinen eigenen Erklärungen, zu den H.'schen Erben zu gehören scheint. Eine ausdrückliche Feststellung nach dieser Richtung findet sich im Berufungsurteile nicht; verschiedene Wendungen der Entscheidungsgründe deuten jedoch darauf hin, daß auch der Vorderrichter den Beklagten als Miterben und als Miteigentümer des an W. verkauften Hauses angesehen hat. Ist dies richtig, so trat der Beklagte bei seinen Verhandlungen mit dem Kläger in doppelter Eigenschaft auf, indem er den Vermittelungsauftrag und das Provisionsversprechen einerseits für sich selbst als Miterbe und Miteigentümer, andererseits für die übrigen H.'schen Erben als deren Bevollmächtigter erteilte. In diesem Falle könnte die Annahme der Vorinstanz, daß der Kläger sich mit seiner Forderung an die Gesamtheit der Erben hätte halten müssen, für gerechtfertigt nicht erachtet werden. Die §§ 127 flg. A.L.R. I. 17 stehen dieser Annahme nicht zur Seite, da der Kläger bei der Erhebung seines Provisionsanspruches nicht als „Erbschaftsgläubiger" gelten kann. Maßgebend sind vielmehr die Vorschriften der §§ 424 flg. A.L.R. I. 5. Hätte der Beklagte bei der Abgabe des Provisionsversprechens die Grenzen der ihm von seinen Miterben erteilten Vollmacht innegehalten, so würde sich das Rechtsverhältnis ebenso gestalten, wie wenn die sämtlichen H.'schen Erben persönlich aufgetreten wären und sich zugleich in einem und demselben Vertrage dem Kläger verpflichtet hätten. Alsdann würden in Gemäßheit der §§ 424 flg. a. a. O., beim Mangel entgegenstehender deutlicher Erklärungen, einer für alle und alle für einen dem Kläger für die Erfüllung haften, und könnte der Kläger, wie aus § 430 a. a. O. hervorgeht, wegen seiner ganzen Forderung, an welchen unter den mehreren Verpflichteten er will, sich halten.

Nun soll allerdings der Beklagte, sofern er eine Provision von 5000 *M* **unbedingt** versprochen hätte, die Grenzen der ihm von seinen Miterben erteilten Vollmacht überschritten haben; allein solche Überschreitung würde nur die Folge haben, daß **die Vollmachtgeber** auf Zahlung der gegen ihren Willen versprochenen Provision nicht in Anspruch genommen werden könnten. Dagegen würde **der Beklagte** von der für seine Person übernommenen Verbindlichkeit nicht befreit sein, vielmehr, wenn infolge seines auftragswidrigen Handelns eine Verpflichtung der Miterben nicht eingetreten ist, dem Kläger für die Bezahlung der ganzen versprochenen Provision allein haften.

Vgl. § 446 A.L.R. I. 5; Entsch. des preußischen Obertribunals Bd. 41 S. 45; **Dernburg**, a. a. O. Bd. 2 § 48 am Ende; **Eccius**, a. a. O. Bd. 1 § 63 zu Anm. 49. 50; **Rehbein**, Entscheidungen Bd. 1 S. 561. 562.

Zwar hat der Kläger auf die solidarische Verhaftung des Beklagten, falls dieser zugleich für sich und seine Miterben kontrahiert hätte, nicht ausdrücklich hingewiesen; diese Verhaftung ergab sich aber nach dem Gesetze ohne weiteres aus dem thatsächlichen Parteivorbringen und durfte deshalb bei der Entscheidung nicht unberücksichtigt bleiben.

Hiernach hätte für den Fall der Nichtleistung des dem Beklagten unter II auferlegten Eides auf Verurteilung des Beklagten nach dem Klagantrage und ebenso auf Abweisung der Widerklage erkannt werden müssen, wenn die Miterbeneigenschaft des Beklagten als feststehend angesehen wurde." ...

---

83. Unterliegt die Übertragung aller Rechte an einem im alleinigen Eigentume des Übertragenden stehenden Bergwerke gegen einen bestimmten Preis dem Kaufstempel für unbewegliche Sachen?

IV. **Civilsenat.** Urt. v. 26. Oktober 1893 i. S. H. (Kl.) w. preuß. Steuerfiskus (Bekl.). Rep. IV. 183/93.

I. Landgericht Münster.
II. Oberlandesgericht Hamm.

Gründe:

„In dem notariellen Vertrage vom 9. Oktober 1888, welcher zwischen dem Fabrikbesitzer Wilhelm H., dem jetzigen Kläger, und dem August z. H. abgeschlossen ist, und in welchem der letztere als Gewerke und Repräsentant der Zeche A. aufgeführt wird, ist nach Darstellung der Entstehung und der Lage des Bergwerkes A. folgendes bestimmt: „Der Komparent z. H. ist alleiniger Eigentümer des Bergwerkes A. und der sämtlichen hundert Kuxe. Derselbe tritt nun alle seine Rechte an diesem Bergwerke, insbesondere also die sämtlichen hundert Kuxe an den Komparenten H. zu Eigentum ab, bewilligt und beantragt in Übereinstimmung mit dem letzteren die Umschreibung der sämtlichen Kuxe auf den Namen des H. im Gewerkenbuche und verpflichtet sich auch, demselben die Kuxscheine binnen drei Tagen zu übergeben." In dem Vertrage heißt es weiter, daß die Cessionsvaluta 12000 ℳ betrage, daß 4500 ℳ darauf bereits gezahlt seien, und daß der Rest von 7500 ℳ am 15. März 1889 entrichtet werden solle, an welchem Tage H. jedoch berechtigt sei, vom Vertrage zurückzutreten. Endlich ist vereinbart worden, daß, falls H. von dem Rücktrittsrechte Gebrauch mache, z. H. verpflichtet sei, gegen Rückübertragung der Kuxe und überhaupt aller durch den Vertrag an H. übertragenen Rechte die 4500 ℳ zurückzuzahlen, und daß, wenn er die Zahlung binnen einer Frist von vier Wochen nicht leiste, H. Eigentümer des Bergwerkes ohne jede weitere Zahlung bleibe. Kläger, welcher in erster Instanz behauptet hatte, daß der Vertrag vom 9. Oktober 1888 lediglich eine Cession enthalte, hat demnächst selbst zugegeben, daß derselbe als Kaufvertrag über bewegliche Sachen (die Kuxe) zu beurteilen sei. Für die Revisionsinstanz handelt es sich somit nur um die Entscheidung der Frage, ob die Annahme des Klägers oder die entgegengesetzte Auffassung des Berufungsrichters, welcher in dem Vertrage einen Kaufvertrag über das Bergwerk selbst, also über eine unbewegliche Sache, erblickt, für zutreffend zu erachten ist.

Bei Beurteilung dieser Frage geht der Berufungsrichter zunächst von dem richtigen und von der Revision nicht bemängelten Satze aus, daß es nicht auf die Bezeichnung des Rechtsgeschäftes durch die Parteien, sondern auf den Inhalt der konkreten Bestimmungen des Vertrages ankommt. Aus dem Wortlaute des Vertrages, nach welchem H. als alleiniger Eigentümer des Blei-, Zink-, Kupfer- und

Eisen-Erzbergwerkes A. und der sämtlichen hundert Kuxe alle seine Rechte an diesem Bergwerke, insbesondere also die sämtlichen hundert Kuxe, an den Kläger zum Eigentume abtritt, entnimmt der Berufungsrichter sodann die Feststellung, daß die Übertragung des ganzen Bergwerkes ausgesprochen sei, und daß diese Übertragung, da dieselbe gegen Zahlung von 12000 ℳ erfolgt sei, sich als ein Kaufvertrag über das Bergwerk charakterisiere. Hiebei weist er auf die Bestimmung des Vertrages hin, daß im Falle der nicht pünktlichen Rückzahlung der 4500 ℳ H. Eigentümer des Bergwerkes bleiben solle, und hebt hervor, daß durch die Überlassung der sämtlichen Kuxe zwar derselbe Erfolg wie durch die Übertragung des Bergwerkes habe erreicht werden können, daß aber der Vertrag in dieser Form nicht beurkundet worden sei, bezüglich der Stempelpflichtigkeit der Inhalt der Urkunde entscheide, und daß der Umstand, daß die Überlassung der Kuxe noch besonders hervorgehoben worden sei, nicht den Schluß rechtfertige, daß die Kontrahenten nur die Überlassung der Kuxe hätten erklären wollen. Der Berufungsrichter führt endlich aus, daß neben dem Eigentume an den Kuxen noch ein besonderes Eigentum an dem Bergwerke bestehe, und durch die Übertragung der Rechte an den Kuxen keineswegs alle Rechte an dem Bergwerke absorbiert werden, sowie daß durch die Vereinigung sämtlicher Kuxe in einer Hand die Gewerkschaft, welche damals eingetragene Eigentümerin des Bergwerkes gewesen sei, nicht aufgelöst werde. Die Revision macht hiergegen geltend, daß der Vertrag nicht die Übertragung des Eigentumes an dem Bergwerke auf eine andere Person zum Gegenstande gehabt, ein Verkauf des Bergwerkes also nicht stattgefunden habe, daß vielmehr die Gewerkschaft Eigentümerin des Bergwerkes geblieben, und ein Wechsel des Eigentumes nur in betreff der Kuxe erfolgt sei.

Der Revision muß der Erfolg versagt bleiben. In dem Vertrage vom 9. Oktober 1888 hat z. H. ausdrücklich erklärt, daß er alleiniger Eigentümer des Blei-, Zink-, Kupfer- und Eisenbergwerkes A. und der sämtlichen hundert Kuxe sei, und daß er alle seine Rechte an diesem Bergwerke, insbesondere die sämtlichen hundert Kuxe dem H. zum Eigentume abtrete. Dieser klare und unzweideutige Wortlaut ist entscheidend, und die auf denselben gestützte Annahme des Berufungsrichters, z. H. habe damit seinen Willen, das Eigentum an dem Bergwerke selbst zu übertragen, zum Ausdrucke gebracht, kann nicht beanstandet werden, da sie nicht gegen den Inhalt der von A. z. H. abgegebenen und von H. angenommenen Erklärung verstößt, und ebensowenig aus dieser und den weiteren Erwägungen des Berufungsrichters ein Rechtsirrtum desselben erkennbar ist. Denn wenn man auch davon ausgeht, daß durch die Vereinigung der sämtlichen Kuxe in einer Hand noch nicht die Auflösung der Gewerkschaft herbeigeführt wird, so ist damit für die Revision nichts gewonnen. Unstreitig war A. z. H. zur Zeit des Vertragsabschlusses alleiniger Eigentümer des ganzen Bergwerkes; er hat selbst sich auch als solchen im Vertrage ausdrücklich bezeichnet. Als alleiniger Eigentümer war er aber auch zugleich der Repräsentant der Gewerkschaft, welchen jede Gewerkschaft nach § 117 des Allgemeinen Berggesetzes für die preußischen Staaten vom 24. Juni 1865 zu bestellen verpflichtet ist. Von einer besonderen Wahl und Beobachtung der für dieselbe vorgeschriebenen Förmlichkeiten (§ 118 a. a. O.) kann da, wo nur ein Gewerke als Eigentümer sämtlicher Kuxe vorhanden ist, nicht die Rede sein. Dieser alleinige Gewerke ist naturgemäß zugleich der Repräsentant der Gewerkschaft, und es wird demgemäß auch im Eingange des Vertrages vom 9. Oktober 1888 „der Gewerke Herr A. z. H., Repräsentant der Zeche A. zu D." als erschienen aufgeführt. Der Repräsentant vertritt die Gewerkschaft in allen ihren Angelegenheiten gerichtlich und außergerichtlich (§ 119 a. a. O.); eine Spezialvollmacht ist nur in den im § 120 bezeichneten Fällen erforderlich. Nach letzterer Vorschrift bedarf es eines besonderen Auftrages der Gewerkenversammlung, wenn es sich um Gegenstände handelt, welche nur von einer Mehrheit von wenigstens drei Vierteilen aller Kuxe oder nur mit Einstimmigkeit beschlossen werden können. Nach § 114 a. a. O. ist ersteres beim Verkaufe des Bergwerkes, letzteres bei Verfügungen über das Bergwerkseigentum durch Verzicht oder Schenkung der Fall. Eine Gewerkenversammlung kann aber da, wo nur ein Gewerke vorhanden ist, nicht stattfinden; vielmehr handelt dieser eine Gewerke überall aus eigener Entschließung, und die von ihm abgegebene Erklärung stellt zugleich die Willensäußerung der Gewerkschaft selbst dar. Wenn also der als Repräsentant im Vertrage aufgeführte A. z. H. erklärt, er sei der alleinige Eigentümer des Bergwerkes und der sämtlichen Kuxe, und er trete alle seine Rechte an diesem Bergwerke, insbesondere die sämtlichen hundert Kuxe, dem jetzigen Kläger zum Eigentume ab, so hat er damit auch erklärt, daß er zugleich namens der Gewerkschaft, deren alleiniger Inhaber und Repräsentant er war, das Eigentum am Bergwerke selbst und nicht bloß an den Kuxen dem Kläger gegen die von letzterem zu leistende Zahlung von 12000 ℳ übertrage. Mit Recht nimmt daher der Berufungsrichter an, daß in dem Vertrage vom 9. Oktober 1888 die käufliche Überlassung des Bergwerkes selbst enthalten sei, und daß der genannte Vertrag mit Rücksicht auf die §§ 50. 52 a. a. O. dem Immobiliarkaufsstempel von 1 vom Hundert unterliege. Die Revision war hienach als unbegründet zurückzuweisen." ...

---

84. Unter welchen Voraussetzungen steht dem Eigentümer einer durch Lokomotivfunken beschädigten beweglichen Sache ein Anspruch auf Schadensersatz gegen den Unternehmer der Dampfeisenbahn zu?

VI. Civilsenat. Urt. v. 12. Februar 1894 i. S. S. (Kl.) w. B. (Bekl.) Rep. VI. 281/93.

I. Landgericht I Berlin.
II. Kammergericht daselbst.

Das Reichsgericht hat das Berufungsurteil aufgehoben aus folgenden

Gründen:

„An der Charlottenburger Schleuse geriet am 23. Oktober 1891 auf einem Kahne dem Kläger gehöriges Heu in Brand, während der Beklagte in unmittelbarer Nähe der Unfallstelle am Ufer eine Lokomotive zur Beförderung kleiner Sendungen, namentlich von Erdmassen, im Betriebe hatte. Kläger verlangt nun vom Beklagten Ersatz des ihm durch den Brand entstandenen Schadens, mit der Behauptung, daß der Brand seines Heues, sowie des Kahnes durch die aus der Lokomotive des Beklagten herausgeflogenen Funken verursacht worden sei. Die Richtigkeit dieser Behauptung läßt das Berufungsgericht dahingestellt. Es erachtet, in Übereinstimmung mit dem ersten Richter, die Abweisung der Klage schon deshalb für geboten, weil dem Beklagten weder eine Vernachlässigung von Polizeivorschriften, noch ein sonstiges Verschulden bei der Benutzung der Lokomotive zur Last zu legen sei. In Ermangelung eines besonderen Verschuldens aber, so wird weiter ausgeführt, könne der Beklagte für den angeblich durch den Funkenauswurf an dem Heu des Klägers herbeigeführten Schaden nicht verantwortlich gemacht werden; denn der Schutz, den das Gesetz gegen das körperliche Eindringen in den Eigentumskreis eines Anderen, die sogenannte Immission, gewährt, beschränke sich auf Grundstücke im Verhältnisse zu anderen, insbesondere benachbarten, Grundstücken und setze dauernde oder sich nach Lage der Dinge wiederholende körperliche Einwirkungen auf fremdes Eigentum voraus; da es an einem solchen dauernden Verhältnisse in den Beziehungen mehrerer beweglicher Sachen zu einander fehle, so sei hier nach den Vorschriften der §§ 88. 94 Einl. A.L.R., §§ 36—38 A.L.R. I. 6, §§ 27. 28 A.L.R. I. 8 jeder Entschädigungsanspruch wegen einer unverschuldeten Immission ausgeschlossen.

Dieser Ausführung liegt, wie die Revision mit Recht geltend macht, eine unrichtige Gesetzesauffassung zu Grunde.

Zur Entscheidung der höchsten Gerichte im Gebiete des preußischen Rechtes sind allerdings bisher, soweit bekannt, nur solche Entschädigungsansprüche wegen rechtswidriger Immission gelangt, die von einem durch die Immission beschädigten Grundstückseigentümer erhoben waren; allein daß der Schutz gegen Immissionen nur dem Grundstückseigentümer und nur gegenüber einem benachbarten Grundstückseigentümer zu gewähren sei, ist weder vom vormaligen preußischen Obertribunale noch vom Reichsgerichte jemals ausgesprochen worden. Gerechtfertigt würde ein solcher Ausspruch dann erscheinen, wenn sich der Schutz gegen Immissionen auf besondere gesetzliche Vorschriften über das Nachbarrecht oder über die Verhältnisse der Grundstückseigentümer zu einander zurückführen ließe. Dies ist aber beim Mangel hier einschlagender Spezialbestimmungen nicht der Fall. In der für die preußische Rechtsprechung über Immissionen grundlegenden Plenarentscheidung des Obertribunales vom 7. Juni 1852,

vgl. Entsch. desselben Bd. 23 S. 252 flg.,

wird denn auch auf das Nachbarrecht kein Gewicht gelegt, vielmehr die Verpflichtung des Inhabers einer Fabrikationsanstalt zum Ersatze des Schadens, den der sich über andere Grundstücke verbreitende

Dampf oder Rauch verursacht, aus dem § 93 Einl. A.L.R. in Verbindung mit den §§ 1. 25—28 A.L.R. I. 8 hergeleitet, und auf Grund dieser Gesetzesvorschriften besonders betont, „daß die Ausschließlichkeit und Willkürlichkeit des Gebrauchsrechtes des einen Eigentümers ihre notwendige Begrenzung finden in der dem anderen Eigentümer ebenfalls zustehenden Ausschließlichkeit und Willkürlichkeit“, und weiterhin, „daß die Benutzung des Einen nicht in den Rechtskreis der Benutzung des Anderen hinübergreifen darf.“

Vgl. auch Entsch. des Obertribunals Bd. 40 S. 41.

Mit einer im wesentlichen gleichlautenden Motivierung hat das Reichsgericht in seinem Urteile vom 7. Februar 1883 (mitgeteilt im preußischen Justizministerialblatt 1884 S. 21) den preußischen Eisenbahnfiskus für verpflichtet erklärt, Entschädigung wegen der Risse zu leisten, die ein Wohnhaus infolge von Erschütterungen durch vorüberfahrende Bahnzüge erhalten hatte. Das Urteil bezeichnet als Grund und Bedingung des erhobenen Anspruches einen rechtswidrigen Eingriff in das Eigentumsrecht des Klägers, indem es unter Hinweis auf die §§ 93. 97 Einl. A.L.R., § 36 A.L.R. I. 6, §§ 25. 26 A.L.R. I. 8 ausführt, daß sich eines rechtswidrigen Eigentumseingriffes schuldig mache und deshalb ohne die Voraussetzung eines Verschuldens zum Schadensersatze verpflichtet sei, wer durch Überschreitung der sich aus der Kollision verschiedener Eigentümer ergebenden „gehörigen Schranken“ seines Eigentumes andere an der gehörigen Ausübung ihres Eigentumes hindere und infolgedavon ihr wohlerworbenes Recht kränke. Auf demselben Grundsatze beruhen zahlreiche andere Entscheidungen des Reichsgerichtes, insbesondere auch diejenigen, die sich auf den Ersatz eines durch Funkenauswurf entstandenen Schadens beziehen.

Vgl. Entsch. des R.G.'s in Civils. Bd. 7 S. 265; Gruchot, Beiträge Bd. 26 S. 857, Bd. 29 S. 677, Bd. 31 S. 1005, Bd. 36 S. 459; Juristische Wochenschrift 1892 S. 379 Nr. 34, 1894 S. 30 Nr. 93, und für das gemeine Recht Entsch. des R.G.'s in Civils. Bd. 17 S. 103; Juristische Wochenschrift 1892 S. 186 Nr. 22.

Unter der Voraussetzung der Richtigkeit der Angaben des Klägers über die Entstehungsursache des Brandes muß hiernach bei jetziger Sachlage die Annahme gerechtfertigt erscheinen, daß der Beklagte sich eines rechtswidrigen Eingriffes in das Eigentumsrecht des Klägers schuldig gemacht hat. Indem der Beklagte mit obrigkeitlicher Genehmigung seine Lokomotive auf dem dafür angewiesenen Terrain zur Beförderung von Erdmassen benutzte, übte er an sich sein Eigentum in erlaubter Weise aus; aber ebenso ist andererseits nach dem Thatbestande der Vorentscheidung nicht zu bezweifeln, daß der Kläger mit der Lagerung seines Heues auf einem Kahne an der Charlottenburger Schleuse von seinem Eigentume einen erlaubten Gebrauch gemacht hat. Bei dieser Kollision der Eigentumsrechte hatte der Beklagte die Benutzung seiner Lokomotive in unmittelbarer Nähe der Charlottenburger Schleuse so einzurichten, daß die schädlichen Wirkungen des Betriebes auf seinen eigenen Rechtskreis beschränkt blieben. Gelang ihm dies nicht, fielen die aus der Lokomotive herausgeworfenen Funken auf die an der Schleuse befindlichen Kähne herab, und wurde dadurch fremdes Eigentum zerstört oder beschädigt, so überschritt der Beklagte die gehörigen Schranken seines Eigentumes, indem er durch dessen Benutzung Andere in der Ausübung ihrer wohlerworbenen Rechte hinderte. Zum Ersatze des hierdurch verursachten Schadens wäre er hier ebenso wie nach den oben besprochenen Entscheidungen auf Grund des § 93 Einl. A.L.R. und des § 26 A.L.R. I. 8 verpflichtet, auch wenn ihm ein besonderes Verschulden bei der Beschädigung nicht zur Last fiele.

Mit Unrecht erachtet der Berufungsrichter die Entschädigungspflicht des Beklagten deshalb für ausgeschlossen, weil nach dem Klagevortrage nicht ein Grundstück, sondern eine auf einem Kahne befindliche bewegliche Sache beschädigt sein soll. Wenn das Reichsgericht die wegen rechtswidriger Immissionen erhobenen Entschädigungsansprüche vielfach unter den Gesichtspunkt der Negatorienklage gebracht hat, so läßt sich daraus nicht folgern, daß da, wo (wie im vorliegenden Falle) die Voraussetzungen für die Anstellung einer Negatorienklage nicht gegeben sind, jeder Entschädigungsanspruch aus dem § 93 Einl. A.L.R. und § 26 A.L.R. I. 8 fortfalle. Denn diese Gesetzesvorschriften machen die Verpflichtung zum Schadensersatze nicht davon abhängig, daß ein Grundstück oder doch ein Grundstückseigentümer beschädigt sei, und ebensowenig davon, daß der Schade durch Eingriffe verursacht sei, die fortdauern oder eine Wiederkehr erwarten lassen. Auch aus inneren Gründen läßt sich nicht erkennen, welchen Unterschied es hier machen könnte, ob Grundstücksteile oder auf dem Grundstücke befindliche bewegliche Sachen, mögen sie dem Grundstückseigentümer oder einem Dritten gehören, durch den rechtswidrigen Eingriff beschädigt sind, ob andererseits ein einmaliger oder ein dauernder Eingriff vorliegt.

Vgl. auch Jhering in den Jahrbüchern für die Dogmatik Bd. 6 S. 118.

Ebenso bedeutungslos ist für die Beurteilung der Entschädigungspflicht der Umstand, daß der Beklagte seine Lokomotive nicht auf einem ihm gehörigen, sondern auf dem Grundstücke eines Dritten in Betrieb gesetzt hat. Kann selbst die Negatorienklage gegen jeden Störer, auch wenn er nicht zugleich Eigentümer eines benachbarten Grundstückes ist, gerichtet werden,

vgl. Juristische Wochenschrift 1894 S. 30 Nr. 93,

so muß dies umsomehr von einem auf die §§ 93. 26 a. a. O. gestützten Anspruche gelten.

Die §§ 88. 94 Einl. A.L.R., §§ 36—38 A.L.R. I. 6, §§ 27. 28 A.L.R. I. 8, auf die sich der Vorderrichter beruft, stehen seiner Auffassung nicht zur Seite, weil eben der Beklagte, wenn der Klagevortrag richtig ist, sein Recht, wie oben gezeigt worden, nicht nach den Gesetzen und nicht innerhalb der gehörigen Schranken ausgeübt hat. Hätten die angezogenen Bestimmungen die ihnen in dem Berufungsurteile beigelegte Bedeutung, so wäre auch in Fällen der Beschädigung von benachbarten Grundstücken ein Anspruch auf Schadloshaltung wegen schädlicher Immission gegenüber einer mit obrigkeitlicher Genehmigung errichteten gewerblichen Anlage ohne den Nachweis eines besonderen Verschuldens kaum zu rechtfertigen. Solchem Anspruche steht namentlich der § 38 A.L.R. I. 6 auch hier nicht entgegen, da dieser Paragraph sich nach seinem Inhalte nur auf einzelne Handlungen, nicht auf gewerbliche Anlagen bezieht, die nach der Art ihres Betriebes mit Eingriffen in einen fremden Eigentumskreis verknüpft zu sein pflegen.

Vgl. auch Entsch. des preuß. Obertribunals Bd. 23 S. 267.

Wer derartige Anlagen, namentlich wer eine Dampfeisenbahn betreibt, wird sich regelmäßig bewußt sein müssen, daß sein Betrieb schädigend in fremde Eigentumsrechte eingreifen kann. Wollte also der Beklagte behaupten, daß nach den besonderen Umständen des vorliegenden Falles — etwa wegen der Art der Aufstellung und Einrichtung der Lokomotive — die Möglichkeit schädlicher Einwirkungen, insbesondere durch das Herabfallen von Funken, auf fremdes Eigentum bei regelmäßigem Verlaufe der Dinge ausgeschlossen gewesen sei und deshalb von ihm nicht hätte vorhergesehen werden können, so würde er den Beweis für eine solche Behauptung zu führen haben. Inwieweit seine thatsächlichen Angaben zur Beweisführung nach dieser Richtung bestimmt und geeignet waren, ist hier nicht zu erörtern.

Demgemäß mußte das Berufungsurteil aufgehoben, und die Sache zur anderweiten Verhandlung und Entscheidung an die Vorinstanz zurückverwiesen werden, ohne daß es eines Eingehens auf die Frage bedurfte, ob ein Verschulden des Beklagten in betreff des ordnungswidrigen Zustandes und der mangelhaften Bedienung der Lokomotive vom Vorderrichter mit ausreichender Begründung verneint worden ist."

---

85. Darf der Richter durch Teilurteil zu sofortiger Zahlung der von der Feuerversicherungsgesellschaft anerkannten geringeren Schadenssumme verurteilen, wenn der Versicherungsnehmer an der von ihm geforderten höheren Schadenssumme festhält und nach den Versicherungsbedingungen die Entschädigungssumme erst zu zahlen ist, nachdem deren gesamter Betrag durch rechtskräftiges Urteil festgestellt ist?

I. Civilsenat. Urt. v. 3. Januar 1894 i. S. der Vaterländischen Feuerversicherungsgesellschaft in Elberfeld (Bekl.) w. die Witwe R. u. Gen. (Kl.) Rep. I. 339/93.

I. Landgericht Posen.
II. Oberlandesgericht daselbst.

Die Kläger fordern als Eigentümer ihres zu Br. belegenen, am 25. August 1892 durch Feuer total zerstörten Hausgrundstückes aus dem mit der Beklagten geschlossenen Versicherungsvertrage Ersatz mit 132 316,25 ℳ samt Zinsen. Der erste Richter hat durch Teilurteil die Beklagte verurteilt, an die Kläger gegen Vorlegung einer schriftlichen in beglaubigter Form abzugebenden Einwilligungserklärung der im Grundbuche eingetragenen Hypotheken- und Grundschuldgläubiger den anerkannten Betrag von 78 190 ℳ zu zahlen. Die Berufung der Beklagten ist zurückgewiesen, und die Revision verworfen aus folgenden

Gründen:

„Der § 11 der allgemeinen Versicherungsbedingungen bestimmt: „Die Entschädigungssumme ist dem Versicherer binnen Monatsfrist, nachdem ihr gesamter Betrag und die Verpflichtung der Gesellschaft zur Zahlung durch Anerkenntnis beider Teile, Vergleich oder rechtskräftiges Urteil festgestellt ist, . . . bar zu zahlen." Den Revisionsbeklagten kann nicht zugegeben werden, daß die Worte „gesamter Betrag" einen anderen Sinn haben, als den, daß damit die Summe gemeint ist, welche die Versicherungsgesellschaft überhaupt zu zahlen hat, sodaß mit Feststellung dieses Betrages zugleich festgestellt ist, daß die Versicherungsgesellschaft aus dem Vertrage etwas weiteres nicht zu zahlen habe. Auch ist eine solche Vertragsbestimmung an sich, und soweit sie dazu dient, die Versicherungsgesellschaft gegen Chikanen und Nachlässigkeiten des Versicherungsnehmers zu schützen, nicht für unzulässig zu halten. Der Versicherungsnehmer wird dadurch angehalten, seinen gesamten Schaden auf einmal zu liquidieren und der Feststellung des gesamten Schadens keine Hindernisse in den Weg zu legen, noch Verzögerungen herbeizuführen. Auf der anderen Seite darf aber auch diese Vertragsklausel nicht von der Versicherungsgesellschaft dazu mißbraucht werden, einen Zwang gegen den Versicherungsnehmer auszuüben, um denselben in der Verfolgung dessen, was er als sein gutes Recht ansieht, zu hindern; sie würde sonst zu einem Mittel der Chikane. Der § 11 darf, wie der Berufungsrichter sehr zutreffend ausführt, nicht dazu führen, daß es in die Hand der Versicherungsgesellschaft gelegt wird, durch Führung von Prozessen über einen Teil der Entschädigung und möglichste Ausdehnung der Prozesse sich auf Kosten der Versicherten erheblich zu bereichern und die bei völligen oder fast völligen Brandschäden, wie hier, meist gegebene Notlage des Versicherten zu einer Verkürzung desselben mittels Hinwirkung auf weitgehende, sonst nicht gerechtfertigte Verzichte bei umfangreichen und schwierigen Ansprüchen auszubeuten. Damit würde die Bestimmung selbst wider Treue und Glauben in ihrer regelmäßigen Geltendmachung verstoßen und den guten Sitten grundsätzlich zuwiderlaufen.

Die Kläger haben ihrerseits alles gethan, um eine Feststellung des gesamten Betrages ihres Schadens herbeizuführen. Sie haben dem § 9 der allgemeinen Versicherungsbedingungen entsprechend ihrerseits einen Sachverständigen ernannt, welcher zusammen mit dem von der Beklagten ernannten Sachverständigen eine Taxe des Brandschadens abgegeben hat.

Die Versicherungssumme lautete auf 141 300 *M*. Der Brandschaden ist von diesen beiden Sachverständigen auf 78 190 *M* festgestellt. Gegen diese Feststellung hat die Beklagte nichts eingewendet, sie hat auch in der Berufungsinstanz gegen ihre Verpflichtung, diese Summe an die Kläger zu zahlen, keinerlei Einwendungen erhoben. Die Kläger haben die Abschätzung nicht anerkannt, unter anderem um deswillen, weil dieselbe auf falschen thatsächlichen Voraussetzungen beruhe und offenbar ungerecht und in hohem Grade unbillig sei. Sie haben deshalb eine neue Taxe gefordert, und da die Beklagte dazu nicht die Hand geboten hat, ihrerseits eine neue Taxe aufnehmen lassen, welche die Summe von 110 000 *M* ergiebt, deren Richtigkeit. Kläger auch glauben aus den thatsächlichen Mieterträgnissen, welche die Gebäude vor dem Brande ergeben hätten, ableiten zu dürfen. Die Kläger glauben zu dieser Summe die Verluste hinzurechnen zu dürfen, welche ihnen dadurch entstehen, daß sie während des Neubaues der Nutzungen entbehren. Sie berechnen danach ihren Gesamtschaden auf 132 316,25 *M*. Sie haben den Betrag dieses Schadens in einer Klage gefordert und die Unterlagen für ihre Schadensberechnung beigebracht. Daß die Kläger ihre den zugestandenen Teil übersteigende Forderung frivol aufgestellt, daß ihre Rechtsverfolgung gänzlich unbegründet und aussichtslos wäre, ist in keiner Weise dargelegt. Wenn unter diesen Umständen das Landgericht den unstreitigen Teil des Anspruches von dem streitigen gesondert und ein Teilurteil auf Zahlung des von der Beklagten nicht beanstandeten Betrages von 78 190 *M* erlassen hat, so entsprach dieses Verfahren durchaus dem § 273 C.P.O., wonach das Gericht, wenn nur ein Teil eines Anspruches zur Endentscheidung reif ist, dieselbe durch Endurteil (Teilurteil) zu erlassen hat. Auch hat die Beklagte dagegen, daß überhaupt ein Teilurteil erlassen ist, ein Rechtsmittel gar nicht eingelegt. Sie hat ihren Berufungsantrag nur dahin gestellt, „daß unter Abänderung des erstinstanzlichen Urteiles die Verurteilung nur mit der Maßgabe ausgesprochen werde, daß Beklagte die Zahlung nicht vor Ablauf eines Monates nach Rechtskraft des in der Sache ergehenden Endurteiles oder nach Feststellung des Gesamtbetrages der klägerischen Forderung durch gegenseitiges Anerkenntnis oder Vergleich zu zahlen habe." Damit geht Beklagte über den zulässigen Zweck der Bestimmung des § 11 hinaus. Es ist nicht zu beanstanden, wenn das Berufungsgericht thatsächlich annimmt, daß die Beklagte hierbei die Absicht unterhält, den § 11 gegenüber der Notlage, in welcher sich die Kläger befinden, als Druckmittel zu benutzen, um die Kläger zur Aufgabe ihrer weiteren Ansprüche zu nötigen, und daß sie ebendeswegen unberechtigt die Erfüllung des nach ihrer eigenen Behauptung rechtsverbindlich festgestellten Gesamtschadens verzögert, sodaß die Geltendmachung jener Vertragsklausel in diesem Falle den guten Sitten widerstreitet. Ein solches Verfahren ist von den Gerichten nicht in Schutz zu nehmen." . . .

---

86. Auf Grund eines gemäß § 15 des Gesetzes vom 2. Juli 1875 erlassenen Ortsstatutes hat die Stadtgemeinde bei der Zwangsversteigerung eines Hausgrundstückes einen Beitrag zu den Straßeneinrichtungskosten liquidiert und aus den Kaufgeldern vorweg gezahlt erhalten. Ein infolgedessen ausgefallener Hypothekengläubiger greift die Forderung der Stadtgemeinde als unberechtigt an und klagt auf Herauszahlung.

Ist der Rechtsweg vor den ordentlichen Gerichten zulässig?

V. Civilsenat. Urt. v. 17. Februar 1894 i. S. Stadt B. (Bekl.) w. B. (Kl.) Rep. V. 284/93.

I. Landgericht I Berlin.
II. Kammergericht daselbst.

Die oben aufgeworfene Frage ist verneint worden aus folgenden Gründen:

„Bei der Verteilung der Kaufgelder eines zur Zwangsversteigerung gezogenen Hausgrundstückes an der Brückenallee zu Berlin hat die beklagte Stadtgemeinde auf Grund des gemäß § 15 des Gesetzes vom 2. Juli 1875 (betreffend die Anlegung ꝛc von Straßen ꝛc) erlassenen Ortsstatutes II vom 7./19. März 1877 einen Pflasterungskostenbeitrag von 1969,21 ℳ liquidiert und ist damit zur Hebung gelangt. Der Kläger, welchem bei Nichtberücksichtigung des Liquidates der Beklagten dieser Betrag zur teilweisen Deckung einer Hypothenforderung zugefallen sein würde, klagt auf Herauszahlung der 1969,21 ℳ nebst Zinsen, indem er die Rechtmäßigkeit des Liquidates der Beklagten angreift, weil 1. die Brückenallee nicht zu den Straßen gehöre, auf welche das Ortsstatut vom 7./19. März 1877 anwendbar sei, auch die Pflasterung der Brückenallee, zu welcher der Beitrag gefordert wird, nicht zu der ersten Einrichtung der Straße gehöre; 2. der Beitrag zu den Pflasterungskosten nur einen unzulässigerweise unter Vorbehalt einer Nachforderung eingeforderten Teil der Straßeneinrichtungskosten bilde, deren Gesamtbetrag noch nicht feststehe. Die Beklagte hat den Einwand der Unzulässigkeit des Rechtsweges vor den ordentlichen Gerichten erhoben." (Beide Instanzrichter haben den Einwand verworfen. Die Klage ist vom ersten Richter abgewiesen, vom zweiten Richter aus materiellen Gründen für begründet erachtet.)

. . . „Auf die Begründung des Berufungsurteiles in der Sache selbst konnte nicht eingegangen werden, weil mit der Revisionsklägerin der Rechtsweg vor den ordentlichen Gerichten als unzulässig anzusehen ist.

Nach konstanter Rechtsprechnung,

vgl. die Nachweisung bei Friedrichs, Gesetz vom 2. Juli 1875, 3. Aufl., S. 145 zu 10,

gehören diejenigen Beiträge zu den Kosten der ersten Einrichtung einer Straße, zu welchen die Besitzer der anliegenden Grundstücke nach § 15 des Gesetzes vom 2. Juli 1875 durch Ortsstatut verpflichtet werden können, zu den öffentlichen Gemeindelasten. Daß unter diese insbesondere der von der Beklagten bei der Zwangsversteigerung liquidierte Betrag fällt, ist unter den Parteien nicht streitig, auch von den Vorderrichtern nicht bezweifelt worden. Über die Verbindlichkeit zur Entrichtung öffentlicher Abgaben findet nach § 78 A.L.R. II. 14 der

Rechtsweg nicht statt; das galt schon nach §§ 36. 41 der Verordnung vom 26. Dezember 1808 insbesondere auch von den Gemeindelasten. Durch die §§ 18. 34 des Zuständigkeitsgesetzes vom 1. August 1883 ist für Streitigkeiten in Bezug auf Gemeindelasten das Verwaltungsstreitverfahren eröffnet, und zwar nicht bloß, wie der Revisionsbeklagte geltend gemacht hat, für Streitigkeiten zwischen „Beteiligten" über ihre öffentlichrechtliche Verpflichtung zu den Gemeindelasten, sondern in erster Reihe (§ 18 Abs. 1 Ziff. 2 und Abs. 2) für Streitigkeiten zwischen der Gemeinde und den zu Gemeindelasten Herangezogenen oder Veranlagten. Den letzteren ist dabei die Rolle der Kläger zugeteilt, indem die Klage im Verwaltungsstreitverfahren nur zugelassen ist zur Anfechtung eines die Beschwerde oder den Einspruch des Herangezogenen verwerfenden Beschlusses des Gemeindevorstandes. Nach § 13 G.V.G. schließt das Verwaltungsstreitverfahren den Rechtsweg vor den ordentlichen Gerichten aus. Der auf diese Vorschriften gestützte Einwand der Unzulässigkeit des Rechtsweges vor den ordentlichen Gerichten wird durch die einzige Erwägung des Berufungsrichters, daß die vorliegende Frage einen Gegenstand des Privateigentumes des Klägers, einen Kondiktionsanspruch, betreffe, oder, wie der erste Richter, dessen Begründung der Berufungsrichter für zutreffend erklärt, es ausdrückt, daß der Anspruch des Klägers auf Herausgabe dessen, was der Beklagten auf Grund des (Verteilungs-) Planes gezahlt worden, eine bürgerliche Rechtsstreitigkeit sei, nicht ausgeschlossen. Denn nicht für alle bürgerlichen Rechtsstreitigkeiten sind nach § 13 G.V.G. die ordentlichen Gerichte zuständig, sondern nur für diejenigen bürgerlichen Rechtsstreitigkeiten, für welche nicht die Zuständigkeit von Verwaltungsbehörden oder Verwaltungsgerichten begründet ist, oder reichsgesetzlich besondere Gerichte bestellt oder zugelassen sind, und für bürgerliche Rechtsstreitigkeiten, welche die Beschwerde über Heranziehung zu den Gemeindelasten zum Gegenstande haben, ist eben durch die preußische Gesetzgebung die Zuständigkeit der Verwaltungsgerichte begründet. Daß der Streit im vorliegenden Falle in Form einer Klage auf Herausgabe des Empfangenen (einer Kondiktion) auftritt, ist für die nach der Materie des Streites sich bestimmende Zuständigkeit einflußlos. Der Streit über die Verpflichtung zu einer öffentlichen Last kann sogar wegen des dem Staate und den Gemeinden zustehenden Vollstreckungsrechtes nur durch Klage des zu der Last Herangezogenen vor die zur Entscheidung berufene Behörde, mag es das ordentliche oder das Verwaltungsgericht oder eine Verwaltungsbehörde sein, gebracht werden, sei es vor Erfüllung der geforderten Leistung durch negative Feststellungsklage, sei es, und das ist der häufigste Fall, durch Rückforderungsklage. Nur diese Formen der Klage und vornehmlich die Rückforderungsklage hat denn auch das Gesetz vom 1. August 1883 da im Auge, wo es für Streitigkeiten über öffentlichrechtliche Verpflichtungen die Verwaltungsgerichte zur Entscheidung beruft, z. B. § 18 letzter Abs., § 34 vorletzter Abs., § 56 Abs. 6. Auch da, wo Streitigkeiten über eine öffentlichrechtliche Abgabepflicht zur Zuständigkeit der ordentlichen Gerichte gehören, ist die Form der Klage regelmäßig die der Klage auf Erstattung. Der Grund für die Zuständigkeit der ordentlichen Gerichte liegt aber nicht in dieser Form der Klage, sondern darin, daß die betreffende Landesgesetzgebung entweder für diese Materie überhaupt andere Behörden nicht für zuständig erklärt,

vgl. Entsch. des R.G.'s in Civils. Bd. 5 S. 34, Bd. 11 S. 65, Bd. 16 S. 37,

oder, wie in Preußen durch das Gesetz vom 24. Mai 1861 und die späteren sich daran anschließenden Gesetze geschehen ist, für Streitigkeiten über gewisse Arten von öffentlichen Abgaben (Stempel, Erbschaftssteuer) ausnahmsweise den Rechtsweg vor den ordentlichen Gerichten eröffnet hat.

Auch dadurch wird die Zuständigkeit der ordentlichen Gerichte nicht begründet, daß die Klage nicht von dem Grnndeigentümer, welcher von der Beklagten für abgabepflichtig erachtet wird, sondern von dem infolge der Berichtigung der Abgabe aus den Kaufgeldern mit einem Teile seiner Hypothekenforderung ausgefallenen Gläubiger angestellt worden ist. Der Anspruch selbst, der darauf gestützt wird, daß nach öffentlichem Rechte ein Fall der Abgabepflicht des Grundeigentümers nicht oder noch nicht vorliege, ist derselbe, welcher dem Grundeigentümer zustehen würde. Das Hypothekenrecht, zu dessen Geltendmachung die Klage von dem Gläubiger angestellt ist, giebt diesem nur das Recht, an Stelle des Grundeigentümers dessen Anspruch auf Erstattung des angeblich zu Unrecht Erhobenen gegen die Beklagte geltend zu machen, dient ihm der Beklagten gegenüber nur zur Legitimation, kann ihm aber eine dem Grundeigentümer selbst versagte Klage vor den ordentlichen Gerichten ebensowenig geben, als etwa eine solche durch die Cession eines seiner Materie nach vor den ordentlichen Gerichten nicht verfolgbaren Anspruches würde zulässig gemacht werden können. Eine zutreffende Analogie bieten die Vorschriften in § 134 K.O., nach welchem,

vgl. v. Wilmowski, Konkursordnung Anm. 8 zu § 134,

insbesondere auch angenommen werden muß, daß der Konkursgläubiger, welcher eine zum Konkurse angemeldete vollstreckbare Forderung an den Gemeinschuldner aus dem Rechte des letzteren angreifen will, dies im Verwaltungs- oder Verwaltungsstreitverfahren thun muß, wenn dem Gemeinschuldner nur dieser Weg offen gestanden haben würde. Dagegen kann nicht etwa daraus, daß durch §§ 764. 765 C.P.O. der dem Verteilungsplane widersprechende Gläubiger auf den Weg der Klage verwiesen wird, und daß für diese Klage, wenn sie innerhalb derjenigen Frist erhoben wird, innerhalb welcher sie die Ausführung der Verteilung aufzuhalten geeignet ist, ein besonderer Gerichtsstand begründet ist, die Folgerung gezogen werden, daß durch die Beziehung, in welcher die Streitigkeiten über die bei der Verteilung zu berücksichtigenden Forderungen zu dem Verteilungsplane und dessen Ausführung stehen, die Zulässigkeit des Rechtsweges habe begründet werden sollen für Streitigkeiten, welche sonst zur Zuständigkeit der ordentlichen Gerichte nicht gehören. Die erwähnten Vorschriften können vielmehr nur den Fall treffen, in welchem Klagerechte vor den ordentlichen Gerichten überhaupt bestehen. Der Kläger würde sonach, wenn er sogleich im Kaufgelderbelegungstermine der Abgabenforderung der Beklagten widersprochen hätte, diesen Widerspruch nur vor den für Streitigkeiten dieser Art zuständigen Behörden haben verfolgen können, und das nämliche muß umsomehr gelten für die erst nach Ausführung der Verteilung erhobene Klage. Es kann sich freilich fragen, ob nicht der Kläger, nachdem er nach Inhalt des übrigens von ihm als unrichtig angefochtenen Protokolles über die Kaufgelderbelegung die Auszahlung des Liquidates der Beklagten genehmigt hat, zur Begründung seines Erstattungsanspruches die Voraussetzungen einer condictio indebiti (Irrtum) nachzuweisen haben wird. Allein dadurch würde dem Hauptbestandteile des Klagegrundes, dem Nichtbestehen der öffentlich-rechtlichen Abgabepflicht, nur ein weiterer nebensächlicher Bestandteil hinzutreten, welcher für die Zuständigkeitsfrage nicht bestimmend ist.

Vgl. Entsch. des R.G.'s in Civils. Bd. 25 S. 306; Entsch. des Oberverwaltungsgerichtes Bd. 18 S. 169 flg., Bd. 23 S. 131 flg."

87. Zur Auslegung des § 8 Abs. 2 des Enteignungsgesetzes vom 11. Juni 1874. Verhältnis des durch den Zusammenhang begründeten Mehrwertes des Trennstückes und des durch die Abtretung entstehenden Minderwertes des Restgrundstückes zu einander und zu dem Grundwerte des Trennstückes.

V. Civilsenat. Urt. v. 14. Februar 1894 i. S. B. (Kl.) w. Stadtgemeinde Magdeburg (Bekl.). Rep. V. 281/93.

I. Landgericht Magdeburg.
II. Oberlandesgericht Naumburg a. S.

Von dem Grundstücke des Klägers ist eine Teilfläche von 60 Quadratmetern zur Verbreiterung einer Straße enteignet. Das Berufungsgericht hat die Entschädigung auf 9000 ℳ festgesetzt. Die auf Wiederherstellung des ersten, die Entschädigung höher festsetzenden Urteiles gerichtete Revision ist zurückgewiesen.

Aus den Gründen:

„Beide Vorderrichter folgen dem gemeinschaftlichen Gutachten der Sachverständigen C., Ba. und Be., welche sowohl in erster, als auch in zweiter Instanz gehört worden sind. In ihrem erstinstanzlichen Gutachten haben diese Sachverständigen a. den Wert der abgetretenen 60 Quadratmeter zu 150 ℳ für den Quadratmeter auf 9000 ℳ, b. den Minderwert des Restgrundstückes zufolge der Unmöglichkeit der vorher beabsichtigten und bereits polizeilich genehmigten Errichtung eines Seitenflügels auf 1512 ℳ, c. den Minderwert des Restgrundstückes zufolge des Zurücktretens desselben hinter die — im übrigen noch bebaute — gegenwärtige Straßenflucht auf 3779 ℳ geschätzt. Der Berufungsrichter hat, weil er die Ausführung der Beklagten, daß die Zubilligung der Minderwerte zu b und c neben der Grundentschädigung zu a eine Doppelschätzung enthalte, für begründet erachtete, den Sachverständigen die Frage vorgelegt, „ob der Betrag von 150 ℳ für den Quadratmeter denjenigen Preis darstellte, welchen Kläger bei freiwilligem Verkaufe des ganzen Grundstückes um die Zeit des 18. März 1892 unter möglichster Ausnutzung des Terrains als Baustelle, insbesondere auch nach Maßgabe des Baukonsenses vom 9. September 1890 erhalten haben würde, und wieviel Kläger bei freiwilligem Verkaufe des Restgrundstückes um dieselbe Zeit erzielt haben würde." In ihrem zweiten Gutachten haben die Sachverständigen den Wert des ganzen Grundstückes vor der Enteignung der Trennfläche und unter der Annahme der Ausführung des gedachten Bauprojektes auf 42 749 ℳ, den Wert des Restgrundstückes auf 42 410 ℳ geschätzt. Da bei dieser Schätzung des Restgrundstückes der durch das Zurücktreten des Grundstückes hinter die gegenwärtige Straßenflucht und durch den Wegfall des projektierten Seitenflügels entstehende Minderwert berücksichtigt ist, der Unterschied zwischen dem Werte des Restgrundstückes und dem des ganzen Grundstückes nach dieser Schätzung aber nur 6339 ℳ beträgt, hat der Berufungsrichter als klar erhellend angenommen, daß die Minderwerte zu b und c der ersten Schätzung schon in dem auf 150 ℳ für den Quadratmeter geschätzten Grundwerte enthalten seien. Er hat deshalb, und da die Beklagte die Festsetzung der Entschädigung in dieser Höhe nicht bemängelt hat, die Entschädigung auf 9000 ℳ festgesetzt.

Revisionskläger ist der Meinung, daß das erste Gutachten der Sachverständigen den Vorzug verdiene, und zwar sowohl weil die Schätzungsmethode bei dem ersten Gutachten grundsätzlich richtig sei, als auch weil die Sachverständigen in ihrem zweiten Gutachten sich mehrfacher Widersprüche schuldig gemacht hätten.

Der Angriff ist in beiden Richtungen verfehlt.

Mit Recht nimmt der Berufungsrichter an, daß die von den Sachverständigen in ihrem ersten Gutachten geschätzten Minderwerte zu b und c in der von ihnen auf 9000 ℳ bezifferten Entschädigung zu a schon enthalten seien. Nach § 8 Abs. 2 des Enteignungsgesetzes vom 11. Juni 1874 „umfaßt — bei Teilenteignungen — die Entschädigung zugleich den Mehrwert, welchen der abzutretende Teil durch seinen örtlichen oder wirtschaftlichen Zusammenhang mit dem Ganzen hat, sowie den Minderwert, welcher für den übrigen Grundbesitz durch die Abtretung entsteht". Damit ist keineswegs gesagt, daß die Entschädigung in allen Fällen der Teilenteignung aus dem vollen Werte des Teilstückes und dem durch das Gesetz bezeichneten Mehrwerte und Minderwerte, als aus drei selbständigen, behufs Feststellung der Entschädigung zusammen zu rechnenden Faktoren besteht. Abgesehen davon, daß der Minderwert, welcher für das Restgrundstück durch die Abtretung entsteht, der Regel nach auf demselben Standpunkte beruht, wie der durch den Zusammenhang bedingte Mehrwert des Trennstückes, nämlich auf dem Nutzen, den das Trennstück dem Ganzen leistete, daß sich also Minderwert und Mehrwert in solchen Fällen decken, sind auch Fälle denkbar, in denen ein Teil einer größeren Fläche enteignet wird, ohne daß dadurch der Wert der nicht enteigneten Fläche vermindert wird, ohne daß das Teilstück also durch den Zusammenhang einen höheren Wert hatte, als den durch seine eigene Nutzungsfähigkeit begründeten. Der Zweck des Gesetzes ist nur der, dem Eigentümer in den Fällen, wo der abgetretene Teil vermöge der Dienste, die er dem übrigen Grundstücke leistete, einen höheren Wert, als den gewöhnlichen Verkaufswert hat, diesen höheren Wert zu sichern. Übersteigt aber der Verkaufswert des Trennstückes den Nutzen, den der Eigentümer aus demselben vermöge des Zusammenhanges mit dem übrigen Grundbesitze ziehen konnte, so kann von einem Mehrwerte des Trennstückes überhaupt nicht die Rede sein, und wird der Minderwert des Restgrundstückes durch den Preis des Trennstückes gedeckt. Wenn der Revisionskläger ausführt, es hätte festgestellt werden müssen, zu welchem Preise das Teilstück hätte verkauft werden können, und wie hoch die im übrigen ihm entstandenen Nachteile zu schätzen seien, so übersieht er, daß das Trennstück nicht gleichzeitig verkauft werden und dennoch zur Errichtung eines Seitenflügels, wenigstens mittelbar, benutzt werden kann. Nimmt man mit dem ersten Gutachten der Sachverständigen den Grundwert der abgetretenen 60 Quadratmeter auf 9000 *M*, die Minderwerte zu b, c auf 1512 + 3779 = 5291 *M* an, so ergiebt sich schon hieraus, daß der Verkaufswert des Trennstückes den Nutzen übersteigt, den dasselbe dem Kläger durch seinen Zusammenhang mit dem Restgrundstücke leistete, daß der Minderwert, der für das Restgrundstück durch die Abtretung entsteht, durch die Schätzung des Trennstückes mehr als gedeckt wird. Der Berufungsrichter hätte also zu der Festsetzung der Entschädigung von 9000 ℳ, da diese Höhe von der Beklagten nicht bemängelt war, schon auf Grund des ersten Gutachtens gelangen können.

Die vom Berufungsrichter dennoch beliebte nochmalige Schätzung hat zu demselben Ergebnisse geführt und kann schon deshalb den Kläger nicht beschweren. Die von ihm den Sachverständigen vorgeschriebene Schätzungsart ist aber auch nach der gegebenen Sachlage rechtlich nicht zu beanstanden. Die Sachverständigen haben einerseits den Wert des ganzen Grundstückes vor der Enteignung auf der Grundlage des vom Kläger beabsichtigten, das Grundstück möglichst ausnutzenden Neubaues, andererseits den Wert des Restgrundstückes nach erfolgter Enteignung unter Berücksichtigung des Fortfalles des projektierten Seitenflügels und des Zurücktretens der Vorderfront gegen die Straßenflucht geschätzt. Wenn der Berufungsrichter die Entschädigung nur auf den Unterschied dieser beiden Werte festgesetzt hätte, so würde Kläger dadurch Ersatz für alle Nachteile erhalten haben, welche ihm an seinem Vermögen durch die Enteignung zugefügt worden sind. Durch die so bemessene Entschädigung würde sein Vermögen nach der Enteignung wieder auf denselben Stand gebracht worden sein, in dem es sich vor der Enteignung befand. Diese vom Reichsgerichte schon in einer älteren Entscheidung (Erkenntnis des Hilfssenates vom 5. Dezember 1882 Rep. 207/82) gebilligte Methode erscheint in einem Falle, wie dem vorliegenden, sogar als die vorzüglichere, da von einem besonderen Verkaufe der enteigneten Fläche, mit welchem Revisionskläger rechnet, schon deshalb nicht die Rede sein kann, weil der enteignete Streifen nur eine Tiefe von 3,20 Meter hat. Es ist nicht abzusehen, wie dieser zwischen der Straße und dem klägerischen Restgrundstücke belegene schmale Streifen selbständig verwertet werden könnte." . . .

---

88. Wie wirkt im Gebiete des preußischen Allgemeinen Landrechtes das Ruhenlassen des Prozesses auf die durch Erhebung der Klage eingetretene Unterbrechung der Verjährung, insbesondere der Wechselverjährung?

A.L.R. I. 9 § 554.
W.O. Art. 100.
C.P.O. § 228.

II. Civilsenat. Urt. v. 2. März 1894 i. S. B. (Kl.) w. S. (Bekl.) Rep. II. 13/94.

I. Landgericht Magdeburg.
II. Oberlandesgericht Naumburg a. S.

Auf die durch Zustellung vom 12. Oktober 1888 gegen die Ausstellerin eines eigenen Wechsels erhobene Wechselklage war Termin zur mündlichen Verhandlung auf den 16. Oktober 1888 anberaumt worden, in welchem keine der Parteien erschien. Erst durch Zustellung vom 11. August 1893, also nach Ablauf von mehr als drei Jahren seit dem Termine ließ der Kläger von neuem laden, wurde aber in der Berufungsinstanz mit seiner Klage wegen eingetretener Wechselverjährung (Art. 100 W.O.) abgewiesen. Das Berufungsgericht führte aus, daß infolge Ruhenlassens des Prozesses die am 12. Oktober 1888 bewirkte Unterbrechung der Verjährung wieder aufgehört, und am 16. Oktober 1888 eine neue Verjährung mit der für die unterbrochene Verjährung maßgebenden Frist von drei Jahren begonnen habe (§ 554 A.L.R. I. 9).

Die vom Kläger eingelegte Revision wurde zurückgewiesen.

Aus den Gründen:

„Der Revisionskläger greift als rechtsirrig sowohl die Anschauung des Berufungsrichters an, daß die durch Zustellung der Wechselklage bewirkte Unterbrechung der Verjährung mit dem Eintritte des Ruhens des Prozesses ihr Ende erreiche, als auch diejenige, daß für die neue Verjährung die in Art. 100 W.O. bestimmte Frist maßgebend sei. Diese Angriffe sind verfehlt.

Was die erste Frage anbetrifft, so begründet der Berufungsrichter seine Ansicht in zutreffender Weise mit der Ausführung, daß die bis zur Einführung der Civilprozeßordnung entscheidende Vorschrift des § 554 A.L.R. I. 9 auch jetzt noch den maßgebenden Grundsatz enthalte, und zwar auch für die Wechselverjährung. Der Vordersatz des § 554 enthält in den Worten „die gehörig angemeldete Klage" allerdings eine Voraussetzung, die seit Einführung der deutschen Civilprozeßordnung nicht mehr eintreten kann, da es nach dem Systeme der Civilprozeßordnung eine Anmeldung der Klage bei Gericht nicht mehr giebt; allein schon vor Einführung der Civilprozeßordnung herrschte, nachdem die in Titel 4 des I. Teiles der Allgemeinen Gerichtsordnung geregelte Anmeldung der Klage aufgehört hatte, die regelmäßige Eröffnungsart des Prozesses zu sein, darüber kein Zweifel, daß die Anwendung des Grundsatzes des § 554, wonach die Unterbrechung der Verjährung aufhört, sobald die Klage nicht nach Vorschrift der Gesetze fortgesetzt wird, nicht auf den Fall eingeschränkt werden dürfe, daß der Berechtigte es gar nicht einmal bis zur Anstellung der Klage selbst habe kommen lassen. Es folgt dies schon daraus, daß § 554 über den Zeitpunkt, in welchen die Unterlassung des Weiterverfolgens fällt, nichts bestimmt; denn danach konnte schon zu der Zeit, als das Allgemeine Landrecht und die Allgemeine Gerichtsordnung noch unverändert in Geltung waren, ein mit Beendigung der Unterbrechung verbundenes Unterlassen der Weiterverfolgung des Prozesses auch dann eintreten, wenn, nachdem die angemeldete Klage zu gerichtlichem Protokolle genommen oder schriftlich eingereicht und dem Beklagten mit der Ladung insinuiert war, der Kläger in dem Instruktionstermine ausblieb (§ 18 A.G.O. I. 6, § 41 I. 9). Wie der Berufungsrichter mit Recht hervorhebt, geht das Allgemeine Landrecht in § 554 einfach davon aus, daß die Säumnis in der Rechtsverfolgung, welche den Lauf der Verjährung durch Nichtgebrauch nach sich zieht, nachdem sie in gehöriger Weise — sei es durch Anmeldung oder direkte Erhebung der Klage — beseitigt war, dann von neuem wieder eintritt, wenn die Klage nicht nach Vorschrift der Gesetze, d. h. unter Benutzung der durch die Gesetze den Parteien erteilten Rechte, verfolgt wird, daß also in solchem Falle auch der Lauf der Verjährung von neuem beginnt. Für die Wechselverjährung bildete niemals die Anmeldung der Klage, sondern nach § 908 A.L.R. II. 8 die Anstellung der Klage und später nach Art. 80 W.O. die Behändigung der Klage, ein Mittel zur Unterbrechung der Verjährung, aber gerade auch in Wechselsachen erachtete das am 15. April 1875, also vor der Civilprozeßordnung ergangene Urteil des Reichsoberhandelsgerichtes,

vgl. Hoffmann, Wechselrechtliche Entscheidungen Bd. 2 S. 394,

den Grundsatz des § 554 A.L.R. I. 9 für anwendbar, wobei es den Umstand, daß das Allgemeine Landrecht im § 909 II. 8 ausnahmsweise die Fortdauer der Unterbrechung auch für den Fall der Nichtfortsetzung des Prozesses angeordnet hatte, deshalb gänzlich außer Betracht lassen konnte, weil diese Sondervorschrift mit Einführung der Allgemeinen Deutschen Wechselordnung beseitigt worden war.

Die Thatsache allein, daß die Civilprozeßordnung eine Anmeldung der Klage nicht mehr kennt, sondern in § 239 alle Wirkungen, welche das bürgerliche Recht an die gerichtliche Anmeldung der Klage knüpft, mit Erhebung der Klage eintreten läßt, hat sonach an dem Grundsatze des § 554 A.L.R. I. 9 nichts geändert. Es bleibt aber noch zu erwägen, ob solche Änderung nicht dadurch bewirkt worden ist, daß bei einem nach § 228 C.P.O. eintretenden Ruhen des Verfahrens die Streitsache mit den in § 235 C.P.O. bezeichneten und den nach den Vorschriften des bürgerlichen Rechtes (§ 239 C.P.O.) eintretenden Wirkungen rechtshängig verbleibt, während ein dem Ruhenlassen entsprechendes Verhalten der Parteien unter der Herrschaft der Allgemeinen Gerichtsordnung und der Verordnungen vom 1. Juni 1833 und 21. Juli 1846 die Reposition der Akten und das Erlöschen der Wirkungen der Citation nach sich zog (§ 46 A.G.O. I. 7). Eine solche Folgerung würde gerechtfertigt sein, wenn es die Absicht der Civilprozeßordnung wäre, in das bürgerliche Recht durch eine Vorschrift des Inhaltes einzugreifen, daß als Wirkung der Rechtshängigkeit außer den in § 235 Abs. 2 bezeichneten Folgen auch die der Unterbrechung der Verjährung eintreten solle, welche Vorschrift dann allerdings den Schluß rechtfertigen würde, daß, solange die Rechtshängigkeit dauert, auch die Unterbrechung der Verjährung anhalte. Seinem Wortlaute nach enthält nun der § 239 eine solche Vorschrift ohne Zweifel nicht; er sagt im ersten Satz im Gegenteile, daß die Vorschriften des bürgerlichen Rechtes über die sonstigen Wirkungen der Rechtshängigkeit unberührt bleiben, und wenn er in Satz 2 fortfährt, daß diese sowie alle Wirkungen, welche durch die Vorschriften des bürgerlichen Rechtes an die Anstellung, Mitteilung oder gerichtliche Anmeldung der Klage oder Einlassung des Beklagten geknüpft werden, mit Erhebung der Klage eintreten, so wird damit in unzweideutigster Weise einer Auslegung vorgebeugt, als sehe das Gesetz *alle* Wirkungen, welche das bürgerliche Recht mit Anstellung der Klage u. s. w. verknüpft, als Wirkungen der Rechtshängigkeit an. Diese Frage will das Gesetz vielmehr lediglich auf Grund des *bürgerlichen Rechtes* beantwortet wissen. In die landrechtliche Lehre von der Verjährung durch Nichtgebrauch greift daher die Civilprozeßordnung durch § 239 nur insofern ein, als sie die Unterbrechung nicht mehr mit Anmeldung oder Anstellung der Klage im Sinne des Allgemeinen Landrechtes, sondern erst mit Erhebung der Klage im Sinne der Civilprozeßordnung verbindet; die Grundsätze des bürgerlichen Rechtes über die Folgen der nichtgehörigen Fortsetzung des Rechtsstreites werden von der Civilprozeßordnung nicht berührt. Infolge dieser Stellung der Civilprozeßordnung gegenüber dem bürgerlichen Rechte ist demzufolge ebensowohl der Grundsatz des preußischen Rechtes, wonach beim Ruhenlassen des Rechtsstreites die Unterbrechung aufhört, und eine neue Verjährung beginnt, unberührt geblieben, wie an sich auf der anderen Seite der Grundsatz des französischen Rechtes (Art. 2247 Code civil), wonach die Unterbrechung als nicht geschehen gilt, wenn der Kläger die Instanz erlöschen läßt, nur daß, weil die Civilprozeßordnung ein Erlöschen der Instanz im Sinne des Code de procédure nicht kennt, unter der Herrschaft derselben beim Ruhen des Prozesses die eingetretene Unterbrechung der Verjährung fortdauert. Daß dieses aus dem Wortlaute des Gesetzes gewonnene Ergebnis der Absicht des Gesetzgebers entspricht, ergiebt sich auch aus der Entstehungsgeschichte des § 239, welcher sich als § 203 im sog. Norddeutschen Entwurfe wiederfindet. Nach Ausweis der Protokolle der zur Feststellung dieses Entwurfes eingesetzten Kommission (Norddeutsche Protokolle Bd. 1 S. 433) war der vom Referenten und einigen Mitgliedern gestellte Antrag, die Vorschriften des preußischen Entwurfes über das Erlöschen des Verfahrens (die Peremtion) nach Vorgang der französischen Prozeßordnung zu übernehmen, damit begründet worden, daß es mit Rücksicht auf die Grundsätze des französischen und des preußischen Rechtes über die Unverjährbarkeit rechtshängiger Sachen bedenklich sei, den Parteien die Nichtbetreibung des Prozesses in der Weise zu gestatten, daß die

Beendigung desselben lediglich von der Willkür der Parteien abhänge. Die Mehrheit lehnte diesen Antrag ab; ebenso wurde aber auch die von anderer Seite vertretene Ansicht, daß es nötig sei, eine Vorschrift über die Prozeßverjährung im Sinne des gemeinen Rechtes zu geben, von der Mehrheit gemißbilligt, welche geltend machte, daß dieser Vorschlag „in das Gebiet des materiellen Rechtes eingreife, und daß die Frage, wann ein Anspruch, nachdem die Verjährung durch Anstellung der Klage unterbrochen worden, einer neuen Verjährung unterworfen werde, und welche Frist für diese neue Verjährung entscheidend sei, durch geeignete Vorschriften des materiellen Rechtes über die Verjährung zur Erledigung gebracht werden müsse". Die vorstehende Auffassung über die Einwirkung des § 239 C.P.O. auf das Recht der Verjährung wird auch in den Motiven zu § 174 des Entwurfes eines bürgerlichen Gesetzbuches für das Deutsche Reich, dessen Abs. 2 sich dem § 554 A.L.R. I. 9 anschließt, in folgender Weise zum Ausdrucke gebracht: „Der materiellrechtlichen Frage nach der Dauer der Unterbrechung der Verjährung bei Stillstand des Rechtsstreites wird durch diesen prozessualen Grundsatz (d. i. Fortdauer der Rechtshängigkeit trotz des Stillstandes) selbstverständlich nicht vorgegriffen" (Norddeutsche Protokolle S. 433).

Was sodann die Frist der nach Beendigung der Unterbrechung beginnenden neuen Verjährung betrifft, so beruht auch in dieser Beziehung die Ansicht des Berufungsrichters auf richtiger Gesetzesauslegung. Wie das preußische Obertribunal in dem Urteile vom 23. November 1854 (Präj. Nr. 2579, Entsch. desselben Bd. 32 S. 37) überzeugend ausgeführt hat, werden durch die Unterbrechung der Verjährung keinerlei Änderungen in der Natur des zu verfolgenden Rechtes herbeigeführt, welche eine andere Verjährungsfrist, als die ursprünglich festgesetzte, bedingten, auch konnte es der Gesetzgeber unmöglich in die Willkür des Berechtigten stellen wollen, durch Unterbrechung der Verjährung und demnächstiges Liegenlassen des Prozesses an Stelle der vom Gesetze bestimmten besonderen Verjährungsfrist die dreißigjährige zu setzen. Hierzu kommt dann noch, abgesehen von dem Wortlaute des § 563 A.L.R. I. 9, der Umstand, daß die Gesetzgebung in § 10 des Gesetzes wegen Einführung kürzerer Verjährungen vom 31. März 1838 sowie in § 8 des Gesetzes über Verjährungsfristen bei öffentlichen Abgaben vom 18. Juni 1840 ausdrücklich bezüglich der den Gegenstand dieser Gesetze betreffenden Forderungen bestimmte, es solle, wenn nach erfolgter Unterbrechung der Verjährung eine neue beginne, zur Vollendung der letzteren eine der ursprünglichen gleichkommende Frist genügen. Von dem Grundsatze, daß für die nach Unterbrechung der Verjährung beginnende neue Verjährung dieselbe Frist gilt, welche das Gesetz für die unterbrochene bestimmt hat, waren selbst in den §§ 908. 2356 A.L.R. II. 8 zwei Ausnahmen zugelassen, von denen die erstere seitens des Revisionsklägers angerufen ist. Allein diese Ausnahmevorschrift, nach welcher durch die angestellte gerichtliche Klage die Wechselkraft gegen den beklagten Schuldner solange erhalten bleiben soll, bis das Instrument auch als Schuldschein verjährt ist, hat mit Einführung der Allgemeinen Deutschen Wechselordnung jede Bedeutung verloren. Die Wechselordnung selbst enthielt über die Unterbrechung der Verjährung Vorschriften nur in dem Art. 80, welcher so wenig, wie die ihn ergänzenden § 13 K.O., § 3 Abs. 3 des Einführungsgesetzes zur Konkursordnung, § 13 Abs. 3 des Einführungsgesetzes zur Civilprozeßordnung, ausdrücklich bestimmt oder die Folgerung zuläßt, daß für die nach beendigter Unterbrechung der Verjährung beginnende neue Verjährung der Wechselklage die allgemeinen Grundsätze des bürgerlichen Rechtes bezüglich der Frist nicht maßgebend sein sollen. An einem inneren Grunde, gerade für die Wechselklage eine solche Ausnahme zuzulassen, fehlt es jedenfalls." ...

---

89. Versteuerung des den Nacherben zufallenden Erbteiles, wenn der Erblasser den Kreis der Substituten zwar bezeichnet, dem Fiduziarerben aber überlassen hatte, durch letztwillige Verfügung die einzelnen Nacherben namhaft zu machen und deren Erbanteile zu bestimmen.

IV. Civilsenat. Urt. v. 18. Januar 1894 i. S. T. (Kl.) w. Fiskus (Bekl.). Rep. IV 260/93.

I. Landgericht Magdeburg.
II. Oberlandesgericht Naumburg a. S.

Aus den Gründen:

„Der zu N. verstorbene Stadtrat Adolf Th. hat mit seiner nach ihm verstorbenen Ehefrau ein wechselseitiges Testament errichtet, worin beide Eheleute einander gegenseitig zu Erben eingesetzt haben. Diese Bestimmung ist durch einen gerichtlich niedergelegten Testamentsnachtrag ausdrücklich aufrecht erhalten worden. Im übrigen haben beide Eheleute im § 2 dieses Nachtrages folgende Anordnung getroffen: „Wir sprechen aber letztwillig über unseren gesamten Nachlaß eine Substitution dahin aus, daß das nach dem Tode von uns beiden Eheleuten hinterlassene Vermögen, soweit es nicht durch Legate an andere Personen und andere Zwecke beschränkt werden wird, und vorbehaltlich der weiter unten gemachten Bestimmungen auf die Kinder und Enkel meiner, des Ehemannes, Brüder Karl und Hermann Th. vererbt werden soll." Im Anschlusse hieran ist weiter in den §§ 4. 5 desselben Nachtrages bestimmt worden: „Da aber meine, des Ehemannes, Brüder, und zwar Karl vier und Hermann nur ein Kind hinterlassen haben, und diese Kinder in ihrer eingegangenen Ehe sehr verschiedene Zahl von Kindern erzeugt haben und in ihren Vermögensverhältnissen sehr verschieden gestellt sind, sollen die substituierten Erben keineswegs zu gleichen Teilen den Nachlaß erhalten. Wir behalten uns vielmehr das Recht vor, letztwillig nach dem Tode des einen von uns beiden die Beträge auszuwerfen, die wir speziell den Kindern und Enkeln der Gebrüder Karl und Hermann Th. als Erbteil bestimmt haben, dergestalt, daß diese Anteile keineswegs gleich sein sollen, sondern nach Umständen ganz verschiedenartig, auch an besondere Bedingungen geknüpft sein können. Nur für den Fall ..., daß der überlebende ein Testament nicht errichtet hätte, sollen die von uns beiden unterschriebenen kodizillarischen Bestimmungen ..., die sich dann im Nachlasse des von uns überlebenden finden werden, über die Verteilung des Nachlasses an unsere Erben das Erforderliche bestimmen."

Nach dem Tode des Ehemannes Th. hat dessen Witwe in einem dem Gerichte am 11. Februar 1887 übergebenen Testamente ausgesprochen, daß der älteste Sohn ihres Schwagers Karl Th., Namens

Richard, nicht als Empfänger irgend einer Erbportion genannt werde. Anderen Söhnen der Gebrüder Karl und Hermann Th. sind von ihr bestimmte Summen als Legate ausgesetzt worden. Außerdem hat sie noch weitere Vermächtnisse angeordnet und in § 6 dieses Testamentes bestimmt: „Zu Erben unseres übrigen Nachlasses . . . ernenne ich hierdurch die bei unserem beiderseitigen Tode noch lebenden Enkel meiner beiden Schwäger Karl und Hermann Th. dergestalt, daß a) die Enkel von Karl Th. drei Viertel, b) die Enkel von Hermann Th. ein Viertel der verbliebenen Erbschaftsmasse zu gleichen Teilen erhalten." Die sechs Kinder des Klägers sind Enkel des Karl Th.

Bezüglich ihres in die Ehe eingebrachten Vermögens hatte die Witwe Th. bereits bei Lebzeiten ihres Ehemannes durch Schenkungen anderweit verfügt, sodaß sie außer dem von ihrem Ehemanne herrührenden Vermögen sonstiges Vermögen nicht hinterlassen hat. Bei der Berechnung der Erbschaftssteuer wurde deshalb seitens des Erbschaftssteueramtes zunächst angenommen, daß der Anfall an die Erben und Vermächtnisnehmer nicht von der Witwe Th., sondern von dem vorverstorbenen Ehemanne derselben erfolgt sei. Dementsprechend ist unter dem 30. Juni 1890 eine Feststellungsbescheinigung erteilt worden. . . . Später kam bei der Steuerbehörde die Ansicht zur Geltung, daß die Witwe Th. als die Erblasserin anzusehen sei, und demgemäß ist eine anderweite Berechnung der zu entrichtenden Erbschaftssteuer aufgestellt worden. Danach hat der Beklagte vom Kläger für dessen Kinder, die mit der Witwe Th. nicht blutsverwandt gewesen sind, unter Anwendung eines Steuersatzes von acht vom Hundert einen entsprechend höheren Betrag gefordert.

Der Kläger verlangt im vorliegenden Rechtsstreite die Feststellung, daß der Beklagte nicht befugt sei, von ihm als Vertreter seiner Kinder eine weitere als die nach der Feststellungsbescheinigung vom 30. Juni 1890 berechnete Erbschaftssteuer zu beanspruchen.

Die Zulässigkeit dieser Feststellungsklage unterliegt keinem Bedenken. . . . Auch sachlich erscheint die Klage als begründet. . . . Abweichend von der Ansicht der Vorderrichter ist anzunehmen, daß das von den Kindern des Klägers ererbte Vermögen nicht nur dem Ursprunge nach von dem Stadtrate Th. herrührt, sondern daß diese Zuwendung auch rechtlich auf die im § 2 des Testamentsnachtrages vom 13. Januar 1880 enthaltene Anordnung zurückzuführen ist. Beide

Eheleute hatten danach bestimmt, daß ihr gesamter Nachlaß sich nach ihrem beiderseitigen Tode auf die Abkömmlinge der genannten Brüder des Ehemannes vererben solle. Bezüglich des Vermögens des Zuerstversterbenden enthielt diese Anordnung eine fideikommissarische Substitution, während dadurch seitens des Überlebenden eine unmittelbare Erbeseinsetzung ausgesprochen wurde. Durch den dabei gemachten Vorbehalt der Anordnung anderweiter Vermächtnisse, sowie durch die nachfolgenden Bestimmungen der §§ 4. 5 erlangte die überlebende Witwe allerdings eine außergewöhnlich freie Stellung, in welcher sie berechtigt war, nach dem Tode ihres Ehemannes mittels letztwilliger Verfügung zu bestimmen, was die einzelnen designierten Erben aus dem Nachlasse erhalten sollten. Hierdurch wurde aber die Ernennung der Nacherben nicht der Willkür der Witwe überlassen (§ 49 A.L.R. I. 12); vielmehr blieb dieselbe an die im § 2 des gedachten Testamentsnachtrages enthaltene Festsetzung gebunden, sodaß sie namentlich nicht befugt gewesen sein würde, den bezeichneten Personenkreis von der Erbschaft ganz auszuschließen und dafür oder auch nur daneben Personen als Erben einzusetzen, welche zu den bezeichneten beiden Linien nicht gehörten. Ein solches Recht der Witwe kann weder daraus hergeleitet werden, daß sie die Zuwendung an die einzelnen Mitglieder jenes Personenkreises von besonderen Bedingungen abhängig machen durfte, noch würde sich jenes Recht daraus folgern lassen, daß der Witwe — wie der Berufungsrichter annimmt — die Befugnis zugestanden haben mag, die Erben mit Vermächtnissen zu belasten. Die Ansicht des Berufungsrichters, daß die Witwe ganz unbeschränkt über den Nachlaß ihres Ehemannes von Todes wegen habe verfügen dürfen, ist hiernach nicht zutreffend, sondern dem Ermessen der Witwe war in dieser Beziehung nur ein gewisser Spielraum gelassen.

Vgl. auch Entsch. des früheren preußischen Obertribunales Bd. 39 S. 79, sowie Striethorst, Archiv Bd. 26 S. 142, Bd. 47 S. 13.

Soweit aber die Witwe innerhalb der ihr gesetzten Schranken eine Verteilung des Nachlasses auf die im Testamentsnachtrage bezeichneten Seitenverwandten des Ehemannes vorgenommen hat, brachte sie die letztwillige Anordnung ihres Ehemannes zur Ausführung. Die den Nachkommen der Gebrüder Karl und Hermann T. zu teil gewordenen Zuwendungen beruhen daher nicht bloß auf einer letztwilligen Verfügung der Witwe, sondern in erster Linie auf jener Anordnung des Ehemannes T. Der in solcher Weise an die Kinder des Klägers aus dem Vermögen ihres Großonkels gelangte Anfall unterliegt deshalb (nach Litt. B ^{b} des Tarifes zum Erbschaftssteuergesetze vom 30. Mai 1873, in Verbindung mit § 26 desselben Gesetzes) nur dem Steuersatze von zwei vom Hundert, welcher der Berechnung der ersten Feststellungsbescheinigung vom 30. Juni 1890 zu Grunde gelegen hat." ...

IV. Rheinisches Recht.

90. Cession von Ansprüchen aus darlehnsrechtlichen Verhältnissen.

II. Civilsenat. Urt. v. 24. Oktober 1893 i. S. B. (Kl.) w. St. (Bekl.) Rep. II. 153/93.

I. Landgericht Köln.
II. Oberlandesgericht daselbst.

Am 10. März 1892 stellte der Beklagte St. dem Baumeister D. folgenden Schein aus:

„Ich verpflichte mich hierdurch, die beiden Policen der zu Köln domizilierten Kölnischen Lebensversicherungsgesellschaft Konkordia Nr. 9915 a./d. über 4000 Thaler und Nr. 19645 a./d. über 6000 Thaler, ausgestellt auf das Leben des Baumeisters D., außer den bereits von der Konkordia gewährten Darlehnen von zusammen 11300 ℳ noch mit zusammen 8500 ℳ zu beleihen. Der bezügliche Faustpfandsakt soll sofort vor Notar gethätigt und wird nachdem genannter Betrag sofort ausgezahlt werden."

Nach Auszahlung eines Betrages von 3000 ℳ durch St. an D. erfolgte nach Behauptung des Klägers eine Cession für den Restbetrag an ihn. Hierüber wurde auf dem erwähnten Scheine unterm 23. März 1892 von D. eine Urkunde folgenden Inhaltes ausgestellt:

„Nachdem der in vorstehender Erklärung erwähnte notarielle Akt vor Notar G. am 12. März l. J. gethätigt worden ist, Herr St. darauf aber nur 3000 ℳ bis dato bezahlt hat, cediere ich den Rest von 5500 ℳ zum vollen unwiderruflichen Eigentume dem Herrn B., indem ich bekenne, den vollen Wert bereits erhalten zu haben."

B. ließ diese Cession dem St. zustellen. St. zahlte hierauf an B. 3771,54 ℳ, weigerte sich aber, den Rest mit 1728,46 ℳ zu bezahlen. B. erhob nunmehr gegen St. Klage auf Verurteilung zur Zahlung von 1728,46 ℳ nebst 5 Prozent Zinsen seit dem Klagzustellungstage. Das Landgericht erkannte verurteilend nach dem Klagantrage. Der Beklagte ergriff Berufung und führte zur Rechtfertigung zunächst aus, daß die Cession eines Anspruches aus einem Darlehnsversprechen auf Auszahlung des Darlehns unzulässig sei. Das Oberlandesgericht wies die Klage ab. Auf Revision wurde das Urteil des Oberlandesgerichtes aufgehoben, und die Sache an das Berufungsgericht zurückverwiesen.

Gründe:

„Bei Prüfung des oberlandesgerichtlichen Urteiles sind mehrere Vorgänge voneinander zu unterscheiden.

1. Käme es nur auf den von St. dem Baumeister D. ausgestellten Schein vom 10. März 1892 an — in welchem lediglich eine Zusage der Gewährung eines Darlehns von seiten des St. enthalten, eine Verpflichtung von seiten des D. auch nur zur Aufnahme des Darlehns bei St. nicht übernommen, noch weniger von seiten des D. schon eine Verpflichtung zur Rückzahlung (nebst etwaiger Verzinsung ausgesprochen worden ist — und läge nur eine Cession des Anspruches aus diesem Scheine vor, dann würde allerdings die Cession von seiten des D. an den jetzigen Kläger B. unwirksam sein. Ein Anspruch nämlich lediglich aus dem Umstande, daß die Gewährung eines Darlehns versprochen wurde, kann von demjenigen, welchem diese Zusage gemacht ist, nicht wirksam cediert werden. Ein Anspruch, welcher lediglich aus dem Umstande, daß die Gewährung eines Darlehns versprochen wurde, gegen den dies Versprechenden gerichtet ist, ist auf eine Leistung gerichtet, welche credendi causa, d. h. mit der Wirkung erfolgen soll, daß sie den Empfänger zum Schuldner macht. Die Cession eines Anspruches soll nun den Anspruch dem Cessionar zu eigenem Rechte desselben übertragen. Es kann nun aber der Cedent nicht den Erfolg, daß die credendi causa geschehende Leistung den Empfänger zum Schuldner des Zahlenden macht, herbeiführen, weil es nicht in seiner Berechtigung steht, ohne den Willen desjenigen, welcher sein (des Cedenten) Darlehnsgläubiger zu werden versprochen hat, statt seiner

einen anderen Schuldner zu substituieren. Ein Anspruch des Cessionars aber dahin, daß er lediglich ein eigenes Recht auf Auszahlung der Summe, der Cedent dagegen die Verpflichtung der Rückzahlung (nebst etwaiger Verzinsungspflicht) habe, kann nicht durch die Cession des Anspruches aus einem bloßen Versprechen der Gewährung eines Darlehns an den Cedenten erworben werden, weil für den Cedenten selbst ein Recht, den Geldbetrag abgelöst von seiner Eigenschaft einer Hingabe credendi causa zu empfangen, aus jener bloßen Zusage der Gewährung eines Darlehns nicht entstanden ist, daher auch nicht ein solches losgelöstes Recht, also ein nacktes Recht auf Summenzahlung übergegangen sein kann.

2. Die geschilderte Rechtslage kann aber eine Änderung erfahren haben durch die inhaltlich des Thatbestandes des oberlandesgerichtliches Urteiles ebenfalls zum Gegenstande der Verhandlung vor dem Oberlandesgerichte gemachte notarielle Urkunde vom 12. März 1892, in welcher Baumeister D. bekennt, dem St. für erhaltenes bares Darlehen die Summe von 8500 *M* zu schulden, sich in näher bezeichneter Weise zur Verzinsung dieses Darlehens und zur Abtragung desselben verpflichtet, sowie zur Sicherheit für das Darlehen nebst Zinsen die näher bezeichneten Lebensversicherungspolicen (nämlich die in dem Scheine vom 10. März 1892 bezeichneten) zum Faustpfande bestellte, und inhaltlich welcher notariellen Urkunde der ebenfalls anwesende St. erklärte, „das Vorstehende zu acceptieren". Die Erörterung vor dem Oberlandesgerichte über diese notarielle Urkunde kann, in Verbindung mit dem Umstande, daß naturgemäß der Aufnahme dieser Urkunde wegen der näheren Modalitäten eine mündliche Beredung St.'s und D.'s vorausgegangen sein wird, auch als das (nicht etwa bereits durch eine gegenteilige thatsächliche Feststellung des Oberlandesgerichtes beseitigte) Vorbringen des Klägers aufgefaßt werden, es sei schon vor der Cession vom 23. März 1892 durch konsensuelles Übereinkommen zwischen St. und D. (bezüglich dessen nötigenfalls das Fragerecht auszuüben gewesen wäre, bezw. künftig von dem Oberlandesgerichte auszuüben wäre) ein St. und D. bereits in vollster Weise für den ganzen Betrag von 8500 *M* als Darlehnsgläubiger bezw. Darlehnsschuldner verpflichtendes Rechtsverhältnis zustande gekommen. Ein solches Sachverhältnis wäre aber von rechtlicher Erheblichkeit. Wenngleich nämlich der Code civil, soweit in demselben

die Lehre vom Darlehnsvertrage ausdrücklich erörtert ist, inhaltlich seiner in Art. 1892 gegebenen Definition den Darlehnsvertrag als Realvertrag auffaßt, so schließt das französische Recht doch mit der in Art. 1892 des Code civil erfolgten Regelung einen Darlehnsvertrag als Konsensualvertrag nicht aus. Bestand aber bereits durch einen Konsensualvertrag, welcher St. und D. in vollster Weise in das Rechtsverhältnis als Darlehnsgläubiger und Darlehnsschuldner zu einander brachte, ein Gebundensein des D. als Darlehnsschuldner gegenüber St. für den ganzen Betrag von 8500 ℳ mit den Modalitäten, wie sie in der notariellen Urkunde vom 12. März 1892 hinsichtlich der Rückzahlung, Zinsverpflichtung und Faustpfandbestellung enthalten sind, dann wäre die rechtliche Möglichkeit vorhanden gewesen, unter Belassung des D. als Schuldners bloß das Recht des D. gegen St. auf Auszahlung der vollen 8500 ℳ zum Gegenstande einer Cession an den jetzigen Kläger B. zu machen. Es wäre sodann aber weiter thatsächlich zu erörtern, in welchem Sinne die Cession gemeint gewesen sei; insbesondere wäre noch festzustellen, daß sie nicht etwa — was allerdings rechtlich nicht möglich wäre — den Sinn gehabt habe, die von D. gegen St. übernommenen Verpflichtungen hinsichtlich der Schuldnerschaft D.'s für den ganzen Betrag zu beseitigen." . . .

---

91. Findet die Verjährung von fünf Jahren des Art. 2277 Code civil auch auf die von den Artt. 2271—2275 daselbst beherrschten sog. kurzen Verjährungen Anwendung?

II. Civilsenat. Urt. v. 13. März 1894 i. S. R. (Bekl.) w. B. (Kl.) Rep. II. 17/94.

I. Landgericht Trier.
II. Oberlandesgericht Köln.

Der Kläger, ein Mahlknecht, hat bei seinem Ausscheiden aus dem Dienste des Beklagten gegen letzteren einen Lohnrückstand von 80 ₰ täglich für einen Zeitraum von 7 ½ Jahren klagend geltend gemacht. Der Beklagte, welcher behauptete, dem Kläger, welcher schon damals über 60 Jahre alt und nicht mehr voll arbeitsfähig gewesen, nur freie Verpflegung nebst Kleidung und ein mäßiges wöchentliches Taschengeld von etwa 1 *M* zugesagt zu haben, berief sich in zweiter Instanz ohne Erfolg auf die Verjährung des Art. 2277 Code civil.

Aus den Gründen:

... „Der Berufungsrichter weist die von dem Beklagten vorgebrachte Einrede der Verjährung aus Art. 2277 B.G.B. mit dem — ohne nähere Begründung gegebenen — Ausspruche zurück, die Verjährung der Ansprüche der Arbeiter und Taglöhner wegen Bezahlung ihres Lohnes (Art. 2271 daselbst) richte sich nicht nach der vorerwähnten Gesetzesstelle. Dies ist nicht zu billigen.

Die in den Artt. 2271—2274 B.G.B. enthaltenen Vorschriften darüber, in welchen kurzen Fristen die daselbst aufgeführten Forderungen aus Geschäften des täglichen Verkehres geltend zu machen seien, befinden sich zwar in dem „von einigen besonderen Arten der Verjährung" handelnden Abschnitte; sie stellen aber keine eigentliche, den Anspruch tilgende Verjährung, bei welcher das unthätige Recht sich selbst vernichtet, auf, sondern bewirken lediglich eine Rechtsvermutung der erfolgten Zahlung zu Gunsten des Beklagten, gegen welche Vermutung der Kläger in der durch den Art. 2275 vorgesehenen Weise dadurch aufkommen kann, daß er dem Beklagten den Eid zuschiebt, si la chose a été réellement payée. Daraus folgt, daß, wenn durch Zugeständnis des Beklagten oder durch dessen Eidesweigerung die gesetzliche Vermutung der erfolgten Zahlung beseitigt ist, die Frage, ob trotzdem Verjährung eingetreten ist, nach den anderweitigen Vorschriften des Gesetzes, welche die echte Verjährung normieren, zu entscheiden ist.

In dieser Beziehung kommt nun im vorliegenden Falle, wo rückständiger Tagelohn, also eine in regelmäßig wiederkehrenden Fristen von je 24 Stunden fällig werdende Leistung, eingeklagt wird, die Verjährung von fünf Jahren des Art. 2277 B.G.B. (eine Ausnahme von der Regelvorschrift der dreißigjährigen Verjährung — Art. 2262 —) in Betracht, welche anerkanntermaßen eine wahre Verjährung ist, indem die vor den fünf Jahren liegenden jährlich oder in kürzeren Fristen wiederkehrenden Renten, Gefälle, Miet- und Pachtgelder, sowie überhaupt alles, was von Ansprüchen verwandter Art,

Dienstlöhne einbegriffen, periodisch fällig wird, als erloschen gelten. Dieser Artikel hat ältere Vorschriften einer Ordonnanz Ludwig's XII. vom Jahre 1510 (Art. 72), sowie des Gesetzes vom 20. August 1792 weiter ausgebaut und beruht auf dem Gedanken des Gesetzgebers, daß Leistungen, welche ihrer Natur nach nicht aus dem Kapitalvermögen des Schuldners, sondern aus dessen jährlichen Einkünften zu tilgen sind, nicht zu solcher Höhe anwachsen sollen, daß der sorglos gemachte Schuldner durch deren Einforderung wirtschaftlich gefährdet oder gar zu Grunde gerichtet werde, wobei die Grenze von fünf Jahren für angemessen erachtet wurde. Es trifft dieser legislatorische Gesichtspunkt auch auf die Löhne von Tagesarbeitern, um welche es sich hier handelt, in voller Stärke zu, und namentlich der landwirtschaftliche Betrieb würde die Geltendmachung von Lohnforderungen, welche bis zu dreißig Jahren angesammelt worden, nicht ohne schwere Schädigung ertragen können. Es fehlt auch jeder Grund für die Annahme, daß der Gesetzgeber die Taglöhne, welche er im Punkte der Beweisführung von Zahlungen durch die Bestimmungen der Artt. 2271. 2275, gegenüber den Inhabern von Forderungen, bei welchen eine Periodizität nicht vorliegt, schlechter stellt, andererseits durch Gewährung eines dreißigjährigen Klagerechtes habe entschädigen und begünstigen wollen.

Nach dem Ausgeführten sind die vom Kläger beanspruchten Löhne, soweit dieselben vor dem 7. April 1886 liegen, verjährt." ...

V. Prozeßrecht.

92. Klagänderung. § 240 C.P.O.

II. Civilsenat. Urt. v. 23. Juni 1893 i. S. R. (Kl.) w. Konkursmasse K. (Bekl.) Rep. II. 94/93.

I. Landgericht Aachen.
II. Oberlandesgericht Köln.

Die Entscheidung ist oben unter „Reichsrecht" Nr. 1 S. 1 abgedruckt.

---

93. Wiederaufnahme des durch rechtskräftiges Endurteil geschlossenen Verfahrens.
Bedeutung des Restitutionsgrundes, welcher darauf beruht, daß die Partei eine Urkunde zu benutzen in den Stand gesetzt wird, die eine ihr günstigere Entscheidung herbeigeführt haben würde.
C.P.O. § 543 Ziff. 7b.

IV. Civilsenat. Urt. v. 18. September 1893 i. S. v. N. (Kl.) w. v. N. (Bekl.) Rep. IV. 114/93.

I. Landgericht Ratibor.
II. Oberlandesgericht Breslau.

Aus den Gründen:

„Durch das rechtskräftige Urteil des Landgerichtes Ratibor vom 9. März 1891 ist die Ehe der Parteien auf Antrag des Klägers wegen unüberwindlicher Abneigung geschieden, und der Ehemann für den alleinschuldigen Teil erklärt worden. Der Kläger, welcher in jenem Prozesse bezüglich der Behauptung, daß die Beklagte mit dem v. B. Ehebruch getrieben habe, beweisfällig geblieben war, hat die Restitutionsklage erhoben, indem er behauptet, daß erst neuerdings die Benutzung mehrerer ihm von der Ehefrau des v. B. ausgehändigter Schriftstücke möglich geworden sei, aus denen der Ehebruch klar erhelle.... In den beiden Vorinstanzen ist die Restitutionsklage für unzulässig erklärt worden, und zwar in erster Linie auf Grund des § 545 C.P.O. Der Berufungsrichter führt in dieser Beziehung aus: Er habe in Übereinstimmung mit dem ersten Richter aus den Zeugenaussagen entnommen, daß der Kläger schon zur Zeit des Vorprozesses Kenntnis davon gehabt habe, daß Frau v. B. Briefe in Händen habe, aus denen der Ehebruch der Beklagten sich ergebe, daß daher der Kläger imstande gewesen sei, diese Briefe in dem früheren Verfahren durch Berufung auf das Zeugnis der Frau v. B. und durch Antrag auf Vorlegung geltend zu machen, und daß in dieser Unterlassung ein Verschulden liege, welches die Restitutionsklage ausschließe.

Diese Ausführung geht fehl. Dem Kläger stand nicht das Recht zu, von der Frau v. B. die Herausgabe oder Vorlegung der in ihren Händen befindlichen, nicht gemeinschaftlichen Urkunden zu verlangen (§§ 394. 387 C.P.O.), und der Kläger würde daher nicht in der Lage gewesen sein, den Urkundenbeweis nach Vorschrift der §§ 393. 395. 389 Ziff. 5 C.P.O. anzutreten; vielmehr hätte sich der Kläger über Existenz und Inhalt der fraglichen Schriftstücke nur auf das Zeugnis der Frau v. B. berufen können, welche nach § 349 Ziff. 2 a. a. O. berechtigt gewesen sein würde, das Zeugnis zu verweigern. Ob bei solcher Sachlage anzunehmen ist, daß den Kläger insofern ein Verschulden trifft, als er wenigstens den Versuch hätte machen sollen, die Frau v. B. als Zeugin vernehmen zu lassen, kann dahingestellt bleiben; denn auch im Bejahungsfalle würde hieraus die Unzulässigkeit der vorliegenden Restitutionsklage nicht zu folgern sein.

Der § 545 C.P.O. bestimmt: „Die Restitutionsklage ist nur zulässig, wenn die Partei ohne ihr Verschulden außer stande war, den Restitutionsgrund in dem früheren Verfahren ... geltend zu machen", und der hier in Frage kommende Restitutionsgrund des § 543 Ziff. 7b a. a. O. ist gegeben, wenn die Partei ... eine ... Urkunde auffindet oder zu benutzen in den Stand gesetzt wird, welche eine ihr günstigere Entscheidung herbeigeführt haben würde. Dabei handelt es sich um die Benutzung zur Führung eines nachträglichen Urkundenbeweises.

Vgl. Entsch. des R.G.'s in Civils. Bd. 16 S. 395 und Jurist. Wochenschrift von 1886 S. 228 Nr. 12.

Der § 543 Ziff. 7b a. a. O. hat also nicht den Fall im Auge, wenn die Partei in den Stand gesetzt wird, die Existenz und den Inhalt der Urkunde durch andere Beweismittel, namentlich durch Zeugen darzuthun, sondern der Restitutionsgrund des § 543 Ziff. 7b a. a. O. liegt nur dann vor, wenn es der Partei möglich wird, sich einer bisher unbekannt gewesenen oder doch unzugänglich gebliebenen Urkunde als Beweismittels nach den Regeln des Urkundenbeweises zu bedienen. Hiernach ist die Annahme ausgeschlossen, daß die Partei wegen Nichtgeltendmachung dieses Restitutionsgrundes ein Verschulden trifft, und daß dieserhalb die Restitutionsklage nach § 545 a. a. O. unstatthaft erscheinen könnte, wenn die Partei im früheren Verfahren es zwar schuldhaft versäumt hatte, sich anderer Beweismittel zu bedienen, sie aber ohne Verschulden erst nachträglich in die Lage gekommen ist, die fragliche Urkunde als Beweismittel nach Maßgabe der für den Urkundenbeweis bestehenden Vorschriften benutzen zu können. So aber liegt hier der Fall." ...

---

94. Liegt eine Rechtsstreitigkeit im Sinne des § 509 Ziff. 2 C.P.O. vor, wenn ein Gerichtsvollzieher, welchem ein Wechsel zur Präsentation und Protesterhebung übergeben worden ist, nach der Pensionierung auf Herausgabe des Wechsels belangt wird?

IV. Civilsenat. Urt. v. 19. Oktober 1893 i. S. K. (Kl.) w. N. (Bekl.) Rep. IV. 182/93.

I. Landgericht Erfurt.
II. Oberlandesgericht Naumburg.

Aus den Gründen:

„Der Beklagte, Gerichtsvollzieher a. D. N., ist seit dem 1. Februar 1892 pensioniert. Der Kläger behauptet, er sei der alleinige Erbe des Landwirtes H. Dieser habe dem Beklagten im Jahre 1891 einen von H. auf die Eheleute A. gezogenen, von diesen angenommenen Wechsel über 55 ℳ zur Präsentation und Protesterhebung übergeben; der Beklagte habe aber in Verletzung seiner Amtspflicht trotz der Aufforderung den Wechsel nicht zurückgegeben. Der Kläger hat deshalb beantragt, den Beklagten zur Herausgabe dieses Wechsels zu verurteilen.

Die Klage ist im Juli 1892, als der Beklagte bereits pensioniert war, bei dem Landgerichte zu Erfurt erhoben. Der Beklagte hat eingewendet, das Landgericht sei unzuständig, weil er zur Zeit der Klagerhebung nicht mehr Beamter gewesen sei, und weil der ihm gemachte Vorwurf, den Wechsel trotz der Aufforderung nicht zurückgegeben zu haben, eine Überschreitung seiner amtlichen Befugnisse oder eine pflichtwidrige Unterlassung von Amtshandlungen nicht enthalte, mithin der Gerichtsstand des Landgerichtes aus § 39 Ziff. 3 des preußischen Ausführungsgesetzes zum Gerichtsverfassungsgesetze nicht gegeben sei.

Das Landgericht hat die Klage wegen Unzuständigkeit abgewiesen. Die Berufung ist zurückgewiesen. Die gegen das Berufungsurteil eingelegte Revision war nicht für begründet zu erachten.

Das Berufungsgericht ist zwar der Ansicht des Landgerichtes, daß der pensionierte Beamte hinsichtlich eines jeden gegen ihn aus seiner früheren Amtsführung geltend gemachten vermögensrechtlichen Anspruches den ordentlichen Gerichten unterworfen sei, nicht beigetreten. Allein es hat angenommen, daß die Ausnahmebestimmung des § 70 Abs. 2 Ziff. 2 G.V.G. mit Rücksicht auf das aktive Dienstverhältnis eingeführt worden sei. Bei Prozessen über Pflichtwidrigkeiten aktiver Beamten komme es in der Regel auf konkurrierende Fragen staatsrechtlicher Natur an, und der Staat habe Anlaß, auch für solche Fragen, welche seine Interessen nur indirekt berühren, den Rechtsweg bis zur höchsten Instanz freizumachen. In dem vorliegenden Falle aber sei die von dem Reichsgerichte (in dem Beschlusse der vereinigten

Civilsenate vom 10. Juni 1886 und in den Urteilen vom 10. Januar 1877, 9. Mai 1887 und 19. Dezember 1877, Entsch. des R.G.'s in Civils. Bd. 16 S. 396, Bd. 17 S. 332, Bd. 18 S. 389 und Bd. 20 S. 388) aufgestellte Sonderung des Auftragsverhältnisses und der Dienstpflicht von entscheidender Bedeutung; der Staat habe kein Interesse mehr an der früheren Unterlassung des pensionierten Beamten; der letztere bleibe vielmehr lediglich privatrechtlich dem Auftraggeber für die Nichtausführung des Auftrages nach den Regeln des Mandates verantwortlich. Denn es fehle jede thatsächliche Grundlage und jeder Beweisantritt dafür, daß die behauptete Unterlassung zugleich ein noch jetzt zu ahndendes Dienstvergehen enthalte.

Diese Entscheidung würde der Revision nur dann unterliegen, wenn der Kläger einen Thatbestand behauptet hätte, welcher einen der in dem § 39 Ziff. 3 des preußischen Ausführungsgesetzes zum Gerichtsverfassungsgesetze vorgeschriebenen beiden Fälle der ausschließlichen Zuständigkeit des Landgerichtes begründet. Eine solche Behauptung ist nicht aufgestellt. Es ist nicht angegeben, wie mit der Behauptung, daß der Beklagte den Wechsel der Aufforderung ungeachtet nicht herausgegeben, der Vorwurf begründet werden soll, daß der Beklagte seine amtlichen Befugnisse überschritten, oder daß er pflichtwidrig Amtshandlungen unterlassen habe. Der Anspruch auf Herausgabe des Wechsels ist vielmehr, wie die Vorderrichter richtig angenommen haben, auf das Auftragsverhältnis gegründet. Es fehlt daher ein gesetzlicher Grund der Zuständigkeit des Landgerichtes für den erhobenen Anspruch auf Herausgabe des Wechsels."

---

95. Rechtliche Bedeutung der Nomination seitens des auf Herausgabe belangten Verwahrers an denjenigen, von dem er die Sachen in Verwahrung erhalten hat, wenn letzterer den Prozeß nicht übernimmt. C.P.O. §§ 67. 73.

I. Civilsenat. Urt. v. 21. Oktober 1893 i. S. St. (Kl.) w. N. u. F. (Bekl.). Rep. I. 227/93.

I. Landgericht Magdeburg.
II. Oberlandesgericht Naumburg.

Die Entscheidung ist oben unter „Reichsrecht“ Nr. 6 S. 26 abgedruckt.

---

96. Ist der Zeugenbeweis über sog. innere Thatsachen zulässig? C.P.O. § 338.

I. Civilsenat. Urt. v. 1. November 1893 i. S. P. (Kl.) w. D. u. Gen. (Bekl.) Rep. I. 292/93.

I. Landgericht I Berlin.
II. Kammergericht daselbst.

Der Kläger hatte durch Vorträge und eine Broschüre die Gründung einer Volksbaugesellschaft angeregt, und es hatte sich zur Verfolgung dieses Zweckes ein Komitee gebildet. In einer Sitzung desselben hat Kläger dem Komitee die Verbreitung seiner Broschüre überlassen. Er behauptet, daß die Beklagten, Mitglieder des Komitees, ihm dafür und für seinen Verzicht auf die Ausbeutung seiner Idee zu eigenem Nutzen zugesichert hätten, ihn in der Sitzung des Aufsichtsrates der zu bildenden Gesellschaft als einen der Direktoren der Gesellschaft vorzuschlagen. Weil sie dies nicht gethan, vielmehr andere Personen vorgeschlagen haben, klagt er auf Schadensersatz. Zum Beweise dafür, daß er auf Vorschlag gewählt worden wäre, hat er sich auf die Mitglieder des Aufsichtsrates als Zeugen berufen. Das Berufungsgericht hat diesen Zeugenbeweis für unzulässig erklärt und deshalb die Berufung gegen das die Klage abweisende erstinstanzliche Urteil zurückgewiesen. Auf die Revision des Klägers ist das Berufungsurteil aufgehoben worden aus folgenden

Gründen:

„Die Ablehnung des vom Kläger erbotenen Zeugenbeweises beruht auf Verletzung des § 338 C.P.O. Der Kläger hat die acht Mitglieder des Aufsichtsrates der Deutschen Volksbaugesellschaft als Zeugen für die Behauptung benannt, daß er, da er unverschuldet in Konkurs geraten sei, auch selbst, wenn der Konkurs zur Sprache gebracht worden wäre, doch zum Direktor gewählt sein würde, wenn er in vereinbarter Weise vorgeschlagen worden wäre. Die Vernehmung dieser Zeugen erachtet das Berufungsgericht für unstatthaft, weil dieselbe sich nicht gemäß § 338 C.P.O. auf bestimmte Thatsachen erstrecken könnte. Es wird besonders ausgeführt: Die Zeugen würden darüber vernommen werden müssen, wie sie in einem früheren Zeitpunkte eine bestimmte Frage, wenn sie ihnen vorgelegt worden wäre, beantwortet haben würden. Erscheine die Beantwortung einer solcher Frage, soweit sie der Zeuge berechtigtermaßen nicht ablehne, schon an und für sich einem gewissenhaften Zeugen unmöglich, so werde eine bestimmte Erklärung im vorliegenden Falle schon dadurch ausgeschlossen, daß sich jetzt gar nicht mehr feststellen lasse, welche Momente damals in der Aufsichtsratssitzung für und gegen die Wahl des Klägers geltend gemacht sein würden, und wie dieselben auf die Entscheidung der einzelnen Aufsichtsratsmitglieder eingewirkt haben könnten. Es ist nun zwar richtig, daß die Zeugen nicht über bestimmte äußere Thatsachen vernommen werden sollen; allein auch sogenannte innere Thatsachen können Gegenstand der Eideszuschiebung sowie des Zeugenbeweises sein. Im gegebenen Falle ist nun, zumal die Aufsichtsratssitzung, in welcher der Kläger vorgeschlagen werden sollte, am 18. Juni 1891, also nicht vor allzulanger Zeit, stattgefunden hat, keineswegs ausgeschlossen, daß die Zeugen entweder bestimmt bekunden, ihre Überzeugung sei die, daß sie dem Kläger (in Rücksicht auf seine Verdienste um das Unternehmen) ihre Stimme gegeben hätten, oder ebenso bestimmt, daß sie (in Betracht seiner Vermögenslage) dies nicht gethan haben würden. Aber auch im dritten Falle, wenn die Zeugen, sämtlich oder einzelne derselben, erklärten, es sei ihnen unmöglich, jetzt darüber sich zu äußern, was sie zu jener Zeit gethan hätten, würde nicht ohne weiteres die Abweisung der Klage zu erfolgen haben. Es hätte dann die richterliche freie Beweiswürdigung einzutreten, und es wäre weiter zu erwägen, ob und welcher Einfluß dem Umstande beizumessen sei, daß die Beklagten, wenn sie sich verpflichtet hatten, den Kläger in Vorschlag zu bringen, durch Nichterfüllung ihrer Vertragspflicht auch die Ungewißheit, ob ihr Vorschlag Erfolg gehabt hätte, verschuldet haben.

Wenn auch der Begriff der Thatsache im § 338 C.P.O., wie vielfach in der Litteratur angenommen wird, demjenigen in § 410 C.P.O. vollkommen gleich zu achten wäre, so könnte doch aus der Unstatthaftigkeit der Eideszuschiebung nicht auf die Unzulässigkeit des Zeugenbeweises geschlossen werden. Man könnte nämlich gegen eine etwaige Eideszuschiebung an die Beklagten darüber, ob sie selbst dem Kläger ihre Stimme gegeben hätten, das Bedenken erheben, daß sie nicht vor die Alternative der Bejahung oder Verneinung gestellt werden können, und ihnen die Möglichkeit nicht abgeschnitten werden dürfe, zu erklären, sie wüßten jetzt nicht mehr, wie sie damals gestimmt hätten. Ein solches Bedenken trifft aber beim Zeugenbeweise eben deshalb nicht zu, weil dem Zeugen eine solche Erklärung offen gelassen ist.

Es kommt auch noch in Betracht, daß die Erwähnung des Zeugenbeweises im Thatbestande wohl dem Schriftsatze vom 5. August 1892 entnommen, und dort behauptet ist, die Beklagten hätten dem Aufsichtsrate, der sich bereit erklärte, die von ihnen vorgeschlagenen Direktoren ohne weiteres zu acceptieren, den Kläger nicht nur nicht, sondern andere Personen für alle in Betracht kommenden Direktionsposten vorgeschlagen. Die Befragung der Zeugen hätte sich auch auf diese Behauptung erstrecken, und es hätten deren Aussagen auch in dieser Richtung erheblich werden können." ...

---

97. Kommt § 4 Satz 2 C.P.O. auch hinsichtlich rückständiger Zinsen zur Anwendung, welche der Kläger zum Kapitale geschlagen hat, und von denen er vom Tage der Klage an weitere Zinsen verlangt?

II. Civilsenat. Urt. v. 3. November 1893 i. S. M. (Bekl.) w. Eheleute D. (Kl.) Rep. II. 160/93.

I. Landgericht Mainz.
II. Oberlandesgericht Darmstadt.

Die Kläger haben in der Klage Verurteilung des Beklagten zur Zahlung von 1744 ℳ nebst Zinsen vom Tage der Klage an beantragt. Diese Forderung setzte sich zusammen aus 1300 ℳ, welche der Beklagte nach der Behauptung der Kläger in verschiedenen Beträgen als Darlehn erhalten hat, und aus rückständigen Zinsen bezüglich der von ihm angeblich empfangenen Summen. Das Landgericht hat den Beklagten für den Fall, daß die klägerische Ehefrau einen ihr auferlegten Eid leiste, durch bedingtes Endurteil zur Zahlung der in der Klage geforderten Beträge verurteilt. Das Oberlandesgericht hat angenommen, daß ein Teil der Zinsen jedenfalls verjährt sei, und mit Rücksicht darauf ausgesprochen, daß der Beklagte im Falle der Eidesleistung nur zur Zahlung von 1625 *M* zu verurteilen sei. Im übrigen wurde dessen Berufung zurückgewiesen. Die von dem Beklagten eingelegte Revision wurde als unzulässig verworfen.

Aus den Gründen:

„Die Revision könnte nur dann als zulässig erachtet werden, wenn die rückständigen Zinsen, wie der Revisionskläger behauptet, deshalb nicht als Nebenforderungen im Sinne des § 4 C.P.O. anzusehen wären, weil die Kläger nach Art. 1154 B.G.B. berechtigt gewesen seien, vom Tage der Klage an eine Verzinsung der rückständigen Zinsen zu beanspruchen, und von dieser Befugnis auch wirklich Gebrauch gemacht hätten. Diese Auffassung erscheint aber nicht als begründet.

Das Reichsgericht hat bereits in einem Urteile vom 29. Oktober 1889 (mitgeteilt in Puchelt, Zeitschrift Bd. 21 S. 78 und in der Juristischen Zeitschrift für Elsaß-Lothringen Jahrg. 15 S. 36) ausgesprochen, daß § 4 C.P.O. zwar auf solche Zinsen keine Anwendung finden könne, welche durch eine besondere Vereinbarung der Parteien zum Kapitale geschlagen worden seien[1], daß es sich aber anders verhalte, wenn eine Vereinbarung nicht bestehe, sondern lediglich der Kläger die Kapitalforderung und die rückständigen Zinsen in der Klage zu einem einzigen Betrage zusammenfasse. Von dieser Auffassung abzugehen, geben die Ausführungen des Revisionsklägers keine Veranlassung. Durch das einseitige Vorgehen des Klägers, das einen ganz formalen Charakter hat, wird an der rechtlichen Natur der rückständigen Zinsen, welche neben dem Kapital gefordert werden, nichts geändert. Ob sie überhaupt geschuldet werden, richtet sich nach den gesetzlichen Vorschriften, durch welche die Verpflichtung zur Zinsenzahlung geregelt ist, und auch in Ansehung der Verjährung sind die besonderen Fristen, innerhalb deren die Zinsen vom Schuldner ge-

[1] Dieser Satz wurde wiederholt ausgesprochen in einem Urteile des II. Civilsenates vom 29. Mai 1891 (Rep. II. 83/91), das in Puchelt, Zeitschrift Bd. 22 S. 407, (mit unrichtigem Datum) mitgeteilt worden ist. D. E.

fordert werden müssen, maßgebend. Eine derartige Zinsforderung ist aber auch eine Nebenforderung, denn ihr Bestehen ist durch dasjenige der in erster Linie geltend gemachten Kapitalforderung bedingt.

Der Umstand, daß nach Art. 1154 B.G.B. von rückständigen Zinsen, soweit die Verpflichtung zu ihrer Zahlung im Urteile festgestellt wird, wie von anderen bisher unverzinslichen Schuldbeträgen vom Tage der Klage an Zinsen beansprucht werden dürfen, ändert nichts an der dargelegten Sachlage. Er kann insbesondere nicht den Schluß rechtfertigen, daß in Fällen der vorliegenden Art schon in der Klage nicht Zinsen gefordert würden, sondern es sich um eine einheitliche Kapitalforderung handle. Die Sache liegt in dieser Beziehung bei Zinsen nicht anders als bei Vertragsstrafen, Kosten u. s. w., bezüglich deren vom Tage der Klage an gleichfalls Zinsen gefordert werden dürfen, die aber, sofern sie als Nebenforderungen geltend gemacht werden, bei der Wertberechnung des Streitgegenstandes nach § 4 C.P.O. außer acht bleiben müssen.

Hiernach beträgt der Streitwert nur 1300 *M*, und die Revision mußte nach § 508 C.P.O. als unzulässig verworfen werden."

---

98. Ist, wenn die Entscheidung über einen auf § 773 Abs. 1. 2 C.P.O. gestützten Antrag des Gläubigers in den Formen eines Urteiles erlassen ist, die Berufung das zulässige Rechtsmittel?

II. Civilsenat. Urt. v. 7. November 1893 i. S. Sch. u. Gen. (Kl.) w. K. u. Gen. (Bekl.) Rep. II. 165/93.

I. Landgericht Trier.
II. Oberlandesgericht Köln.

Aus den Gründen:

„Das Berufungsgericht, welches von der zutreffenden Rechtsanschauung ausgeht, daß über einen auf § 773 C.P.O. gestützten Antrag, auch wenn das Gericht mündliche Verhandlung angeordnet hat, nach § 776 durch Beschluß zu entscheiden, und das gegen diesen Beschluß allein zulässige Rechtsmittel nach § 701 C.P.O. die sofortige Beschwerde sei, erachtet, obwohl es anerkennt, daß im vorliegenden Falle das Landgericht über einen solchen Antrag zu entscheiden hatte, dennoch die Berufung gegen die am 25. Februar 1893 ergangene landgerichtliche Entscheidung für zulässig, weil dieselbe als Urteil zu qualifizieren sei. Diese Urteilseigenschaft wird einmal auf den Gebrauch der für Urteile vorgeschriebenen Eingangsformel „Im Namen des Königs" und ferner auf die „ganze Fassung" gegründet, wobei insbesondere auf die Anwendung der Worte „hat für Recht erkannt" und die kostenfällige Abweisung der von der Gemeinde F. eingelegten Hauptintervention Gewicht gelegt wird. Hierbei übersieht aber das Oberlandesgericht die Vorschrift des § 472 C.P.O., nach welcher die Berufung nur gegen die in erster Instanz ergangenen Endurteile stattfindet; denn es macht die Zulässigkeit der Berufung lediglich davon abhängig, daß bei der landgerichtlichen Entscheidung die für Urteile vorgeschriebenen oder üblichen Formen gebraucht sind, wäh= vielmehr zu prüfen war, ob der Erlaß eines Endurteiles, nicht der eines Beschlusses, vom Landgerichte gewollt, und dieser Wille zum klaren Ausdrucke gebracht ist. Daß die Entscheidung des Landgerichtes die Absicht zum Ausdrucke bringe, ein Endurteil zu fällen, kann nun nach Lage der Sache nicht angenommen werden; die Entscheidungsgründe ergeben vielmehr unzweideutig, daß das Landgericht sich bewußt ist, eine Entscheidung im Zwangsvollstreckungsverfahren zu treffen, daß es insbesondere darüber befinden will, ob den Antragstellern gemäß § 773 Abs. 1 C.P.O. Ermächtigung zur Vornahme der durch rechtskräftiges Urteil den Gegnern bereits auferlegten Handlungen zu erteilen, und gemäß § 773 Abs. 2 C.P.O. den Gegnern die Vorausbezahlung der Kosten aufzugeben sei, sowie daß es im Zwangsvollstreckungsverfahren eine Hauptintervention für unzulässig und den Dritten für verbunden erachtet, seine Rechte durch selbständige Klagerhebung geltend zu machen. An keiner Stelle ist die Entscheidung als Endurteil oder nur als Urteil bezeichnet, und die im Tenor sich findenden Worte „erkennen" und „verurteilen" werden, wie § 774 Abs. 1 und § 773 Abs. 2 C.P.O. ergeben, vom Gesetze selbst gebraucht, um die im Zwangsvollstreckungsverfahren ergehende richterliche Entschließung zu bezeichnen. Auch dadurch, daß das Landgericht seiner Entscheidung die Formel „Im Namen des

Königs" voranschickt, wird die Absicht, nicht einen Beschluß, sondern ein Endurteil zu erlassen, nicht zum Ausdrucke gebracht; denn mit Erteilung der gemäß § 773 Abs. 1 beantragten Ermächtigung und mit Zusprechung des auf § 773 Abs. 2 gegründeten Antrages vollzog das Gericht einen ihm vorbehaltenen Akt der Zwangsvollstreckung (§ 674 C.P.O.), und es entsprach sonach der Gebrauch jener Formel nur der Vorschrift des Art. 86 Abs. 2 der Verfassungsurkunde für den preußischen Staat, welcher lautet: „Die Urteile werden im Namen des Königs ausgefertigt und vollstreckt."

Hiernach war für das Berufungsgericht genügende Veranlassung nicht gegeben, die landgerichtliche Entscheidung als ein Endurteil anzusehen und die Berufung für zulässig zu erachten. Wenn das Oberlandesgericht sich für sein Verfahren auf das in den Entsch. des R.G.'s in Civils. Bd. 18 S. 360 flg. abgedruckte Urteil des Reichsgerichtes beruft, so ist dagegen zu bemerken, daß in dem jenem Urteile zu Grunde liegenden Falle die Entscheidung des Berufungsgerichtes über einen auf § 773 C.P.O. gegründeten Antrag den Bestandteil eines wirklichen Endurteiles bildete, welches in einem zwischen denselben Parteien anhängigen Rechtsstreite ergangen war."

---

99. Zur Feststellung des Begriffes eines „vermögensrechtlichen Schadens" im Sinne des § 349 Ziff. 1 C.P.O.

VI. Civilsenat. Beschl. v. 13. November 1893 i. S. K. (Kl.) w. N. (Bekl.) Beschw.-Rep. VI. 153/93.

I. Landgericht I Berlin.
II. Kammergericht daselbst.

Aus den Gründen:

„Der vom Kläger als Zeuge benannte Bankvertreter S. verweigerte in dem zu seiner Vernehmung bestimmten Termine sein Zeugnis, weil die Beantwortung der ihm vorgelegten Fragen ihm einen unmittelbaren vermögensrechtlichen Schaden verursachen würde. Während der für die Verweigerung angegebene Grund durch das

Zwischenurteil des Landgerichtes für unerheblich erklärt wurde, hat das Kammergericht auf die sofortige Beschwerde des S. dessen Zeugnisverweigerung für rechtmäßig erklärt. Die nunmehr vom Kläger gegen den Beschluß des Kammergerichtes eingelegte weitere Beschwerde war nach §§ 530. 531 C.P.O. für zulässig zu erachten. Zwar ist in dem § 352 Abs. 3 C.P.O. nur von der sofortigen Beschwerde gegen das Zwischenurteil des Prozeßgerichtes die Rede; allein aus der besonderen Hervorhebung dieses Beschwerdefalles und aus der Verleihung des Beschwerderechtes an alle Beteiligten folgt ohne weiteres, daß, falls der Beschluß des Beschwerdegerichtes, abweichend vom Zwischenurteile, die Zeugnisverweigerung für rechtmäßig erklärt, der Prozeßpartei die weitere Beschwerde hiergegen nicht versagt werden kann.

Vgl. auch Entsch. des R.G.'s in Civils. Bd. 20 S. 378.

Die vorliegende Beschwerde erweist sich auch als begründet. Der angefochtene Beschluß beruht auf der Ausführung, daß die Beantwortung der dem S. vorgelegten Fragen den Zeugen zur Offenlegung seines Schuldverhältnisses nötigen, danach den über die Forderung streitenden Gläubigern neue Beweismittel von durchschlagendster Bedeutung an die Hand geben, demzufolge die Stellung des Zeugen zu diesen Gläubigern verschlechtern und hierdurch dem Zeugen einen unmittelbaren vermögensrechtlichen Schaden im Sinne des § 349 Ziff. 1 C.P.O. verursachen würde. Dieser Ausführung liegt, wie der Beschwerdeführer mit Recht rügt, eine unrichtige Auffassung des Begriffes eines vermögensrechtlichen Schadens zu Grunde. Daß S. infolge einer wahrheitsgemäßen Beantwortung der ihm vorgelegten Fragen mit einer ihm bisher nicht obliegenden Verbindlichkeit belastet werden oder etwa Gefahr laufen könnte, einem der streitenden Gläubiger einen demselben nicht zustehenden Geldbetrag zahlen zu müssen, nimmt der Vorderrichter selbst nicht an und ist auch vom Zeugen weder bei der Zeugnisverweigerung noch in seiner Beschwerde über das landgerichtliche Zwischenurteil irgendwie glaubhaft gemacht worden. Wenn aber die Folge der Beantwortung die sein möchte, daß der Zeuge zur Erfüllung einer schon bestehenden rechtlichen Verbindlichkeit von dem Berechtigten angehalten werden kann, so läßt sich in solcher Erfüllung ein vermögensrechtlicher Schade, d. h. eine Verschlechterung der Vermögenslage des Zeugen, nicht erblicken. Das Interesse, welches der Zeuge daran haben mag, dem Berechtigten die Verfolgung seines Anspruches zu erschweren, ist als ein rechtlich zu schützendes nicht anzusehen und berechtigt keinesfalls zur Verweigerung des Zeugnisses auf Grund des § 349 Ziff. 1 C.P.O. In demselben Sinne hat sich bereits ein Beschluß des Reichsgerichtes vom 11. Juli 1891 Beschw.-Rep. V. 101/91 (Seuffert, Archiv Bd. 47 S. 241 Nr. 168) ausgesprochen. Daß bei dieser, auch im Zwischenurteile des Landgerichtes vertretenen Auslegung die Bestimmung des § 349 Ziff. 1 C.P.O. gegenstandslos sei, behauptet der Vorderrichter ohne Grund, wie sich schon aus einem Hinweise auf die Fälle ergiebt, in welchen dem Zeugen eine Offenbarung seiner Geschäfts-, Gewerbe- oder Kunstgeheimnisse zugemutet wird. Demgemäß mußte das Zwischenurteil des Landgerichtes wiederhergestellt werden, ohne daß noch auf die Fragen einzugehen war, ob hier eine Unmittelbarkeit des Schadens anzunehmen wäre, und ob die Weigerung des Zeugnisses auch wegen der Vorschrift des § 350 Ziff. 4 C.P.O. ausgeschlossen erscheinen könnte." . . .

---

100. Ist die Haftung der einzelnen Gesellschafter für die vertragsmäßigen Verbindlichkeiten einer offenen Handelsgesellschaft eine vertragsmäßige im Sinne des § 29 C.P.O., und daher der Gerichtsstand des Erfüllungsortes für sie begründet?

VI. Civilsenat. Urt. v. 13. November 1893 i. S. B. (Bekl.) w. M. (Kl.) Rep. VI. 208/93.

I. Landgericht Dresden.
II. Oberlandesgericht daselbst.

Die Entscheidung ist oben unter „Reichsrecht" Nr. 11 S. 44 abgedruckt.

---

101. 1. Kann der in § 19 Abs. 2 C.P.O. für Gewerkschaften bestimmte allgemeine Gerichtsstand durch Statut ausgeschlossen werden? 2. Bei welchem Gerichte ist der allgemeine Gerichtsstand für Gewerkschaften begründet, deren Grubenfeld sich über mehrere Gerichtsbezirke erstreckt?

VI. Civilsenat. Urt. v. 16. November 1893 i. S. Gewerkschaft M.-E. (Bekl.) w. D. (Kl.) Rep. VI. 212/93.

I. Landgericht Dortmund.
II. Oberlandesgericht Hamm.

Der Sachverhalt ergiebt sich aus den folgenden

Gründen:

„Der vom Kläger bei dem Landgerichte zu Dortmund erhobenen Entschädigungsklage hat die beklagte Gewerkschaft den Einwand der Unzuständigkeit des Gerichtes entgegengesetzt und denselben in erster Instanz darauf gestützt, daß sie ausweise ihres Statutes ihr Domizil zu Herne — im Bezirke des Landgerichtes Bochum — habe. Durch Urteil des Landgerichtes zu Dortmund wurde die Einrede verworfen, weil das Bergwerk M.-E. im Bezirke des zum erkennenden Gerichte gehörigen Amtsgerichtes Castrop liege, und ein besonderer Gerichtsstand für die Beklagte durch deren Statut nicht geregelt sei. Zur Begründung der Berufung machte sodann die Beklagte geltend, daß ihr Bergwerk nur zum kleinen Teile im Amtsgerichtsbezirke Castrop, dagegen zum größten Teile im Amtsgerichtsbezirke Herne liege, und daß deshalb gemäß § 36 C.P.O. das zuständige Gericht durch das im Instanzenzuge zunächst höhere Gericht hätte bestimmt werden müssen. Das Oberlandesgericht hat jedoch die Berufung zurückgewiesen. Es läßt dahingestellt, ob das Statut der Beklagten eine besondere Regelung des Gerichtsstandes enthält, indem es annimmt, daß durch solche Regelung der gesetzlich bestimmte allgemeine Gerichtsstand nicht beseitigt werde, und es erachtet andererseits in Fällen, wo sich ein Bergwerk über mehrere Gerichtsbezirke erstrecke, weder die Ziff. 2 noch die Ziff. 4 des § 36 C.P.O. für anwendbar, vielmehr jedes Gericht für zuständig, in dessen Bezirke ein Teil des Bergwerkes belegen ist.

Der nunmehr vorliegenden Revision muß der Erfolg versagt bleiben. Auf die angeblich durch Statut erfolgte Bestimmung eines besonderen Gerichtsstandes wird von der Revisionsklägerin selbst ein Gewicht nicht mehr gelegt. Jedenfalls ist auch dem Vorderrichter darin beizutreten, daß der in § 19 Abs. 2 C.P.O. für Gewerkschaften bestimmte allgemeine Gerichtsstand durch Statut nicht ausgeschlossen werden kann. Von welchen Ansichten die Mitglieder der Reichsjustizkommission ausgegangen sein mögen, als sie an die Stelle des § 19 Abs. 3 des Regierungsentwurfes, in welchem die Ausschließung der Bestimmungen in Abss. 1. 2 durch Statut oder in anderer Weise ausdrücklich für statthaft erklärt war, den Abs. 3 in seiner jetzigen Fassung setzten, läßt sich nicht feststellen, namentlich aus den Sitzungsprotokollen (vgl. S. 8. 9. 506) nicht erkennen. Eines näheren Eingehens hierauf bedarf es jedoch nicht. Denn wie das Gesetz jetzt gefaßt ist, soll ein durch Statut oder in anderer Weise geregelter Gerichtsstand nur zulässig sein „neben dem durch die Vorschriften dieses Paragraphen (19) bestimmten Gerichtsstande". Damit aber ist nach dem gewöhnlichen Wortsinne, welcher der Auslegung des Gesetzes zu Grunde gelegt werden muß, der ursprüngliche Regierungsentwurf nicht bloß, wie einzelne Kommissionsmitglieder angenommen zu haben scheinen, redaktionell geändert, sondern es ist im Gegensatze zum Regierungsentwurfe deutlich ausgesprochen, daß der durch Statut oder in anderer Weise besonders geregelte Gerichtsstand niemals den in den Abss. 1. 2 des § 19 bestimmten Gerichtsstand ausschließen, vielmehr mit diesem konkurrieren soll (§ 35 C.P.O.).[1]

Es kann sich danach nur fragen, ob der Vorderrichter den § 19 Abs. 2 C.P.O. richtig angewendet hat, und diese Frage muß entgegen den Ausführungen der Beklagten bejaht werden. Wie der in den §§ 25—27 behandelte dingliche Gerichtsstand bei dem Gerichte begründet ist, in dessen Bezirke die unbewegliche Sache liegt, so haben nach dem — aus § 96 des preußischen Berggesetzes vom 24. Juni 1865 übernommenen — § 19 Abs. 2 C.P.O. Gewerkschaften den

---

[1] Vgl. in diesem Sinne Wach, Handbuch Bd. 1 S. 404; Planck, Lehrbuch Bd. 1 S. 57; Kohler in Gruchot, Beiträge Bd. 31 S. 530; Arndt, Allgem. Berggesetz vom 24. Juni 1865 Anm. 2 zu § 96, und die Kommentare zur Civilprozeßordnung von Förster, Gaupp, Hellmann, Kleiner, Puchelt, Reincke (2. Aufl.), v. Sarwey, Seuffert, v. Wilmowski-Levy. Anderer Meinung freilich Endemann, Petersen, Struckmann-Koch; Brinkmann, Begründung der Klagen Bd. 1 S. 65 Anm. 7. D. E.

allgemeinen Gerichtsstand bei dem Gerichte, in dessen Bezirke das Bergwerk liegt. Für den dinglichen Gerichtsstand hat der § 36 Ziff. 4 den Fall, daß die Sache in den Bezirken verschiedener Gerichte belegen wäre, ausdrücklich vorgesehen und dahin geregelt, daß die Bestimmung des zuständigen Gerichtes durch das im Instanzenzuge zunächst höhere Gericht erfolgen muß. Dagegen mangelt es an einer speziellen Vorschrift darüber, wie sich der allgemeine Gerichtsstand der Gewerkschaft gestaltet, wenn das Bergwerk in den Bezirken verschiedener Gerichte belegen ist. Die von der Revision vertretene Meinung, daß in solchem Falle die Zuständigkeit mit Rücksicht auf die Ungewißheit des Gerichtsstandes nach § 36 Ziff. 2 C.P.O. zu bestimmen sei, kann für richtig nicht erachtet werden. Denn die Ziff. 2 des § 36 findet, wie schon das Berufungsgericht mit Recht hervorgehoben hat, nur dann Anwendung, wenn es mit Rücksicht auf die Grenzen verschiedener Gerichtsbezirke ungewiß ist, welches Gericht zuständig sei. Hier aber liegt ein Zweifel bezüglich der Grenzen der Gerichtsbezirke nicht vor; vielmehr wird die Einrede der Unzuständigkeit lediglich daraus abgeleitet, daß das Bergwerk in mehreren Gerichtsbezirken belegen sei. Wollte man auf diesen Fall die Ziff. 2 des § 36 beziehen, so müßte die Ziff. 4 desselben Paragraphen überflüssig erscheinen, da die Ziff. 2 alsdann auch bei dem dinglichen Gerichtsstande zur Anwendung zu bringen sein würde, falls die Sache in den Bezirken verschiedener Gerichte belegen wäre. Wie in § 36 Ziff. 2. 4, ist aber auch in § 756 C.P.O. ausdrücklich unterschieden zwischen dem Falle der Ungewißheit der Zuständigkeit mit Rücksicht auf die Grenzen verschiedener Amtsgerichtsbezirke und dem Falle der Lage des Grundstückes in den Bezirken verschiedener Amtsgerichte.

Ist hiernach im vorliegenden Falle von der Anwendung des § 36 C.P.O. abzusehen, so kann der Revision nicht zugegeben werden, daß der Wortlaut des für die Zuständigkeitsfrage allein maßgebenden § 19 Abs. 2 der Einrede der Beklagten zur Seite stehe. Vielmehr nötigt die Fassung dieser Gesetzesvorschrift zu der Annahme, daß, wenn das Bergwerk in mehreren Gerichtsbezirken liegt, der allgemeine Gerichtsstand der Gewerkschaft bei jedem dieser Gerichte begründet ist, und der Kläger gemäß § 35 C.P.O. die Wahl unter den mehreren zuständigen Gerichten hat, wie auch dasselbe gelten müßte, falls dieselbe Gewerkschaft mehrere in verschiedenen Gerichtsbezirken belegene Bergwerke besäße. Auf eine Erörterung der Frage, ob es zweckmäßiger erscheinen möchte, wenn das Gesetz auch für diese Fälle die Bestimmung des zuständigen Gerichtes dem höheren Gerichte überwiesen oder etwa das Gericht für zuständig erklärt hätte, in dessen Bezirke der größere Teil des Bergwerkes liegt, ist angesichts der vorerwähnten Vorschriften der Civilprozeßordnung nicht einzugehen."[1] ...

---

102. Neuer selbständiger Beschwerdegrund für die weitere Beschwerde. C.P.O. § 531 Abs. 2.

I. Civilsenat. Beschl. v. 18. November 1893 i. S. Sch. & Co. (Arrestkl.) w. Kapitän G. vom italienischen Schiffe Sp. (Arrestbekl.) Beschw.-Rep. I. 100/93.

I. Landgericht Verden.
II. Oberlandesgericht Celle.

Die Entscheidung ist oben unter „Reichsrecht" Nr. 15 S. 56 abgedruckt.

---

103. Kann auf Grund des § 87 Abs. 1 C.P.O. unter Umständen die Erstattung von Kostenbeträgen verlangt werden, welche die ersatzberechtigte Partei nur aus Vorsicht wegen Zweifelhaftigkeit einer Rechtsfrage aufgewandt hat?

VI. Civilsenat. Beschl. v. 30. November 1893 i. S. N. (Kl.) w. St. (Bekl.) Beschw.-Rep. VI. 159/93.

---

[1] Übereinstimmend Wach, Handbuch Bd. 1 S. 405. 492–495, und die Kommentare von Förster, Gaupp, Struckmann-Koch, v. Wilmowski-Levy, sowie auch Klostermann, Kommentar zum preußischen Berggesetze S. 201 Anm. 214, und mit Bezug auf § 96 des preußischen Berggesetzes Klostermann, Lehrbuch S. 232. Anderer Meinung hier v. Bülow, Petersen, Rintelen, Seuffert, und für das preußische Berggesetz Wachler, Kommentar S. 172. D. E.

I. Landgericht Hamburg.
II. Oberlandesgericht daselbst.

Die obige Frage ist vom Reichsgerichte verneint worden aus folgenden

Gründen:

„In dieser Kostenfestsetzungssache dreht sich der Streit der Parteien nur darum, ob der zur Kostenerstattung verurteilte Beklagte dem Kläger deshalb doppelte Kosten für Zustellung der gegen jenen ... nach Maßgabe des § 690 C.P.O. erhobenen Interventionsklage und für gewisse damit zusammenhängende weitere Zustellungen zu ersetzen hat, weil der Kläger wegen Zweifelhaftigkeit der Frage, ob dem Beklagten persönlich oder dem im Zwangsvollstreckungsverfahren gegen M. für ihn aufgetretenen Prozeßbevollmächtigten zugestellt werden müsse, beiden hat zustellen lassen. Daß keinesfalls die Zustellungen objektiv an beide hätten zu geschehen brauchen, steht außer Zweifel; das Oberlandesgericht hat angenommen, daß sie gültig entweder an den Beklagten selbst oder an seinen Prozeßbevollmächtigten hätten vorgenommen werden können, daß es aber doch zur zweckentsprechenden Rechtsverfolgung des Klägers im Sinne des § 87 Abs. 1 C.P.O. gehört habe, beiden zustellen zu lassen, weil doch auch die Ansichten, daß im Falle des § 690 C.P.O. nur dem Beklagten persönlich, und daß nur dem etwa für ihn im Hauptprozesse aufgetretenen Prozeßbevollmächtigten gültig zugestellt werden könne, in der Litteratur und der Rechtsprechung genügend vertreten seien. Aus diesem Grunde hat das Oberlandesgericht den Beschluß aufgehoben, durch welchen das Landgericht die verlangte Festsetzung des Kosten der zweiten Zustellungen abgeschlagen hatte, und hat die vom Beklagten noch zu erstattenden Kosten ... festgesetzt. ... Gegenwärtig braucht jedoch nicht entschieden zu werden, ob die im § 690 C.P.O. vorgesehene Interventionsklage beim Vorhandensein eines Prozeßbevollmächtigten des nunmehr zu Verklagenden im Hauptprozesse notwendig diesem Bevollmächtigten oder vielmehr notwendig dem Beklagten persönlich zugestellt werden muß, oder ob sie nach Wahl des Klägers dem Einen oder dem Anderen zugestellt werden kann. Ebensowenig bedarf es einer Entscheidung, ob, wenn überhaupt aus der Zweifelhaftigkeit einer Rechtsfrage dieser Art für eine Partei ein

Recht, eventuell auf Kosten der anderen doppelte Auslagen aufzuwenden, abzuleiten wäre, dann hier nach dem jetzigen Stande der Streitfrage ein Fall so erheblicher Zweifelhaftigkeit als gegeben anzusehen sein würde. Denn es war vielmehr davon auszugehen, daß im Sinne des § 87 Abs. 1 C.P.O. in der Zweifelhaftigkeit einer Rechtsfrage nie ein Grund gefunden werden kann, die Aufwendung doppelter Kosten als zur zweckentsprechenden Rechtsverfolgung oder Rechtsverteidigung notwendig gelten zu lassen. Der Begriff des „Zweckentsprechenden" ist hier rein objektiv, vom Standpunkte des richtig erkannten geltenden Rechtes aus aufzufassen. Auf den ersten Blick scheint freilich eine gewisse Billigkeit dafür zu sprechen, dem Erstattungsberechtigten Ersatz für alles, was er infolge des erst durch gerichtliches Verfahren zu überwindenden rechtswidrigen Verhaltens der Gegenpartei von seinem Standpunkte aus vernünftigerweise aufgewandt hat, zu gewähren; immerhin würde aber auch darin eine gewisse Unbilligkeit zu finden sein, den Unterliegenden die Unsicherheit des geltenden Rechtes mitbüßen zu lassen. Bei dieser Sachlage wird die Erwägung sehr bedeutsam, daß es jedenfalls Fälle geben würde, wo das Prozeßrecht keinerlei Handhabe gewähren würde, um der vorsichtigen Partei, wenn sie auch im übrigen in der Sache den Sieg davontragen sollte, den Ersatz solcher Kosten zu verschaffen, die sie nur wegen Zweifelhaftigkeit einer Rechtsfrage objektiv überflüssigerweise aufgewandt hätte. Es wird z. B. in manchen Fällen mit Recht als sehr ungewiß erscheinen, ob gegen ein die Partei sicher unrichtigerweise belastendes Urteil die Berufung oder der Einspruch zur Hand zu nehmen sei. Wenn sich die Partei dann aus Vorsicht beider Rechtsbehelfe, von denen objektiv nur einer am Platze sein kann, bedient, so wird sie unvermeidlich die Kosten des einen von beiden tragen müssen, da hierüber überhaupt nicht innerhalb eines Kostenfestsetzungsverfahrens nach Maßgabe von § 87 Abs. 1 C.P.O. zu befinden ist, sondern hier § 92 Abs. 1 und § 309 C.P.O. entscheidend eingreifen. Hieraus ergiebt sich, daß die Civilprozeßordnung grundsätzlich keineswegs auf dem Standpunkte steht, der einen Partei die Aufwendung objektiv unnötiger Kosten zu Lasten der anderen wegen Zweifelhaftigkeit einer Rechtsfrage zu gestatten, und es erscheint daher als richtiger, diesen Gesichtspunkt auch bei der Anwendung des § 87 Abs. 1 jenes Gesetzes walten zu lassen.

Aus diesen Gründen mußte der dem Kläger günstige Beschluß der vorigen Instanz wieder beseitigt, und auf die sein Gesuch abweisende Entscheidung des Landgerichtes zurückgegangen werden." ...

---

104. Kann ein Gerichtsvorsitzender für die Folgen einer von ihm zur Aufrechthaltung der Ordnung in der Sitzung getroffenen Maßregel zum Schadensersatze herangezogen werden?

G.V.G. § 177.

A.L.R. II. 10 § 89.

IV. Civilsenat. Urt. v. 10. Juli 1893 i. S. D. (Bekl.) w. preußischen Justizfiskus (Kl.). Rep. IV. 91/93.

I. Landgericht Danzig.
II. Oberlandesgericht Marienwerder.

Der Beklagte hat eine Sitzung des Schöffengerichtes, in der er den Vorsitz führte, und in der der Gerichtsschreiber sich weigerte, auch als Dolmetsch thätig zu sein, wegen dieser Weigerung aufgehoben. Infolgedessen sind andere noch anstehende Sachen nicht zur Verhandlung gekommen, und die Gerichtskasse hat an Zeugengebühren und Auslagen in diesen Sachen den Betrag von 120.60 ℳ zahlen müssen. Der Justizfiskus hat den Beklagten auf Erstattung der Summe in Anspruch genommen, und es haben beide Instanzrichter denselben hierzu verurteilt. Die vom Beklagten noch eingelegte, auf Verletzung des § 177 G.V.G. und des § 89 A.L.R. II. 10 gestützte Revision ist zurückgewiesen worden.

Aus den Gründen:

... „Zuzugeben ist der Revision, daß die Bestimmung des § 177 G.V.G., nach der die Aufrechterhaltung der Ordnung in der Sitzung dem Vorsitzenden obliegt, dem letzteren auch die Befugnis gewährt, zu Ordnungszwecken die Sitzung aufzuheben. Es sind sehr wohl Fälle denkbar, in denen ein anderes Mittel, um jenen Zweck zu erreichen, als die Aufhebung der Sitzung, nicht übrig bleibt; das Gesetz hat in dieser Beziehung eine Beschränkung nicht ausgesprochen und in den folgenden Paragraphen nur festgesetzt, in welchen Fällen und unter welchen Voraussetzungen die Mitwirkung des Gerichtes einzutreten hat. Nicht zutreffend ist aber die fernere Behauptung der Revision, daß überall da, wo ein Ermessen stattfindet, ein Verschulden ausgeschlossen ist. Die Begründung des Entwurfes des Gerichtsverfassungsgesetzes, welcher letztere die Disziplinargewalt des Vorsitzenden auf die Befugnis zum Ordnungsrufe beschränkte, enthält die Bemerkung, daß es dem diskretionären Ermessen des Vorsitzenden überlassen bleibe, die geeigneten Anordnungen zu treffen, um Störungen der Verhandlungen abzuwenden und zu unterdrücken. Daraus, sowie aus dem Wortlaute des Gesetzes folgt aber keineswegs, daß den Vorsitzenden, der sein subjektives Ermessen walten läßt, für die von ihm angewendete Maßregel und deren Folgen keine Verantwortung trifft; vielmehr legen gerade jenes unbeschränkte Ermessen und der Umstand, daß der Richter nicht nur berechtigt, sondern auch verpflichtet ist, für Aufrechterhaltung der Ordnung zu sorgen, ihm die Pflicht auf, die gehörige Aufmerksamkeit anzuwenden und unter Erwägung aller Umstände sorgfältig zu prüfen, ob eine Veranlassung vorliegt, welche das gewählte Mittel zu rechtfertigen vermag, und ob er bei dessen Anwendung nicht seine anderweiten Amtspflichten verletzt, zu welchen im Streitfalle auch die gehörte, Sorge dafür zu tragen, daß sowohl im Interesse des Staates als der Parteien die sämtlichen zur Verhandlung anstehenden Sachen in der dazu bestimmten Sitzung erledigt wurden. Der Berufungsrichter begeht hiernach keine Gesetzesverletzung durch die Annahme, es sei nach den thatsächlichen Umständen jedes einzelnen Falles zu beurteilen, ob ein genügender Grund für die ergriffene Maßregel als vorhanden zu erachten sei. Seine weitere Feststellung aber, daß ein genügender Grund nicht vorliege, beruht auf einer thatsächlichen Würdigung der eingehend erörterten einzelnen Umstände und ist im Wege der Revision mit Erfolg nicht anfechtbar. Anders könnte die Sache beurteilt werden, wenn der Beklagte behauptet hätte, er sei infolge des Verhaltens des Gerichtsschreibers so erregt gewesen, daß er sich für unfähig gehalten habe, weiter seine richterliche Thätigkeit in der Sitzung auszuüben. Eine derartige Begründung für die von ihm getroffene Maßregel der Aufhebung der Sitzung hat Beklagter jedoch nicht geltend gemacht, vielmehr wiederholt hervorgehoben, daß er die Fortsetzung der Sitzung mit dem Ansehen des Gerichtes für unvereinbar gehalten habe." . . .

105. Wesentlicher Inhalt eines Aufgebotes nach der Civilprozeßordnung.

VI. Civilsenat. Urt. v. 23. November 1893 i. S. der hamburgischen Finanzdeputation (Bekl.) w. de B. Erben (Kl.). Rep. VI. 221/93.

I. Landgericht Hamburg.
II. Oberlandesgericht daselbst.

Die Entscheidung ist oben unter „Gemeines Recht" Nr. 35 S. 136 abgedruckt.

---

106. Steht der Partei, die ohne Erfolg den Antrag gestellt hat, gegen den angeblich säumigen Teil die besondere Erhebung einer Gebühr gemäß § 48 G.K.G. zu beschließen, die Beschwerde zu?

IV. Civilsenat. Beschl. v. 27. November 1893 i. S. D. (Kl.) w. P. P. (Bekl.) Beschw.-Rep. IV. 182/93.

I. Landgericht I Berlin.
II. Kammergericht daselbst.

Die obige Frage ist verneint worden.

Aus den Gründen:

„Der § 48 G.K.G. bestimmt: „Ist außer dem Falle des § 300 C.P.O. durch Verschulden einer Partei oder eines Vertreters derselben die Vertagung einer mündlichen Verhandlung oder die Anberaumung eines Termines zur Fortsetzung der mündlichen Verhandlung veranlaßt ..., so kann das Gericht von Amts wegen die besondere Erhebung einer Gebühr für die verursachte weitere Verhandlung beschließen. ... Gegen den Beschluß findet Beschwerde nach Maßgabe der §§ 531—538 C.P.O. und des § 4 Abs. 3 dieses Gesetzes statt." Auf Grund dieser Bestimmung hatte der Vertreter der Klägerin gegen den Beklagten die Festsetzung einer Prozeßstrafe seitens des Landgerichtes beantragt und, als das Landgericht den Antrag ablehnte, Beschwerde bei dem Kammergerichte geführt. Letzteres hat die Beschwerde als unzulässig verworfen, weil nach der angeführten gesetzlichen Bestimmung die Beschwerde nur gegen den auf Erhebung der besonderen Gebühr erlassenen Beschluß gegeben sei. Gegen diesen Bescheid hat die Klägerin weitere Beschwerde eingelegt. Die Beschwerde ist unbegründet.

Der Zulässigkeit der von der Klägerin eingelegten Beschwerde steht der Wortlaut der mitgeteilten Gesetzesvorschrift bestimmt entgegen. Denn wenn auf den Satz „so kann das Gericht von Amts wegen die besondere Erhebung einer Gebühr beschließen" der Satz folgt „Gegen den Beschluß findet Beschwerde statt", so kann der Ausdruck „Beschluß" hier nur auf den von dem Gerichte in Ausübung seines amtlichen Ermessens erlassenen, die Erhebung der besonderen Gebühr anordnenden Beschluß bezogen werden. Das Unterbleiben eines Beschlusses auf Erhebung dieser Gebühr, wenn das Gericht zu einem solchen Vorgehen von Amts wegen keinen Grund zu haben glaubt, kann als ein rein passives Verhalten des Gerichtes nicht als „Beschluß" bezeichnet werden. Nicht anders liegt aber die Sache, wenn die Gegenpartei auf die Ausübung des freien richterlichen Ermessens durch einen von ihr gestellten Antrag einzuwirken sucht. Auch in diesem Falle stellt sich die Nichtgewährung eines solchen Gesuches lediglich als die Erklärung dar, daß von Amts wegen zu einem Beschlusse auf die Erhebung der besonderen Gebühr keine Veranlassung gefunden werde. Als Zurückweisung eines das Verfahren betreffenden Gesuches im Sinne des § 530 C.P.O. kann die Nichtgewährung umsoweniger aufgefaßt werden, als die Ausübung jener amtlichen Befugnis dem richterlichen Ermessen und nicht den Anträgen der Parteien unterliegt. Die Beschwerde hat deshalb auf Kosten der Klägerin zurückgewiesen werden müssen."

---

107. Darf die einstweilige Einstellung der Zwangsvollstreckung nach §§ 647. 657 C.P.O. angeordnet werden, wenn die Zwangsvollstreckung noch nicht begonnen hat?

IV. Civilsenat. Beschl. v. 30. November 1893 i. S. S. (Bekl.) w. S. (Kl.) Beschw.-Rep. IV. 183/93.

I. Oberlandesgericht Marienwerder.

Aus den Gründen:

„Durch das nach Vorschrift des § 648 Ziff. 6 C.P.O. für vorläufig vollstreckbar erklärte Urteil des Landgerichtes Thorn ist der Beklagte verurteilt worden, an die Klägerin Alimente zu zahlen. Nachdem zur Verhandlung über die Berufung des Beklagten Termin anberaumt, und der Klägerin demnächst die Vollstreckungsklausel in Höhe von 1125 ℳ erteilt worden war, hat der Beklagte bei dem Berufungsgerichte den Antrag gestellt, auf Grund der §§ 647. 657 C.P.O. die Zwangsvollstreckung — eventuell gegen Hinterlegung des beizutreibenden Betrages — einstweilen einzustellen, eventuell anzuordnen, daß nur 10—20 ℳ für den Monat an die Klägerin, der Überrest aber zur Hinterlegungsstelle gezahlt werden. Dieser Antrag ist durch den Beschluß des Oberlandesgerichtes zu Marienwerder aus dem Grunde zurückgewiesen worden, weil bei dem Mangel einer Behauptung des Beklagten, daß die Zwangsvollstreckung gegen ihn bereits begonnen habe, über eine Einstellung der Zwangsvollstreckung, ohne oder gegen Sicherheitsleistung des Beklagten, nicht zu befinden sei, vielmehr nur die vom Beklagten nicht beantragte Anordnung hätte in Frage kommen können, daß die Zwangsvollstreckung überhaupt erst gegen Sicherheitsleistung (der Klägerin) stattfinden dürfe.

Gegen diese Entscheidung hat der Beklagte rechtzeitig und formgerecht Beschwerde erhoben. Die Zulässigkeit derselben wird durch die auch für den Fall des § 657 a. a. O. geltende Bestimmung des § 647 Abs. 2 a. a. O., nach der eine Anfechtung des im § 647 Abs. 1 vorgesehenen Beschlusses nicht stattfindet, nicht ausgeschlossen, da eine sachliche Entscheidung bisher nicht getroffen ist, das Oberlandesgericht vielmehr, in der Annahme, daß die Voraussetzungen für die Stellung eines Antrages der vorliegenden Art noch nicht gegeben seien, es abgelehnt hat, sein Ermessen über den Antrag auf Einstellung der Zwangsvollstreckung walten zu lassen.

Vgl. Entsch. des R.G.'s in Civils. Bd. 25 S. 402; Gruchot, Beiträge Bd. 31 S. 106; Jur. Wochenschr. von 1886 S. 315 Nr. 6, von 1892 S. 57 Nr. 7, S. 95 Nr. 8, S. 370 Nr. 4 und von 1893 S. 540 Nr. 19.

Die Beschwerde erscheint auch begründet. Nach § 647 C.P.O. kann das Gericht auf Antrag anordnen, daß die Zwangsvollstreckung gegen oder ohne Sicherheitsleistung einstweilen eingestellt werde oder nur gegen Sicherheitsleistung stattfinde, und daß die erfolgten Vollstreckungsmaßregeln gegen Sicherheitsleistung aufzuheben seien. Abgesehen von der zuletzt erwähnten Anordnung darf also der Richter die Zwangsvollstreckung entweder einstweilen ganz untersagen oder die Ausführung derselben an die Bedingung knüpfen, daß zuvor vom Gläubiger Sicherheit bestellt werde. Bezüglich dieser beiden Maßnahmen macht das Gesetz keinen Unterschied zwischen den Fällen einer bereits begonnenen und einer noch bevorstehenden Zwangsvollstreckung. Insbesondere ist nicht ausgesprochen, daß vor Beginn der Zwangsvollstreckung eine Einstellung derselben nicht im voraus angeordnet werden dürfe. Wenn die Wortfassung eine andere Auslegung gestatten möchte, so steht derselben doch die Erwägung entgegen, daß es an einem Grunde fehlen würde, aus dem es geboten erscheinen könnte, die Zulassung des Antrages auf Hemmung der Zwangsvollstreckung von dem thatsächlich bereits eingetretenen Beginne derselben abhängig zu machen, zumal die rechtzeitige Anbringung des Einstellungsantrages unter solcher Voraussetzung in vielen Fällen, bei denen die Zwangsvollstreckung alsbald beendet ist, namentlich wenn bares Geld durch den Gerichtsvollzieher gepfändet und in Besitz genommen wird, überhaupt nicht möglich sein würde. Dies nötigt zu der Auffassung, daß beim Vorhandensein der sonstigen Voraussetzungen der §§ 647. 657 C.P.O. die Anordnung einer Einstellung der Zwangsvollstreckung zulässig erscheint, sobald die Möglichkeit der Zwangsvollstreckung durch das Vorhandensein eines vollstreckbaren Urteiles gegeben ist." ...

---

108. Ist das Landgericht für eine nach § 104 des Reichsgesetzes vom 1. Mai 1889 verspätet erhobene Anfechtungsklage ohne weiteres zuständig, nachdem frühere Streitsachen gemäß § 105 Abs. 2 dieses Gesetzes an das Landgericht rechtskräftig verwiesen sind?

VI. Civilsenat. Urt. v. 30. Oktober 1893 i. S. W. (Kl.) w. Spar- und Kreditbank in Gl. (Bekl.). Rep. VI. 199/93.

I. Landgericht Zwickau.
II. Oberlandesgericht Dresden.

W. war in die Listen einer in Konkurs geratenen Genossenschaft eingetragen. Der Konkursverwalter hatte auf ihn in der Vorschußberechnung (§ 99 des Reichsgesetzes vom 1. Mai 1889) einen Beitrag von mehreren Tausend Mark verteilt. Die Berechnung wurde am 23. Februar 1892 für vollstreckbar erklärt. W. brachte weder in dem Termine (§ 100 des Gesetzes) noch innerhalb der Notfrist (§ 104) Einwendungen vor, erhob jedoch bei dem Landgerichte eine Klage gegen den Konkursverwalter auf Feststellung, daß diesem eine Forderung an ihn nicht zustehe, sowie auf Aufhebung der wider ihn ergriffenen Vollstreckungsmaßregeln. Der Beklagte schützte unter Bezugnahme auf § 105 des Gesetzes die Einrede der Unzuständigkeit des Gerichtes vor. Dieselbe wurde von den Vorinstanzen beachtet, obwohl bereits zwei Anfechtungsklagen durch rechtskräftigen Beschluß des Amtsgerichtes an das Landgericht verwiesen worden waren. Das Reichsgericht verwarf die Einrede.

Gründe:

„Zur Beurteilung der vorgeschützten prozeßhindernden Einrede bedarf es keines Eingehens auf die rechtliche Natur der erhobenen Klage. Das Landgericht würde nach §§ 70. 23 G.V.G. zuständig sein, wenn die Klage nicht unter § 104 des Reichsgesetzes vom 1. Mai 1889 fallen sollte. Indessen müßte auch bei Anwendung dieser Gesetzesstelle die Zuständigkeit des Landgerichtes angenommen werden.

Nach § 105 Abs. 1 des Gesetzes vom 1. Mai 1889 sind die in § 104 gedachten Klagen ausschließlich bei dem Amtsgerichte zu erheben; die mündliche Verhandlung erfolgt nicht vor Ablauf der in § 104 bezeichneten einmonatigen Notfrist; auch sind mehrere Anfechtungsprozesse zu gleichzeitiger Verhandlung und Entscheidung zu verbinden. Der zweite Absatz des § 105 bestimmt, daß, wenn der Streitgegenstand die für die sachliche Zuständigkeit der Amtsgerichte geltende Summe übersteigt, das Gericht, sofern eine Partei in einem solchen Prozesse vor der Verhandlung der Hauptsache darauf anträgt, durch Beschluß die sämtlichen Streitsachen an das Landgericht, dessen Bezirke es angehört, zu verweisen hat, und daß gegen diesen Beschluß die sofortige Beschwerde stattfindet. Nach dem dritten Absatze des § 105 haben die Streitsachen von der Rechtskraft des Beschlusses an als bei dem Landgerichte anhängig zu gelten.

Aus diesen Vorschriften folgt, nachdem das Landgericht mit der Verhandlung und Entscheidung der früheren Anfechtungsprozesse befaßt worden ist, die Zuständigkeit dieses Gerichtes auch für den gegenwärtigen Prozeß. Die Klage ist allerdings erst nach Ablauf der Notfrist erhoben. Letztere ging schon am 23. März 1893 zu Ende, und die Ladung wurde erst am 29. Juli 1893 zum Zwecke der Terminsbestimmung eingereicht. Daraus ergiebt sich jedoch nicht, daß die Klage, wenn sie als Anfechtungsklage im Sinne des § 104 des Gesetzes vom 1. Mai 1889 aufzufassen wäre, anders zu behandeln sein würde, wie eine rechtzeitig angestellte Anfechtungsklage. Vielmehr wirkt der rechtskräftige Verweisungsbeschluß für alle Klagen, bezieht sich demnach mit auf die verspäteten Anfechtungsklagen. Mit dem Verweisungsbeschlusse wird die Zuständigkeit des Landgerichtes für den ganzen Umfang der Anfechtungsansprüche festgestellt. Die Anfechtung der für vollstreckbar erklärten Berechnung ist durch § 104 überhaupt zeitlich und gegenständlich beschränkt worden. Wo möglich, soll über alle derartigen Ansprüche in dem nämlichen Rechtsstreite entschieden werden. Das Gesetz will „der Vervielfältigung selbständiger Anfechtungsprozesse und der Möglichkeit abweichender Entscheidungen in denselben vorbeugen".

Vgl. die Begründung der §§ 101. 102 des Entwurfes S. 119 flg.

Ob sämtliche Parteien den Antrag stellen, und ob der Antrag in allen Prozessen gestellt wird, ist nach dem Gesetze gleichgültig. Die Verweisung erfolgt auf den Antrag „einer Partei". Das Amtsgericht hat, sobald der Streitgegenstand mehr beträgt, als die für seine sonstige Zuständigkeit maßgebende Summe, dem rechtzeitig angebrachten Antrage zu entsprechen. Nunmehr müssen alle Prozesse von dem Landgerichte erledigt werden, und zwar in einem Urteile, da mehrere Prozesse zu gleichzeitiger Verhandlung und Entscheidung zu verbinden waren. Kann die Verbindung nicht stattfinden, weil der Kläger in dem letzten Prozesse das Gericht erst nach Verfluß der Frist angerufen hat, so fällt doch damit noch nicht der Beschluß hinweg, durch welchen die früher erhobenen Anfechtungsklagen an das Landgericht verwiesen worden waren. Der später auftretende Kläger kann nicht genötigt werden, zunächst das Amtsgericht anzugehen und dort den Antrag auf Verweisung der Sache an das Landgericht zu stellen. Dies würde eine unnötige Förmlichkeit sein; unnötig deshalb, weil die Zuständigkeit des Landgerichtes bereits durch den vorher ergangenen Verweisungsbeschluß herbeigeführt worden ist.

Die angefochtene Entscheidung verletzt sonach den mehrerwähnten § 105 durch unrichtige Anwendung und war deshalb außer Kraft zu setzen. In der Sache selbst mußte die Aufhebung des erstinstanzlichen, auf gleichen Gründen beruhenden Urteiles ausgesprochen, und die prozeßhindernde Einrede verworfen werden." ...

---

109. Sind bei Berechnung der Revisionssumme die Protestkosten nebst Provision und Porto zu berücksichtigen, welche der die Wechsel im Regreßwege einlösende Indossant an seinen Nachmann neben der Wechselsumme hat zahlen müssen?

C.P.O. §§ 4. 508.
W.O. Art. 51.

I. Civilsenat. Urt. v. 9. Dezember 1893 i. S. G. & M. (Kl.) w. R. (Bekl.) Rep. I. 316/93.

I. Landgericht Allenstein.
II. Oberlandesgericht Königsberg i. Pr.

Die Entscheidung ist oben unter „Reichsrecht" Nr. 21 S. 75 abgedruckt.

---

110. Darf in einem Civilprozesse, in welchem eine Kommanditgesellschaft Prozeßpartei ist, deren Kommanditist als Zeuge vernommen werden?

III. Civilsenat. Beschl. v. 15. Dezember 1893 i. S. K. (Kl.) w. Kommanditgesellschaft M. & Co. (Bekl.) Beschw.-Rep. III. 144/93.

I. Oberlandesgericht Frankfurt a. M.

Gründe:

„Mit der bisherigen Praxis des Reichsgerichtes,
vgl. Entsch. desselben in Civils. Bd. 17 S. 367,
ist davon auszugehen, daß die offene Handelsgesellschaft nicht eine von den einzelnen Gesellschaftern verschiedene Person bildet, für welche

jene nur das natürliche Substrat sind, daß vielmehr die einzelnen Gesellschafter vereinigt die Träger des Gesellschaftsvermögens, daher in den von der Gesellschaft geführten Prozessen Partei sind und deshalb in diesen Prozessen nicht als Zeugen vernommen werden können.

Die gewöhnliche Kommanditgesellschaft, — ob auch diejenige auf Aktien, kann hier dahingestellt bleiben, — hat, wie mit der herrschenden Ansicht anzunehmen ist, grundsätzlich dieselbe rechtliche Natur; auch sie ist keine die Persönlichkeit der einzelnen Gesellschafter absorbierende selbständige Person, bildet vielmehr nur eine Abart der offenen Handelsgesellschaft. Dies folgt für die persönlich haftenden Gesellschafter schon aus Art. 150 Abs. 2 H.G.B., und durch die abweichenden Bestimmungen über die Stellung der Kommanditisten wird diesen weder nach innen noch nach außen die Eigenschaft als im übrigen gleichstehender Gesellschafter entzogen. Abgesehen von manchen Einzelbestimmungen stellt schon die Definition in Art. 150 Abs. 1 sie grundsätzlich als gleichstehende Gesellschafter hin. Der geringere Umfang ihrer persönlichen Haftung ist für diese Stellung unerheblich; ebenso das Fehlen der Vertretungsbefugnis, da diese auch für offene Gesellschafter ausgeschlossen werden kann, ohne daß sie dadurch die Parteistellung verlieren. Noch unwesentlicher sind die übrigen Abweichungen. Das Reichsgericht hat auch bereits,

vgl. Jurist. Wochenschrift 1887 S. 16 Nr. 17,

den Gesellschaftsgläubigern gegen den Kommanditisten innerhalb der Schranken der von ihm zu machenden Einlage ein unmittelbares Klagerecht ebenso zugesprochen wie gegen den offenen Gesellschafter und damit indirekt anerkannt, daß die Stellung der Gesellschafter auch nach außen grundsätzlich die gleiche sei.

Auch die Kommanditisten sind daher für ihre Person in Gemeinschaft mit den persönlich haftenden Gesellschaftern in den Prozessen der Gesellschaft Partei, und daraus folgt mit Notwendigkeit, daß sie in diesen nicht als Zeugen vernommen werden können. Ob ihnen trotz Fehlens der Vertretungsbefugnis ein Eid zugeschoben werden kann, bedarf hier keiner Entscheidung. Daß bei Verneinung dieser Frage Unzuträglichkeiten entstehen können, ist zwar zuzugeben; doch entstehen diese stets, wenn die Prozeßpartei nicht prozeßfähig ist, soweit nicht ausnahmsweise der § 435 C.P.O. Hilfe gewährt."

111. 1. Beschwerde gegen den vom Berufungsgerichte in einer Ehescheidungssache erlassenen Beschluß, durch den im Verhandlungstermine eine sachliche Entscheidung über den von der Berufungsklägerin gestellten Antrag auf Wiedereinsetzung in den vorigen Stand gegen Versäumung der Berufungsfrist und über die gleichzeitig nachgeholte Berufung abgelehnt worden ist, weil die öffentliche Zustellung der Ladung an den Prozeßgegner nicht ordnungsmäßig erfolgt sei.

C.P.O. §§ 216. 568 flg. 485. 497. 272. 281. 530.

2. Erfordert die öffentliche Zustellung, daß der Aushang durch den Gerichtsschreiber des Prozeßgerichtes persönlich bewirkt wird? Kann der Beweis der erfolgten Anheftung nur durch eine Bescheinigung des Gerichtsschreibers geführt werden?

C.P.O. §§ 187. 259.

Geschäftsordnung für die Gerichtsschreibereien der preußischen Oberlandesgerichte vom 8. September 1879 § 17 (Just.-Min.-Bl. S. 324).

IV. Civilsenat. Beschl. v. 21. Dezember 1893 i. S. K. (Kl.) w. K. (Bekl.) Beschw.-Rep. IV. 196/93.

I. Landgericht I Berlin.
II. Kammergericht daselbst.

Gründe:

„Die Klägerin ist mit ihrer Ehescheidungsklage von dem Landgerichte durch Urteil vom 9. Januar 1893 abgewiesen. Auf ihren Antrag hat die öffentliche Zustellung des Urteiles an den Beklagten stattgefunden. Am 26. April 1893 hat die Klägerin dem Kammergerichte einen Antrag auf Wiedereinsetzung in den vorigen Stand gegen Versäumung der Berufungsfrist und eine Berufungsschrift mit dem Gesuche überreicht, die öffentliche Zustellung dieser Schriftstücke an den Beklagten zu bewilligen. Die Bewilligung ist erfolgt unter Bestimmung des Verhandlungstermines auf den 4. Oktober 1893. Der Gerichtsschreiber des Berufungsgerichtes hat die öffentliche Zustellung der gedachten Schriftstücke nebst der Ladung besorgt. Er hat die Einrückung eines Auszuges in den Deutschen Reichsanzeiger und in die amtlichen Publikationsorgane veranlaßt. Die Anheftung der zuzustellenden Schriftstücke an die Gerichtstafel ist nach einer Bescheinigung des ersten Gerichtsdieners des Berufungsgerichtes in der Zeit vom

26. Mai bis zum 26. Juni 1893 bewirkt. In dem Verhandlungstermine am 4. Oktober 1893 ist nur die Berufungsklägerin vertreten gewesen. Ihrem Antrage gemäß ist die Vertagung des Termines auf den 25. November 1893 beschlossen und verkündet worden. In dem neuen Termine ist wiederum nur die Berufungsklägerin vertreten gewesen. Dieselbe hat die Urkunden, welche sich auf die Bewilligung und Ausführung der öffentlichen Zustellung des landgerichtlichen Urteiles, des Wiedereinsetzungsantrages und der Berufungsschrift beziehen, vorgelegt, die Anträge aus den beiden letztgenannten Schriftsätzen verlesen und solche mündlich begründet. Auf diese mündliche Verhandlung ist vom Berufungsgerichte der Beschluß verkündet, daß eine sachliche Entscheidung abgelehnt werde.

Zur Begründung des Beschlusses ist ausgeführt: Das Berufungsgericht sei zur Abgabe einer sachlichen Entscheidung nicht in der Lage, weil der Beklagte zu dem Verhandlungstermine am 4. Oktober 1893 nicht ordnungsgemäß geladen sei. Die wegen eines solchen Mangels für den ordentlichen Prozeß gebotene Zurückweisung des auf Erlassung des Versäumnisurteiles gerichteten Antrages (§ 300 Ziff. 2 C.P.O.) gestalte sich für das Verfahren in Ehesachen zufolge der Vorschrift des § 578 a. a. O. zu der Ablehnung einer materiellen Entscheidung. Die Ladung des Beklagten zum Termine den 4. Oktober 1893 sei aber insofern ordnungswidrig, als die Bescheinigung über die Anheftung des Aushanges an die Gerichtstafel (§ 187 Abs. 2 C.P.O.) durch einen Gerichtsdiener ausgestellt sei. Dies verstoße gegen die Vorschrift des § 187 Abs. 1 a. a. O., wonach die öffentliche Zustellung vom Gerichtsschreiber von Amts wegen zu besorgen sei. Die Civilprozeßordnung kenne keinen Gerichtsdiener, also auch keine Vertretung des Gerichtsschreibers durch einen Gerichtsdiener. Es liege aber auch ein Verstoß gegen die Geschäftsordnung für die Gerichtsschreibereien der preußischen Oberlandesgerichte vom 8. September 1879 vor, in deren § 17 bestimmt sei, daß, soweit die öffentliche Zustellung durch Anheftung an die Gerichtstafel erfolge, der Gerichtsschreiber, welcher dabei die Hilfe eines Gerichtsdieners in Anspruch nehmen könne, die Anheftung und Abnahme zu besorgen und die Vermerke auf dem Aushange zu bescheinigen habe.

Die gegen diese Entscheidung erhobene Beschwerde der Klägerin erscheint zulässig und begründet.

Nach § 216 C.P.O. ist das Verfahren über den Antrag auf Wiedereinsetzung mit dem Verfahren über die nachgeholte Prozeßhandlung grundsätzlich zu verbinden, und auf die Entscheidung über die Zulässigkeit des Antrages und auf die Anfechtung dieser Entscheidung finden die für die nachgeholte Prozeßhandlung in diesen Beziehungen geltenden Vorschriften mit der Beschränkung Anwendung, daß dem Antragsteller der Einspruch versagt ist. Im vorliegenden Falle betraf die nachgeholte Prozeßhandlung die Einlegung der Berufung in einer Ehesache. Nach dem für dieses Rechtsmittel maßgebenden Verfahren hatte sich daher auch das Verfahren betreffs des Wiedereinsetzungsantrages zu richten. Das Verfahren für die Berufung in Ehesachen folgt mit geringen Modifikationen dem Berufungsverfahren im ordentlichen landgerichtlichen Prozesse (§§ 568—592 C.P.O.), und dieses ist, soweit es auf die Verhandlung und Entscheidung über das eingelegte Rechtsmittel ankommt, gemäß § 485 a. a. O. grundsätzlich dem erstinstanzlichen Verfahren angepaßt, wie solches in Buch II Abschnitt 1 der Civilprozeßordnung im einzelnen geregelt ist. Es hat denn auch vorliegend in dem Termine vom 25. November 1893, auf welchen der ursprünglich bestimmte Termin am 4. Oktober 1893 mittels verkündeten Beschlusses vertagt worden war, vor dem Berufungsgerichte eine Verhandlung über den Wiedereinsetzungsantrag und die nachgeholte Berufungseinlegung seitens des Sachwalters der Klägerin stattgefunden (§§ 246. 127—151. 487. 488. 499. 578 a. a. O., wobei der Antrag gestellt ist, der Wiedereinsetzung und der Berufung gemäß zu erkennen. Auf Grund dieser Verhandlung lag dem Berufungsgerichte zufolge §§ 497—499. 272. 281 a. a. O. ob, eine Entscheidung über die Zulässigkeit, bezw. die Begründetheit der gestellten Anträge in Urteilsform abzugeben. Nicht aber stand es in der Befugnis des Berufungsgerichtes, wie geschehen, eine sachliche Entscheidung mittels Beschlusses abzulehnen. Die Rechtfertigung dieses Beschlusses aus § 300 Ziff. 2 in Verbindung mit § 578 Abs. 4 C.P.O. ist unzutreffend, weil ein Antrag auf Erlassung des Versäumnisurteiles überhaupt nicht in Frage stand. Vielmehr hatte das Berufungsgericht in Gemäßheit der §§ 216. 497 a. a. O. zunächst von Amts wegen die Statthaftigkeit des Wiedereinsetzungsantrages bezw. der Berufung zu prüfen. Ergab sich hierbei, wie es thatsächlich geschehen ist, ein Bedenken, so hätte nach § 130 Abs. 2 C.P.O. der

Vorsitzende auf solches aufmerksam machen sollen. Daß dieser Fragepflicht genügt ist, läßt die Verhandlung nicht erkennen. Wurde das Bedenken nicht gehoben, so waren zufolge § 497 a. a. O. der Wiedereinsetzungsantrag bezw. die Berufung durch Endurteil als unzulässig oder doch als wirkungslos zu verwerfen. Hinzu kommt aber, daß das vom Berufungsgerichte zur Geltung gebrachte Bedenken im Geiste der §§ 187. 259 C.P.O. an sich beanstandet werden muß. Es handelt sich hier um die Frage, ob bei der öffentlichen Zustellung des Wiedereinsetzungsantrages und der Berufungsschrift die Vorschrift des § 187 Abs. 2 C.P.O., wonach eine beglaubigte Abschrift dieser Schriftstücke an die Gerichtstafel auf mindestens zwei Wochen (§ 189 Abs. 2 a. a. O.) anzuheften ist, beobachtet worden ist. Das Berufungsgericht findet einen wesentlichen Verstoß darin, daß die über die Anheftung von der Klägerin beigebrachte Bescheinigung nicht von dem Gerichtsschreiber, sondern von dem ersten Gerichtsdiener des Berufungsgerichtes ausgestellt ist. Dabei sind vom Berufungsgerichte in Betracht gezogen die Vorschrift des § 187 Abs. 1 C.P.O., wonach die bewilligte öffentliche Zustellung durch den Gerichtsschreiber von Amts wegen zu besorgen ist, und der § 17 der preußischen Geschäftsordnung für die Gerichtsschreibereien der Oberlandesgerichte vom 8. September 1879, zufolge dessen der Gerichtsschreiber bei der Anheftung die Hilfe eines Gerichtsdieners in Anspruch nehmen kann, aber die Anheftung besorgen und die darüber vom Gerichtsdiener auf den Aushang zu setzenden Vermerke (§ 16 a. a. O.) bescheinigen soll. Allein diese Vorschriften rechtfertigen nicht die Entscheidung des Berufungsgerichtes. Dem Abs. 1 des § 187 C.P.O. kommt, entsprechend den Fällen der §§ 342. 367, nur die Bedeutung zu, daß die vom Gerichte bewilligte öffentliche Zustellung von dem Gerichtsschreiber kraft selbständiger Amtsfunktion auszuführen ist. Insofern erscheint es angemessen, daß der § 17 der preußischen Geschäftsordnung für die Gerichtsschreibereien der Oberlandesgerichte die Erledigung des Aushanges gemäß § 187 Abs. 2 C.P.O. in die Hände des Gerichtsschreibers legt. Aber das Gesetz selbst giebt keine Bestimmung darüber, inwieweit die dazu erforderlichen Handlungen vom Gerichtsschreiber persönlich vorzunehmen sind, und inwieweit er sich dabei der Mitwirkung der ihm untergebenen Gerichtsbeamten bedienen darf. Vom Standpunkte der Civilprozeßordnung aus muß es für ausreichend gelten, wenn die Anheftung des Aushanges an die Gerichtstafel überhaupt mit Wissen und Willen des Gerichtsschreibers durch einen anderen Gerichtsbeamten erfolgt. Auch enthält das Gesetz keine besondere Vorschrift darüber, in welcher Weise der Beweis der erfolgten Anheftung zu führen ist. Wenn die preußische Geschäftsordnung für die Gerichtsschreibereien der Oberlandesgerichte in § 17 bestimmt, daß die auf den Aushang zu setzenden Vermerke durch den Gerichtsschreiber bescheinigt werden sollen, so liegt darin nur eine dienstpragmatische Anordnung. Für die Beweisführung muß aber mangels einer gesetzlichen Sondervorschrift der allgemeine Grundsatz des § 259 C.P.O. dergestalt zur Anwendung kommen, daß das Prozeßgericht darüber, ob eine Anfechtung des Aushanges im Sinne des § 187 a. a. O. stattgefunden hat, nach seiner freien, aus dem Gesamtergebnisse der Verhandlung und Beweisaufnahme geschöpften Überzeugung zu entscheiden hat. Demzufolge durfte es vorliegend der Klägerin nicht verwehrt werden, den Beweis der geschehenen Anheftung des Aushanges, falls die vom ersten Gerichtsdiener darüber erteilte Bescheinigung nicht für überzeugend erachtet wurde, noch durch andere Beweismittel zu erbringen. Zugleich aber lag gemäß § 130 Abs. 2 C.P.O. dem Berufungsgerichte die Amtspflicht ob, bei der Prüfung der Formalien dem Vertreter der Klägerin Gelegenheit zur Ergänzung des Beweisantrittes zu geben. Daß dies geschehen ist, lassen die Prozeßakten nicht erkennen.

Das Ergebnis dieser Darlegung ist folgendes. Das Berufungsgericht durfte eine Entscheidung zur Sache nicht ablehnen und hatte solche in Urteilsform abzugeben. Nachdem es die Ablehnung gleichwohl in Beschlußform ausgesprochen hat, muß es im Sinne des § 530 C.P.O. der Klägerin freistehen, im Wege der Beschwerde die Beseitigung des Beschlusses zu erwirken. Dies führt zur Aufhebung der angegriffenen Entscheidung. Die Sache selbst aber ist zu anderweiter Verhandlung und zur Entscheidung über den Wiedereinsetzungsantrag, bezw. die Berufung an das Berufungsgericht zurückzuverweisen."

112. Inhalt der streitigen Verpflichtung im Falle der Klage auf Abnahme und Übernahme verkaufter, übersendeter und vom Käufer zurückgesendeter Ware.

C.P.O. § 29.

I. Civilsenat. Urt. v. 13. Dezember 1893 i. S. Tr. (Kl.) w. W. (Bekl.) Rep. I. 423/93.

I. Landgericht Breslau.
II. Oberlandesgericht daselbst.

Die Klägerin in Breslau hatte an die Beklagte in Wreschen Wein verkauft und übersendet, welchen die Beklagte nicht abgenommen, sondern nach Breslau zurückgesendet hatte, wo ihn die Klägerin bei einem Spediteur auf Lager gegeben hatte. Sie klagte beim Landgerichte Breslau auf Ab- und Übernahme des Weines. Auf die Einrede der Unzuständigkeit des Gerichtes ist die Klage deshalb in beiden Instanzen abgewiesen, und die Revision der Klägerin zurückgewiesen aus folgenden

Gründen:

„Der Berufungsrichter geht davon aus, daß die Klägerin von der Beklagten die Erfüllung des geschlossenen Kaufvertrages fordere, und daß, da sich ein besonderer Erfüllungsort weder aus dem Vertrage, noch aus der Natur des Geschäftes, noch aus der Absicht der Kontrahenten ergebe, die Beklagte nach der subsidiarischen Vorschrift des Art. 324 Abs. 2 H.G.B. an dem Orte zu erfüllen habe, an welchem sie zur Zeit des Vertragsabschlusses ihre Handelsniederlassung oder ihren Wohnsitz gehabt habe, also in Wreschen und nicht in Breslau. Deshalb erachtet das Berufungsgericht den erhobenen Einwand der Unzuständigkeit des Gerichtes für durchgreifend.

Die gegen diese Entscheidung von der Revisionsklägerin gerichteten Angriffe sind nicht geeignet, zur Aufhebung des Berufungsurteiles und zur Verwerfung des erhobenen Einwandes zu führen.

Von der Revision wird ausgeführt, daß die Rücksendung der Ware durch die Beklagte in jedem Falle der Vorschrift des Art. 348 H.G.B. zuwiderlaufe, daß aber die Rücksendung namentlich dann ungerechtfertigt sei, wenn die Ware empfangbar gewesen sei, was als Grundlage der Klage hier als richtig unterstellt werden müsse. Daraus folge, daß die Klägerin nicht verpflichtet sei, die Ware nochmals der Beklagten zu übersenden, vielmehr ihrer Vertragspflicht durch einmalige Übersendung der Ware genügt habe, und daß deshalb die Beklagte die Ware da abnehmen müsse, wo sich dieselbe auf Grund ihrer Dispositionen befinde. Diese Ausführungen verkennen den Inhalt der „streitigen Verpflichtung", deren Erfüllungsort nach § 29 C.P.O. für den Gerichtsstand maßgebend ist. In der Klageschrift wird vorgetragen, die Klägerin habe der Beklagten mitgeteilt, daß sie die durch Rücksendung des Weines zum Ausdrucke gebrachte Annahmeverweigerung der Beklagten nicht für gerechtfertigt erachte, und hieran das Verlangen geknüpft, daß die Beklagte den zurückgesandten Wein abzunehmen habe. Daraus ergiebt sich, daß die Klägerin (was sie auch jetzt noch als Grundlage der Klage ansieht) behaupten will, durch die Übersendung des jetzt in Breslau lagernden Weines den Kaufvertrag gehörig erfüllt zu haben, sodaß die Beklagte denselben als Erfüllung annehmen müsse. Ganz dasselbe bezweckt der sog. eventuelle, auf Übernahme des Weines gerichtete Antrag, sodaß, wie die Klägerin in der Berufungsinstanz selbst anerkannt hat, ein sachlicher Unterschied zwischen beiden Anträgen nicht besteht.

Handelt es sich aber hiernach nur um die Verpflichtung der Beklagten, die Ware als vertragsmäßige zu empfangen, so betrifft der Rechtsstreit nicht sowohl eine in Breslau oder Wreschen zu bewirkende Leistung der Beklagten, als vielmehr das Anerkenntnis derselben, daß die Klägerin durch Absendung der jetzt bei dem Spediteur in Breslau lagernden Weine ihrer Vertragspflicht genügt habe, und daß demzufolge die bei dem Spediteur niedergelegten Weine dort auf Gefahr und Kosten der Beklagten lagerten. Eine größere Tragweite kann dem Antrage der Klägerin nicht beigemessen werden, da dieselbe kein Interesse daran hat, ob und wie die Beklagte über den bei dem Spediteur in Breslau niedergelegten Wein weiter verfügt. Von einer Übernahme der Ware im Sinne einer Besitzergreifung kann keine Rede sein, weil, wie die Beklagte in der Vorinstanz zutreffend hervorgehoben hat, die Übergabe an die Beklagte schon durch die Auslieferung der Ware an die Eisenbahn zum Transport derselben nach Wreschen vollzogen war (§ 128 A.L.R. I. 11), und eine Rückübertragung des Besitzes niemals stattgefunden hat. Die Niederlegung des zurückgesandten Weines bei dem Spediteur schließt eine Besitzergreifung seitens der

Klägerin nicht in sich, wie aus der von ihr behaupteten, auf diese Niederlegung bezüglichen Mitteilung an die Beklagte hervorgeht. Diese Sachlage übersieht die Klägerin, indem sie auf den Fall der Redhibition Bezug nimmt, wo es sich um eine Rückübergabe der gekauften Sache handelt, welche allerdings nur an dem Orte stattfinden kann, wo sich die zurückzugebende Sache befindet.

Für das hiernach allein im Streit befangene Anerkenntnis der Beklagten aber kann es keinen anderen Erfüllungsort geben, als ihren Niederlassungs- oder Wohnort, sodaß die Klage bei einem nicht zuständigen Gerichte erhoben ist." ...

---

113. Kann die Partei, die im Prozesse ein vom Gegner behauptetes Rechtsverhältnis anerkannt hat, dieses Anerkenntnis nur unter den Voraussetzungen des § 263 C.P.O. widerrufen?

VI. Civilsenat. Urt. v. 21. Dezember 1893 i. S. W. O. (Bekl.) w. H. u. S. (Kl.) Rep. VI. 256/93.

I. Landgericht Halberstadt.
II. Oberlandesgericht Naumburg a. S.

Kläger beanspruchen Schadensersatz für 26 im Auftrage der Beklagten abgehauene Obstbäume, mit der Angabe, daß diese Bäume ihr Eigentum gewesen seien. Das Berufungsgericht hat den Entschädigungsanspruch dem Grunde nach für gerechtfertigt erklärt, indem es das Eigentum der Kläger an 23 von jenen Bäumen auf Grund des in einem Vorprozesse ergangenen Urteiles vom 18. April 1888, an den übrigen drei (Pflaumen-) Bäumen auf Grund eines Zugeständnisses der Beklagten als feststehend ansieht. Wegen der 23 Bäume ist die Revision des Beklagten zurückgewiesen, wegen der drei zuletzt gedachten Bäume das Berufungsurteil aufgehoben worden.

Aus den Gründen:

... „Dagegen kann das angefochtene Urteil in Ansehung der drei Pflaumenbäume, auf die sich das Urteil vom 18. April 1888 nach der getroffenen Feststellung nicht bezieht, für rechtlich begründet nicht erachtet werden. Der Vorderrichter sieht hier das Eigentum der Kläger „auf Grund des von der Beklagten jetzt in erster Instanz abgegebenen Zugeständnisses" als feststehend und den in zweiter Instanz erfolgten Widerruf dieses Geständnisses als unbeachtlich an, weil nicht anzunehmen sei, daß dem Geständnisse ein wirklicher Irrtum des erklärenden Prozeßbevollmächtigten zu Grunde liege, dessen Erklärung vielmehr, auch wenn die Beklagte selbst nach der erteilten Information ein Geständnis nicht hätte abgeben wollen, als eine vollbewußte und beabsichtigte aufgefaßt werden müsse. Ob der von der Revision hiergegen erhobene Vorwurf der mangelnden Begründung zutreffen möchte, kann dahingestellt bleiben, und ebensowenig bedarf es eines Eingehens auf die schon früher vom Reichsgerichte berührte, aber unentschieden gelassene Frage, auf wessen Seite der nach § 263 C.P.O. zu beweisende Irrtum stattgefunden haben müsse, auf seiten der Partei oder des Vertreters derselben oder beider zugleich.

Vgl. Entsch. des R.G.'s in Civils. Bd. 11 S. 405 flg.

Denn die Voraussetzungen für die Anwendung des § 263 C.P.O. liegen überhaupt nicht vor. Nach dem erstrichterlichen Thatbestande hatten Kläger zur Begründung der Klage vorgetragen, ihr Vorbesitzer B. habe 24 Bäume (und zwar die im Vorprozesse umstrittenen, wovon später einer abgehauen) ... pflanzen lassen; die übrigen drei (Pflaumen-) Bäume ... seien von den Wurzeln der gepflanzten Bäume ausgeschlagen. „Die Beklagte", heißt es dann wörtlich, „hat kostenfällige Abweisung der Klage beantragt. Sie erkennt das Eigentum der Kläger an den in der Taxe (unter Nr. 1—22) aufgezählten Bäumen an, nimmt aber das Eigentum der letzten vier Apfelbäume (Nr. 23—26) für sich in Anspruch und bestreitet diesbezüglich die Klagebehauptungen." Daß die Beklagte die von den Klägern mit Bezug auf die Bäume Nr. 1—22 behaupteten Thatsachen zugestanden habe, ist somit nicht aus dem Thatbestande zu ersehen; vielmehr liegt danach nur vor ein Anerkenntnis des Eigentumes der Kläger an 22 Bäumen, darunter den jetzt noch streitigen drei Pflaumenbäumen. Wäre dieses Anerkenntnis außerhalb des Prozesses abgegeben worden, so könnten darauf allein die Kläger ein Eigentumsrecht, welches ihnen nicht schon vorher zustand, nicht stützen. Daß andererseits hier der § 278 C.P.O. keine Anwendung finden konnte, liegt klar zu Tage. Durfte nun auch das Landgericht das Eigentum der Kläger, soweit das Anerkenntnis der Beklagten reichte, ohne weitere Beweisaufnahme als feststehend ansehen, so gestaltete sich doch die Sache für den Berufungsrichter anders, nachdem die Beklagte ihr Anerkenntnis widerrufen hatte. Über den Unterschied zwischen dem Zugestehen der vom Gegner behaupteten Thatsachen (§§ 255. 261 C.P.O.) und dem Anerkennen eines Rechtsverhältnisses hat sich das Reichsgericht bereits in einem Urteile vom 29. Mai 1883,

vgl. Entsch. des R.G.'s in Civils. Bd. 10 S. 364,

ausgesprochen. Nach den dort entwickelten Grundsätzen ist auch die Frage wegen der Zulässigkeit des Widerrufes zu beurteilen. Wo es sich um so einfache und gemeinverständliche Rechtsbegriffe handelt, daß in dem Anerkennen des Rechtsverhältnisses ohne weiteres ein Zugestehen der das Rechtsverhältnis begründenden Thatsachen gefunden werden muß, da wird ein Widerruf des Anerkenntnisses nur unter den in § 263 C.P.O. angegebenen Voraussetzungen Beachtung finden können. Wo dagegen die wesentliche Bedeutung des Anerkenntnisses darin zu erblicken ist, daß die vom Gegner aus seinen Behauptungen gezogenen rechtlichen Folgerungen für richtig erklärt werden, muß der Widerruf einer derartigen Erklärung ohne weitere Beschränkungen zulässig erscheinen. Ob der eine oder der andere Fall vorliegt, kann nur nach den Umständen der einzelnen Sache entschieden werden, da derselbe Rechtsbegriff je nach Lage der Verhältnisse einfach oder durch streitige rechtliche Folgerungen verwickelt sein kann. Im gegenwärtigen Prozesse läßt sich nun der Begriff des Eigentumes nicht als ein so einfacher ansehen, daß er einer „Thatsache" im Sinne der Civilprozeßordnung (§§ 261. 324 Ziff. 1. 338. 410. 437 u. s. w.) gleichgeachtet werden könnte.[1] Dies geht schon daraus hervor, daß nach der Darstellung des Berufungsgerichtes der Prozeßbevollmächtigte der Beklagten in erster Instanz zu dem Anerkennen des Eigentumes der Kläger dadurch gelangt ist, daß er aus der ihm von der Beklagten erteilten thatsächlichen Information andere rechtliche Folgerungen gezogen hat als die Beklagte selbst. Wenn aber der § 81 C.P.O. in Satz 2 neben Geständnissen die „anderen thatsächlichen Erklärungen"

[1] Vgl. hiergegen v. Wilmowski-Levy, Civilprozeßordnung Anm. 3 zu § 261, und die dort Angeführten, namentlich v. Canstein in Busch, Zeitschrift für Civilprozeß Bd. 1 S. 340 Note 120. D. E.

des Bevollmächtigten als für die Partei bindend besonders hervorhebt, so ist schon damit zum Ausdrucke gelangt, daß die Partei durch die rechtlichen Ausführungen ihres Prozeßbevollmächtigten nicht verpflichtet wird, wie sie auch berechtigt wäre, die von ihr selbst in einem früheren Zeitpunkte des Prozesses gezogenen rechtlichen Folgerungen später für unrichtig zu erklären.

Da nun der Vorderrichter seine Entscheidung in betreff dieser drei Pflaumenbäume lediglich auf das Anerkenntnis des Prozeßbevollmächtigten gestützt, dagegen nicht untersucht hat, ob die von den Klägern mit Bezug hierauf angeführten Thatsachen als unbestritten gelten können, und ob sie an sich geeignet sind, den Schadensanspruch dem Grunde nach zu rechtfertigen, so muß insoweit das Urteil aufgehoben, nnd die Sache in die Instanz zurückverwiesen werden." . . .

---

114. Unter welchen Voraussetzungen darf ein Rechtsanwalt die Beweisgebühr nach § 13 Ziff. 4 und die Erhöhung der Verhandlungsgebühr nach § 17 der Gebührenordnung für Rechtsanwälte fordern? Ist es notwendig, daß das Gericht einen neuen späteren Termin zur Aufnahme des Beweises angesetzt hat?

V. Civilsenat. Beschl. v. 3. Januar 1894 i. S. Fürst B. (Kl.) w. F. u. Gen. (Bekl.) Beschw.-Rep. V. 168/93.

I. Landgericht Liegnitz.
II. Oberlandesgericht Breslau.

Der Beschwerde des Anwaltes des Klägers ist stattgegeben worden aus folgenden

Gründen:

„Der Kläger hat gegen die beiden Beklagten auf Zahlung rückständiger Pachtzinsen und Räumung des Pachtgutes geklagt. Die Beklagten erhoben die Einrede der Stundung der Pachtgelder. Das Landgericht verkündete in dem ersten Verhandlungstermine den Beschluß: „Beweis zu erheben über die von den Beklagten behauptete Stundung der eingeklagten Pachtzinsraten bis nach der Ernte d. J. (1893)

durch Vernehmung des Rentmeisters K. als Zeugen." Das Terminsprotokoll besagt weiter, daß hierauf der Prozeßvertreter des Klägers mit Rücksicht auf die bevorstehende Ernte beantragt hat, den anwesenden Zeugen sofort zu vernehmen, daß diesem Antrage seitens des Gerichtes stattgegeben, die Vernehmung des Zeugen bewirkt, und hierauf von den Prozeßvertretern der Parteien wiederholt zur Sache verhandelt ist. Das Landgericht hat sodann die Beklagten zur Zahlung der eingeklagten Pachtgelder, Räumung des Rittergutes St. ꝛc verurteilt und das Urteil gegen Sicherheitsleistung für vorläufig vollstreckbar erklärt.

Nach Erlaß dieses Urteiles ist von dem Vertreter des Klägers der Antrag auf Kostenfeststellung gestellt, und demselben entsprochen worden. Derselbe hat nachträglich um Festsetzung der Beweisgebühr gemäß § 13 Ziff. 4 und der weiteren Verhandlungsgebühr gemäß § 17 der Gebührenordnung für Rechtsanwälte vom 7. Juli 1879 im Gesamtbetrage von 168 ℳ gebeten. Das Landgericht hat diesem Antrage entsprochen, das Oberlandesgericht dagegen auf Beschwerde der Beklagten das nachträgliche Festsetzungsgesuch des Klägers abgewiesen und dem Kläger die Kosten der Beschwerdeninstanz auferlegt.

Gegen diesen Beschluß richtet sich die weitere, frist- und formgemäß erhobene Beschwerde des Klägers. Die Zulässigkeit der Nachliquidation unterliegt nach dem Beschlusse der vereinigten Civilsenate des Reichsgerichtes vom 9. Februar 1891,

vgl. Entsch. des R.G.'s in Civils. Bd. 27 S. 402,

keinem Bedenken. Die Beschwerde ist vom Reichsgerichte für begründet erachtet.

Das Oberlandesgericht beruft sich für seine Entscheidung lediglich auf den Beschluß des I. Civilsenates des Reichsgerichtes vom 29. September 1883.

Vgl. Entsch. des R.G.'s in Civils. Bd. 10 S. 370.

Der Sachverhalt bei der damals vorliegenden Beschwerde war folgender. Es hatte ein einziger Termin zur mündlichen Verhandlung angestanden, in welchem die Vertreter der Parteien sich auf bei dem Prozeßgerichte befindliche Vorprozeßakten bezogen. Diese wurden sofort vorgelegt und anerkannt, und demnächst das Urteil erlassen. Für diesen Fall hat der I. Civilsenat unter Hinweis auf die §§ 323—335 C.P.O.

angenommen, daß die von dem Prozeßvertreter des Beklagten beanspruchte Beweisgebühr nicht gefordert werden könne, weil als Voraussetzungen für einen solchen Anspruch ein dem § 324 C.P.O. entsprechender Beweisbeschluß und die Aufnahme des Beweises in einem anderen Termine als demjenigen, in welchem dieser Beschluß gefaßt ist, erachtet werden müssen. Dieser Entscheidung sind demnächst mehrere andere Senate des Reichsgerichtes beigetreten, indem sie teils den Erlaß eines Beweisbeschlusses als notwendige Bedingung für die Liquidation von Beweisgebühren bezeichnen, teils das Erfordernis aufstellen, daß die Beweisaufnahme nicht in demselben Termine stattfinden dürfe.

Vgl. Entsch. des R.G.'s in Civils. Bd. 14 S. 394; Gruchot, Beiträge Bd. 29 S. 1032; Jurist. Wochenschr. 1888 S. 100. 137 ꝛc.

Der zur Entscheidung über die jetzt vorliegende Beschwerde berufene Senat hat angenommen, daß er in der rechtlichen Beurteilung der Streitfrage durch den Beschluß des I. Civilsenates nicht gebunden ist. Die Frage, ob und in welcher Form der Beweisbeschluß erlassen werden muß, um den Anspruch auf Beweisgebühren zu begründen, steht jetzt überhaupt nicht zur Entscheidung. In betreff des Erfordernisses eines anderen Termines kommt in Betracht, daß die Beschlüsse des I. Civilsenates und der übrigen Senate, soweit ersichtlich, nur den Fall des Urkunden-, nicht des Zeugenbeweises betreffen. Es ist immer nur die Absetzung der Beweisgebühr beschlossen, wenn Akten des erkennenden Gerichtes ohne Ansetzung eines neuen Termines vorgelegt sind. Die Gründe des Beschlusses des I. Civilsenates würden nicht zwingen, einen Beschluß der vereinigten Civilsenate gemäß § 137 G.V.G. einzuholen. Der erkennende Senat glaubt jedoch, daß die Gründe des I. Civilsenates einer Entscheidung zu Gunsten des Klägers auch nicht entgegenstehen. In denselben wird besonders betont (S. 273 a. a. O.), daß eine Gebührenerhöhung gemäß § 13 Ziff. 4 der Gebührenordnung für Rechtsanwälte vom 7. Juli 1879 sich legislativ nur rechtfertigen lasse durch den infolge einer Cäsur in dem Prozeßverfahren anzunehmenden erheblichen Mehraufwand an Zeit und Arbeit seitens der Prozeßvertreter. Das Reichsgericht hat angenommen, daß in der vorliegenden Sache eine derartige Cäsur eingetreten ist. Die mündliche Verhandlung führte zu dem oben angegebenen, dem § 324 C.P.O. entsprechenden Beweisbeschlusse. Mit dem Erlasse desselben war der erste Abschnitt des Verfahrens (§§ 127 flg. C.P.O.) abgeschlossen. Der erst hierauf gestellte Antrag des klägerischen Prozeßvertreters auf sofortige Vernehmung des Zeugen K. leitete einen neuen Abschnitt, das Beweisverfahren, ein. In demselben erfolgte die Vernehmung des Zeugen. Eine Vorschrift, daß die Beweisaufnahme notwendig in einem von dem Verhandlungstermine zeitlich getrennten Termine bewirkt werden müsse, kennt die Civilprozeßordnung nicht. Es würde zu gewiß nicht vom Gesetzgeber beabsichtigten Konsequenzen führen, wenn man die Anwendung der Vorschriften über das Beweisverfahren und die damit verbundene Erhöhung der Anwaltsgebühren von der Formalität abhängig machen wollte, daß das Prozeßgericht einen späteren Termin — vielleicht nach Ablauf weniger Minuten — zur Vernehmung der Zeugen bestimmen müsse. Für die Beweisaufnahme vor dem Prozeßgerichte ist sogar im § 335 C.P.O. als Regel angeordnet, daß die Schlußverhandlung mit derselben verbunden werden solle. Inwiefern eine Rücksicht auf die Mehrarbeit, welche den Anwälten durch das Beweisverfahren erwächst, ein legislativer Grund für die Gebührenerhöhung gewesen ist, kann unerörtert bleiben; denn eine solche Mehrarbeit erwächst den Prozeßvertretern auch dann, wenn sie, wie im vorliegenden Falle, in Voraussicht des notwendigen Beweisbeschlusses die Beweisaufnahme durch Ermittelung und Gestellung von Zeugen vorbereiten und deren Vernehmung beiwohnen. Es liegen hiernach die vom I. Civilsenate verlangten Erfordernisse zur Anwendung des § 13 Ziff. 4 der Gebührenordnung für Rechtsanwälte vor, und es ist angenommen, daß der im Beschlusse vom 29. September 1883 gebrauchte Ausdruck: „anderer Termin“ sich nicht unbedingt auf einen zur Zeugenvernehmung angesetzten späteren Termin beziehen kann. Daraus folgt, daß der Anspruch des Klägers auf Bewilligung der Gebühren für das Beweisverfahren begründet ist. Dasselbe gilt von der weiter geforderten Verhandlungsgebühr gemäß § 17 der Gebührenordnung für Rechtsanwälte, da das Sitzungsprotokoll ausdrücklich besagt, daß die Prozeßvertreter nach Vernehmung des Zeugen „wiederholt zur Sache verhandelt haben.“ ...

115. Ist das inländische Gericht zur Entscheidung über eine Klage auf Anerkennung einer Grundgerechtigkeit zuständig, wenn das belastete Grundstück im Auslande liegt, der Eigentümer desselben jedoch im Inlande wohnt?

C.P.O. § 25 Abs. 2.

V. Civilsenat. Urt. v. 20. Januar 1894 i. S. M. u. Gen. (Bekl.) w. v. G. (Kl.) Rep. V. 329/93.

I. Landgericht Görlitz.
II. Oberlandesgericht Breslau.

Die Revision der Beklagten ist zurückgewiesen worden aus folgenden

Gründen:

„Kläger ist der Eigentümer des Rittergutes Ostrichen. Beklagte sind die offene Handelsgesellschaft Otto M. zu Görlitz und Seidenberg, sowie die drei unter b bis d des Klagerubrums aufgeführten, in Görlitz und Seidenberg wohnhaften, persönlich haftenden Gesellschafter. Eine Mühle des Klägers erhält ihr Wasser durch den Ostricher Mühlgraben. Dieser bildet von den Grenzsteinen 1007 bis 1009 die Grenze zwischen österreichischem und preußischem Gebiete. Das Land auf der preußischen Seite gehört dem Kläger, dasjenige auf der österreichischen nach Behauptung des Klägers dem Grafen C. G. als Besitzer der Herrschaft Friedland, nach Behauptung der beklagten Gesellschaft wenigstens teilweise ihr. Der Kläger nimmt das ausschließliche Recht der Wasserentnahme aus dem Mühlgraben in Anspruch sowohl auf Grund des Eigentumes an demselben als der Ersitzung. Die beklagte Gesellschaft hat 1892 anstatt einer alten Fabrik eine neue Färberei auf der österreichischen Seite angelegt und entzieht für dieselbe, wie Kläger behauptet, dem Mühlgraben unzulässigerweise Wasser. Kläger bittet deshalb in der beim Landgerichte zu Görlitz angestellten Klage, die Beklagten zu verurteilen, bei Vermeidung einer Strafe von 300 *M* für jeden Fall der Zuwiderhandlung sich der Entnahme und Ableitung von Wasser aus dem Ostricher Mühlgraben zu enthalten.

Die Beklagten bestreiten die Zuständigkeit des Landgerichtes Görlitz. Es ist über diesen Einwand allein verhandelt. Beklagte führen aus, daß Kläger als Eigentümer von Ostrichen eine Grundgerechtigkeit an ihrem, auf österreichischem Gebiete belegenem Grundstücke beanspruche, und daß deshalb nach § 25 Abs. 2 C.P.O. im Gerichtsstande des belasteten Grundstückes, d. h. in Österreich, geklagt werden müsse. Kläger glaubt dagegen, daß § 25 C.P.O. auf Grundstücke, welche teils im Inlande, teils im Auslande liegen, überhaupt keine Anwendung finde, und daß eventuell sein Grundstück das angegriffene und belastete sei.

Der erste Richter hat die Klage abgewiesen. Er führt aus, daß dem Kläger, soweit die österreichische Grenze reicht, nur ein Miteigentum an dem Mühlgraben zustehe, und daß er, weil ein Sondereigentum an der fließenden Welle nicht möglich sei, eine Beschränkung des Eigentumes des Besitzers des Landes auf österreichischer Seite, also eine Grunddienstbarkeit beanspruche, welches Recht nicht im Gerichtsstande der herrschenden Sache verfolgt werden könne.

Der zweite Richter hat die Einrede der Unzuständigkeit des Landgerichtes Görlitz verworfen und die Sache in die erste Instanz zurückverwiesen. Er führt aus, daß der Kläger nach dem Thatbestande des ersten Urteiles ein Miteigentum zusammen mit dem Grafen C. G. an dem Mühlgraben, soweit er die österreichische Grenze berührt, geltend mache und die Beklagten als Dritte, welche in sein Eigentum eingreifen, belange. Da die Entnahme des Wassers den Wasserstand auf beiden Seiten des Grabens vermindere, liege darin ein nach § 25 Abs. 1 C.P.O. beim Gerichte der belegenen Sache zu verfolgender Eingriff in das Recht des Klägers, sofern nicht Beklagte ein sie schützendes, aus der Person des Grafen C. G. hergeleitetes Recht darthun könnten. Auf die Frage, ob eventuell der Gerichtsstand des Wohnsitzes begründet sei, komme es hiernach nicht an.

Der auf Verletzung von § 25 Abs. 2 C.P.O. gerichtete Angriff gegen diese Entscheidung geht fehl.

Die Beklagten sind sämtlich Inländer und unterliegen als solche den Vorschriften der Civilprozeßordnung über den Gerichtsstand. Der § 12 dieses Gesetzes bestimmt, daß das Gericht, bei welchem eine Person ihren allgemeinen Gerichtsstand hat, für alle gegen dieselbe zu erhebenden Klagen zuständig ist, sofern nicht für eine Klage ein ausschließlicher Gerichtsstand begründet ist. Der ohne diese Ausnahme eintretende allgemeine Gerichtsstand hängt nach § 13 C.P.O.

von dem Wohnsitze des Beklagten ab. Da hier alle Beklagte ihren Wohnsitz im Bezirke des Landgerichtes zu Görlitz haben, so würde nach den angeführten Gesetzen dieses Gericht zur Entscheidung über die angestellte Klage zuständig sein, sofern nicht ein ausschließlicher Gerichtsstand begründet ist. Das trifft nach der Behauptung des Klägers hier zu, weil er eine dingliche, das im Bezirke des Landgerichtes Görlitz liegende Rittergut Ostrichen betreffende Klage erhoben habe. Wäre diese, auch vom Berufungsrichter geteilte Ansicht richtig, handelte es sich um einen Eingriff in das Eigentum des dem Kläger gehörigen, auf preußischem Gebiete belegenen Grundstückes, so würde die Anwendbarkeit des § 25 Abs. 1 C.P.O. keinem Bedenken unterliegen. Denn für die Begründung des dinglichen Gerichtsstandes ist, wie Wach (Handb. des deutschen Civilprozesses Bd. 1 S. 439 Anm. 17) mit Recht sagt, die Lage des Grundstückes, welches der Kläger gegen einen Eingriff schützen will, entscheidend.

Vgl. Planck, Lehrb. des Civiprozesses Bd. 1 § 16 S. 64; Gaupp, Kommentar zur Civilprozeßordnung, 2. Aufl., S. 35. 12.

Müßte man dagegen der vom ersten Richter gebilligten Ansicht der Beklagten zustimmen, daß der Kläger eine Grundgerechtigkeit an einem auf österreichischem Gebiete belegenen, den Beklagten oder dem Grafen C. G. gehörigen Grundstücke geltend macht, so würde zwar nach § 25 Abs. 2 C.P.O. der dingliche Gerichtsstand des Landgerichtes Görlitz nicht begründet sein. Daraus folgt jedoch keineswegs, daß der Kläger gezwungen ist, die Beklagten vor dem österreichischen Gerichte der belegenen Sache in Anspruch zu nehmen. Denn die Bestimmung des § 25 Abs. 2 a. a. O., durch welche für die konfessorische Klage ein ausschließlicher Gerichtsstand angeordnet wird, gilt nur für deutsches Gebiet. Fehlt die Voraussetzung ihrer Anwendung, daß die Klage gegen den Besitzer eines inländischen Grundstückes gerichtet ist, so fällt damit der durch sie begründete ausschließliche dingliche Gerichtsstand fort, und es tritt nunmehr die Regel des § 12 C.P.O., daß die Klage gegen Inländer in deren allgemeinem Gerichtsstande angestellt werden muß, wieder in Kraft. Daß aber sämtliche Beklagte ihren allgemeinen Gerichtsstand bei dem vom Kläger angerufenen Landgerichte Görlitz haben, ist bereits gesagt." . . . .

. . . .

116. Ist ein bedingtes Endurteil, durch welches sowohl im Falle der Ableistung des einer Partei auferlegten Eides als auch bei Nichtleistung des Eides auf Trennung der Ehe erkannt ist, den Parteien von Amts wegen zuzustellen?

C.P.O. § 582.

IV. Civilsenat. Urt. v. 8. Januar 1894 i. S. R. (Kl. u. Widerbekl.) w. R. (Bekl. u. Widerkl.) Rep. IV. 197/93.

I. Landgericht Gnesen.
II. Oberlandesgericht Posen.

Aus den Gründen:

„Der klagende Ehemann hat die Trennung der Ehe beantragt, weil die beklagte Ehefrau ihn böslich verlassen habe. Die beklagte Ehefrau hat eingewendet, daß sie berechtigt sei, sich vom Kläger zu trennen, weil derselbe ihr Ende November 1891 lebensgefährliche Mißhandlungen zugefügt habe, und auf die letztere Behauptung zugleich die von ihr erhobene Widerklage gestützt. Das Landgericht hat auf einen vom Kläger zu leistenden Eid, daß er die Beklagte in der in der Eidesnorm näher angegebenen Weise nicht geschlagen habe, und weiter dahin erkannt: „Im Schwörungsfalle wird die Ehe der Parteien getrennt, und die Beklagte unter Abweisung der Widerklage für den allein schuldigen Teil erklärt, auch verurteilt, die Kosten des Rechtsstreites zu tragen. Im Nichtschwörungsfalle wird die Ehe der Parteien getrennt, und Kläger unter Abweisung der Klage und unter Verurteilung in die Kosten des Rechtsstreites für den allein schuldigen Teil erklärt." Dieses Urteil ist den Parteien nicht von Amts wegen zugestellt worden, vielmehr hat die Zustellung auf Parteibetrieb stattgefunden. Auf die von der Beklagten und Widerklägerin dagegen eingelegte Berufung hat das Oberlandesgericht das erstinstanzliche Urteil dahin abgeändert, daß die Beklagte einen Eid zu leisten habe, daß Kläger sie in der näher angegebenen Weise geschlagen habe, und ferner ausgesprochen: „Falls die Beklagte diesen Eid leistet, so wird der Kläger mit der Klage abgewiesen, auf die Widerklage die zwischen den Parteien bestehende Ehe getrennt, der Kläger für den allein schuldigen Teil erklärt und verurteilt, die Kosten des Rechtsstreites zu tragen. Falls die Beklagte den Eid nicht leistet, wird die Ehe der Parteien getrennt, die Beklagte für den allein schuldigen Teil erklärt und unter Abweisung der Widerklage verurteilt, die Kosten des Rechtsstreites zu tragen." Auch die Zustellung dieses Urteiles ist zunächst auf Parteibetrieb, demnächst aber 'auch von Amts wegen erfolgt, und es hat, nachdem letztere Zustellung geschehen, Kläger innerhalb der gesetzlichen Frist die Revision eingelegt.

Die Revision muß für begründet erachtet werden. Der Berufungsrichter ist davon ausgegangen, daß die Zustellung des landgerichtlichen Urteiles, der allgemeinen Vorschrift des § 288 Abs. 1 C.P.O. entsprechend, auf Betreiben der Parteien zu erfolgen gehabt habe, und daß die gegen das auf Parteibetrieb zugestellte Urteil von der Beklagten eingelegte Berufung als rechtswirksam gelten müsse. Diese Annahme ist jedoch nicht zutreffend und verletzt den in § 582 C.P.O. aufgestellten Grundsatz, daß Urteile, durch welche auf Trennung, Ungültigkeit oder Nichtigkeit der Ehe erkannt ist, von Amts wegen zuzustellen sind. Zwar setzt die genannte Vorschrift, wie in den Urteilen des III. Civilsenates des Reichsgerichtes vom 25. März 1881,

vgl. Entsch. desselben in Civils. Bd. 4 S. 393,

und des IV. Civilsenates vom 10. Dezember 1883 (in Sachen Künzel wider Künzel Rep. IV. 409/83) ausgeführt worden ist, solche Urteile voraus, durch welche unbedingt auf Trennung, Ungültigkeit oder Nichtigkeit der Ehe erkannt ist, bezieht sich also nicht auf die Urteile, welche durch einen Eid bedingt sind, vor dessen Leistung oder Nichtleistung es noch nicht feststeht, ob die Ehe überhaupt getrennt werden wird; allein im vorliegenden Falle handelt es sich gerade um ein Urteil der ersterwähnten Art. Das landgerichtliche Urteil macht die Ehetrennung nicht von der Leistung oder Nichtableistung des Eides abhängig; es spricht vielmehr ausdrücklich für beide Fälle die Ehetrennung aus. Der erkannte Eid ist ohne Einfluß auf die Ehetrennung selbst, welche in jedem Falle, mag der Eid geleistet werden oder nicht, endgültig ausgesprochen ist, und die Folgen der Leistung oder Nichtleistung des Eides beziehen sich nur auf die Schuldfrage und auf den Kostenpunkt. Parteien selbst haben auch nach ihren Schriftsätzen und Anträgen in der Berufungsinstanz die Trennung der Ehe nicht angefochten, sind beiderseits vielmehr mit der Trennung der Ehe einverstanden und streiten nur darüber, wer von ihnen als schuldiger Teil zu erklären ist und demgemäß die Kosten des Rechtsstreites zu tragen hat. Zuzugeben ist zwar, daß formell die Ehetrennung noch durch das nach Leistung oder Nichtleistung des Eides zu erlassende Endurteil ausgesprochen werden muß; dies ist aber nur eine Folge der gewählten Fassung des Urteilstenors. Nach der demselben innewohnenden wahren Bedeutung ist schon jetzt in jedem Falle auf Ehetrennung erkannt, und diese eigentliche Bedeutung und der wirkliche Inhalt der ergangenen Entscheidung muß als maßgebend erachtet werden. Dem entsprechend hätte der erste Richter seinem Urteile folgende Fassung geben können: „1. Die Ehe der Parteien wird getrennt. 2. Kläger hat folgenden ... Eid zu leisten. Im Schwörungsfalle des Eides wird die Beklagte unter Abweisung der Widerklage für den allein schuldigen Teil erklärt und zur Tragung der Kosten verurteilt, im Nichtschwörungsfalle wird Kläger unter Abweisung der Klage für den allein schuldigen Teil erklärt und hat die Kosten zu tragen." Wäre dies geschehen, so konnte ein Zweifel darüber nicht obwalten, daß auf Trennung der Ehe unbedingt erkannt worden sei, und daß bezüglich der Zustellung des Urteiles die Vorschrift des § 582 C.P.O. beobachtet werden müsse. Dieselbe Bedeutung hat aber auch das Urteil in der gewählten Fassung; unabhängig von der Eidesleistung ist für jeden Fall auf Ehetrennung erkannt, und auch die Möglichkeit des Eintrittes der in § 433 C.P.O. erwähnten Umstände ist ohne Bedeutung, da diese Umstände niemals an der bereits erkannten Ehescheidung etwas zu ändern vermögen.

Die Zustelluug des landgerichtlichen Urteiles mußte hiernach von Amts wegen bewirkt werden. Eine solche Zustellung ist jedoch unterblieben, und die Zustellung auf Parteibetrieb hat keine Wirkung, weil in den Fällen, in welchen das Gesetz die Zustellung von Amts wegen anordnet, auch eine solche geschehen muß, um den Lauf der Rechtsmittelfristen zu eröffnen, während die seitens der Partei erfolgte Zustellung keine Zustellung im Sinne des Gesetzes ist.

Vgl. Beschluß des III. Civilsenates des Reichsgerichtes vom 11. Januar 1881, Entsch. desselben in Civils. Bd. 3 S. 375.

Das Urteil des Berufungsgerichtes, welches gegen diese Grundsätze verstößt und den § 582 C.P.O. verletzt, war somit aufzuheben, und die Berufung der Beklagten und Widerklägerin gegen das landgerichtliche Urteil für wirkungslos zu erklären. Dem Landgerichte wird es nunmehr obliegen, das von ihm erlassene Urteil den Parteien von Amts wegen zuzustellen. Der Mangel, daß auch das Berufungsurteil zunächst nur auf Parteibetrieb zugestellt worden, ist dadurch beseitigt, daß demnächst auch die Zustellung desselben von Amts wegen stattgefunden hat." ...

---

117. Enthält die Versteigerung in der Zwangsvollstreckung zugleich eine Pfändung, wenn der Gerichtsvollzieher unterlassen hatte, die Pfändung der versteigerten, vorher im Gewahrsam des Schuldners belassenen Sachen ersichtlich zu machen?

VI. Civilsenat. Urt. v. 14. Dezember 1893 i. S. Sch. u. L. & B. (Kl.) w. B. (Bekl.) Rep. VI. 214/93.

I. Landgericht Paderborn.
II. Oberlandesgericht Hamm.

Aus den Gründen:

... „Nach der Feststellung des Berufungsgerichtes hat der Gerichtsvollzieher B. versäumt, die für den Beklagten vollstreckte Pfändung, bei welcher die gepfändeten Sachen im Gewahrsam des Schuldners gelassen wurden, auf eine der Vorschrift des § 712 C.P.O. entsprechende Weise ersichtlich zu machen. Die nach der Feststellung unwirksame Pfändung kann nicht dadurch gültig geworden sein, daß der Gerichtsvollzieher demnächst die vermeintlich gepfändeten Sachen zum Zwecke der Versteigerung in Besitz genommen und versteigert hat. In dieser Besitzergreifung liegt keine Pfändung, da, soweit ersichtlich, der Gerichtsvollzieher hierdurch eine solche nicht hat vornehmen wollen, wie insbesondere auch dadurch bestätigt wird, daß er sofort zu dem Verkaufe der Sachen geschritten ist, während er nach § 717 hierzu nicht berechtigt gewesen wäre, wenn er erst damals gepfändet hätte." ...

---

118. Tritt das Urteil, wodurch eine einstweilige Verfügung aufgehoben wird, mit seiner Verkündung oder erst mit der Zustellung in Kraft?

C.P.O. §§ 814. 283. 671.

V. Civilsenat. Beschl. v. 10. Februar 1894 i. S. L. (Bekl.) w. Bl. u. Gen. (Kl.) Beschw.-Rep. V. 171/93.

I. Landgericht I Berlin.
II. Kammergericht daselbst.

Aus den Gründen:

„Der Beklagte hat in dem Hause der Kläger zu B. eine Badeanstalt gemietet. Am 30. März 1893 erwirkte er bei dem Landgerichte I zu Berlin eine — demnächst rechtskräftig bestätigte — einstweilige Verfügung, wodurch den Klägern unter Androhung einer Strafe von 50 ℳ für jeden Fall der Zuwiderhandlung untersagt wurde, dem Beklagten den Wasserzufluß aus der städtischen Wasserleitung zu seiner Badeanstalt abzusperren. Am 2. September 1893 wurde dagegen auf Antrag der Kläger von dem Landgerichte I eine einstweilige Verfügung erlassen, worin dem Beklagten aufgegeben wurde, den zur Badeanstalt gehörigen Brunnen sofort auf seine Kosten wieder in Stand zu setzen, und zugleich die Kläger ermächtigt wurden, wenn dies binnen vier Wochen nicht geschehen sein sollte, den zur Badeanstalt führenden Strang der städtischen Wasserleitung abzusperren. Diese einstweilige Verfügung ist infolge Widerspruches des Beklagten durch vorläufig vollstreckbares Urteil des Landgerichtes vom 13. Oktober 1893 wieder aufgehoben worden; die Kläger haben gegen dieses Urteil Berufung eingelegt, die gegenwärtig noch nicht erledigt ist. Inzwischen war am 7. Oktober 1893 in dem Hauptprozesse ein vorläufig vollstreckbares Urteil des Landgerichtes ergangen, wodurch der Beklagte zur sofortigen Räumung der Badeanstalt verurteilt ist; auch gegen dieses Urteil ist Berufung eingelegt, und das Berufungsverfahren schwebt noch; die vorläufige Vollstreckung ist vom Beklagten durch Hinterlegung einer Kaution abgewendet worden.

Jetzt handelt es sich darum, ob der Beklagte mit Recht verlange, daß die Kläger wegen Absperrung der städtischen Wasserleitung in der Zeit vom 13. bis zum 16. Oktober in die durch die einstweilige Verfügung vom 30. März angedrohte Strafe von 50 ℳ für jeden Fall der Zuwiderhandlung genommen werden. Auf seinen Antrag hat das Landgericht durch Beschluß vom 1./4. November diese Strafe im Gesamtbetrage von 200 ℳ gegen die Kläger festgesetzt; auf ihre Beschwerde hat aber das Kammergericht diese Strafverfügung durch Beschluß vom 18./28. November wieder aufgehoben, und gegen letzteren Beschluß hat der Beklagte rechtzeitig weitere sofortige Beschwerde an das Reichsgericht eingelegt.

Während das Landgericht annimmt, daß die einstweilige Verfügung vom 2. September, worauf die Kläger ihr Recht zur Wasserabsperrung stützten, mit der Verkündung des für vorläufig vollstreckbar erklärten Urteiles vom 13. Oktober außer Kraft getreten sei, führt das Kammergericht aus, daß dieses Urteil nach §§ 805. 815. 671 C.P.O. nicht schon mit der Verkündung, sondern erst mit seiner Zustellung vollstreckbar geworden sei und erst, wenn es in Ausfertigung vorlag, die Hemmung und Aufhebung einer Zwangsvollstreckung hätte bewirken können (§§ 691 Ziff. 1. 692 C.P.O.); Ausfertigung und Zustellung des Urteiles seien nun aber vor dem 16. Oktober nicht erfolgt.

Hiernach scheint das Kammergericht davon auszugehen, daß das Urteil vom 13. Oktober, um in Wirksamkeit zu treten, erst noch einer Zwangsvollstreckung bedurfte, und daß jedenfalls eine Außerkraftsetzung der einstweiligen Verfügung vom 2. September und der darin den Klägern bedingungsweise erteilten Ermächtigung zur Wasserabsperrung nur unter Beobachtung der Vorschriften über die Einstellung einer Zwangsvollstreckung hätte bewirkt werden können. Diese Voraussetzung trifft aber insofern nicht zu, als weder die einstweilige Ermächtigung der Kläger vom 2. September noch die Wiederaufhebung dieser Ermächtigung vom 13. Oktober für eine Vollstreckung Raum boten, vielmehr in beiden Fällen der Zweck des erbetenen richterlichen Ausspruches schon durch den Ausspruch selbst erreicht war. Durch den Ausspruch des Richters wurden die Kläger ermächtigt, das Wasser abzusperren, und durch den Ausspruch des Richters, daß die Ermächtigung zurückgezogen werde, ward sie zurückgezogen; in der Sache selbst (also abgesehen vom Kostenpunkte) blieb dabei nichts übrig, was erst noch durch eine Zwangsvollstreckung hätte verwirklicht werden müssen oder können.

Vgl. Entsch. des R.G.'s in Civils. Bd. 21 Nr. 87 S. 418, Bd. 20 Nr. 88 S. 386 flg.

Die vom Kammergerichte angezogenen §§ 671. 691 Ziff. 1 C.P.O., welche sich auf den Beginn und die Hemmung einer Zwangsvollstreckung beziehen, könnten demnach für die vorliegende Frage: ob das Urteil vom 13. Oktober zugestellt oder wenigstens in Ausfertigung vorgelegt werden mußte, um gegen die Kläger wirksam zu werden, nur dann von Bedeutung sein, wenn angenommen werden müßte, daß sie unter Zwangsvollstreckung nicht das, was Wort und Begriff besagen, nämlich nicht das in der Anwendung von Zwangsmitteln bestehende besondere Verfahren, wodurch der Richterspruch gegen den Willen der ungehorsamen Partei durchgesetzt werden soll, verstanden wissen, sondern mit diesem Worte die Wirksamkeit des Richterspruches überhaupt bezeichnen wollten. Für eine solche Annahme fehlt aber jeder Anhalt. Insbesondere läßt sich dafür nicht etwa der Umstand verwerten, daß die Civilprozeßordnung in § 648 Ziff. 5 Urteile, durch welche Arreste oder einstweilige Verfügungen aufgehoben werden, Urteile also, bei denen — jedenfalls der Regel nach — eine Zwangsvollstreckung nicht denkbar ist, gleichwohl für „vorläufig vollstreckbar" erklärt. Die Ziffer 5 dieses Paragraphen steht zwischen 6 Ziffern, von denen die übrigen Urteile aufzählen, die einer Zwangsvollstreckung fähig sind; der gemeinsam gebrauchte Ausdruck „vorläufig vollstreckbar" kann allerdings für die in Wahrheit nicht vollstreckbaren Urteile nur den Sinn haben, daß sie sofort, ohne Suspensiveffekt eines möglichen Rechtsmittels, wirksam sein sollen, erklärt sich aber aus dem Bedürfnisse, überflüssige Worte und weitläufige Wendungen zu vermeiden.

Nach der Bestimmung des § 283 Abs. 2 C.P.O. ist die Befugnis der Partei, von einem verkündeten Urteile Gebrauch zu machen, an das Erfordernis der Zustellung nur in den Fällen geknüpft, wofür das Gesetz selbst dieses Erfordernis vorschreibt. Das ist aber nur geschehen bezüglich des Beginnes der Notfristen, bezüglich der Herbeiführung einer nachträglichen Entscheidung über übergangene Punkte (§ 292 Abs. 2) und bezüglich des Beginnes der Zwangsvollstreckung (§ 671). Von diesen Fällen liegt hier keiner vor, wie in Ansehung des § 292 keiner Ausführung bedarf, bezüglich der Zwangsvollstreckung bereits ausgeführt ist, und bezüglich der Notfristen daraus folgt, daß das Urteil vom 13. Oktober der Vorschrift in § 648 Ziff. 5 gemäß für vorläufig vollstreckbar erklärt worden ist, sodaß es zwar, um rechtskräftig im Sinne von unangreifbar zu werden, nicht aber, um sofort vorläufig in Wirksamkeit zu treten, zugestellt werden mußte. Ebensowenig enthält die Civilprozeßordnung eine auf den vorliegenden Fall anwendbare Vorschrift über die Beibringung von Urteilsausfertigungen.

Demnach liegt die Sache so, daß die durch das Urteil vom 13. Oktober ausgesprochene Wiederaufhebung der einstweiligen Verfügung vom 2. September und damit die Beseitigung der durch diese einstweilige Verfügung angeordneten bedingten Aufhebung der einstweiligen Verfügung vom 30. März mit der Verkündung des für vorläufig vollstreckbar erklärten Urteiles vom 13. Oktober sofort in Wirksamkeit trat, und daß mithin vom Augenblicke dieser Verkündung an die einstweilige Verfügung vom 30. März wieder ungeschmälert in Kraft war. Durch die späteren Zuwiderhandlungen vom 13. bis 16. Oktober gegen das in dieser einstweiligen Verfügung erlassene Verbot der Wasserabsperrung verfielen also die Kläger in die dafür angedrohte Strafe. Es mag thatsächlich richtig sein, daß sie, wie sie behaupten, von dem Urteile vom 13. Oktober erst am Tage darauf durch ihren Anwalt in Kenntnis gesetzt worden sind; dadurch allein sind sie aber nicht für die Absperrungen am 13. und 14. Oktober entschuldigt, da sie nicht behauptet haben, daß ihre Benachrichtigung nicht früher und nicht so früh hätte erfolgen können, daß sie bei Vornahme dieser Absperrungen von der Sachlage unterrichtet sein konnten. Um sie wegen Zuwiderhandlungen gegen das Verbot vom 30. März bestrafen zu können, muß natürlich die Möglichkeit vorliegen, daß das Urteil vom 13. Oktober auf die Entschlüsse der Kläger einwirken konnte; aber dabei vom Prozeßbevollmächtigten begangene Versehen müssen von der Partei getragen werden. Auf die thatsächliche Kenntnis der Partei von dem Inhalte des Urteiles als solche kann es bei der Frage nach der Wirkung der Urteilsverkündung in Fällen der vorliegenden Art im Anwaltsprozesse ebensowenig ankommen, wie es im Anwaltsprozesse darauf ankommt, ob die Partei etwas davon erfährt, daß und was ihrem Anwalte zugestellt worden ist (§ 162). Nach § 283 Abs. 1 wirkt die Verkündung sogar auch gegen die im Termine nicht vertretene Partei, umsomehr also gegen die durch ihren Anwalt vertretene Partei, und die Kläger sind in dem Termine am 13. Oktober durch ihren Anwalt vertreten gewesen. Die Motive zum Entwurfe der Civilprozeßordnung führen freilich zur Begründung der in § 671 des Gesetzes vorgeschriebenen Zustellung des vollstreckbaren Titels an, daß auf diese Weise der Schuldner vom Inhalte desselben benachrichtigt werde,

vgl. Hahn, Materialien zur Civilprozeßordnung Bd. 1 S. 439;

aber das ist im Anwaltsprozesse eine bloße Fiktion; keinesfalls kann diese Bemerkung als Stützpunkt dienen, um für die Wirksamkeit der Urteilsverkündung ein in dem Gesetze selbst nicht zum Ausdrucke gekommenes Erfordernis aufzustellen.

Die Kläger können sich auch nicht darauf berufen, daß der Beklagte schon durch vorläufig vollstreckbares Urteil vom 7. Oktober zur Räumung verurteilt und damit jeden Anspruches auf die Wasserbenutzung entkleidet worden sei; denn dieses Urteil bedurfte allerdings noch erst einer Vollstreckung, um in Wirksamkeit zu kommen, und folglich auch einer vorherigen oder gleichzeitigen Zustellung an den Beklagten nach § 671 C.P.O. Nun ist aber weder von den Klägern behauptet, daß dieses Urteil vor dem 16. Oktober zugestellt worden sei, noch auch ist dasselbe demnächst überhaupt vorläufig vollstreckt worden.

Aus diesen Gründen war der angefochtene Beschluß des Kammergerichtes aufzuheben, und die durch ihn aufgehobene Strafverfügung des Landgerichtes wieder in Kraft zu setzen."

---

119. Ist die Revision bei einem 1500 ℳ nicht übersteigenden Werte des Beschwerdegegenstandes in dem Falle zulässig, daß Pensionsbeträge, die ein im preußischen Militärdienste pensionierter Invalide zu Unrecht erhalten haben soll, gegen dessen Erben kondiziert werden?

IV. Civilsenat. Urt. v. 1. Februar 1894 i. S. Reichsmilitärfiskus (Kl.) w. Sch. u. Gen. (Bekl.) Rep. IV. 282/93.

I. Landgericht Glatz.
II. Oberlandesgericht Breslau.

Die Entscheidung ist oben unter „Reichsrecht" Nr. 31 S. 118 abgedruckt.

---

120. Darf der Richter auf Grund des nur von einem Streitgenossen geleisteten Eides verurteilen, wenn der andere Streitgenosse vor Ableistung des auch ihm auferlegten gleichen Eides verstorben ist, und die Verurteilung des Beklagten in dem bedingten Urteile von der Eidesleistung beider Kläger abhängig gemacht war?

I. Civilsenat. Urt. v. 17. Februar 1894 i. S. O. Z. (Bekl.) w. V. u. Gen. (Kl.) Rep. I. 510/93.

I. Landgericht I Berlin.
II. Kammergericht daselbst.

Das rechtskräftige kammergerichtliche Urteil vom 9. Februar 1893 hatte von den Klägern, dem Restaurateur V. und dessen Ehefrau, einen richterlichen Eid dahin gefordert: „Es ist nicht wahr, daß der Beklagte bei Abschluß des Kaufvertrages über unser Restaurationsgeschäft erklärt hat, er kaufe das Geschäft nur unter der Bedingung, daß ihn sein Hauswirt von dem bestehenden Mietsvertrage entbinde, oder ihm gestatte, das von dem Beklagten betriebene Geschäft an einen Anderen zu verkaufen." Der Mitkläger V. hat den Eid geleistet. Seine Ehefrau ist, bevor es zur Eidesleistung gekommen ist, verstorben. Ihre Kinder haben als ihre Erben den Prozeß aufgenommen. Nach erneuter Verhandlung hat das Kammergericht die Berufung des Beklagten unter Aufhebung des am 9. Februar 1893 verkündeten Urteiles zurückgewiesen.

Die Revision des Beklagten ist zurückgewiesen aus folgenden

Gründen:

„Der Berufungsrichter hat nicht verkannt, daß das Urteil vom 9. Februar 1893 nicht zu Gunsten der Kläger purifiziert werden konnte, nachdem nur einer der beiden Streitgenossen den beiden auferlegten Eid geleistet hatte. Vielmehr war die Sache nun so anzusehen, als ob infolge des Todes der Ehefrau der beiden Ehegatten auferlegte Eid überhaupt nicht geleistet sei; beide Parteien konnten nach §§ 433. 439 C.P.O. in betreff der Beweisführung alle Rechte ausüben, welche ihnen vor der Auferlegung des Eides zustanden, und es war demnächst unter Aufhebung des bedingten Urteiles anderweit in der Sache zu erkennen.

So ist auch verfahren; der Beklagte hat den jetzigen Klägern darüber, daß er der Ehefrau V. gegenüber die in der Eidesnorm erwähnte Erklärung abgegeben habe, den Eid eventuell in der Überzeugungsform zugeschoben, welchen Eid die Kläger angenommen haben.

Der Berufungsrichter hat aber durch den vom Ehemanne geleisteten Eid den unbedingten Abschluß des Kaufvertrages und damit das Gegenteil der unter Eideszuschiebung gestellten Behauptung des Beklagten für bewiesen erachtet. Darin liegt keine Gesetzesverletzung. Denn die Begründung des Berufungsurteiles ist nicht dahin zu verstehen, daß dem Eide des Ehemannes eine den Prozeß erledigende formale Bedeutung beigemessen worden wäre. Dem widerspricht es, daß das Kammergericht das bedingte Urteil vom 9. Februar 1893 aufgehoben hat. Vielmehr kann diese Begründung nur dahin verstanden werden, daß das Kammergericht in freier Beweiswürdigung auf Grund jener Eidesleistung zu der Überzeugung gelangt ist, daß die Parteien einen unbedingten Kaufvertrag abgeschlossen haben. Diese Beweiswürdigung verletzt aber das Gesetz nicht. Der erkennende Richter kann auch auf Grund eines in einem anderen Prozesse geleisteten, im anhängigen Prozesse zum Vortrage gebrachten Parteieides eine thatsächliche Feststellung treffen." ...

---

121. Unzureichende Feststellung des Sachverhältnisses. Mangelnde Ausübung des Fragerechtes.

I. Civilsenat. Urt. v. 3. März 1894 i. S. P. S. u. H. S. (Kl.) w. R. als Verwalter im Konkurse des K. i. Firma J. S. (Bekl.) Rep. I. 514/93.

I. Landgericht Stettin.
II. Oberlandesgericht daselbst.

Die Entscheidung ist oben unter „Reichsrecht“ Nr. 32 S. 125 abgedruckt.

---

122. Findet gegen einen, die Aufnahme eines unterbrochenen Verfahrens durch den Gemeinschuldner ablehnenden Beschluß das Rechtsmittel der Beschwerde statt?

III. Civilsenat. Beschl. v. 27. Februar 1894 i. S. Frankfurter Volksbank (Bekl.) w. H. Konkurs (Kl.). Beschw.-Rep. III. 25/94.

I. Landgericht Frankfurt a. M.
II. Oberlandesgericht daselbst.

Gründe:

„Während des vom klagenden Konkursverwalter gegen die Beklagte beim Landgerichte F. erhobenen Anfechtungsprozesses wurde das H.'sche Konkursverfahren durch Zwangsvergleich beendet. In dem nächsten im Prozesse anstehenden Verhandlungstermine erklärte der Anwalt des Klägers, daß zwar in der Hauptsache der Prozeß nicht fortgesetzt werden könne, daß aber von ihm für den bisherigen Kridar als Partei Verurteilung der Beklagten in die Prozeßkosten beantragt werde. Beklagte widersprach, und nach mündlicher Verhandlung wurde der Antrag des Kridars durch Beschluß zurückgewiesen mit der Begründung, daß ein Eintreten des Kridars auch rücksichtlich der Prozeßkosten unzulässig sei, gegen ihn aber als Dritten ein Urteil nicht ergehen könne, daher durch Beschluß zu entscheiden sei. Auf Beschwerde des Kridars hob das Oberlandesgericht, ohne in den Gründen die Zulässigkeit der Beschwerde zu prüfen, den Beschluß auf, weil nicht durch Beschluß, sondern durch Urteil über die Fortsetzung des Verfahrens durch den Kridar hätte entschieden werden müssen, und wies die Sache zur anderweiten Entscheidung an das Landgericht zurück. Gegen diesen Beschluß hat dann die Beklagte die weitere Beschwerde erhoben und namentlich die Unzulässigkeit der Beschwerde des Gegners geltend gemacht, dem, wenn überhaupt ein Rechtsmittel, nur die Berufung zugestanden habe.

Ob auch die Zulässigkeit der weiteren Beschwerde davon abhängig ist, daß der Beschluß des Landgerichtes mit der Beschwerde angegriffen werden konnte, bedarf keiner Prüfung, da diese erste Beschwerde des Gegners als zulässig angesehen werden muß.

Mit der Aufhebung des Konkursverfahrens verlor der Konkursverwalter die Befugnis, den Prozeß fortzusetzen; machte nun der Kridar, zu dessen Verfügung die bisherige Konkursmasse jetzt stand, das Recht geltend, den Prozeß fortzuführen, sei es als Rechtsnachfolger, sei es als bisher vom Konkursverwalter vertretene Partei, so konnte nur durch Urteil hierüber erkannt werden. Die zutreffende Begründung des Oberlandesgerichtes wird durch § 217 C.P.O. und die für den Fall des § 237 bereits vom Reichsgerichte getroffene Entscheidung vom 26. April 1887,

vgl. Entsch. des R.G.'s in Civils. Bd. 11 S. 317,

unterstützt. Daraus folgt aber nicht, daß, wie Beklagte meint, nur die Berufung, nicht die Beschwerde das zulässige Rechtsmittel war. Die von der Beklagten für ihre Ansicht angeführten Entscheidungen des Reichsgerichtes betreffen nur solche Fälle, in denen entweder das Gericht über die rechtliche Natur der beabsichtigten Entscheidung sich nicht bestimmt ausgesprochen oder, ungenau verfahrend, einen Beschluß oder ein Zwischenurteil in die Formel des gleichzeitig erlassenen Endurteiles aufgenommen hatte. Wenn dagegen, wie im vorliegenden Falle, vom Gerichte bestimmt ausgesprochen ist, daß nicht ein Urteil, sondern nur ein Beschluß erlassen werden könne und solle, auch die äußere Form der Entscheidung diesem Willen entspricht, so kann nur von demjenigen Rechtsmittel Gebrauch gemacht werden, welches für die allein vorliegende Art der Entscheidungen gegeben ist.

Vgl. Entsch. des R.G.'s in Civils. Bd. 18 S. 361.

Bedenken erregt aber die Frage, ob aus anderen Gründen die Beschwerde ausgeschlossen war. Die Entscheidung konnte nur nach vorgängiger mündlicher Verhandlung erlassen werden; dann ist aber nach § 530 C.P.O. nur in den im Gesetze besonders hervorgehobenen Fällen die Beschwerde zulässig, und besonders genannt ist dieser Fall schon deshalb nicht, weil hier ein Beschluß überhaupt nicht erlassen werden durfte. Der § 229 C.P.O. läßt jedoch die Beschwerde allgemein dann zu, wenn die Aussetzung des Verfahrens auf Grund des Buch I Abschn. 3 Tit. 5 oder auf Grund anderer gesetzlicher Bestimmungen angeordnet oder abgelehnt wird, und mit Recht haben auf Grund dieser Bestimmung bereits mehrere Senate des Reichsgerichtes,

vgl. Entsch. des R.G.'s in Civils. Bd. 16 S. 339. 358,

in ähnlich liegenden Fällen die Beschwerde zugelassen. Zwar ordnet der erlassene Beschluß nicht ausdrücklich die Aussetzung des Verfahrens an; durch ihn wird aber mittelbar die gleiche Wirkung herbeigeführt, da der Kridar an Fortsetzung des Verfahrens gehindert wird. Diese Auslegung entspricht auch dem Geiste des Gesetzes, da nicht angenommen werden kann, daß es gegen solche Beschlüsse jedes Rechtsmittel habe versagen wollen.

Auch die Ausführung der Beklagten, daß § 94 C.P.O. die Beschwerde ausschließe, ist nicht zu billigen. Allerdings sollte der Prozeß nur bezüglich der Prozeßkosten fortgesetzt werden; aber der angegriffene Beschluß entscheidet in der Hauptsache über die Zulässigkeit des Eintrittes in den Prozeß, und diese Entscheidung ist mit der Beschwerde angegriffen. Darin liegt keine Entscheidung über den Kostenpunkt, und nur gegen diese schließt § 94 selbständige Rechtsmittel aus.

Daß der auf die Beschwerde erlassene Beschluß des Oberlandesgerichtes auch materiell zu billigen ist, folgt ohne weiteres aus den vorstehenden Ausführungen. Da hiernach die Aufhebung des landgerichtlichen Beschlusses wegen Mängel des Verfahrens erfolgte, war auf die Frage, ob der Kridar den Prozeß fortzusetzen befugt ist, zur Zeit nicht einzugehen, vielmehr die weitere Beschwerde als unbegründet zurückzuweisen."

---

123. Ist für die Klage auf eine für den Fall vorbehaltenen Rücktrittes vom Vertrage ausbedungene Abfindung das Gericht des Erfüllungsortes der ursprünglichen Verpflichtung zuständig?

VI. Civilsenat. Urt. v. 22. Februar 1894 i. S. der Kommanditgesellschaft für Luftdruckanlagen (Bekl.) w. K. (Kl.) Rep. VI. 331/93.

I. Landgericht Fürth.
II. Oberlandesgericht Nürnberg.

Aus den Gründen:

„Die bei dem Landgerichte in F. als dem Vertragsforum (§ 29 C.P.O.) angestellte Klage beruht auf der Behauptung, daß die beklagte Gesellschaft, die in A. ihren Sitz hat, dem Kläger vom 1. Februar 1891 ab die Stelle eines leitenden Ingenieurs bei der Errichtung einer Luftdruckanlage in F. gegen ein Monatsgehalt von 700 ℳ übertragen und ihm eine Abfindung von 8400 ℳ (gleich dem Gehalte eines Jahres) für den Fall zugesichert habe, wenn die Anlage wegen Unrentabilität nicht zur Ausführung käme, oder wenn dem Kläger nach Vollendung derselben aus Mangel anderweiter Beschäftigung gekündigt werden müßte. Die Luftdruckanlage sei nicht zur Ausführung gekommen, und der Kläger sei auf seinen Vorschlag von der Beklagten am 1. Oktober 1891 entlassen worden. Aus diesem Sachverhalte leitet der Kläger den hier geltend gemachten Anspruch auf die Abfindungssumme her.

Die Beklagte erhob die prozeßhindernde Einrede der Unzuständigkeit des Gerichtes, weil der Erfüllungsort für die Beklagte, insbesondere hinsichtlich der hier geforderten Abfindung, nicht F., sondern A. sei. Der Kläger entgegnete, daß es lediglich auf den Erfüllungsort der **Hauptobligation** aus dem Vertrage ankomme, und daß dieser auch für die Beklagte in F. anzunehmen sei.

Die Vorderrichter haben die Einrede verworfen. Das Berufungsgericht giebt zu, daß nach den eigenen Angaben des Klägers die Beklagte berechtigt gewesen sei, sich durch Erlegung des „Reugeldes" von ihrer „ursprünglichen Verpflichtung" aus dem Vertrage zu befreien, und daß sich daher die Nichterfüllung dieser letzteren als eine vertragsmäßig erlaubte darstelle. Gleichwohl handle es sich um eine Entschädigung wegen Nichterfüllung des Vertrages; die Abfindung habe den Charakter einer Interesseleistung für die dem Kläger durch die Nichterfüllung des Vertrages entgehenden Vorteile und sei accessorischer Natur; es komme daher auf den Erfüllungsort der Hauptobligation an, nicht darauf, wo die Abfindung zu zahlen sei. Die Hauptobligation sei die streitige Verpflichtung im Sinne des § 29 C.P.O. Dieselbe sei aber, auch was die Verpflichtung der Beklagten zur Zahlung des Monatsgehaltes betreffe, in F. zu erfüllen gewesen, wie näher ausgeführt wird.

Diese Begründung geht fehl. Unter der „streitigen Verpflichtung", von welcher der § 29 C.P.O. spricht, kann immer nur diejenige Verpflichtung verstanden werden, die durch die vorliegende Klage zur Geltung gebracht werden soll, hier also die im Vertrage stipulierte Abfindungspflicht. Allerdings ist wiederholt entschieden worden, daß bei Entschädigungsklagen wegen Nichterfüllung oder nicht gehöriger Erfüllung eines Vertrages die Vertragspflicht, deren Nichterfüllung oder nicht gehörige Erfüllung zur Klage Anlaß gegeben hat, die streitige Verpflichtung im Sinne des § 29 C.P.O. bilde.

Vgl. Entsch. des R.G.'s in Civils. Bd. 3 S. 384; ferner Gruchot, Beiträge Bd. 29 S. 1048; Seuffert, Archiv Bd. 44 Nr. 11; Juristische Wochenschrift von 1886 S. 265 Nr. 1; Bolze, Praxis des Reichsgerichts in Civilsachen Bd. 5 S. 315 Nr. 976; vgl. auch Seuffert, Archiv Bd. 8 Nr. 164.

Hierbei wird aber überall die Erfüllungsverpflichtung als noch bestehend vorausgesetzt. Die Entscheidungen beruhen darauf, daß mit der Entschädigungsklage der Anspruch auf Erfüllung verfolgt wird. Aus gleichem Grunde ist die Klage auf Zahlung einer Konventionalstrafe, insofern diese die Hauptverbindlichkeit selbst nicht alteriert und nur accessorisch zur Sicherung vertragsmäßiger Erfüllung hinzugefügt ist, im Erfüllungsorte der Hauptverpflichtung zugelassen worden.

Vgl. Entsch. des R.G.'s in Civils. Bd. 15 S. 435.

Anders liegt aber der Fall hier, wo der Kläger selbst davon ausgeht, daß die Hauptverpflichtung infolge des nach dem Vertrage vorbehaltenen Rücktrittes der Beklagten aufgehoben sei, und gerade hieraus den Anspruch auf die vertragsmäßige Abfindung herleitet. Es mag sich darüber streiten lassen, ob die von der Beklagten im Vertrage eingegangene Verpflichtung als eine alternative aufzufassen sei, die durch den Rücktritt der Beklagten und die hierin liegende Wahl in eine einfache, auf Zahlung der Abfindung gerichtete Obligation übergegangen sei, oder ob die für den Fall der Entlassung des Klägers versprochene Abfindung nur in solutione, nicht in obligatione war. Letzteres scheint das Berufungsgericht anzunehmen, wenn es sagt, die Beklagte habe sich durch Zahlung der Abfindung von der ursprünglichen Verpflichtung befreien dürfen. Aber auch in diesem Falle ist die Aufhebung der ursprünglichen Verpflichtung hier außer Streit, ihr Nochbestehen jedenfalls vom Kläger nicht behauptet, und sein Anspruch geht nicht auf Entschädigung wegen Verletzung einer Vertragspflicht, sondern verfolgt das ihm angeblich nach dem Vertrage für den Fall des der Beklagten gestatteten Rücktrittes zustehende Recht auf die Abfindung.

Dieses nunmehr noch allein bestehende Vertragsrecht hat nicht, wie das Berufungsgericht meint, eine accessorische Natur und bildet gegenwärtig den Gegenstand des Streites. Als „streitige Verpflichtung" kann nicht eine Verpflichtung angesehen werden, die der Kläger selbst als nicht bestehend betrachtet." ...

Register.

Die beigesetzten Zahlen beziehen sich auf die Seiten.

A. Sachregister.

A

Abtretung; Abtretung des Anspruches aus einem Darlehnsversprechen (Rhein. R.) . 364
— kann der Gläubiger bei einer Gesamtschuld die Ansprüche an den einen Schuldner einem Dritten wirksam abtreten, während er die Ansprüche an den zweiten Schuldner für sich behält? 314
— einer Forderung behufs der Sicherheitsbestellung; steht dem auf Zahlung belangten Hypothekenschuldner die Einrede zu, daß die Forderung von ihm an den Cedenten des Klägers in Form der Cession nur verpfändet sei? (Preuß. R.) 219

Actio ad exhibendum.
S. „Anspruch auf Urkundenvorweisung".

Adel.
S. „Mißheirat".

Agiogewinn; gehört der sog. Agiogewinn zu dem nach § 16 des preußischen Einkommensteuergesetzes steuerpflichtigen Einkommen einer Aktiengesellschaft? . 247

Aktiengesellschaft; wird sie durch einen Vertrag verpflichtet, der vor ihrer Eintragung im Gesellschaftsregister von dem abgeschlossen ist, der die Gesellschaft nach der Eintragung zu leiten berufen sein sollte? . . 97
— S. auch „Agiogewinn".

Allgemeiner Gerichtsstand.
S. „Gerichtsstand"; „Gewerkschaft".

Amtskaution; Voraussetzungen des Anspruches auf Rückgabe der Amtskaution nach Beendigung des Amtes (Gem. R.) . . 137

Anerkenntnis; Widerruf eines Anerkenntnisses 408

Anfechtbarkeit; unter welchen Voraussetzungen ist eine Rechtshandlung gegen den Rechtsnachfolger anfechtbar 22

Anfechtung eines Pfändungspfandrechtes 22
— einer zur Erhaltung des Rechtes auf Eintragung einer Hypothek eingetragenen Vormerkung 66
— der nach § 99 des Genossenschaftsgesetzes anzulegenden Vorschußberechnung; ist für die Anfechtungsklage das Landgericht ohne weiteres zuständig, nachdem frühere Streitsachen nach § 105 a. a. O. an das Landgericht verwiesen sind? . 396

Anfechtungsklage.
S. „Konkurs".

Anheftung der Ladung an die Gerichtstafel als Mittel der

öffentlichen Zustellung; Beweis der Anheftung . . 400
Annahmeverzug; Fortdauer des Annahmeverzuges als Voraussetzung der Zulässigkeit des Selbsthilfeverkaufes 62
Anspruch auf Sicherung im Sinne des § 23 Ziff. 2 K.O.; wird ein solcher Anspruch durch ein vollstreckbares Urteil begründet? (Preuß. R.) 66
— auf Urkundenvorweisung; Voraussetzungen des Anspruches auf Vorweisung außerhalb eines Rechtsstreites (Gem. R.) . 167
Ansprüche gegen Beamte.
S. „Zuständigkeit".
Anwaltsgebühren.
S. „Beweisgebühren"; „Verhandlungsgebühren".
Arglist; Replik der Arglist gegenüber der von dem Käufer der Klage des Kommittenten auf Zahlung des Kaufpreises entgegengesetzten Einrede der Kompensation mit einer dem Käufer cedierten Forderung gegen den Kommissionär 43
— Replik der Arglist gegenüber der Verjährungseinrede . 142
Arrest; kann ein segelfertiges Seeschiff wegen des Anspruches des Befrachters oder Abladers auf Zeichnung eines vertragsmäßigen Konnossements mit Arrest belegt werden? 58
Arrestbefehl; ist er ein vollstreckbarer Schuldtitel im Sinne des § 2 des Gesetzes vom 21. Juli 1879? 231
Arrestpfändung; ist der Gläubiger, der die Arrestpfändung des Anspruches des Schuldners auf Rückgewähr des durch einen Scheinvertrag Weggegebenen erwirkt hat, zur Anfechtung des Vertrages wegen Simulation legitimiert? 232
Assekuranzpolice; unterliegen schriftliche Genehmigungen des Wechsels des Eigentümers versicherter Gegenstände durch den Versicherer dem Stempel der Assekuranzpolicen? 305
Aufgebot; wesentlicher Inhalt eines Aufgebotes nach der Civilprozeßordnung 138
Aufgebotsverfahren behufs Anmeldung von Ansprüchen an eine Amtskaution 137
Aufhebung einer einstweiligen Verfügung.
S. „Einstweilige Verfügung".
Auflassung; Stempelpflichtigkeit der von dem einen Mitgliede einer offenen Handelsgesellschaft zu Gunsten des anderen Mitgliedes erklärten Auflassung . . 253
Aufrechnung.
S. „Kompensation".
Aufrechthaltung der Ordnung in der Sitzung; kann ein Gerichtsvorsitzender für die Folgen einer von ihm zur Aufrechthaltung der Ordnung in der Sitzung getroffenen Maßregel zum Schadensersatze herangezogen werden? 390
Auseinandersetzung der Genossenschaft mit dem ausgeschiedenen Genossenschafter 92
Aushang.
S. „Anheftung".
Ausländisches Ortsdatum eines Wechsels gegenüber der Vorschrift des Art. 85 W.O. . . 115
Ausländisches Urteil auf beständige Trennung der Ehe von

Tisch und Bett; kann auf Grund eines solchen Urteiles Scheidung der Ehe vom Bande verlangt werden? . . . 18
Ausschließliche Zuständigkeit der Landgerichte für Ansprüche gegen Beamte; Voraussetzungen der Zuständigkeit . 373
Ausschlußurteil; rechtliche Bedeutung des Ausschlußurteiles, das in dem Aufgebotsverfahren behufs Anmeldung von Ansprüchen an eine Amtskaution ergangen ist 139
Ausstellungsort eines Wechsels.
S. „Wechselausstellung".
Außergerichtliches Vermächtnis auf den zwanzigsten Teil des Nachlasses; Bedeutung der Formvorschrift des § 162 A.L.R. I. 12 228

B

Baubeschränkung; Bedeutung der auf zehnjährigem Bestehen von Fenstern beruhenden Baubeschränkung (Preuß. R.) . . . 191
S. auch „Bebauungsplan"; „Verzinsung".
Beamte; Subsidiarität der Haftung der Beamten für den durch ihr Versehen entstandenen Schaden (Preuß. R.) 323
Bebauungsplan; wie wirkt ein nach Einführung des Fluchtliniengesetzes in Kraft getretener Bebauungsplan auf eine schon vorher in Geltung gewesene Baubeschränkung? (Preuß. R.) . . . 206
Bedingtes Endurteil; Zustellung eines bedingten Endurteiles, durch das sowohl bei Ableistung des einer Partei auferlegten Eides, als auch bei Eidesverweigerung auf Ehescheidung erkannt ist 417
Bereicherungsanspruch.
S. „Kondiktion".
Bergbau; Rechtsstellung des Grundeigentümers zum Bergwerksbesitzer, der vor erfolgter Grundabtretung die Oberfläche des Grundstückes zu Bruche baut 241
Bergwerk.
S. „Kaufstempel".
Berufung; ist gegen eine in Urteilsform erlassene Entscheidung, durch die der Gläubiger des zur Vornahme einer Handlung verurteilten Schuldners ermächtigt wird, die Handlung auf Kosten des Schuldners vornehmen zu lassen, Berufung zulässig? . . . 379
Beschwerde; ist sie gegen Zurückweisung des auf Grund des Art. 222a H.G.B. gestellten Antrages auf Ernennung von Revisoren zur Prüfung der Geschäftsführung einer Aktiengesellschaft zulässig? 60
— findet sie wegen Ablehnung eines auf Säumnis der Gegenpartei gegründeten Antrages auf besondere Erhebung einer Gebühr aus § 48 G.K.G. statt? 392
— in einer Ehescheidungssache wegen Ablehnung der Entscheidung auf Grund der Annahme, daß die Ladung des Prozeßgegners durch öffentliche Zustellung nicht ordnungsmäßig erfolgt sei . 400
— ist sie gegen den Beschluß zulässig, durch den das Gericht nach Aufhebung des Konkurses die Aufnahme des Verfahrens durch den früheren Gemeinschuldner ablehnt? 428

Beschwerdewert.
S. „Revision".
Beweisgebühren; Voraussetzungen des Anspruches des Rechtsanwaltes auf die Beweisgebühren . 410
Bilanz; inwieweit ist ein Genossenschafter zur Beanstandung der von der Generalversammlung der Genossenschaft genehmigten Bilanz befugt? 52
— ist die Genossenschaft berechtigt, bei der Auseinandersetzung mit dem ausgeschiedenen Genossen an Stelle der genehmigten, aber später unrichtig befundenen Bilanz eine von der Generalversammlung nachträglich genehmigte richtige Bilanz zu Grunde zu legen? 92
Blankowechsel; inwieweit gilt der Empfänger eines unausgefüllten Wechselformulares für ermächtigt zu dessen Ausfüllung? . 71
— ist nach unvollständiger Ausfüllung des Formulares durch den ersten Empfänger der Nachmann zur Ergänzung durch Beifügung des Wohnortes des Bezogenen ermächtigt? 70

C

Cession.
S. „Abtretung"; „Guter Glaube"; „Hypothek".
Civilanstellung; inwieweit ist auf die Pension eines Militärinvaliden das Diensteinkommen aus einer Civilanstellung anzurechnen? 121

D

Darlehnsvertrag als Konsensualvertrag (Rhein. R.) . . 360
Dispache; inwieweit ist das Recht des Ortes, an dem die Dispache aufgemacht wird, entscheidend für die Rechtsfolgen der großen Haverei? 6
Dolus.
S. „Arglist".
Domizilvermerk; Voraussetzung der Haftung der Wechselverpflichteten bei der erst während des Wechselumlaufes erfolgten Hinzufügung eines Domizilvermerkes . 37

E

Ebenbürtigkeit.
S. „Mißheirat".
Edition.
S. „Anspruch auf Urkundenvorweisung".
Eheleute; Form des Erbentsagungsvertrages unter Eheleuten (Preuß. R.) 185
Ehemann.
S. „Eingebrachtes Vermögen der Ehefrau".
Ehescheidung; kann auf Grund eines ausländischen Urteiles, das die beständige Trennung der Ehe von Tisch und Bett ausspricht, die Scheidung vom Bande begehrt werden? 18
— Zustellung eines bedingten Endurteiles in Ehescheidungssachen 418
Eid; Bedeutung des Eides des Beschwerten für die Klarstellung eines Oralfideikommisses 159
— anderweite Entscheidung, wenn von zwei Streitgenossen, denen in einem rechtskräftigen bedingten Endurteile ein Eid auferlegt ist, der eine den Eid geleistet hat, und der andere vor der Eidesleistung gestorben ist . . 426
Eigentümerhypothek; ihre rechtlichen Voraussetzungen . 310

Eigentumsbeschränkung.
S. „Baubeschränkung".

Eingebrachtes Vermögen der Ehefrau; Widerspruchsklage des Ehemannes gegen die Zwangsvollstreckung in das eingebrachte Vermögen der Ehefrau (Preuß. R.) 291
— welche Form erfordert der Verzicht des Ehemannes auf Verwaltung und Nießbrauch des eingebrachten Vermögens der Ehefrau? (Preuß. R.) . . 297

Einkommensteuer; gehört zum einkommensteuerpflichtigen Einkommen einer Aktiengesellschaft der sog. Agiogewinn? . . . 247

Einrede des Minderwertes; geht sie durch Versäumung der Fristen der §§ 343. 344 A.L.R. I. 5 verloren? 279

Einstellung der Zwangsvollstreckung.
S. „Zwangsvollstreckung".

Einstweilige Verfügung; tritt das Urteil, durch das eine einstweilige Verfügung aufgehoben wird, mit der Verkündung oder erst mit der Zustellung in Kraft? 422

Eisenbahn; Anspruch von Anliegern auf Ersatz des durch die Bahnanlage verursachten Schadens (Preuß. R.) 283
— Anspruch des Eigentümers einer beweglichen Sache auf Ersatz des durch Lokomotivfunken an der Sache verursachten Schadens gegen den Eisenbahnunternehmer (Preuß. R.) 337

Eisenbahnfahrplan; Vertragsklage gegen die Bahnverwaltung auf das Anhalten bestimmter Eisenbahnzüge an bestimmter Stelle (Gem. R.) 134

Eisnutzung öffentlicher Ströme; kann der Fiskus für die Gestattung der Entnahme von Eis aus öffentlichen Strömen eine Vergütung beanspruchen? (Preuß. R.) 237

Enteignung; inwiefern ist bei der Wertsbestimmung behufs der Enteignung das Interesse zu berücksichtigen, das Besitz und Benutzung des Gundstückes für den bisherigen Eigentümer hatten? 298
— inwieweit ist auf Kosten eines Umzuges und einer notwendig werdenden anderweiten Einrichtung Rücksicht zu nehmen? 304
S. auch „Teilenteignung".

Entschädigungsansprüche; Beginn der Frist zur Anmeldung der Entschädigungsansprüche nach § 9 des preußischen Schlachthausgesetzes 281

Erbe.
S. „Nacherbe".

Erbentsagungsverträge; gelten die für Erbverträge gegebenen Formvorschriften auch von Erbentsagungsverträgen? (Preuß. R.) 185
— welcher Form bedarf ein Vertrag unter Eheleuten, in dem die Frau ihrem Erbrechte an den künftigen Nachlaß des Mannes entsagt? (Preuß. R.) . 187

Erbfähigkeit; ist eine russische Nonne in Preußen erbfähig? . 173

Erbschaftsentsagung; werden die Söhne des Lehnsbesitzers durch Entsagung auf die Allodialerbschaft des Vaters von der Haftung für die Schulden des Vaters frei? (Preuß. R.) . . 271

Erbschaftssteuer für das einer

Stadtgemeinde zu Wohlthätigkeitszwecken ohne nähere Bestimmung der Zwecke ausgesetzte Vermächtnis (Preuß. R.) 327

Erbschaftssteuer; welcher Steuer unterliegt der Anfall an den Nacherben, wenn der Erblasser dem Vorerben überlassen hat, innerhalb eines bestimmten Personenkreises die Nacherben und ihre Erbteile zu bestimmen? (Preuß. R.) 360

Erbschaftssteuerfreiheit; ist eine Zuwendung für eine öffentliche Kunstsammlung, die keine juristische Person ist, steuerfrei? (Preuß. R.) 327

Erfüllung eines Vertrages.
S. „Gerichtsstand".

Erfüllungsort; ist der Erfüllungsort für die Verbindlichkeit einer offenen Handelsgesellschaft als solcher auch Erfüllungsort für die Verbindlichkeiten der einzelnen Gesellschafter aus Art. 112 H.G.B.? 44

Erziehung des unehelichen Mündels.
S. „Rechtsweg".

F

Faustpfand.
S. „Pfandverkauf".

Fensterrecht; Voraussetzungen des Unterganges eines Fensterrechtes durch Geschehenlassen des Verbauens der Fenster (Preuß. R.) 189

Feststellung; unzureichende Feststellung des Sachverhältnisses wegen Nichtausübung des Fragerechtes 126

Feuerversicherung; ist die Verurteilung des Versicherers zur Zahlung der von ihm anerkannten Schadenssumme durch Teilurteil zulässig, wenn der Versicherte einen höheren Betrag beansprucht, und nach dem Vertrage die Schadenssumme erst zu zahlen ist, sobald der Gesamtbetrag durch rechtskräftiges Urteil feststeht? 343

Fischdampfer; gehören Fischdampfer zu den zum Erwerbe durch die Seefahrt bestimmten Schiffen im Sinne der Artt. 432. 450 H.G.B.? 106

Fluchtliniengesetz.
S. „Bebauungsplan".

Fragepflicht; Umfang der richterlichen Fragepflicht . . . 127

Freiwillige Gerichtsbarkeit.
S. „Pfandverkauf".

G

Genossenschaft; nach welchem Gesetze bestimmt sich das Rechtsverhältnis zwischen der Genossenschaft und einem vor dem 1. Oktober 1889 ausgeschiedenen Genossenschafter, wenn die Genossenschaft unter der Herrschaft des Gesetzes vom 1. Mai 1889 die Liquidation beschließt? . 50

— Umfang der Beitragspflicht des ausgeschiedenen Genossenschafters zu den Schulden der Genossenschaft, wenn die Liquidation erst nach drei Monaten seit dem Ausscheiden beschlossen ist . . 51

— hat der ausgeschiedene Genosse Anspruch darauf, daß bei der Auseinandersetzung die von der Generalversammlung genehmigte, aber nicht richtige Bilanz zu Grunde gelegt werde? . . 92

— Gerichtszuständigkeit für die

Klage auf Anfechtung einer Vorschußberechnung der Genossenschaft 396
Gerichtskosten; haften mehrere Mündel für die gerichtlichen Kosten der Vormundschaft solidarisch? (Preuß. R.) . 323
Gerichtsstand der Gewerkschaften; kann der allgemeine Gerichtsstand der Gewerkschaften (§ 19 C.P.O.) durch Statut ausgeschlossen werden? . 385
Gerichtsstand des Vertrages für die Klage des Verkäufers auf Abnahme und Übernahme verkaufter und abgesandter, vom Käufer aber zurückgesandter Waaren 405
Gerichtsstand des Vertrages; ist für die Klage auf eine für den Fall des Rücktrittes vom Vertrage ausbedungene Abfindung das Gericht des Erfüllungsortes der ursprünglichen Verpflichtung zuständig? 430
Gerichtsvollzieher.
S. „Versteigerung".
Gesamtschuld; kann der Gläubiger die Ansprüche an den einen Schuldner einem Anderen wirksam abtreten und die Ansprüche an den zweiten Schuldner für sich behalten? 314
Geschäftsführung ohne Auftrag; inwiefern kann der gegen Seegefahr versicherte Rheder einen Anspruch aus der Geschäftsführung ohne Auftrag gegen den Versicherer erwerben? . . 14
Gesellschafter; fällt der Erfüllungsort der Verbindlichkeiten der einzelnen Gesellschafter aus Art. 112 H.G.B. mit dem Erfüllungsorte der Verbindlichkeiten der offenen Handelsgesellschaft zusammen? 44
Gewerkschaften; bei welchem Gerichte haben die Gewerkschaften, deren Grubenfeld über mehrere Gerichtsbezirke sich erstreckt, ihren allgemeinen Gerichtsstand? 385
S. auch „Gerichtsstand".
Große Haverei; nach welchem örtlichen Rechte bestimmt sich das Rechtsverhältnis zwischen den Havereiinteressenten und ihren Versicherern? 6
Grundgerechtigkeit; Voraussetzungen des Unterganges einer Grundgerechtigkeit durch Dulden von Anstalten, die eine Ausübung des Rechtes unmöglich machen 189
— ist das inländische Gericht für die Klage auf Anerkennung einer Grundgerechtigkeit zuständig, wenn das Grundstück im Auslande liegt, der Eigentümer aber im Inlande wohnt? . . 414
Guter Glaube; tritt die zu Gunsten des gutgläubigen Erwerbers einer Hypothek bestehende Beschränkung der Einreden gegen die Hypothekarklage zu Gunsten des Cessionares dieses Erwerbers auch dann ein, wenn der Cessionar die Einreden gekannt hat? 226

H

Haftung einer offenen Handelsgesellschaft.
S. „Verträge über unbewegliche Sachen"; „Unerlaubte Handlungen".
Handelsgeschäft.
S. „Übernahme eines Handelsgeschäftes mit Aktiven und Passiven".
Handlungsunfähigkeit.
S. „Nichtiges Geschäft".

Haverei.
S. „Große Haverei".
Häusliche Dienste; unterliegt der Anspruch auf Vergütung für häusliche Dienste der kurzen Verjährung auch dann, wenn ein Gesinde- oder Hausoffiziantenverhältnis nicht hatte begründet werden sollen? (Preuß. R.) . . 182
Hilfslohn für Rettung aus Seenot; setzt der Anspruch auf Berge- oder Hilfslohn ein Vertragsverhältnis voraus? . 8
S. auch „Seenot"; Seeversicherung".
Hoher Adel.
S. „Mißheirat".
Hypothek; kann sich der Erwerber einer Hypothek auf den guten Glauben seines Cedenten auch dann berufen, wenn er selbst beim Erwerbe die der Geltendmachung der Hypothek entgegenstehenden Einreden gekannt hat? (Preuß. R.) 227
— kann eine wegen Mangels einer Hauptschuld ungültige Hypothek dadurch konvalcszieren, daß der Käufer des Grundstückes sie in Anrechnung auf den Kaufpreis übernimmt? 226
Hypothek des Eigentümers; ihre rechtlichen Voraussetzungen 311

J

Individueller Wert.
S. „Wert".
Intercession einer Frauensperson; Voraussetzungen der Gültigkeit einer nach zwei Jahren wiederholten Intercession 170
Intestaterben; ist der Testamentsvollstrecker gegenüber dem Anspruche der Intestaterben auf Herausgabe des Nachlasses passiv legitimiert? (Gem. R.) . 153
Invalidenpension.
S. „Militärpension".

K

Kaufmännischer Verpflichtungsschein; muß er den Willen des Ausstellers erkennen lassen, eine Verbindlichkeit unabhängig von jedem anderen Verpflichtungsgrunde zu übernehmen? . 81
— Einreden gegen einen nicht an Order ausgestellten kaufmännischen Verpflichtungsschein 83
Kaufstempel; unterliegt die Übertragung aller Rechte an einem im alleinigen Eigentume des Übertragenden stehenden Bergwerke für einen bestimmten Preis dem Immobiliarkaufstempel? 334
Kaution.
S. „Amtskaution".
Klagänderung; Abgrenzung zulässiger Ergänzung der Klage und Erweiterung des Klagantrages gegenüber unzulässiger Klagänderung 3
Kollision zwischen der Baufreiheit des Grundeigentümers und dem Lichtbedürfnisse des Nachbarn (Preuß. R.) 192
Kollision zwischen Bergbau und Grundeigentum (Preuß. R.) 242
Kommanditgesellschaft.
S. „Offene Handelsgesellschaft".
Kommanditist; ist der Kommanditist in dem Rechtsstreite, in dem die Kommanditgesellschaft Partei ist, ein zulässiger Zeuge? 399

Kommission.
S. „Kompensation".
Kompensation; kann der Schuldner gegenüber dem Kommittenten mit einer Forderung gegen den Kommissionär aufrechnen? . . 40
— kann der Klage des Kommittenten auf Zahlung des Kaufpreises gegenüber der Käufer mit einer ihm nach dem Geschäftsabschlusse mit dem Kommissionär gegen diesen cedierten Forderung aufrechnen? 42
Kondiktion des Gegebenen aus einem wegen Handlungsunfähigkeit der einen Vertragspartei nichtigen Geschäfte; Umfang des Anspruches bei gegenseitigen Leistungen 320
Konfessorische Klage; ist die Klage gegen den Eigentümer des dienenden Grundstückes, wenn dies im Auslande liegt, der Eigentümer aber im Inlande wohnt, im allgemeinen Gerichtsstande des Eigentümers anzustellen? 414
Konkurs; Rechtsstellung des Gläubigers, der eine von seinem Schuldner an einen Dritten abgetretene Forderung hat pfänden lassen und sodann mit der Anfechtungsklage die Ungültigkeitserklärung der Abtretung erwirkt hat, im Konkurse des Schuldners 102
Konkursforderung; Umfang des Anspruches des Trassanten im Konkurse des Acceptanten bei gleichzeitiger Inanspruchnahme der Konkursmasse durch die Inhaber der Wechsel . . . 86
Konkursverwalter; wird die Fortführung eines Prozesses gegen den Konkursverwalter wegen einer Masseschuld durch Ausschüttung der Konkursmasse ausgeschlossen? 73
Konvaleszenz einer Hypothek.
S. „Hypothek".
Körperverletzung; Haftung für die Folgen einer durch ein Tier verursachten Körperverletzung eines Menschen (Preuß. R.) . 329
Korrealobligation.
S. „Gesamtschuld".
Kostenerstattung; kann auf Grund des § 87 Abs. 1 C.P.O. die Erstattung von Kosten gefordert werden, die von der ersatzberechtigten Partei aus Vorsicht wegen Zweifelhaftigkeit einer Rechtsfrage aufgewendet sind? . 388

L

Ladeschein; was gehört zur Begründung der Klage des Inhabers eines Ladescheines über abgeladene Ware auf Herausgabe der Ware gegen einen dritten Besitzer? 29
Ladung durch öffentliche Zustellung; Beweis der Anheftung durch Aushang . . . 403
Landesdirektor.
S. „Provinzialanstalt".
Landgerichte.
S. „Zuständigkeit".
Lebensversicherung; liegt, wenn der Vertrag zu Gunsten der Erben abgeschlossen ist, ein Vertrag zu Gunsten Dritter vor, oder gehört die Versicherungssumme zum Nachlasse? 162
Legitimation des Testamentsvollstreckers zur Prozeßführung; Umfang der Legitimation
a) nach gemeinem Rechte 153
b) nach preußischem Allgemeinen Landrechte . . 155

Lehnseinkünfte; haften die Nachkommen des Lehnsbesitzers für dessen das Lehn nicht angehende Schulden mit den Einkünften des Lehns? (Preuß. R.) . . 271

Lehnsfolger; Rechtsstellung des Sohnes des Lehnsbesitzers, der Lehnsfolger seines Vaters, aber nicht dessen Allodialerbe geworden ist, in betreff der Lehnseinkünfte, wenn der Sohn selbst Nachlaßgläubiger ist (Preuß. R.) 278

Lehnskompetenz; Geltendmachung des Anspruches des Lehnsbesitzers auf die Lehnskompetenz (Preuß. R.) 279

Letztwillige Verfügung über den zwanzigsten Teil des Nachlasses; Erfordernis der Beifügung des Jahres und Tages ihrer Errichtung (Preuß. R.) 228

Letztwillige Zuwendung für eine öffentliche Kunstsammlung; hängt die Erbschaftssteuerfreiheit davon ab, daß die Kunstsammlung eine juristische Person ist? 327

Lichtschutz.
S. „Baubeschränkung".

M

Masseschuld; kann der Anspruch des Käufers eines vor der Konkurseröffnung von dem Gemeinschuldner gekauften Grundstückes als Masseschuld geltend gemacht werden? 3
— kann ein Prozeß wegen einer Masseschuld gegen den Konkursverwalter nach Ausschüttung der Konkursmasse fortgesetzt werden? 73

Militärpension; Anrechnung des Diensteinkommens eines Militärinvaliden aus einer Civilanstellung auf die Militärpension . 121

Minderwertseinrede; zieht die Versäumung der in den §§ 343. 344 A.L.R. I. 5 bestimmten Fristen den Verlust der Einrede nach sich? 280

Mißheirat; ist nach Reichsherkommen die Ehe eines Herrn von hohem Adel mit einer Frau von niederem Adel eine Mißheirat? 150

Miterbe; haftet ein Miterbe, der namens der übrigen Miterben als deren Bevollmächtigter eine Verpflichtung übernommen hat, dem Dritten solidarisch für die Erfüllung? 332

Mündel; hat die uneheliche Mutter ein Klagerecht auf Herausgabe des Mündels gegenüber einem von der Obervormundschaft über die Erziehung des Mündels gefaßten Beschlusse? (Gem. R.) 169
— Haftung mehrerer Mündel für Vormundschaftskosten . . 322

Mutter.
S. „Mündel".

N

Nacherbe; Ermächtigung des Vorerben durch den Testator zur Bestimmung der Nacherben innerhalb eines bestimmten Personenkreises und zur Festsetzung der Erbteile (Preuß. R.) . . 360

Nebenforderungen.
S. „Streitwert".

Negotiorum gestio.
S. „Geschäftsführung ohne Auftrag".

Nichtiges Geschäft; Inhalt des Anspruches auf Rückgabe des Ge-

leisteten aus einem wegen Handlungsunfähigkeit des einen Vertragschließenden nichtigen Geschäfte (Preuß. R.) . . 320
Niederer Adel.
S. „Mißheirat".
Nomination des Auktors durch den auf Herausgabe der Sache belangten Verwahrer . . 31
Nonne; kann eine russische Nonne bei einem deutschen Gerichte Prozeßpartei sein? 178

O

Offene Handelsgesellschaft; ist eine solche, wenn sie neben Handelsgeschäften Nichthandelsgeschäfte treibt, auch im Bereiche der letzteren als offene Handelsgesellschaft anzusehen? . . . 32
— steht dem früheren Mitgliede einer offenen Handelsgesellschaft nach deren Umwandlung in eine Kommanditgesellschaft gegen die Klage auf Erfüllung einer von der offenen Handelsgesellschaft eingegangenen Verpflichtung die Einrede zu, daß die Kommanditgesellschaft im Konkurse stehe? 47
S. auch „Erfüllungsort"; „Vertragsmäßige Verbindlichkeit."
Öffentliche Gemeindelasten; gehören dazu die von einer Stadtgemeinde zu den Kosten der ersten Einrichtung einer Straße von den Besitzern der anliegenden Grundstücke geforderten Beiträge? (Preuß. R.) 346
Öffentliche Ströme.
S. „Eisnutzung".
Oralfideikommiß; sind zu seiner Klarstellung neben dem Eide des Beschwerten andere Beweismittel zulässig? 159
Ordnung.
S. „Aufrechterhaltung der Ordnung in der Sitzung".
Ort der Ausstellung eines Wechsels; bestimmen sich die Erfordernisse eines Wechsels nach dem im Wechsel angegebenen oder nach dem wirklichen Orte der Ausstellung? 115
Ort der Präsentation und Protestierung eines Wechsels 113

P

Parteifähigkeit; nach welchem Rechte ist die Parteifähigkeit eines Menschen zu beurteilen? . 175
Patentverletzung; kann eine solche darin liegen, daß von einem Anderen als dem Patentinhaber ein Gegenstand, der zur Anwendung des Patentes erforderlich, aber nicht Gegenstand des Patentes ist, gewerbsmäßig hergestellt und vertrieben wird? 53
Pfandbesitzer; Voraussetzungen des Zurückbehaltungsrechtes des redlichen Pfandbesitzers aus § 80 A.L.R. I. 20 234
Pfandbestellung durch Abtretung einer Forderung (Preuß. R.) 219
Pfandtitel; begründet ein vollstreckbares Urteil einen nach § 23 Ziff. 2 K.O. anfechtbaren Pfandtitel? 66
Pfändung; Widerspruchsklage des Ehemannes, gegen den ein vollstreckbarer Schuldtitel nicht vorliegt, gegen die Pfändung der Mietzinsen eines zum eingebrachten Vermögen der Ehefrau gehörigen Hauses (Preuß. R.) 291
S. auch „Konkurs"; „Versteigerung".

Pfändungspfandrecht; Übergang eines Pfändungspfandrechtes durch Cession 23
— ist bei Anfechtung eines solchen derjenige als Rechtsnachfolger im Sinne des § 33 Abs. 2 K.O. anzusehen, dem der ursprüngliche Erwerber mit der gegen den Gemeinschuldner erstrittenen Forderung das dafür erlangte Pfändungspfandrecht abgetreten hat? 24
Pfandverkauf; ist die im Art. 310 H.G.B. angeordnete gerichtliche Bewilligung des Pfandverkaufes eine Sache der streitigen Gerichtsbarkeit? 99
Präsentation; Ort der Präsentation eines Wechsels zur Zahlung 113
Prokuraindossament; steht der Wirksamkeit eines Wechselprotestes, den ein Prokuraindossatar hat erheben lassen, ein späteres undurchstrichenes Prokuraindossament auf einen Dritten entgegen? 78 flg.
Protesterhebung; Legitimation zur Erhebung des Wechselprotestes 80
— Ort der Erhebung des Wechselprotestes 113
Protesturkunde.
S. „Wechselprotestgebühr".
Provinzialanstalt; hat der Vorsteher einer einzelnen Provinzialanstalt innerhalb seines Geschäftsbereiches die gesetzlichen Befugnisse des Landesdirektors? (Preuß. R.) 268
— können diese Befugnisse dem Vorsteher einer Provinzialanstalt durch Beschluß des Provinzialausschusses beigelegt werden? 268
Prozeß; Einfluß des Ruhenlassens des Prozesses auf die durch Klagerhebung bewirkte Unterbrechung der Verjährung (Preuß. R.) 354
Prozeßvollmachten.
S. „Stempelansatz".

R

Rechtsanwalt.
S. „Beweisgebühren"; „Verhandlungsgebühren".
Rechtsnachfolger im Sinne des § 33 Abs. 2 K.O. 24
Rechtsweg; kann das Vertragsrecht auf das Anhalten eines bestimmten Eisenbahnzuges an bestimmter Stelle im Rechtswege geltend gemacht werden? (Gem. R.) 134
— steht der unehelichen Mutter die Klage im Rechtswege auf Herausgabe des Mündels gegen den Vormund zu, wenn die Obervormundschaft das Verbleiben des Mündels bei dem von dem Vormunde gewählten Erzieher beschlossen hat? (Gem. R.) 169
— findet der Rechtsweg vor den ordentlichen Gerichten für den Anspruch auf Rückzahlung des von einer Stadtgemeinde beim Zwangsverkaufe eines Hausgrundstückes liquidierten und aus den Kaufgeldern gezahlten Beitrages zu den Straßeneinrichtungskosten statt? (Preuß. R.) 345
Redlicher Besitzer.
S. „Pfandbesitzer".
Restitutionsklage auf Grund einer zur Herbeiführung einer günstigeren Entscheidung geeigneten Urkunde; Bedeutung des Restitutionsgrundes 372

Revision; ist die Revision ohne Rücksicht auf den Beschwerdewert zulässig, wenn die einem pensionierten preußischen Militärinvaliden gezahlten Pensionsbeträge gegen die Erben kondiziert werden? 120

Revisionssumme.
S. „Streitwert".

Rheder; der Rheder als Schiffsgläubiger des eigenen Schiffes 10

Rücktritt vom Vertrage; kann der von einem Vertrage über Handlungen Zurücktretende zur Rechtfertigung des Rücktrittes sich auf Umstände berufen, die erst nach erklärtem Rücktritte vorgekommen sind? (Preuß. R.) 250

S

Schade; haftet der Schiffseigentümer für den Schaden, der durch einen vom Schiffsführer verschuldeten Schiffzusammenstoß entstanden ist? (Gem. R.) . 145
S. auch „Unmittelbarer Schade".

Schadensersatz; Anspruch des Fiskus gegen einen Gerichtsvorsitzenden auf Schadensersatz für die Folgen einer zur Aufrechthaltung der Ordnung in der Sitzung getroffenen, unrichtig gewählten Maßregel 390
— Voraussetzungen der durch eine Eisenbahnanlage den Anliegern gegenüber begründeten Verpflichtung zum Schadensersatze (Preuß. R.) 284
— Anspruch auf Ersatz des durch Lokomotivfunken an einer beweglichen Sache verursachten Schadens gegen den Eisenbahnunternehmer (Preuß. R.) 337

Scheinvertrag; wird gegenüber der Klage auf Herausgabe des durch einen Scheinvertrag Weggegebenen der Beklagte dadurch geschützt, daß er die Sache weiter veräußert hat? 232
S. auch „Simulation".

Schenkung; wird die Vermutung der Schenkung bei geleisteten Diensten unter Geschwistern dadurch ausgeschlossen, daß der Empfänger der Dienste dem Anderen in Aussicht gestellt hat, ihn zum Erben einzusetzen? (Preuß. R.) 183

Schiff; Umfang der Arrestfreiheit eines segelfertigen Seeschiffes 58

Schiffsgläubiger; kann der Rheder Schiffsgläubiger seines eigenen Schiffes sein? 11

Schiffsvermögen als aus dem übrigen Vermögen des Rheders ausgeschiedenes Sondergut 12

Schiffszusammenstoß.
S. „Schade".

Schlachthausgesetz; wann beginnt die Frist zur Anmeldung der Entschädigungsansprüche nach § 9 des preußischen Schlachthausgesetzes? 281

Schulden des Lehnsbesitzers; Haftung der Nachkommen des Lehnsbesitzers für dessen das Lehn nicht angehende Schulden 271

Schuldtitel; vollstreckbarer Schuldtitel im Sinne des § 134 K.O. 231

Schuldübernahme; Voraussetzungen der Entstehung eines selbständigen Forderungsrechtes des Gläubigers gegen den Übernehmer . 157

Schuldverschreibung; ist in der schriftlichen Erklärung, durch die der Schuldner kreditierter Eisen-

bahnfrachtbeträge die Übereinstimmung seiner Bücher mit denen der Güterkasse anerkennt, eine stempelpflichtige Schuldverschreibung zu finden? (Preuß. R.) 288
Seenot; hat der Rheder des Schiffes, durch das ein anderes in Seenot geratenes Schiff desselben Rheders gerettet ist, Anspruch auf Hilfslohn? 8
Seeschiff; Begriffsbestimmung des Seeschiffes im Sinne der Artt. 432. 450 H.G.B. 106
Seeversicherung; hat, wenn ein Schiff durch ein anderes Schiff desselben Rheders aus Seenot gerettet ist, der Rheder für den Hilfslohn Anspruch auf Ersatz an den Versicherer des geretteten Schiffes? 5
Sekuritätscession.
S. „Abtretung einer Forderung behufs der Sicherheitsbestellung".
Selbsthilfeverkauf; wird seine Zulässigkeit durch längeren Zeitablauf seit dem Erfüllungstermine und durch seitdem eingetretenes Sinken der Preise ausgeschlossen? 64
Senatusconsultum Velleianum.
S. „Intercession einer Frauensperson".
Servituten.
S. „Grundgerechtigkeit"; „Konfessorische Klage".
Sicherung.
S. „Anspruch auf Sicherung im Sinne des § 23 Ziff. 2 K.O."
Simulation; legitimiert die Arrestpfändung des Anspruches auf Rückgewähr des durch einen Scheinvertrag Weggegebenen zur Anfechtung des Vertrages wegen Simulation? 231
Sitzungspolizei.
S. „Aufrechthaltung der Ordnung in der Sitzung".
Standesgemäße Ehe.
S. „Mißheirat".
Stempel; ist, wenn mehrere Wechsel in einer Urkunde protestiert werden, der Proteststempel nur einmal zu verwenden? . . 216
Stempelansatz bei Prozeßvollmachten, die unter der Überschrift „Vollmacht" den Vermerk „Objekt unter 150 *M*" tragen (Preuß. R.) 178
Stempelsteuer.
S. „Assekuranzpolice"; „Auflassung"; „Schuldverschreibung".
Straße; Anspruch der Stadtgemeinde gegen die Hauseigentümer auf Zahlung eines Beitrages zu den Straßeneinrichtungskosten (Preuß. R.) 346
Streitige Gerichtsbarkeit; ist der auf Grund des Art. 222 a H.G.B. gestellte Antrag auf Ernennung von Revisoren zur Prüfung der Geschäftsführung einer Aktiengesellschaft eine Angelegenheit der streitigen Gerichtsbarkeit? 60
— gehört die im Art. 310 Abs. 2 H.G.B. geordnete Bewilligung des Pfandverkaufes zur streitigen Gerichtsbarkeit? . . . 99
Streitverkündung des auf Herausgabe der Ware vom Inhaber des Ladescheines angesprochenen Verwahrers an den, von dem der Verwahrer die Ware auf Lager erhalten hat 31
Streitwert; sind bei der Berechnung des Streitwertes Protestkosten, Provision und Portoauslagen zu berücksichtigen, die der klagende Indossant bei Einlösung

des Wechsels im Regreßwege neben der Wechselsumme gezahlt hat? 76
Streitwert; sind bei der Wertsberechnung Zinsen zu berücksichtigen, die der Kläger zum Kapitale geschlagen hat, wenn er von der Summe des Kapitales und der Zinsen weitere Zinsen fordert? . 378
Subjektive Unmöglichkeit der Vertragsleistung gegenüber der Klage auf die Vertragsleistung (Gem. R.) 132
Subsidiarische Haftung der Beamten für Vergehen (Preuß. R.) 323

T

Teilenteignung; Berücksichtigung des durch den Zusammenhang mit dem Restgrundstücke begründeten Mehrwertes des Trennstückes und des durch die Abtretung entstehenden Minderwertes des Restgrundstückes (Preuß. R.) 350
Teilurteil.
S. „Feuerversicherung".
Testamentsvollstrecker; ist er bei dem Streite über die Gültigkeit des Testamentes und gegenüber den Ansprüchen der Intestaterben auf Herausgabe des Nachlasses aktiv und passiv legitimiert? (Gem. R.) 152
Tod eines von zwei schwurpflichtigen Streitgenossen vor der Leistung des ihm auferlegten Eides bei Ableistung des Eides durch den anderen Streitgenossen 426
Trennung von Tisch und Bett.
S. „Ehescheidung".

U

Übernahme eines Handelsgeschäftes mit Aktiven und Passiven; Voraussetzung der Entstehung von Rechten der Geschäftsgläubiger gegen den Übernehmer (Gem. R.) . . 157
Unbebaubarkeit; öffentlich-rechtliche Servitut der Unbebaubarkeit eines Grundstückes begründet durch die auf Grund des Bebauungsplanes mittels polizeilicher Verfügung ausgesprochene Baubeschränkung (Preuß. R.) 204
Unbewegliche Sachen.
S. „Verträge über unbewegliche Sachen".
Unerlaubte Handlungen; Haftung einer offenen Handelsgesellschaft für unerlaubte Handlungen der vertretungsberechtigten Gesellschafter 35
Unmittelbarer Schade; gehört der als Folge einer Körperverletzung durch Verminderung der Erwerbsfähigkeit eines Menschen diesem entstandene Schade zu dem unmittelbaren Schaden im Sinne des § 72 A.L.R. I. 6? . 329
Unmöglichkeit der Vertragserfüllung.
S. „Vertragserfüllungsklage".
Unterbrechung der Verjährung; wie wirkt das Ruhenlassen des Prozesses auf die durch Klagerhebung bewirkte Unterbrechung der Verjährung? (Preuß. R.) 354
Urkunde; Voraussetzungen des Anspruches auf Vorweisung einer Urkunde außerhalb eines Prozesses (Gem. R.) . . . 167

Urkundenbeweis; Voraussetzungen der Restitutionsklage auf Grund neu erlangter Urkunden . 371

Urkundenprozeß; ist ein im Urkundenprozesse gegen den Konkursverwalter unter Vorbehalt der Rechte ergangenes Urteil auf Feststellung der Forderung eines Konkursgläubigers gegen den Schuldner nach § 152 K.O. vollstreckbar? 231

Urteilsverkündung; ihre Bedeutung für die Wirksamkeit des Urteiles, durch das eine einstweilige Verfügung aufgehoben wird, im Gegensatze zur Urteilszustellung 421

Urteilszustellung; ist ein bedingtes Endurteil, durch das sowohl für den Fall der Ableistung des einer Partei auferlegten Eides als auch im Falle der Nichtleistung auf Ehescheidung erkannt ist, von Amts wegen zuzustellen? 418
S. auch „Urteilsverkündung".

V

Verfolgungsrecht des unbezahlten Absenders der Ware; Voraussetzungen des Rechtes 20
— inwieweit ist es gegen Dritte wirksam? 21

Verhandlungsgebühren; Voraussetzungen des Anspruches des Rechtsanwaltes auf erhöhte Verhandlungsgebühren nach § 17 R.A.G.O. 413

Verjährung; findet die Verjährung des Art. 2277 Code civil auch auf die in den Artt. 2271—2275 bezeichneten Ansprüche Anwendung? (Rhein. R.) . . 367
S. auch „Häusliche Dienste"; „Unterbrechung der Verjährung".

Verjährungseinrede; Replik der Arglist gegründet darauf, daß die Verjährung durch ein Verschulden des Beklagten herbeigeführt sei (Gem. R.) . 142

Verkündung des Urteiles.
S. „Urteilsverkündung".

Vermächtnis auf den zwanzigsten Teil des Nachlasses.
S. „Letztwillige Verfügung".

Vermächtnis; wie ist die Erbschaftssteuer für das einer Stadtgemeinde für Wohlthätigkeitszwecke ohne nähere Bestimmung der Zwecke ausgesetzte Vermächtnis zu berechnen? (Preuß. R.) 327

Vermögensrechtlicher Schade; wie ist er zu bestimmen, wenn er als Folge der Beantwortung gestellter Fragen zur Verweigernng des Zeugnisses berechtigen soll? 381

Verpflichtungsschein.
S. „Kaufmännischer Verpflichtungsschein".

Versicherung.
S. „Feuerversicherung"; „Seeversicherung".

Versicherungsvertrag.
S. „Assekuranzpolice".

Versteigerung; ist in der Versteigerung einer Sache durch den Gerichtsvollzieher eine Pfändung der Sache zu finden, wenn der Gerichtsvollzieher es vorher unterlassen hatte, die Pfändung der in der Gewahrsam des Schuldners gebliebenen Sache ersichtlich zu machen? 420
S. auch „Winkelverträge bei Versteigerungen".

Verträge über unbewegliche Sachen; sind die handelsrechtlichen Grundsätze über die Haftung

einer offenen Handelsgesellschaft für Handlungen der Gesellschafter auf Verträge der Gesellschaft über unbewegliche Sachen anzuwenden? 33
Vertragserfüllungsklage bei subjektiver Unmöglichkeit der Erfüllung (Gem. R.) . . 132
Vertrag über Handlungen; kann der Rücktritt vom Vertrage durch Umstände gerechtfertigt werden, die erst nach der Rücktrittserklärung vorgekommen sind? (Preuß. R.) 250
Vertrag zu Gunsten eines Dritten; setzt der Rechtserwerb für den Dritten eine Stellvertretung des Dritten durch den Promissar voraus? . . 157
— ist ein zu Gunsten der Erben abgeschlossener Lebensversicherungsvertrag ein Vertrag zu Gunsten Dritter? . . . 162
Verzicht des Ehemannes auf Nießbrauch und Verwaltung des eingebrachten Vermögens der Ehefrau; Form des Verzichtes (Preuß. R.) 297
Verzinsung der Entschädigung für die auf Grund eines Bebauungsplanes durch polizeiliche Verfügung ausgesprochene Baubeschränkung; Anfangspunkt des Zinsenlaufes (Preuß. R.) . . 210
Vollmachtstempel.
S. „Stempelansatz“.
Vollmachtüberschreitung; haftet ein Erbe, der namens seiner Miterben eine Verpflichtung übernommen hat, dem Dritten solidarisch für die Erfüllung, auch wenn er die Grenzen seiner Vollmacht überschritten hat? (Preuß. R.) 333
Vollstreckbares Urteil; erlangt der Gläubiger durch ein vollstreckbares Urteil einen Anspruch auf Sicherung seiner Forderung im Sinne des § 23 Ziff. 2 K.O.? (Preuß. R.) 66
Vormundschaftskosten; haften mehrere Mündel für die gerichtlichen Kosten der Vormundschaft solidarisch? (Preuß. R.) . . 323
Vorschußberechnung.
S. „Genossenschaft“.
Vorweisung.
S. „Anspruch auf Urkundenvorweisung“.

W

Wechsel; wie wirkt eine während des Umlaufes des Wechsels erfolgte Veränderung des Wechselinhaltes auf die Haftung der Wechselverpflichteten? . . 37
— Anspruch des Trassanten, der dem Acceptanten Deckung eingesandt hatte, im Konkurse des Acceptanten bei gleichzeitiger Inanspruchnahme der Konkursmasse durch die Inhaber der Wechsel 86
— kann ein Wechsel, wenn die darauf angegebene Wohnung des Bezogenen nicht in dem auf dem Wechsel als Wohnort des Bezogenen bezeichneten Hauptorte, sondern in einem Vororte liegt, in jener Wohnung gültig zur Zahlung präsentiert und protestiert werden? . . . 113
— Anmeldung von Wechselansprüchen im Konkurse des Acceptanten durch den, der die Wechsel im Auftrage und für Rechnung des Ausstellers vom

Wechselinhaber für einen die Wechselbeträge nicht erreichenden Preis erworben hat? . . 127
Wechsel; was ist im gleichen Falle Rechtens, wenn der Gemeinschuldner die Wechsel nur aus Gefälligkeit gegen den Aussteller acceptiert hat? 128
Wechselformular.
S. „Blankowechsel".
Wechselprotest; ist der Wechselprotest gültig, den ein Prokuraindossatar hat erheben lassen, wenn der Wechsel noch ein späteres, nicht durchstrichenes Prokuraindossament auf einen Dritten trägt? 78
Wechselprotestgebühr; steht dem Gerichtsvollzieher, der beauftragt ist, mehrere Wechsel in einer Urkunde zu protestieren, der aber jeden Wechsel in besonderer Urkunde protestiert hat, die Protestgebühr nur einmal zu? . 212
Wert; inwieweit ist bei der Bestimmung des Wertes eines enteigneten Grundstückes das Interesse zu berücksichtigen, das Besitz und Benutzung des Grundstückes für den bisherigen Eigentümer hatten? (Preuß. R.) . . 298
S. auch „Enteignung".
Wertsberechnung.
S. „Streitwert".
Widerruf; Voraussetzungen des Widerrufes eines Anerkenntnisses 408
Widerspruchsklage des Ehemannes gegen die von einem Gläubiger der Ehefrau auf Grund eines gegen die Ehefrau ergangenen Urteiles ausgebrachte Pfändung von Mietzinsen eines eingebrachten Hauses (Preuß. R.) . 292
Winkelverträge bei Versteigerungen; Voraussetzungen der Anwendbarkeit des in der Verordnung vom 14. Juli 1797 enthaltenen Verbotsgesetzes (Preuß. R.) 258
— rechtliche Natur des durch die Verordnung gegebenen Entschädigungsanspruches 262
— wem steht der Anspruch zu, und gegen wen ist er zu richten? 263
— Inhalt des Anspruches . 264

Z

Zeuge; ist im Prozesse einer Kommanditgesellschaft der Kommanditist ein zulässiger Zeuge? 398
Zeugenbeweis; ist der Zeugenbeweis über sog. innere Thatsachen zulässig? 375
Zeugnisverweigerung; ist sie berechtigt, wenn die dem Zeugen gestellten Fragen ihn zur Offenbarung eines zwischen ihm und einem der Streitteile bestehenden Schuldverhältnisses nötigen würden? 381
Zinsen; inwiefern sind rückständige Zinsen bei der Berechnung des Streitwertes zu berücksichtigen? (Rhein. R.) 378
S. auch „Verzinsung".
Zugeständnis; Widerruf eines Zugeständnisses 408
Zurückbehaltungsrecht aus § 80 A.L.R. I. 20; steht es dem Pfandbesitzer zu, der beim Erwerbe des Pfandbesitzes den Verpfänder als Nichteigentümer gekannt hat, aber über dessen Verfügungsrecht im Irrtum gewesen ist? . 235
Zuständigkeit; Voraussetzungen der ausschließlichen Zuständigkeit der

Landgerichte für Ansprüche gegen Beamte 373
S. auch „Grundgerechtigkeit"; „Revision".
Zustellung des Urteiles.
S. „Urteilsverkündung".
Zwangshypothek; Anfechtung einer zur Erhaltung des Rechtes auf Eintragung einer Hypothek eingetragenen Vormerkung auf Grund des § 23 Ziff. 2 K O. 66
Zwangsvollstreckung durch Ermächtigung des Gläubigers, die vom Schuldner vorzunehmende Handlung auf Kosten des Schuldners vornehmen zu lassen . . 379
Zwangsvollstreckung; setzt der Antrag auf Einstellung der Zwangsvollstreckung nach §§ 647. 657 C.P.O. den erfolgten Beginn der Zwangsvollstreckung voraus? 394
S. auch „Eingebrachtes Vermögen".

B. Gesetzesregister.

1. Reichsgesetze.

a. Allgemeines Deutsches Handelsgesetzbuch.

Artt. 12. 62 . 250
Art. 29 . . 93. 94
Art. 31 . 91. 93. 94
Art. 85 . . . 34
Artt. 111. 114 33. 34
Art. 112 . 36. 44 flg.
Art. 113 . . . 46
Artt. 122. 169 46. 47
Art. 150 . . . 399
Artt. 175a. 176. 178. 180h. 180i. 209a. 210. 211. 215a. 215b . . . 247
Art. 178 . . 98. 247
Artt. 180i. 215b 248
Artt. 185a. 185b 248
Artt. 190a. 222 96
Art. 211 . . 97 flg.
Art. 218 . . . 96
Art. 222a . 60. 61
Art. 239b . . 248
Art. 271 . . 107 flg.
Art. 272 . . 108. 109
Art. 273 . 33. 171
Art. 275 . . 32. 33
Art. 277 . . 171
Art. 290 . . . 16
Artt. 301. 303 81 flg.
Artt. 303—305 30
Artt. 306. 307 226. 227
Art. 310 . . 99 flg.
Art. 317 . 171. 172
Artt. 324. 348 . 405
Art. 354 . 61. 63. 64
Artt. 360. 368 40 flg.
Art. 368 . 39 flg.
Artt. 378. 374 . 129
Art. 417 . . 30
Artt. 432. 450 104. 106 flg.
Art. 435 . . . 399
Art. 438 . . . 107
Art. 446 56. 58. 59
Artt. 451. 452 106
Artt. 644 flg. . 59
Art. 649 . . . 30
Artt. 736—741 145
Art. 742 . . . 9. 13
Artt. 744. 746. 751 12
Art. 745 . . . 14
Artt. 753. 755 . 9
Artt. 757 flg. . 58
Artt. 757. 758. 765. 770 flg. 779 . 10
Artt. 823. 838 13 flg.
Artt. 838. 839 . 6
Art. 841 . . . 8

b. Allgemeine Deutsche Wechselordnung.

Art. 4 69. 113. 114
Art. 7 . . . 69
Art. 10. 17 . 78. 79
Art. 36 75. 78 flg. 126
Art. 41 75. 78. 112. 116
Art. 50 . . 76. 77
Art. 51 . . 75 flg.

Art. 55 . . 75. 79
Art. 62 . . 38
Art. 74 . . . 30
Artt. 75 76 . 38
Art. 80 . 355. 359
Art. 85 . 115 flg.
Art. 86 . . . 116
Artt. 87—89 212. 215
Art. 88 . . . 78
Art. 91 . 112 flg.
Art. 100 . . . 354

c. Deutsche Civilprozeßordnung.

§ 4 . 75. 77. 377 flg.
§§ 12. 13 . . 415
§ 19 . . . 384 flg
§ 25 . . . 414 flg.
§§ 25—27 . . 385
§ 29 44 flg. 405. 406. 431. 432
§ 35 . . 385. 386
§ 36 . 384. 386
§ 49 . . 385
§§ 50. 51 . . 173
§ 51 73
§§ 69. 73 26. 27. 31
§ 81 409
§ 87 . . . 387 flg.
§ 92 389
§ 94 430
§§ 127 flg. . . 413
§ 130 4. 229 402. 404
§ 162 . . . 424
§ 187 400. 401. 403. 404
§ 216 . . . 402
§§ 217. 237 . . 429
§ 218 . . . 73
§ 228 . . 354. 356
§ 229 . . . 429
§ 231 . . . 3
§ 235 . . . 356
§ 239 . . 356 flg.
§ 240 . . . 1. 3
§§ 255. 261 . 409
§ 263 . . 407 flg.
§ 273 . . . 344
§ 278 . . . 408
§ 283 421. 423. 424
§ 288 . . 418
§ 292 . . . 423
§ 300 . . . 402
§ 309 . . . 389
§§ 323—325 411 flg.
§ 338 . . 375 376
§ 349 . 371. 381 flg.
§ 350 . . . 383
§ 352 . . . 382
§§ 387. 389. 394 371
§§ 393. 395 . 371
§ 410 . . . 376
§ 411 . . 117
§ 433 . 419
§§ 433. 439 . 427
§ 472 . . . 380
§ 489 . . . 2
§ 497 . 402. 403
§ 508 . . 75. 379
§ 509 . 119 flg 372
§ 511 . . . 116
§§ 511. 525 . 291
§ 528 . . 97. 104
§ 530 100. 382. 393. 400. 404. 429
§ 531 . . 57. 382
§§ 543. 545 370 flg.
§ 582 . . 417 flg.
§§ 647. 657 393 flg
§ 648 394. 423. 424
§ 671 292. 297. 421 flg.
§ 674 . . . 381
§ 690 . . 292. 388
§§ 691. 692 422 flg.
§ 701 . . . 380
§ 709 . . 103. 231
§§ 712. 717 . 420
§ 744 . . . 43
§ 754 . 231
§ 756 . . . 386
§§ 764 765 . 349
§§ 773. 774. 776 379 flg.
§§ 805. 815 . 422
§ 810 . . . 232
§§ 814. 815 421. 422
§§ 824. 825 . 139
§ 834 . . 138 flg.

d. Einführungsgesetz z. Deutschen Civilprozeßordnung.

§ 3 . . 61. 100
§§ 11 12 . . 138
§ 13 . . . 359
§ 14 . . 160. 162

e. Deutsches Gerichtsverfassungsgesetz.

§ 13 . . 61. 347
§ 23 . . . 396
§ 70 119 flg. 373. 396
§ 135 . . 61. 100
§ 137 . . . 412
§ 177 . . . 390

f. Einführungsgesetz zum Deutschen Gerichtsverfassungsgesetze.

§ 2 100

g. Deutsche Konkursordnung.

§ 2 74
§ 5 . . 72 flg.
§§ 8—10 . . 73
§ 10 3
§ 13 359
§ 15 4
§§ 22 flg. 30. 35 24
§ 23 23 flg. 65 flg 101. 103
§ 24 25
§ 25 26
§ 33 . . . 22 flg.
§ 36 . . . 19 flg.
§§ 40. 41 . . 4. 10
§ 41 103
§ 50 . . . 74
§ 52 . . . 1 flg. 74
§ 134 . . 231. 349
§§ 151—153. 159 72 flg.
§ 152 . . 230. 231
§ 159 . . . 74

h. Einführungsgesetz zur Deutschen Konkursordnung.

§ 3 359

i. Gerichtskostengesetz.

§ 48 392

k. Gebührenordnung für Rechtsanwälte.

§§ 13. 17 . 410 flg.

l. Einzelne Reichsgesetze und Verordnungen.

1867. 25. Oktober. Gesetz, betr. die Nationalität der Kauffahrteischiffe (B.G.Bl. S. 35) . 106
1868. 4. Juli. Gesetz, betr. die privatrechtliche Stellung der Erwerbs- rc Genossenschaften (B.G.Bl. S. 415).
— — § 9 49
— — §§ 10. 26. 28 . 49. 52
— — § 12. 48—52 . . 51
— — § 39 . . 48 flg. 93. 94
1869. 21. Juli. Gewerbeordnung (B.G.Bl. S. 245) § 6 . 105
1871. 16. April. Verfassung des Deutschen Reiches (B.G.Bl. S. 63).
— — Artt 41. 44 . . 135
— — Art. 61 122
1871. 7. Juni. Gesetz, betr. die Verbindlichkeit zum Schadensersatze für die bei dem Betriebe der Eisenbahnen rc herbeigeführten Tötungen rc (R.G.Bl. S. 207) 105
1871. 27. Juni. Gesetz, betr. die Pensionierung und Versorgung der Militärpersonen des Reichsheeres rc (R.G.Bl. S. 275).
— — § 47 122
— — §§ 99—108 . . 121
— — § 107 122
— — § 112 . . 121. 122
1873. 31. März. Gesetz über die Rechtsverhältnisse der Reichsbeamten (R.G.Bl. S. 61) 120
— — §§ 1. 134—148. 149. 152. 153. 157 . . . 120
1874. 4. April. Gesetz, betr. einige Abänderungen und Ergänzungen des Gesetzes vom 27. Juni 1871 über die Pensionierung und Versorgung der Militärpersonen (R.G.Bl. S. 25) . 122. 124
— — § 17 . . . . 122 flg.
— — § 17. 23 . 118. 121
1875. 6. Februar. Gesetz über die Beurkundung des Personenstandes und die Eheschließung (R G.Bl. S. 23).
— — § 77 . . . . 17 flg.
1877. 25. Mai. Patentgesetz (R.-G.Bl. S. 501).
— — § 4 . . . . . 52. 55

1879 21. Juli. Gesetz, betr. die Anfechtung von Rechtshandlungen eines Schuldners außerhalb des Konkurses (R.G.Bl. S 277).
— — § 2 . . . 230. 233
— — § 7 103
— — § 10 233
— — § 13 103
1879. 28. September. Kaiserliche Verordnung, betr. die Begründung der Revision in bürgerlichen Rechtsstreitigkeiten (R.G.Bl. S. 299).
— — §§ 1. 2 116
1881. 29. Juni. Gesetz, betr. die Abänderung von Bestimmungen des Gerichtskostengesetzes ꝛc (R.=G.Bl. S. 178) . . . 101
1883. 1. Juli. Gewerbeordnung in der Fassung des Gesetzes vom 1. Juli 1883 (R.G.Bl. S. 177).
— — § 120 105
1884. 18. Juli. Gesetz, betr. die Kommanditgesellschaften auf Aktien und die Aktiengesellschaften (R.G.=Bl. S. 123) 61
1887. 13. Juli. Gesetz, betr. die Unfallversicherung der Seeleute ꝛc (R.G.Bl. S. 329).
— — § 1 105
1889. 1. Mai. Gesetz, betr. die Erwerbs= und Wirtschaftsgenossenschaften (R.G.Bl. S. 55).
— — §§ 7. 17. 19 . . 93
— — § 46 . . . . 91 flg.
— — § 49 . . . 91 flg.
— — §§ 63. 75 . . . 93
— — § 71 . . . 50. 91. 93
— — §§ 99. 100 . . . 396
— — §§ 104. 105 . 395 flg.
— — §§ 112 flg. . . . 51
— — § 154 . . . 48. 50
1891. 7. April. Patentgesetz (R.=G.Bl) S. 79).
— — § 4 . . . . 52. 55
1893. 22. Mai. Gesetz, betr. einige Änderungen und Ergänzungen der Militärpensionsgesetze ꝛc (R.=G.Bl. S. 171).
— — Art. 23 123

2. Gemeines Recht.

a. Institutionen.

L. 2 Tit. 23 de fideicomm. hered. § 12 . 160. 161

b. Pandekten.

L. 3 Tit. 5 de neg. gestis l. 21 pr. l. 31 § 7. l. 32 4. 17
„ 4 „ 3 de dolo malo l. 1 § 6 143
L. 4 Tit. 3 de dolo malo l. 25 143
„ 9 „ 2 ad leg. Aq. l. 29 §§ 2—5 144. 146
„ 10 „ 3 de comm. div. l. 19 § 2 . . . 4. 17
„ 18 „ 6 de peric. et comm. l. 17 64
„ 19 „ 2 locati l. 9 pr. 133
„ 27 „ 2 ubi pupill. educ. l. 1 § 1 169
„ 44 „ 4 de doli exc. l. 2 § 5 143

c. Codex.

L. 2 Tit. 19 de neg. gestis l. 3 17
„ 4 „ 29 ad. S. C. Vellei. l. 22 170
„ 4 „ 29 ad S. C. Vellei. l. 23 171. 172
„ 5 „ 49 ubi pupill. educ. l. 1 169
„ 6 „ 42 de fideic. l. 32 159 flg.

d. Feudorum libri.

L. 2 Tit. 45 . 273. 274. 276

e. Deutsche Bundesakte vom 8. Juni 1815.

Art. XIV 150

3. Landesrecht.

Preußen.

A. Altländisches Recht.

a. Allgemeines Landrecht.

Einleitung § 23 . . . 173 flg.
„ §§ 74. 75 202. 209. 211
„ §§ 88. 93. 94. 97 338 flg.
„ § 101 . . 41. 220
Teil I Titel 2 § 110 237. 239
„ „ 2 § 112 . . 300
„ „ 2 § 115 . . 301
„ „ 4 §§ 6. 8 . . 261
„ „ 4 § 27 . . 319
„ „ 5 §§ 31 flg. . 295
„ „ 5 § 68 . . 261
„ „ 5 §§ 343—345 279. 280
„ „ 5 §§ 396—407 250
„ „ 5 §§ 408—410 249 flg.
„ „ 5 §§ 424 flg. 430 332
„ „ 5 § 446 . . 333
„ „ 6 §§ 10. 12 . 284
„ „ 6 §§ 10—15 . 329
„ „ 6 §§ 10 flg 16. 25 262
„ „ 6 § 15 . . . 330
„ „ 6 §§ 36—38 338 flg.
Teil I Titel 6 § 72 . 328 flg.
„ „ 6 § 73 . . . 330
„ „ 6 §§ 111 flg. . 329
„ „ 7 §§ 101. 102. 163 flg. 175. 176 . . 30
„ „ 8 §§ 1 25—28 339 flg.
„ „ 8 § 26 . . . 284
„ „ 8 §§ 27. 28 284. 338. 341
„ „ 8 §§ 29 flg 202. 209. 211
„ „ 8 § 102 . . 285
„ „ 8 § 141 . . 192
„ „ 8 §§ 142. 143 188. 191 flg.
„ „ 8 § 146 . . 199
„ „ 9 § 220 237. 239
„ „ 9 § 554 . 354 flg.
„ „ 9 § 563 . . 358
„ „ 10 § 25 . . . 21
„ „ 11 § 109 . . 210
„ „ 11 § 128 . . 406
„ „ 11 §§ 387 flg. . 42
„ „ 11 § 407 41. 220
„ „ 11 §§ 493. 494 220
„ „ 11 § 867 . . 261
„ „ 11 § 1042 . . 183
„ „ 12 § 3 . . . 186

Teil I Titel 12 § 49 . . 362
" " 12 §§ 104 flg. . 185
" " 12 §§ 161. 162 228
" " 12 § 519 . . 229
" " 12 §§ 621—623. 653. 654 . . 184 flg.
" " 13 § 9 . . . 332
" " 13 §§ 93. 97 flg 113 219
" " 13 § 96 . 330. 331
" " 13 §§ 128. 171 332
" " 13 § 265 . . 321
" " 13 §§ 273. 274 319
" " 14 § 9 . . . 28
" " 15 § 2 . . . 30
" " 15 §§ 25. 26 234 flg.
" " 16 § 170 319. 321
" " 16 §§ 300. 313 41
" " 16 §§ 302 flg. 313 flg. 342 flg. 363 flg. 42
" " 16 § 392 . . 42
" " 17 §§ 127 flg. . 332
" " 18 § 273 . . 272
" " 18 §§ 274—280 271 flg.
" " 18 § 282 . . 272
" " 18 §§ 331 flg. . 277
" " 18 §§ 343 flg. . 277
" " 18 § 354—356 278
" " 18 § 359 . . 279
" " 20 §§ 3. 4 . . 68
" " 20 § 5 . . 67
" " 20 § 7 . . . 23
" " 20 § 80 . 234 flg.
" " 20 § 91 . . 234
" " 20 §§ 104. 105 . 23
" " 20 §§ 422. 423 219
" " 21 §§ 31 flg. 237. 240
" " 22 § 43 . 188 flg.
Teil II Titel 1 §§ 198. 199. 200 184. 187. 297
" " 1 § 209 . . 297
" " 1 § 331 . . 292
" " 1 §§ 441. 442 187
Teil II Titel 2 § 484 184. 186
" " 8 § 908 355. 359
" " 8 § 909 . . 356
" " 8 §§ 2069 flg. 306
" " 8 §§ 2163 306. 307
" " 8 § 2171 . . 307
" " 8 § 2356 . . 359
" " 10 §§ 1 flg. . 120
" " 10 § 89 . . 390
" " 11 §§ 1199 flg. 173. 174. 178
" " 14 §§ 21. 24 237 flg.
" " 14 § 78 . . 346
" " 15 §§ 38. 44. 46. 47 237 flg.

b. Allgemeine Gerichtsordnung.

Teil I Titel 6 § 18 . . . 355
" " 7 § 46 . . 356
" " 9 § 41 . . 355
Anhang § 421 (zu § 17 II. 2) 186

B. Rheinisches Recht.

Code civil Art. 1154 378. 379
— Art. 1630 4
— Art. 1892 367
— Art. 2247 357
— Art. 2262 368
— Art. 2271—2275 . 367 flg.
— Art. 2277 367
1510 Juni. Ordonnance etc. et règlement pour l'administration de la justice (Pardessus, Ordonnances des rois de France Bd. 21 S. 404 flg.).
— — Art. 72 369
1792. 20. August. Gesetz (v. Daniels Handbuch der für die preuß.

Rheinprovinzen verkündigten Gesetze ꝛc. aus der Zeit der Fremdherrschaft Bd. 2 S. 229) 369

C. Einzelne Gesetze und Verordnungen.

1797. 14. Juli. Verordnung wegen verschiedener Mißbräuche bei gerichtlichen und anderen öffentlichen Subhastationen (N. C. C. X S. 1313 Ziff. 557) . 258 flg. 261 flg.
1808. 26. Dezember. Verordnung wegen verbesserter Einrichtung der Provinzial- ꝛc. Behörden (G.S. S. 404).
— — §§ 36. 41 . . . 341
1822. 7. März. Gesetz wegen der Stempelsteuer (G.S. S. 57).
— — § 3 . . . 178. 179
— — Tarifpositionen: Assekuranzpolicen 305
— — Schuldverschreibungen 288
1833. 1. Juni. Verordnung über den Mandats-, den sumarischen und den Bagatellprozeß, Schuldverschreibungen (G S. S. 37) 356
1834. 4. März. Verordnung über die Exekution in Civilsachen (G.-S. S. 31).
— — § 22 . . . 65. 67 flg.
1838. 31. März. Gesetz, betr. die Einführung kürzerer Verjährungsfristen (G.S. S. 252).
— — § 2 . . . 182. 184
— — § 10 358
1838. 3. November. Gesetz über die Eisenbahnunternehmungen (G.S. S. 505).
— — § 14 . . . 283. 285
1840. 18. Juni. Gesetz über die Verjährungsfristen bei öffentlichen Abgaben (G.S. S. 140).
1840. 18. Juni. § 8 . . 358
1842. 11. Mai. Gesetz über die Zulässigkeit des Rechtsweges in Beziehung auf polizeiliche Verfügungen (G.S. S. 192).
— — § 4 209
1844. 24. Januar. Verordnung, betr. die Festsetzung und den Ersatz der bei Kassen ꝛc. vorkommenden Defekte (G.S. S. 52).
— — § 5 . . . 268. 270
1844. 30. Mai. Beschluß des Staatsministeriums, enthaltend: Allgemeine Bestimmungen hinsichtlich ꝛc des Gnadengehaltes der ꝛc Militärinvaliden (Minist.-Bl. für die innere Verw. 1844 S. 297) 123. 124
— — §§ 1. 2 . . 119. 123
1844. 5. Juli. Kabinettsorder (Minist.Bl. f. d. innere Verw. 1844 S. 297) . . 119. 123
1846. 3. April. Gesetz, betr. die Publikation der Gesetze (G.S. S. 151) 123
1846. 21. Juli. Verordnung über das Verfahren in Civilprozessen (G.S. S. 291) . . . 356
1850. 31. Januar. Verfassungsurkunde (G.S. S. 17).
— — Art. 9 210
— — Art. 86 381
1851. 14. April. Strafgesetzbuch für die preuß. Staaten (G.S. S. 101).
— — § 270 . . . . 261 flg.
1851. 10. Mai. Gesetz über die Gerichtskosten (G.S. S. 622) 101
1851. 4. Juni. Gesetz, betr. die Versorgung der Militärinvaliden ꝛc (G.S. S. 404).
— — § 26 123

1854. 9. Mai. Gesetz, betr. einige Abänderungen des Gesetzes über den Ansatz und die Erhebung der Gerichtskosten rc (G.S.S. 273). 101
1861. 24. Mai. Gesetz, betr. die Erweiterung des Rechtsweges (G.S. S. 241). 348
— — §§ 1. 4 . . 119. 120
1865. 24. Juni. Allgem. Berggesetz (G.S. S. 705).
— — §§ 50. 52 . . . 337
— — § 96 385
— — §§ 114. 117. 118. 119. 120 336
1865. 6. Juli. Gesetz, betr. die Versorgung der Militärinvaliden rc (G.S. S. 777) 121. 123. 124
1867. 9. Februar. Gesetz, betr. die Erweiterung mehrerer Bestimmungen der Gesetze vom 6. Juli 1865 und 16. Oktober 1866 (G.S. S. 217) . . . 124
1868. 18. März. Gesetz, betr. die Errichtung öffentlicher rc Schlachthäuser (G.S. S. 277).
— — § 1 282
— — § 3 . . . . 281 flg.
— — § 9 . . . . 281 flg.
1872. 5. Mai. Gesetz über den Eigentumserwerb und die dingliche Belastung rc (G.S S. 433).
— — § 1 300
— — §§ 1. 5 256
— — § 2 . . . 254. 255
— — § 9 . . . 227. 295
— — § 11 . . . 294. 295
— — § 12 . . 290. 293 flg.
— — § 38 . 218. 219. 221. 224. 226. 295. 310
— — § 49 295
— — §§ 63. 64 308. 310 flg.
— — §§ 65. 66 . . . 311
1872. 5. Mai. Gesetz, betr. die Entrichtung von Stempelabgaben von gewissen bei dem Grundbuchamte anzubringenden Anträgen (G.S. S. 509).
— — §§ 1. 2 . . . . 253 flg.
1873. 30. Mai. Gesetz, betr. die Erbschaftssteuer (G.S. S. 329).
— — §§ 7. 8 327
— — § 26 363
— — Tarif. Befreiungen Ziff. 2 f. 2 h . . 326. 327
— — Tarif B. b . . . 363
— — Tarif C e . . . 327
1874. 11. Juni. Gesetz über die Enteignung von Grundeigentum (G.S. S. 221) . . . 210
— — § 8 298. 300 flg. 350. 351
— — § 10 209. 298. 300 flg.
— — § 14 285
1875. 29. Juni. Provinzialordnung für die Provinzen Preußen, Brandenburg, Pommern, Schlesien und Sachsen (GS. S. 335).
— — § 41 269
— — § 87 . . . 268. 269
— — § 98 269
— — § 99 . . . . 267 flg.
1875. 2. Juli. Gesetz, betr. die Anlegung und Veränderung von Straßen rc (G.S. S. 561) 202 flg.
— — § 11 . . . 208. 210
— — § 15 . . . 345. 346
1876. 21. April. Gesetz, betr. die Aufnahme von Wechselprotesten (G.S. S. 111).
— — § 3 . . . 212. 215
1876. 19. Juni. Gesetz, betr. die Auflösung des Lehnsverbandes der im Herzogtum Schlesien rc belegenen Lehne (G.S. S. 238) 271
1878. 24. April. Ausführungsgesetz zum deutschen Gerichtsverfassungsgesetze (G.S. S. 230).

1878. 24. April. § 39 119 flg. 373. 374
1879. 10. März. Ausführungsgesetz zum deutschen Gerichtskostengesetze (G.S. S. 145) 101
1879. 8. September. Geschäftsordnung für die Gerichtsschreibereien der preußischen Oberlandesgerichte (J.M.Bl. S. 324).
— — § 17 . 400. 403. 404
1881. 22. März. Gesetz, betr. die Abänderungen von Bestimmungen der Provinzialordnung ꝛc (G.S. S. 176) . . . . . 267 flg.
1882. 21. März. Gesetz, enthaltend Bestimmungen über Gerichtskosten ꝛc (G.S. S. 129).
— — §§ 1. 3 101
1883. 13. Juli. Gesetz, betr. die Zwangsvollstreckung in das unbewegliche Vermögen (G.S. S. 131) . . . 65. 68. 69
— — §§ 2. 6 flg. . . . 68
1883. 1. August. Gesetz über die Zuständigkeit von Verwaltungs- und Verwaltungsgerichtsbehörden (G.S. S. 237).
— — §§ 18. 34 . 347. 348
— — § 56 348
1891. 24. Juni. Einkommensteuergesetz (G.S. S. 157).
— — §§ 7. 8 . . 246. 249
— — § 14 246
— — § 16 . . . . 244 flg.

1864. 5. Oktober. Gesetz, betr. die Einführung des Allgemeinen Deutschen Handelsgesetzbuches in das Königreich Hannover (G.S. für Hannover S. 213).
— — § 39 145

Baden.

1884. 20. Juni. Gesetz, die Einführung einer allgemeinen Einkommensteuer betr. (Ges.- u. Verordn.-Bl. S. 321).
— — Art. 5 245
1886. 24. April. Gesetz, die Änderung und Ergänzung des badischen Einführungsgesetzes zum Handelsgesetzbuche betr. (Ges.- u. Verordn.-Bl S. 151).
— — Art. 31 61

Hamburg.

Statuten 1, 21, 2 . . . 142
1879. 25. Juli. Gesetz, betr. die nichtstreitige Gerichtsbarkeit (G.S. S 253) 60
1868. 4. Dezember. Gesetz über Grundeigentum und Hypotheken (G.S. S. 88).
— — § 47 138

Hessen.

1876. 28. Januar. Berggesetz (Reg.-Bl. S. 73).
— Artt. 126 flg. . . . 241

Königreich Sachsen.

1553. 8. Mai. Torgauer Ausschreiben. (Schaffrath, Codex saxonicus Bd. 1. S. 159) 274

Ausländisches Recht.

Rußland.

Svod zakonov Rossijskoj Imperii.
— Buch 1 Abschn. 2 Kap. 2 §§ 420. 437—443 (Svod, Bd. 9) 176. 177

C. Chronologische Zusammenstellung der Entscheidungen.

Seite

1893. Urt. v. 19. Juni i. S. J. (Kl.) w. J. (Bekl.) Rep. IV. 25/93. Nr. 77 314
„ Urt. v. 23. Juni i. S. R. (Kl.) w. Konkursmasse K. (Bekl.) Rep. II. 94/93. Nr. 1. 92 . . . . 1. 370
„ Urt. v. 6. Juli i. S. Hamburg-Amerikan. Paketfahrt-Aktien-Gesellschaft (Kl.) w. Norddeutsche Versicherungsgesellschaft (Bekl.). Rep. I. 91/92. Nr. 2 4
„ Urt. v. 10. Juli i. S. D. (Bekl.) w. preuß. Justizfiskus (Kl.). Rep. IV. 91/93. Nr. 104 390
„ Urt. v. 13. Juli i. S. v. H. (Bekl.) w. v. Z. (Kl.) Rep. IV. 104/93. Nr. 46 173
„ Urt. v. 18. September i. S. v. N. (Kl.) w. v. N. (Bekl.) Rep. IV. 114/93. Nr. 93 370
„ Beschl. v. 25. September i. S. B. u. Gen. Beschw.-Rep. I. 67/93. Nr. 16 60
„ Urt. v. 3. Oktober i. S. L. H. (Kl.) w. F. S. u. Gen. (Bekl.) Rep. III. 126/93. Nr. 33 131
„ Urt. v. 5. Oktober i. S. S. u. Gen. (Kl.) w. Justizfiskus (Bekl.). Rep. IV. 137/93. Nr. 47 178
„ Urt. v. 9. Oktober i. S. v. Z. (Kl.) w. v. Z. (Bekl.) Rep. VI. 153/93. Nr. 3 17
„ Urt. v. 11. Oktober i. S. R. (Bekl.) w. H. (Kl.) Rep. I. 209/93. Nr. 62 249
„ Urt. v. 12. Oktober i. S. Fiskus (Bekl.) w. G. (Kl.) Rep. IV. 181/93. Nr. 48 182
„ Urt. v. 18. Oktober i. S. Fr. & Co. (Kl.) w. M. (Bekl.) Rep. I. 200/93. Nr. 4 19
„ Urt. v. 19. Oktober i. S. Konkursmasse B. (Kl.) w. M. (Bekl.) Rep. VI. 177/93. Nr. 5 22
„ Urt. v. 19. Oktober i. S. K. (Kl.) w. K. (Bekl.) Rep. IV. 119/93. Nr. 49 184
„ Urt. v. 19. Oktober i. S. K. (Kl.) w. N. (Bekl.) Rep. IV. 182/93. Nr. 94 372
„ Urt. v. 21. Oktober i. S. St. (Kl.) w. N. u. F. (Bekl.) Rep. I. 227/93. Nr. 6. 95 . . . . 26. 374

Seite

1893. Urt. v. 24. Oktober i. S. B. (Kl.) w. St. (Bekl.) Rep. II. 153/93. Nr. 90 364
„ Urt. v. 25. Oktober i. S. kathol. Spar- u. Darlehnsbank St. Joseph, e. G. (Bekl.) w. Stadtgemeinde E. (Kl.) Rep. V. 165/93. Nr. 50. 188
„ Urt. v. 25. Oktober i. S. K. (Kl.) w. E. (Bekl.) Rep. I. 231/93. Nr. 78 319
„ Urt. v. 26. Oktober i. S. H. u. Gen. (Kl.) w. Fiskus (Bekl.). Rep. IV. 364/93. Nr. 58 237
„ Urt. v. 26. Oktober i. S. H. (Kl.) w. Steuerfiskus (Bekl.). Rep. IV. 183/93. Nr. 83 333
„ Urt. v. 27. Oktober i. S. Stadt Grabow (Kl.) w. Bahndirektion Altona (Bekl.). Rep. III. 127/93. Nr. 34 . 133
„ Urt. v. 28. Oktober i. S. B. (Kl.) w. Stadtgemeinde Berlin (Bekl.). Rep. V. 202/93. Nr. 51. 202
„ Urt. v. 30. Oktober i. S. W. (Kl.) w. Spar- und Kreditbank in Gl. (Bekl.) Rep. VI. 199/93. Nr. 108 395
„ Urt. v. 1. November i. S. P. (Kl.) w. D. u. Gen. (Bekl.) Rep. I. 292/93. Nr. 96 375
„ Urt. v. 2. November i. S. Br. (Kl.) w. B. u. Gen. (Bekl.) Rep. VI. 165/93. Nr. 7 32
„ Urt. v. 2. November i. S. V. (Bekl.) w. Sch. (Kl.) Rep. IV. 232/93. Nr. 8 36
„ Urt. v. 2. November i. S. B. S. (Kl.) w. S. (Bekl.) Rep. IV. 173/93. Nr. 52 212
„ Urt. v. 3. November i. S. M. (Bekl.) w. Eheleute D. (Kl.) Rep. II. 160/93. Nr. 97 377
„ Urt. v. 4. November i. S. W.'sche Bank (Kl.) w. K. (Bekl.) Rep. V. 207/93. Nr. 53 216
„ Urt. v. 4. November i. S. B. (Kl. u. Widerbekl.) w. Stadtgemeinde Berlin (Bekl. u. Widerkl.). Rep. V. 175/93. Nr. 73 298
„ Urt. v. 7. November i. S. Sch. u. Gen. (Kl.) w. K. u. Gen. Rep. II. 165/93. Nr. 98 379
„ Urt. v. 8. November i. S. U. & W. (Kl.) w. C. (Bekl.) Rep. I. 287/93. Nr. 17 61
„ Urt. v. 8. November i. S. v. W. (Kl. u. Widerbekl.) w. Frau Sch. (Bekl. u. Widerkl.) Rep. V. 181/93. Nr. 54 . . 221
„ Urt. v. 9. November i. S. R. (Kl.) w. K. (Bekl.) Rep. VI. 168/93. Nr. 9. 56 . . . . 39. 230
„ Urt. v. 9. November i. S. Eheleute S. (Kl.) w. unbekannte Erben des Rentners M. K., vertreten durch den Nachlaßpfleger v. T. (Bekl.) Rep. IV. 186/93. Nr. 55 . 227

Seite

1893. Urt. v. 11. November i. S. L. (Bekl.) w. Br. (Kl.) Rep. I. 245/93. Nr. 10 39

" Urt. v. 13. November i. S. B. (Bekl.) w. M. (Kl.) Rep. VI. 208/93. Nr. 11. 100 . . . . 44. 383

" Urt. v. 13. November i. S. B. (Bekl.) w. U. (Kl.) Rep. VI. 209/93. Nr. 12 46

" Urt. v. 13. November i. S. A. & B. (Bekl.) w. F. Konkursmasse (Kl.). Rep. VI. 206/93. Nr. 18. 59 . . 65. 240

" Beschl. v. 13. November i. S. K. (Kl.) w. N. (Bekl.) Beschw.-Rep. VI. 153/93. Nr. 99 381

" Urt. v. 15. November i. S. G. N. (Bekl.) w. R. Genossenschaftsmolkerei (Kl.). Rep. I. 269/93. Nr. 13 . . . 48

" Urt. v. 15. November i. S. S. (Kl.) w. H. M. & Co. (Bekl.) Rep. I. 239. 301/93. Nr. 14 52

" Urt. v. 15. November i. S. kommunalständische Bank für die Oberlausitz (Kl.) w. Stadtgemeinde H. (Bekl.) Rep. V. 186/93. Nr. 57 234

" Urt. v. 16. November i. S. Gewerkschaft M.-C. (Bekl.) w. O. (Kl.) Rep. VI. 212/93. Nr. 101 334

" Urt. v. 17. November i. S. H. & P. (Kl.) w. Konkursmasse B. & Co. (Bekl.) Rep. II. 178/93. Nr. 23 84

" Beschl. v. 18. November i. S. Sch. & Co. (Arrestkl.) w. Kapt. G. vom italienischen Schiffe „Sp." (Arrestbekl.) Beschw.-Rep. I. 100/93. Nr. 15. 102 . . . . . 56. 387

" Urt. v. 18. November i. S. H. Rh. B. V. (Bekl.) w. R. u. Gen. (Kl.) Rep. V. 172/93. Nr. 60 241

" Urt. v. 23. November i. S. hamburgische Finanzdeputation (Bekl.) w. de B. Erben (Kl.). Rep. VI. 221/93. Nr. 35. 105 . . . . 136. 392

" Urt. v. 23. November i. S. R. C. (Kl.) w. Fiskus (Bekl.). Rep. IV. 203/93. Nr. 63 253

" Urt. v. 27. November i. S. preuß. Eisenbahnfiskus (Bekl.) w. H. (Kl.) Rep. VI. 183/93. Nr. 70 283

" Urt. v. 27. November i. S. B. (Bekl.) w. preuß. Justizfiskus (Kl.). Rep. IV. 209/93. Nr. 79 322

" Beschl. v. 27. November i. S. D. (Kl.) w. P. P. (Bekl.) Beschw.-Rep. IV. 182/93. Nr. 106 392

" Urt. v. 29. November i. S. G. (Kl.) w. Bochumer Verein für Bergbau (Bekl.). Rep. I. 424/93. Nr. 61 . . 244

" Beschl. v. 30. November i. S. N. (Kl.) w. St. (Bekl.) Beschw.-Rep. VI. 159/93. Nr. 103 387

" Beschl. v. 30. November i. S. S. (Bekl.) w. S. (Kl.) Beschw.-Rep. IV. 183/93. Nr. 107 393

Seite

1893. Urt. v. 4. Dezember i. S. S. (Kl.) w. preuß. Fiskus (Bekl.). Rep. IV. 210/93. Nr. 80 326
" Urt. v. 5. Dezember i. S. Fürst E. v. L.-W.-F. (Bekl. u. Widerkl.) w. Prinz W. v. L.-W.-F. (Kl. u. Widerbekl.) Rep. II. 133/93. Nr. 38 147
" Urt. v. 6. Dezember i. S. B. (Kl.) w. S. (Bekl.) Rep. I. 306/93. Nr. 19 69
" Urt. v. 6. Dezember i. S. D. (Kl.) w. B. (Bekl.) Rep. I. 191/93. Nr. 28 104
" Urt. v. 7. Dezember i. S. E. B. (Kl.) w. H. (Bekl.) Rep. IV. 223/93. Nr. 29 110
" Urt. v. 7. Dezember i. S. Steuerfiskus (Bekl.) w. K. (Kl.) Rep. IV. 224/93. Nr. 71 287
" Urt. v. 8. Dezember i. S. Vorschußverein B., eingetr. Gen. mit unbeschr. Haftpflicht (Kl.) w. G. u. Gen. (Bekl.) Rep. II. 200/93. Nr. 24 91
" Urt. v. 9. Dezember i. S. G. & M. (Kl.) w. R. (Bekl.) Rep. I. 316/94. Nr. 21. 109 . . . . 75. 398
" Urt. v. 11. Dezember i. S. de F. (Kl.) w. B. (Bekl.) Rep. IV. 229/93. Nr. 20 72
" Urt. v. 11. Dezember i. S. D. (Bekl.) w. E. (Kl.) Rep. IV. 225/93. Nr. 64 258
" Urt. v. 11. Dezember i. S. G. u. H. (Bekl.) w. Geschwister S. (Kl.) Rep. VI. 211/93. Nr. 65 261
" Urt. v. 13. Dezember i. S. Tr. (Kl.) w. W. (Bekl.) Rep. I. 423/93. Nr. 112 405
" Urt. v. 14. Dezember i. S. F. u. F. (Kl.) w. W. Testamentsvollstrecker (Bekl.). Rep. VI. 251/93. Nr. 36 . . . 141
" Urt. v. 14. Dezember i. S. Landfeuersozietät der Neumark (Bekl.) w. Konkursmasse B. (Kl.) Rep. VI. 220/93. Nr. 66 267
" Urt. v. 14. Dezember i. S. Sch. u. L. & B. (Kl.) w. B. (Bekl.) Rep. VI. 214/93. Nr. 117 420
" Beschl. v. 15. Dezember i. S. K. (Kl.) w. Kommanditgesellschaft M. & Co. (Bekl.) Beschw.-Rep. III. 144/93. Nr. 110 398
" Urt. v. 19. Dezember i. S. Bugsiergesellschaft U., A.-G. (Kl.) w. preuß. Fiskus (Bekl.). Rep. III. 194/93. Nr. 37 144
" Urt. v. 20. Dezember i. S. v. W. (Bekl.) w. F. (Kl.) Rep. I. 290/93. Nr. 67 270
" Urt. v. 20. Dezember i. S. K. (Bekl.) w. F. (Kl.) Rep. V. 190/93. Nr. 72 290
" Urt. v. 21. Dezember i. S. R. (Kl.) w. G. (Bekl.) Rep. VI. 341/93. Nr. 68 279

Seite

1893. Urt. v. 21. Dezember i. S. Magdeburger Feuerversicherung (Kl.) w. Staatsfiskus (Bekl.). Rep. IV. 241/93. Nr. 74 305
„ Urt. v. 21. Dezember i. S. K. (Bekl.) w. Z. (Kl.) Rep. VI. 259/93. Nr. 81 328
„ Beschl. v. 21. Dezember i. S. K. (Kl.) w. K. (Bekl.) Beschw.=Rep. IV. 196/93. Nr. 111 400
„ Urt. v. 21. Dezember i. S. W. O. (Bekl.) w. H. u. Gen. (Kl.) Rep. VI. 256/93. Nr. 113 407
„ Urt. v. 29. Dezember i. S. W. (Kl.) w. Stadt L. (Bekl.) Rep. III. 204/93. Nr. 69 281
1894. Urt. v. 3. Januar i. S. Br. (Kl.) w. W. (Bekl.) Rep. I. 344/93. Nr. 22. 81
„ Urt. v. 3. Januar i. S. Vaterländ. Feuerversicherungs=gesellschaft in Elberfeld (Bekl.) w. Witwe R. u. Gen. (Kl.) Rep. I. 339/93. Nr. 85 342
„ Beschl. v. 3. Januar i. S. Fürst B. (Kl.) w. F. u. Gen. (Bekl.) Beschw.=Rep. V. 168/93. Nr. 114 410
„ Urt. v. 8. Januar i. S. R. (Kl. u. Widerbekl.) w. R. (Bekl. u. Widerkl.) Rep. IV. 197/93. Nr. 116 417
„ Urt. v. 12. Januar i. S. Bl. (Bekl.) w. Firma H. L. N. & S. (Kl.) Rep. III. 221/93. Nr. 40 156
„ Urt. v. 15. Januar i. S. N. (Bekl.) w. Bayerische Vereins=bank (Kl.). Rep. VI. 323/93. Nr. 30 115
„ Urt. v. 17. Januar i. S. Sch. (Bekl.) w. R. W. (Kl.) Rep. I. 354/93. Nr. 25 97
„ Urt. v. 18. Januar i. S. T. (Kl.) w. Fiskus (Bekl.). Rep. IV. 260/93. Nr. 89 359
„ Beschl. v. 20. Januar i. S. W. Bank (Kl.) w. Häuser= und Grundbesitzaktiengesellschaft zu B. (Bekl.) Beschw.=Rep. I. 4/94. Nr. 26 99
„ Urt v. 20. Jannar i. S. M. u. Gen. (Bekl.) w. v. G. (Kl.) Rep. V. 329/93. Nr. 115 414
„ Urt. v. 22. Januar i. S. Kl. Konkursverwalter (Kl.) w. M. (Bekl.) Rep. VI. 282/93. Nr. 27 101
„ Urt. v. 23. Januar i. S. H. G. (Kl.) w. J. G. (Bekl.) Rep. III. 229/93 Nr. 41 159
„ Urt. v. 26. Januar i. S. v. W. (Kl.) w. v. W. (Bekl.) Rep. III. 224/93. Nr. 39. 75 . . . . 152. 308
„ Urt. v. 26. Januar i. S. R. (Bekl.) w. R. u. Gen. (Kl.) Rep. III. 235/93. Nr. 42 162
„ Urt. v. 1. Februar i. S. Reichsmilitärfiskus (Kl.) w. Sch. u. Gen. (Bekl.) Rep. IV. 282/93. Nr. 31. 119 118. 425

		Seite
1894.	Urt. v. 1. Februar i. S. G. Wwe. (Bekl.) w. Frl. M. (Kl.) Rep. VI. 365/93. Nr. 43	166
"	Urt. v. 1. Februar i. S. B. (Kl.) w. H. (Bekl.) Rep. VI. 302/93. Nr. 82	330
"	Urt. v. 9. Februar i. S. M. (Bekl.) w. Herf. Diskontobank (Kl.). Rep. III. 259/93. Nr. 45	170
"	Urt. v. 10. Februar i. S. P. & H. (Bekl.) w. K. (Kl.) Rep. V. 276/93. Nr. 76	308
"	Beschl. v. 10. Februar i. S. L. (Bekl.) w. Bl. u. Gen. (Kl.) Beschw.-Rep. V. 171/93. Nr. 118	421
"	Urt. v. 12. Februar i. S. S. (Kl.) w. B. (Bekl.) Rep. VI. 281/93. Nr. 84	337
"	Urt. v. 14. Februar i. S. B. (Kl.) w. Stadtgemeinde Magdeburg (Bekl.). Rep. V. 281/93. Nr. 87	350
"	Urt. v. 17. Februar i. S. Stadt B. (Bekl.) w. B. (Kl.) Rep. V. 284/93. Nr. 86	345
"	Urt. v. 17. Februar i. S. O. Z. (Bekl.) w. B. u. Gen. (Kl.) Rep. I. 510/93. Nr. 120	426
"	Urt. v. 22. Februar i. S. Kommanditgesellschaft für Luftdruckanlagen (Bekl.) w. K. (Kl.) Rep. VI. 331/93. Nr. 123	430
"	Urt. v. 27. Februar i. S. T. (Kl.) w. P. (Bekl.) Rep. III. 12/94. Nr. 44	169
"	Beschl. v. 27. Februar i. S. Frankfurter Volksbank (Bekl.) w. H. Konkurs (Kl.). Beschw.-Rep. III. 25/94. Nr. 122	428
"	Urt. v. 2. März i. S. B. (Kl.) w. S. (Bekl.) Rep. II. 13/94. Nr. 88	354
"	Urt. v. 3. März i. S. P. S. u. H. S. (Kl.) w. R. als Verwalter im Konkurse des K. (in Firma J. S.) (Bekl.) Rep. I. 514/93. Nr. 32. 121	125. 427
"	Urt. v. 13. März i. S. R. (Bekl.) w. B. (Kl.) Rep. II. 17/94. Nr. 91	367

Zusammenstellung

der

im zweiunddreißigsten Band

mitgeteilten Entscheidungen

nach

Oberlandesgerichtsbezirken.

Berlin . . . . 5. (9.) 10. 19. 20. 25. 26. 29. 48. 51. 52. 56. 58. 62. 63. 66. 68. 72. 73. 76. 77. 82. 84. 86. 96. 99. 106. 111. 118. 120.

Breslau 18. 31. 49. 53. 54. 57. (59.) 67. 71. 93. 112. 114. 115. (119.)

Celle . . . . 15. 28. 37. 39. 42. 45. 69. (75.) 102.

Darmstadt . . 60. 97.

Dresden . . . . 3. 8. 11. 12. 27. (100.) 108.

Frankfurt a./M. 110. 122.

Hamburg . . . 2. 16. 17. 35. 36. 43. 103. (105.)

Hamm . . . . . 4. 7. 61. 78. 79. 83. 101. 117.

Jena . . . . . . 33. 41.

Karlsruhe . . . 24. 38.

Kiel . . . . 21. 40.

Köln . . . . . . 1. 23. 90. 91. (92.) 98.

Königsberg . . 22. 80. (109.)

Marienwerder 74. 104. 107.

München . . . 30.

Naumburg . . 6. 50. 64. 65. 70. 87. 88. 89. 94. 95. 113.

Nürnberg . . . 123.

Oldenburg . . 44.

Posen . . . . . 46. 47. 55. 81. 85. 116.

Rostock . . . . . 34.

Stettin 13. 32. (121.)

Stuttgart . . . 14.

Berichtigungen.

Dreißigster Band.

S. 60 Z. 2 v. u. statt „Nachschrift“ lies „Nachfrist“.
„ 101 „ 3 v. o. „ „Käufer“ lies „Verkäufer“.
„ 124 „ 9 v. u. „ „Unwiderruflichkeit“ lies „Widerruflichkeit“.

Einunddreißigster Band.

S. 83 Z. 14 v. o. statt „7“ lies „57“.
„ 96 „ 4 v. u. „ „213“ lies „212“.
„ 166 „ 10 v. o. „ „Cedenten“ lies „Cessionar“.
„ 388 „ 6 v. o. „ „Zurückzahlung“ lies „Zurückhaltung“.

Kolibri 360 GmbH
Ferdinand-Jühlke-Straße 7
99095 Erfurt, Deutschland
produktsicherheit@kolibri360.de